벗어남과 소멸의 미학

불교교육학원론

불교교육학원론

초판 인쇄 2022년 4월 11일
초판 발행 2022년 4월 18일

저자 일 공

표지 디자인 박지영
내지 디자인 박지현

펴낸이 차정인
펴낸곳 부산대학교출판문화원
출판등록 제1983-000001호 1983. 11. 10.
주소 부산광역시 금정구 부산대학로63번길 2
전화 (051) 510-1932, 1933, 1935, 1967
전송 (051) 512-7812
메일 pnupress@pusan.ac.kr
홈페이지 https://press.pusan.ac.kr/

* 잘못된 책은 구입처에서 교환해 드립니다.

정가 28,000원

ISBN 978-89-7316-742-5 03220

벗어남과 소멸의 미학

불교교육학원론

일공 지음

부산대학교출판문화원

서언

불교는 긴 역사와 왕성한 활동만큼이나 방대한 경전과 사료를 보유하고 있습니다. 거기에는 두 줄기 커다란 흐름인 남방 상좌부와 북방 대승의 역사가 있고, 각각의 소의경전所依經典인 경經·율律·론論 삼장三藏이 전해져 오고 있습니다. 이 두 가지 불교 모두는 고따마 붓다의 역사와 교의를 바탕에 두고 있습니다. 이러한 불교의 특징은 출가와 출가생활이라는 형식을 갖춤으로써 비로소 가르침의 진의에 부합하는 수행자 개인의 인격과 교단생활이 시작됩니다. '가르침의 진의'란 고따마 붓다의 가르침을 뜻합니다. 즉 고따마 붓다의 일생을 통해 자신의 제자들과 재가신자들 그리고 일반 사람들에게 가르쳤던, 누구나 맘만 먹으면 '깨달음을 얻을 수 있는 가르침'을 뜻합니다. 이것을 고따마 붓다의 교법이라고 합니다. 또한 이것은 불교교단의 교육 사재史材

입니다. 이러한 교육의 사료를 통하여 훈육되고 교육하였던 것은 처음부터 교육서가 따로 있었던 것이 아니며, 처음은 스승과 제자들이 서로 마주 보고 앉거나 서서 구전과 암송으로 전승되어 오다가 후대에 이르러 문자로 기록되고 전승되는 과정에 의해 지금에 이른 것입니다.

이렇게 문자화되어 전승된 불교 성전은 고따마 붓다가 설한 법法과 율律로 잘 정리되어 있고, 법과 율은 다시 논장論藏을 통해서 훌륭하게 논의되었습니다. 고따마 붓다를 의지해 삶을 살아가고자 출가한 사람은 교단에 들어온 날부터 교단의 학습계목學習啓目을 익히고 규율과 계율을 배우고 따르게 되는 것입니다. 이것은 성전에 정리된 법法과 율律 그리고 논論을 통해 깨달음을 얻는 방법을 배우게 되는 과정으로 알려져 있습니다. 이러한 전통은 남방 상좌부 교단의 삼장三藏을 통해 잘 보존되어 전해져 오고 있고, 한역 경전에서는 남방 상좌부 계통의 경전이 단경單經으로만 전해지고 있을 뿐입니다. 특히 남방 경전에서는 '열반 성취의 가르침'이 잘 설정되어 설명되고 있으며, 이러한 결실은 삼장三藏의 결집結集을 통한 결과라고 할 것입니다. 이로 인해 상좌부 불교권에서는 고따마 붓다의 교설이 왜곡됨 없이 전해질 수 있었고 불교 교육의 정통지표가 되었습니다. 또한, 이것은 출가한 사람의 교육 자료로 충분히 그 역할을 해오고 있는 것입니다.

여기에는 역사적 진통을 포함한 사건인 대중부Mahāsāṃghika의 분열로 인해서 비구들은 적대적인 관계 혹은 그와 같은 불교문화로 발전하게 되면서 승단은 물론 전체 불교계의 사상적 대립 관계로 발전하게 되었습니다.* 이러한 현실은 마우리아왕조기원전 324~187의 삼대三代 군주였던 아쇼까Aśoka대왕**의 시대를 맞이했을 때 마우리아의 수도 빠딸리뿌뜨라Pāṭaliputra에서 아쇼카왕의 보호를 받은 상좌부에서는 당시 최고의 고승인 마하목갈리뿟따 팃사Moggaliputta Tissa의 주도로 1천여 명의 승려가 모여 9개월에 걸쳐 제3차 결집이 이루어졌으며, 기존의 두 번의 결집 때와는 달리

---

* 이러한 역사적인 사실과 관점은 제3차 결집에서 나타난 사실을 바탕으로 그 이전부터 있었던 이 둘의 갈등 문제는 대체로 대승불교의 소의경전인 『묘법연화경妙法蓮華經』에 아주 상세히 나타나 있다. 특히 『묘법연화경妙法蓮華經』「권지품勸持品」에 두 갈래로 갈라진 승가 갈등의 정도나 감정까지 표현하고 있어 어떤 문제로 분파의 조건이 되었는지 분명하게 판단할 수 있는 자료가 된다. 또한 대승과의 최초의 갈등에 관한 문제점과 역사를 짐작할 수 있는 문헌이다.

** 아쇼까Aśoka왕 생몰연대 미상. 마우리아Maurya왕조 제3대 왕B.C.268~232 在位. 인도 최초의 통일자인 찬드라굽타Candragupta의 손자. 빈두사라Bindusāra의 아들. 아육阿育이라고 한역. 인도 최초의 대제국을 건설한 것으로 전한다. 서출庶出이면서 장형長兄을 제치고 즉위하였다. 그 뒤 어떤 비구에 의해서 불교로 개종하였다. 기원전 261년 카린가 정복에서 전쟁의 비참함과 죄악성을 통감하고 불교의 가르침을 열심히 신봉하였고, 이때부터 무력에 의한 영토확장을 중단하고, 불법에 의한 평화적인 국가건설을 표방하였다. 그러한 그는 불교의 가르침인 법法; Dhamma을 확장하면서 전국 각지에 많은 석주石柱를 세우고, 암벽을 깎아서 거기에 법칙法則; 법의 교칙을 새겨 두었다.

구전으로 전해오던 경전을 최초로 문자로 기록하였고, 이때 경장과 율장뿐 아니라 논장까지 결집에 포함되어 삼장의 모습이 갖추어지게 되었던 것입니다. 이로 인해 비구들은 성전의 기초를 닦게 되었고 율과 법의 조직***을 갖추게 되었습니다. 이렇게 이루어진 결집의 목적은 '정법 수호'라는 단 한 가지 이유 때문이었습니다. 그러나 제3차 결집을 계기로 승단은 이전부터 있었던 불화不和가 표면화되었습니다. 이를 계기로 마하데와Mahādeva 이단은 비구들 간의 단절을 선언했고, 결국 상좌부에서 대중부大衆部; Mahāsāṃghika의 분열로 이어졌습니다. 이러한 사건은 시대의 변천에서 오는 피할 수 없는 일로 불교 교단 내에서 가장 최초의 분열로 알려져 있습니다.

이를 계기로 불교에는 대승이 탄생하면서 분파는 물론 새로운 사상적 체계가 형성되기에 이르렀고 대승은 그때부터 형이상학적 사고의 틀 속에 스스로 갇혀버렸습니다. 이것은 고따마 붓다의 '잘 설해진 법'과 청정승단을 떠나 열반이 아닌 성불이라는 새로운 이단적 사고의 개념을 내세우게 됩니다. 그것은 정확한 가르침의 견해에서 볼 때 고따마 붓다의 가르침을 따를

*** 율과 법의 조직이란 율律의 지도자와 경經의 지도자가 구별되었다는 뜻이다. 그것은 자신들을 전문 분야의 조직으로 확정하는 일로 발전되었다.

수 없게 되는 변형적이고 이단적인 형태로서 인도의 바라문사상이나 중국의 도교사상으로 결론을 도출해 내고 있다는 것에서 열반교의와 다르다는 것이 입증됩니다. 그러나 대승이 가진 그 설정이 좋고 나쁘고를 떠나 이미 그들 나름대로 오랜 역사를 만들어왔다는 것은 매우 주목할 일입니다. 대승의 깨달음과 성불과 보살도는 대승의 삼장에서만 설정되고 설명되고 요구되는 내용인데, 이것을 초기불교의 오부五部 니까야의 내용과 견주어 한마디로 설명하기란 매우 곤란합니다. 그래서 이 책을 쓰고자 하는 동기를 가지게 된 것입니다. 아울러 이것은 고따마 붓다의 깨달음에 관한 동질성을 확보하는 데 커다란 역할을 하게 될 것입니다.

여기서 표현되는 모든 어의語義는 고따마 붓다의 가르침에서 사용되었던 단어와 문장의 뜻을 전혀 훼손하지 않았습니다. 왜냐하면, 이곳에서 사용되고 인용된 모든 표현이 고따마 붓다의 설법을 그대로 적용하였고, 단어와 문장의 뜻에서도 그의 깨달음을 변함이 없이 정확하게 표현했기 때문입니다. 고따마 붓다의 전통 가르침의 진의가 가장 잘 함축되어 표현된 곳은 「전도선언문」에서 일 것입니다. 그래서 불교 교육학은 '깨달음의 길'을 바탕으로 한 고따마 붓다의 「전도선언문」의 정신에서 비롯되었음을 알려드립니다. 「전도선언문」에 담겨있는 고따마 붓다의 법의 실체와 전법에 임하는 자세는 교육학에서도 채택되어야 할 것이기 때문입니다. 또한, 그것은 고따마 붓다의 깨달음의 가르침에서 전통과 정통을 세우는 일이 될 것입니다. 고따마 붓다의 가르침에서 꿰뚫는 이해의 장을 마련하기 위해 함께 수행하는 여러 도반에게 이 글을 바칩니다.

2022년 5월 부처님오신날에

부처님마을 금국사鑫國寺에서
일공日崆 합장

차례

제7장 오부五部 니까야 개설槪說

제 1 장

불교 교육학

제1장 불교 교육학

1. 교육학의 의미

교육이란 어떤 학문의 이론을 효과적으로 전달해주기 위해 꼭 필요한 과정입니다. 이러한 방법은 고증과 분석을 통해서 입증되어야 하는 문제로 전통과 정통성이 전제되어야 합니다. 왜냐하면 거기에는 교육적 최고의 가치가 담겼기 때문입니다. 불교의 교육에서도 마찬가지입니다. "내 이미 법을 잘 설해놓았다."[1]라고 자신의 깨달은 법이 완벽함을 천명한 고따마 붓다는 사슴동산으로 다섯 비구[2]를 찾아가서 그들에게 자신이 깨달은

1 '내 이미 법을 잘 설해놓았다'라는 문장 속에 나타나는 법法이란 사성제四聖諦를 말하는 것이다. 물론 사성제를 설명하기 위한 오온五蘊과 무아無我, 공空, 무상無常, 연기緣起 등의 논리도 법이라 한다. 이러한 논리의 법은 사성제의 진리를 이해시키기 위해 보충 설명한 소재이며 자료에 해당하는 법이다. 그리고 그 자료는 주제로 설정된 법의 이해와 직결된 설명이다. 이러한 논리에서 사성제의 주제인 괴로움을 이해한다면 괴로움의 실체가 보이고 거기서 정견의 견해가 생기게 된다. 이렇게 하여 결정된 견해의 8가지 조항을 팔정도라 한다.

2 김승동 편저(민족사. 2011.5.15.) 『콘사이즈판 불교사전』. p.792. 오비구五比丘: 고따마 붓다가 출가할 때, 부왕父王의 명으로 태자를 보필하여 함께 고행하던 다섯 사람의 비구들로서 고따마 붓다가 성도 후 가장 먼저 설법의 대상이 된 이들

법을 얻을 수 있도록 가르침을 주었습니다. 고따마 붓다의 이러한 행동이 곧 가르침이라는 것이고, 교육이라는 것입니다. 그 교육을 통하여 다섯 비구는 깨달음으로 인도하는 고따마 붓다의 교육과정에 임했던 깃입니다. 이때 다섯 비구에게 펼쳐 보였던 고따마 붓다는 자신의 교육으로 어느 정도 자신이 깨달은 바가 그들에게 올바르게 전해졌음을 확인하게 되었을 때 그는 만족하였고 전법에 대한 희망을 가지게 되었습니다. 사함빠띠범천의 권청 이후에 처음으로 희망을 가지게 되는 일이었을 것입니다. 그리고 고따마 붓다는 얼마 지나지 않아 그가 깨달음을 성취하고 난 뒤 가장 중요한 결심을 하게 됩니다. 그것은 다름 아닌 '전도선언'의 일입니다.

그의 '선언문'에는 불교교육의 정의와 목적과 삶의 방법까지 잘 나타나 있습니다. 그의 전도선언 이후 오랜 세월 동안의 가르침은 경율론經律論 삼장三藏으로 정리되었고, 가르침의 실천과 목적하는 바의 자세한 가르침도 경율론 삼장에 자세히 기록되어 있습니다. 이것은 전도선언과 전도가 이루어진 뒤 고따마 붓다가 열반생활[3]을 끝내고 반열반에 들기까지의 오랜 세월에 걸

이다. 의역과 한역에 따라 그 이름이 몇 가지로 전해진다. 1. 아야교진여阿若憍陳如·아습비·마하마남·바뎨·바부, 2. 아야교진여阿若憍陳如·알비·마하남·발뎨·바파, 3. 교진여·아사바사·마하나마·발뎨리가·바사파, 4. 요본제了本際·정원正願·대호大號·인현仁賢·정어正語, 5. 구린·알폐·마남구리·발뎨·십력가섭 등이다.

3 열반涅槃은 생사生死, 生滅와 윤회輪迴의 연기緣起의 괴로움苦으로부터 벗어남을 말한다. 해탈解脫이라는 단어를 사용하기도 함. 원문은 viññātaṇṁ인데 주석서에서는 "알아져야 하는 것이라고 해서 윈냐나라고 한다. 이것은 열반의 다른 이름이다tattha viññātabbanti viññāṇaṁ nibbānassetaṁ nāmaṁ"(DA.ii.393)라고 설명한다. 여기에 대해서 복주석서는 다음과 같이 더 분명하게 밝히고 있다. "알아져야 하는 것이란 특별하게 알아져야 하는 것이다. 최상의 지혜인 성스러운 도의 지혜

쳐서 펼쳤던 가르침의 내용입니다. 그러나 염려스러운 것은 경전에 기록된 설법을 통해서 개인의 조건과 성향에 따라 각양각색으로 받아들이거나 이해하는 것입니다. 이러한 문제는 현실에서 잘못된 설정으로 나타나게 되고 그 결과는 이교도적이거나 외도로 빠져들게 되는 결과를 가져오게 됩니다. 이러한 현실에서 가장 효율적으로 대처할 방법은 규정된 교육학의 이론과 체계를 통해 그 해결점을 찾을 수밖에 없을 것입니다. '현실의 규정된 교육'이란 고따마 붓다의 가르침에 관한 교육과정을 말합니다. 이것은 가르침에 대한 이론의 정립은 물론 표현과 실천의 정통성을 벗어나지 않은 새로운 방법을 통해 전통과 정통성을 변함없이 이어가기 위한 학문적 연구라 할 것입니다. 현실에서 발견된 문제점이 있다면 모든 불교학자가 앵무새나 구관조처럼 '연기의 깨달음'이나 '공관空觀 혹은 무상無常'과 무아無我를 통해 고따마 붓다의 깨달음을 다 이해하고 있는 듯이 말하는 것입니다. 이것은 고따마 붓다의 가르침의 정통적인 입장에서 대단히 위험하고 염려스럽지 않을 수 없습니다. 왜냐하면 고따마 붓다의 가르침의 근본이 무너지는 현상이 거기에서 발견되기 때문입니다. 가장 큰 문제는 가르침에 관한 이해와 관계가 깊다는 것입니다. 이것은 교육적 가치를 잘 나타내 주고 있는 문제

---

ariyamaggañāṇa로 눈앞에서 알아져야 한다는 뜻이다. 그래서 '이것이 열반의 다른 이름이다'라고 하였다." (DAT.i.512)

다음은 열반의 뜻과 다른 표현이다. ①(불이) 꺼짐. ②열반涅槃. ③해탈解脫. ④소멸. 지멸止滅, 적멸寂滅, 적정寂靜. ⑤평화, 지복. ⑥ 신체적인 행복, 건강rāga·dosa·moha이 소진된 상태 등의 뜻과 표현을 쓴다. 전재성 편저(2005) 『빠알리-한글사전』.

열반생활涅槃生活이란 열반의 관점으로 죽음에 이르기까지 살아가는 삶의 방식을 말한다. 즉 팔정도八正道나 십정도十正道 혹은 불행佛行이라고 인정될만한 생활 방식이다.

입니다. 또 교육적 가치가 비구의 언어에 있다고 가르친 경전이 있습니다. "비구의 언어는 기분 좋고 바르게 그리고 진실하게 잘 설해져야 한다"[4]라고 하였습니다. 고따마 붓다가 자신의 가르침이 정확하게 전해지지 않음을 염려했던 사건이 있었습니다. 그 사건의 이유는 학습계목에 잘 길들이여 지지 않은 신참비구들에게서 발단되었습니다. 출가 수행자가 일상에서 자신의 신분을 망각하고 유익하지 못한 언행을 일삼아 자신은 물론 다른 수행자들에게까지도 폐해를 주는 상황을 보고 사리뿟다 등 구참비구들이 신참비구들을 모아놓고 단체적으로 지도하는 데서 비롯한 사건이었습니다. 이러한 광경을 발견한 고따마 붓다는 다음과 같은 조언을 사리뿟다에게 하였습니다.

> "사리뿟다여, 믿음 없는 사람들은 믿음이 없지만, 생계의 문제로 집을 나와 출가하였다. 그들은 남에게 교활하고 속이고 사기치고 들뜨고 오만하고 촐랑대고 수다스럽고 산만하게 말한다. 그들은 감각기능의 문을 지키지 않고 음식에서 적당함을 모르고 깨어있음에 전념하지 않는다. 그들은 사문의 결실에는 관심이 없고 공부지음을 극히 존중하지 않으며 사치하고 게으르고 퇴보에는 앞장서고 한거閑居를 멀리 내팽개쳐버리고 태만하고 정진하지 않고 바른 마음챙김을 놓아버리고 분명하게 알아차림이 없고, 집중하지 못하며 마음이 산란하고 통찰지가 없어 귀머거리나 벙어리 같다. 그들은 그냥 내버려 둬라.
>
> 사리뿟다여, 그러나 선남자들은 믿음으로 집을 나와 출가하였다. 그들은 교활하지 않고 속이지 않고 사기하지 않고 들뜨지 않

4 『선설경善說經; Subhāsita sutta』.

고 오만하지 않고 촐랑대지 않고 수다스럽지 않고 산만하지 않게 말한다. 그들은 감각기능의 문을 잘 지키고 음식에서 적당함을 알고 깨어있음에 전념한다. 그들은 사문의 결실을 기대하고 공부지음을 지극히 존중하며 사치하지 않고 게으르지 않고 퇴보를 멀리 내팽개쳐버리며 한거閑居에 앞장서고 태만하지 않고 열심히 정진하며 스스로 분발하여 마음챙김을 확립하고 분명하게 알아차리며 집중되고 일념이 되며 통찰지가 있어 귀머거리나 벙어리 같지 않다. 사리뿟다여, 동료 수행자들을 교계하라. 그래서 동료 수행자들이 바르지 못한 법으로부터 벗어나 정법에 확고히 머물게 하라. 이와 같이 공부지어야 한다."[5]

출가의 정의에 관한 설법입니다. 출가란 고따마 붓다의 가르침에 대한 믿음으로 '세속의 생활을 모두 버리고 집을 나와 새로운 출가의 생을 살아가는 것'을 말합니다. 그러므로 출가생활에서 새로운 생활에 어울리는 정의를 가짐은 당연합니다. 고따마 붓다는 출가한 사람을 위해서 규범과 규율 또한 학습계목[6]이라는 명제를 설정해 놓았습니다. 이러한 뜻은 고따마 붓다 스스로 제자들에게 자주 들려주었던 경전의 내용에 잘 나타나 있습니다. 그것은 고따마 붓다가 깨달은 '괴로움의 소멸법칙'[7]을 이해하고 성취하기 위한 하나의 생활방식이고 그 방법에 관한 역할과 의무를 알려주기 위해서 주위를 밝은 빛으로 밝게 비추며 하늘에서 내려온 어떤 천신과 고따마 붓다의 짧은 문답의 게송

5 A5:167.

6 처음 출가한 이들을 위해 설정된 배워야 할 조목이다. '배워야 할 조목 즉 학습계목sikkhāpada'이다. '학습하는 항목koṭṭhāsa'이라고 한다. 학습계목sikkhāpada에 관해서는 비교적 『사문과경』(D2)에 자세히 설명되어 있다. 본서 주注 26 참조.

7 '소멸의 법칙法則'이란 사성제의 주제가 괴로움이고, 그 괴로움의 소멸에 관한 이론이 곧 사성제이므로 사성제의 이론을 두고 한 표현이다.

에 잘 설명되어 있습니다.

“어리석은 자에게 출가생활이란
행하기 어렵고 견디기 어렵나니
거기에는 실로 많은 장애가 있어서
어리석은 자는 쓰러지고 맙니다.

만일 그가 마음을 단속하지 못한다면
얼마나 많은 날을 출가생활을 하오리까?
나쁜 사유에 지배받아 이리저리 헤매면서
매 걸음걸음마다 쓰러질 것입니다.”

이와 같은 천신의 게송에 고따마 붓다의 다음과 같은 답변 게송입니다.

“거북이가 자신의 등딱지에 사지를 집어넣듯이
비구는 마음에 일어난 사유를 안으로 거둬들여
다른 것에 의지하지 않고 남을 해코지 않으며
완전한 평화를 얻어 아무도 비난해서는 안 되리.”[8]

고따마 붓다가 창시한 이 괴로움의 소멸법칙은 종교의 불합리성이나 종교에 대한 새로운 해석을 가져왔고, 인간의 가치와 평가 그리고 인생의 관점에서 여러 가지 문제점을 제시하였습니다. 예컨대 ‘인성人性은 종교를 능가하는가?’, ‘종교가 인성人性을 지배하는 경우’, 등의 관점에서 고따마 붓다는 특별한 출가

8 각묵스님 역(2009.11.5. 초기불전연구원) 『쌍윳따 니까야』 제1권. pp.160-161.

의 생활방식을 제시한 것입니다. 특히 고따마 붓다의 가르침을 의지해 출가하여 출가생활을 하려는 사람이라면 그의 가르침에 관하여 꿰뚫는 이해를 하고 거기에 맞는 생활을 해야 한다고 천명하고 있습니다. 그것은 바로 경·율·론 삼장三藏입니다. 출가는 고따마 붓다의 가르침으로 인해 전개되는 생활방식으로서 깨달음을 성취하기 위한 생활이기 때문입니다. 여기서 문제가 되는 것이 있다면 두 가지로 요약됩니다. 한 가지는 고따마 붓다의 가르침을 꿰뚫어 이해하는 것이고, 다른 한 가지는 깨달음에 관한 것이 고따마 붓다의 깨달음과 동질성을 갖춰야 한다는 것입니다. 출가한 사람이 이 두 가지 문제가 해결되지 않은 상태라고 한다면 이론의 부재는 물론 가르침의 잘못된 이해로 수행의 차질은 물론, 스스로 자신의 자질과 성향에서 혼란을 겪게 될 것입니다. '이론의 부재'란 고따마 붓다의 가르침에서 이론을 세우지 못하는 결과이고 '가르침의 잘못된 이해'란 역시 전자의 상황에서 기인하게 되는 오류를 일컫는 것입니다. 이 두 가지 문제의 해결은 왓차[9]라는 재가자의 질문과 고따마 붓다의 답변이 나오는 경전에서 명쾌한 설명을 볼 수 있습니다.

> "고따마시여, 재가자의 족쇄를 버리지 않고도 몸이 무너진 다음에 괴로움을 끝낸 재가자가 있습니까?"

9 왓차는 왓차곳따 유행승Vacchagotta paribbājaka를 말한다. 왓차곳따는 라자가하의 왓차라는 족성gotta을 가진 부유한 가문에 태어났다. 그래서 '왓차라는 족성을 가진 자'라는 뜻의 이름인 왓차곳따로 부르는 것이다.(ThgA.i.235) 그와 고따마 붓다가 나눈 대화는 여러 경전에서 전승되어 오는데 특히 『맛지마 니까야』에 나타나는 세 개의 경 즉 「왓차곳따 삼명경」(M71), 「왓차곳따 불경」(M72), 「왓차곳따 긴 경」(M73)은 유명하다. 그는 「왓차곳따 긴 경」(M73)을 통해서 마침내 출가하게 되고 아라한이 된다.

"왓차여, 재가자의 삶의 족쇄를 버리지 않고도 몸이 무너진 다음에 괴로움을 끝낸 재가자는 아무도 없다"10

그래서 출가는 '한 가지 지향점'을 성취하려는 자만이 가질 수 있는 일임을 밝히고 있습니다. 그러면서 45년을 한결같이 자신의 가르침을 펼쳤던 것입니다. 그것은 다양한 교육 방법과 교훈이었습니다. 그러나 현재 고따마 붓다의 가르침에서 교육의 부재는 가르침의 부재와 깨달음의 부재로 이어지고 마침내 고따마 붓다의 깨달음에 견주어 동질성 또한 부재로 나타나고 있는 것입니다. 이러한 문제는 어제와 오늘에 당면한 문제는 아니었습니다. 고따마 붓다 재세시在世時에도 평소 그가 제자들에게 자신을 정확히 평가해주고 표현해주기를 강하게 요구한 내용이 경전에 기록되어 있는 것을 보면 알 수 있습니다. 이것은 고따마 붓다 자신의 평가와 가르침에서 매우 중요하였기 때문일 것입니다. 그리고 만약 이와 같은 요구와 조건이 선행되지 않았다면 불교에서 가장 중요한 경·율·론 삼장三藏이 제대로 전해질 수 없거나 소실되었을 것입니다. 그렇다고 일상에서 진행되는 모든 생업인 오온의 기능을 유지하는 일과 같이 가르침이 없는 상태에서도 항상 유지되고 진행되고 이어지는 것은 아니기 때문입니다. 그러므로 고따마 붓다의 가르침에서는 분명한 교리구조가 존재하는 것입니다. 이것을 바탕으로 교육의 과정과 교육 방법을 통해 완벽한 수행자로 탄생할 것이기 때문입니다. 괴로움의 소멸법칙이라는 특별한 교육을 통해서만 가능할 것입니

---

10 M71. 「왓차곳따 삼명경Tevijjavacchagoyya sutta」.

다. 그 가르침에는 완전한 구성이 있고 깨달음을 얻게 되는 교리구조의 완성에서만 찾을 수 있습니다. 고따마 붓다의 가르침이 온전하지 못한 교육환경에서 이러한 결과는 분명히 교육적 명제를 제시할 뿐만 아니라 후대에 전해지는 가르침에 관한 내용에서도 교육적 목적과 가치를 확실하게 갖춰 교육이 가지는 목적과 설명을 통해 가르침을 꿰뚫어 이해할 수 있게 되는 것입니다.

그리고 고따마 붓다의 가르침을 받고 수행하고자 하는 이에게 더욱 중요한 문제가 있습니다. 그것은 스스로 아니면 어떤 계기로 인해서 '철학적 가설의 관점'을 가지게 되는 것입니다. 예를 들면 '자신 혹은 어떤 사람의 덕망을 찬양하거나 독단적 견해에 묶인 상태', '철학적 가설에 대한 지식', '철학적 논쟁', '철학을 통한 정화', '깨달음 없이 진리는 하나이다'라고 주장하는 것 등을 들 수 있습니다. 이러한 내용을 다룬 경[11]에서는 한결같이 그 단점과 모순을 이렇게 지적하고 있습니다. '철학적 가설에 대한 지식은 사람을 정화할 수 없으며, 거기에는 절단과 변화의 경향은 있지만, 결코 내적 평화에 이를 수는 없다', '독단적인 견해에 묶여 제한된 생활을 하는 사람이다', '자신만을 찬양하는 철학자들은 다른 사람을 비난한다'라는 등입니다. 점차 고따마 붓다의 가르침에 관한 논리의 이해가 깊어질수록 이러

11 진노팔게경瞋怒八偈經, Duṭṭhaṭṭhaka sutta, 정팔게경淨八偈經, Suddhaṭṭhaka sutta, 제일팔게경第一八偈經, Paramaṭṭhaka sutta, 노경老經, Jarā sutta, 제수미륵경帝須彌勒經, Tissametteyya sutta, 파수라경波須羅經, Pasūra sutta, 마건지야경摩健地也經, Māgandiya sutta, 사전경死前經, Purāpheda sutta, 투쟁경鬪爭經, Kalahavivāda sutta, 소집적경小集積經, Cūlaviyūha sutta, 대집적경大集積經, Mahāviyūha sutta, 피안도품彼岸道品, Pārāyaṇavagga 등이다. 이 문헌은 Aṭṭhakavagga義品에 있다.

한 문제는 스스로 정리되고 그러한 철학적 관점이 고따마 붓다의 가르침에 반한다는 사실을 알게 될 것입니다. 고따마 붓다의 가르침이 철학적 관점에서 논의되고 결정하는 것은 열반을 얻는 데 아무런 도움이 되지 않는다는 지적은 어렵지 않게 경장의 여기저기에서 발견됩니다. 고따마 붓다에게 믿음을 가지고 출가한 수행자가 이러한 철학적 가설에 관한 지식과 견해가 얼마나 유익하지 않은 것인지에 대해 『소부小部; Kkuddaka nikāya』의 의품義品; Aṭṭhakavagga 「진노입게경瞋怒入偈經; Duṭṭhaṭṭhaka sutta」 등에서는 '독단적 견해' 또는 '철학적 가설에서 벗어나 자유롭다'라고 했고, 「정입게경淨入偈經; Suddhaṭṭhaka sutta」에서는 '철학적 가설에 관한 지식은 사람을 정화할 수 없으며, 거기에는 절단과 변화의 경향은 있지만, 결코 내적 평온에는 이를 수 없다'라고 했습니다.

비구의 자질에 관해서도 '누구든지 철학적 논쟁에 관여해서는 안 된다. 그렇게 하지 않는 진실한 비구는 열반에 이른다'[12] 라고 했습니다. 또한 고따마 붓다는 철학을 통해 정화를 믿고 있는 마간디야Māgandiya에게 '철학적 사고에서는 내적인 평온을 결코 얻을 수 없다'[13]라고 가르치고 있습니다.

철학적인 사고를 촉진하거나 발전시키는 것 중에는 개인적인 성향에서도 발견되지만, 주로 논장論藏의 논의된 주제를 통해 여

---

12 『Khuddaka nikāya小品』의 Suttanipāta經集 Aṭṭakavagga義品 『Paramaṭṭhaka sutta第一八偈經』의 내용.

13 『Khuddaka nikāya小品』의 Suttanipāta經集 Aṭṭakavagga義品 『Māgandiya sutta摩健地耶經』의 내용.

러 갈래로 발전하게 되는 것을 볼 수 있습니다. 이러한 요소가 고따마 붓다의 가르침을 엉뚱한 방향이나 다른 관점으로 모색하게 만든다든지, 아예 이해할 수 없는 상태의 이론으로 발전하게 만드는 것입니다. 이러한 상황에서 교육의 의미는 가르침이나 깨달음의 오류를 바로잡고 정법의 길을 바로 세우는 것이 될 것입니다. 이것을 참다운 파사현정破邪顯正의 길이라고 할 수 있습니다. 이러한 과정은 반드시 출가 수행자가 고따마 붓다와 같은 인격으로 변화시키고 발전시킬 수 있도록 만들어 갈 것입니다. 고따마 붓다가 깨달음의 가르침을 펼쳐온 지 몇천 년이 흐른 지금 그의 깨달음과 자신의 깨달음에서 동질성을 확보한다면 그야말로 출가의 가장 위대한 일을 한 사람으로 평가될 것입니다.

요즈음 들어 현대과학의 성과와 특히 물리학의 불확정성원리[14]를 발견한 것에 관하여 불교의 어떤 이론의 원리적 형태를 대변해 준다는 생각에서 '현대과학으로도 증명되는 불교적 관점'이라며 들뜬 마음을 억누를 수 없는 사람들을 종종 발견하게 됩니다. 가장 많이 나타나는 이러한 관점에서 쉽게 접하게 되는 것은 '범우주적 관점이자 인간의 한계를 천명한 원리' 또는 '연기의 실체와 우주적 관점'이라든지 연기와 함께 엮여질 수 있는 문제 즉 원자물리학이나 양자물리학의 이론 등을 들어 불교의 사상이나 가르침이 현대과학으로 입증된다고 확신하는 것입니

14 베르너 하이젠베르크Werner Karl Heisenberg. 1901~1976 독일의 이론물리학자. N.보어의 지도 아래 원자구조론을 검토하여 양자역학의 시초가 되는 연구를 하였으며, 불확정성원리에 관한 연구로 새로운 이론의 개념을 명확하게 하였다. 그 외 원자핵 분야에 관한 연구 등 여러 연구가 있다. 두산백과.

다. 이것은 두 가지 측면에서 고따마 붓다의 가르침을 설명하는 방식에서 벗어나 있습니다. 고따마 붓다의 가르침에서 연기의 문제를 이러한 관점 아래 두거나 서로 엮어서 비교의 대상으로 여긴다는 것은 '외도 관념의 함정'이나 '형이상학적 관념의 함정'에 빠지는 경우라고 할 수 있습니다. 이러한 문제는 고따마 붓다의 재세시에도 늘 존재하고 있던 것이고 그런 일이 있을 때마다 분명하게 '그런 게 아니다. 그것은 바로 이런 것이다'라고 분석해 주었던 것도 바로 고따마 붓다였습니다.

고따마 붓다의 가르침에서 그 이론의 실체를 두고 확실한 분석이 이뤄지지 않는다는 것은 불교학자 혹은 수행자에게 가장 실망스럽고 수치스러운 일이 아닐 수 없습니다. 이러한 입장인 사람들에게서는 고따마 붓다의 가르침이 어떤 이유로든 소실되어 그들 자신에게서는 고따마 붓다의 어떠한 가르침도 남아 있지 않은 상태이기 때문일 것입니다. 그 어떤 사람에 있어서 정법의 소실에 해당함은 고따마 붓다의 가르침에 대한 교리구조를 형성하지 못했을 경우이고, 교리를 전혀 이해하지 못했을 때일 것입니다. 이러한 현상은 몇 가지로 정리됩니다. 첫째 잘못된 수직적 사고나 수평적 사고로 이어진 스승과 제자가 만났을 때입니다. 이 두 가지 현상은 주로 스승의 잘못된 사고思考를 그대로 물려받아 이어지는 경향이 많습니다. 간단히 설명하자면 '스승이 가진 잘못된 사상을 그의 제자가 그대로 물려받는 것'을 의미합니다. 잘못된 사고란 고따마 붓다의 가르침과 동질성을 가지지 못한 사고를 말하는 것입니다. 즉 '공간적 사고'와 '다층구조의 사고'가 그것입니다. 이러한 사고 역시 형이상학적 사고로 이어지는 합리적인 방법을 모색하는 특징을 통해 자기 자신의 존재에 함몰되어 빠져나올 수 없는 울타리를 만들게 됩니다. 이러한 문제는 고따마 붓다의 가르침을 더욱더 난해하게 만드는 원인이 됩니다.

2. 교육의 목적

불교교육의 목적은 고따마 붓다의 가르침에서 찾을 수 있습니다. 고따마 붓다의 깨달음을 얻기 위한 가르침이 바로 그것이기 때문입니다. 다시 말해 고따마 붓다가 깨달은 깨달음을 얻기 위해 깨닫는 법을 배우고자 하는 이들이라면 반드시 거쳐야 할 과정이기에 그렇습니다. 그것은 경·율·론 삼장三藏에 부과된 내용입니다. 그러나 반드시 그 가르침의 정확한 이해가 선행되어야 하는 만큼 자신의 이해력 또한 중요합니다. 잘 정리된 올바른 교리구조를 형성함은 교육과 배움에 커다란 도움이 될 것입니다. 깨달음을 얻기 위한 교육은 반드시 고따마 붓다가 깨달은 법을 올바르게 성취한 선지식善知識[15]의 가르침을 받아야 비로소 이해하게 되고 정통성과 동질성을 확보하게 됩니다. 특히 출가한 사문의 수행생활에서 전통성이나 정통성 그리고 동질성을 갖춘다는 것은 매우 값진 보물을 얻은 것이나 다름이 없습니다. 왜냐하면 출가하여 이러한 견해의 구족과 견해의 청정으로 수

---

15 여기서 선지식善知識이라 표현한 것은 고따마 붓다의 가르침에 의해 깨달음을 성취한 아라한을 말한다. 즉 사성제四聖諦의 가르침에서 꿰뚫은 이해가 생기고, 그 이해를 통해 완전한 정견正見의 견해가 생긴 아라한을 뜻한다.

행한 그 사람이 결국은 아라한이 되고 부처가 되는 것이기 때문입니다.

그러므로 교육하는 방법과 과정에 있어서 일반 사회의 교육 내용이나 과정과 같지 않음은 당연할 것입니다. 이것을 출세간적인 교육이라고 합니다. 또한 세속적 삶을 벗어남을 배우는 역류과정逆流課程의 길이라고 표현할 수 있습니다. 이러한 역류과정의 일은 매우 흥미롭기는 하지만, 가르침의 이해가 없거나 이해 불가능한 경우라면 그 과정이 고통스럽기만 할 것입니다. 그러나 고따마 붓다의 가르침을 꿰뚫어 이해한 입장이라면 아라한과 붓다의 길이 눈에 보이게 되고 괴로움과 연기를 관찰하는 관찰자의 입장이 되어 열반涅槃의 안목을 만들고 아라한의 안목이 열리는 효과로 충족할 것입니다. 올바른 견해를 가진 수행자라야 고따마 붓다의 깨달음의 교육이 목적하는 바인 아라한과와 열반을 성취하는 이론을 능수능란하게 구사하여 가르침을 베풀 수 있는 것입니다.

3. 교육의 방법

불교교육 방법은 고따마 붓다의 가르침과 다르지 않습니다. 즉 고따마 붓다의 가르침에 대한 이해와 실천 그리고 완성의 과정을 설명해 나아갈 뿐입니다. 이 세 가지 관점은 고따마 붓다의 가르침을 배우고 이해하며 실천하는 과정을 통해 열반 완성의 단계로 안내하게 됩니다. 그러나 이론의 구조에서 현대교육적 체계를 적용하고 주객의 관계를 분명히 설정하여 거기에 맞는 이론을 펼쳐 나아갈 것입니다. 이러한 방법은 현대학문의 교육방식에 익숙한 사람들에게 이해하기 쉬울 것입니다. 그리고 현대학문의 논리적 방식을 모색하였다고 해서 고따마 붓다가 가르친 원의原義를 잃거나 훼손하거나 설명이 빈약하거나 모자라지 않을 것입니다. 오히려 불교가 사회발전과 더불어 모든 환경과 변천하는 물질문명 속에서 불교의 정통 가르침을 유지 발전하는 길로 나아가게 될 것입니다. 예를 들면 현대의 물질문명에 맞춰 고따마 붓다가 가르쳤던 가르침에서 단어와 문장을 현대학문에 어울리는 적절한 표현을 구사할 수 있도록 함은 현대적으로 표현된 낱말이나 단어에서 더욱 정확한 의미를 부여해 연구해 갈 수 있는 길을 모색한 것입니다. 학문에서 이렇게 변화하는 것을 진화라고 하지 않습니다. 발전이라고 하는 단어가 어울리는 표현일 것입니다. 왜냐하면 현대사회의 성향에 따라 교리 자체가 달라지거나 상반되는 것이 아니기 때문입니다. 다만 현대적 용어의 차용에서 교리를 더욱 명확하게 표현하게 되는 것은 이해의 전달을 위해 대단히 바람직한 일로 여겨집니다. 어떤 이들은 21세기에 들어 급속도로 변모해가는 사회를 보고 '불교가 발전하기 위해서는 급속히 변화하는 사회의 발전에 따라가야 한다'라는 주장을 펼치고 있습니다. 그러나 더 우선적인 것은 '가르침에 대한 분명한 이해와 관찰現觀'[16]일 것입니다. 이것은 불교교육 방식에 있어서 가장 중요한 문제가 되기 때문입니다. '불교가 발전하기 위해서는 급속히 변화하는 사회의 발전

16 S. Ⅱ. pp.133-139: 『南傳藏』 13. pp.200-209. Abhisamaya saṁyutta現觀相應.

에 따라야 한다'라는 문제가 생기게 된 것은 두 가지의 이유밖에 없습니다. 첫째는 고따마 붓다의 가르침에서 '설명할 수 있는 이론을 설명할 수 없는 처지가 되었을 때'일 것입니다. 여기에는 다시 두 가지 이유의 설명이 가능할 것입니다. 그 하나는 당면한 문제인 고따마 붓다의 가르침에서 자신이 꿰뚫어 이해할 수 없을 때이고, 다른 하나는 아예 처음부터 고따마 붓다의 가르침을 이해 불가능한 입장이었을 때일 것입니다. 여기에 한 가지 덧붙이고 싶은 설명이 있다면, 현재 우리 앞에는 정통한 불교의 이론을 구사하는 사람이 없다는 것입니다. 둘째는 대승 권역의 특성으로 고따마 붓다의 진정한 가르침을 배우지 못한 경우입니다. 이러한 문제들은 고따마 붓다의 가르침을 직접 체험할 수 없게 만들고 깨달음을 성취함에 장애요인입니다. 어떻게 생각해보면 고따마 붓다에게 믿음을 가지고 출가는 하였지만, 고따마 붓다의 가르침을 경험하지 못하여 그의 가르침에서 오는 믿음이 없는 상태의 불행한 수행자라고 할 수밖에 없는 것입니다.

그러므로 불교교육 방식은 설명 불가능한 학설을 설명할 수 있게 만들고 교육자와 피교육자 사이에 고따마 붓다와 같은 관점을 서로의 이해의 선상에 올려놓아 동일성을 전해주고 받는 일을 배워가고 창작하는 작업이라고 할 것입니다. 이것은 고따마 붓다의 가르침에서 정확한 이해가 형성되고 거기에 따라 교육적 방법이 연구되고 발전하여야 하는 문제입니다. 요즈음 일부 사람들이 고따마 붓다의 교의에서 관념적 성취의 일은 현대과학 특히 모든 물리학으로 접근하고자 시도하고 있지만, 고따마 붓다의 깨달음에서 이러한 접근은 불가능한 일이 아닐 수 없습니다. 이러한 사고思考로 불교의 가르침에 접근하고자 하는 사람들 가운데에는 저명한 학자 혹은 출가한 사문들까지도 동참하여 매우 흥분하고 있는 모습을 볼 때 실망을 느끼게 됩니다. 그들은 금방 고따마 붓다의 깨달음이 과학적으로 증명되는 것처럼 여기고 있기 때문입니다. 그러나 과학은 과학입니다. 첨예한 현대과학이 눈에 보이지 않고 몸으로 경험할 수 없는 영역인 '원자나 양자의 이론적 결과가 있다'라고 하더라도 과학이나 물리학 또는 철학적으로 해결할 수 없는 문제는 여전히 고따마 붓다의 가르침 안에 남아 있습니다. 왜냐하면 고따마 붓다의 가르침은 세상의 모든 학문과 물리학적 혹은 철학적 방법으로는 해결할 수 없는 특별한 영역의 일이기 때문입니다.

이러한 문제는 현재의 불교 교육에서뿐만 아니라 불교 역사와 모든 문화, 학문에까지 매우 중요한 사안으로 떠오르고 있습니다. 이와 같은 문제의 해결은 외형적이고 형식적인 불교문화를 떠나 고따마 붓다의 참다운 가르침에서만 찾을 수 있는 길이 될 것입니다.

고따마 붓다가 창시한 불교의 교의가 현시대에 와서 창시자의 가르침과 같지 않다면, 그리고 불교가 현대의 급속히 발전해 가는 변천 과정에서 불교가 변화해야 한다는 생각을 가지고 고따마 붓다의 가르침과 일치하지 않는 불교를 구사해 간다면, 불교의 정의와 정통은 이미 사라졌다고 하지 않을 수 없는 것입니다. 불교교육은 고따마 붓다의 정법에 관한 일이고 정통에 관한 모든 가르침의 일이지 세속적 일상생활의 생활방법을 따르거나 모색하는 일이 아니기 때문입니다. 이렇게 고따마 붓다가 가르친 정법이 소실됨을 그대로 방치한다면 스승과 제자의 관계가 정도를 벗어날 것입니다. 또한 이 세상에 정법은 영원히 빛을 잃게 될 것입니다. 가장 비참하고 수치스러운 일로 기록될 것이 뻔한 일일 것입니다. 그러나 우리에게는 아주 희망이 없는 것은 아닙니다. 일찍부터 고따마 붓다의 가르침이 원형 그대로 전해져 오고 있기 때문입니다. 그것은 5부 니까야[17]의 초기경전을 두고 하는 말입니다. 초기경전에는 다음과 같은 세 가지 믿음을 주는 요소가 있습니다. 첫째는 역사에 대한 믿음입니다. 이것은 고따마 붓다가 이 세상에 태어난 사실에 대한 믿음입니다. 그의 탄생은 물론이고 성장 과정과 출가 그리고 깨달음을 얻어 정각을 이루고 45년 동안 깨달음의 가르침을 펼쳤던 실존 인물에 대한 믿음입니다. 둘째는 그의 깨달음에 관한 믿음입니다. 이 믿음은 그의 깨달음의 가르침을 말하는 것으로서 일반 신앙적인 믿음과는 전혀 다른 차원의 것입니다. 그가 깨달음을 얻었던 이론이 사성제四聖諦이고 이 사성제에서 꿰뚫은 이해가 형성되고 그 이해를 바탕으로 고따마 붓다의 깨달음과 자신의 꿰뚫은 이해깨달음에서 동질성이 갖춰졌을 때 일어나는 믿음을 말합니다. 셋째는 사성제의 이론은 고따마 붓다의 모든 교법이 포함統攝되었다는 사실에 대한 믿음입니다. 이 세 가지 문제는 불교 교육학에서 가장 중요한 부분이라고 할 수 있습니다. 여기서 '믿음'이라고 표현한 말은 확신을 뜻합니다. 이 '믿음'이란 세 가지 문

17 오부五部 니까야Nikāya: ①장부長部; Dīdhanikāya ②중부中部; Majjhimanikāya ③상응부相應部; Saṁyuttanikāya ④증지부增支部; Aṅguttaranikāya ⑤소부小部; Khuddhakanikāya의 경전이다.

제에서 자질을 갖춘 사람이라면 5부 니까야의 모든 말씀을 자유롭게 이해할 수 있을 것입니다. 그것은 사성제의 가르침에서 정견의 견해를 가지게 된 사람이며, 최소한 일래과一來果를 성취한 사람이라고 단정할 수 있습니다.

위에서 언급한 교육 내용을 바탕으로 교리구조를 설정하고 서술해 갈 것입니다. 즉 다음의 순서와 같습니다. ① 교의經典 ② 계율律藏 ③ 이론論藏 ④ 실천冥想이라는 설정에 따라 서술이 진행될 것입니다. 경장이나 율장 그리고 논장과 명상의 서술에서 이러한 논리의 구조가 변함없이 진행되어야 할 이유는 이미 앞에서 언급한 세 가지의 확실한 믿음을 갖추어 주기 위한 것입니다.

① 교의經藏; Sutta-piṭaka: 5부 니까야 경전에서 사성제를 중심으로 37보리분법은 물론 오온·무아·공·무상·연기 등의 설명에서 깨달음의 실체를 밝혀가는 이론이 전개될 것입니다. 그리고 충분히 이해할 수 있게 경전에서 인용문을 찾아 고증과 더불어 분석하고 성찰하는 과정을 상세하게 기술할 것입니다. 또한 5부 니까야의 모든 경전을 개설로 간단하게 설명해 둔 것은 그것이 필요한 사람들을 위해 참고하도록 한 것입니다.

② 계율律藏: 율장律藏; Vinaya-piṭaka[18]의 계율조항에 관한 계율의 역할설명은 크게 학습계목, 교단생활 관련법규, 괴로움의 소멸법칙을 통해 깨달음을 얻은 자가 가질 수 있는 불행佛行으로서의

18 율장律藏; Vinaya-piṭaka: ① 경분별經分別; Suttavibhaṅga ② 건도犍度; Khandhaka ㉠ 대품大品; Mahāvagga ㉡ 소품小品; Cullavagga ③ 부수附隨; Parivāra이다.

계율을 설명하게 됩니다. 계율을 설명하거나 계를 수지受持하거나 하는 것에 관해서는 설명하기 난해한 점이 있으므로 좀 더 쉬운 방법을 택하여 세 가지의 관점에서 서술하도록 하였습니다. 이러한 방법은 계율의 경중에 따라 설명하여 계율에 대한 이해를 돕고자 한 것입니다. 지금까지 전해진 율장에서 설명되는 어떤 사건과 필요에 따라 정해진 계율에서 보면 처음 출가한 초심자에게 부여되는 계율이나 법규가 강제적 성격을 띠고 있음을 발견하게 됩니다. 이것은 출가한 사람의 목적을 도와 수행생활에 자발적인 역할을 기대할 수 없게 될 뿐만 아니라 출가 목적을 잊게 하는 단점도 있습니다. 하나의 계율이 왜 설정되고 그 계율을 어떻게 지켜가고 따라야 하는가에 대한 이해는 그 계율의 목적하는 바와 상황을 자세히 알도록 하는 것입니다. 그러므로 각 항목에 해당하는 계는 강제성이 없어지고 스스로 가장 편안한 상태로서 자신을 보호하는 계율로 바뀌게 될 것입니다. 즉 계율의 설명에서 특별한 계율의 조항 특히 깨달음과 직결되어 설정된 계율을 설명하도록 할 것입니다. 이 특별한 계율의 설명으로 인하여 계율에 대한 경중의 판단이 서기 때문입니다. 그러므로 율로 인한 억압적 느낌이 사라지고 율에서 자유로울 수 있는 견해를 갖춰 나아가도록 인도할 것입니다.

③ 이론論藏: 논장論藏; Abhidhamma-piṭaka에서 논의된 자료는 경장에 바탕을 두고 있습니다. 만약 그렇지 않은 논의는 처음과 중간 그리고 마지막 논의까지 좋은 논의라고 여길 수 없습니다. 논의란 경장과 깨달음의 가르침에 바탕을 두고 이뤄져야 하는 만큼 경장의 이론구조를 벗어나 논의될 수 없는 것이기 때문입

니다. 여기에서 칠론七論[19] 모두를 다루지는 않고 간단한 개설 형태의 소개로 대신할 것입니다. 그리고 논장의 설명은 우리에게 익숙한 『청정도론』과 『아비담맛타 상가하』 두 권을 통해 논장에서 의도된 논의가 무엇을 알려주고자 하는지에 대해서 살펴보는 기회를 간단하게 가질 것입니다. 또한 논의가 진행되는 과정이 원만한지 그렇지 않은지는 경장의 가르침을 바탕으로 논리구조를 비교해보고 결론을 맺을 것입니다.

④ 실천冥想: 명상冥想에 관해서는 사마타와 위빠사나의 이론을 초심자와 어느 정도 깨달음에 도달한 자 그리고 완전히 깨달음을 얻은 자의 세 가지로 분류해서 명상 내용과 방법을 서술해갈 것입니다. 물론 경장에 많은 자료가 있는 만큼 경장의 자료 인용을 통해서 서술하게 되고, 약간 더 보충 설명이 필요한 부분은 논장에 나타난 자료를 인용할 것입니다. 그리고 특별한 설명에 있어서는 깨달음에 관계되는 부분은 저작자의 견해로 필요한 만큼만 첨부하게 됩니다.

---

19 칠론七論이란 ① 법취론法聚論; Dhammasaṅgaṇī ② 분별론分別論; Vibhaṅga ③ 계설론界說論; Dhātukathā ④인시설론人施設論; Puggalapaññatti ⑤론사論事; Kathāvatthu ⑥쌍대론雙對論; Yamaka ⑦발취론發趣論; Paṭṭhāna이다.

제
2
장

깨달음의 길

제2장 깨달음의 길

1. 출가와 목적

출가는 세속의 모든 것을 버리고 집을 떠나 사문으로 살아가는 생활을 뜻합니다. 이러한 출가에는 고따마 붓다의 출가가 표본이 됩니다. 출가한 사람은 그날로부터 '버리고 떠난 세상'을 자신의 눈앞에 두고 살아가게 될 것입니다. 이것은 깨달음을 위한 삶을 시작하는 한 과정입니다. 이 길은 대단한 결단과 용기가 필요합니다. 이 세상에 태어날 때 혹은 그 후에 가졌던 모든 조건을 다 포기하는 결단과 거기에서 벗어나는 용기가 필요한 것이기 때문입니다. 이러한 결단과 용기는 지금껏 자신이 가졌던 모든 세속적인 삶을 포기하는 일이고, 다시 태어나는 일과 같습니다. 왜냐하면 출가란 인간이 가진 모든 삶을 포기하는 대신 또 다른 청정한 삶을 얻게 되는 길이기 때문입니다. 이러한 문제는 출가의 본질을 이해했을 때 비로소 인정하게 되는 것입니다. 출가가 가볍게 느껴지는 경우가 있는데, 최초의 사미沙彌[20]로 출가한 라훌라[21]를 예로 들 수 있습니다. 라훌라는 나이가 어리고 인생의 경험이 짧아 어떠한 일에서도 어른에게 형성된 모든 인성이 성숙하지 않고 스스로 어떤 판단으로 결정해 출가한 상태가 아니었기 때문입니다. 아마도 이때의 라훌라에게는 세상의 모든 일에 대한 경험이 비구比丘[22]들에 비해 적었을 뿐만 아니라 미리 어떤 일을 준비한다는 것은 있을 수 없는 일이었을 것입니다. 예를 들면 라훌라 스스로가 어른이 겪고 있는 인생의 심각한 문제와 경험에서 출가의 중대한 결정을 할 수 없었다는 뜻입니다. 이때의 라훌라는 불교교단에서 최초의 동진출가童眞出家를 한 어린 사미沙彌로 경전은 기록하고 있습니다. 이러한 어린 라훌라에게는 사미沙彌로서의 특별한 훈육 방법이 필요했을 것입니다.

그리고 『출가경出家經; Pabbajjā sutta. A10:59』에서는 출가한 비구에게 해당하는 비구생활의 가르침이 있습니다.

"'비구들이여, 우리의 마음이 처음 출가할 때처럼 굳건하게 되기를, 일어난 나쁘고 해로운 법들이 마음을 사로잡아 머물지 않기를, 우리의 마음이 무상이라고 관찰하는 지혜에서 생긴 인식에 굳건하게 되기를, 우리의 마음이 무아라고 관찰하는 지혜에서 생

---

20 김승동(2011) 『불교사전』. p.451, Pāli어로 Sāmaṇera이다. 한 사람의 완벽한 사문으로의 인격체인 비구比丘; bhikkhu가 되기 이전의 도제승徒弟僧. 7세 이상 20세 미만의 출가한 남자로 10계戒를 받은 스님. **漢譯**하여 소년승少年僧·식자息慈·식악息惡·행자行慈·근책남勤策男이라 한다. ⇔ 사미니沙彌尼.

21 전재성(2005) 『빠알리-한글사전』. p.563, Rāhula 라훌라. 라후라羅睺羅 고따마 붓다가 출가 이전에 낳은 아들이며 어릴 때 출가하여 사미沙彌가 되었다.

22 전재성(2005) 『빠알리-한글사전』. p.527, Pāli어로 bhikkhu이다. 보시를 구하는 사람. 불교의 승려. 수행승. 비구. 스님. 비구계를 받은 20세가 넘은 고따마 붓다의 가르침에 의해 수행하는 수행자.

긴 인식에 굳건하게 되기를, 우리의 마음에 부정不淨이라고 관찰하는 지혜에서 생긴 인식에 굳건하게 되기를, 우리의 마음이 위험이라고 관찰하는 지혜에서 생긴 인식이 굳건하게 되기를, 세상의 선행과 악행을 알아서 우리의 마음이 이것의 관찰로 생긴 인식에 굳건하게 되기를, 세상의 번영과 재앙을 알아서 우리의 마음이 이것의 관찰로 생긴 인식에 굳건하게 되기를, 세상의 일어남과 사라짐을 알아서 우리의 마음이 이것의 관찰로 생긴 인식에 굳건하게 되기를, 우리의 마음이 버림의 관찰로 생긴 인식에 굳건하게 되기를, 우리의 마음이 탐욕의 빛바램의 관찰로 생긴 인식에 굳건하게 되기를, 우리의 마음이 소멸의 관찰로 생긴 인식에 굳건하게 되기를'이라고 그대들은 그와 같이 공부하여야 한다"[23]

그리고 고따마 붓다는 이어서 그와 같이 공부하였을 때 그 결과에 대해서 다음과 같이 가르치고 있습니다.

"… 인식에 굳건하게 되면, 그에게 두 가지 결과 중의 하나가 예상되나니, 지금 여기에서 구경의 지혜를 얻거나 취착의 자취가 남아 있지 않으면 다시 돌아오지 않는 경지不還果가 예상된다."[24]

이것은 출가 수행자의 공부하는 방법을 제시한 것으로서 아울러 공부하였을 때 결정할 수 있는 출가 목적의 결과까지 단언하여 가르치고 있습니다.

여기에서는 순수한 고따마 붓다의 가르침 안에서 이루어질

---

23 A10:59. 출가경出家經; Pabbajjā sutta.

24 대림스님 옮김(2007.11.5. 초기불전연구원) 『앙굿따라 니까야Aṅguttara nikāya』. p.224.

수 있는 교육의 가치만을 서술할 것입니다. 왜냐하면 그것은 가장 순수한 고따마 붓다의 가르침을 표방하는 것이고 정법을 위한 것이기 때문입니다. 출가란 어떤 의미가 있는지 살펴보도록 하겠습니다. 출가에 관한 자세한 서술로는 『사문과경』이 대표적이라 할 수 있습니다. 여기에서 마가다의 왕 아자따삿뚜 웨데히뿟따Rājā Māgadho Ajātasattu Vedehiputto[25]가 늦은 밤 고따마 붓다를 방문하여 사문의 결실에 대해 질문을 하였습니다. 이때 그의 질문에 대한 고따마 붓다의 답변은 다음과 같습니다.

"여기에 그대를 위하여 일을 대신하는 하인이 있어서 그 사람은 일찍 일어나고 늦게 자며, '무엇을 할까요?'하며 경청하고, 그대의 마음에 들게 하고 듣기 좋은 말을 하며 그대의 심기를 헤아리기 위해서 그대의 얼굴을 항상 살펴볼 것입니다. 그런 그에

---

25 아자따삿뚜Ajātasattu는 여러 경전에서 Rājā Māgadho Ajātasattu Vedehiputto로 나타난다. '아자따삿뚜Ajātasattu'란 '왕의 적은 태어나지 않을 것'이라는 뜻이며, 점성가들의 예언에 따른 것이다.(DA.i.133) 그의 아버지는 빔비사라 왕이었으며, 그가 웨데히뿟따Vedehiputta; 웨데하 여인의 아들이라고 불린 것을 본다면 그의 어머니는 웨데하의 여인이라고 보아야 하지만, 그의 어머니는 꼬살라 왕의 딸임을 밝히고 있다. 그리고 웨데히vedehi는 현자Paṇḍita-adhivacana와 동의어라고 설명한다.(DA.i.139) 『중부』「지와까경」(M55) 등에 나타나는 아바야Abhaya 왕자와는 이복형제 사이다. 그는 데와닷따와 역모를 꾸며 그의 부친을 시해하고 데와닷따는 고따마 붓다를 시해하려 했던 사실이 상세하게 설술되어 있다.(DA.i.135~137)
그는 아버지를 시해하고 왕이 되었기 때문에 그도 그의 아들 우다이밧다Udāyībhadda에 의해서 시해당할 것을 항상 두려워했다고 하며, 그래서 아들이 출가하기를 바랐다고 한다.(DA.i.153) 그러나 결국은 그의 아버지 빔비사라왕이 처참하게 죽던 날에 태어난(DA.i.137) 그는 그의 아들 Udāyībhadda에 의해서 그도 시해당하고 말았다.(Mv.jv. Ⅰ.26)
그는 32년간 왕위에 머물렀으며(Mv.ii.31) 그가 왕위에 있을 때 왓지(Vajjī)를 정복하고 꼬살라를 병합했다.(D16) 그는 빠딸리뿟따현재 인도의 비하르주의 주도인 빠뜨나를 큰 도시로 만들게 하였으며, 나중에 이곳은 마가다국의 수도가 되었다. 그는 인도를 통일국가로 만드는 기초를 닦은 왕으로 평가받는다.

게 이런 생각이 들 것입니다. '공덕의 행처行處와 공덕의 과보란 참으로 경이롭고 참으로 놀랍구나. 이분 마가다의 왕 아자따삿뚜 웨데히뿟따도 인간이고 나도 역시 인간이다. 그러나 마가다의 왕 아자따삿뚜 웨데히뿟따는 신처럼 다섯 가닥의 감각적 욕망이 가져다주고 부여하는 것들을 즐긴다. 그러나 나는 그의 일을 돕는 하인이어서 일찍 일어나고 늦게 자며, 그에게 '무엇을 할까요?'하고 경청하며 그의 마음에 들게 하며 듣기 좋은 말을 하며, 그의 심기를 헤아리기 위해서 그의 얼굴을 항상 살펴본다. 그런 나도 이제 공덕을 지어야 하겠다. 그러니 나도 머리와 수염을 깎고 물들인 옷을 입고 집을 떠나 출가하리라.'라고,

그는 나중에 머리와 수염을 깎고 물들인 옷을 입고 집을 떠나 출가를 할 것입니다. 그는 이와 같이 출가하여 몸으로 단속하면서 머물고 마음으로 단속하면서 머물 것입니다. 먹고 입는 것을 절제하며 만족해하고 한거閑居를 기뻐할 것입니다.

그러면 어떤 자들은 그를 두고 그대에게 이렇게 고할 것입니다. '폐하, 폐하의 일을 돌보던 하인이 있었는데 그는 일찍 일어나고 늦게 자며 '무엇을 할까요?'하고 경청하며, 폐하의 마음에 들게 하고 듣기 좋은 말을 하며 폐하의 심기를 헤아리기 위해서 폐하의 얼굴을 항상 살피던 사람이었습니다. 그 사람을 아십니까? 폐하 그가 이제 머리와 수염을 깎고 물들인 옷을 입고 집을 떠나 출가하였습니다. 그는 이와 같이 출가하여 몸으로 단속하며 머물고 먹고 입는 것을 절제하여 만족하고 한거를 기뻐한답니다.'라고,

그러면 그대는 '여보게, 그 사람을 다시 내게 오라. 그래서 나의 하인이 되어 일찍 일어나며 늦게 자며 '무엇을 할까요?'하고 경청하게 하며, 나의 마음에 들게 하고 듣기 좋은 말을 하며 나의 심기를 헤아리기 위해서 나의 얼굴을 항상 살피게 하라'라고

그렇게 말하겠습니까?"

"세존이시여, 그렇지 않습니다. 오히려 저는 그에게 절을 올리고 자리에서 일어나 영접하고 자리에 앉기를 권하고 의복과 음식과 거처와 병구완을 위한 약품을 마련하여 그를 초대하고 법답게 살피고 감싸고 보호할 것입니다."

"대왕이여, 이를 어떻게 생각합니까? 만일 그렇다면 이것이야말로 지금 여기에서 스스로 보아 알 수 있는 출가생활의 결실이 아니고 무엇이겠습니까?"[26]

이것은 고따마 붓다의 출가생활의 결실에 대한 첫 번째 답변이었습니다. 아자따삿뚜 웨데히뿟따의 두 번째 질문은 또 다른 조건을 통한 출가의 결실을 천명할 수 있느냐고 물었습니다. 이에 고따마 붓다는 다음과 같은 답변을 합니다.

"여기에 그대에게 세금을 바치고 그대의 부를 증가시켜 주는 농사짓는 장자 한 사람이 있다고 합시다. 그런 그에게 이런 생각이 들 것입니다. '공덕의 행처와 과보란 참으로 경이롭고 놀랍구나. … 중략 … 그러니 나도 머리와 수염을 깎고 물들인 옷을 입고 집을 떠나 출가하리라.'하고,

그는 나중에 재산이 많건 적건 간에 모두 다 버리고 일가친척도 적건 많건 간에 다 버리고 머리와 수염을 깎고 물들인 옷을 입고 집을 떠나 출가할 것입니다. 그는 이와 같이 출가하여 몸으

26 각묵스님 옮김(초기불전연구원 2005.12.20.)『디가 니까야』 제1권「사문과경」. pp.216-218.

로 단속하면서 머물고 마음으로 단속하면서 머물 것입니다. 먹고 입는 것을 절제하여 만족하고 한거를 기뻐할 것입니다.

그러면 어떤 자들이 그를 두고 그대에게 고할 것입니다. '폐하, 폐하께 세금을 바치고 폐하는 부를 … 중략 … 그런 그는 이와 같이 출가하여 몸으로 단속하면서 머물고 말로 단속하면서 머물고 마음으로 단속하면서 머물며, 먹고 입는 것을 절제하여 만족하고 한거를 기뻐한답니다.'라고,

그러면 그대는 '여보게, 그 사람을 다시 내게 오라 하라. 그래서 나에게 세금을 바치고 나의 부를 증장시켜 주는 농사짓는 장자가 되게 하라'라고 그렇게 말하겠습니까?"

"세존이시여, 그렇지 않습니다. 오히려 저는 그에게 절을 올리고 자리에서 일어나 영접하고 자리에 앉기를 권하고 … 중략 … 그를 법답게 보살피고 보호해 드릴 것입니다."

"대왕이여, 참으로 그러합니다. 만일 그렇다면 이것이야말로 참으로 지금 여기에서 스스로 보아 알 수 있는 출가생활의 결실입니다. 대왕이여, 이것이 내가 그대에게 천명하는 지금 여기에서 스스로 보아 알 수 있는 두 번째 출가생활의 결실입니다."[27]

아자따삿뚜 웨데히뿟따는 다시 '더욱더 수승한 출가생활의 결실'에 대해 질문을 하였고 그 질문에 대한 고따마 붓다의 답변은 다음과 같았습니다.

---

27 각묵스님 옮김(초기불전연구원 2005.12.20.)『디가 니까야』제1권「사문과경」. pp.219-220.

"대왕이여, 잘 새겨들으십시오. 여기 여래가 세상에 출현합니다. 그는 아라한阿羅漢이며 완전히 깨달은 분正等覺이며, 영지와 실천이 구족한 분明行足이며, 피안으로 잘 가신 분善逝이며, 세간을 잘 아는 분世間解이며, 가장 높은 분無上士이며, 사람을 잘 길들이는 분調御丈夫이며, 하늘과 인간의 스승天人師이며, 깨달은 분佛이며 세존世尊입니다.[28] 그는 신을 포함하고 마라[29]를 포함하고 범천을 포함한 이 세상을 스스로 최상의 지혜로 알고 실현하여 드러냅니다. 그는 법을 설합니다. 그는 시작도 훌륭하고 중간도 훌륭하고 끝도 훌륭하게 법을 설하고, 의미와 표현을 구족하여 법을 설하여 더할 나위 없이 완벽하고 지극히 청정한 범행을 드러냅니다."

"이러한 법을 장자나 장자의 아들이나 다른 가문에 태어난 자가 듣습니다. 그는 이 법을 듣고 여래에게 믿음을 가집니다. 그는 이러한 믿음을 구족하여 이렇게 숙고합니다. '재가의 삶이란 막혀있고 때가 낀 길이지만 출가의 삶은 열린 허공과 같다. 재가에 살면서 더할 나위 없이 완벽하고 지극히 청정한 소라고동처럼 빛나는 청정범행을 실천하기란 쉽지 않다. 그러니 나는 이제 머리와 수염을 깎고 물들인 옷을 입고 집을 떠나 출가하리라'라고, 그는 나중에 재산이 적건 많건 간에 모두 다 버리고 일가친척도 적건 많건 간에 다 버리고 머리와 수염을 깎고 물들인 옷을 입고 집을 떠나 출가합니다."

"그는 이와 같이 계목戒目; pātimokkha[30]으로 단속하면서 머무릅니

---

28 여래십호如來十號: 여래십호의 설명에서 나타나는 것은, 고따마 붓다의 사상과 가르침에 대한 꿰뚫은 이해가 완벽했을 때 비로소 그 설명이 완벽하게 된다.

29 마라Māra에 관해서는 「대반열반경」에서 자세히 언급하고 있다. 마魔·악마惡魔·살자殺者·탈명奪命·능탈명자能奪命者·장애障礙 등으로 번역하고 있다.

30 여기서 계목이란 학습계목學習啓目의 계목戒目인 계율sikkhāpada-sīla을 뜻한다. 이것은 이것을 보호하고pāti 지키는 사람을 해탈케 하고mokkheti, 악처 등의 고통으로부터 벗어나게 한다. 그래서 계목戒目; pāṭimokkha이라고 한다.(Vis. I.43)

> 다. 바른 행실과 행동의 영역을 갖추고 작은 허물에 대해서도 두려움을 보며, 학습계목學習啓目[31]을 받아지녀 공부짓습니다. 유익한 몸의 업과 말의 업을 잘 갖추고 생계를 청정히 하고 계를 구족하고 감각기능 등의 문을 보호하고 마음챙김과 알아차림正念正知[32]을 잘 갖추고 얻은 필수품으로 만족합니다."[33]

그리고 고따마 붓다는 출가한 사람이 갖추어야 할 짧은 길이의 계 26가지, 중간 길이의 계 10가지, 긴 길이의 계 7가지 등을 통하여 출가 생활의 생활방식과 생계 방식을 설명하면서 이러한 계의 구족이 비구에게 어떠한 이익과 성스러운 가치가 있는 것인가에 관하여 설명을 하고 출가 비구가 어떻게 출가의 목적을 이루어가는 것인가 하는 방법에 관해서도 설명합니다. 그것은 계의 구족sīla-sampanna, 감각기능의 단속indriya-saṁvara 그리고 마음챙김과 알아차림正念正知; sampajañña, 소욕지족少欲知足; santosa 등의 명상 방법과 명상을 할 수 있는 유익한 곳에 관해서 설명합니

31 학습계목學習啓目; sikkhāpada은 배워야 할 조목이라 한다. 학습하는 항목koṭṭhāsa이라는 뜻이다. 혹은 학습하기 위한 조목이라고 해서 학습계목이라고 한다. 높은 마음의 공부增上心學와 높은 통찰지의 공부增上慧學를 위해서 획득해야 할 수단upāya이라는 뜻이다.(DA.iii.1025) 이것은 고따마 붓다의 가르침 안으로 출가한 수행자라면 반드시 받아 지녀야 할 계의 항목으로 비구계, 비구니계, 사미계, 사미니계, 오계, 8계, 10계 등이 여기에 해당한다.

32 마음챙김과 알아차림正念正知; sati sampajañña는 명상의 대단히 중요한 방법이다. 정념sati는 마음챙김으로 의역하는 이 단어는 어떻게 마음에 챙겨야 하는 무엇인가를 설명할 수 있어야 한다. 고따마 붓다의 가르침이 사성제라고 한다면 '사성제를 꿰뚫어 이해한 견해에서 생긴 정견의 견해로 이루어진 팔정도에서 정념正念'에 해당한다. 정념은 '괴로움의 실체를 챙겨 가는 마음'이다. 마찬가지로 정지正知 역시 오온五蘊에서 일어나는 육체와 정신적인 모든 움직이고 작용하는 현상을 알아차리는 것이다. 이러한 방법은 명상을 수행하는데 꼭 참조해야 할 요소이다.

33 각묵스님 옮김(초기불전연구원 2005.12.20.) 『디가 니까야』 제1권 「사문과경」. pp.221-224.

다. 이어서 다섯 가지 장애五蓋의 괴로움에 관한 소멸의 법칙을 자세히 설명하며 소멸의 법칙을 통해 얻을 수 있는 초선初禪과 이선二禪, 삼선三禪, 사선四禪의 삼매에 관한 모든 것들이 '스스로 보아 알 수 있는 출가생활의 결실이니 앞에서 설명한 스스로 보아 알 수 있는 두 가지의 출가생활의 결실보다 더 뛰어나고 더 수승한 것이다'라고 고따마 붓다는 천명하였습니다.

위빳사나의 지혜vipassanā-ñāṇa에서 마음으로 만들어 내는 감각 기능이 결여되지 않은 다른 몸을 만들어 내는 지혜manomayiddhi-ñāṇa와 신통변화의 지혜iddhividha-ñāṇa, 오신통五神通에 관한 설명을 하고 같은 정형구로 "이것 역시 스스로 보아 알 수 있는 출가생활의 결실이니 앞에서 설명한 스스로 보아 알 수 있는 출가생활의 결실보다 더 뛰어나고 수승한 것"이라고 천명합니다. 이러한 위빳사나vipassanā의 명상을 통해 여러 가지 신통과 관련하여 출가의 결실을 설명하는 것은 관념적 소산인 삼매의 현실을 표현한 것으로서 정신적이고 표상적인 결실을 말하는 것입니다. 이때 만들어지는 세계의 현실 역시 관념에서 확인 가능한 일이라고 할 수 있습니다. 이것은 인과의 일과 괴로움의 세계 그리고 연기의 세계를 벗어날 수 있는 기초적인 결실이라고 할 수 있습니다. 그러므로 여기 이 단계에서는 완전한 열반을 얻을 수 없습니다. 왜냐하면 견해의 장藏이 완벽한 상태가 아니기 때문입니다.

그러면 고따마 붓다가 설명했던 궁극적 출가의 결실은 무엇이었을까요? '완벽한 견해의 장藏[34]' 그는 이것을 '번뇌를 소멸하는 지혜漏盡通; āsavakkhaya-ñāṇa'라는 주제로 다음과 같이 설명하고 있습니다.

"그는 이와 같이 마음이 삼매에 들고 청정하고 깨끗하고 흠이 없고 오염원이 사라지고 부드럽고 활발하고 안정되고 흔들림이 없는 상태에 이르렀을 때 모든 번뇌를 소멸하는 지혜漏盡通로 마음을 향하게 하고 기울게 합니다. 그는 '이것은 괴로움이다'라고 있는 그대로 꿰뚫어 압니다. '이것은 괴로움의 일어남이다'라고 있는 그대로 꿰뚫어 압니다. '이것은 괴로움의 소멸입니다'라고 있는 그대로 꿰뚫어 압니다. '이것이 괴로움의 소멸로 인도하는 도닦음이다'라고 있는 그대로 꿰뚫어 압니다. '이것이 번뇌다'라고 있는 그대로 꿰뚫어 압니다. '이것이 번뇌의 일어남이다'라고 있는 그대로 꿰뚫어 압니다. '이것이 번뇌의 소멸이다'라고 있는 그대로 꿰뚫어 압니다. '이것이 번뇌의 소멸로 인도하는 도닦음이다'라고 있는 그대로 꿰뚫어 압니다. 이와 같이 알고 이와 같이 보는 그는 감각적 욕망의 번뇌欲漏로부터 마음이 해탈합니다. 존재의 번뇌有漏로부터 마음이 해탈합니다. 무명의 번뇌無明漏로부터 마음이 해탈합니다. 해탈에서 해탈했다는 지혜가 있습니다. '태어남은 다했다. 청정범행은 성취되었다. 할 일을 다 해 마쳤다. 다시는 어떠한 존재로도 돌아오지 않을 것이다'라고 꿰뚫어 압니다."[35]

이와 같이 출가 사문의 결실인 누진통漏盡通을 설명한 고따마 붓다는 '마음이 삼매에 들고 청정하고 깨끗하고 흠이 없고 오염

---

34 완벽한 견해의 장藏은 사성제의 가르침을 통해서 괴로움의 실체-연기의 문제에서까지-를 보고 소멸의 법칙을 있는 그대로 보는 견해를 갖추게 된 것. 또는 그러한 상태.

35 각묵스님 옮김(초기불전연구원 2005.12.20.) 『디가 니까야』 제1권 「사문과경」. pp.258-260.

원이 사라지고 부드럽고 활발발하고 안정되고 흔들림이 없는 상태에 이르렀을 때 모든 번뇌를 소멸하는 지혜로 마음을 향하게 하고 기울게 합니다'라며 그 원인과 방법에 관해서 설명하게 됩니다.

"모든 번뇌를 소멸하는 지혜로 마음을 향하게 하고 기울게 합니다. 그는 '이것은 괴로움이다'라고 있는 그대로 꿰뚫어 압니다. '이것은 괴로움의 일어남이다'라고 있는 그대로 꿰뚫어 압니다. '이것은 괴로움의 소멸이다'라고 있는 그대로 꿰뚫어 압니다. '이것은 괴로움의 소멸로 인도하는 도닦음이다'라고 있는 그대로 꿰뚫어 압니다. '이것이 번뇌다'라고 있는 그대로 꿰뚫어 압니다. '이것이 번뇌의 일어남이다'라고 있는 그대로 꿰뚫어 압니다. '이것이 번뇌의 소멸이다'라고 있는 그대로 꿰뚫어 압니다. '이것이 번뇌의 소멸로 인도하는 도닦음이다'라고 있는 그대로 꿰뚫어 압니다. 이와 같이 알고 이와 같이 보는 그는 감각적 욕망欲漏로부터 마음이 해탈합니다. 존재의 번뇌有漏로부터 마음이 해탈합니다. 무명의 번뇌無明漏로부터 마음이 해탈합니다. 해탈했을 때 해탈했다는 지혜가 있습니다. '태어남은 다했다. 청정범행은 성취되었다. 할 일을 다 해 마쳤다. 다시는 어떤 존재로도 돌아오지 않을 것이다'라고 꿰뚫어 압니다.

대왕이여, 이것 역시 스스로 보아 알 수 있는 출가의 결실이니 앞에서 설명한 스스로 보아 알 수 있는 출가생활의 결실보다 더 뛰어나고 수승한 것입니다."[36]

36 각묵스님 옮김(초기불전연구원 2005.12.20.)『디가 니까야』 제1권「사문과경」. pp.261-262.

고따마 붓다의 이 설법에서 마가다의 왕 아자따삿뚜 웨데히뿟따는 세존께 귀의함은 물론 그의 아버지 빔비사라왕을 시해한 자신의 어리석음과 죄악에 대해 참회하였습니다.

2. 사문의 생활

고대 인도사회에서 사문沙門이란 모든 출가한 사람들을 통틀어 일컫는 말로 쓰였습니다. 여기에 해당하는 대표적인 집단은 불교·자이나교·바라문교·힌두교였고, 이들 각 교단에서는 자기들 나름대로 사문의 형식과 조건을 갖추어 교단을 운영하였습니다. 그러나 불교는 고따마 붓다의 가르침에 의해 세워진 독특한 교리와 생활을 갖춘 승단으로 운영되었습니다. 여기서는 사문沙門으로 총칭되는 비구 승단의 생활에 관한 내용으로 4가지 분류로 서술합니다. 네 가지 분류 중 먼저 성별에 관해 두 가지 분류와 나이별로 분류하는 두 가지로 나눠서 설명할 것입니다. 교육서의 분류와 서술의 편의상 출가의 시종始終과 연령年齡의 순서대로 서술할 것이고 이에 앞서 승단의 구성과 규범에 대한 것을 설명할 것입니다. 이러한 내용과 설명은 비구의 이상적인 삶을 인도하는 내용입니다.

① 승단의 형성: 승가僧伽; saṃgha가 형성된 것은 고따마 붓다가 자신의 제자 60명이 되었을 때 전도선언과 함께 이루어졌다고 보는 것이 합당할 것입니다. 왜냐하면 승가는 고따마 붓다의 가르침 아래 출가한 사람들의 집단이기 때문입니다. 이때의 승단

은 고따마 붓다가 어느 커다란 나무 아래 앉아 법을 설하게 되면 그 나무 그늘 안에 스승과 제자들이 모두 마주 보고 앉을 수 있는 작은 규모의 인원이었을 것입니다. 이때에는 세존의 말 한 마디가 모두에게 일시에 전달되고 이해하기가 어렵지 않았을 것입니다. 그러므로 그만큼 대중을 통솔하는 것이 쉬웠을 것입니다. 그러나 점점 세월이 갈수록 고따마 붓다의 가르침을 통하여 출가하는 사람이 많아지고 아울러 제자가 늘어날수록 승단 전체에 관련된 문제는 복잡한 일이 많아졌을 것입니다. 그리고 복잡다단한 일 역시 늘 발생한다는 가정은 언제나 생각해 볼 수 있을 것입니다. 이러한 현실은 승단의 생활규범을 설정하고 만들기에 충분한 이유가 됩니다. 특히 매일 탁발하는 시간에 마을로 들어가 만나야 하는 세상 사람들을 두고 보더라도 수행자로서 갖춰야 할 위의威儀와 교육적 언행은 꼭 필요한 조건이었을 것입니다. 더구나 눈만 뜨고 얼굴만 돌리면 세속적인 모든 조건은 한눈에 들어오고 대하게 되는 생활에서 출세간적인 사고로 살아간다는 것 자체가 출가한 그들에게는 매우 어렵고 난해한 일이 아닐 수 없었을 것입니다. 일반 사람들이 출가한 수행자들을 볼 때 '현실 도피'라며 손가락질할 수도 있는 조건을 가지고 있지만, 고따마 붓다의 가르침을 따라 괴로움을 벗어나 열반성취로 향한다는 청정한 삶을 지향한다는 점에서 그 모든 것을 무시해도 될 넉넉한 편한 마음으로 살아갈 수 있었을 것입니다. 비구의 삶의 방법은 최하위로 설정되었지만, 삶의 품질은 최상이기 때문입니다. 이러한 사고는 승단인 승가를 세상에서 가장 고급스럽게 만드는 생활수단으로 승화시켜 주는 이유였습니다.

여기서 그만한 이유가 되는 조건들을 들라고 한다면 고따마 붓다에 의해 설정된 다음과 같은 것들이 있습니다. 이것은 『범망경』에서 고따마 붓다가 여래의 칭송에 관해서 설명하는 내용입니다.

"(1) 사문은 고따마는 생명을 죽이는 것을 여의고 생명 죽이지 않는다. …생략…

(2) 사문 고따마는 주지 않은 것을 여의고 주지 않은 것을 가지지 않는다. …생략…

(3) 사문 고따마는 금욕적이지 않은 삶을 버리고 청정범행을 닦는다. 그는 독신자가 되어 성행위의 저속함을 멀리 여의었다. …생략…

(4) 사문 고따마는 거짓말을 버리고 거짓말을 멀리 여의었다. …생략…

(5) 사문 고따마는 중상모략하는 말을 버리고 중상모략하는 말을 멀리 여의었다. …생략…

(6) 사문 고따마는 욕하는 말을 버리고 욕하는 말을 멀리 여의었다. …생략…

(7) 사문 고따마는 잡담을 버리고 잡담을 멀리 여의었다. …생략…

(8) ① 사문 고따마는 씨앗류와 초목류를 손상하지 않는다.

② 사문 고따마는 하루 한 끼만 먹는다. 때아닌 때에 먹지 않는다.

③ 사문 고따마는 춤, 노래, 음악, 연극을 관람하지 않는다.

④ 사문 고따마는 화환을 두르고 향수를 바르고 화장품으로 꾸미지 않는다.

⑤ 사문 고따마는 높고 큰 침상을 쓰지 않는다.

⑥ 사문 고따마는 금과 은을 받지 않는다.

⑦ 사문 고따마는 요리하지 않은 날곡식을 받지 않는다.

⑧ 사문 고따마는 생고기를 받지 않는다.

⑨ 사문 고따마는 여자나 동녀를 받지 않는다.

⑩ 사문 고따마는 하인과 하녀를 받지 않는다.
⑪ 사문 고따마는 염소와 양을 받지 않는다.
⑫ 사문 고따마는 닭과 돼지를 받지 않는다.
⑬ 사문 고따마는 코끼리와 소, 말, 암말을 받지 않는다.
⑭ 사문 고따마는 농토나 토지를 받지 않는다.
⑮ 사문 고따마는 남의 심부름꾼이나 전령으로 가지 않는다.
⑯ 사문 고따마는 사고파는 것을 하지 않는다.
⑰ 사문 고따마는 저울을 속이거나 눈금을 속이고 치수를 속이지 않는다.
⑱ 사문 고따마는 악용하고 속이며 횡령하고 사기하지 않는다.
⑲ 사문 고따마는 상해, 살상, 포박, 노략질, 폭력을 하지 않는다"[37]

이것은 비구에게 적용되는 계율과 관계가 깊은 것으로서 고따마 붓다에 국한된 것이라는 뜻으로 설명되지만, 그의 제자들에게도 생활규범으로 동일하게 적용되는 학습계목입니다. 그러면서 사문의 기본생활에 관한 조건으로 인정되는 조항들입니다. 또한 이것은 개인과 승단의 인격과 품위를 가꾸어 가고 유지 시켜주는 것이라고 할 수 있습니다. 다음에 언급되는 내용은 사문의 일상생활을 통하여 총체적으로 일어날 수 있는 일에 대한 금기사항이라고 할 수 있는 것들입니다. 이것 역시 고따마 붓다를 두고 설명되는 내용이지만 전체 승단의 비구들에게 필요한 조항으로 비구의 일상생활에서 규범이나 규율로 적용되는 것임을 알 수 있습니다.

---

37 각묵스님 옮김(초기불전연구원 2005.12.20.)『디가 니까야』제1권「범망경」. pp.88-92.

"(1) '어떤 사문이나 바라문 존자들은 재가자들이 신심으로 가져온 음식으로 살면서 씨앗류와 초목류를 해치면서 살아간다. 즉 뿌리로 번식하는 것, 마디로 번식하는 것, 싹으로 번식하는 것, 종자로 번식하는 것이다. 그러나 사문 고따마는 이러한 씨앗류와 초목류를 해치는 것을 멀리 여의었다'라고,

(2) 혹은 '어떤 사문이나 바라문 존자들은 재가자들이 신심으로 가져온 음식으로 살면서 축적해 두고 즐기는데 빠져 지낸다. 즉 음식을 축적하고, 마실 것을 축적하고, 옷을 축적하고, 탈것을 축적하고, 침구와 좌구坐具를 축적하고, 향을 축적하고, 재산을 축적하여 그 축적한 것을 즐기는 데 빠져 지낸다. 그러나 사문 고따마는 축적해 두고 즐기는 이런 것을 멀리 여의었다'라고,

(3) 혹은 '어떤 사문이나 바라문 존자들은 재가자들이 신심으로 가져온 음식으로 살면서 구경거리를 보는데 빠져 지낸다. 즉 춤, 노래, 연주, 연극, 낭송, 박수치며 하는 공연, 심벌즈로 하는 공연, 북치며 하는 공연, 예술품 전람회, 쇠공놀이, 죽봉놀이, 곡예, 코끼리싸움, 말싸움, 물소싸움, 황소싸움, 염소싸움, 숫양싸움, 닭싸움, 메추리싸움, 봉술, 권투, 레슬링, 모의전투, 군대의 행진, 군대의 집합, 열병이다. 그러나 사문 고따마는 구경거리를 보는 이런 것을 멀리 여의었다'라고,

(4) 혹은 '어떤 사문이나 바라문 존자들은 재가자들이 신심으로 가져온 음식으로 살면서 놀음이나 놀이에 빠져 지낸다. 즉 팔목八目 체스장기, 십목 체스장기, 허공에 판이 있는 양 가정하고 두는 체스장기, 돌차기 놀이, 쌓기 놀이, 주사위 놀이, 자치기, 맨손으로 벽에 그리는 놀이, 공놀이, 풀피리 불기, 장난감 쟁기질놀이, 재주넘기, 잎사귀 접어서 돌리기, 장난감 저울놀이, 장난감 수레놀이, 장난감 활쏘기, 글자 맞히기, 불구자 흉내 내기이

다. 그러나 사문 고따마는 놀음이나 놀이에 빠지는 이런 일을 멀리 여의었다'라고,

(5) 혹은 '어떤 사문이나 바라문 존자들은 재가자들이 신심으로 가져온 음식으로 살면서 높고 큰 호사스러운 침구와 좌구를 사용하면서 지낸다. 즉 아주 큰 침상, 다리에 동물 형상을 새긴 자리, 긴 술이 달린 이불, 울긋불긋한 천 조각을 덧댄 이불, 흰색 양털이불, 꽃들을 수놓은 양털이불, 솜으로 채운 누비이불, 동물을 수놓은 양털이불 한쪽이나 양쪽에 술을 가진 양털이불, 보석을 박은 이불, 비단 이불, 무도장의 양탄자, 코끼리 등덮개, 말 등덮개, 수레 깔개, 사슴가죽 깔개, 영양가죽 깔개, 차양 있는 양탄자, 붉은 베개와 붉은 발 받침이 있는 긴 의자이다. 그러나 사문 고따마는 이러한 높고 큰 호사스러운 침구와 좌구를 멀리 여의었다'라고,

(6) 혹은 '어떤 사문이나 바라문 존자들은 재가자들이 신심으로 가져온 음식으로 살면서 치장하고 장엄하는 일에 몰두한다. 즉 몸에 향가루를 바르기, 기름으로 안마받기, 향수로 목욕하기, 사지를 안마받기, 거울보기, 속눈썹 검게 칠하기, 화환과 향과 화장품으로 치장하기, 얼굴에 분칠하기, 화장, 팔찌, 머리띠, 장식용 지팡이, 장식한 약통, 긴 칼, 일산, 수놓은 신발, 터번, 보석으로 만든 관모, 야크꼬리로 만든 불자拂子, 긴 술로 장식된 흰옷을 입는 것이다. 그러나 사문 고따마는 이러한 치장하고 장엄하는 일을 멀리 여의었다'라고,

(7) 혹은 '어떤 사문이나 바라문 존자들은 재가자들이 신심으로 가져온 음식으로 살면서 쓸데없는 이야기에 몰두한다. 즉 왕의 이야기, 도둑 이야기, 대신들 이야기, 군대 이야기, 재난 이야기, 전쟁 이야기, 음식 이야기, 음료수 이야기, 옷 이야기, 침대 이야

기, 화환 이야기, 향 이야기, 친척 이야기, 탈것에 관한 이야기, 마을에 관한 이야기, 성읍에 관한 이야기, 도시에 관한 이야기, 나라에 관한 이야기, 여자 이야기, 영웅 이야기, 거리 이야기, 우물 이야기, 전에 죽은 자에 관한 이야기, 하찮은 이야기, 세상의 기원에 관한 이야기, 바다와 관련된 이야기, 번영과 불운에 관한 이야기이다. 그러나 사문 고따마는 이런 이야기를 멀리 여의었다'라고,

(8) 혹은 '어떤 사문이나 바라문 존자들은 재가자들이 신심으로 가져온 음식으로 살면서 논쟁에 몰두한다. 즉 '그대는 이 법과 율을 제대로 모른다. 나야말로 이 법과 율을 제대로 안다.'

'어찌 그대가 이 법을 제대로 알겠는가?'

'그대는 그릇된 도를 닦는 자이고 나는 바른 도를 닦는 자이다.'

'내 말은 일관되지만 그대의 말은 일관되지 않는다.'

'그대는 먼저 말해야 할 것을 뒤에 말했고 뒤에 말해야 할 것을 먼저 말했다.'

'그대가 오랫동안 주장해 오던 것은 한 마디로 논파 되었다.'

'나는 그대가 주장한 교설의 허점을 지적했다. 그대는 패했다. 비난으로부터 도망가라. 혹은 만약 할 수 있다면 지금 설명해 보라'라고, 그러나 사문 고따마는 이러한 논쟁을 멀리 여의었다'라고,

(9) 혹은 '어떤 사문이나 바라문 존자들은 재가자들이 신심으로 가져온 음식으로 살면서 전령이나 심부름꾼 노릇을 하며 살아간다. 즉 왕, 대신, 왕족, 바라문, 장자, 젊은이들이 '여기에 가시오. 저기에 가시오. 이것을 저기로 가지고 가시오. 저것을 여기로 가지고 오시오'라는 것에 관해서이다. 그러나 사문 고따마는 이러한 전령이나 심부름꾼 노릇을 멀리 여의었다'라고,

(10) 혹은 '어떤 사문이나 바라문 존자들은 재가자들이 신심으로 가져온 음식으로 살면서 계략하고 쓸데없는 말을 하고 암

시를 주고 비방하고 이득으로 이득을 추구한다. 그러나 사문 고따마는 이러한 계략과 쓸데없는 말을 멀리 여의었다'라고, 비구들이여, 이처럼 범부凡夫는 여래를 칭송하는 말을 한다."[38]

이것은 고따마 붓다의 가르침에 의해 출가한 수행자의 완벽한 청정을 유지하는 중간 길이의 계문戒文으로 그 스스로가 제자들에게 들려준 설법입니다. 자신에게 들려오는 칭찬의 일에 관한 내용을 초심자 혹은 비구들에게 들려줌으로써 교육적인 효과를 바랐던 것입니다. 계율이라기보다는 학습계목에 해당하는 이 조항들은 승단을 구성하고 있는 대중들에게 어느 하나라도 수행자의 인성을 갖추는데 소홀히 넘길 수 없는 것들입니다. 그러므로 뒤에 서술할 긴 계율의 문항도 여기에 빠짐없이 싣는 것은 그러한 뜻이라고 할 수 있습니다.

"(1) 혹은 '어떤 사문이나 바라문 존자들은 재가자들이 신심으로 가져온 음식으로 살면서 하천下賤한 지식을 통한 삿된 생계수단으로 생계를 꾸린다. 즉 몸의 특징으로 예언하기, 예감이나 징조로 예언하기, 벼락이나 하늘의 조짐에 따라 점치기, 해몽, 관상, 쥐가 파먹은 옷의 구멍에 따라서 점치기, 불을 섬김, 주걱으로 헌공함, 벼 헌공, 쌀가루 헌공, 쌀 헌공, 버터 헌공, 기름 헌공, 입으로 하는 헌공, 피의 헌공, 수상手相 보기, 집터 보기, 대지 보기, 묘지의 귀신 물리치기, 망령 물리치기, 흙집에 사는 자의 주술, 뱀 부리는 주술, 독극물 제조술, 전갈 부리는 기술, 쥐 부리는 기술, 새 부리는 기술, 까마귀 부리는 기술, 수명 예언하기,

38 각묵스님 옮김(초기불전연구원 2005.12.20.) 『디가 니까야』 제1권 「범망경」. pp.92-97.

화살에 대항하는 주문, 동물들의 울음을 아는 주문이다. 그러나 사문 고따마는 이러한 하천한 지식을 통한 삿된 생계수단을 멀리 여의었다'라고."

(2) "혹은 '어떤 사문이나 바라문 존자들은 재가자들이 신심으로 가져온 음식으로 살면서 하천한 지식을 통한 생계수단으로 생계를 꾸린다. 즉 보석, 옥감, 지팡이, 칼, 긴 칼, 화살, 활, 다른 무기, 여자, 남자, 소년, 소녀, 남녀 노비, 코끼리, 말, 물소, 황소, 암소, 염소, 양, 닭, 메추리, 큰 도마뱀, 귀걸이(혹은 집의 박공), 거북이, 다른 동물 등의 색깔이나 모양이나 다른 특징을 보고 점을 친다'라고 한다. 그러나 사문 고따마는 이러한 하천한 지식을 통한 삿된 생계수단을 멀리 여의었다'라고."

(3) "혹은 '어떤 사문이나 바라문 존자들은 재가자들이 신심으로 가져온 음식으로 살면서 하천한 지식을 통한 생계수단으로 생계를 꾸린다. 즉 왕들의 진격이 있을 것이다. 왕들의 퇴각이 있을 것이다. 우리 쪽 왕들의 공격이 있을 것이고 저쪽 왕들의 후퇴가 있을 것이다. 저쪽 왕들의 공격이 있을 것이고 우리 쪽 왕들의 후퇴가 있을 것이다. 우리 쪽 왕들이 승리할 것이고 저쪽 왕들이 패배할 것이다. 저쪽 왕들이 승리할 것이고 우리 쪽 왕들이 패배할 것이다. 이와 같이 이편이 승리할 것이고 저편이 승리할 것이다. 그러나 사문 고따마는 이러한 하천한 지식을 통한 삿된 생계수단을 멀리 여의었다'라고."

(4) "혹은 어떤 사문이나 바라문 존자들은 재가자들이 신심으로 가져온 음식으로 살면서 하천한 지식을 통한 생계수단으로 생계를 꾸린다. 즉 월식이 있을 것이다. 일식이 있을 것이다. 행성의 합삭이 있을 것이다. 해와 달이 올바른 항로로 운행할 것이다. 혹은 잘못된 항로로 운행할 것이다. 유성이 떨어질 것이다.

짙은 노을이 낄 것이다. 지진이 있을 것이다. 천둥이 칠 것이다. 해와 달과 별들이 뜨거나 지거나 흐리거나 깨끗할 것이다. 월식은 이러한 결과를 가져올 것이다. 일식은 저러한 결과를 가져올 것이다. 별이 가려지는 것은 다시 저러한 결과를 가져올 것이다. 해와 달이 올바른 항로로 운행함은 이러한 결과를 가져오고, 잘못된 항로로 운행함은 또 다른 결과를 가져올 것이다. 올바른 항로로 운행함은 이러한 결과를 가져오고, 잘못된 항로로 운행함은 또 다른 결과를 가져올 것이다. 유성이 떨어짐은 이러한 결과를 가져올 것이고 짙은 노을은 저러한 결과를 가져올 것이고 천둥은 또 다른 결과를 가져올 것이다. 그리고 해와 달과 별이 뜨고 지고 흐리고 깨끗함도 각각 여러 가지 결과를 가져올 것이다. 그러나 사문 고따마는 이러한 하천한 지식을 통한 삿된 생계수단을 멀리 여의었다'라고,"

(5) "혹은 '어떤 사문이나 바라문 존자들은 재가자들이 신심으로 가져온 음식으로 살면서 하천한 지식을 통한 생계수단으로 생계를 꾸린다. 즉 비가 내릴 것이다. 가뭄이 들 것이다. 풍년이 들 것이다. 흉년이 들 것이다. 민심이 안정될 것이다. 민심이 흉흉할 것이다. 질병이 들 것이다. 건강하게 될 것이라거나 계산법, 암산법, 셈법, 시작詩作법, 처세술이다. 그러나 사문 고따마는 이러한 하천한 지식을 통한 삿된 생계수단을 멀리 여의었다'라고,"

(6) "혹은 '어떤 사문이나 바라문 존자들은 재가자들이 신심으로 가져온 음식으로 살면서 하천한 지식을 통한 생계수단으로 생계를 꾸린다. 즉 결혼할 때 신부집에 들어가는 날 또는 떠나는 날을 택일하고, 약혼이나 이혼의 길일을 택해주고 돈을 모으거나 지출하는 날을 택해주고 불행이나 행운을 가져오게 하는 주문을 외우고, 발육부진인 태아의 원기를 회복하도록 주문을 외우고, 말더듬이나 벙어리가 되도록 주문을 외우고, 손에 풍이 들

도록 주문을 외우고, 귀머거리가 되도록 주문을 외우고, 거울에 신을 모셔와서 물어보는 점을 치고, 소녀의 몸에 신을 모셔와서 점을 치고, 하녀의 몸에 신을 모셔와서 물어보는 점을 치고, 태양을 숭배하고, 대범천을 숭배하고 입에서 불을 내뿜고 행운의 여신을 부르는 것이다. 그러나 사문 고따마는 이러한 하천한 지식을 통한 삿된 생계수단을 멀리 여의었다'라고."

(7) "혹은 '어떤 사문이나 바라문 존자들은 재가자들이 신심으로 가져온 음식으로 살면서 하천한 지식을 통한 생계수단으로 생계를 꾸린다. 즉 신의 축복을 비는 의식, 귀신을 부르는 의식, 흙집에 들어가서 주문을 외우는 의식, 정력을 왕성하게 하는 의식, 성불구자가 되게 하는 의식, 집 지을 땅을 마련하는 의식, 집 지을 땅을 신성하게 하는 의식을 거행한다. 의식을 위해 입을 씻고 목욕재계하고 불에 제사 지낸다. 구토제와 하제下劑와 거담제祛痰劑와 점액 제거제를 주고 귀약과 안약과 코약과 연고와 연고 제거제를 주고 안과의사 외과의사 소아과의사의 일을 하고, 이전에 처방한 약의 부작용을 없애기 위해서 정화제를 사용한다. 그러나 사문 고따마는 이러한 하천한 지식을 통한 삿된 생계수단을 멀리 여의었다'라고."[39]

비구들이 일상생활에서 일반 사람들에게 보여주어야 할 규범 즉 학습계목에 속하는 세 가지의 율의 조문을 나열하였습니다. 이러한 일반적인 생활규범을 비구들에게 직접 일러주는 것보다 자신이 범부凡夫들에게 칭찬받는 경우의 예를 들려줌으로써 교육적 효과를 바랐던 것이 아니었었나 하는 생각입니다. 생계수

39 각묵스님 옮김(초기불전연구원 2005.12.20.) 『디가 니까야』 제1권 「범망경」. pp.97-102.

단에 해당하는 이러한 조항들은 비구승단의 비구 한 사람 한 사람의 수행자로서 인격과 위의를 갖추게 하는 계목戒目이라는데 더 큰 뜻이 있습니다. 이러한 계목들이 출가한 수행자에게 일평생 동안 자신의 언행과 사고의 지침으로 받아들여 스스로 혹은 선배에 의해서 교육이 된다는 것은 교단의 유지와 발전에서 커다란 도움이 되는 것입니다.

고따마 붓다가 자신의 가르침을 제자들에게 전해주기 위한 설법은 계속해서 이어집니다. 자신이 깨달은 것처럼 제자들에게도 꿰뚫은 이해와 지혜의 완성 그리고 완전한 해탈을 얻기 바랬던 것입니다. 그러나 그는 '자신이 깨달은 법은 심오하고 보기 힘들고 깨닫기도 힘들다. 그러나 그것은 평화롭고 숭고하다. 왜냐하면 단순한 사유의 영역을 넘어서 있고 미묘하여 현자들만이 알아볼 수 있으며, 그것은 여래가 스스로 최상의 지혜로 알고 실현하여 드러낸 것이다'라고 여기고 있었습니다. 여기서 우리는 단순하게 생각할 수 없는 몇 가지 문장에 관심을 가져야 합니다. '깨달은 법'과 '사유의 영역을 넘어서 있고' 그리고 '여래가 스스로 최상의 지혜로 알고 드러낸 것'이라는 곳입니다. 이 세 가지 내용의 짧은 문장은 한 가지 주제로 각자 다르게 표현하고 있습니다. 즉 같은 주제인 괴로움의 소멸법칙을 꿰뚫어 이해하기 어렵다는 설명으로 엮어진 문장이라는 것입니다. '깨달은 법'에 있어서 고따마 붓다가 깨달은 법이 어떤 것인지 확실하게 판단되어야 합니다. '사성제의 주제인 괴로움의 실체 즉 괴로움의 소멸법칙을 꿰뚫어 보는 것, 이것이 그의 깨달음에 속합니다'라고 말할 수 있습니다. 사성제를 이해하는 과정에서 소멸의 법칙이 형성되어야 합니다. 소멸의 법칙이 형성된 사람에게는 연기에서뿐만 아니라 자신을 형성하고 있는 오온五蘊의 모든 조건에서도 괴로움의 실체가 확실하게 드러남을 볼 수 있기 때문입니다. 이때 그 사람에게는 견해가 생기게 되는데 그것이 바로 정견正見의 견해인 팔정도의 견해가 열리게 됩니다. 팔정도는 흔히 중도라고 표현되는 불행佛行의 여덟 가지 조항입니다. '사유의 영역을 넘어서 있고'라는 것은 자신이 깨달은 법에 대한 견해가 얼마만큼 깊게 실용성을 확보했는가에 따른 정도를 말하는 것입니다. 여기서 실용성이란 불행佛行이 가지는 열반적 요소가 완벽하게 구족 할수록 그 깊이가 달라집니다. 또한 '여래가 스스로 최상의 지혜로 알고 드러낸 것'이란 이러한 깨달음의 정황이나 그 인정되는 것 역시 고따마 붓다 자신은 물론이지만, 누구라도 괴로움의 소멸법칙을 꿰뚫어 알았을 때 깨달음을 스스로 확인할 수 있고 인증할 수 있으며 표현할 수 있는 문제라는 것입니다. 이러한 정견의 견해야말로 깨달은 사람뿐만 아니라 처음 출가한 수행자라 할지라도 항상 정법에 머물게 하는 것입니다.

교육적인 현실에서 이러한 문제는 두 가지로 생각해 볼 수 있습니다. 첫째는 처음 출가한 초심자는 승가의 제도권 안에서 항상 학습계목의 조항에 의지해 생활해 가는 사람이고, 두 번째는 이미 가르침에 정통한 정견의 견해를 확보한 사람일 것입니다. 전자의 경우는 선배에게 항상 지도를 받거나 스스로 자신을 돌아보아야 할 것이고, 후자인 경우는 초심자에게 늘 가르침을 주어야 하고 스스로 정견의 견해로 단속해야 할 것입니다.

3. 사견의 분석

이렇게 고따마 붓다는 자신이 가진 정법에 반하는 사견에 대해 여러 가지 방법으로 설명해 주었습니다. 사견이란 정법에 반대되는 개념들을 말하고 있다는 것을 여러분들도 잘 알고 있을 것입니다. 그러나 이 문제는 쉽게 얼렁뚱땅 넘어갈 수 없는 문제로 고따마 붓다가 45년 동안 정법을 통해 사견의 조건을 설명하였던 것이라는 것을 알아야 합니다. 특히 출가 수행자로서는 매우 중요한 사안입니다. 고따마 붓다가 재세시에 자신의 주변에 항상 존재했던 사견邪見[40]의 잘못된 견해에 대해 제자들에게 늘 지적하고 설명해 주었고 어떤 이유로 자신의 깨달은 법과 맞지 않은 것인지를 분명하게 일러주었습니다. 여기서 고따마 붓다가 사견이라고 단정한 것은 자신이 성취한 열반에 반하는 견해를 가리키는 것입니다. 즉 62가지 사견邪見[41]을 말하는 것으로

---

40 "여기서 갈애taṇhā와 견해diṭṭhi, 사견에 의한 두 가지가 있다고 알아야 한다. 모색kappa이란 두 가지 모색이니 갈애에 의한 모색과 견해에 의한 모색이다"(Nd Ⅰ.97)라고 하였다. 그러므로 갈애와 견해를 통해서 과거의 무더기들縕을 거듭해서 모색하여 성립된 것이라고 해서 과거를 모색함이라 한다고 그 뜻을 알아야 한다.(DA.i.103) 각묵스님 옮김(초기불전연구원 2005.12.20.) 『디가 니까야』 제1권 「범망경」. p.104. 注 67. 재인용.

41 62가지 견해란 과거에 관한 것 18가지와 미래에 관한 것 44가지로 분류되어 있다. 18가지 과거를 모색하는 자들pubbantakappikā은 다음과 같다.

1. 영속론자들sassatavādā–4부류. 원어는 sassatavādā이다. 주석서에는 'sassato vādo etesaṁ영원함을 설하는 자들'로 풀이하고 있다.(DA.i.104) 또한 vāda를 '견해를 가진 자diṭṭhin'로 설명하며 이하 모든 경우에 적용된다고 밝히고 있다.(*Ibid*). 각묵스님 옮김(초기불전연구원 2005.12.20.) 『디가 니까야』 제1권 「범망경」. p.105. 注 68. 재인용.
2. 일부영속 일부비영속론자들ekaccasassatikā ekaccāsassatikā–4부류.
3. 유한함과 무한함을 설하는 자들antānantikā–4부류.
4. 애매모호한 자들amarāvikkhepikā–4부류.
5. 우연발생론자들abhiccasamuppannikā–2부류.

서 『범망경』에 자세히 나와 있고, 이러한 사견의 견해가 자신의 가르침에서 어떤 이유로 배척되어야 하는지에 대한 설명은 경전에서 종종 확인되는 내용입니다. 그리고 정법을 전해야 하고 전해져야 하는 이유에 대해서 이렇게 설명하고 있습니다.

"로힛짜여, 그와 마찬가지로 '여기서 어떤 사문이나 바라문이 유익한 법을 증득했다할지라도 유익한 법을 증득한 후에 남에게 전해주어서는 안 된다. 참으로 남이 남에게 무엇을 할 수 있단 말인가? 그것은 마치 이전의 속박을 자른 뒤에 새로운 속박을 만드는 것과 같다. 남에게 전하는 이것은 사악하고 탐욕스러운 법이 되고 만다고 나는 말한다. 참으로 남이 남에게 무엇을 할 수 있단 말인가?'라고 말하는 자는 다음 두 가지에 장애를 주는 자이다.

이렇게 말하는 자는 여래가 선언한 법과 율을 전승하여 선남자들이 크나큰 탁월함을 증득하여 예류과豫流果를 실현하기도 하고 일래과一來果를 실현하기도 하고 불환과不還果를 실현하기도 하고 아라한과阿羅漢果를 실현하기도 하는 이러한 것에 장애가 된다. 그리고 천상의 존재들에 태어나기 위해서 천상의 모태에 태어날 과보果報를 닦는 자들에게도 장애를 준다.

장애를 주는 자는 그들의 손해를 바라는 자이고 손해를 바라는 자는 그들에 대해서 적대적인 마음을 확립하며, 적대적인 마음이 확립되면 그것은 삿된 견해이니라. 로힛짜여, 삿된 견해를 가진 자에게는 두 가지 가운데 하나의 태어날 곳만이 있다고 나는 말하나니, 그것은 지옥이거나 축생의 모태이니라"[42]

---

42 각묵스님 옮김(초기불전연구원 2005.12.20.) 『디가 니까야』 제1권 「로힛짜경 Lohicca Sutta」.(D12)

이처럼 정법이 전해져야 하고 삿된 견해의 함정에 빠짐에 관해 고따마 붓다는 자신의 가르침 안에서 인과적인 가르침을 통해 자신의 법이 어떻게 전해져야 옳은 것인지를 상세하게 설명하고 있습니다. 또한 고따마 붓다는 이어서 세 가지 질책받아 마땅한 스승과 질책받지 않아야 할 스승의 조건에 대해 다음과 같이 가르치고 있습니다.

"세상에는 질책받을만한 세 부류의 스승이 있다. 이러한 스승들을 질책하더라도 그 질책은 사실이고 옳고 법다워서 비난받지 않는다. 어떤 것이 셋인가?

어떤 스승은 집을 떠나 출가한 바로 그 출가생활의 목적을 성취하지 못한다. 이런 그는 출가생활의 목적을 성취하지 못했으면서도 '이것은 그대들의 이익을 위해서이고 이것은 그대들의 행복을 위해서이다'라고 제자들에게 법을 설한다. 그러나 그의 제자들은 들으려 하지 않고 귀 기울이지 않고 구경의 지혜를 위해서 마음을 확립하지 않는다. 그리고 그들은 스승의 교법으로부터 벗어나 버린다.

그런 스승은 이와 같이 질책받아 마땅하다. '존자가 집을 떠나 출가한 바로 출가생활의 목적을 그대는 아직 성취하지 못했다. 그런 그대는 출가생활의 목적을 성취하지 못했으면서도 이것은 그대들의 이익을 위해서이고, 이것은 그대들의 행복을 위해서이다'라고 제자들에게 법을 설한다. 그러나 그대의 제자들은 들으려 하지 않고 귀 기울이지 않고 구경의 지혜를 위해서 마음을 확립하지 않는다. 그리고 그들은 스승의 교법으로부터 벗어나 버린다. 이는 마치 떠나는 여인에게 매달리는 것과 같으며 얼굴을 돌리는 여인을 안으려는 것과 같다. 그와 같이 이것은 사악하고 탐욕스런 법이 된다고 나는 말한다. 참으로 남이 남에게 무엇을 할 수 있다는 말인가?

로힛짜여, 이것이 첫 번째 질책받아 마땅한 스승이다. 이러한 스승을 질책하더라도 그 질책은 사실이고 옳고 법다워서 비난받지 않는다."[43]

세 가지 부류의 질책받아 마땅한 스승으로 출가생활을 성취하지 못했으면서 스승 노릇을 하고자 하는 이를 두고 지적한 것입니다. 오히려 그러한 스승을 질책한 이를 두둔하며 그것은 법답고 옳은 일이라고 하였습니다. 그러면 질책받지 않는 스승이란 어떤 조건을 갖춘 사람일까라는 의문이 들것입니다. 그것에 대한 고따마 붓다는 다음과 같은 열한 가지 답변을 내놓습니다.

"① 여기 여래가 이 세상에 출현한다. …생략… 그는 법을 설하여 더할 나위 없이 완벽하고 지극히 청정한 범행을 드러낸다.
② 이런 법을 장자나 장자의 아들이나 다른 가문에 태어난 자가 듣는다. …생략… 머리와 수염을 깎고 물들인 옷을 입고 집을 떠나 출가한다.
③ 그는 이와 같이 출가하여 계목의 단속으로 단속하면서 머문다. …생략…
④ 『사문과경』의 「짧은 길이의 계」 전문 26가지 해당.
⑤ 『사문과경』의 「중간 길이의 계」 전문 10가지 해당.
⑥ 『사문과경』의 「긴 길이의 계」 전문 7가지 해당.
⑦ 이와 같이 계를 구족한 비구는 계로써 잘 단속하기 때문에

43 비난받아 마땅한 스승 첫 번째. 각묵스님 옮김(초기불전연구원 2005.12.20.) 『디가 니까야』 제1권 「로힛짜경Lohicca Sutta」.(D12) pp.572-573.

어느 곳에서도 두려움을 보지 못한다. … 그는 이러한 성스러운 계의 조목을 구족하여 안으로 비난받지 않은 행복을 경험한다.

⑧ 비구는 감각의 대문을 잘 지킨다. …

⑨ 비구는 마음챙김과 알아차림을 잘 갖춘다. …

⑩ 비구는 얻은 필수품으로 만족한다. …

⑪ 그는 세상에 대한 욕심을 제거하여 욕심을 버린 마음으로 … 악의가 없는 마음으로 … 해태와 혼침을 버려 … 들뜸과 후회를 제거하여 … 의심을 건너서 머문다.

이와 같이 비구는 자기 마음속에서 이들 다섯 가지 장애五蘊가 제거되었음을 자신에게서 관찰할 때, 비구는 스스로를 빚에서 벗어난 사람, 병이 쾌유한 사람, 감옥의 굴레에서 풀려난 사람, 자유인, 그리고 안전한 곳에 다다른 사람으로 여긴다"[44]라고,

고따마 붓다는 여기 자신의 가르침에서 정도正道와 사도邪道를 판단하는 기준을 알려주고 있습니다. 그러나 아무리 설명이 잘된 판단기준일지라도 각자 이해의 차이는 있게 마련입니다. 그래서 고따마 붓다도 다시 곁들여 질책을 받지 않는 스승의 조건을 설명하게 됩니다. 그것은 최상의 철두철미한 출가생활의 성취를 말한 것인데 다음과 같이 설명합니다.

"이와 같이 이들 다섯 가지五蘊 장애가 제거되었음을 자신에게서 관찰할 때 환희가 생긴다. 환희로운 자에게 희열이 생긴다. 희열을 느끼는 자의 몸은 경안하다. 몸이 경안한 자는 행복을 느낀다. 행복한 자의 마음은 삼매에 든다.

---

44 각묵스님 옮김(초기불전연구원 2005.12.20.) 『디가 니까야』 제1권 「로힛짜경 Lohicca Sutta」.(D12) pp.575-577.

그는 감각적 욕망을 완전히 떨쳐버리고 해로운 법不善法들을 떨쳐버린 뒤, 일으킨 생각尋과 지속적인 고찰伺이 있고 떨쳐버렸음에서 생겼으며 희열喜과 행복이 있는 초선初禪을 구족하여 머문다. 그는 떨쳐버렸음에서 생긴 희열과 행복으로 이 몸을 흠뻑 적시고 충만하게 하고 가득 채우고 속속들이 스며들게 한다. 온몸 구석구석 떨쳐버렸음에서 생긴 희열과 행복이 스며들지 않은 데가 없다"[45]라고,

이것은 초선의 일과 삼매에 든 상황을 설명한 것입니다. 초선의 단계는 명상하는 사람이 가장 처음으로 경험하는 삼매입니다. 그것은 초선의 설명에서 확인할 수 있는 내용처럼, 그 삼매에서는 고따마 붓다의 깨달음에서 얻을 수 있는 완전한 열반의 삼매는 아닙니다. 다만 열반적 삼매를 경험하기 전의 단계인 초선에서의 삼매일 뿐입니다. 왜냐하면 2선, 3선, 4선의 과정과 신통을 얻게 되는 과정에서 경험되는 것은 모두 통틀어 생사의 발생과 소멸과정을 포함하고 있는 조건에서 이뤄지는 삼매이기 때문입니다. 그러나 그렇다고 하더라도 그 상황은 최대한 열반을 향해 가는 정도이므로 크나큰 탁월함을 증득할 수 있고 질책받지 않는 스승의 조건임을 고따마 붓다는 다음과 같이 설명하고 있습니다.

"다시 비구는 일으킨 생각尋과 지속적인 고찰伺을 가라앉혔기 때문에 더 이상 존재하지 않으며, 자기 내면의 것이고, 확신이 있으며, 마음이 단일한 상태이고, 일으킨 생각은 없고, 삼매에서

45 각묵스님 옮김(초기불전연구원 2005.12.20.) 『디가 니까야』 제1권 「로힛짜경 Lohicca Sutta」.(D12) p.577.

생긴 희열과 행복이 있는 제이선第二禪을 구족하여 머문다. … 제3선을 구족하여 머문다. … 제4선을 구족하여 머문다. …

로힛짜여, 제자는 스승에게서 이러한 형태의 크나큰 탁월함을 증득하나니 이런 사람은 세상에서 질책받지 않아야 할 스승이다. 그리고 이러한 스승을 질책하게 되면 그 질책은 사실이 아니고 옳지 않고 법답지 않아서 비난받게 된다"[46]라고,

그리고 공무변처空無邊處, 식무변처識無邊處, 무소유처無所有處, 비상비비상처非想非非想處, 상수멸想受滅의 선정에서도 마찬가지 출세간적 선정에서 오는 삼매이긴 하지만 반열반적 삼매는 될 수 없는 것입니다. 왜냐하면 모든 선정의 바탕에서 선정을 실행하고 있는 존재가 가진 관념적 차원과 실천적 통찰지가 아무리 뛰어나다고 하더라도 그것은 결국 오온五蘊의 모든 조건 가운데에서 일어나는 것이므로 완벽한 열반적 삼매라고 할 수 없습니다. 이것은 오온의 구성 자체가 생사와 윤회에 깊이 뿌리박혀 있는 것이기 때문입니다. 그러나 이러한 이유로 열반을 향한 모든 삼매가 소용없는 것이라고 할 수 없습니다. 오히려 이러한 조건 가운데에서 열반을 향한 모든 삼매는 탁월함이고 질책받지 않는 조건이 되는 것입니다. 현실에서 인생이 끝나는 일 가운데 가장 눈에 띄고 확인할 수 있는 것은 오온의 성장과 기능이 완전히 멈추어지는 것입니다.[47] 이것은 평생을 오온의 성장과 기능으로

46 각묵스님 옮김(초기불전연구원 2005.12.20.)『디가 니까야』 제1권 「로힛짜경 Lohicca Sutta」.(D12) p.578.

47 상수멸想受滅이나 반열반般涅槃 상태의 경험으로 인위적 형태의 위빠사나 명상의 결과라고 할 수 있다.

살아 온 자신이 가진 '나'라고 인정되었던 모든 조건을 마지막으로 놓아버리고 떠나는 과정을 묘사하는 내용으로 알아야 합니다. 여기서 이러한 오온의 과정이 다하기 전에 오온의 성장이나 기능 중에 오래전부터 멈추었거나 역할을 할 수 없어 그에 따른 고통을 받았을 경우도 있을 것입니다. 그뿐만이 아닙니다. 일상의 생업이나 사회적 활동에서 상대적인 선악의 관계는 애증과 갈등의 문제로 나타나고 그것은 결국 인과가 형성되는 윤회의 과정에서 동력이 되어 또 다른 인과를 만들게 되고 진행하는 과정에 나타나는 기능이 정지되는 현상은 일반적으로 장애라는 표현을 씁니다. 심지어 그러한 일은 현실에서 직간접적으로 누구나 경험할 수 있는 일입니다. 이렇게 현실에서 벌어지는 기능의 마비나 장애는 고따마 붓다의 가르침에서 얻어진 정견의 관념으로 터득한 기능을 멈추는 것과는 다릅니다. 전자는 자신의 인생에서 영구한 장애이거나 불구로 살아가야 할 처지이고, 후자의 경우는 삼매의 힘이나 관념 속에서 언제라도 스스로 멈추었던 기능을 다시 활성화할 수 있기 때문입니다. 이것은 아주 특별한 불교의 관념과 수행에서 오는 괴로움의 소멸법칙에서만 적용되는 사유의 결실에 해당한 것입니다.

그리고 인과로 인한 윤회의 연속은 괴로움의 소멸법칙에서 괴로움의 실체를 대표할 수 있는 현상입니다. 또한 윤회의 구조적인 문제는 오온이 가진 특성에서 쉽게 찾을 수 있는데, 과연 그 실체가 괴로움이라고 단정할 수 있는 것인지 하는 문제는 아주 특별한 사람만이 가지는 성향에서 분석 능력으로 나타납니다. 일반 사람들에게서는 이러한 조건을 인생의 과정에서 피해

갈 수 없는 일로 여겨 그것은 불변적 현상으로 단정하고 있는 문제입니다. 그래서 거기에서 벗어나는 일은 있을 수 없다고 생각합니다. 즉 생명의 길고 짧음의 문제, 건강하고 나약함의 문제, 부와 가난의 문제, 지배자와 피지배자의 문제 등등 인간이 가진 모든 삶의 조건들인데 이런 조건들은 생명을 가진 존재라면 어떠한 상황에서도 피해갈 수 없다고 여기는 것입니다. 이러한 현상을 우린 관념의 구속이라고 말할 수 있습니다.

그러므로 이러한 문제는 인간에게서 보편적인 성향을 띄고 있고 받아들이기 어려운 문제이지만 좋든 싫든 모두가 받아들이게 되는 변할 수 없는 조건이라고 결정하는 것입니다. 이렇게 누구나 벗어날 수 없는 순리라 하고 확정하게 되고 좀 더 인생을 오래 살아보겠다고 생각하는 사람들이 생겨났지만 아무도 성공한 이는 없었고, 생사를 뛰어넘었다고 천명한 고따마 붓다 역시 생사업生死業의 조건지어진 오온五蘊의 소멸만은 피해갈 수 없었습니다. 그러므로 생명의 현실적 소멸이나 물질과 비물질의 생성과 소멸의 과정은 자연현상의 원리에 적용되는 소멸법칙消滅法則에 속하는 부자유한 괴로움으로 표현됩니다. 이 소멸법칙은 현상계의 모든 흐름에 적용되어 윤회로 연결되고 스스로 소멸과 생성의 작용을 만들어 가는 특별한 동력을 가지고 있습니다. 그렇다고 인위적인 것과 같이 똑같은 모양의 형상이나 성향을 갖추지는 못합니다. 이것을 보고 여기에서 고따마 붓다는 생멸하는 현상인 윤회에서 연기법칙을 발견하였습니다. 아울러 그는 '연기하는 모든 존재는 영원한 존재일 수 없고, 자신이라고 내세울 수 없는 무의 존재無我를 보았고, 세상의 모든 것은 내

것이 아니며無所有處 허공空無邊處과 같아 의식 또한 정한 바 없으며識無邊處 결국 현실에서 일어나는 모든 현상은 생각에 작용한 것도 아니고 작용하지 않은 것도 아닌非想非非想 것이다'라는 삼매의 토대를 만들어 냈던 것입니다. 이러한 관념의 체계가 정식 주제로 성립되도록 한 것의 바탕에는 '괴로움에 관한 소멸법칙이 있었다'라고 할 수 있습니다. 이러한 법칙이 천상과 인간 그리고 모든 현상에서 생성과 소멸의 원칙이 불확정성인 괴로움의 조건으로부터 해탈할 수 있는 길을 제시해주는 것입니다.

삶과 현실의 공간에서 일어나는 모든 생성과 소멸의 조건이 무조건 괴로움으로 인정된다는 것에서 세속적 삶을 열심히 살아가는 사람들에게는 삶의 포기나 실망하는 말로 들릴지 모르지만, 이것은 고따마 붓다의 냉엄한 판단과 깨달음의 기준에서 표현된 가르침입니다. 고따마 붓다의 정통 가르침이라고 할 수는 없지만, 불교에서는 이와 반대의 개념이 존재하는 것도 사실로 인정됩니다. 즉 대승권역에서의 보살도이고 보살행을 들 수 있습니다. 살아있는 모든 생명 혹은 그것에 동등한 모든 존재에게 무한한 자비와 평온을 베풀고 희망을 심어주는 것입니다. 그들에게는 세상의 모든 고통 속에서 수많은 고통을 받고 살아가는 모든 중생이 연민의 대상이기 때문입니다. 그들도 고따마 붓다의 정통교의에서 벗어나지 않는 한 그들 역시 고따마 붓다의 제자임에 틀림없을 것입니다. 그러나 그들은 상좌부권역의 교의에서 벗어난 교리적 해석과 실천 방향을 표방하고 있는 것만은 확실합니다. 이 문제의 자세한 것에 관해서는 기회가 있을 때마다 차차 설명할 것입니다. 우선 대승이 상좌부권역의 교리와 상충

되는 부분만 몇 가지 서술하고 그 연원에 관한 것과 대승이 가진 문제의 해결에 관해서 다음과 같은 간략한 서술을 남깁니다.

대승권역에 전해지는 불교적 언어를 솔직하게 표현하자면, 대승이 사용하고 있는 언어가 고따마 입장으로 보았을 때 '천박한 언어의 표현'이라고 말할 수 있습니다. 이것은 '세속적 관점을 벗어나지 못한 이들'이 행해져 오던 신앙에서 발견되고 발전되었기 때문일 것입니다. 이러한 사실의 역사적 근거는 초기경전과 대승경전의 두 가지 모두의 기록에서 찾아볼 수 있습니다. 거기에는 정확한 역사로 기록될 자료는 없지만, 초기불교에서 대승불교로 전향하게 되는 과정과 정황을 짐작할 수 있는 충분한 내용이 있고, 가장 분명한 증거로는 제3차 결집에서의 분파되는 과정을 들 수 있습니다. 이러한 문제는 초기경전과 대승경전의 전승한 내용에서 교리적 특징을 분석할 수 없는 일반불교학자들은 지금까지 고따마 붓다의 가르침에 관해 정견의 견해를 가지고 있지 않은 까닭에 교리적 충돌과 같은 첨예한 부분을 구분하기 매우 힘들 것입니다. 이러한 점을 분석하거나 연구하는 과정에서 대승은 원래부터 그렇다고 하더라도 초기불교 교리를 두고 분석하는 능력이 미진하거나 오히려 다른 관점을 가지고 있는 경우에는 매우 곤란한 일이 아닐 수 없는 것입니다. 왜냐하면 초기불교의 교리를 대승의 교리방식이나 바라문적 혹은 중국의 도교적 수준의 이론으로 다루어 결론을 내리고 있음이 비일비재하기 때문입니다. 특히 고따마 붓다의 가르침을 표방한 대승불교의 관점은 고따마 붓다의 정설을 가장하거나 아예 없던 일을 지어내는 일에 능숙한 소질을 보여주고 있습니다.

그러면서 그들이 자주 쓰는 합리적인 용어는 '방편方便'이라는 것입니다. 사실과 다른 엉뚱한 설명이나 행동에서도 오용의 실수를 인정하지 않고 방편이라는 단어에 모든 잘못을 몽땅 다 덮어버리고 있습니다. 특히 대승은 자신들이 사용하고 있는 소의경전所依經典에서까지 방편이라는 용어를 전면적으로 광범위하게 사용하고 모든 대승학도大乘學徒가 다 그 방편적 권위에 빠져들게 하는 사고로 대승보살도大乘菩薩道 실천하기를 종용하는 것입니다. 여기에는 그만한 이유가 분명 존재합니다. 그러나 그들이 사용하는 권위에서는 열반과 불과佛果를 성취할 수 없고 중생의 생사윤회처럼 끝나지 않은 보살행菩薩行만이 그렇게 존재할 뿐입니다. 이것은 줄기차게 늘 그들이 주장하는 원력의 내용에서 확인됩니다. 그 원력은 '중생의 업은 끝이 없으므로 중생을 향한 보살의 원력 또한 끝날 수 없다'라는 것입니다. 이러한 논리의 구조적 문제는 모든 대승경전 또는 대승 실천수행 안에서 방편이라는 가설로 대승의 논리가 형성되고 또 보호되고 있는 것입니다. 그러면서 언뜻언뜻 최상승법이라는 결론을 논의하지만, 결코 명쾌하고 정확한 결론을 내지 못하고 그저 견성성불見性成佛이라는 표어적 목적만 공허한 메아리로 남아 있습니다. 오히려 이것의 내용에서는 바라문이나 도교적인 결론으로 끝을 냅니다.

중생의 삶에서 아무리 열심히 살면서 되돌아보아도 도로 제자리에 서 있는 것처럼, 느껴지는 것은 그것이 중생의 삶이고 윤회의 삶인 괴로움에서 벗어날 수 없기 때문입니다. 그래서 어떤 사람이 자신의 인생을 다 살고 나서 남아 있는 가족과 친척 그리고 친지들을 돌아볼 때 그들에게서 아쉬움이나 섭섭함이나 원망을 느끼는 것은 괴로움으로 단정 지어진 악처인 거기에서 벗어난 삶을 살았던 것이 아니었던 까닭입니다. 인생의 일이란 삶이 끝나거나 끝나지 않거나 간에 알 수 없는 어둠이라는 무명의 명제에서 시작됩니다. 이 무명은 무명의 연속일 수도 있고 그렇지 않을 수도 있습니다. 무명은 어떤 미약한 빛이라도 있으면 더 밝은 곳으로 인도되는 성향을 가지고 있습니다. 아무리 미약한 빛이라도 거기에서 밝은 곳으로 향하는 작용이 일어나게 되기 때문입니다. 고따마 붓다의 가르침에서 정견의 견해가 생긴 사람에게는 여기에서 괴로움의 단초緞綃와 연기의 힘이 작용함을 느끼고 보이는 순간입니다. 이러한 조건을 가진 어떤 원인의 성장은 그 성장에 필요한 조건을 무조건 찾게 되고 만날 수 있게 되는 것입니다. 이것을 인연이라고 하는 것이고 이러한 단편적인 인연을 어떤 결과 혹은 결말을 향해 꾸준히 이어지는 것이 바로 연기의 고리입니다. 그러므로 연기란 이처럼 생성과 소멸의 작용을 통해 하나의 법칙처럼 스스로 움직이고 성장하고 결과를 맺습니다. 그것이 괴로움의 실체이긴 하지만.

여기에 연결된 것은 어떠한 것일지라도 오온五蘊의 범위를 벗어나지 않습니다. 그것은 또한 윤회의 법칙, 생성과 소멸의 법칙을 따라 진행되는 움직임이 지속되어 끝나지 않는 것입니다. 그중에서 인간이 영위하고 있는 역사 문화 과학 그리고 종교는 앞에서 언급한 내용까지 다루고 발전해 간다는 점에서 가장 진보된 것이라 할 것입니다. 고등생물만이 가질 수 있는 이러한 특별한 능력은 같은 문제를 이어받고 이어주는 과정을 통하여 더욱 발전시켜 나아가는 데 의미를 두고 있습니다. 고따마 붓다가 생성과 소멸의 법칙을 논한 이유는 그 작용을 함축해 설명한 연기의 법칙에서 벗어나기 위함이 아니면 무엇이겠습니까? 여기에는 이론적 함정이 전혀 없습니다. 오히려 너무 투명하고 확실한 이론형성을 만들어 놓았기 때문에 그 외의 어떤 이론도 대신해 세울 수 없다는 자체가 문제라면 문제가 된다고 할 것입니다. '열반의 이론은 이렇게 세울 수 있고, 반열반에서 어떤 조건이나 이유가 설명될 수 없다'라고 하는 표현에서 정견의 견해가 온전하게 구족한 사람이라면 고따마 붓다의 교리의 완벽함을 여기에서 보게 되는 것입니다.

· 인간에서 일어나는 모든 일은 고따마 붓다가 깨달은 법을 설명하기 위해 사용할 수 있지만, 그것이 법을 대신할 수 없다는 것은 이미 경전에서 괴로움의 조건이나 불확실성의 표상, 소멸의 법칙으로 명시되어 있고, 열반이나 반열반을 대신할 수 없다고 단정하고 있습니다. 그러므로 인간이 가진 일체 조건을 설명할 때 열반을 성취함에서 전혀 도움이 되지 않는 불필요한 것이라고 하였습니다. 이러한 설명에서도 많은 사람은 인간의 가치관에 따라 고따마 붓다의 '깨달음의 법칙'의 법에서 해석을 달리하고 있습니다. 그 대표적인 것으로는 대승불교의 진술한 내용이고 대승적 방편이라고 할 수 있습니다. 이러한 사견에서는 정법에 대한 오류는 물론, 사견에서 사견으로 이어지는 끝없는 오류를 범하게 되는 것입니다. 사견이 가지는 가치는 없습니다. 사견은 사견일 뿐이기 때문입니다. 사견이라고 인정되는 다음의 몇 가지 예가 있습니다.

"마음은 무엇으로 만들어졌나?"

"일체유심조一切唯心造"

등의 의문을 가지는 것은 우리나라 선가에서나 출가한 이들에게서 반드시 나타나는 수직적 가르침에서 자연 발생한 의문을 서로 주고받는 주제에 불과합니다. 여기에는 정확한 주제와 목적이 없습니다. 정확한 주제란 고따마 붓다가 설정하고 가르치고 설명했던 주제를 말하는 것입니다. 화엄경의 일체유심조一切唯心造라는 관점은 현상세계에서 마음의 역할을 극단적인 표현을 빌려 나타낸 말입니다. 대승의 유식학唯識學에서 마음의 문제를 두고 그 중요성과 단계에 관해 아홉 가지 혹은 열 가지 등으로 나눠서 설명하고 있으나 그러한 설명은 설명할 소재와 주제가 불분명하고 설명할 수 없는 것들입니다. 비근한 예로 『대승기신론大乘起信論』에서 다뤄지고 있는 마음의 문제나 선악의 문제만 하더라도 누구나 가지고 있는 마음에 관해서는 이의가 없는 듯 보이지만 논조가 깊어질수록 난해한 점은 결론에 도달할 수 없게 만들고 있는 조건이 거기에 있기 때문입니다. 대승의 결점은 믿을 수 없는 결점을 가진 이론이나 형이상학적 관점을 두고 해결하려는 믿음을 진정한 믿음이라고 여기고도 있습니다. 이것은 맹신을 요구하는 신앙이나 마찬가지입니다. 초기경전에서는 고따마 붓다가 이러한 논리의 구조로 설법한 적은 단 한 군데에서도 발견할 수 없습니다. 오히려 그는 이러한 의문과 질문에서 답변을 거부하였고 그에 대한 답변의 불필요성에 관해서는 스스로 자세한 설명을 곁들였습니다. 이것을 우리는 무기설無記說이라고 알고 있는 것입니다.

고따마 붓다의 근본 교리를 밑바닥부터 자신들의 견해와 다르다고 인정한 것은 대승불교 자신들의 진술인 대승경전에서 잘 나타나고 있습니다. 그러므로 이들에게는 형이상학적인 부처와 보살 그리고 선지식 등이 자신들의 입지에 따라 천차만별로 세세생생 따라다니면서 개도해 준다는 불교의 세계를 표방하였고, 이러한 일은 한 사람이 아닌 여러 사람에 의해서 창조되고 교정되고 인습되는 일로 발전하였습니다. 그래서 수많은 오류가 대승의 권역에서 난무하게 된 것입니다. 무기설과 같은 내용의 사견이 정법으로 다뤄지고 세워져 경전이나 논장論藏에서도 나타나고 있고 일반 선가禪家나 강원講院에서도 비일비재하게 논의되고 있는 실정에 놓여있는 것입니다. 더욱더 천박한 모습으로 변모한 대승의 모습은 어떤 사람이 고따마 붓다의 정법을 그들에게 얘기해 들려주면 얘기해주는 그 사람에 대해서 고따마 붓다의 제자라고 인정하려고 들지 않고 오히려 외도라고 손 가락질 한다는 사실입니다. 이러한 사고는 대승의 초기에 나타난 경전에서 확인되는 사실로 고따마 붓다까지도 자신들의 구미에 맞는 형이상학적 존재로 만들어 놓았습니다. 이들의 위험성은 여기서 끝나지 않습니다. 일반불교학자의 견해에서도 다음과 같은 오류나 판단이 스스럼없이 발표되고 있는 경우라고 할 것입니다.

"사실 붓다가 무엇을 깨달았는가 하는 것은 매우 중요한 문제가 아니다. 이에 대해서는 동서고금의 수많은 학자가 자신의 견해를 밝히고 있다. 초기불전에 나타난 성도의 과정과는 일치하지 않으며, 많은 이설異說이 있다. 지금까지 이루어진 학자들의 연구에 의하면, 이러한 이설은 열다섯 가지 정도 되는데, 크게 네 가지로 요약 분류할 수 있다.

① 사제四諦·십이연기十二緣起와 같은 이법理法의 증득證得에 의했다고 하는 설.
② 사념처四念處·사정근四正勤·사여의족四如意足·오근五根·오력五力·칠각지七覺支·팔정도八正道의 완성에 의했다고 하는 설.
③ 오온五蘊·십이처十二處·사제四諦와 같은 제법諸法의 여실한 관찰에 의했다고 하는 설.
④ 사선四禪·삼명三明의 체득에 의했다고 하는 설.

이처럼 성도의 과정이 전승하는 바에 따라 일치하지 않는 것은 붓다 자신이 깨달음의 내용을 특정한 교설로 고정시켜 놓지 않았기 때문이다"[48]

여기에서 고따마 붓다의 가르침을 분류한 내용이나 분석하고 설명한 내용은 올바른 설명이라고 하기에는 부족한 것입니다. 성도한 과정의 분류한 내용을 보더라도 성도의 내용과 일치하지 않는 표현이 있고, 그 분류를 보고 설명한 내용은 다른 학자들의 분류한 견해를 두둔하여 '고따마 붓다가 자신이 깨달은 교설의 내용을 분명하게 고정하여 놓지 않았다'라고 하여 오히려 고따마 붓다에게 자신들의 오류를 전가하고 있는 것이나 다름없습니다. 이처럼 고따마 붓다의 가르침에서 정법에 관한 견해를 올바로 가지지 못하는 이유는 다음의 문장에서도 발견할 수 있습니다.

48 후지타 코타츠 외/ 권오민 옮김(민족사 1989)『초기·부파불교의 역사』. p.41.

"사람들은 자신이 만든 능력 안에서만, 사물을 생각하려고 한다. 타고난 장님이나 귀머거리는 빛깔을 볼 수 없고 소리를 들을 수 없으므로, 그것에 대한 설명을 듣더라도 자기 나름대로 판단할 수밖에 없다. 부처님에 대해서도 이와 마찬가지이다. 우리는 부처님이 아니므로 부처님의 심경이나 그 경지를 실제로 알 수 없다. 그러나 우리가 알 수 없다고 해서 부처님의 특수한 모습이 실재하지 않았다고 말할 수는 없다. 경전에 기록된 내용을 통해서 어느 정도까지는 헤아려 볼 수는 있다. 경전에 기록된 말씀의 표현적인 의미가 아니라, 진실한 뜻을 체득하려고 노력하지 않으면 안 된다"[49]라는

여기서 가장 이해할 수 없는 부분은 '우리는 부처님이 아니므로 부처님의 심경이나 그 경지를 실제로 알 수 없다'라는 곳과 '경전에 기록된 말씀의 표현적인 의미가 아니라, 진실한 뜻을 체득하려고 노력하지 않으면 안 된다'라는 두 곳입니다. 이런 경우 우리가 느낄 수 있는 것은 '부처님의 특별함은 형언할 수 없는 존재이다'라는 것과 '그것은 언어로서는 표현할 수 없는 존재'라는 입장을 애초부터 스스로 설정해 놓고 있는 것입니다. 그래서 부처님을 헤아려 보거나 이해하기 위해서는 경전의 설명보다는 각자의 소양대로 열심히 찾아보라는 뜻으로 들리게 되는 느낌을 받게 됩니다. 경전에서는 열반이나 아라한과의 설명은 수없이 나타납니다. 그리고 고따마 붓다에 관한 설명까지도 아주 자세하게 설명되며, 만약 자신에 대해 다른 사람들에게 소개할 일이 있다면 이렇게 해주어야 할 것이라며, 제자들에게 직접 일러주기도 하였습니다. 여기에 서술한 것을 보게 되면 '부처란 어떠한 존재인가'에 관해 설명하고 있습니다. 이러한

49 와타나베 쇼코 저/ 법정 옮김(동쪽나라. 2002) 『불타 석가모니』. p.192.

견해는 자신이 터득한 견해를 다른 사람에게 가르쳐 전달할 수 없다고 하는 것은 매우 잘못된 견해라고 로힛짜경Lohicca Sutta에서는 밝히고 있습니다.

또한 '타고난 장님이나 귀머거리'의 비유에 대한 견해를 정면으로 반박할 수 있는 경전이 있습니다. 바로 『계분별경界分別經; Dhātuvibhaṅga sutta』입니다. 여기서 설주는 물론 고따마 붓다입니다. 어느 날 고따마 붓다는 날이 저물어 옹기 굽는 움막에 들어가 하룻밤을 묵게 되었는데, 마침 그곳에는 먼저 와 있던 뿍꾸사띠Pukkusāti라는 눈먼 유행승이 있었습니다. 움막 속의 어두운 곳이라 서로가 얼굴을 보고 확인할 수는 없었지만, 인기척으로 옆에 사람이 있다는 것을 알아차린 고따마 붓다는 그에게 이렇게 인사를 나눴습니다.

"안녕하시오? 어떻게 여기에 머물고 있습니까?"
"저는 떠도는 유행승이고 이름은 뿍꾸사띠라고 합니다"
"그러면 누구를 스승으로 출가하였습니까?"
"저는 고따마 붓다에게 믿음을 가지고 그분을 스승으로 출가하였습니다"

여기까지 서로의 대화가 오갔을 때 고따마 붓다는 그가 장님이라는 사실과 자신의 제자 중에는 그런 사람이 없다는 것을 알게 되었습니다. 그래서 다시 그에게 이렇게 말했습니다.

"그러면 그분의 가르침을 직접 받은 적이 있습니까?"
"아닙니다. 제가 아는 것은 고따마 붓다를 잘 아는 분에게서들은 가르침뿐입니다"

"그렇다면 내가 그분의 가르침을 잘 알고 있는데 한 번 들어 보겠습니까?"

"네, 그렇게 하겠습니다. 저에게 가르침을 주시면 감사하겠습니다"

이렇게 하여 자신을 스승으로 알고 있는 그에게 자신의 법을 설해주었습니다. 고따마 붓다의 설법을 듣는 뿍꾸사띠는 가르침의 시간이 지날수록 자신의 앞에서 법을 설하는 사람이 고따마 붓다임이 확실하다는 것을 깨닫게 되었고, 그는 그 자리에서 스승의 예를 올리겠다고 하였습니다. 이러한 뿍꾸사띠의 일화를 보더라도 법을 전해주고 받음에는 눈의 역할이 있고 없고가 아무런 문제가 되지 않음을 알 수 있습니다. 그러므로 진리를 설명할 수 없고 이해할 수 없는 소용없는 일이라면 사함빠띠 범천도 고따마 붓다에게 진리를 널리 말씀해 줄 것을 권청하지 않았을 것이고, 고따마 붓다 역시 사함빠띠 범천의 권청에 응하지 않았을 것입니다. 그리고 세상에 널리 전해야 할 진리이기 때문에 고따마 붓다는 자신의 가르침을 45년 동안이나 힘을 기울여 펼쳤던 것입니다.

"진리를 혼자만이 알고 간직하는 것은 잘못된 것이다. 진리가 진리이기 위해서는 다른 사람에게 고스란히 전달되어야 한다. 그럴 때 보편성을 지니는 것이다. 그리고 실제 자신이 체득한 진리를 제자들에게 잘 가르쳐 전달하는 스승이 있다. 바로 고따마 붓다이다. 또한 고따마 붓다의 제자들은 그의 가르침대로 수행하여 네 단계의 성스러운 결과沙門四果를 현실에서 체득하였다. 그것은 곧 진리의 전달이 가능하다는 것이다. 그리하여 로힛짜의 의심은 완전히 제거되었다"50

이것은 진리가 전해져야 하는 분명한 이유의 설명에 해당합니다. 그리고 진리는 설명 가능한 일이며 진리가 설명할 수 없다는 견해야말로 잘못된 견해임을 밝히고 있는 것입니다. 진리가 이해되지 않은 사람에게는 진리의 설명은 불가능하고 남에게 전해줄 수도 없게 됩니다. 이러한 경우란 정견과 사견에 관한 자유롭지 못한 견해를 스스로 가지고 있으므로 생기는 문제입니다. 그러므로 이것은 언제나 괴로움의 소멸법칙인 사성제의 가르침에서 그 해답을 찾아야 할 것입니다. 올바른 정견의 견해는 사성제를 꿰뚫어 이해함에서 이뤄지는 것이기 때문입니다. 또한 사견이라고 하는 것에 관해 '여래를 다르게 이야기한다'라고 언급한 곳이 있습니다.

"비구들이여, 두 부류의 사람은 여래를 사실과 다르게 이야기한다. 어떤 것이 둘인가?
안으로 성냄이 가득한 타락한 자와 여래에 대해 잘못 알고서 믿는 자이다. 비구들이여, 이러한 두 부류의 사람은 여래를 사실과 다르게 이야기한다"[51]

"비구들이여, 여래는 말하지 않았고 이야기하지 않은 것을 말했다고 이야기하는 자와 여래가 말했고 이야기한 것을 말하지 않았다고 이야기하는 자이다. 이러한 두 부류의 사람들은 여래를 사실과 다르게 이야기하는 자이다"[52]

여래를 사실과 다르게 이야기하는 자의 조건에서 다른 뜻으

---

50 Dīgha nikā 12. 로힛짜 경Lohicca sutta.
51 Aṅguttara nikāya 사악한 자경Duṭṭha sutta A2:3:2.
52 Aṅguttara nikāya 말씀경Bāsita sutta A2:3:3.

로 표현된 곳이 있습니다. 바로 다음과 같습니다.

"비구들이여, 두 부류의 사람은 여래를 사실과 다르게 이야기 한다. 어떤 것이 둘인가?

숨은 뜻을 알아내어야 할 경에 대해서 이미 그 뜻이 확정된 경이라고 하고, 이미 그 뜻이 확정된 경에 대해서는 숨은 뜻을 알아내어야 할 경이라고 하는 자이다"

"비구들이여, 두 부류의 사람은 여래를 사실과 다르게 이야기 하지 않는다. 어떤 것이 둘인가?

숨은 뜻을 알아내어야 할 경에 대해서는 숨은 뜻을 알아내어야 할 경이라고 하는 자와 이미 그 뜻이 확정된 경에 대해서는 이미 그 뜻이 확정된 것이라다고 하는 자이다. 비구들이여, 이러한 두 부류의 사람은 여래를 사실과 다르게 이야기하지 않는다"[53]

이것을 보고 우리는 고따마 붓다의 가르침에서 이해의 문제가 제자들 사이에 일어났었다는 것과 자신의 가르침이 제자들 혹은 일반인에게도 올바르게 전해지고 이해되기를 바라고 있었다는 것을 잘 알 수 있는 부분입니다. 그러므로 이러한 정황은 고따마 붓다에 의해 정법이 설명되었을 때도 가르침에 대한 이해나 설명이 제자들 사이에서 다르게 표현되고 있었다는 것입니다. 반면 여래를 사실과 다르게 이야기하지 않는 것에 관함을 정확히 밝히고 있습니다. 이것은 정법이 그대로 유지되기 위해서 꼭 필요한 조건임을 밝힌 것입니다.

---

53 Aṅguttara nikāya 뜻을 알아내어야 함경 Neyyattha sutta1~2 A2:3:5~6.

4. 학습계목

학습계목은 비구의 근본 자질을 키우고 발전시키는 데 그 목적이 있습니다. 비구의 자질과 의무에 관해서 『신속경迅速經; Tuvataka sutta』에서는 '비구는 악의 뿌리와 갈애를 단절해야 하며, 법을 배워야 하고 평온과 사색적이어야 하며, 말 많음과 게으름 등을 피해야 한다. 그리고 반드시 규정된 자기 의무를 따라야 한다'라고 하였고, 비구의 생활적인 이야기에 관해서는 「피안도품彼岸道品; Pārāyaṇavagga」에서 고따마 붓다와 바라문·비구 간의 열여섯 가지 대화로 엮어져 있고, 이 대화에 참석한 이들은 이지따Ajita, 띳사 멧떼야Tissa Metteyya, 뿐나까Puṇṇaka, 멧따구Mettagū, 도따까Dhotaka, 우빠시와Upasīva, 난다Nanda, 헤마까Hemaka, 또떼야Todeyya, 깝빠Kappa, 자뚜깐니Jatukaṇṇi, 바드라위다Bhadrāvudha, 우다야Udaya, 뽀살라Posāla, 모가라자Mogharāja, 삥기야Piṅgiya 등입니다.

여기 대화에서 논의된 내용은 욕망, 탐욕, 집착, 철학적 견해들, 감각적 쾌락, 게으름 등의 근절입니다. 그리고 열반을 얻기 위해서는 무관심, 남에게 의지하지 않음, 적정, 주의 깊음, 법에 흔들리지 않고 머물기를 권장합니다. 모두 학습계목에 해당하는 조항과 내용으로서 특히 '법에 흔들리지 않고 머문다'라는 언급에서 법法이라고 하는 법은 고따마 붓다의 가르침에서 깨달음을 성취했을 때 얻어지는 정견의 견해가 세워질 수 있는 사성제의 꿰뚫는 이해를 말하는 것입니다.

학습계목에서는 출가에 대한 정의를 생각해 볼 수 있고 출가의 정의를 바로 세울 수 있으며 출가생활을 성스럽게 인도하는 조건으로 구성되어 있습니다. 이러한 학습계목을 제정하고 빠띠목카를 어떤 이유로 마련하였습니까라는 우빨리Upāli 존자의 질문에 대해 『앙굿따라 니까야Aṅguttara nikāya』의 「우빨리경Upāli sutta」에서는 다음과 같이 밝히고 있습니다.

"우빨리여, 열 가지 이유 때문에 여래는 제자들에게 학습계목을 제정하고 빠띠목카를 마련하였다. 무엇이 열인가?"

"①승가가 미덕을 갖추기 위해서 ②승가가 편안하게 머물도록 하기 위해서 ③계를 지키지 않는 사람들을 제어하기 위해서 ④계를 잘 지키는 비구들이 편안하게 머물도록 하기 위해서 ⑤현생에서 일어나는 번뇌들을 단속하기 위해서 ⑥내생에 일어날 번뇌들을 차단하기 위해서 ⑦신심이 없는 자들에게 신심을 일으키기 위해서 ⑧신심이 있는 자들에게는 신심을 더욱 확고히 하기 위해서 ⑨정법이 머물게 하기 위해서 ⑩율을 호지하도록 하기 위해서이다. 우빨리여, 이러한 열 가지 이유 때문에 여래는 제자들에게 학습계목을 제정하고 빠띠목카를 만련하였다"[54]

이어서 우빨리는 빠띠목카중지Pātimokkhaṭṭhapanasutta에 대해서도 질문을 하였습니다. 이에 대한 고따마 붓다의 답변은 다음과 같습니다.

"우빨리여, 열 종류의 빠띠목카 중지衆志가 있다. 무엇이 열인가?"

---

54 대림스님 역(2007.11.5. 초기불전연구원) 『앙굿따라 니까야Aṅguttara nikāya』 제6권 「우빨리경」. pp.169-170. 제1권 학습계목경Sikkhāpada sutta pp.292-293.

"① 빠라지카pārājika[55]를 범한 자가 회중에 앉아 있을 때 ② 빠라지카를 범했는지 아닌지에 대한 논의가 결정되지 않았을 때 ③ 구족계를 받지 않은 자가 회중에 앉아 있을 때 ④ 구족계를 받았는지 받지 않았는지에 대한 논의가 결정되지 않았을 때 ⑤ 공부지음을 버린 자환속한 자가 회중에 앉아 있을 때 ⑥ 공부지음을 버리고 환속했는지 아닌지에 대한 논의가 결정되지 않았을 때 ⑦ 중성인 자가 회중에 앉아 있을 때 ⑧ 중성인지 아닌지에 대한 논의가 결정되지 않았을 때 ⑨ 비구니를 모독한 자가 회중에 앉아 있을 때 ⑩ 비구니를 모독했는지 아닌지에 대한 논의가 결정되지 않았을 때이다"

빠띠목카는 율장에서 논의되거나 서술되어야 하나 빠띠목카 중지에 관한 내용이 학습계목에서도 다뤄져야 할 것이므로 그 내용만 서술하여 놓았습니다. 학습계목에 관련된 내용은 수부띠경Subhūta sutta. A11:15에서도 학습의 필요성과 믿음을 가진 자들에게 발견되는 믿음의 특질이라고 언급하고 있습니다. 이러한 것은 출가의 목적을 이루기 위한 기본적인 바탕이 되는 조건에 해당하기 때문입니다.

"수부띠여, 여기 비구는 계를 잘 지킨다. 그는 계목의 단속으로 단속하면서 머문다. 바른 행실과 행동의 영역을 갖추고, 작은 허물에 대해서도 두려움을 보며, 학습계목을 받아지녀 공부짓는다. 수부띠여, 비구가 계를 잘 지키어 … 학습계목을 받아 지녀 공부짓는 이것이 믿음을 가진 자들에게 발견되는 믿음의 특질이다"[56]

55 '빠라지카pārājika'는 중국에서는 바라이죄波羅夷罪로 음역하였으며, 비구가 범해서는 안 될 가장 중요한 계목이다. 살인 무거운 도둑질, 성행위, 큰 거짓말이 여기에 해당한다. 이 네 가지 계를 범했을 경우 승단에서 축출된다.

어느 날 사리뿟따 존자는 사왓티의 동쪽 승원東園林에 있는 미가라마따鹿子母 강당에 머물고 있었습니다. 그는 도반들을 불러 안의 족쇄에 채인 사람과 밖의 족쇄에 채인 사람에 관해 설법하게 됩니다. 여기서 사리뿟따는 학습계목으로 수행한 결과 몸이 무너져 죽은 뒤에 천상에 태어났다 다시 돌아오는 자와 다시 돌아오지 않는 자의 수행의 결과가 '학습계목을 받아 지니므로 이뤄지는 것이다'라고 합니다.[57] 반면 고따마 붓다가 웨살리의 큰 숲에 있는 중각강당에 머물 때 왓지의 후예인 한 비구가 찾아와 150가지가 넘는 학습계목을 반달마다 외워야 하는 고충을 다음과 같이 털어놓은 적이 있습니다.

"세존이시여, 150개가 넘는 학습계목이 있어서 반달마다 외워야 합니다. 세존이시여, 그런데 저는 이대로 공부지을 수가 없습니다"

"비구여, 그러면 그대는 높은 계를 공부짓고 높은 마음을 공부짓고 높은 통찰지를 공부짓는 세 가지 공부三學를 지을 수 있는가?"

"세존이시여, 높은 계를 공부짓고 높은 마음을 공부짓고 높은 통찰지를 공부짓는 세 가지 공부三學를 지을 수 있습니다"

"비구여, 그렇다면 그대는 높은 계를 공부짓고 높은 마음을 고부짓고 높은 통찰지를 공부짓는 세 가지 공부를 지어라. 비구여, 그대가 높은 계를 공부짓고 높은 마음을 공부짓고 높은 통찰지

56 대림스님 옮김(2007.11.5. 초기불전연구원) 『앙굿따라 니까야Aṅguttara nikāya』. p.558.

57 Aṅguttara nikāya 족쇄경Saṁyojana sutta A2:4:5.

를 공부짓는 세 가지 공부三學를 지을 때 탐욕이 제거될 것이고 성냄이 제거될 것이고 어리석음이 제거될 것이다. 그러면 그대는 탐욕을 제거하고 성냄을 제거하고 어리석음을 제거하기 때문에 해로운 것을 짓지 않을 것이고 악한 것을 받들어 행하지 않을 것이다"58

이것은 학습계목이 공부지음에 방해되는 경우를 들어 설법한 내용입니다. 왓지의 후예인 그 비구는 학습계목이 아닌 '높은 계를 공부짓고 높은 마음을 공부짓고 높은 통찰지를 공부짓는 세 가지 공부三學' 방법을 통하여 목적를 성취하였습니다. 학습계목을 버리고 '높은 계를 공부짓고 높은 마음을 공부짓고 높은 통찰지를 공부짓는 세 가지 공부三學'할 것이라고 무턱대고 따라 하는 어리석음에 관한 다음과 같은 풍자의 설법이 있습니다. 이것을 보더라도 학습계목은 주로 처음 출가한 이들에게 수행자의 자질을 갖추기 위해서 훈육의 뜻으로 베풀었던 교육방식이라고 알아야 할 것입니다.

"비구들이여, 예를 들면 '나는 소다. 나는 소다'라고 하면서 소의 무리를 뒤따르는 당나귀가 있다 하자. 그에게는 소들이 가진 그러한 색깔도 없고 소들이 가진 그러한 소리도 없고 소들이 가진 그러한 발굽도 없다. 그는 단지 '나는 소다. 나는 소다'라고 하면서 소의 무리를 뒤따를 뿐이다

비구들이여, 그와 같이 여기 어떤 비구는 '나는 비구다. 나는 비구다'라고 하면서 비구승가의 뒤를 따른다. 그러나 그에게는

58 Aṅguttara nikāya 왓지의 후예경Vajjiputta sutta A3:83.

높은 계를 공부지음에 대해서 다른 비구들과 같은 그러한 강열한 열의가 없다. 그에게는 높은 마음을 공부지음에 대해서 다른 비구들과 같은 그러한 강한 열의가 없다. 그에게는 높은 통찰지를 공부지음에 대해서 다른 비구들과 같은 그러한 강한 열의가 없다. 그는 단지 '나는 비구다. 나는 비구다'라고 하면서 비구승가의 뒤를 따를 뿐이다"[59]

이 외에도 학습계목에 관한 내용이 설해진 경전은 외움경A3:85~87. Uddesa sutta1~3과 공부지음경A3:88~89. Sikkha sutta1~2, 빵까다경A3:90. Paṅkadhā sutta, 좋은 혈통경A3: 94. Ājānīya sutta 등 많은 경에서 언급되고 있습니다.

---

59 Aṅguttara nikāya 사문경Samaṇa sutta A3:81.

제 3 장

교의

經藏; Sutta piṭaka

제3장 교의經藏; Sutta piṭaka

경장은 고따마 붓다의 가르침의 집약된 성전에 해당합니다. 경전의 가르침은 당연히 논리적 구조로 형성되어 있으며 그 논리가 올바르게 설정되어 있을 때 이해하기 쉬울 것입니다. 그뿐만 아니라 설명하기 역시 쉬울 것입니다. 그러므로 고따마 붓다의 깨달음의 가르침을 시대와 문화 그리고 역사의 변천과 관계없이 전해주고 받을 수 있을 것입니다. 이것은 고따마 붓다의 가르침에서 정법을 수호하는 일로 영원불변의 가르침의 법칙을 세우는 일이기도 합니다. 출가의 일이 겨우 생계의 일로 그 뜻을 펴지 못하고 결과를 얻을 수 없다는 것은 너무나 애석한 일입니다. 고따마 붓다가 열반을 성취하기 위해 설정해 놓은 가르침이 생계로 위협받거나 타협하거나 이용당하는 일은 없어야 합니다. 왜냐하면, 그것은 가르침을 벗어난 길이기 때문입니다. 이미 앞에서 출가의 모든 조건을 이야기해 놓았습니다. 그리고 그 뜻도 자세히 설명하였습니다. 아울러 출가한 사람이 마땅히 겪어야 하는 일과 해결해야 할 일들까지 요약해 놓았습니다.

그러기 위해서는 교리적 논리 전개에 앞서 고따마 붓다의 경전 모두에서 주제가 무엇인지 설명할 필요가 있습니다. 그 주제가 정해지고 난 뒤에 설명이 뒤따르게 됩니다. 이것은 이 글을 작성하는 논리 전개의 형식이고 그 논리를 이해시킬 수 있는 가장 쉬운 방법이기 때문입니다. 이러한 방식과 형식은 계속 이어져서 의문이 남지 않는 수준의 충분한 논리의 전개를 거쳐 결론에 도달하게 될 것입니다. 그 결론이라는 것, 그것은 개인의 성향에 따라 천차만별로 달리 나타날 수 있겠지만 논의되는 교리구조에서 고따마 붓다의 깨달음의 이론을 바탕으로 단일한 방식을 택하였습니다. 여기에 관한 논지는 이미 앞에서 제시되었고 거기에 맞는 고증적 자료에서 독자들이 얼마나 긍정적인 반응을 가질 것인지는 계산해 놓지 않았습니다. 좀 주제넘은 짧은 생각인지는 모르겠으나 고따마 붓다가 45년 동안 설법한 자료를 한 번도 접해보지 않았거나 이해 불가능한 사람들을 앞에 놓고 짧게 줄여서 설명하는 이것으로 그들에게 만족한 이해를 줄 수는 없다는 것이 이유입니다. 여기까지 생각해보면 그들에게서 어떤 반응을 보게 될지 매우 궁금합니다.

"인생을 포기한 사람만이 이해 가능한 일이다"

문득 이 말을 해놓고 보니 '너무 지나친 표현이 아닌가'라는 생각도 들지만 두 가지 관점에서 그런대로 재미있는 반응을 볼 것 같습니다. 한 가지는 '인생 포기'에 대한 반응에서 인생을 부지런히 재미있게 사는 사람들의 반응이고 다른 하나는 자신의 삶을 포기할 정도로 어렵고 힘들다고 여기는 사람들의 반응입니다. 그러나 여기에서 포기라는 뜻은 이 두 가지 뜻에서 하는 그런 뜻이 아니라는 것입니다. 즉 인생의 불확정성에서 오는 무상과 무아적 사고에서 잠깐만이라도 고민했거나 깊은 생각에 빠져보았던 경험이 있었던 사람들에게 하는 메시지라고 할 수 있는 것입니다. 그러고 보니 공연히 쓸데없는 이야기를 한 것이 아닌지 하는 생각도 듭니다. 그러나 이미 서술적 의미는 충분하게 되었고 낮은 단계의 본능적 고뇌를 가진 사람들이 이 글을 읽을 엄두조차 낼 수 없다고 여긴다면 자유로움을 스스로 만끽하면서 그 사람들과 소통의 기회로 삼을 것입니다. 왜 그런지는 독자들이 가진 높은 수준의 사고에서 소통에 어울리는 깊은 통찰과 견해로 이어지는 것을 바라기 때문입니다. 만약 여기까지 읽은 독자라면 대승권에서 판단하는 외도적이거나 바라문교 혹은 도교적 사고에서 자유로운 사람일 것입니다. 인간 사고의 흐름에서 높낮이 혹은 좁거나 넓은 의미는 사람의 성향에 따라 상당히 많은 차이로 나타나는데 이 글이 거기에 어울리는 흐름으로 작용한다면 거기에서 어떤 가능성을 목격하게 될 것이라 믿습니다. 그러면 저 짧은 문구 '인생을 포기한 사람만이 이해 가능한 일이다'에서 그렇게 많은 뜻을 부여해 놓으면 다른 의문을 가진 사람에게는 인생의 의미가 없다는 것이냐라고 되묻는 사람도 있을지 모릅니다. 그러나 그런 염려와 질문은 그 어떤 사람도 가질 수 있는 일이 아닙니다. 왜냐하면 이곳은 고따마 붓다의 깨달음의 교육장이기 때문이며, 그의 설법을 되짚어 나아가며 설명하는 장소이기 때문입니다. 오로지 독자가 고따마 붓다의 깨달음을 주는 설법의 중심에 서 있게 하느냐 마느냐의 관건만이 있을 뿐입니다.

1. 사성제의 권위

사성제가 고따마 붓다의 가르침에 근본이 되는 이유는 많은 경전에서 찾아볼 수 있습니다. 앞에서 '고따마 붓다의 깨달음을 주는 설법의 중심'이라는 표현을 썼습니다. 사성제는 바로 그 표현에 어울리는 깨달음으로 인도하는 가르침이기 때문입니다. 그에 대한 것을 5부 니까야 중에 나타나는 사성제 설법을 찾아 분석해 보도록 할 것입니다. 그 전에 우선 사성제가 어떤 특성을 가진 교리구조인지를 밝혀 설명할 것입니다. 사성제를 이해함으로써 전체 경전의 내용이나 교리적 구조에서 분석하고 이해할 수 있는 능력을 갖추게 되는 일이므로 경전을 공부하고 명상이나 삼매의 조건을 구족하는 일에서도 필수적이라고 할 수 있습니다. 또한 고따마 붓다의 모든 교의가 사성제에 통섭된다는 사실은 여러 경전에서 인정하고 있는 부분입니다. 이러한 것이 중요하다는 이유는 율장이나 논장에서의 형성에서 사성제가 빠진 상태로는 올바른 이론형성이 될 수 없다는 사실에서입니다. 그러므로 수행의 실수實修까지도 사성제에서 꿰뚫는 이해를 통해 올바른 견해八正道를 가질 수 없다면 실천하기 매우 불가능한 것입니다. 그래서 사성제의 교리적 이해야말로 고따마 붓다의 가르침을 꿰뚫어 이해할 수 있고 최고의 제자로 인도하며 열반을 얻음에 첩경이라고 할 수 있습니다. 교리의 중심으로 소개된 사성제는 그 이름에서 뜻을 찾아볼 수 있습니다. 우리말의 순수한 뜻은 '네 가지의 성스러운 가르침'입니다. 이것은 '괴로움의 소멸의 법칙'이라는 말로 더 자세한 뜻을 첨가한 내용으로 표현할 수 있습니다. 왜 사성제를 괴로움의 소멸의 법칙이라고 하는지는 차차 뒤에서 밝히게 될 것입니다. 이하에서는 『Nibbāna』[60]의 사성제 내용을 통째로 옮겨 놓고 이곳의 논리에 맞춰 교정 인용하였습니다. 왜냐하면 사성제의 내용이 대체로 『Nibbāna』에서 확실하게 설명되었기 때문입니다.

증지부增支部, Aṅguttara nikāya 이집二集, Duka nipāta에서는 두 가지 종류의 업보業報 Kamma-vipāka와 선과 악의 발단 원인과 희망과 바램 그리고 이익과 장수, 두 가지 종류의 보시布施 등의 문제를 다루면서 특별히 두 종류 모임의 비구 즉 네 가지 진리四聖諦를 깨달은 비구와 깨닫지 못한 비구가 화목하게 지내지 못하는 이유에 관한 내용을 가르치고 있습니다. 여기에서 교단을 의지해 살아가는 비구들이 서로 화목하게 지내고 그렇지 못함은 사성제를 꿰뚫어 알고 모름에 따라서 형성되는 것이다라고 밝히고 있습니다. 팔정도의 소멸과 유사정법에 관한 내용도 알고보면 사성제의 가르침에 포함된 것으로서 사성제의 가치와 역할은 고따마 붓다의 가르침 전체를 아우르는 것이라 할 것입니다.

60 일공스님 저(2019.5.12. 메이커즈프레스) 『Nibbāna』는 일공스님의 만일기도의 기획출판물로 첫 번째로 출판한 책이다. 이 책을 통하여 초기불교의 교리적 구조를 바르게 세웠다고 자평한다. 그리고 초기불교를 연구하고 석사논문인 열반어의 연구를 쓰고나서 처음으로 쓰게 된 원고이고 처녀 출판한 작품인지라 표현된 문맥의 구성에 있어서 매끄럽지 못하지만, 고따마 붓다의 정통 가르침에 관해 사성제를 중심으로 단일 교리구조를 세웠다는 점에서 그 전체를 모두 인용하면서 교정하였다.

2. 사성제四聖諦

사성제四聖諦는 참으로 열반으로 인도하는 성스러운 가르침입니다. 이 네 가지 성스러운 가르침이란 고苦·집集·멸滅·도道로 이뤄져 있습니다. 즉 고성제苦聖諦·집성제集聖諦·멸성제滅聖諦·도성제道聖諦라는 것입니다. 열반은 모든 중생의 생生·노老·병病·사死와 삼라만상森羅萬象의 성成주住·괴壞·공空이라는 괴로움苦의 굴레에서 완전히 성스럽게 벗어남을 말합니다. 중생의 생生·노老·병病·사死와 삼라만상의 성成·주住·괴壞·공空의 굴레는 괴로움苦이며, 괴로움의 일어남集이며, 괴로움의 소멸滅입니다. 이러한 괴로움苦의 굴레는 중생에게 있어서 없어지지도 않고 벗어날 길이 없고 그저 언제까지나 윤회로 이어지는 것입니다.

생生·사死와 생生·멸滅의 문제에 있어서 괴로움苦의 실체와 원인이라고 하는 원리인 괴로움의 소멸법칙을 확인했을 때 괴로움에서의 해탈하는 길이 보이게 되는 것입니다. 그리고 그에 대한 의문 역시 풀리게 되어 있습니다. 여기서 얻어지는 결과는 가르침에 대한 이해와 괴로움의 소멸로 알려진 열반涅槃을 말합니다. 또한 이것은 괴로움과 생사와 윤회輪廻에서 벗어나는 길이기도 할 뿐만 아니라 고따마 붓다의 가르침을 완전히 터득한 성자阿羅漢의 자리에 이르게 되는 것입니다. 괴로움을 있는 그대로 꿰뚫어 이해함으로써 얻어지는 결과는 지금·여기에서 직접 확인되는 결과입니다.[61] 괴로움이라고 인정되는 실체에는 이 세상의 모든

---

61 이것은 고따마 붓다의 확실한 선언이고 천명이다. 그의 설법에서 사성제의 이론을 마무리 지을 때마다 반드시 이러한 정형구는 등장한다. 그만큼 자신의 가

것들이 다 포함됩니다. 눈에 보이면서 나에게 영향을 주거나 아니거나, 눈에 보이지 않으면서 나에게 영향을 주거나 아니거나 간에 다 포함되어 있습니다. 특히 자신을 형성하고 있는 오온五蘊은 괴로움의 중심에 있습니다. 그러면서 각 기능五蘊의 영역에 해당하는 역할로 인해 또 다른 괴로움을 끝없이 생산해 내는 것입니다. 과연 이것은 '역동적이고 창조적'[62]이라고 표현한 불교학자가 있습니다. 이 생산된 괴로움은 괴로움의 원인일 수도 있고 괴로움의 결과일 수도 있습니다. 이러한 문제를 다루는 것은 고따마 붓다의 가르침에서입니다. 다양한 성향의 괴로움의 실체를 파악하고 확고한 신념을 형성하고 삶의 방법 또한 괴로움의 소멸로 이끄는 방향八正道으로 살아가는 것은 '고의 소멸과 벗어남의 미학'이라고 할 수 있습니다. 이것은 괴로움의 실체를 완전히 파악한 사람들, 즉 아라한의 생활로 이어주기 때문입니다.

괴로움에 대한 올바른 견해는 괴로움의 실체를 정확히 파악했을 때 비로소 생겨납니다. 여기 괴로움의 바른 견해에 대한 믿음을 설명한 경전이 있습니다. 물론 사성제四聖諦가 설명된 모든 경에서입니다. 사성제의 이해에서 '지知와 견見의 증득'[63]이 생기게 되는데, 이것은 반드시 팔정도八正道의 견해正見에 해당하는 것입니다. 여기서 견見이라고 하는 것은 괴로움이라고 인정할만한 것들[64]을 정확히 판단하는 견해見解를 말하는 것입니다. 이렇게 이

르침에 대해 확실하다는 뜻을 표명한 것이다.

62 Rune E. A. Johansson, 박태섭 옮김(1996.10.26. 서울 시공사) 『불교심리학』에서 '역동적이고 창조적'이란 표현을 했다.

63 각묵스님(2006.1.5. 초기불전연구원). 『디가 니까야』 제3권 「확신경」. pp.194-197.

64 특히 오온五蘊으로 인한 모든 감각기관과 기능과 상대적인 것들을 괴로움苦이며,

해되었을 때 조건지어진 실체의 원인인 무명無明과 번뇌는 사라지고 괴로움의 소멸, 윤회輪廻의 단절이 이루어지는 것입니다. 이것을 불교에서 열반涅槃이라 하고 해탈解脫이라고 하는 것입니다. 『상윳따 니까야』의 「초전법륜경」[65]에서 고따마 붓다는 자신의 깨달음에 대한 자세한 내용을 다음과 같이 설명하고 있습니다.

"비구들이여, 그러면 어떤 것이 여래가 완전하게 깨달았으며, 안목을 만들고 지혜를 만들며 고요함과 최상의 지혜와 바른 깨달음과 '열반으로 인도하는 중도'인가?

그것은 바로 '여덟 가지 구성요소를 가진 성스러운 도八支聖道'이니, 바른 견해正見, 바른 사유正思惟, 바른 말正語, 바른 행위正業, 바른 생계定命, 바른 정진正精進, 바른 마음챙김正念, 바른 삼매正定이다.

비구들이여, 이것이 바로 여래가 완전하게 깨달았으며, 안목을 만들고 지혜를 만들며, 고요함과 최상의 지혜와 바른 깨달음과 '열반涅槃으로 인도하는 중도'이다"[66]

여기서 고따마 붓다는 다섯 비구에게 '저열하고 촌스럽고 범속하고 성스럽지 못하고 이익을 주지 못하는 감각적 욕망에 대

괴로움의 원인集이며, 괴로움의 소멸滅이며, 괴로움의 소멸로 인도되는 여덟 가지 성스러운 구성요소八支聖道에 관한 것으로 인식한 견해를 말한다. 그러나 오온의 기능에서 느끼는 느낌을 총칭하는 것으로, 오온의 기능이 행복하다고 느끼는 느낌까지 모두 괴로움에 포함하고 있다는 것을 알아야 한다. 그뿐만 아니라 오온에서 일어난 모든 느낌 즉 희·노·애·락·원·증·애·고를 통틀어 포함한다.

65 각묵스님(2009.10.5. 초기불전연구원) 『상윳따 니까야』 제6권 「초전법륜경」 Dhammacakkhappavattana-Sutta.

66 각묵스님(2009.10.5. 초기불전연구원) 『상윳따 니까야』 제6권 「초전법륜경」 Dhammacakkhappavattana-Sutta. p.386.

한 쾌락의 탐닉에 몰두하는 것과 괴롭고 성스럽지 못하고 이익을 주지 못하는 자기 학대에 몰두하는' 두 가지 극단의 수행방법을 의지하지 않는 중도와 괴로움의 성스러운 진리苦聖諦와 괴로움의 일어남의 성스러운 진리集聖諦와 괴로움의 소멸의 성스러운 진리滅聖諦를 꿰뚫어 이해함으로써 얻어지는 것이 중도의 길八支聖道임을 가르쳤습니다.

그러나 많은 사람은 이 중도의 가르침에서 혼란을 일으키게 됩니다. 왜냐하면 괴로움의 가르침을 '있는 그대로 꿰뚫어 이해하지 못한 사람'은 괴로움의 가르침을 있는 그대로 꿰뚫어 이해한 사람만이 가질 수 있는 중도의 세계를 도무지 이해할 수 없기 때문입니다. 이러한 이유는 중도의 견해가 늘 혼란스럽기 마련입니다. 이렇게 혼란스럽게 이해된 중도는 괴로움의 문제가 있는 그대로 꿰뚫어 이해되고 난 뒤에라야 중도의 길이 보이고 중도에 대한 갈등이 멈추거나 사라지게 됩니다. 그래서 여기서 중요한 것은 바로 괴로움에 대한 가르침을 정확히 이해하는 것입니다. 어떤 사람이라도 괴로움을 있는 그대로 꿰뚫어 이해할 때 팔정도八正道라는 '성스러운 열반으로 인도하는 길'이 보일 것입니다.

여기서 좀 더 살펴보아야 할 곳이 있습니다. 이 부분은 괴로움의 소멸법칙을 통해 형성된 팔정도八正道에 대한 이해를 돕고, 팔정도가 어떤 역할을 하는 것인지에 대해서도 명확한 견해를 가지게 하기 때문입니다.

"비구들이여, 이것이 괴로움의 소멸로 인도하는 도닦음의 성스러운 진리苦滅道聖諦이다. 그것은 바로 여덟 가지 구성요소를 가진 성스러운 도八支正道이니. …"[67]

고따마 붓다는 '괴로움의 소멸로 인도하는 도닦음'이라는 수식어를 붙여 팔정도八支正道의 역할을 설명하고 있습니다. 이 설명은 또한 다음과 같은 내용을 통해서 더욱 간결하고 명확한 이해가 따르게 됩니다. '괴로움을 있는 그대로 꿰뚫어 보고, 괴로움의 원인을 있는 그대로 꿰뚫어 이해한 사람이, 괴로움의 소멸消滅을 확인할 수 있고, 괴로움의 소멸로 인도되는 여덟 가지 성스러운 구성요소八支正道'라는 문장에서입니다. 이러한 내용은 분명 팔정도八正道가 괴로움의 실체를 보고, 괴로움의 원인을 분명히 알며, 괴로움의 소멸을 보게 되는 사람이 가지게 되는 '괴로움의 소멸로 인도하는 도닦음의 성스러운 여덟 가지 구성요소'라는 것임을 알아야 할 것입니다.

괴로움의 이해를 위한 문제는 이 밖에도 여러 가지가 있습니다. 특히 고따마 붓다가 제시한 괴로움의 이해를 돕기 위한 여러 가지 방법들은 괴로움을 이해하기에 가장 효과적인 방법입니다. 한때 고따마 붓다는 이시빠다나의 사슴동산에서 자신의 제자들에게 설법을 마치고 자리에서 일어나 거처로 돌아가면서 사리뿟따 존자에게 자신의 설법에 이어서 부연 설명할 것을 당부한 스승의 말에 따라 사리뿟따 존자가 도반들을 향해 다음과 같이 법을 설명한 일이 있습니다.

---

67 각묵스님(2009.10.5. 초기불전연구원) 『상윳따 니까야』 제6권 「초전법륜경」. p.387.

"도반들이여, 여래이시며 아라한이시며 온전히 깨달은 분은 바라나시의 이시빠다나의 사슴동산에서 인간이든 신이든 이 세상 그 어떤 사람에 의해서도 결코 멈추어질 수 없는 위없는 법륜을 굴리셨습니다. 그것은 네 가지 성스러운 진리四聖諦의 선언이며, 가르침이며, 설정이며, 설립이며, 열어 보임이며, 해설이었습니다."[68]

"네 가지 성스러운 진리四聖諦를 깨닫지 못하고 꿰뚫지 못하였기 때문에 나와 그대들은 이처럼 긴 세월을 '이곳에서 저곳으로 치달리고 윤회'하였다. 어떤 것이 네 가지인가?"

괴로움苦; dukkha·괴로움의 일어남集; samudaya·괴로움의 소멸滅; nirodha·괴로움의 소멸로 인도하는 도닦음道; magga에 대한 것을 깨닫지 못하고 꿰뚫어 알지 못하기 때문이라고 했습니다. 그러면서 읊은 게송이 있는데 다음과 같습니다.

"네 가지 성스러운 진리를
있는 그대로 보지 못했기 때문에
긴 세월을 이생 저생으로 치달려왔다.
이제 이 네 가지 진리를 보았다.
존재로 인도함을 근절하였다.
이제 다시 태어남이란 존재하지 않는다."

다시 경에 언급된 사성제四聖諦의 설명 몇 가지를 간추려볼 것입니다. 명지明知가 일어날 수 있고 무명無明이 제거됨의 결과를 얻게 됨을 설명합니다. 여기에서의 명지明知란 누진통漏盡通을 얻

---

68 대림스님(2010, 3쇄 2012. 초기불전연구원). 『맛지마 니까야』.:141. 「삿짜위방가경」 & 『디가 니까야』:22. 「마하사띠빳타나경 18-21.

기 이전의 오신통五神通을 얻게 되는 명지明知가 아니라 누진통을 얻게 되는 명지明知를 말합니다. 그러므로 누진통漏盡通은 사성제四聖諦를 꿰뚫어 이해함으로써 얻어진 결과를 말하는 것입니다. 그래서 다음과 같은 표현이 가능한 것입니다.

"깨달음은 무명無明이 제거되는 것이다."[69]

"그런 나는 이와 같이 마음이 집중되고, 청정하고, 깨끗하고, 흠이 없고, 오염원이 사라지고, 부드럽고, 활발발하고, 안정되고, 흔들림이 없는 상태에 이르렀을 때 모든 번뇌를 소멸하는 지혜漏盡通로 마음을 향하게 했습니다.

그런 나는 '이것이 괴로움'이라고 있는 그대로 꿰뚫어 알았고, '이것이 괴로움의 일어남'이라고 있는 그대로 꿰뚫어 알았고, '이것이 괴로움의 소멸'이라고 있는 그대로 꿰뚫어 알았고, '이것이 괴로움의 소멸로 인도하는 도닦음'이라고 있는 그대로 꿰뚫어 알았습니다. '이것이 번뇌'라고 있는 그대로 꿰뚫어 알았고, '이것이 번뇌의 일어남'이라고 있는 그대로 꿰뚫어 알았고, '이것이 번뇌의 소멸'이라고 있는 그대로 꿰뚫어 알았고, '이것이 번뇌의 소멸로 인도하는 도닦음'이라고 있는 그대로 꿰뚫어 알았습니다."[70]

이러한 의문에 대한 답변으로 적당한 말씀이 있습니다. 짬빠의 각가라 호수의 언덕에 고따마 붓다가 머무를 때입니다. 그때 사리뿟따 존자가 다른 도반들에게 '매듭을 풀어버리는 법'에 대해 설법하면서 서두에 꺼낸 다음의 게송입니다.

---

69 대림스님(2012.11.10. 초기불전연구원) 『맛지마 니까야』 제2권. p.184.

70 대림스님(2006.1.5. 초기불전연구원) 『디가 니까야』 제3권. p.470.

"하나씩 더하여 열까지 증가하며
모든 매듭을 풀어버리는 법을
이제 나는 설할 것이니
열반을 증득하고 괴로움을 끝장내기 위해서이다."[71]

특히 다음과 같은 무기설無記說에 관한 질문을 받았을 경우 어떻게 답변해야 하는지에 대해서 가르치고 있습니다. 고따마 붓다는 어떤 법에 대해서는 설하지 않으면서 반드시 설명해야 할 법에 대해서 밝히고 있는 것입니다. 한때 고따마 붓다는 쭌다 존자에게 법을 '설명하지 않는 경우'와 '설명하는 경우'에 대해서 자세히 설명하여 준 일이 있었습니다.

"'여래는 죽고 난 후에 존재하지 않는다. 여래는 죽고 난 후에 존재하기도 하고 존재하지 않기도 한다. 여래는 죽고 난 후에 존재하는 것도 아니고 존재하지 않은 것도 아니다'"[72]라는 내용은 외도 유행승들이 고따마 붓다 자신에게 질문하였지만, '세존께서 설명하지 않았습니다'[73]라고 답변해야 한다면서 '설명해야 하는 것'에 대해서 다음과 같이 가르치고 있습니다.

"쭌다여, 그런데도 외도 유행승들이 '도반이여, 그러면 사문 고따마는 무엇을 설명하셨습니까?'라고 질문하는 경우가 있을지도 모른다. 쭌다여, 이렇게 질문하는 외도 유행승들에게는 '도반들이여, 세존께서는 이것은 괴로움이라고 설명하셨습니다. … 이

71 각묵스님(2009.10.5. 초기불전연구원) 『상윳따 니까야』.
72 각묵스님(2006.1.5. 초기불전연구원) 『디가 니까야』 제3권. pp.247-248.
73 각묵스님(2006.1.5. 초기불전연구원) 『디가 니까야』 제3권.

것은 괴로움의 일어남이라고 설명하셨습니다. … 이것은 괴로움의 소멸이라고 설명하셨습니다. … 이것은 괴로움의 소멸로 인도하는 도닦음이라고 설명하셨습니다'라고 말해주어야 한다."[74]

한때 고따마 붓다가 마가다의 카누마따에서 『쿠따단따경』을 설하였습니다. 거기에서 경의 내용은 꾸따단따[75] 바라문이 큰 제사를 위해 수많은 짐승[76]을 제사기둥에 묶어놓고 있을 즈음에 고따마 붓다가 카누마따에 와있다는 말을 전해 들었습니다. 그래서 쿠따단따는 고따마 붓다를 찾아가 '세 가지 제사의 성취와 열여섯 가지 제사의 필수품'[77]에 관한 질문을 하면서 그 문제에 대한 고따마 붓다의 설법이 시작됩니다. 고따마 붓다는 이 설법의 끝에서 '최상의 제사는 사성제四聖諦의 가르침을 통해서 이루어지는 것'이라고 가르친 내용입니다.

"바라문이여, (1) 여기 여래가 이 세상에 출현하오. 그는 아라한이며 완전히 깨달은 분이며 …<중략>… 바라문이여, 이와 같이 비구는 계를 구족하오.

(2) …<중략>… 초선을 구족하여 머무르오. 바라문이여, 이것이 세 가지 제사의 성취와 열여섯 가지 필수품들보다도 덜 번거롭고 덜 어려우면서도 더 많은 과보와 더 많은 이익을 주는 제

---

74 각묵스님(2006.1.5. 초기불전연구원) 『디가 니까야』 제3권. pp.248-249.

75 각묵스님(2006.1.5. 초기불전연구원) 『디가 니까야』 제1권. Kūṭadanta 바라문은 「꾸따단따경」Kūṭadanta-sutta에서만 나타난다.

76 칠백마리의 암소와 칠백마리의 수송아지와 칠백마리의 암송아지와 칠백마리의 염소와 칠백마리의 숫양 등을 제사를 위해서 제사기둥에 묶어놓았다고 본문에 실여있다. 각묵스님(2006.1.5. 초기불전연구원) 『디가 니까야』 제1권. p.347.

77 바라문들이 제사를 지낼 때의 준비하는 형식의 제사 관행의 기준.

사이오. …<중략>… 제2선을 구족하여 머무르오. …<중략>… 제3선을 구족하여 머무르오. …<중략>… 제4선을 구족하여 머무르오. 바라문이여, 이것이 세 가지 제사의 성취와 열여섯 가지 필수품들보다도 덜 번거롭고 덜 어려우면서도 더 많은 과보와 더 많은 이익을 주는 제사이오. (3) …<중략>… 지와 견으로 마음을 향하게 하고 기울게 하오. …<중략>… 바라문이여, 이것이 세 가지 제사의 성취와 열여섯 가지 필수품들보다도 덜 번거롭고 덜 어려우면서도 더 많은 과보와 더 많은 이익을 주는 제사이오. …<중략>… '다시는 어떤 존재로도 돌아오지 않을 것이다'라고, 꿰뚫어 아오.[78] 바라문이여, 이것이 세 가지 제사의 성취와 열여섯 가지 필수품들보다도 덜 번거롭고 덜 어려우면서도 더 많은 과보와 더 많은 이익을 주는 제사이오.

바라문이여, 이러한 제사의 성취보다 더 높고 더 수승한 다른 제사의 성취는 존재하지 않소."[79]

---

78 이 경에서 가장 주목할 대목이다. "'다시는 어떤 존재로도 돌아오지 않을 것이다'라고 꿰뚫어 아오"라는 뜻은 '이미 나는 사성제四聖諦의 가르침에 대해서 꿰뚫는 이해를 하였고, 아울러 해탈과 열반을 증득한 아라한이다'라는 선언이기 때문이다. 그러므로 '바라문이여, 이것이 세 가지 제사의 성취와 열여섯 가지 필수품들보다도 덜 번거롭고 덜 어려우면서도 더 많은 과보와 더 많은 이익을 주는 제사이오'라고 했고, '바라문이여, 이러한 제사의 성취보다 더 높고 더 수승한 다른 제사의 성취는 존재하지 않소'라고 한 것이다.

79 각묵스님(2006.1.5. 초기불전연구원) 『디가 니까야』 제1권. p.377. 주.395에서의 역자의 주석이다. '계·정·혜 삼학을 실천하는 것이야말로 해탈·열반이라는 최고의 과보를 가져다주는 최상의 제사라는 부처님의 결론이시다. 이것은 동물 회생과 제사에 큰 가치를 부여하였던 인도문명을 비롯한 세계문명에게 건네주신 부처님의 위대한 메시지이다. 살생을 하고 초목과 환경을 파괴시키면서도 천상에 간다면 지옥 갈사람 누가 있겠는가? 살생을 통해서 천상에 가는 것이 아니라 도덕적인 삶과 평화로운 마음과 연기·무아의 도리를 꿰뚫어 보는 참 지혜로 천상도 가고 해탈도 하는 것이라는 부처님의 가르침은 자기 국가, 자기 종교의 이익을 위해서는 남의 나라, 남의 종교의 사람들 쯤이야 아무리 죽여도 죄가 되지 않으며 오히려 성스럽다는 식의 발상이 난무하는 현대에 사는 우리가 꼭 반조해봐야 할 가르침이다'라는 것은 역자인 각묵스님의 견해이다. 물론 이

고따마 붓다의 어떠한 가르침에서나 사성제四聖諦는 가장 중심에 있고, 가장 중요하고, 가장 핵심적이고, 가장 우선되는 것입니다. 이것은 사리뿟따가 다른 수행자들에게 전해주었던 가르침 속에서도 나타납니다. 이러한 견해를 갖추고 가르침을 공부하는 것은 고따마 붓다의 교의를 가장 쉽게 이해하고 배우는 길이 될 것입니다. 이런 논리에 합당한 경전 내용에서 다음과 같은 비유가 있습니다.

"도반들이여, 예를 들면 움직이는 생명의 발자국은 그 어떤 것이든 모두 코끼리 발자국 안에 놓이고, 또한 코끼리 발자국이야말로 그들 가운데 최상이라고 불리나니 그것은 큰 치수 때문입니다. 도반들이여, 유익한 법善法은 그 어떤 것이든 모두 네 가지 성스러운 진리四聖諦에 포함됩니다. 무엇이 넷인가요? 괴로움의 성스러운 진리, 괴로움의 일어남의 성스러운 진리, 괴로움의 소멸의 성스러운 진리, 괴로움의 소멸로 인도하는 도닦음의 성스러운 진리입니다."[80]

또한 예류도預流道를 증득함에 있어서도 사성제는,

"모든 부처님께서 찾아내신 괴로움苦聖諦과 괴로움의 일어남集聖諦

렇게 견해를 가질 수 있는 충분한 경의 내용임은 인정되지만, 이런 경우 특히 '연기·무아의 도리를 꿰뚫어보는 참 지혜로 천상도 가고 해탈도 하는 것이다'란 것이 부처님의 가르침이라고 하는 것은 이 경의 가르침을 참으로 이해하지 못한 견해라고 할 수 있다. '연기와 무아의 도리를 꿰뚫어보는 참 지혜'란 사성제의 도리를 꿰뚫어 이해함에서 이뤄지는 것이기 때문이다. 아울러 염려되는 것은 이와 같은 견해를 가지고 고따마 붓다의 가르침을 대한다는 것은 이미 가르침에 대한 이해가 바로 서지 않았다는 것이다.

80 대림스님(2012.11.10. 초기불전연구원) 『맛지마 니까야』 제1권 「코끼리 발자국 비유의 긴 경」Mahāhatthipadopama Sutta.(M28) p.670.

과 괴로움의 소멸滅聖諦과 괴로움의 소멸로 인도하는 성스러운 길八支聖道"[81]

이라는 법의 가르침을 말씀하였습니다. 이러한 말씀에서 나타나는 것은 '어떤 사람이건 간에 사성제四聖諦의 이해로부터 열반涅槃을 증득한다'라는 뜻이 반드시 담겨있음을 알 수 있습니다. 이러한 뜻이 담겨있다는 내용을 모든 경전에서 감지할 수 있는 정도의 견해를 보고 사성제를 얼마나 깊고 정확하게 이해하고 있는지 알 수 있는 것입니다.

악기웻사나는 삿짜까라고 불리기도 하는 니간타가문의 출신입니다. 그는 웨살리에 살고 있었습니다. 그의 이야기는 『맛지마 니까야』의 제2권 「삿짜까의 짧은 경」[82]과 「삿짜까의 긴경」[83]에 나와 있습니다. 그 경전에서 표현된 그는 자신이 생각하기를 이 세상에서 자기 자신만큼 논쟁을 잘하는 사람이 없다고 여기고 있던 사람입니다. 그러던 그에게 탁발을 위해서 거리로 나온 고따마 붓다의 제자 앗사지 존자를 만났습니다. 그를 만나서 고따마 붓다의 가르침에 대해 듣게 되었습니다. 그런 계기로 그는 자신이 직접 고따마 붓다를 만나서 논쟁을 벌이고 그 논쟁에서 고따마 붓다를 형편없이 논파하리라는 마음을 먹고 있었습니다. 그래서 릿차위들과 함께 큰 숲에서 '낮 동안의 앉음'을 위해

81 각묵스님 역(2006.1.5. 초기불전연구원) 『디가 니까야』 제1권. p.312.

82 대림스님(2012.11.10. 초기불전연구원) 『맛지마 니까야』 제2권 「삿짜까 짧은 경」Cola-saccaka Sutta. M35. pp.134-156.

83 대림스님(2012.11.10. 초기불전연구원) 『맛지마 니까야』 제2권 「삿짜까 짧은 경」Maha-saccaka Sutta. M36. pp.157-192.

머물고 있던 고따마 붓다를 찾아가게 되었습니다. 가서 고따마 붓다에게 그가 질문할 수 있는 허락을 받고 이렇게 말했습니다.

"고따마 존자께서는 어떻게 제자들을 인도하십니까? 그리고 고따마 존자께서는 가르침을 어떻게 분류하여 제자들에게 거듭해서 제시하십니까?"

"악기웻사나여, 이와 같이 나는 제자들을 인도한다. 그리고 이와 같이 나는 가르침을 분류하여 제자들에게 거듭해서 제시한다. '비구들이여, 물질은 무상하다. 느낌은 무상하다. 인식은 무상하다. 심리현상行은 무상하다. 알음알이는 무상하다. 비구들이여, 물질은 무아이다. 느낌은 무아이다. 인식은 무아이다. 심리현상行들은 무아이다. 알음알이는 무아이다. 제행은 무상이고 제법은 무아이다'라고. 악기웻사나여, 이와 같이 나는 가르침을 분류하여 제자들에게 거듭해서 제시한다."

라고 고따마 붓다는 그에게 답변했습니다. 그리고 악기웻사나는 다시 질문할 수 있을 때 이렇게 질문을 이어갔습니다.

"고따마 존자시여, 예를 들면 씨앗이나 식물이라면 그것이 어떤 종류이건 성장하고 번성하고 충만하게 되는 것은 모두 땅을 의지하고 땅에 바탕을 두고 성장하고 번성하고 충만하게 되고, 다시 예를 들면 힘을 많이 써서 해야 하는 일이라면 그것은 어떤 종류이건 모두 땅을 의지하고 땅에 바탕을 두어 힘쓰는 일을 하듯이, 고따마 존자시여, 이 인간이란 물질을 자아로 삼아 그 물질에 바탕을 두고 공덕을 짓기도 하고 악업을 짓기도 하며, 이 인간이란 느낌을 자아로 삼아 그 느낌에 바탕을 두고 공덕을 짓기도 하고 악업을 짓기도 하며, 이 인간이란 인식을 자아로 삼아 그 인식에 바탕을 두고 공덕을 짓기도 하고 악업을 짓기도 하며, 이 인간이란 심리현상들을 자아로 삼아 심리현상들에 바탕을 두고 공덕을 짓기도 하고 악업을 짓기도 하며, 이 인간이란 알음알이로 자아를 삼아 그 알음알이에 바탕을 두고 공덕을 짓기도 하고 악업을 짓기도 합니다."

"악기웻사나여, 참으로 그대는 이와 같이 말한 것인가? 물질은 자아이다. 느낌, 인식, 심리현상, 알음알이는 나의 자아인가?"

고따마 붓다는 그에게 그의 질문에 대해서 다시 확실하고 분명한 답변을 요구했습니다. 악기웻사나는 그 질문에 다시 분명하게 다음과 같이 답변했습니다.

"고따마 존자시여, 저는 참으로 그와 같이 말합니다. '물질은 자아自我이다. 느낌, 인식, 심리현상, 알음알이는 나의 자아自我'라고. 그리고 이 많은 사람도 그렇게 말합니다."

"악기웻사나여, 이 많은 사람이 그대와 무슨 상관인가? 악기웻사나여, 그대는 자신의 주장만을 설명하라."

"고따마 존자시여, 저는 이와 같이 말합니다. '물질은 자아이다. 느낌, 인식, 심리현상, 알음알이는 나의 자아自我이다'라고,"

이때부터 악기웻사나는 정신을 차리지 못할 정도로 고따마 붓다에게 질문 공세를 받았는데, 그는 아무런 대꾸도 질문도 할 수가 없었습니다. 고따마 붓다의 무상無常·고苦·공空의 설명에서 부정할 수 없는 궁색한 입장이 되었기 때문입니다. 오히려 그런 궁색한 입장인 그에게 고따마 붓다는 분명하고 확실하게 자신이 가지고 있는 이론에 대한 긍정적인 답변을 요구하고 나섰습니다. 그것은 여러 가지로 자신의 가르침과 진실한 법과 청정하고 올바른 승단을 위하는 길이고 그에게 정법을 더욱더 깊게 심어주기 위한 것으로 여겼을 것입니다.

"악기웻사나여, 마음에 잡도리하라. 악기웻사나여, 마음에 잡도리하고서 설명하라. 그대의 말은 먼저 한 말과 뒤에 한 말이 일치하지 않고 뒤에 한 말은 먼저 한 말과 일치하지 않는다. 악기웻사나여, 이를 어떻게 생각하는가? 물질은 항상한가 무상한가?"

"무상합니다. 고따마 존자시여."

"그러면 무상한 것은 괴로움인가 즐거움인가?"

"괴로움입니다. 고따마 존자시여."

"그러면 무상하고 괴로움이고 변하기 마련인 것을 두고 '이것은 내 것이다. 이것은 나이다. 이것은 나의 자아自我'라고 보는 것이 타당하겠는가?"

"그렇지 않습니다. 고따마 존자시여."

"악기웻사나여, 이를 어떻게 생각하는가? 느낌, 인식, 심리현상, 알음알이들은 항상한가, 무상한가?"

"무상합니다. 고따마 존자시여."

"그러면 무상한 것은 괴로움인가 즐거움인가?"

"괴로움입니다. 고따마 존자시여."

"그러면 무상하고 괴로움이고 변하기 마련인 것을 두고 '이것은 내 것이다. 이것은 나이다. 이것은 나의 자아'라고 보는 것이 타당하겠는가?"

"그렇지 않습니다. 고따마 존자시여."

"이를 어떻게 생각하는가, 악기웻사나여, 괴로움에 들러붙고 괴로움에 의지하고 괴로움을 고수하여 괴로움을 두고 '이것은 내 것이다. 이것은 나이다. 이것은 나의 자아'라고 보는 자가 그 스스로 괴로움을 통달하여 알 수 있거나 혹은 괴로움을 철저히 부수어버리고 머물 수 있겠는가?"

"어찌 그럴 수 있겠습니까, 고따마 존자시여. 참으로 그렇지 않습니다. 고따마 존자시여."

이러한 내용에서 "괴로움에 들러붙고 괴로움에 의지하고 괴로움을 고수하여 …〈중략〉… 괴로움을 철저히 부수어버리고 머물 수 있겠는가?"라는 것은 분명 사성제의 괴로움의 소멸법칙의 가르침이 바탕이 되어 설해진 것이라 인정되는 부분이라고 알 수 있어야 합니다. 또한 이러한 문제는 「삿짜까의 긴 경」Maha saccaka Sutta에서 더욱 상세하게 괴로움의 소멸법칙을 설명하는 내용이 있습니다.

"그런 나는 이와 같이 마음이 집중되고, 청정하고, 깨끗하고, 흠이 없고, 오염원이 사라지고, 부드럽고, 활발발하고, 안정되고, 흔들림이 없는 상태에 이르렀을 때 모든 번뇌를 소멸하는 지혜

漏盡通로 마음을 향하게 했다.

그런 나는 '이것이 괴로움'이라고 있는 그대로 꿰뚫어 알았고, '이것이 괴로움의 일어남'이라고 있는 그대로 꿰뚫어 알았고, '이것이 괴로움의 소멸'이라고 있는 그대로 꿰뚫어 알았고, '이것이 괴로움의 소멸로 인도하는 도닦음'이라고 있는 그대로 꿰뚫어 알았다. '이것이 번뇌'라고 있는 그대로 꿰뚫어 알았고, '이것이 번뇌의 일어남'이라고 있는 그대로 꿰뚫어 알았고, '이것이 번뇌의 소멸'이라고 있는 그대로 꿰뚫어 알았고, '이것이 번뇌의 소멸로 인도하는 도닦음'이라고 있는 그대로 꿰뚫어 알았다."

다음은 사성제가 어떠한 권위를 가지고 있어야 하는지에 대한 중요한 단서가 있습니다. 그것은 비구가 목숨이 붙어 있는 한, 꼭 기억해야 할 세 가지 장소로 강조되는 부분에서입니다. 이 설법에서 고따마 붓다는 관정灌頂의 대관식을 거행한 끄샤뜨리야의 왕은 세 가지 장소를 목숨이 붙어 있는 한 기억한다는 이야기를 먼저 꺼냈습니다. 그리고 그 장소에 대해서 태어난 곳, 관정灌頂의 대관식戴冠式을 한 곳, 마지막으로 관정의 대관식을 마친 왕이 처음으로 전승을 거두어 그 지역의 최고의 지도자가 된 곳, 이 세 가지 장소를 말하고 있습니다. 이처럼 비구들에게도 세 가지 장소에 해당하는 곳이 있다는 설법으로 이어집니다.

"비구들이여, 그와 마찬가지로 비구에게도 세 가지 장소를 목숨이 붙어 있는 한 기억해야 할 것이다. 어떤 것이 셋인가?

비구들이여, 비구가 머리와 수염을 깎고 가사를 수하고 집을 나와 출가한 곳이다. 이것이 비구가 죽을 때까지 기억해야 할 첫 번째 장소이다.

다시 비구들이여, 비구가 '이것은 괴로움苦'이라고 있는 그대로 꿰뚫어 알고 '이것은 괴로움의 일어남集'이라고 있는 그대로 꿰뚫어 알고 '이것은 괴로움의 소멸滅'이라고 있는 그대로 꿰뚫어 알고 '이것은 괴로움의 소멸로 인도하는 도닦음八支正道'이라고 있는 그대로 꿰뚫어 안 곳이다. 비구들이여, 이것이 비구가 죽을 때까지 기억해야 할 두 번째 장소이다.

다시 비구들이여, 비구가 모든 번뇌가 다 소멸하여 아무 번뇌가 없는 마음의 해탈心解脫과 통찰지를 통한 해탈慧解脫을 바로 지금·여기에서 스스로 최상의 지혜로 알고 실현하고 구족하여 머무는 곳이다. 비구들이여, 이것이 비구가 죽을 때까지 기억할 세 번째 장소이다. 비구들이여, 비구도 이러한 세 가지 장소를 목숨이 붙어 있는 한 기억해야 할 것이다"[84]

여기에 또 다른 사성제의 설명에서 열반涅槃을 성취함에 대한 실용적 가치와 권위를 말하는 곳이 있습니다. 어떤 비구가 공부를 많이 하여 무명無明이 사라지고 영지가 생기고 어둠이 사라지고 광명이 생긴 그에게 일어날 수 있는 이야기에 관한 내용입니다.

"그가 이와 같이 삼매에 들고, 청정하고, 깨끗하고, 흠이 없고, 오염원이 사라지고, 유연하고, 활발발하고, 안정되고, 흔들림이 없는 상태에 이르렀을 때 모든 번뇌를 소멸하는 지혜漏盡通로 마음을 향하게 하고 기울인다.

---

84 A3:12.

그는 '이것은 괴로움苦'이라고 있는 그대로 꿰뚫어 안다. '이것이 괴로움의 일어남集'이라고 있는 그대로 꿰뚫어 안다. '이것은 괴로움의 소멸滅'이라고 있는 그대로 꿰뚫어 안다. '이것은 괴로움의 소멸로 인도하는 도닦음道'이라고 있는 그대로 꿰뚫어 안다.

'이것이 번뇌苦'라고 있는 그대로 꿰뚫어 안다. '이것이 번뇌의 일어남集'이라고 있는 그대로 꿰뚫어 안다. '이것이 번뇌의 소멸滅'이라고 있는 그대로 꿰뚫어 안다. '이것이 번뇌의 소멸로 인도하는 도닦음道'이라고 있는 그대로 꿰뚫어 안다. 이와 같이 알고, 이와 같이 보는 그는 감각적 욕망의 번뇌慾漏로부터 마음이 해탈한다. 존재의 번뇌有漏로부터 마음이 해탈한다. 무명의 번뇌無明漏로부터 마음이 해탈한다. 해탈했을 때 해탈했다는 지혜가 있다. '태어남은 다했다. 청정범행은 성취되었다. 할 일을 다 해 마쳤다. 다시는 어떤 존재로도 돌아오지 않을 것이다'라고 꿰뚫어 안다."[85]

『사라바 경Sarabha Sutta』이 있습니다. 이 경에 등장하는 인물은 사라바Sarabha[86]라는 유행승이었습니다. 그는 비구승단에 출가하였다가 환속하여 이렇게 떠들고 다녔다고 합니다. "나는 사문인 사꺄의 아들의 법을 알았다. 나는 사문인 사꺄의 아들의 법을 알

85 대림스님 역(2006.7.10. 초기불전연구원) 『앙굿따라 니까야』 제1권. pp.417-418.

86 주석서에 사라바Sarabha는 고따마 붓다의 명성이 온 마가다에 크게 퍼지자 이를 시기한 유행승들이 고따마 붓다의 약점을 알기 위해 그를 일부러 비구승가에 위장 출가시켰다. 잠시 비구승가에 출가한 그는 고따마 붓다의 허물과 약점을 찾을 수 없자 고따마 붓다의 위력은 필시 매월 보름마다 문을 닫고 비구들끼리 외우는 '개종시키는 요술āvaṭṭani-māyā' 때문일 것이라고 생각하였다고 하며, 그래서 사라바를 보내서 그것을 배우도록 하였다고 한다.
사라바는 승가에 와서 비구들에게 거만하게 대했지만 어떤 장로가 그를 연민하여 출가를 허락했으며 그는 마침내 보름마다 외우는 빠띠목카비구계목 즉 그들이 말한 '개종시키는 요술'을 배우고 바로 환속하여 유행승들에게 가서 그것을 알려주었으며 그래서 그는 사꺄의 법을 알았노라고 떠들고 다닌 것이라고 한다. (AA.ii.295~298)

았기 때문에 환속했다" 그래서 고따마 붓다는 일부러 그 유행승이 머무는 곳을 찾아간 일이 있었습니다. 그곳에서 고따마 붓다는 사라바에게 '그것이 사실이냐?'고 몇 번을 다그쳐 물었습니다. 그는 계속 침묵하고 있었습니다. 그때 고따마 붓다는 그가 섞여 지내고 있는 유행승들을 앞에 앉혀놓고 이렇게 말했습니다.

> "유행승들이여, 만약 어떤 사람이 나에게 '당신은 도道와 과果를 얻기 위해서 네 가지 성스러운 진리의 법四聖諦을 설하였지만, 그 법은 그것을 닦는 사람들로 하여금 괴로움苦을 완전히 끝내도록 인도하지는 못했습니다'라고 한다면, 나는 그에게 질문을 던지고 집요하게 이유를 묻고 반복해서 질문할 것이다. 내가 그에게 질문을 던지고 집요하게 이유를 묻고 반복해서 질문하면 그는 기회를 잃을 것이고, 다음의 세 가지 가운데 하나에 봉착할 것이다.
>
> 그는 다른 것을 질문하고 지금의 주제가 아닌 다른 주제를 꺼내어 이전의 얘기를 전환하거나, 혹은 분노와 성냄과 불만족을 드러내거나, 혹은 말이 없고 당혹하고 어깨가 축 처지고 고개를 떨어뜨리고 기가 꺾여 아무런 대답도 하지 못하고 앉아 있을 것이다."[87]

이와 같은 사라바의 사건은 고따마 붓다가 이 세상 사람들에게 자신의 가르침에 대한 확신과 결연한 의지와 신념을 드러낸 것이라고 여겨집니다.

지금까지 사성제의 개괄적인 설명이었습니다. 이 설명에서 사성제의 이해가 있는 그대로 꿰뚫어 이해됨이 없다면 더욱 자

87 대림스님 역(2006.7.10. 초기불전연구원) 『앙굿따라 니까야』 제1권. pp.457-458.

세한 다음의 설명에서 이해를 구할 수밖에 없습니다. 왜냐하면 사성제의 꿰뚫는 이해는 고따마 붓다의 가르침을 통해 수행하고자 하는 사람에게는 필수적이기 때문입니다. 고따마 붓다의 가르침의 교리적 이해와 수행과 수행자의 일반 생활방식에서까지 전체를 아우르는 것은 사성제 말고는 존재하지 않기 때문입니다. 그래서 이 사성제는 열반涅槃과 해탈로 인도하는 각종 수행방식에서 어떻게 사성제에 통섭하는지의 설명과 이해가 반드시 이뤄져야 할 것입니다.

거듭 강조하지만 '고따마 붓다의 가르침은 사성제의 가르침'이라는 것을 알아야 합니다. 이 사성제의 가르침은 '괴로움의 소멸법칙'이라고 할 수 있습니다. 출가한 수행자라든지 아니면 재가신자가 사성제의 가르침을 올바르게 지도받지 못하고 가르침에 따르지 않고 이해하지 못하고 있다면, 우선 이러한 문제부터 해소해야 할 것입니다. 사성제의 가르침을 '소승小乘의 교리'라고 하거나 사성제를 통해서 수행하는 수행자에게 '소승小乘'이라고 폄훼하는 것은 무지몽매한無知蒙昧漢이라고 표현할 수밖에 없습니다. 이러한 부류의 사람들은 고따마 붓다의 정통 가르침을 근본적으로 차단된 교육을 받아왔거나 불교가 아닌 다른 교설에서 고따마 붓다의 가르침의 가치가 형성되어 괴로움의 실체에 관해 관심을 두지 않았기 때문일 것입니다. 또한 괴로움의 실체는 인간의 모든 조건에 의해서 장애 받기 때문에 설사 직간접적으로 괴로움을 경험하더라도 거기에서 벗어나는 길을 찾기는 매우 어려운 것입니다. 일반 사람들은 자신이 받는 평범한 괴로움을 벗어나기 위해 겨우 해결하는 방법은 오온의 상태를 최대한 평온하게 만드는 것에 관해 노력할 뿐입니다.

이러한 사람들에게 꼭 들려주고 싶은 이야기가 하나 있습니다. 『디가 니까야』의 「암밧타경」[88]과 「꾸따단따경」[89]에서 사성제가 가지는 권위에 관한 내용입니다. 그리고 「잘리야경Jāliya Sutta」에 나타나는 '참으로 생명이 바로 몸이다라고 하거나 생명과 몸은 다르다'라는 질문은 유행승 만딧사와 잘리야가 고따마 붓다에게 한 것입니다. 여기에 대해서 고따마 붓다는 그들이 가지는 의혹에 대해 차례로 설명해 주면서 마지막으로 이렇게 정리하고 있습니다.

"모든 번뇌를 소멸하는 지혜漏盡通로 마음을 향하게 하고 기울게 한다. 그는 '이것은 괴로움苦'이라고 있는 그대로 꿰뚫어 안다. '이것은 괴로움의 일어남集'이라고 있는 그대로 꿰뚫어 안다. '이것은 괴로움의 소멸滅'이라고 있는 그대로 꿰뚫어 안다. '이것은 괴로움의 소멸로 인도하는 도닦음'이라고 있는 그대로 꿰뚫어 안다. '이것이 번뇌의 일어남'이라고 있는 그대로 꿰뚫어 안다. '이것이 번뇌의 소멸'이라고 있는 그대로 꿰뚫어 안다. '이것이 번뇌의 소멸로 인도하는 도닦음'이라고 있는 그대로 꿰뚫어 안다. 이와 같이 알고, 이와 같이 보는 그는 감각적 욕망의 번뇌로부터 마음이 해탈한다. 존재의 번뇌로부터 마음이 해탈한다. 무명의 번뇌無明漏로부터 마음이 해탈한다. 해탈했을 때 해탈했다는 지혜가 있다. '태어

---

88 각묵스님(2009.10.5. 초기불전연구원) 『디가 니까야』 제1권 「암밧타경」. p.312. "… 모든 부처님들께서 찾아내신 괴로움苦과 괴로움의 일어남集과 괴로움의 소멸滅과 괴로움의 소멸로 인도하는 성스러운 길"이라는 대목이다.

89 각묵스님(2009.10.5. 초기불전연구원) 『디가 니까야』 제1권 「꾸따단따 경」. p.378. "… 모든 부처님들께서 찾아내신 괴로움苦과 괴로움의 일어남集과 괴로움의 소멸滅과 괴로움의 소멸로 인도하는 성스러운 길을 드러내셨다."라는 대목.

남은 다했다. 청정범행은 성취되었다. 할 일을 다 해 마쳤다. 다시는 어떤 존재로도 돌아오지 않을 것'이라고 꿰뚫어 안다."[90]

이와 같은 문제는 고따마 붓다와 모든 제자와 신자들이 반드시 해결할 과제입니다. 그리고 생명을 가진 모든 이들에 관련된 일이기도 한 것입니다. 생명을 가진 모든 존재가 생명의 근본적인 괴로움에서 벗어나는 길, 이러한 문제들을 해결할 방법이 여기에 있는 것입니다. 뒤에 설명될 일이겠지만, 사성제의 주제인 괴로움을 가장 이해하기 쉬운 방법이 있습니다. 그것은 바로 오온과 연기緣起에서입니다. 괴로움의 실체가 어떻게 소멸消滅하는 것인지에 대해 실증의 역할을 돕는 것은 무아無我·공空·무상無常의 설명에서입니다. 그러므로 사성제의 이해는 깨달음을 얻는 그 자체입니다. 깨달음을 얻은 자는 일체 괴로움의 소멸을 보는 견해가 견고하게 됩니다. 그러므로 모든 존재가 가지고 있는 근본적인 괴로움의 문제는 오온과 윤회輪廻에서 생산된다는 실체를 알 수 있는 것입니다. 괴로움의 문제가 끝나지 않는 이유도 오온과 윤회의 실체를 모르기 때문입니다. 괴로움의 생산이나 그 바탕이 되는 실체를 무아無我·공空·무상無常의 원리로 이해의 폭을 넓혀가고 그것을 의지해 실천적 수행을 하면 바르게 해탈의 길로 나아갈 수 있는 것입니다.

경經, Sutta의 가르침이나 스승의 가르침과 지도가 필요 없는 사람이 있습니다. 바로 열반을 증득하고 아라한과를 성취한 사람

---

90 각묵스님 역(2009.10.5. 초기불전연구원)『디가 니까야』 제1권「잘리야경」. p.415.

입니다. 즉 죽음과 윤회와 괴로움의 실체에서 벗어나 자유를 얻은 사람을 말하는 것입니다. 이러한 사람은 일체에서 괴로움에 관한 소멸의 법칙을 잘 아는 사람인 것입니다. 그러므로 이러한 사람을 열반을 성취한 사람이라 하고 일대사一大事를 다 해 마친 사람無學이라 부르는 것입니다. 그래서 사성제는 괴로움의 소멸과 생사生死와 윤회輪廻를 단절斷切하는 견해를 통해 소멸의 법칙을 깨달음으로써 열반 증득에 이르게 되는 것입니다.

여기에서 중요한 것이 있습니다. 그것은 사성제의 깨달음에서 확신할 수 있는 목적·실증·고증 그리고 확실성인 것입니다. 그리고 오온을 통해 일어나는 모든 현상에 대한 고정관념과 직관적 분석은 사성제를 통한 실증과 고증에 비하면 실수나 오판을 많이 일으킬 수 있습니다. 또한 이러한 고정관념에 의해 형성된 고집과 집착은 고따마 붓다의 가르침을 이해함에서 실로 병적인 역할로 표현되는 경우가 많습니다. 앞에서 고정관념과 직관적 분석이라고 하는 표현은 아직 자아自我의 문제가 열반이나 해탈과 같은 과정에 도달하지 못한 이들을 두고 말한 의미입니다.

수행 또한 사성제의 괴로움의 문제를 해결하기 위한 것이어야 합니다. 오온의 모든 조건은 괴로움으로 귀결되고 있기 때문입니다. 오온의 모든 현실에서 생사生死와 윤회輪廻의 단절은 괴로움의 단절이고 열반을 증득한 결과이기 때문입니다. 생사와 윤회라는 현실은 괴로움의 생산처라고 확신해야 합니다. 그러므로 오온이나 연기緣起와 윤회輪廻는 괴로움의 실체를 이해시키기 위한 설명에서 가장 필요한 교육의 자료로 사용되는 것입니다.

이것을 정리하면 이렇습니다. 우주에서는 성·주·괴·공成·住·壞·空의 원리가, 국가에서는 흥·망·성·쇠興·亡·盛·衰 그리고 인생에서는 생·노·병·사가 괴로움의 생산처라고 총체적인 관념을 성숙시켜 가야 합니다. 즉 괴로움의 실체를 보는 관점에서 이해의 폭이 점점 더 넓고 깊어지는 것은 관점의 초점을 어디에 두고 있는가에 달려 있습니다. 고따마 붓다의 가르침에 의하면 이러한 인간의 조건들은 모두 괴로움의 생산처이고 반드시 벗어나야 할 대상들로 지목되고 있습니다. 괴로움과 괴로움의 생산처와 괴로움의 소멸처에서 벗어남을 꿰뚫어 아는 것이야말로 열반이고 해탈입니다.

고따마 붓다가 꼬살리의 히말리야 산기슭에 머물 때 마라 빠삐만은 세상의 권세와 재산 등으로 수행의 힘을 사용하라고 그를 꿰었습니다. 다음은 그에 대한 고따마 붓다의 답변 게송입니다.

> "황금산이 있어 온통 황금으로 만들어졌고
> 나아가 이것의 두 배가 있다 하더라도
> 그것은 한 사람에게도 충분하지 않나니
> 이렇게 알고서 바르게 살아야 하리.
>
> 괴로움과 괴로움의 원인을 본 사람
> 그가 어찌 욕망으로 기운단 말인가?
> 이 세상에서 '재생의 근거'가 곧 결박임을 알아
> 그것을 없애기 위해 공부를 지어야 하도다."

사성제의 괴로움의 소멸법칙을 통해 깨달음을 얻고 그 깨달음을 얻은 사람이 살아가는 생활의 모든 곳에서 그 깨달음의 진의를 전광석화 같이 '있는 그대로 꿰뚫어 알아야 하는 것'에 대한 설법이 있습니다. 여기에서 표현된 '전광석화電光石火'란 통찰지通察知의 신속함을 가리키는 것입니다. 또한 사성제의 가르침을 통해 얻은 깨달음에 대한 진의가 실생활에서 그와 같이 빠르게 이뤄지고 작용하여야 한다는 뜻입니다. 이것은 괴로움의 소멸법칙을 완전히 깨달은 사람의 힘이라는 것입니다.

"비구들이여, 그러면 어떻게 전광석화같이 꿰뚫어 아는가? 비구들이여, 여기 비구는 '이것은 괴로움苦'이라고 있는 그대로 꿰뚫어 안다. '이것이 괴로움의 일어남集'이라고 있은 그대로 꿰뚫어 안다. '이것이 괴로움의 소멸滅'이라고 있는 그대로 꿰뚫어 안다. '이것이 괴로움의 소멸로 인도하는 도닦음道'이라고 있는 그대로 꿰뚫어 안다. 비구들이여, 비구는 이처럼 전광석화와 같이 꿰뚫는다."[91]

사성제에서 통찰지에 관한 내용이 무엇인지 알 수 있게 설명한 곳이 또 있습니다. 「용솟음경Ummagga-Sutta」[92]에서입니다. 여기에 등장하는 인물은 '어떤 비구'입니다. 그는 고따마 붓다의 앞에 예를 드리고 나서, 다음과 같이 질문했을 때 고따마 붓다는 그에게 대단한 칭찬을 했습니다.

"세존이시여, 무엇이 세상을 이끕니까? 무엇이 세상을 끌어당깁니까? 어떤 것이 생겨나서 이것을 지배합니까?"

91 대림스님 역(2006.7.10. 초기불전연구원) 앙굿따라 니까야 제2권. pp.402-403.
92 A4:186.

"장하고 장하구나. 비구여, 참으로 용솟음치는 통찰지는 경사스럽구나. 그대의 영감은 경사스럽고 그대의 질문은 좋구나. 비구여, 그대는 참으로 '세존이시여, 무엇이 세상을 이끕니까? 무엇이 세상을 끌어당깁니까? 어떤 것이 생겨나서 이것을 지배합니까?'라고 물었는가?"

"그렇습니다. 세존이시여."

"비구여, 마음이 세상을 이끄노라. 마음이 세상을 끌어당기노라. 마음이 생겨나서 이것을 지배하노라."

그 비구는 자신이 한 질문의 답변을 고따마 붓다에게서 듣고 기뻐하고 감사드린 뒤 다른 질문을 더 했습니다. '어느 정도의 배움을 가져야 많이 배우고 법을 호지護持한 자라고 할 수 있습니까?'라는 물음과 답변, 그리고 다음으로 '잘 배우고 통찰지를 가진 자'에 대한 질문을 했습니다. 그 질문에 대한 고따마 붓다는 다음과 같이 답변하였습니다. "통찰지通察知라고 해서 다 좋은 건 아니다"라며 나쁜 통찰지通察知에 대해서도 가르침을 주었습니다. 나쁜 통찰지에 대해서는 "나쁜 통찰지를 가졌다. 이 존자는 통찰지가 없다고 안다"[93]라고 표현했습니다. 그리고 좋고 유익한 통찰지에 대해 다음과 같이 가르쳤습니다.

"비구여, 여기 비구가 '이것이 괴로움苦'이라고 듣고 그 뜻을 통찰지로써 꿰뚫어 본다. '이것이 괴로움의 일어남集'이라고 듣고 그 뜻을 통찰지로써 꿰뚫어 본다. '이것이 괴로움의 소멸滅'이라고 듣고

93 A4:192. 「경우경Thāna-Sutta」.

그 뜻을 통찰지로써 꿰뚫어 본다. '이것이 괴로움의 소멸로 인도하는 도닦음道'이라고 듣고 그 뜻을 통찰지로써 꿰뚫어 본다. 비구여 이와 같이 그는 잘 배우고 꿰뚫는 통찰지를 가지는 것이다."[94]

통찰지의 힘에 관해 설법한 곳이 있습니다. 「보아야함경 Daṭṭhabba-Sutta」[95]에서입니다. 오력五力에 대한 설법에서 믿음의 힘, 정진의 힘, 마음챙김의 힘, 삼매의 힘, 통찰지의 힘에 대한 설법 중에 나타납니다.

"비구들이여, 여기 비구는 여래의 깨달음에 믿음을 가진다. '이런 이유로 그분 세존께서는 아라한應供이며, 완전히 깨달은 분正等覺이며, 영지와 실천을 구족한 분明行足이며, 피안으로 잘 가신 분善逝이며, 세간을 잘 알고 계신 분世間解이며, 가장 높은 분無上士이며, 사람을 잘 길들이시는 분調御丈夫이며, 하늘과 인간의 스승天人師이며, 깨달은 분佛이며, 세존世尊이시다'라고, 그는 병이 없고 고통이 없으며 음식을 고루 소화시키는 너무 차지도 않고 너무 덥지도 않은 중간의 업에서 생긴 불의 요소를 구족하여 정진을 성취한다. 그는 정직하고 현혹시키지 않으며 스승과 지자들과 동료 수행자들에게 있는 그대로 자신을 들어낸다. 그는 열심히 정진하며 머문다. 해로운 법들을 버리고 유익한 법들을 구족하기 위해서 굳세고 분투하며 유익한 법들에 대한 임무를 평생 내팽개치지 않는다. 그는 통찰지를 가졌다. 그는 일어나고 사라짐을 꿰뚫고, 성스럽고 통찰력이 있고 바르게 괴로움의 소멸로 인도하는 통찰지를 구족했다."[96]

94 대림스님 역(2006.7.10. 초기불전연구원) 『앙굿따라 니까야』 제2권. pp.413-415.
95 A5:15.
96 대림스님 역(2007.4.15. 초기불전연구원) 『앙굿따라 니까야』 제6권. pp.86-89.

"비구들이여, 그러면 어디서 통찰지의 힘을 보아야 하는가? 네 가지 성스러운 진리四聖諦에서 보아야 한다. 여기서 통찰지通察知의 힘을 보아야 한다."[97]

여기에서도 사성제를 통해 다섯 가지 힘을 보고 확인해야 한다고 가르쳤습니다. 또한 사성제는 모든 교리와 모든 삼매의 가장 중요한 역할로 상위에 있음을 밝힌 경전이 있습니다. 그리고 거기에 머무는 것은 세상의 끝이라고 하였습니다. 「바라문경brāhmaṇa sutta」에서입니다.

"다시 바라문들이여, 비구는 일체 비상비비상처非想非非想處를 완전히 초월하여 상수멸想受滅에 들어 머문다. 그리고 그는 통찰지로써 사성제를 본 뒤 모든 번뇌를 남김없이 소멸한다. 바라문들이여, 이를 일러 '이 비구는 세상의 끝에 도달하여 세상의 끝에 머물고 세상에 대한 애착을 건넜다'라고 한다."[98]

그리고 「양면해탈경Ubhatobhāgavimutta-sutta」[99]에서는 사성제를 이렇게 설명하고 있습니다. 여기에서 사성제를 '통찰지로써 사성제를 본 뒤'라고 설명한 것은 사성제가 꼭 통찰지로써 확인하거나 보이는 것이 아니라, 사성제를 통찰지通察知로써 보아야 한

---

97 대림스님 역(2007.4.15. 초기불전연구원) 『앙굿따라 니까야』 제3권. p.69.

98 A9:38. 6차 결집본의 경제목은 '세속의 이치에 능통함'Lokāyatika-sutta이다. 주.351. 재인용.

99 "'양면해탈兩面解脫, ubhatobhāga-vimutti'이라는 것으로 양면으로 사마타와 위빠사나의 반대가 되는 오염원paccanīka-kilesa들로부터 해탈한 것이다. 최종적으로pariyosāna 증득samāpatti을 통해 물질적인 몸rūpa-kāya으로부터 해탈하고, 성스러운 도ariya-magga를 통해 정신적인 몸nāma-kāya으로부터 해탈하는 것을 양면해탈兩面解脫이라고 알아야 한다."(AA.iv.207)

다는 것은 사성제가 그만큼 중요함을 가진 가르침에 속해 있는 것을 확인시키는 내용이라고 할 것입니다. 여기에서의 설주說主는 아난다 존자입니다.

> "다시 도반이여, 비구는 일체 비상비비상처非想非非想處를 완전히 초월하여 상수멸에 들어 머뭅니다. 그리고 그는 통찰지로써 사성제를 본 뒤 번뇌를 남김없이 소멸합니다. 그리고 어떤 방법으로 그 경지가 있든지 간에, 그 방법대로 그 경지를 정신의 몸으로 체험하며 머물고, 그리고 그는 통찰지로 그것을 꿰뚫어 압니다. 도반이여, 이것이 양면해탈兩面解脫한 자라고 세존께서 방편 없이 말씀하였습니다."[100]

괴로움苦의 문제에 관한 한 어떤 종류의 것이든 사성제 안에서 끝장을 보아야 합니다. 공연히 분석하는 일에만 집중하다 보면 강건 너 마을 불구경하는 꼴이 되고 맙니다. 괴로움의 문제는 어디까지나 자신에 관한 문제이지 다른 사람의 문제가 아니기 때문입니다. 그리고 여기 사성제四聖諦 안에서의 문제이지 다른 어떤 가르침의 문제가 아닙니다. 다른 어떤 곳에도 사성제의 성스러운 가르침은 없기 때문입니다. 여기에 합당한 설명을 가진 경전이 있습니다. 사성제의 법을 통찰하지 못한 결과를 얘기한 가르침인데, 고따마 붓다가 천신을 만나 주고받는 대화형 설법의 게송에서입니다.

> 한 곁에 선 그 천신은 세존의 면전에서 다음과 같이 게송을 읊었습니다.

100 대림스님 역(2007.11.5. 초기불전연구원) 『앙굿따라 니까야』 제5권. p.514.

"사성제四聖諦의 법을 통찰하지 못한 자들은
외도의 교설로 인도되기 마련입니다.
그들은 잠들어 있어 깨어나지 못했지만
그들 이제 깨어날 시간이 되었습니다."

고따마 붓다의 답변입니다.

"사성제四聖諦의 법을 잘 통찰한 자들은
외도의 교설로 인도되지 않도다.
완전하게 깨달은 자들 구경의 지혜를 구족하여
평탄치 못한 곳에서도 올곧게 가도다."[101]

또 다른 경에 나타나는 천신의 게송입니다.

"사성제四聖諦의 법에 크게 미혹한 자들은
외도의 교설로 인도되기 마련입니다.
그들은 잠들어 있어서 깨어나지 못했지만
그들 이제 깨어날 시간이 되었습니다."

이에 답변 게송입니다.

"사성제四聖諦의 법에 미혹하지 않는 자들은
외도의 교설로 인도되지 않도다.
완전하게 깨달은 자들 바른 구경의 지혜를 구족하여
평탄치 못한 곳에서도 올곧게 가도다."[102]

---

101 각묵스님 역(2009.11.5. 초기불전연구원) 『상윳따 니까야』 제1권. pp.149-150. 「통찰하지 못함 경Appaṭiditā-sutta」.

102 각묵스님 역(2009.11.5. 초기불전연구원) 『상윳따 니까야』 제1권. pp.150-151.

사성제의 본질적 권위와 위치에 대한 설법이 있습니다. 이 설법은 우빨리 존자에게 들려준 고따마 붓다의 설법입니다. 어느 날 우빨리가 고따마 붓다에게 다가가 "세존이시여, 저는 숲이나 밀림의 외딴곳에 가서 공부하고자 합니다"라고 말씀드렸을 때 고따마 붓다가 우빨리에게 여러 가지 이야기를 해주면서 한 다음과 같은 가르침입니다.

> "다시 우빨리여, 비구는 일체 비상비비상처를 완전히 초월하여 상수멸想受滅에 들어 머문다. 그리고 그는 통찰지로써 사성제를 본 뒤 번뇌를 남김없이 소멸한다. 우빨리여, 이를 어떻게 생각하는가? 이러한 머묾은 이전의 머묾보다 더 뛰어나고 더 수승하지 않겠는가?"[103]
>
> "네 그렇습니다."

그러므로 사성제는 열반을 향한 삼매에서 최고의 머묾으로 표현한 것입니다.

가. 고성제苦聖諦

고따마 붓다가 깨달음을 얻은 사성제四聖諦의 주제主題인 괴로움은 참으로 이해하기 어렵습니다. 그것은 단순한 문제가 아니기 때문입니다. 괴로움의 이해는 반드시 열반涅槃을 얻게 됩니다.

「크게 미혹함 경Susammuṭṭhā-sutta」.

103 A10:99. Upāli sutta. 대림스님 역(2007.11.05. 초기불전연구원) 『앙굿따라 니까야』 제6권. p.364.

이것을 또한 해탈이라고 합니다. 고따마 붓다는 괴로움이 주제인 사성제四聖諦를 통해서 깨달음을 얻었습니다. '깨달음을 증득하기 위한 설명' 역시 괴로움과 괴로움의 일어남과 괴로움의 소멸의 법칙에서 벗어나는 가르침입니다. 다음은 고따마 붓다가 괴로움이라고 인정하는 조건을 설명한 가르침입니다.

> "비구들이여, 이것이 괴로움의 성스러운 진리苦聖諦이다. 태어남도 괴로움이다. 늙음도 괴로움이다. 병듦도 괴로움이다. 죽음도 괴로움이다. 근심·탄식·육체적 고통·정신적 고통·절망도 괴로움이다. 싫어하는 대상들과 만나는 것도 괴로움이다. 좋아하는 대상들과 헤어지는 것도 괴로움이다. 원하는 것을 얻지 못하는 것도 괴로움이다. 요컨대 취착의 대상이 되는 다섯 가지의 무더기五取蘊 자체가 괴로움이다."[104]

그러므로 계속해서 거듭거듭 말하는 것이지만 고따마 붓다의 가르침은 사성제四聖諦의 주제인 괴로움의 가르침입니다. 이것을 괴로움의 성스러운 가르침苦聖諦이라고 합니다. 성스러운 괴로움의 가르침, 왜 성스러움인가? 생사와 윤회를 벗어나 열반을 얻게 하는 가르침이기 때문입니다. 이 가르침에서 우리는 괴로움을 보는 안목正見이 열리게 되는 것입니다. 이 안목正見은 누구에게나 그냥 열리지 않습니다. 괴로움을 파악할 수 있는 능력의 견해가 서야 합니다. 그러므로 괴로움을 있는 그대로 꿰뚫어 이해한 사람은 성스러운 도닦음의 길이 열리게 되는 것입니다. '열리게 된다'라고 표현한 것은 자연스러운 한 과정에 놓인 문

104 대림스님 역(2010, 3쇄 2012. 초기불전연구원) 『맛지마 니까야』 제1권. p.385.

제라는 뜻입니다. 괴로움의 소멸을 본 그에게 필연적으로 생기는 견해를 두고 하는 표현입니다. 이러한 안목에서 분석되는 괴로움의 성향은 다음과 같습니다.

고따마 붓다는 『괴로움의 성질 경』[105]에서 이렇게 가르치고 있습니다.

"비구들이여, 세 가지 괴로움의 성질이 있다. 무엇이 셋인가?

① 고통스러운 괴로움의 성질苦苦性; dukkha-dukkha
② 변화에 기인한 괴로움의 성질壞苦性; viparinama-dukkha
③ 형성된 괴로움의 성질行苦性;samkhara-dukkha이다."

이 괴로움의 성질에 대해서는 『괴로움 경』[106]에서도 사리뿟따가 다른 도반에게 질문을 받고 괴로움에 관해 다음과 같이 설명하고 있습니다.

"도반이여, 세 가지 괴로움의 성질苦性; dukkha이 있습니다. 그것은 고통스러운 괴로움의 성질苦苦性; dukkha-dukkha, 변화에 기인한 괴로움의 성질壞苦性; viparinama-dukkha, 형성된 괴로움의 성질行苦性; samkhara-dukkha입니다."

괴로움의 성질苦性은 이렇게 세 가지로 분류됩니다. 다음과 같이 자세히 설명해줘도 좀처럼 정확한 이해를 할 수 없는 것에는

105 각묵스님(2009.10.5. 초기불전연구원) 『상윳따 니까야』 제5권 「괴로움의 성질 경」.
106 각묵스님(2009.10.5. 초기불전연구원) 『상윳따 니까야』 제4권 「괴로움 경」.

자신과 너무 밀착하여 있는 존재五蘊가 무아無我인지 자아自我인지 구분하기 어렵기 때문일 것입니다. 이러한 이유로 무아無我와 자아自我에 대한 설명에서 오온五蘊의 분석된 설명이 필요하였던 것입니다. 그러나 오온五蘊의 정확한 분석과 설명에 의해서도 괴로움은 쉽게 이해되어 정견의 견해가 만들어지지 않습니다. 그러나 오온의 존재는 자신과 가장 밀접한 관계이므로 설명이 쉽다고 할 수 있습니다. 그래서 오온五蘊이 고따마 붓다의 법상法床에서 괴로움을 이해시키기 위한 설명의 소재로 자주 등장하게 되는 것입니다. 그러므로 고따마 붓다가 오온五蘊을 설명하는 이유는 모든 이들에게 괴로움의 실체를 이해시키기고 고증하기 위해서입니다.

괴로움을 꿰뚫어 이해하기 위해서는 괴로움의 세 가지 성질에 대해서 정통해야 합니다. 그래서 괴로움을 꿰뚫어 이해한 사람은 열반을 얻게 되고 열반을 얻은 사람은 그 사람의 삶의 방식에서 확실한 변화를 가져오게 됩니다. 이 사람은 괴로움을 꿰뚫어 이해한 정견正見에 의해 자신의 모든 생활에서 생사生死와 윤회의 원인을 관찰하고 그것을 멀리 여위고 열반의 길을 보기 때문입니다. 이것을 일러 열반을 증득한 이의 불행佛行이라고 하는 것입니다. 이 불행佛行에 대한 덕목에 대해서는 많은 사람이 오류를 범하고 있는 부분 중에 하나라고 할 수 있습니다. 이것은 사성제四聖諦의 주제인 괴로움을 깨닫지 못한 일반적인 견해見解의 차이라고 할 수 있습니다. 이러한 문제는 괴로움을 꿰뚫어 이해하지 못한 경우에 나타납니다. 무아無我·공空·연기緣起 등의 소재를 통해 괴로움의 실체를 이해시키기 위한 설명에서 그 중요성을 간과하거나 거꾸로 이해하거나 아예 자신에게 맞는 교육용 소재를 별도로 떼어내서 하나의 이론을 형성하는 사람도 있습니다. 그래서 어떤 이들은 그것을 '불교사상佛教思想'이라고 단정 지어버립니다. 예를 들면 이러한 것들입니다. 무아사상無我思想·공사상空思想·연기사상緣起思想 등입니다.

이러한 견해의 문제를 지적한 경전이 있습니다. '맹인盲人들의 코끼리 구경'을 비유한 경전에서입니다. 그 내용은 이렇습니다. 어느 날 맹인들이 코끼리 구경을 갔습니다. 맹인들은 코끼리 구경을 가서 각자 코끼리를 손으로 만져보게 됩니다. 맹인들은 코끼리를 눈으로 볼 수 없기 때문입니다. 그들은 손으로 코끼리의 배를 더듬어 만지는 사람, 다리를 더듬어 만지는 사람, 귀나 코를 더듬어 만지는 사람, 꼬리를 더듬어 만지는 사람, 각자 더듬어 만지는 부분이 다릅니다. 이들이 코끼리 구경을 다 마치고 나서 서로 이렇게 말합니다. 코끼리의 배를 만져본 맹인은 '벽壁과 같다'라고 하고, 다리를 만져본 맹인은 굵은 '기둥과 같다'라고 하고, 꼬리와 코를 만져본 맹인은 '호스나 파이프 같다'라고 하고, 귀를 만져본 맹인은 '부채와 같다'라고 합니다. 맹인들이 이야기한 내용이 모두 다 맞지 않는 건 아니지만 모두 다 다르게 말합니다. 자기가 만져본 코끼리의 부분만을 말할 뿐입니다. 그들은 전체 코끼리를 보지 못했기 때문입니다. 그러므로 그 가운데에서 코끼리를 정확하게 본 사람은 아무도 없는 것입니다. 이와 마찬가지로 전체적인 괴로움의 실체란 각자 가지고 있는 오온의 기능으로 일상의 생활에서 경험한 느낀 부분적인 괴로움과는 다른 것입니다.

이러한 '눈먼 사람의 코끼리 구경'이라는 현상이 괴로움의 문제를 이해하는 처지라고 한다면, 각자의 견해를 주장하게 되는 것이 옳지 않다는 것을 스스로 알게 되는 계기가 될 것입니다. 그래도 코끼리의 구경을 한 입장이니 자신들이 주장하는 바를 굽히지 않을 것입니다. 마찬가지로 나름대로 괴로움을 감지한 사람은 자신의 경험한 입장을 굽히지 않을 것입니다. 그래서 공사상空思想을 주장하거나 연기사상緣起思想을 주장하거나 무아사상無我思想을 주장하는 일은 그렇게 이상한 일이 아니라고 여겨지는 것입니다. 그러므로 괴로움의 이해는 눈 밝은 입장이 되어 '있는 그대로 꿰뚫어 이해해야 한다'라는 것입니다. 아울러 전체의 괴로움을 보고 이해하는 것이야말로 괴로움을 '있는 그대로 꿰뚫어 이해함'이라 할 것입니다. 이것은 또한 통찰지通察知라고 해도 어색하거나 맞지 않는 표현이 아닙니다. 여기서 통찰지通察知란 괴로움苦과 괴로움의 일어남集과 괴로움의 소멸滅과 괴로움의 소멸로 인도하는 도닦음八正道을 최상의 지혜로 꿰뚫어 이해했을 때 얻어지는 열반과 해탈을 증득하고, 증득함을 인식하는 것을 말하는 것입니다. 그러면 괴로움을 꿰뚫어 이해함에 과연 어떤 방법이 있는 것일까.

앞에서도 언급했듯이 괴로움을 이해하기 위해서는 세 가지 괴로움의 성질을 알아야 합니다. 괴로움을 이해할 때, 세 가지 괴로움의 범주 안에서 모든 괴로움의 실체가 확실하게 드러나야 하며, 설명이 가능하고, 세 가지 범주에 속해 있는 모든 괴로움까지도 꿰뚫어 이해되어야 비로소 '괴로움苦과 괴로움의 원인集과 괴로움의 소멸滅'을 꿰뚫어 이해하게 되며, 팔정도八正道라는 '중도의 견해'를 온전하게 갖추게 되는 것입니다. 이러한 입장을 가진 자라고 한다면 그 사람이 모든 사물을 인식하는 상태에서 중도의 견해는 온전한 형태로 나타나게 되어 있습니다. 특히 괴로움을 꿰뚫어 이해하는 견해는 팔정도八正道라는 정견의 견해를 형성하게 되고 그것은 열반涅槃의 길을 모색하는 데 손색이 없을 것입니다. 왜냐하면 괴로움을 꿰뚫어 이해한 사람만이 가진 정견正見으로 현생現生의 모든 삶을 생사生死와 연기를 건너 열반涅槃의 길을 가고 있는 사람이 되었기 때문입니다. 그러므로 이 사람의 삶에서의 행위는 모든 것이 다 괴로움의 소멸, 윤회의 단절, 생사生死의 종식이 된다고 할 것입니다. 또한 이것은 '괴로움의 소멸로 인도되는 팔정도의 길만을 보고 가는 사람'이라고 할 수 있습니다. 혹자는 '팔정도를 닦아 열반을 증득한다'라고 하는데, 이러한 견해는 괴로움을 철저히 이해하지 못한 이들의 판단에서만 볼 수 있는 견해에서 있을 법한 표현이라고 할 것입니다.[107]

고따마 붓다에 의해 괴로움이라고 판단된 것들은 세 가지 성향에 따라 분류된다고 앞서 설명했습니다. 이 분류를 한마디로 표현하자면 '일체개고一切皆苦'라고 할 수 있습니다. 일체개고一切皆苦로 표현한 괴로움을 현대학문에서 사용하는 논리를 적용하여 설명하자면 다음과 같습니다.

> 이미 괴로움라고 결정지어진 것苦苦性; dukkha-dukkha
> 언젠가는 괴로움라고 인정될 것壞苦性; viparinama-dukkha
> 시간과 공간에 놓여있는 괴로움行苦性; samkhara-dukkha[108]

---

107 이러한 문제는 '괴로움苦의 정확한 이해에서만 벗어날 수 있다. 괴로움苦을 정확히 꿰뚫어 이해한 사람은 저절로 이 의문이 사라질 것'이라고 할 수 있다.

고고성苦苦性; dukkha-dukkha은 '이미 괴로움이라고 결정지어진 것' 입니다. 모든 존재의 삶에 있어 당연히 괴로움이라고 받아들여지는 모든 조건을 말하는 것입니다. 몸과 마음에 통증을 유발하는 일로부터 배고프고, 목마르고, 덥고, 춥고, 물과 불의 재난과 전쟁이나 나쁜 일들로 삶의 현장에서 일어난 직간접으로 경험되는 현재형의 모든 괴로움을 말합니다. 이러한 현실에서의 괴로움은 모든 존재가 피해갈 수 없는 것입니다. 특히 생·로·병·사生·老·病·死라는 괴로움의 과정은 이 세상에 태어난 존재에게 경험하게 되는 공통의 문제이지 어느 한 존재에게만이 경험되거나 지나쳐 가지는 않습니다. 이러한 괴로움에서 벗어나기란 매우 어려운 문제입니다. 고따마 붓다의 말씀처럼 '보아 이해하기 어렵고 신과 인간의 영역을 뛰어넘어 선 현자들만이 알 수 있는 것'이라는 표현이 어울립니다. 여기서 신과 인간의 영역이란 표현은 현실적으로 입증이 매우 어려운 문제를 두고 하는 말입니다. 또한 그것은 신과 인간이 가진 영역인 생·노·병·사의 모든 영역을 뛰어넘어 선 곳입니다. 이 영역은 각 개인의 문제이기도 하지만 개인이 해결할 수 없는 모든 생명의 공통된 문제입니다. 자신에게 부여된 모든 것은 자신의 의지대로 수정되거나 고쳐지지 않는 어려운 조건을 가지고 있습니다.

그래서 고따마 붓다는 이것은 '자유롭지 않고 무상無相하고 괴로운 것'이므로 출리出離의 대상이라고 단정하였습니다. 다시 말

108 이 세 가지의 괴로움苦의 견해는 독자들의 이해를 돕기 위해 각색하여 표현한 것이다. 즉 '괴로움苦라고 결정지어진 것苦苦性', '언젠가는 괴로움苦라고 인정될 것壞苦性', '시간과 공간에 놓여있는 것行苦性'이다.

하면 존재의 가치란 어떤 것이든 어디를 둘러보아도 발견되지 않는다는 내용입니다. 오히려 어떤 것은 집착의 원인이 되므로 집착으로 인해 다른 생을 받게 되더라도 거기엔 또 다른 괴로움의 모습만 계속해서 형성되고 소멸하는 과정만 보일 뿐입니다. 그래서 윤회의 영역이 만들어지게 되며 그 윤회에 든 중생은 또 다른 알 수 없는 생을 맞이하여 괴로움을 당하게 되는 것입니다.

이런 내용의 견해나 사고는 중생이라고 하는 존재들이 이해하기 어렵다고 고따마 붓다는 여겼습니다. 받아들이기 어렵고 이해하기 어려운 괴로움에서의 벗어남의 문제 때문에 고따마 붓다는 자신이 깨달은 법을 중생들에게 가르쳐야 하나 말아야 하나를 두고 좌절한 적이 있습니다.[109] 어느 때에 고따마 붓다는 라자가하왕사성[110]에서 3천여 명 정도의 '고행을 통해 금욕하는' 유행승들과 함께 앉아 있는 니그로다 유행승을 만난 일이 있었습니다. 이 유행승들은 수장인 니그로다에게 '고행을 통해 금욕은 어떻게 해서 완성되며, 어떻게 해서 완성되지 않습니까?'라고 고따마 붓다에게 질문하여 달라는 권유에 따라 고따마 붓다와 니그로다 유행승 간에 질문과 답변이 오고 가는 내용의 경전이 있습니다. 이때 고따마 붓다가 니그로다 유행승에게 답변한 내용입니다.

---

109 대림스님(2010, 3쇄 2012. 초기불전연구원) 『맛지마 니까야』 권 1 「성스러운 구함 경聖求經」. pp.628-631.

110 지금의 인도 비하르Bhihar주에 있는 라즈기르Rājgir이다. 부처님 당시에 인도는 16개의 나라가 있었는데 그 중에 가장 강성했던 곳이 마가다와 꼬살라였다. 마가다의 수도가 바로 이 라자가하였다. Rāja왕-gaha집라는 의미를 살려 중국에서는 왕사성으로 직역하였다. 각묵스님 역(2005. 초기불전연구원) 『디가 니까야』 제3권. p.86 주49.

"니그로다여, 오염원이요. 재생으로 인도하고 걱정거리요. 괴로운 과보를 가져오며 미래의 태어남과 늙음과 죽음을 가져오는 해로운 법들이 제거되지 못한 채로 있다면, 그런 것을 제거하도록 나는 법을 설한다. 그대들이 그대로 도를 닦으면 오염원인 법들은 제거될 것이고 깨끗한 법들은 증장할 것이며 통찰지의 완성과 충만함을 지금·여기에서 스스로 최상의 지혜로 실현하고 구족하여 머물 것이다"[111]

고따마 붓다는 괴로움에서의 해탈이 곧 최상의 지혜라고 설명하는 대목입니다. 고따마 붓다는 자신의 제자에게만 괴로움에서의 해탈을 가르치지는 않았고 깨달음을 얻기를 바라지 않았습니다. 어느 사람에게나 언제 어디에서나 고따마 붓다의 가르침은 열려 있었고 공용될 수 있고 공유할 수 있음을 보여준 것입니다. 괴로움에서의 해탈의 문제는 고따마 붓다의 제자들과 신자들에게만 국한된 것이 아닌 모든 중생의 공통된 문제이기 때문이었습니다.

그리고 괴로움의 문제는 중생 모두의 공통된 문제이기는 하나 엄밀히 따져보자면 한 개인의 문제임이 틀림없었습니다. 왜냐하면 자신보다 더 가까운 중생이나 자신보다 더 소중하다고 여기는 대상은 없으며 자신은 모든 것에서의 우선이기 때문입니다. 그 중요성을 지적해 놓은 경전이 바로 『전륜성왕 사자후경』[112] 입니다. 고따마 붓다는 마가다의 마뚤라[113]에 머물렀을 때입니

111 각묵스님 역(2005. 초기불전연구원) 『디가 니까야』 제3권. p.114.

112 각묵스님 역(2005. 초기불전연구원) 『디가 니까야』 제3권. p.117.

113 마뚤라$_{\text{Mātulā}}$는 이런 이름을 가진 도시$_{\text{nagara}}$이다. 이 도시를 탁발하는 마을$_{\text{gocara}}$

다. 그때 그는 제자들에게 다음과 같은 가르침을 폈습니다.

"비구들이여, 자신을 섬으로 삼고自燈明, 자신을 귀의처로 삼아自歸依 머물고 남을 귀의처로 삼아 머물지 말라. 법을 섬으로 삼고法燈明 법을 귀의처로 삼아法歸依 머물고 다른 것을 귀의처로 삼아 머물지 말라. 비구들이여, 그러면 어떻게 비구는 자신을 섬으로 삼고自燈明 자신을 귀의처로 삼아自歸依 머물고 남을 귀의처로 삼아 머물지 않는가? 어떻게 비구는 법을 섬으로 삼고法燈明 법을 귀의처로 삼아法歸依 머물고 다른 것을 귀의처로 삼아 머물지 않는가?"[114]

그러면서 고따마 붓다는 거기에 대한 합당한 이유 즉 신身·수受·심心·법法의 사념처四念處에 대한 가르침을 주었습니다.

"몸에서 몸을 관찰하면서身隨觀 머문다. 세상에 대한 욕심과 싫어하는 마음을 버리면서 근면하게, 분명히 알아차리고 마음챙기는 자 되어 머문다. 느낌에서 느낌을 관찰하며受隨觀 머문다. ... 마음에서 마음을 관찰하며心隨觀 머문다. ... 법에서 법을 관찰하며法隨觀 머문다. 세상에 대한 욕심과 싫어하는 마음을 버리면서 근면하게, 분명히 알아차리고 마음챙기는 자 되어 머문다."[115]

괴로움의 실재는 신身·수受·심心·법法에 다 포함되어 있고 실수實修에서 중요하게 사용됩니다. 그렇게 가진 괴로움에 대한 견해는 신身·수受·심心·법法의 어디에서나 변함없이 통용되어 깨달음

---

gāma로 삼아서 그 근처에 있는 밀림vanasaṇḍa에 머물렀다.(DA.iii.845) 각묵스님 역(2005. 초기불전연구원) 『디가 니까야』 제3권. p.120. 주86.

114 각묵스님 역(2005. 초기불전연구원) 『디가 니까야』 제3권. p.120, pp.143-144. 여기에서 아주 자세히 자등명自燈明, 법등명法燈明에 대한 설법이 있다.

115 각묵스님 역(2005. 초기불전연구원) 『디가 니까야』 제3권. p.120.

으로 이루어져야 자등명自燈明, 법등명法燈明에 부합된다고 할 것입니다. 또한 이것은 괴로움에 대한 있는 그대로 꿰뚫어 이해된 정견正見으로 생긴 '괴로움의 이해와 믿음'이라고 할 수 있습니다. 그리고 그 이해와 믿음을 바탕으로 괴로움에 대한 깨달음의 깊이에 따라 네 가지의 과위를 얻게 되는 분류를 볼 수 있는데 그것을 사과위四果位[116]라고 하는 것입니다. 사과위四果位의 설명을 여기에서 생략하는 이유는 주해에서 상당히 자세한 설명으로 다루었기 때문입니다.

그리고 이 경經[117]의 말미에서 고따마 붓다는 사리뿟다에게

---

116 김승동 편저(2011. 민족사) 『불교사전』 사과四果; 梵, catvāri phalāni phala-abhava. 英, The four phala. 수행도修行道의 4가지 성과 소승-'소승'이라는 표현을 쓰는 불교학자는 대승불교만의 고집하는 방편불교학자가짜 불교학자이다. 이는 필자의 견해이고 표현이다.-에서 깨달음을 얻는 결과 곧 견도見道 이후의 정과正果의 4단계. 1. 수다원과須陀洹果; 豫流果. 2. 사타함과斯陀含果; 一來果. 3. 아나함과阿那含果; 不還果. 4. 아라한과阿羅漢果; 無學位를 말한다. 구사론 6권에서는 1. 안립과安立果. 2. 가행과加行果. 3. 화합과和合果. 4. 수습과修習果라는 표현을 쓴다.
이 사과위四果位를 한역 『잡아함雜阿含』의 「법향경法向經」에서는 '법차법향法次法向'이라고 표현했다. 이 한 단어는 두 가지의 설명이 가능하다. 법차法次란 법의 나아가는 방향趣向을 말한다. 그리고 법향法向은 열반으로 나아가는 법을 말한다. 그리고 '법차법향法次法向'은 빨리어의 '담마누담마빠띠빤나dhammānudhamma-paṭipanna'를 번역한 것인데, '법을 따라 법을 실천하는'이라는 뜻이다. 주석서에서는 '담마누담마빠띠빤나dhammānudhamma-paṭipanna'를 "아홉 가지 출세간법出世間法, lokuttara-dhamma'들과 일치하는 법anulima-dhamma인 예비단계의 길道을 실천한다."는 뜻으로 풀이하고 있다.
아홉 가지 출세간법出世間法이란 네 가지 도道와 네 가지 과果에 열반涅槃을 추가해서이다. 열반涅槃을 제외한 네 가지 도道 혹은 향向 네 가지 과를 '사향사과四向四果' 혹은 '사쌍팔배四雙八輩'라고 한다. 이것은 성자의 수행단계를 넷으로 나눈 것이다. 이른바 예류향sotāpanna, 예류과, 須陀洹, 須陀洹果, 일래향sakadāgāmin, 一來果, 斯多含向, 斯多含果, 불환향anāgāmin, 不還果, 阿那含向, 阿那含果, 아라한향범어로는 'arhat'의 주격 'arhan' 혹은 빨리어 arahant의 주격 arahaṃ 혹은 arahā의 음역. 阿羅漢果을 말한다. 마성스님(2018. 4. 27. 인북스) 『잡아함경 강의』. pp.42-47.

117 각묵스님 역(2005. 초기불전연구원) 『디가 니까야』 제3권 「전륜성왕 사자후경」.

이렇게 당부한 말씀이 있습니다.

"사리뿟다여, 그러므로 그대는 자주 비구들과 비구니들과 청신사와 청신녀들에게 이 법을 말해줘야 한다. 사리뿟다여, '쓸모없는 인간'[118]들에게 여래에 대한 의문과 혼란이 생기게 되면 그들은 이 법을 듣고 여래에 대한 의문과 혼란이 제거될 것이다"[119]

여래에 대한 확고한 믿음을 가진다는 것은 여래에 대한 의문과 혼란에서 벗어나는 길이라고 하였습니다. 그러면서 여래가 전지전능하고 어떠한 능력에 대한 구원의 믿음을 가지는 것이 아닌 여래가 깨달은 법[120]에 대한 확실하고 정확한 이해에서 오는 믿음을 설명해 주기를 요구하는 우다이 존자[121]의 질문에 고

---

118 고따마 붓다는 '쓸모없는 인간'이라는 표현을 쓴 곳은 수밧다와 같은 진정한 수행자가 아닌 이들에게 사용한 흔적이 보인다. 여기에 '수밧다'는 고따마 붓다의 가르침을 받기위해 출가했다. 퇴속한 '수밧다'를 말한다. 여기서 수밧다는 부처님이 신통을 가르쳐주지 않는다는 이유로 퇴속한다. 그러나 그의 평소에 언행은 참다운 수행자를 벗어나 고따마 붓다에게 깐죽거리는 모습이 보인다. '쓸모없는 인간'이라는 말을 들을만한 위인이었다. 고따마 붓다의 제자 중에 '수밧다'라는 이름이 많았다. 대표적인 사람은 늦깎이 '수밧다'가 있다. 부처님이 반열반에 들자 '잔소리꾼이 열반에 들었으니 이제 우리들 맘대로 살자'며 좋아했던 사람이고, 다른 한 사람은 부처님이 반열반에 들기 직전 마지막으로 부처님의 제자가 된 '수밧다'존자이다.

119 각묵스님 역(2005. 초기불전연구원) 『디가 니까야』 제3권. p.214.

120 사성제四聖諦를 말한다.

121 "우다이Udāyī라 이름하는 세 분의 장로가 있는데 랄루다이Lāludāyī, 깔루다이Kāludāyī, 마하루다이Mahāudāyī이다. 여기서는 마하우다이 존자를 두고 한 말이다. (DA.iii.903)
이 마하우다이 존자는 빤디따우다이Paṇḍitaudāyī 존자라고도 주석서에 나타나는데 그만큼 그는 지혜롭고 현명한 분paṇḍita이었다고 한다. 그는 부처님 고향인 까삘라왓투의 바라문 가문 출신이었다고 하며, 부처님께서 고향을 방문하였을 때 그 분 부처님의 덕성을 흠모하여 출가하였다고 한다.(ThigA.iii7) 그는 뒤에 아라한이 되었다. 느낌을 두고 우다이 존자와 목수 빤짜깡가 사이에 벌어진 논쟁은 잘 알려져 있다.(Mi.396ff,;S.jv.223~224) MA.ii.629와 SA.iii.86에서는 이

따마 붓다는 다음과 같은 설법을 했습니다.

> "우다이여, 참으로 그러하다. 그대는 여래의 소욕小欲과 지족知足과 번뇌의 말살을 보라. 여래는 이와 같은 큰 신통과 이와 같은 큰 위력을 가졌는데도 불구하고 결코 자신을 드러내지 않는다. 만일 외도 수행승들이 자기 안에서 단 하나의 법이라도 관찰하게 된다면 그들은 그것 때문에 깃발을 드날릴 것이다. 그대는 여래의 소욕과 지족과 번뇌의 말살을 보라. 여래는 이와 같은 큰 신통과 이와 같은 큰 위력을 가졌는데도 불구하고 결코 자신을 드러내지 않는다."

고따마 붓다의 가르침은 사성제이고 사성제의 주제는 괴로움의 소멸법칙에 있습니다. 모든 '인간의 괴로움의 실체'를 가르친 목적은 그 괴로움에서 벗어나게 하는 데 있는 것입니다. '괴로움에서 벗어남'이란 인간이 더는 괴로움의 실체에 머물러 있지 않고 영원히 행복할 수 있는 길이기 때문입니다. 열반涅槃이라는 단어는 이런 때 필요한 표현입니다.

> "비구들이여, 여래의 몸은 존재에 묶어두는 사슬을 끊어 버린 채 머물러 있다."[122]

라는 표현은 고따마 붓다의 열반涅槃 상태의 삶을 말한 것입니다. 이것은 사성제의 꿰뚫은 이해의 깨달음에 결과로 인한 것입니다. 그리고 사성제에 대한 또 다른 표현으로 가르친 곳이 있습니다.

우다이 존자를 '빤디따우다이'라고 주석하고 있다."

122 각묵스님 역(2006.1.5. 초기불전연구원) 『디가 니까야』 제1권. p.179.

"여래는 이 한 길밖에 되지 않는 작은 육신의 …<중략>… 지각과 내적 감각으로 나타난 세계의 시작과 소멸 그리고 그 소멸에 이르는 길을 설하노라."[123]

'고따마 붓다는 실존하는 세계의 시작과 소멸 그리고 그 소멸에 이르는 길을 가르친 분이다'라고 주장하는 사람이 있습니다. 그의 주장은 다음과 같습니다.

"세계가 객관적이고 실재한다는 것은 결코 의심할 여지가 없다. 그러나 인간의 심상心象은 세계의 필수적인 구성요소이며 그 자체로서 실재라고 인정된다. … 사물을 구성하는 과정에서 함께 구성 부품이 되는 밀접한 관계를 유지하고 있다. '실재'가 심리적인가 객관적인가는 질문할 것이 못 된다. 실재는 이 두 가지 모두에 해당하는 것이기 때문이다"[124]

이것은 사성제의 설명이면서 연기緣起에 대한 견해라고 할 것입니다. 괴로움의 실체가 세계의 실존이며, 이것이 객관적인지 심리적인지는 '선동된 불교'[125]의 견해에서도 흔히 나타날 수

---

123 Rune E. A. Johansson. 박태섭 옮김(1996.10.26. 시공사) 『불교심리학』 A. II. 48. The Dynamic Psychology of Early Buddhism(Great Britain ; Curzon Press Ltd, 1979)의 번역본.

124 Rune E. A. Johansson. 박태섭 옮김(1996.10.26. 시공사) 『불교심리학』. p.49.

125 고따마 붓다의 가르침이 언제부터인가 생업의 한 방법으로 진행되면서 근본 가르침에서 이탈한 현상을 보여 왔다. 이것을 이렇게 표현한다. '선동된 불교'라고, 이것은 불교의 가르침을 따르는 것이 아니기 때문이다. '선동된 불교'에서는 항상 중생의 편의根器와 형편과 다양성 등를 고려하지 않으면 안 된다고 한다. 그 이유는 중생들의 편의를 따라 방편을 구사하는 것은 불·보살이 중생을 구제하기 위한 자비慈悲에 해당하는 일이기 때문이라고 한다. 그러면서 일체유심조一切唯心造와 같은 '방편편의점' 혹은 '방편백화점'을 운영해 왔다. 그러므로 '선동된 불교'는 방편에 의해서 항상 새롭게 선동된다. 그러면 그럴수록 고따마 붓다의 진

있는 소재입니다. 실재 정신과 사물을 구성하는 것이기 때문입니다. 정신과 사물을 구성하는 것은 세계의 실존을 계속 창조해 내고 진행하게 됩니다. 이러한 현상을 대승의 사고에서 올바른 것이냐 그렇지 않은 것이냐의 문제가 그렇게 중요한 것이 아닙니다. 왜냐하면 대승에서는 '괴로움의 견해가 세계의 실존이다'라고 하는 것은 이미 진리에 대한 정확한 판단으로 대변할 수 없다고 여기고 있기 때문입니다.

그러므로 괴로움의 실체를 보는 견해가 옳은 것이냐 옳지 않은 것이냐에 따라서 열반은 형성증득, 證得되기도 하고 그렇지 않을 수 있습니다. 그러나 여기에서는 선동된 불교의 형식이 아닌 순수한 고따마 붓다의 가르침만을 제일의제第一義諦로 삼을 것입니다.

나. 집성제集聖諦

괴로움의 원인, 이것을 가르치는 것이 집성제입니다. 괴로움의 원인은 괴로움의 성질이나 성향에 해당합니다. 그리고 세 가지의 괴로움의 성질을 이렇게 표현할 수도 있습니다. 이러한 방식은 괴로움에 관한 역할을 좀 더 정확하게 부여해 주는 방식으

실한 가르침에서 멀어져 가고, 이해할 수 없는 가르침으로 변형된다. 변형된 현상은 수많은 불·보살과 수많은 경전과 수많은 가르침으로 나타난다. 이것은 고따마 붓다의 입장에서 보면 극복할 단절의 문제이지, 선행되고 발전시키고 개발하고 홍포할 문제는 아니다. 그러나 방편의 입장은 중생을 향한 자비라는 것에 묘행妙行이 있다고 한다. 이 문제는 좀 더 숙고할 필요가 있고, 그것은 역사적 사실과 근거에 기준 한다. 쉽게 표현하자면 '고따마 붓다의 가르침을 변형시켰을지라도 그리고 근본 입장에 반하더라도 불교란 틀 속에서 수많은 시간이 흘러 역사의 흔적을 남겨왔다'라고 하는 것은 부정할 수 없는 일이다.

로 변형을 주어 본 것입니다. 왜냐하면 이것 역시 집성제原因의 역할에 충실을 기하기 위해서입니다. 괴로움의 원인도 언제나 이 세 가지 성질을 벗어나 존재하지 않고 설명될 수 없는 것입니다.

이미 괴로움이라고 결정지어진 것苦苦性; dukkha-dukkha
언젠가는 괴로움라고 인정될 것壞苦性; viparinama-dukkha
시간과 공간에 놓여있는 괴로움行苦性; samkhara-dukkha

'이미 괴로움이라고 결정지어진 것苦苦性; dukkha-dukkha'은 자신이 가진 가장 이해하기 쉬운 괴로움의 원인에 해당합니다. 이러한 괴로움은 자신이 가장 쉽고 특별하게 느끼고 직간접으로 현재에서 경험하는 것이기 때문입니다. 인간의 삶에서 괴로움을 번뇌라고 하듯, 이 번뇌는 보편적으로 자신에게 행복의 반대말로 판단하고 불행의 동의어로 느끼게 되는 것입니다. 자신이 경험하고 느끼는 모든 것이 번뇌에 속해 있고 괴로움의 원인이 되는 것입니다. 괴로움이라는 원인 또한 인간에게서 나타나는 느낌으로 이루어지는 것입니다. 삼라만상의 모든 상황에서의 괴로움의 원인도 인간의 느낌에서 기인합니다. 그러므로 인간의 모든 괴로움의 조건이 인간의 느낌을 중심으로 이뤄지는 것입니다. 또한 괴로움의 원인을 분석하고 관찰함에서 인간의 모든 조건과 대상은 괴로움에 관한 분석과 관찰의 대상이 됩니다. 어떠한 사람이든 괴로움의 원인과 느낌은 자기 자신과 직접적인 문제가 되는 사안이기 때문입니다. 그래서 괴로움의 일어남은 이렇게 시작된다고 보아야 합니다.

이러한 문제의 접근방식은 이미 고따마 붓다에 의해 잘 설해져 있습니다. 여기에는 괴로움의 원인集에 관한 이야기만을 할 것입니다. 달리 말하자면 괴로움에 관한 일어남의 설명이 되는 것입니다. 어떠한 설명이든 그 원인을 이해하기 위해 존재하는 것입니다. 또한 그 설명을 통해서 고따마 붓다는 모든 이들이 괴로움을 벗어나기를 바랐던 것입니다. 그래서 괴로움을 벗어나는 방법과 괴로움의 원인에 대한 설명과 함께 왜 괴로움에서 벗어나야 하는지에 대해서 45년 동안 가르침을 펼쳤습니다. 그것은 인간을 위한 최상의 삶의 안전과 평온과 행복을 위한 가르침이었습니다. 또한 인간 존재적 가치에 대한 최고의 가르침이었습니다.

그러면 괴로움의 일어남은 어디에서 찾을 수 있을까? 여기에 대한 고따마 붓다의 가르침 중에 가장 대표적인 설법이 있습니다. 바로 오온五蘊의 가르침입니다. 오온은 자신의 육신을 형성한 모든 조건을 말합니다. 즉 색色·수受·상想·행行·식識입니다. 다음은 초전법륜지初轉法輪地인 이시빠따나의 녹야원에서 설한 '감각적 욕망'[126]이라는 주제의 설법입니다.

> "비구들이여, 다섯 가닥의 얽어매는 감각적 욕망이 있다. 무엇이 다섯인가? 원하고 좋아하고 마음에 들고 사랑스럽고 감각적 욕망을 짝하고 매혹적인, 눈으로 인식되는 형색들이 있다. … 귀로 인식되는 소리들이 있다. … 코로 인식되는 냄새들이 있다. … 혀로 인식되는 맛들이 있다. … 원하고 좋아하고 마음에 들고 사랑스럽고 감각적 욕망을 짝하고 매혹적인, 몸으로 인식되는 감촉들이 있다. 비구들이여, 이것이 다섯 가닥의 얽어매는 감각적 욕망이다."[127]

126 대림스님(2010.10.10. 초기불전연구원) 『맛지마 니까야』 권 1 「성구경」. pp.643-646.

이러한 설명은 감각적 욕망인 오온五蘊의 작용을 서술한 것입니다. 이 오온의 작용으로 인하여 유익하지 못한 길로 들게 되고 결국 안온하지 못하고 행복하지 못하며 불행한 원인을 만들게 된다는 것입니다. '무엇무엇 때문에 불행하게 되는 것'이라고 가르치고 있습니다. 생물학적 인체의 분석이 아닌 오온으로 인한 모든 괴로움을 밝히고자 하는 원인분석과 소멸의 법칙을 설명하고 있는 것입니다. 그래서 인간의 삶 속에서, 또는 죽음 저편 연기의 실존에서 이루어지는 모든 괴로움의 소멸과 그 괴로움에서 벗어남을 가르치고 있는 것입니다.

> "비구들이여, 어떤 사문이나 바라문이든지 간에 다섯 가닥의 얽어매는 감각적 욕망에 묶이고 홀리고 푹 빠져서 재난을 보지 못하고 벗어남에 대한 통찰지가 없이[128] 그것을 즐기면 '그들은 불행을 만났고 재난을 얻었고 사악한 마라[129]의 손아귀에 들어갔다'[130]라고 알아야 한다."

고따마 붓다가 모든 이들에게 괴로움을 이해시키려고 설명자료로 선택한 오온의 분석이유는 자신의 가르침을 통해 공부하

---

127 대림스님(2010.10.10. 초기불전연구원) 『맛지마 니까야』 권 1 「성구경」. pp.643-644.

128 "'벗어남에 대한 통찰지가 없다(anissarana-paññā).'는 것에서 벗어남은 반조의 지paccavekkha-ṇa-ñāṇa를 말한다. 그 반조의 지혜가 없다는 말이다."(MA.ii.193) 대림스님(2010.10.10 초기불전연구원) 『맛지마 니까야』 권 1 「성구경」. 주869.

129 '사악한 마라'에 대해서는 대림스님(2010.10.10. 초기경전연구원) 『맛지마 니까야』 권 1 「미끼경」. p.7의 주해.
대림스님(2010.10.10. 초기불전연구원) 『맛지마 니까야』 권 1 「성구경」. p.644. 주870.

130 대림스님(2010.10.10. 초기불전연구원) 『맛지마 니까야』 권 1 「성구경」. p.644.

는 사람들이 괴로움을 있는 그대로 꿰뚫어 이해하고 살피기에 더욱 손쉽게 하고자 했기 때문입니다. 그리고 괴로움에서 해탈하기 위한 목적과 수단 또한 여기에서 빛나게 되는 것입니다. 왜냐하면 오온의 모든 기능과 작용을 통해 끊임없이 생겨나는 욕망이나 그 욕망을 잠재우고 소멸시키는 일이 거기에서 쉽게 살필 수 있고 확인되는 장소이기 때문입니다. 다시 말하자면 원인과 결과가 함께 존재하고 있고 그것은 학습재료로 늘 자신과 함께 붙어 있다는 이유입니다. 원인과 결과를 동시에 확인할 수 있다는 조건은 마음챙기고 알아차림에서 최고의 공부짓는 조건을 말하는 것입니다.

이렇게 어렵고 중대한 일이 쉽게 해결되지 않는다면 '오온의 조건지어진 모든 진상이 괴로움을 이해시키기 위한 설명'이라고 하는 것과 '오온에서 괴로움이 설명되어야 하는 것에 관한' 이유를 모를 것입니다. 그러므로 이런 사람은 괴로움을 이해하지 못하는 것이다라고 할 것입니다. 오온에 대한 설명은 5부 니까야의 도처에서 설명되어 있습니다. 다시 말하면 오온의 설명은 괴로움을 이해시킬 수 있는 여러 가지 방식이나 재료 가운데 하나입니다. 여기에서 모든 괴로움은 오온을 통해 창조되고 발전되어 멈추지 않고 계속 이어진다는 것을 알아야 합니다.

오온을 '다섯 가지의 장애'[131]라고 표현한 곳이 있습니다. '다섯 가지 장애'를 만들어 내는 것은 오온이기 때문입니다. 수행

131 각묵스님 역(2006.1.5. 초기불전연구원) 『디가 니까야』 제1권. p.241.

자가 명상의 초선初禪에서 삼매에 들게 될 때 이 다섯 감각기관의 장애가 사라지면서 평온을 가지게 되고 초선의 삼매를 구족하여 머물게 되는 것입니다. 이때의 삼매를 다음과 같이 묘사하고 있습니다.

"깟사빠여, 그와 마찬가지로 자신에게서 이들 다섯 가지 장애가 제거되었음을 관찰할 때 환희가 생긴다. 환희로운 자에게는 희열이 생긴다. 희열을 느끼는 자의 몸이 경안하다. 몸이 경안한 자는 행복을 느낀다. 행복한 자의 마음은 삼매에 든다. 그는 감각적 욕망들을 완전히 떨쳐버리고 해로운 법不善法들을 떨쳐버린 뒤, 일으킨 생각尋 지속적인 고찰伺이 있고, 떨쳐버렸음에서 생겼으며, 희열喜과 행복樂이 있는 초선初禪에 머문다."[132]

이상과 같은 설명에서 총체적인 괴로움이 이해되지 않는 사람에게는 그 괴로움과 괴로움의 원인과 괴로움의 소멸에 관한 이것부터 분석해 보아야 합니다. 이것은 고따마 붓다의 가르침에서 가장 기본이 되는 교리구조이기 때문입니다. 이럴 때 여기가 아닌 다른 곳에서 이해를 구하거나 다른 가르침에 관심을 가져서는 절대 안 됩니다. 여기서 '다른 곳'이라고 한 말은 사성제가 아닌 가르침을 뜻합니다. 경전과 논장의 어디든 상관하지 말고 고따마 붓다의 가르침이 사성제라고 제시된 곳을 찾아서 부지런히 답습하고 읽고 이해를 구하다 보면 결국 '괴로움의 실체가 이런 것이구나'하고 깨닫게 될 때가 올 것입니다. 어느 때 고따마 붓다는 비구들에게 사대四大의 소멸에 대한 이러한 질문을 받은 적이 있

132 각묵스님 역(2006.1.5. 초기불전연구원)『디가 니까야』 제1권. p.441.

습니다. 질문을 받은 고따마 붓다는 그 질문이 잘못되었음을 지적한 뒤, 그러한 질문은 이렇게 해야 마땅하다며 교정해 주었고 그 질문에 대한 답변 역시 아주 자세히 해주었습니다.

"비구들이여, 그대들은 '세존이시여, 도대체 어디서 이 네 가지 근본물질四大 즉 땅의 요소地界, 물의 요소水界, 불의 요소火界, 바람의 요소風界는 남김없이 소멸합니까?'라고 질문해서는 안 된다. 그대들은 이렇게 질문해야 한다.

'어디서 물과 땅과 불과 바람은 굳건히 서지 못하며
어디서 길고 짧고 미세하고 크고[133]
아름답고 더러운 것
정신과 물질은 남김없이 소멸합니까?'

다음은 이 질문에 대한 고따마 붓다의 답변입니다.

열반이라는 특별한 경지[134]는 볼 수 없고 무한하며
모든 곳으로부터 도달하게 되는
성소의 계단을 가졌다.[135]

---

133 각묵스님 역(2006.1.5. 초기불전연구원)『디가 니까야』 제1권. pp.557-558. 주590. 주석서에서는 이 넷은 파생된 물질(upādārūpa)들을 뜻한다고 설명한다. (DA.i.393)『아비담마』에서는 14가지 파생된 물질을 들고 있다.『아비담마 길라잡이』 6장. p.2 이하와『청정도론』 XIV.36 이하를 참조.

134 원문은 viññāṇaṁ인데 주석서에서는 "알아져야 하는 것이라고 해서 윈냐나라고 한다. 이것은 열반의 다른 이름이다.tattha viññātabbanti viññāṇaṁ nibbānassetaṁ" (DA.ii.393) 라고 설명한다. 여기에 대해서 복주석서는 다음과 같이 더 분명하게 밝히고 있다. "알아져야 하는 것이란 특별히 알아져야 하는 것이다. 최상의 지혜인 성스러운 도의 지혜正見로 바로 눈앞에서 알아야 한다는 뜻이다. 그래서 '이것이 열반의 다른 이름이라고 하였다.'"(DAT.i.512). 각묵스님 역(2006.1.5. 초기불전연구원)『디가 니까야』 제1권. p.558. 주592.

여기서[136] 물과 땅과 불과 바람은 굳건히 서지 못하며
여기서 길고 짧고 미세하고 크고 아름답고 더러운 것과
정신과 물질은 남김없이 소멸한다.
알음알이가 소멸하면[137] 남김없이 소멸한다."[138]

---

135 원어는 sabbatopabhaṁ인데 pabhā는 일반적으로 '빛, 광명'의 뜻을 가졌다. 그래서 '모든 곳에서 빛난다.'라고 옮길 수도 있다. 그러나 석연치 않다. 주석서에서는 여기서 pabhā를 papā물라고 설명한다. 그래서 물을 가진 것이라고 해서 '성소聖所의 계단tittha'이라고 간주한다. 그리고 sabbatopabham를 '모든 곳에서 이러한 성소의 계단을 가진 것sabbatopabham assāti, 바흐우르히 합성어'으로 풀이해서 열반을 수식하는 형용사로 간주한다. 그래서 다음과 같이 덧붙이고 있다.
"열반이라는 큰 바다에 들어가고자 하는otaritukāmā 자들을 위해서 성소의 계단tittha이 있다. 성소의 계단이 없다는 것은 옳지 않다. 그와 마찬가지로 38가지 명상주제들 가운데 어떤 특정한 입구를 통해서 열반에 들어가고자 하나니 그것이 바로 성소의 계단이다. 열반에 이르는 성소의 계단이 없다는 것은 옳지 않다."(DA.ii.393). 각묵스님 역(2006.1.5. 초기불전연구원) 『디가 니까야』 제1권. p.558. 주593.

136 "'여기서ettha'란 '이 열반에서'라는 말이다." 각묵스님 역(2006.1.5. 초기경전연구원) 『디가 니까야』 제1권. p.559. 주5594.

137 주석서에서는 "여기서 알음알이란 아라한의 마지막carimaka 알음알이와 업을 짓는abhisaṅkhāra 알음알이다."(DA.ii.393~394)라고 설명한다. 복주석서에서는 "아라한의 마지막 마음이란 아라한의 죽음의 마음cuticitta과 동의어이고, 업을 짓는 알음알이란 것도 유여열반이라는 표현을 사용하여 궁극적으로는 무여의열반을 말하는데 여기에 이르러 알음알이가 소멸하면 정신과 물질이 남김없이 소멸하기 때문이다."(DAṬ.i.513)라고 덧붙이고 있다.
달리 말하자면 '여기서'는 무여의열반과 유여의열반 둘 다를 뜻한다는 말이다. 첫째 무여의열반이란 아라한의 마지막 마음인 죽음의 마음이 멸하면 당연히 정신과 물질과名色은 완전히 소멸한다. 둘째 유여의 열반이란 업을 짓는 마음이 소멸하면 아라한의 단지 작용만하는 마음만 일어나는데 이렇게 되면 시작점을 모르는 윤회가 금생으로서 끝이 나기 때문에 정신과 물질이 여기서 완전히 소멸한다는 뜻이다. 각묵스님 역(2006.1.5. 초기불전연구원) 『디가 니까야』 제1권. p.559. 주595.

138 각묵스님 역(2006.1.5. 초기불전연구원) 『디가 니까야』 제1권. p.557. 주589. 세존께서는 비구가 단지 근본물질로 질문한 한계를 넘어서 정신nāma, 名의 영역을 포함한 모든 유위법有爲法까지 설명하기 위해서 '이렇게 질문해야 한다.'고 했다. 아래 세존의 게송을 통해서 보면 근본물질과 파생된 물질로 구성된 물질rūpa, 色과 수受·상想·행行·식識의 정신nāma, 名까지도 포함시키고 있다. 이런 모든 유위법들은 열반에 이르러 소멸한다고 명쾌하게 밝히고 있다.

'언젠가는 괴로움이라고 인정될 것壞苦性; viparinama-dukkha'이라는 괴로움은 눈으로 확인할 수도 있고 눈으로 확인하지 못할 수도 있으며, 지각知覺되기도 하고 그렇지 않을 수도 있습니다. 이 괴로움은 사대四大[139]가 응집해서 이뤄진 것입니다. 물질로 보아서는 아주 견고하여 부서지지 않는 성질과 잘 망가지거나 부서지는 성질도 있습니다. 또한 정신적인 것도 마찬가지일 것입니다. 눈으로 확인될 수 없는 정신적인 문제는 쉽게 변할 수도 있고 그렇지 않을 수도 있는 것입니다. 견고함이 보이는 물질이거나 정신적이거나 간에 '언젠가는 괴로움이라고 인정될 것'이라는 것만은 분명한 사실입니다. 이것은 괴고성壞苦性의 특성이고 특질입니다.

특히 이러한 괴로움의 형태는 자신의 목숨이 끝나기 전까지는 느끼지 못하거나 보지 못할 수도 있습니다. 예를 들면 자신이 태어나기 이전부터 있었던 부모가 마련한 그릇이나 살림살이들이 아주 오래 사용했음에도 불구하고 부서지거나 흠집 없이 마냥 새것처럼 유지될 수도 있고 그렇지 않을 수도 있다는 말입니다. 몇 대를 두고 이어서 쓰는 가구는 자신의 주변에서 많이 목격하게 되는 일입니다. 어떤 것은 역사에 기록된 문화유산이거나 어떤 국가의 보물이거나 유형무형의 문화재거나 하는 것은 분명 괴고성壞苦性; viparinama-dukkha의 괴로움에 해당한 것임에는 틀림이 없습니다. 자기 자신의 일생에 일도 마찬가지입니다. 처음 이 세상에 태어나 자신이 이 세상을 살아 온 지 70이 넘었다고 합시다. 어느 날 갑자기, 아니면 종종 자신의 상태나 얼굴

139 모든 사물은 4 가지 원소인 지·수·화·풍地·水·火·風으로 이루어졌기 때문에 사대四大라고 한다.

을 거울에 비추어보고 어릴 때 모습이 자신의 현재 모습이 아님을 발견하게 됩니다. 이럴 때 현재의 자신이 실망스러워 어릴 때의 모습이 자기라고 고집하거나 현재의 자신을 자신이 아니라고 부정하는 경우는 없을 것입니다. 왜냐하면 자신이 실망스럽게 변해있고 어릴 때의 자신의 모습이 아무리 좋다고 해도, 양쪽 모두 자신이 아니라거나 더 좋아 보이는 자신을 자신이라고 고집할 아무런 조건과 이유가 없기 때문입니다.

부모와 가족과의 관계, 남녀의 사랑, 동업자와의 약속이나 국가와 국가, 국민과 국가의 약속 등뿐만이 아니고 이 세상의 모든 물질 혹은 비물질은 괴고성壞苦性; viparinama-dukkha에 해당하는 괴로움의 특성입니다. 현재는 괴로움이라고 인정할 수 없지만 '언젠가 괴로움이라고 인정될 수 있는 조건'을 가졌기 때문입니다. 이러한 괴로움의 형태는 분석적 본능을 냉철히 작동시키지 않아도 '시간의 흐름 속에서 충분히 경험할 수 있는 것'들입니다. 이러한 괴로움을 이해하기 위해서 오온의 기능을 빌려 확인하려거나 실재를 경험하려거나 하는 방법은 매우 효과적인 방법 가운데 하나입니다. 왜냐하면 이것은 괴고성壞苦性; viparinama-dukkha이 가진 괴로움의 성향이기 때문입니다.

그러므로 괴고성壞苦性; viparinama-dukkha을 설명할 수 있는 제일 가까운 오온의 기능과 작용을 통해서 이해를 넓히는 것은 매우 효과적이고 타당성이 있는 것이기도 한 것입니다. 오온五蘊을 통해서 괴고성壞苦性; viparinama-dukkha을 설명함에서 물질과 정신적인 상태가 '괴로움이고, 괴로움의 일어남이고, 괴로움의 소멸이며,

괴로움의 소멸로 인도하는 성스러운 길'이라고 충분히 설명 가능한 것이기 때문입니다. 다시 한번 더 강조하지만, 오온으로 규정된 것, 즉 물질이든 정신적이든 간에 괴고성壞苦性; viparinama-dukkha이라는 괴로움의 성향을 밝히는데 가장 적합한 자료라고 할 수 있습니다. 그리고 괴로움의 실체를 밝히기 위해서 언제나 가장 접근하기 쉬운 자료이면서 오온 그 자체가 괴로움의 문제를 안고 있는 조건이기 때문입니다.

'시간과 공간에 놓여있는 괴로움行苦性; samkhara-dukkha'은 괴로움의 특성인 세 가지 중에 마지막 설명입니다. 이 세 가지 괴로움의 설명 중 가장 난해한 점이 있다면 이 행고성行苦性; samkhara-dukkha일 것입니다. 왜냐하면 연기緣起의 설명이 여기에서 이루어져야 하기 때문입니다. 연기는 자신은 물론 삼라만상의 모든 인과관계因果關係[140]가 설명되어야 비로소 이해되기 때문입니다. 연기의 견해가 확고히 열리기 위해서는 고따마 붓다의 가장 큰 가치관이 무엇인지 이해하는 것입니다. 그것은 고따마 붓다가 열반을 성취할 수 있도록 깨달음을 얻게 만든 이론이면 족합니다. 바로 괴로움의 소멸법칙인 사성제입니다.

연기緣起, 이것은 참으로 이해하기 매우 어렵습니다. 연기의 모든 현상은 인간의 정신적 능력으로는 감당하거나 이해되지 않는 면이 있기 때문입니다. 이것의 특성은 생명의 유무에서 눈으

140 여기서 인과관계因果關係란, 사성제四聖諦의 주제인 괴로움苦을 말한 것이다. 괴로움苦의 세 가지 성향을 충분히 이해함으로써 나타나는 문제, 즉 괴로움苦이라고 인정되는 연관성들을 두고 하는 말이다.

로 아니면 감각기관으로 확인되지 않는 어떤 연결고리가 있고 그 연결고리는 눈으로 확인되지 않기 때문입니다. 그래서 인간의 능력을 뛰어넘은 성자들만이 알 수 있는 것이라고 한 것입니다. 그러나 연기가 특별한 사람들만이 알 수 있는 것으로 여긴다면 더욱 큰 연기에 관한 유익하지 못한 실책을 범하고 있는 것입니다. 왜냐하면 연기 역시 괴로움의 실체에서 가장 왕성하고 끈질긴 요소를 가지고 있는 실체이기 때문입니다. 그러므로 괴로움의 소멸법칙에서 연기의 구조 역시 괴로움을 끝장내기 위해 그에 따른 괴로움의 실체를 이해하도록 돕는 교육 소재라고 할 수 있습니다.

한편 죽음 저편에 끝없이 펼쳐지는 연기를 보고 거기서 보이는 어떠한 삶의 모든 형태나 연기의 법칙이나 연기의 어떠한 특별한 이해에서 오는 현상일지라도 거기에서는 단지 한 가지만이 열반을 얻기에 필요한 설명일 뿐입니다. 즉 끝없이 이어지는 연기의 삶 속에서 '괴로움을 발견하고 괴로움의 일어남을 알고 괴로움의 소멸을 알고 괴로움의 소멸로 인도하는 도닦음을 아는 것'뿐입니다.

연기에는 여러 가지의 이론이 있습니다. 여기서 경전에 나타나는 고따마 붓다의 가르침 몇 가지를 보여주게 될 것입니다.

> "경이롭습니다. 세존이시여, 놀랍습니다. 세존이시여, 이 연기緣起는 참으로 심오합니다. 그리고 참으로 심오하게 드러납니다. 그러나 이제 제게는 분명하고 또 분명한 것으로 드러납니다."

연기에 대한 견해가 열린 아난다 존자가 연기의 법칙에 감탄한 나머지 고따마 붓다에게 이와 같이 말하자 고따마 붓다는 아난다에게 연기의 심오함에 관하여 그리고 그 연기에서 괴로움의 실체를 보지 못한 아난다의 상황을 다음과 같이 설명하여 주었습니다.

> "아난다여, 그와 같이 말하지 말라. 이 연기는 참으로 심오하다. 그리고 참으로 심오하게 드러난다. 이 법을 깨닫지 못하고 꿰뚫지 못하기 때문에 이 사람들은 실에 꿰어진 구슬처럼 얽히게 되고 베를 짜는 사람의 실타래처럼 헝클어지고 문자풀[141]처럼 엉키어서 처참한 곳, 불행한 곳, 파멸처에 떨어져 윤회를 벗어나지 못한다."[142]

연기의 성향은 반드시 윤회의 고리를 형성합니다. 윤회하는 그 고리는 질기고 단단하여 매우 끊기 어렵다는 것이 고따마 붓다의 설명입니다. 이러한 연기는 보통 현생을 의지해 12가지로 분류하여 설명됩니다. 어떤 사람들은 연기와 12연기의 관계에 있어 서로 다른 점을 얘기하기도 합니다. 12연기는 중생의 단순한 현생에서 삶의 형태로, 연기는 이생에서의 삶을 끝낸 중생의 영혼이 끝없이 이어지는 윤회의 고리 안에서 보이는 광대하거나 심오함의 세계를 말하는 것입니다. 그렇게 윤회의 작용만을 관찰하는 것은 매우 잘못된 관점입니다. 그래서 윤회의 함정에 빠질 수 있습니다. 그러므로 위에 인용문에서 '이 법을 깨닫지 못하고

141 문자풀은 인도지역에 자생하는 식물이다.
142 DN. *Mahānidāna-Sutta*. 1.

꿰뚫지 못하기 때문에 이 사람들은 실에 꿰어진 구슬처럼 …'에서 '이 법'이라고 한 법에 대한 이해가 필요합니다. 여기서 '이 법'이란 바로 괴로움의 소멸법칙인 사성제를 말하는 것입니다. 이처럼 사성제의 내용은 고따마 붓다의 설법 속에 어디든 어떤 형태로든 담겨있고 연결되어 있음을 알아야 합니다. 이런 것을 고따마 붓다의 가르침을 이해하는 폭넓은 견해라고 하는 것입니다. 윤회의 시작에 관한 가르침이 있습니다. 『맛지마 니까야』 제2권 「갈애 멸진의 긴 경」[143]에서입니다. 여기에서는 연기를 설명하고 있는데 연기를 설하는 요체가 무엇인지 알 수 있습니다.

> "비구들이여, 세 가지가 만나서 수태가 이루어진다. 여기 어머니와 아버지가 교합하더라도 어머니가 월경이 없고, 간답바[144]

---

143 대림스님 역(2012.10.10. 초기불전연구원) 『맛지마 니까야』 제2권 「갈애 멸진의 경」.

144 "'간답바gandhabba'란 그곳에 올 중생tatrūpaga-satta를 말한다."(MA.ii.310)
일반적으로 팔리어 간답바는 산스끄리뜨 간다르와Gandharva와 관련된 단어로 간주되며, 중국에서 건달바乾達婆로 옮겼다. 그러나 빨리어 '간답바gandhabba'는 초기 불전에서 크게 다음의 세 가지 문맥에서 나타나고 있다.
첫 번째는 사대왕천Cātummahārājika에 있는 신들이다. 『디가 니까야』 제2권 「자나와사바 경」(D18) §20에서 그들은 가장 낮은 영역의 신들이라 불리고 있다. 일반적으로 간답바는 천상의 음악가로 불리는데(J.ii.249 등) 『디가 니까야』 제2권 「제석문경」(D21) §1.2 이하에서도 빤짜식카 간답바가 벨루와빤두 루트를 켜면서 연주하고 노래하는 장면이 나타난다. 『디가 니까야』 제3권 「아따나띠야 경」(D32) §4에 의하면 간답바들은 사대왕천의 동쪽에 거주하며 다따랏타가 그들의 왕이라고 한다. 이 신들은 산스끄리뜨로 간다르와Gandharva에 해당한다.
두 번째는 향기gandha 나는 곳에 사는 신들을 뜻한다. 『상윳따 니까야』 제3권 「간답바 무리 상윳따」(S31)의 「간단한 설명 경」(S31:1) §3에서 세존께서는 간답바 무리의 신들Gandhabbakāyikā devā은 나무의 뿌리나 껍질이나 수액이나 꽃의 향기gandha에 거주하기 때문에 붙여진 이름이라고 한다.(S.iii.250) 그래서 「디가 니까야 주석서」에서도 "간답바는 뿌리의 무더기 등에 사는 실들"(DA.ii. 498)이라고 설명하기도 한다. 향기와 관계있는 신들이 사대왕천의 동쪽에 거주하는 앞의 간답바 신들과 같은지는 알 수 없다. DPPN도 이 둘에 대한 연관성은 설명가 있지 않으면 수태가 이루어지지 않는다. 여기 어머니와 아버지가 교합하고 어머니가 월경이 있더라도 간답바가 있지 않으면 수태가 이루어지지 않는다. 비구들이여, 어머니와 아버지가 교합하고 어머니가 월경이 있고 간답바가 있어서, 이와 같이 세 가지가 만날 때 수태가 이루어진다."[145]

무명無明, avijjā; 無知, ignorance에서 행行, saṅkhārā으로 이어지는 순간을 이렇게 표현한 것입니다. 행行, saṅkhārā은 창조적이고 역동적입니다. 그러나 이 행이 창조적이고 역동적이기는 하나 무명을 기인해서 그 역할이 일어나게 되므로 행으로 인한 일렬의 일들, 즉 식識이라든지 명색名色 그리고 12연기의 나머지 순서 등에서 괴로움의 원인을 밝히고자 함은 그렇게 중요한 것은 아닙니다. 왜냐하면 연기의 시작점에서 그 모든 것에 대해 알 수 있고 무명無明 그 이전의 것에 대해서도 알 수 있기 때문입니다. 이것苦을 알 수 있는 것이 무엇인지 12연기의 설명에서 확인되는 일입니다. 또한 이 연기는 사람에게만 국한된 것이 아닙니다. 생명을 가진 모든 것에서부터 무생물에 이르기까지 모두에 해당하는 괴로움의 문

하지 않고 있다.
그리고 세 번째가 바로 본경에 나타나는 태아의 잉태와 관련이 있는 존재이다. 『율장 복주서』는 이 간답바를 간땁바gantabba로 설명하고 있다.(VinAṬ.ii.13) 그리고 마치 nekkhamma出離가 nekkamma의 속어 형태이듯이 gandhabba도 gantabba의 속어 형태라는 식으로 덧붙이고 있다. 여기서 간땁바gantabba는 √gamto go의 가능태potential 분사이다. 그래서 그 의미는 '가야만 하는 (것, 자)'가 된다. 그리고 같은 복주서는 계속해서 "업에 의해서 다음 생으로 가야만 하는 어떤 중생이 다시 태어날 때에 전생의 마지막 자와나javana, 速行 순간에 생긴 태어날 곳의 표상 등에 대상을 원인으로 하여 다시 태어남에 직면한 것upapattābhimukha을 말한다."(VinAṬ.ii.13)라고 설명하고 있다. 대림스님(2010, 3쇄 2012. 초기불전연구원) 『맛지마 니까야』 제2권 「갈애 멸진의 긴 경」. 주해195. 재인용.

145 대림스님(2010, 3쇄 2012. 초기불전연구원) 『맛지마 니까야』 제2권. pp.229-230.

제입니다. 그러므로 윤회 속에서 어떠한 삶을 목격하고 경험하고 확인하는 것의 문제가 아니라 그 모든 윤회하는 과정에서 괴로움의 실체의 확인을 통해 괴로움의 소멸법칙을 확실하게 아는 것이 관건입니다. 윤회의 원동력이 되는 모든 조건에서도 괴로움의 단일한 조건입니다. 다음은 12연기 각지의 소개와 설명입니다.

① 무명無明, avijjā; 無知, ignorance이라는 조건 때문에 형성이 있고,
② 행行, saṅkhārā이라는 형성 때문에 의식이 있으며,
③ 식識, viññāṇa이라는 의식 때문에 이름과 모양이 있으며,
④ 명색名色, nāmarūpa이라는 것 때문에 여섯 감각기관이 있고,
⑤ 육식六識, saḷāyatana이라는 것 때문에 접촉이 있으며,
⑥ 촉觸, phassa이라는 접촉이 있으므로 느낌이 있으며,
⑦ 수受, vedanā라는 느낌이 있으므로 갈애渴愛가 있으며,
⑧ 애愛, taṇhā라는 갈애渴愛로부터 집착이 생기며,
⑨ 취取, upādāna라는 집착으로부터 존재가 생기며,
⑩ 유有, bhava라는 존재로부터 태어남이 있으며,
⑪ 생生, jāti이라는 태어남이 있으므로
⑫ 사死, maraṇa, 죽음이 있다.

위와 같은 연기의 논리나 이론은 생명을 가진 모든 중생에게 공통으로 적용됩니다. 이 연기의 논리에 대해서 아나다삔디까 장자는 고따마 붓다에게 이렇게 질문한 적이 있습니다.

> "세존이시여, 연기의 실상을 지혜로서 철저하게 꿰뚫어 보고 선명하게 보는 훌륭한 방법이 무엇입니까?"

> "장자여, 나의 거룩한 제자들은 연기의 가르침을 철저하게 그리고 치밀하게 이와 같이 살핍니다. '이것이 있으면 저것이 있고, 이것이 없으면 저것이 없다. 이것이 일어나면 저것이 일어나고, 이것이 소멸하면 저것이 소멸한다'[146] 이 연기의 도리가 바로 나의 '거룩한 제자'[147]가 진리를 철저하게 꿰뚫어 보고 선명하게 보는 훌륭한 방법입니다."[148]

고따마 붓다는 이렇게 근원적인 연기의 관찰에 관해서 답변하였습니다. 근원적이란 원칙적이라는 뜻입니다. 근원적이고 원칙적이라는 변함없는 것을 의미합니다. 언제나 한결같은 원리의 형식과 법칙에서 작용하는 그것을 설명하는 것입니다. 연기의 법칙 안에서도 괴로움의 소멸법칙은 적용됩니다. 아울러 연기의 동력이 무엇인지 확인됩니다. 이것은 12연기의 근원적 원리에서도 그저 평범한 논리구조에서 이해되고 있음은 누구나 인정하는 사실입니다. 만약 이러한 사실이 인정되지 않는 사람이 있다면 그는 연기의 실체를 파악하는 데 매우 어려움을 겪을

---

146 "이것이 있을 때 저것이 있다. 이것이 일어날 때 저것이 일어난다.imasmiṁ sati idaṁ hoti imassuppādā idam uppajjati"와 "이것이 없을 때 저것이 없다. 이것이 소멸할 때 저것이 소멸한다.imasmiṁ asati idaṁ na hoti imassa nirodhā idaṁ nirujjhati"는 보통 경들에서는 '괴로움의 생멸구조'와 '괴로움의 소멸구조'를 함께 연결시켜 하나의 게송형태로 나타나고 있다. 그런 다음에 "즉 無明을 조건으로 의도적 행위들이, 의도적 행위들을 조건으로 알음알이가 … 이와 같이 전체 괴로움의 무더기고온;苦蘊가 발생한다. 그러나 무명이 빛바래어 소멸하기 때문에 의도적 행위들이 소멸하고, 의도적 행위들이 소멸하기 때문에 알음알이가 소멸하고 … 이와 같이 전체 무더기고온;苦蘊가 소멸한다."라는 12연기의 정형구가 나타나고 있다. 대림스님(2010, 3쇄 2012. 초기경전연구원) 『맛지마 니까야』 제2권. p.221. 주해184.

147 여기서 '거룩한 제자'라는 표현은 사성제四聖諦의 꿰뚫은 이해를 통해 과위果位를 증득한 이들을 말한다. 그들은 이미 사성제四聖諦를 이해함으로써 사과위四果位 중 하나에 해당하는 존재가 되었기 때문이다.

148 각묵스님 역(2009.11.5. 초기경전연구원) 『상윳따 니까야』 「니다나 상윳따」 41.

것입니다. 연기의 함정에 빠진 사람이기 때문입니다.

'시간과 공간에 놓여있는 괴로움行苦性; samkhara-dukkha'을 연기를 통해 설명하는 이유는 바로 여기에 그 뜻이 있을 것입니다. 세 가지 괴로움의 성향 중에 행고성行苦性, samkhara-dukkha에 해당하는 괴로움을 이해시키고자 함입니다. 이 설명을 충분히 이해할 수만 있다면 괴로움에 대한 모든 것을 꿰뚫어 이해한 것이 되고, 아울러 열반涅槃을 증득함에 아무런 문제가 없을 것입니다. 열반을 증득함이란 괴로움과 윤회를 종식시키는 것을 뜻합니다. 이 과정을 아주 상세하게 설명한 곳이 있습니다.

> "비구들이여, 그와 같이 여기 여래가 이 세상에 출현한다. 그는 아라한應供이며, …<중략>… 부처님이며 세존이시다. 그는 신을 포함하고 마라를 포함하고 범천을 포함한 이 세상을 스스로 최상의 지혜로 알고 실현하여 드러낸다. 그는 시작도 훌륭하고 중간도 훌륭하고 끝도 훌륭하며 의미와 표현을 구족했고 더할 나위 없이 완벽하고 지극히 청정한 법을 설하고, 범행梵行을 드러낸다.
>
> 이런 법을 장자나 장자의 아들이나 다른 가문에 태어난 자가 듣는다. 그는 이 법을 듣고 여래에게 믿음을 가진다. 그는 이런 믿음을 구족하여 이렇게 숙고한다. '재가在家의 삶이란 번잡하고 때가 낀 길이지만 출가出家의 삶은 열린 허공과 같다. 재가在家에 살면서 더할 나위 없이 완벽하고 지극히 청정한 소라고둥처럼 빛나는 청정범행을 실천하기란 쉽지 않다. 그러니 나는 이제 머리와 수염을 깎고 물들인 옷을 입고 집을 떠나 출가하리라' 그는 나중에 재산이 적건 많건 간에 모두 다 버리고, 일가친척도 적건 많건 간에 다 버리고, 머리와 수염을 깎고, 물들인 옷을 입고 집을 떠나 출가한다.

이렇게 출가한 그는 학습계목學習戒目을 받아 지녀 그것과 더불어 생활한다. 그리고 고따마 붓다의 가르침에 전념한다. 그가 가르침을 완전히 배우고 깨달음을 얻었을 때, 모든 괴로움으로부터 벗어나 해탈한다. 감각적 욕망에 기인한 번뇌에서, 존재에 기인한 번뇌에서, 무명에 기인한 번뇌에서 마음이 해탈한다. 해탈했을 때 해탈했다는 지혜가 생긴다. 해탈한 그는 이렇게 천명한다. '태어남은 다했다. 청정범행은 성취되었다. 할 일을 다 해 마쳤다. 다시는 어떤 존재로도 돌아오지 않을 것이다'"

한편 출가의 어려움과 속박의 불행에서 벗어남의 다행스러움에 대한 가르침도 있습니다.

"우다이여, 예를 들면 가난하고 무일푼이고 곤궁에 처한 사람이 있는데, 그에게는 다 낡고 허물어져 까마귀가 마음대로 드나들 정도의 허름한 오두막 한 채에다 다 낡아서 부서져 가는 초라한 침상이 하나 있고, 한 항아리의 오래된 곡식과 호박씨가 있고 볼품없는 아내가 한 명 있다. 그가 승원에 사는 비구가 맛있는 음식을 먹고 나서 손과 발을 잘 씻고 시원한 나무 그늘에 앉아 고결한 마음에 몰입해 있는 것을 본다고 하자. 그에게 이런 생각이 들 것이다.

'오, 수행자의 삶이란 참으로 큰 행복이로구나. 수행자의 삶이란 참으로 건강한 것이로구나. 그러니 나도 머리와 수염을 깎고 가사를 입고 집을 나와 출가해야겠다'

그러나 그는 다 낡고 허물어져서 까마귀가 마음대로 드나들 정도의 허름한 오두막 한 채를 버리지 못하고 다 낡아서 부서져 가는 초라한 침상 하나를 버리지 못하고 한 항아리의 오래된 곡식과 호박씨를 버리지 못하고 볼품없는 아내 한 명을 버리지 못하여 머리와 수염을 깎고 가사를 입고 집을 나와 출가할 수 없다고 하자. 우다이여, 어떤 사람이 말하기를 '그 사람은 속박에 묶여서 다 낡고 허물어져서 까마귀가 마음대로 드나들 정도의 허름한 오두막 한 채를 버리지 못하고 … 볼품없는 아내 한 명을 버리지 못했지만, 그것은 그에게 강하지 않는 속박이고 허약한 속박이고 썩은 속박이고 속 빈 속박이다'라고 한다고 하자. 우다이여, 이 자는 바르게 말한 자로서 말한 것인가?"

"아닙니다. 세존이시여. 세존이시여, 그 사람은 속박에 묶여서 다 낡고 허물어져서 까마귀가 마음대로 드나들 정도의 허름한 오두막 한 채를 버리지 못하고 다 낡아서 부서져 가는 초라한 침상 하나를 버리지 못하고 한 항아리의 오래된 곡식과 호박씨를 버리지 못하고 볼품없는 아내 한 명을 버리지 못하므로 그것은 그에게 강한 속박이고 견고한 속박이고 질긴 속박이고 썩지 않는 속박이고 두터운 족쇄입니다."[149]

이것은 작은 애착을 끊어버리지 못하는 상황을 얘기한 것입니다. 그리고 연기의 고리를 끊을 수 없음에 비유한 것이기도 합니다. 여기에 연기의 문제가 무엇 때문에 설명되는지에 대한 적당한 설법이 있습니다. 한때 우빠와나Upavāṇa[150]존자가 사리뿟다 존자를 찾아가서 질문을 했습니다. 이에 대한 사리뿟다 존자의 설법입니다. 「우빠와나 경」[151]에서입니다. 여기에서의 주제는 '윤

149 대림스님 역(2010, 3쇄 2012. 초기불전연구원) 『맛지마 니까야』 제2권 「메추라기 비유 경Laṭukikopama Sutta, M66」. pp.660-661.

150 우빠와나 존자āyasmā Uavāṇa는 사왓티의 부유한 바라문 출신이라고 한다. 세존께서 사왓티의 제따숲에 머물 때 세존의 위엄anubhāva에 감동되어 출가하였다고 한다.(ThagA.i.308)

151 우빠와나 경Upavāṇa Sutta은 사리뿟다의 설법이다.(A4:175)

회의 괴로움'의 종식에 대한 것입니다. 우빠와나 존자는 윤회輪廻의 괴로움을 종식시키는 것이 영지靈知로 가능한가 아니면 실천으로 가능한가? 아니면 영지와 실천 이외의 다른 무엇으로 가능합니까? 라고 질문할 때마다 사리뿟다 존자는 '그렇지 않습니다'라고 답변했습니다. 그러면서 그에 관해 설법하게 됩니다. 여기에서 '윤회의 괴로움을 종식시킨다'라는 것에서 '윤회의 괴로움'이 어떤 의미인지 분명히 드러남을 볼 수 있습니다. '연기에서 깨달음을 얻는다'라고 고집하는 이들에게 좋은 자료가 될 것입니다. 그러나 연기의 관찰에서도 괴로움의 소멸법칙을 이끌어 적용할 수 있다면 가능성이 아예 없는 것도 아닐 것입니다. 그러나 사리뿟다 존자는 다음과 같이 설명하고 있습니다.

> "도반이여, 만일 영지靈知로 윤회의 괴로움을 종식시킨다고 한다면 그는 아직 취착이 남아 있는 채로 윤회의 괴로움을 종식시키는 것이 됩니다. 도반이여, 만일 실천으로 윤회의 괴로움을 종식시킨다고 한다면, 그는 아직 취착이 남아 있는 채로 윤회의 괴로움을 종식시키는 것이 됩니다. 만일 영지와 실천으로 윤회의 괴로움을 종식시킨다고 한다면 그는 아직 취착이 남아 있는 채로 윤회의 괴로움을 종식시키는 것이 됩니다.
>
> 그리고 만일 영지와 실천 이외의 다른 것으로 윤회의 괴로움을 종식시킨다면 그것은 범부가 윤회의 괴로움을 종식시키는 것이 됩니다. 도반이여, 범부는 영지와 실천이 없고 실천을 구족하지 못하여 있는 그대로 알지 못하고 보지 못합니다. 오직 실천을 구족한 자만이 있는 그대로 알고 봅니다. 있는 그대로 알고 볼 때 그는 윤회의 괴로움을 종식시키는 것입니다."[152]

여기서 중요한 문구를 볼 수 있습니다. 다름 아닌 '그대로 알고 본다'입니다. 그리고 '있는 그대로 알고 볼 때 그는 윤회의 괴로움을 종식시키는 것입니다'라는 문장입니다. 우리는 여기에서 괴로움의 소멸법칙인 사성제가 언급되지 않았다고 그 가르침을 보지 못하거나 감지할 수 없다면 사성제에서 정견의 견해를 갖추지 못한 사람이라고 보아야 할 것입니다.

고따마 붓다의 가르침이 지향하는바[153]는 행行을 감소시키고, 가능하다면 뿌리도 뽑아버리는 것입니다. 이 행行은 어떠한 인연의 만남을 통해 윤회의 전 과정을 거침없이 진행하는 속성이 있습니다. 그래서 Rune E. A. Johansson[154]은 이 행行의 속성을 '창조적' 혹은 '역동적'인 관점에서 보고 있는 것입니다. 이 진행을 멈추고 벗어나는 것이 해탈이고 열반이라는 것입니다. 오온의 설명에서도 행行의 설명이 있고 12연기에서도 행行의 설명이 있습니다. 두 가지 모두에서 행行의 설명은 같은 뜻이 있습니다. 창조적이고 역동적인 면에서 그렇습니다. 하지만 오온에서의 행은 오온에서의 한정적인 설명이 가능하고, 12연기에서의 행은 상당히 광범위하고 넓습니다. '광범위하고 넓다'라는 뜻은 무기적無記的인 논리 같겠지만, 윤회하는 모든 작용이나 원인을 두고 이야기하는 것임을 알아야 합니다.

---

152 대림스님 역(2006.7.10. 초기불전연구원) 『앙굿따라 니까야』 제2권. p.386.

153 불교의 목적인 열반涅槃을 얻게 되는 것.

154 『불교심리학』(원제; The Dynamic *Psychology of Early Buddhism.*)을 저술. 이 책의 내용은 불교의 연기법을 심리학적인 측면에서 쓰여 졌다. Rune E.A. Johansson은 스웨덴 태생의 심리학자이다. 이 책은 그의 최후의 역작이다. 그는 1981년에 63세를 일기로 생을 마쳤다.

이러한 논리를 윤회의 설명만으로 한정시켜 버리는 경우가 있습니다. 윤회하는 과정의 일들이 너무나 매혹적인 면이 있기 때문일 것입니다. 아니면 윤회의 깊고 심오함이 일생을 통해서도 그 끝을 발견할 수 없기 때문일 것입니다. 윤회를 주제로 명상에 들고, 삼매에 들어서 전생 그 전생 그리고 수없이 삼매에서 보여질 수 있는 전생의 일들은 참으로 매혹적인 일이 아닐 수 없는 것입니다. 어쩌면 그 자체가 함정으로서의 충분한 역할을 가진 것이라고 할 수 있습니다. '시간과 공간에 놓여있는 괴로움行苦性; samkhara-dukkha'의 함정입니다. 명상하는 수행자가 이러한 함정에 빠져버린다는 것은 '한 가지 지향점'을 가진 고따마 붓다의 가르침을 따르는 제자로서 일탈과 같은 현상입니다. 왜냐하면 그는 명상에서 삼매에 들게 되고 그 삼매의 연기 속에서 생사를 번갈아 윤회하는 방랑자인 자신 혹은 남들의 전생을 보게 되는데, 죽음 저편에 혹은 아직 오지 않는 미래의 저편에 일들을 체험하게 됨으로써 연기의 괴로움을 관찰하는 학습재료의 기능은 사라져버리고 오직 연기 속에서 일어나는 현상에 매몰되어 '한 가지 지향점'을 잊어버리기 때문입니다. 이렇게 진행된 경험을 돌이킬 수 없다면 무기적 상황이나 연기의 함정에 빠진 것이라고 할 수 있습니다. 연기의 함정 그 자체가 가지는 매혹적인 것들이 '시간과 공간에 놓여있는 괴로움行苦性; samkhara-dukkha'을 전혀 이해할 수 없도록 하면서 윤회의 실재實在에 빠져들게 만드는 예라고 할 수 있습니다. 그러므로 이러한 함정에 빠지지 않기 위해서라도 사성제의 가르침에서 정견의 견해가 갖추어질 때까지 분석하고 관찰하는 일에 힘써야 할 것입니다. 아울러 이렇게 충만한 정견의 견해로 연기를 명상의 소재로 채택하였을 경우 그 사람의 삼매는 가장 큰 힘을 얻게 될 것입니다.

이러한 12연기에 관한 설명을 심리학적으로 접근한 사람은 스웨덴의 불교학자 Rune E. A. Johansson[155]입니다. 그의 연기緣起에 대한 설명과 판단이 다 옳다고 인정되는 것은 아니지만 그의 연기에 관한 이론이 약간 어색하여 인정할 수 없는 부분은 역시 사성제四聖諦의 '이해의 장애'[156] 때문이라고 여겨집니다. 만약 그가 사성제四聖諦의 이해가 충분히 갖추어진 경우라면 다음과 같은 주장은 하지 않았을 것입니다.

> "…이런 해설에 따르면 12연기법은 붓다가 바랐던 것처럼 실제로 해탈하기 위한 도구로 쓰일 수가 없다. 왜냐하면 전생의 무지는 뿌리 뽑을 수 있는 것이 아니기 때문이다. 그러므로 결코 윤회의 굴레에서 벗어날 수 없게 된다."[157]

이러한 주장에서 사성제四聖諦를 꿰뚫어 알고 있는 사람이라고 보기엔 어렵습니다. 왜냐하면 이 주장에는 사성제의 이해가 전혀 보이지 않기 때문입니다. 사성제의 이해를 돕기 위한 연기의

---

155 Rune E. A. Johansson 박태섭 옮김(1996.10.26. 시공사) 『불교심리학』 The Dynamic Psychology of Early Buddhism Great Britain ; Curzon Press Ltd, 1979의 번역본.

156 여기서는 이것을 사성제를 꿰뚫어 이해할 수 없는 입장, 즉 '이해의 장애'라고 표현했다. 이 이해의 장애는 순전히 오온五蘊의 모든 기능이나 작용에서 온다. 이 오온五蘊의 기능이나 작용이 '괴로움苦의 원인, 괴로움苦의 일어남, 괴로움苦의 소멸, 괴로움苦의 소멸로 인도하는 성스러운 길이다.'라고 인정된 사람에게는 '이해의 장애'는 사라지기 때문이다.

157 Rune E. A. Johansson 박태섭 옮김(1996.10.26. 시공사) 『불교심리학』 The Dynamic Psychology of Early Buddhism Great Britain ; Curzon Press Ltd, 1979의 번역본. 서문. p.9.

문제만을 두고 거기에서 열반涅槃을 이해하려는 것이 보이기 때문입니다. 만약 여기에서 그가 사성제의 이해가 수준 이상으로 되어 있는 사람이었더라면 그의 주장이 어디가 잘못된 것인지 자신이 먼저 확실히 알게 되었을 것입니다. 그의 문장에서 '전생前生의 무지無知의 뿌리'[158]라고 표현된 부분이 바로 사성제를 모르는 사람으로 인정하게 됩니다. 그런 그의 입장은 당연한 주장이라고 인정되지만, 그에게 사성제를 모르는 문제는 여전히 남아 있는 것입니다. 그리고 다음 문장에서 나타나는 그의 정확한 판단 역시 사성제를 꿰뚫어 이해한 사람이 볼 때, 그가 주장하는 것이 잘못된 것이라고 지적해 줄 수 있는 부분이 되는 것입니다. '그러므로 결코 윤회의 굴레에서 벗어날 수 없게 된다'[159]라는 주장을 하는 것입니다. 이러한 주장은 앞서 지적한 것처럼 사성제를 이해하지 못한 데서 오는 오류의 판단이라고 할 수 있는 것입니다. 이것은 주객이 전도된 상황이고 괴로움의 소멸법칙의 중요성을 알지 못함을 스스로 나타낸 것이나 다름없습니다. 그러므로 모든 불교교리의 내용이 충실히 엮어지기 위해서는 그리고 원만히 이해되기 위해서는 괴로움의 소멸법칙인 사성제의 이해가 필수적입니다. 율장이나 논장 그리고 사마타와 위빠사나의 수행 역시 사성제의 이해가 가장 우선이어야 합니다. 왜냐하면 사성제는 그 자체만으로도 열반涅槃으로 인도하는 가르침의 올바

---

158 Rune E. A. Johansson 박태섭 옮김(1996.10.26. 시공사) 『불교심리학』 The Dynamic Psychology of Early Buddhism Great Britain ; Curzon Press Ltd, 1979의 번역본. 서문. p.9.

159 Rune E. A. Johansson 박태섭 옮김(1996.10.26. 시공사) 『불교심리학』 The Dynamic Psychology of Early Buddhism Great Britain ; Curzon Press Ltd, 1979의 번역본. 서문. p.9.

른 교리구조를 정통으로 가지고 있기 때문입니다.

불교학자나 수행자 혹은 대승권역에서의 실책에는 항상 괴로움의 소멸법칙인 사성제와 상통하지 않는 논리로 이론을 편다든지 수행을 하면 분명히 충돌 현상이 일어나고 맙니다. 예를 들면 이렇습니다. 여기에서처럼 연기만을 가지고 어떤 결론을 얻기를 원한다면 결국 실패하거나 충돌하는 현장을 만들게 되는 것입니다. 특히 수행에서는 더욱 그렇습니다. "부처님은 연기를 깨달으셨는데 초전법륜初轉法輪이 사성제인 이유는 연기의 도리는 너무 복잡하기 때문에 사람들이 쉽게 알아들을 수 있도록 간략히 정리한 것이 사성제라 할 수 있다. 즉, 사성제의 가르침은 연기의 핵심이며 축소라고 할 수 있다"[160] 이렇게 단정하는 것은 분명 커다란 실책에 해당하는 것입니다. 이러한 이론 때문에 다른 사람이 미혹한 판단을 하게 되는 것입니다. 그래서 그들은 교리의 이해와 수행에서 방황하게 되는 것입니다. 정확한 가르침의 진의를 모를 것이기 때문입니다. 한때 고따마 붓다는 왓지의 꼬띠가마에 머무실 때 비구들을 불러 이렇게 가르쳤습니다.

160 일아스님 역편(2008.12.25. 민족사) 『한 권으로 읽는 빠알리 경전』. p.63. 주15에 보면, 이렇게 쓰여 있다. 여기에서의 견해와는 정반대이다. 이런 견해야말로 고따마 붓다의 가르침을 전혀 이해하지 못하는 경우이다. 이 책을 쓰고자 했던 가장 큰 이유 중에 하나가 바로 이러한 논리의 사변적 영역을 바로 잡아주는데 있었다. 사성제四聖諦의 가르침이 없는 연기緣起만의 이론으로는 '괴로움과, 괴로움의 일어남과, 괴로움의 소멸과, 괴로움의 소멸로 인도하는 여덟 가지 성스러운 길'이란 인생 대단원의 과제를 해결할 수가 없기 때문이다. 윤회輪廻와 연기緣起는 다만, 오온五蘊과 공空, 무아無我의 이론처럼 괴로움苦의 문제를 자신의 가르침대로 이해하지 못하는 이들에게 '고苦의 성향은 이렇다'라고 보여준 것에 지나지 않는다.

"비구들이여, 괴로움의 성스러운 진리를 깨닫지 못하고 꿰뚫지 못하였기 때문에, 나와 그대들은 이처럼 긴 세월을 '이곳에서 저곳으로' 치달리고 윤회輪廻하였다. 비구들이여, 괴로움의 일어남의 성스러운 진리를 깨닫지 못하고 꿰뚫지 못하였기 때문에, 나와 그대들은 이처럼 긴 세월을 '이곳에서 저곳으로' 치달리고 윤회輪廻하였다. 비구들이여, 괴로움의 소멸의 성스러운 진리를 깨닫지 못하고 꿰뚫지 못하였기 때문에, 나와 그대들은 이처럼 긴 세월을 '이곳에서 저곳으로' 치달리고 윤회輪廻하였다. 비구들이여, 괴로움의 소멸로 인도하는 도닦음의 성스러운 진리를 깨닫지 못하고 꿰뚫지 못하였기 때문에, 나와 그대들은 이처럼 긴 세월을 '이곳에서 저곳으로' 치달리고 윤회輪廻하였다."[161]

"비구들이여, 그 시작을 알 수 없는 것이 윤회이다. 무명에 덮이고 갈애에 묶여서 치달리고 윤회하는 중생들에게 윤회의 처음과 시작점은 결코, 드러나지 않는다. 비구들이여, 이를 어떻게 생각하는가? 그대들이 오랜 세월 치달리고 윤회하는 동안 마음에 들지 않는 사람과 만나고 마음에 드는 사람과 헤어지면서 비탄에 빠지고 울부짖으면서 흘린 눈물과 사대양四大洋에 있는 물 가운데 어느 쪽이 더 많겠는가?"[162]

위의 인용문은 사성제를 깨닫지 못한 결과로 윤회에 거듭 들게 되는 원인과 윤회를 통해 받는 괴로움으로 흘린 눈물을 비유한 내용입니다. 그리고 윤회의 원인을 다음과 같이 표현한 곳이 있습니다.

---

161 각묵스님 역(2009.11.5. 초기불전연구원) 『상윳따 니까야』 「꼬띠가마경」(S56:21)와 『디가 니까야』 「대반열반경」(D.16.ii.90~91). 『율장』(Vin.I.230~231)에도 포함되어 나타난다.

162 각묵스님 역(2009.11.5. 초기불전연구원) 『상윳따 니까야』 제2권. p.444.

"우다이여, 그러나 여기 어떤 사람은 재생의 근거야말로 괴로움의 뿌리라고 알고서 재생의 근거를 여의고 재생의 근거를 부수어 해탈한다."[163]

재생의 근거란 윤회의 원초적인 원인을 말하는 것입니다. 이러한 가르침 말고도 단적으로 표현하여 가르친 내용도 있습니다. 『상윳따 니까야』 제6권에서는 사성제의 가르침이 참으로 여러 군데 나타납니다. 앞에서도 설명된 「초전법륜경」을 비롯한 수많은 경전의 가르침 속에서 설명되고 있습니다. 그러면 얼마만큼의 사성제가 이해되어야만 할까요? 여기에 대해서 간단하게 표현한 게송 두 편을 소개합니다.

"네 가지 성스러운 진리들을
있는 그대로 보지 못했기 때문에
이생에서 저 생으로 저 생에서 이생으로
그대들과 나, 긴 세월을 치달려왔도다.

이제 이 네 가지 진리를 보았도다.
존재로 인도함을 근절하였도다.
괴로움의 뿌리를 잘라버렸도다.
이제 다시 태어남이란 존재하지 않도다"[164]

"괴로움을 꿰뚫어 알지 못하고
괴로움의 근원을 꿰뚫어 알지 못하고
어디서 괴로움이 남김없이

---

163 대림스님(2010, 3쇄 2012. 초기불전연구원) 『맛지마 니까야』 제2권. p.666.
164 S.56:21.

모두 소멸하는지도 꿰뚫어 알지 못하고
괴로움을 가라앉힘으로 인도하는
도道를 꿰뚫어 알지 못하는 자들은
마음을 통한 해탈이 없고
통찰지通察知를 통한 해탈도 없나니
그들은 끝을 이룰 수 없기에
태어남과 늙음으로 치달리도다.

괴로움을 꿰뚫어 알고
괴로움의 근원을 꿰뚫어 알며
어디서 괴로움이 남김없이
모두 소멸하는지를 꿰뚫어 알고
괴로움을 가라앉힘으로 인도하는
도道를 꿰뚫어 아는 자들은
마음을 통한 해탈도 구족하나니
그들은 끝을 이루었기에
태어남과 늙음으로 치달리지 않도다."[165]

한때 고따마 붓다는 라자가하의 대나무 숲의 다람쥐 보호구역에 머물렀습니다. 거기서 세존께서는 비구들을 불러 가르쳤습니다. '관념적으로 일어나는 깊은 생각들의 잘못된 경우'[166]를 가르쳤습니다. 여기서 어떤 비구가 수마가다란 호수에서 사색하는 이야기를 했습니다. 그 비구는 거기에서 '세상에 대한 사색으로 세상의 이런저런 생각을 가졌습니다. 또한 신과 아수라들이 싸우고 전쟁하는 사색을 하고 여기서 신들이 이기고 아

165 S.56:22.
166 주로 무기적無記的인 내용을 금해야 한다는 가르침이다. 이를 고따마 붓다는 제자들에게 '잘못된 사색'이라고 했다.

수라들이 패하여 연꽃줄기를 통해서 아수라 세계로 도망쳐 들어가는 사색이었습니다'[167] '세상은 영원하다'라거나 '세상은 영원하지 않다'라거나 '세상은 유한하다'라거나 '세상은 무한하다'라거나 '생명과 몸은 같은 것이다'라거나 '생명과 몸은 다른 것이다'라거나 '여래는 사후에도 존재한다'라거나 '여래는 사후에도 존재하지 않는다'라거나 '여래는 사후에도 존재하기도 하고, 존재하지도 않는다'라거나 하는 등의 사색은 출가하여 수행하는 자에게 아무런 이익을 주지 못할뿐더러 오히려 이익되지 않다고 설명하면서 가르친 내용입니다. 그래서 고따마 붓다는 평소에 늘 이런 문제에 대해서 항상 무기적無記的[168]인 입장이었던 것입니다. 여기서 이 같은 인용문을 채택한 이유는 연기에서 깨달음을 얻겠다고 사활을 걸고 버티고 덤비는 사람은 마치 무기적인 내용으로 한 가지 지향점을 찾겠다고 하는 사람들과 비견되는 상황을 지적하기 위한 것입니다.

"비구들이여, '이런 것'을 사색하는 것은 참으로 이익을 주지 못하고, 청정범행의 시작이 아니고, 염오로 인도하지 못하고, 탐

---

167 각묵스님 역(2009.11.5. 초기불전연구원) 『상윳따 니까야』 제6권 「낭떠러지 품」의 「세상에 대한 사색경」. pp.428-430.

168 『전유경』箭喩經, Cūḷa-Māluṅkya-sutta에 형이상학적인 문제에 대해 말룽꺄뿟따Māluṅkyāputta가 고따마 붓다에게 열 가지로 질문한 내용이다. '1.세계는 영원한가? 2.세계는 영원하지 않은가? 3.세계는 유한有限한가? 4.세계는 무한無限한가? 5.영혼은 육체와 같은 것인가? 6.영혼은 육체와 다른 것인가? 7.여래는 존재하는가? 8.여래는 사후에 존재하지 않는가? 9.여래는 사후에 존재하면서 동시에 존재하지 않는가? 10.여래는 사후에 존재하지도 않고 존재하지 않는 것도 아닌가?'라는 내용이다. 한역에서는 이 10 가지 질문이 14 가지로 확대되었다. 특히 이 열 가지 질문은 니까야nikāya에만 언급되어 있다. DN.1.p.191; MN.1. p.426. pp.484-485; SN.3. p.257; AN. 2. p.41. 마성스님(2018.4.27. 인북스) 『잡아함경 강의』. 본문. 주해.

욕의 빛바램으로 인도하지 못하고, 소멸로 인도하지 못하고, 고요함으로 인도하지 못하고, 최상의 지혜로 인도하지 못하고, 바른 깨달음으로 인도하지 못하고, 열반涅槃으로 인도하지 못하기 때문이다."169

이어서 고따마 붓다의 가르침의 내용입니다. 수행할 때 수행자의 자세를 이야기한 대목입니다. 이것은 실천수행에 필요한 수행의 내용이기도 합니다. 여기에서도 사성제의 가르침이 제대로 반영된 말씀이었습니다. 사색思索이나 명상瞑想의 주제에서도 사성제이고 깨달음으로 인도하는 것의 주제에서도 사성제라고 가르치고 있습니다.

"비구들이여, 그대들이 사색思索할 때는 '이것이 괴로움'이라고 사색思索해야 한다. '이것이 괴로움의 일어남'이라고 사색思索해야 한다. '이것이 괴로움의 소멸'이라고 사색思索해야 한다. '이것이 괴로움의 소멸로 인도하는 도닦음'이라고 사색思索해야 한다. 그것은 무슨 이유 때문인가?

비구들이여, 이런 것을 사색思索하는 것은 참으로 이익을 주고, 청정범행의 시작이고, 염오厭惡로 인도하고, 탐욕의 빛바램으로 인도하고, 소멸로 인도하고, 고요함으로 인도하고, 최상의 지혜로 인도하고, 올바른 깨달음으로 인도하고, 열반으로 인도하기 때문이다.

비구들이여, 그러므로 그대들은 '이것이 괴로움'이라고 수행해야 한다. '이것이 괴로움의 일어남'이라고 수행해야 한다. '이것

169 각묵스님 역(2009.11.5. 초기불전연구원) 『상윳따 니까야』 제6권. p.430.

이 괴로움의 소멸'이라고 수행해야 한다. '이것이 괴로움의 소멸로 인도하는 도닦음'이라고 수행해야 한다."[170]

5부 니까야를 읽어가노라면 온통 '사성제'의 가르침뿐이고, 사성제를 설명하며, 사성제로부터 깨달음을 얻게 되는 여러 가지 방법들이 보입니다. 여기서 '온통'이라는 말은 '어디에고 다 사성제의 이론이 통섭되어 있다는 것'입니다. 고따마 붓다의 제자로 수행과 이론을 올바르게 세우려면 사성제의 이론과 이해가 충실해져야 합니다. 사성제의 이론을 바로 세우는 것이 가르침을 바로 세우는 것이고 사성제의 가르침에 의해 열반을 얻고자 한다면 사성제의 가르침에 정통해야 할 것입니다.

그러므로 사성제를 제쳐놓고 다른 교리에서 열반涅槃을 얻는다는 것은 헛된 일에 불과할 것입니다. 사성제의 가르침이 없는 거기에는 열반涅槃이란 결과가 없기 때문입니다. 그 대신 '다른 지향점'이 있을 뿐입니다. 그래서 사성제의 가르침은 열반 증득에 관한 한 최상의 정통한 가르침입니다. 왜냐하면 사성제의 가르침만이 열반으로 인도하기 때문이다. '사성제는 성문·연각·소승이나 하는 공부 방법'이라고 폄하하고, 버려두고, 외면하고, 아예 내버리고 하는 것은 대단히 잘못된 일입니다. 이런 사람들은 고따마 붓다의 제자가 아닙니다. 이렇게 가장 큰 잘못을 저지르고도 부끄러워하지 않는 이유가 어디에 있는지 궁금합니다.

170 각묵스님 역(2009.11.5. 초기불전연구원) 『상윳따 니까야』 제6권. p.430.

이런 일들은 '나는 고따마 붓다의 가르침이 필요 없소!', '나는 고따마 붓다의 가르침은 받지 않소!', '나는 고따마 붓다의 제자가 아니요!', '나는 열반涅槃을 증득하지 않아도 되오'라며 사거리에서 큰소리로 부르짖는 사문과 같습니다. 이 말은 사성제의 위치와 권위가 그만큼 중요하다는 것을 이야기한 것입니다. 사성제를 통해서 열반을 얻게 되는 것은 고따마 붓다의 가르침에서 가장 정통적인 방식이라고 앞에서 밝힌 바 있습니다. 어떤 사람이든 이 방법으로 가르침을 받지 않고는 열반을 얻을 수도 없고 구할 수도 없기 때문입니다. 사성제의 가르침에서 이러한 필요성을 느끼고 감동으로 가슴 벅참을 경험한다면,[171] 초기불전의 곳곳에서 고따마 붓다의 감동적인 설법으로 인하여 당신

171 이 사바세계에서 이러한 일이 있을 줄은 꿈에도 몰랐다. Mahachulalongkorn-rajavidyalaya University와 인연이 닿아 거기에서 학부와 석사학위를 취득할 수 있었던 것은 인생의 최대 전환점이었고, 행운이고, 고따마 붓다의 진실한 가르침을 직접 받는 계기가 되었다. 그래서 감동했고, 가슴이 아프도록 벅차올랐다. 마성스님을 통해 초기불교를 처음 접했다. 순간 흥분되었다. 강의를 받고 돌아와 내가 거처하는 방에 틀어박혀 3일 동안을 밖으로 나올 수가 없었다. 50년 가까이 대승불교권에서 대승불교의 학인이었고, 수행자였다. 돌이켜보면 그 50년이 너무나 허무했다. 그래서 슬프고 가슴 아파했다. 나는 그 방에서 3일 동안을 꼬박 세워가면서 고래고래 고함을 질러댔다. '지금까지 해왔던 대승불교를 접고 초기불교를 다시 배워야하는가?'의 문제 때문이었다. 하지만 3일 동안의 고뇌는 나에게 명쾌한 결정을 하는데 도움을 주었다. '그래 해 보자! 어차피 출가한 몸이니 죽을 때까지 초기불교에 전념하자!'라고 결심을 굳혔다. 이때 나의 나이가 58세였다. 때맞추어 각묵스님과 대림스님이 4부 니까야를 완역하여 책으로 만들어져 출판하였다. 그 책들 말고도 초기경전이라는 책들은 모두 다 구입했다. 그리고 밤과 낮을 가리지 않고 읽고 썼다. 겸하여 학교에서는 팔리어와 초기경전을 배웠다.
이때 나는 또 한 번의 감동을 받은 사건이 일어났다. 바로 사성제四聖諦에 대한 정확한 이해였다. 사성제四聖諦의 주제主題인 괴로움苦에 대한 이해였다. 경전에 묘사된 '있는 그대로 꿰뚫어 알게 되었다' 여기서 생긴 견해見解가 이 책을 출판하는 계기가 되었다. 유사정법類似正法이 난립한 세상에서 정법正法에 대한 의무감이 생겼기 때문이다.

은 어느새 아라한阿羅漢이 되어 있음을 스스로 발견하게 될 것입니다. 그리고 사성제가 자신의 전법활동에서 어떤 중요한 역할을 할 수 있는지, 어떻게 하면 사성제의 설법이나 설명에서 자유롭게 이론을 구사할 수 있는지에 관한 연구가 계속되어야 할 것임을 스스로 발견하게 될 것입니다. 그래서 초기불교의 전법이 활발해지고 많은 사람이 사성제의 꿰뚫은 이해를 바탕으로 발견되는 전법의 길과 전법의 의무감 그리고 깨달음에 이르는 교육적 방법이 다양하게 연구되고 부흥되어 나아갈 것입니다. 이러한 문제 역시 사성제의 정통한 가르침이 되살아날 때 우리의 가슴이 달구어질 것이고 사회의 밝은 빛이 될 것입니다.

한때, 고따마 붓다는 자신이 깨달음을 얻은 괴로움의 소멸법칙인 사성제가 참으로 만나기가 어렵고, 고귀하고, 다행스럽고, 성스럽다는 뜻을 여러 가지 예를 들어 가르친 적이 있습니다.[172] 그리고 사성제를 모르는 것을 높은 낭떠러지에 서서 두려움을 느끼는 것보다 더 두려운 것이라고 표현했습니다.[173] 왜인가? 사성제를 모르기 때문이라고 했습니다. 또한 '인간으로 죽게 되는 것'도 사성제의 진리를 보지 못한 결과라고도 했습니다.[174] 인간으로 나고 죽는 것 역시 연기 속에 든다는 얘기입니다. '높은 낭떠러지에 서서의 두려움, 인간으로 죽게 되어 연기

---

172 각묵스님 역(2009.11.5. 초기불전연구원) 『상윳따 니까야』 제6권. pp.443-446. '100년마다 물위로 올라오는 거북이가 나무 구멍을 만나기보다, 어리석은 자가 사람으로 죽어 파멸처에 떨어져 다시 사람의 몸을 받는 것보다 더 쉽다. 무엇 때문인가? 사성제四聖諦를 꿰뚫지 못했기 때문이다.'

173 각묵스님 역(2009.11.5. 초기불전연구원) 『상윳따 니까야』 제6권. pp.431-434.

174 각묵스님 역(2009.11.5. 초기불전연구원) 『상윳따 니까야』 제6권. pp.471-472.

속에 들게 되는 것'은 고따마 붓다가 가르친 괴로움에서 벗어나는 길이 아니고 오히려 그것은 괴로움 자체이기 때문입니다.

연기의 설명에서 '알음알이의 잘못된 견해' 때문에 꾸지람을 듣게 되는 경우의 이야기가 있습니다. '알음알이의 잘못된 견해'란 '유익하지 않은 견해'를 말합니다. '유익하지 않은 견해'란 즉 인간으로 죽어 연기 속에 드는 과보를 받게 됨을 뜻하는 것입니다. 한때 고따마 붓다가 사왓띠[175]의 제따숲 아나타삔디까 원림기수급고독원[176]에 머물렀을 때였습니다. 이때 어부의 아들 사띠라는 비구가 '내가 세존께서 설하신 법을 알기로는, 다름 아닌 바로 이 알음알이가 계속되고 윤회한다'라고 하는 말을 하여 많은 비구에게 공동의 문젯거리가 생겼습니다. 그래서 비구들은 사띠 비구에게 찾아가 그게 사실인지 확인을 했고, 또 본인을 데리고 세존께 나아가 옳은 것인지 아닌지를 여쭈어보기로 했습니다.[177]

---

175 사왓띠Sāvatthi는 고따마 붓다 재세시在世時 인도 16대국 가운데 하나였던 꼬살라Kosala국의 수도首都였다. 사왓띠는 지금의 '사헤뜨-마헤뜨Sāhet-Māhet'로 알려져 있다.

176 기수급고독원祇樹給孤獨園은 'Jetavana Anāthapiṇḍikassa ārāma'를 번역한 것이다. 제따와나Jetavana는 '제따Jeta, 祇陀 태자의 동산祇園'이라는 뜻이다. 아나다삔디까는Anāthapiṇḍika는 '외로운 이를 돕는 자孤獨園'라는 뜻으로, 수닷따Sudatta, 須達 장자長者의 별명이다. 그는 제따Jeta, 祇陀 태자로부터 금 조각을 동산祇園의 표면을 덮을 정도의 값을 치르고 제따Jeta, 祇陀 태자의 동산祇園을 샀다. 그리고 그 동산에 사원을 건립하여 승단에 기증했다. 고따마 붓다는 "나의 제자인 우빠사까upāsaka, 優婆夷중에서 보시제일dāyakānaṃ vadidaṃ은 수밧따Sudatta, 즉 아니따삔디까Anāthapiṇḍika"라고 했다. 또한 제따Jeta, 祇陀 태자는 당시 꼬살라국의 왕 빠세나디Pasena야, 波斯匿의 아들이었다. 그러나 빠세나디 왕의 왕위를 찬탈한 배다른 형제 위두다바Vidū ḍabha, 毘琉璃王가 석가족을 멸망시킬 때, 자신을 도와주지 않았다는 이유로 제따Jeta, 祇陀 태자를 죽여 버렸다. 마성스님(2018.4.27. 인북스) 『잡아함경 강의』. pp.15-16. 주해4.

177 대림스님(2010, 3쇄 2012. 초기불전연구원) 『맛지마 니까야』 제2권 「갈애멸진의 긴 경」.

그래서 사띠 비구는 세존께 나아가게 되었습니다. 그리고 비구들은 세존께 직접 그 문제에 대해 자세한 답변을 듣고자 하였습니다.

"사띠여, 그대에게 '내가 세존께서 설하신 법을 알기로는, 다름 아닌 바로 이 알음알이가 계속 윤회하는 것'이라고 하는 이런 매우 나쁜 견해가 생겼다는 것이 사실인가?"

"그렇습니다. 세존이시여, 제가 세존께서 가르친 법을 알기로는, 다름 아닌 바로 이 알음알이가 계속되고 윤회합니다."

"사띠여, 그러면 어떤 것이 알음알이인가?"

"세존이시여, 그것은 말하고 느끼고 여기저기서 선행과 악행의 과보를 경험하는 것입니다."

"쓸모없는 자여, 도대체 내가 누구에게 그런 법을 설했다고 그대는 그렇게 이해하고 있는 것인가? 쓸모없는 자여, 참으로 나는 여러 가지 방법으로 '알음알이는 조건 따라 일어난다'라고 설했고, 조건이 없어지면 알음알이도 일어나지 않는다고 하지 않았던가? 쓸모없는 자여, 그러나 그대 스스로 잘못 파악하여 우리를 비난하고 자신을 망치고 많은 허물을 쌓는구나, 쓸모없는 자여, 그것은 그대를 긴 세월 불이익과 고통으로 인도할 것이다."

가르침의 잘못된 이해가 허물이 되어 자신에게 불이익을 주게 될 뿐만 아니라 우리들[178]에게까지 비난받게 되는 경우를 설

178 고따마 붓다는 물론 모든 제자를 말함.

명하면서 다시 정확한 알음알이의 견해에 대해서 가르침을 준 것입니다. 다시 조건 발생적인 알음알이에 대해 설명해 주면서 이해를 잘못하고 있는 그들에게 답답한 심정을 이렇게 표현한 것입니다. '쓸모없는 자여' 아니면 '쓸모없는 인간이여'라고, 그리고 다음과 같은 알음알이에 관한 설명을 했습니다.

"비구들이여, 알음알이는 조건을 반연絆緣하여 생기는데, 그 각각의 조건에 따라 알음알이는 이름을 얻는다. 알음알이가 눈과 형색을 조건하여 일어나면 그것은 '눈의 알음알이眼識'라고 한다. 알음알이가 귀와 소리를 조건하여 일어나면 그것은 '귀의 알음알이耳識'라고 한다. 알음알이가 코와 냄새를 조건하여 일어나면 그것은 '코의 알음알이鼻識'라고 한다. 알음알이가 혀와 맛을 조건하여 일어나면 그것은 '혀의 알음알이舌識'라고 한다. 알음알이가 몸과 감촉을 조건하여 일어나면 그것은 '몸의 알음알이身識'라고 한다. 알음알이가 마노意의 법을 조건하여 일어나면 그것은 '마노의 알음알이意識'라고 한다."

또한 인식의 소멸에 대한 가르침도 이어서 함께 설하였습니다. 인식의 소멸은 상대적이고 상대적인 것들이 소멸하게 되었을 때 인식도 사라지게 된다는 소멸의 법칙입니다. 또한 상대적이지 않은 관념의 문제도 마찬가지일 것입니다. 관념이 생기게 된 동기와 사건이나 사물로 인한 경험을 통하여 알음알이도 생겨나기 마련이기 때문입니다. 이러한 이론이 마땅하다면, 고따마 붓다의 이와 같은 설명도 여기에 해당할 것입니다.

"비구들이여, '네 가지 음식'[179]이 있나니, 그것은 중생들을 유지하게 하고 생겨날 중생들을 지탱하게 한다. 무엇이 넷인가?

첫 번째는 거칠거나 미세한 덩어리진 먹는 음식段食, 두 번째는 감각접촉觸食, 세 번째는 마음의 의도意思食, 네 번째는 알음알이識食 이다."[180]

이것은 확실히 괴로움의 발생구조이면서 연기의 순관적順觀的 관찰입니다. 괴로움의 발생구조를 설명함에서 12연기와 같은 체계적이고 객관적이며 확실한 것은 없습니다. 연기의 설명 또한 그렇습니다. 연기를 이해함에서도 괴로움의 소멸법칙인 사성제의 이해가 충족되었을 때, 고따마 붓다가 '괴로움을 설명하면서 왜 연기를 설명했는지'를 알게 되는 것입니다. 바꾸어 말하자면 사성제에 대한 이해를 꿰뚫어 이해할 수 없는 사람은 연기의 이해가 되지 않는다는 뜻입니다. 그래서 연기를 알기 위해서는 사성제의 이해가 관건입니다. 그래야만 연기의 설명에서 '시간과 공간에 놓여있는 괴로움인 행고성行苦性; samkhara-dukkha'이 충분히 이해되는 것입니다. 다음은 '네 가지 음식'에 대한 근원과 기원의 조건들을 가르친 내용입니다. 바로 12연기의 이론에서입니다.

"비구들이여, 이 네 가지 음식은 무엇을 원인으로 하고, 무엇을 조건으로 하고, 무엇을 근원으로 하고, 무엇을 기원한 것인가? 이 네 가지 음식들은 갈애渴愛를 원인으로 하고, 갈애渴愛를 조건으로

---

179 '네 가지 음식cattāro'은 각각 kabalikāra-āhāra, phassa-āhāra, manosañcetanā-āhāra 이다. 중국에서 이를 각각 단식段食, 촉식觸食, 의사식意思食, 식식識食으로 옮겼다. 네 가지 음식에 대한 설명은 『맛지마 니까야』 제2권 「바른 견해의 경」의 주해 11에 참조. 대림스님(2010, 3쇄 2012. 초기불전연구원) 『맛지마 니까야』 제2권. 주181.

180 대림스님(2010, 3쇄 2012. 초기불전연구원) 『맛지마 니까야』 제2권. p.216.

하며, 갈애渴愛를 근원으로 하고, 갈애渴愛를 기원한 것이다.

비구들이여, 그러면 갈애는 무엇을 원인으로 하고, 무엇을 조건으로 하고, 무엇을 근원으로 하고, 무엇을 기원한 것인가? 갈애는 느낌受을 원인으로 하고, 갈애는 느낌受을 조건으로 하고, 갈애는 느낌受을 근원으로 하고, 느낌受에서 기원한 것이다.

이 느낌은 무엇을 원인으로 하고, … 느낌은 감각접촉觸을 원인으로 하고, … 감각접촉에서 기원한 것이다.

이 감각접촉은 무엇을 원인으로 하고, … 감각접촉은 여섯 가지 감각장소六入를 원인으로 하고, 여섯 가지 감각장소에서 기원한 것이다.

이 여섯 가지 감각장소六入는 무엇을 원인으로 하고, … 여섯 가지 감각장소는 정신·물질名色을 원인으로 하고, … 정신·물질에서 기원한 것이다.

이 정신·물질名色은 무엇을 원인으로 하고, … 정신물질은 알음알이識를 원인으로 하고, … 알음알이에서 기원한 것이다.

이 알음알이는 무엇을 원인으로 하고, … 알음알이는 의도적 행위行를 원인으로 하고, … 의도적 행위들에서 기원한 것이다.

이 의도적 행위들行은 무엇을 원인으로 하고, 무엇을 조건으로 하고 무엇을 근원으로 하고, 무엇에서 기원한 것인가? 의도적 행위들은 무명을 원인으로 하고, 무명無明을 조건으로 하고 무명을 근원으로 하고, 무명에서 기원한 것이다."[181]

여기서 또 하나의 예를 들고자 합니다. 연기의 이론을 바탕으로 사성제에 관한 설명을 하고자 하기 때문입니다. 연기는 순관順觀과 역관逆觀이 있습니다. 순관은 괴로움의 발생구조流轉門라 하고, 역관逆觀을 괴로움의 소멸구조還滅門라 한합니다.[182] 순관과 역관을 어떻게 사색하느냐에 따라서 특별하게 인식되어지거나 달라지는 것은 없습니다. 다만 각자의 사색함의 기호嗜好에 따라서 순관·역관을 정해서 행할 수 있는 것이기 때문입니다. 어떻게 괴로움의 소멸법칙인 사성제의 이해에 부합한 것이냐 아니냐를 밝히는 것이 중요한 것입니다. 왜냐하면 언제나 근본 가르침은 변하지 않는 진리이며, 이러한 이론의 연기와의 관계에서 나타나는 괴로움의 실체의 설명에서 사성제를 꿰뚫어 알 수 있게 되기 때문입니다. 바로 이것이 '괴로움의 벗어남에 관한 가르침'을 가장 깊게 그리고 넓게 이해하는 것입니다.

역관 역시 연기의 구조적 이해를 좀 더 분명하게 알기 위해서 거꾸로 분석하고 고찰하는 방법입니다. 즉 괴로움의 소멸구조還滅門의 방법으로 고찰과 분석을 함으로써, 괴로움에 관한 더 깊고 넓은 분석의 경험을 쌓게 되고 더 깊이 이해하게 됨은 당연한 일일 것입니다. 그렇다고 사성제의 가르침을 내팽개쳐버린 상태에서 다른 이론으로 열반涅槃을 얻게 되지는 않습니다. 순관順觀이건 역관逆觀이건 간에 분명히 드러내어야 할 명제命題는 '무명無明'

---

181 대림스님(2010, 3쇄 2012. 초기불전연구원) 『맛지마 니까야』 제2권. pp.216-217.

182 대림스님(2010, 3쇄 2012. 초기불전연구원) 『맛지마 니까야』 주해138 참조. 『상윳따 니까야』 「인연 상윳따」(S12)의 「십력경」 1(S12:21)등의 7개경들과 『앙굿따라 니까야』 제6권 「증오 경」(A.10:92) 5 등에 緣起에 대한 가르침이 나타난다.

에 있고 무명은 괴로움의 소멸법칙을 꿰뚫어 알았을 때 분명한 뜻을 알 수 있기 때문입니다.

"무명無明을 조건으로 의도적 행위行들이 있다"라고 하는 것은 연기緣起의 시작이 무명에서 비롯된다는 것입니다. 무명은 단순히 밝음의 반대 개념으로서의 '가려져 알 수 없고, 분별하지 못하고, 밝지 않다'라는 그런 의미의 무명이 아닙니다. 이러한 문제에서 사유思惟의 능력에 따라 무명에 대한 정확한 결론을 도출하게 되는 것입니다. 다음은 무명에 대한 정확한 설명입니다. 여기서 이 무명에 대한 이해가 철저히 이뤄진다면, 12연기의 구조를 모두 살펴보지 않아도 사과위四果位 가운데 하나에 든 자가 될 것입니다.

> "비구여 눈은 무상하다고 알고 보면 무명이 제거되고, 명지明智가 일어난다. 형색은 무상하다고 알고 보면 무명이 제거되고 명지가 일어난다. 눈의 알음알이는 무상하다고 알고 보면 무명은 제거되고 명지가 일어난다. …<중략>…"[183]

무명은 12연기와 오온五蘊에서 잘 갖추어 설명할 수 있는 명제命題로 등장합니다. 무명에 관한 정확한 설명은 언제나 모든 이들이 확실하게 이해하기를 갈망했던 의제 가운데 하나이기도 합니다. 어느 날 고따마 붓다의 같은 제자이면서 함께 수행하는 비구들이 사리뿟다 존자를 찾아와 다음과 같이 질문하였습니다.

---

183 각묵스님 역(2009.11.5. 초기불전연구원) 『상윳따 니까야』 제4권 「무명품; 무명경」. pp.138-139.

"도반 사리뿟다여, 무명 무명이라고들 합니다. 도반이여, 도대체 어떤 것이 무명입니까?"

"도반이여, 괴로움에 대한 무지, 괴로움의 일어남에 대한 무지, 괴로움의 소멸에 대한 무지, 괴로움의 소멸로 인도하는 도닦음에 대한 무지, 이를 일러 무명無明이라고 합니다."[184]

'괴로움苦, 괴로움의 일어남集, 괴로움의 소멸滅 그리고 괴로움의 소멸로 인도하는 성스러운 길道에 대한 무지는 무명의 조건이다'라고 비구들에게 설명한 것은 사리뿟다 존자가 자신의 도반들에게 들려준 '무명이 무엇입니까?'라는 질문에 답변한 내용입니다.

"사성제四聖諦를 모르는 것이 무명無明이다."[185]

이 가르침에서 더욱더 간단한 답변을 보게 됩니다. 무명을 정확하게 판단하는 기준은 멸성제滅聖諦 등 괴로움의 소멸법칙을 꿰뚫어 이해함에 있음을 보여줍니다. 연기의 설명이 이해하기 어렵다고는 하지만 항상 어려움이 되는 조건은 자기 자신이 가지고 있는 것입니다. 그 이유는 괴로움의 소멸법칙의 이해에서 찾을 수 있습니다. 괴로움의 소멸법칙을 이해하는 자기 자신이 가지고 있는 '이해의 장애'로 인해 그 사람에게 무명은 무명의

---

184 각묵스님 역(2009.11.5. 초기불전연구원) 『상윳따 니까야』. p.518.

185 각묵스님(2009.10.5. 초기불전연구원) 『디가 니까야』 제1권 「마할리경」. p.396. 주해415에서 '족쇄'에 대한 설명 10번째에서 이렇게 나온다. 무명無明, avijjā: 모든 해로움과 괴로움의 근본뿌리, 사성제四聖諦를 모르는 것.

조건을 만들게 됩니다. 여기 연기에 관한 내용을 상세히 설명해 놓은 경전[186]이 있습니다. 여기에 보면 연기란 '이해의 장애'를 일으킬 정도로 그렇게 어려운 게 아니라는 것입니다. 다음 인용문에 나타나는 내용에서 연기에 대한 잘못된 이해는 불필요한 것임을 보여줍니다.

"비구들이여, 그러면 어떤 것이 연기緣起인가?

비구들이여, 무명無明을 조건으로 의도적 행위行들이, 의도적 행위를 조건으로 알음알이識가, 알음알이를 조건으로 정신·물질色이, 정신·물질을 조건으로 여섯 감각장소六處가, 여섯 감각장소를 조건으로 감각접촉觸이, 감각접촉을 조건으로 느낌受이, 느낌을 조건으로 갈애愛가, 갈애를 조건으로 취착取이 취착을 조건으로 존재有가, 존재를 조건으로 태어남生이, 태어남을 조건으로 늙음·죽음老·死과 근심·탄식·육체적 고통·정신적 고통·절망憂悲苦惱이 발생한다. 이와 같이 전체 괴로움의 무더기苦蘊가 발생한다. 비구들이여, 이를 일러 연기緣起라 한다."

"그러나 무명無明이 남김없이 빛바래어 소멸하기 때문에 의도적 행위들이 소멸하고, 의도적 행위들이 소멸하기 때문에 알음알이가 소멸하고 알음알이가 소멸하기 때문에 정신·물질이 소멸하고 정신·물질이 소멸하기 때문에 여섯 감각장소가 소멸하고, 여섯 감각장소가 소멸하기 때문에 감각접촉이 소멸하고, 감각접촉이 소멸하기 때문에 느낌이 소멸하고, 느낌이 소멸하기 때문에 갈애가 소멸하고, 갈애가 소멸하기 때문에 취착이 소멸하고, 취착이 소멸하기 때문에 존재가 소멸하고, 존재가 소멸하기 때문에 늙

186 각묵스님 역(2009.11.5. 초기불전연구원) 『상윳따 니까야』 제2권 「인연 상윳따 Paṭiccaamuppāda-sutta」. pp.86-91.

음·죽음老·死과 근심·탄식·육체적 고통·정신적 고통·절망憂悲苦惱이 소멸한다. 이와 같이 전체 괴로움의 무더기苦蘊가 소멸한다."

역설적인 이야기일지는 모르지만, 무명無明에 대한 이해가 사성제를 꿰뚫어 이해하는 조건이 될 수 있습니다. 또한 괴로움의 소멸법칙인 사성제를 꿰뚫어 이해함은 무명이 무엇인지를 분명히 알게 해줍니다. 왜냐하면 고따마 붓다의 가르침에서 사성제와 무명은 불가분의 관계이기 때문입니다. 그런데 연기나 무명에 관심을 가진 사람이 사성제의 권위를 모른다면 마치 사람에게서 심장을 잃어버린 것과 같을 현상일 것입니다. 고따마 붓다의 가르침에서 사성제가 중심교리이기 때문이다.

"비구들이여, 그러면 어떤 것이 무명無明인가?

비구들이여, 괴로움에 대한 무지無知, 괴로움의 일어남에 대한 무지無知, 괴로움의 소멸에 대한 무지無知, 괴로움의 소멸로 인도하는 도닦음에 대한 무지無知이다. 비구들이여, 이를 일러 무명無明이라 한다."[187]

이것은 사리뿟다가 자신과 함께 수행하고 있는 도반들에게 들려준 설명과 같은 내용입니다. 연기로 인한 괴로움의 발생근원은 무명이고 그 무명에 의해서 자신의 괴로움은 이어지고 점점 더 커지고 그것은 세상의 모든 괴로움으로 번지게 됩니다. 인생의 큰 재난으로 간주되는 일입니다. 그뿐만 아니라. 이 괴

---

187 각묵스님 역(2009.11.5. 초기불전연구원) 『상윳따 니까야』 제2권. p.101.

로움은 신과 인간 모든 중생의 재난이 되는 것입니다. 그러므로 이것은 완벽하고 완전한 열반을 얻기 위해서는 반드시 해결되어야 할 문제입니다.

이러한 괴로움의 조건은, 모든 존재가 받게 되는 즐거움과 괴로움은 연기된 것, 감각접촉을 조건으로 연기된 것,[188]이라고 하였습니다. 그러므로 연기의 이치를 파악하는 것은 연기가 괴로움이 되느냐 아니냐의 판단의 문제이지 끝없이 분석하고 판별되어야 할 문제는 결코 아니라는 것입니다. 아마도 이 말은 고따마 붓다의 교법을 이해하거나 수행하거나 하는 이들에게 가장 중요한 단서가 될 만한 것입니다. 연기의 중심에는 윤회가 있습니다. 괴로움의 소산이 되는 것은 윤회라고 하며, 윤회의 괴로움은 시작도 끝도 보이지 않을 뿐이다라고 합니다. 다음은 윤회에 대한 특성을 설명한 것입니다.

> "그 시작을 알 수 없는 것이 바로 윤회輪廻다. 무명無明에 덮이고 갈애渴愛에 묶여서 치달리고 윤회輪廻하는 중생들에게 윤회輪廻의 시작점은 결코 드러나지 않는다."[189]

라고 했습니다. 또한 윤회輪廻 속에서 다른 생명으로 태어나 윤회하면서 흘린 괴로움의 피에 관한 이야기가 있습니다. 이러한 설법은 고따마 붓다가 제자들에게 괴로움의 이해를 돕고자 한 가르침입니다.

188 각묵스님 역(2009.11.5. 초기불전연구원) 『상윳따 니까야』 제2권. pp.188-189.
189 각묵스님 역(2009.11.5. 초기불전연구원) 『상윳따 니까야』 제2권. pp.441-442.

"비구들이여, 그 오랜 세월 치달리고 윤회輪廻하는 동안 소가 되어 소로 태어나서 머리가 잘려 흘리고 내뿜는 피와 …"**190** "… 윤회輪廻하는 동안 머리가 잘려 흘리고 내뿜는 피와 사대양四大洋에 있는 물 가운데 어느 쪽이 더 많은가?"**191**

이것은 다른 생명으로의 윤회를 통하여 벌어지는 끔찍한 실상을 괴로움의 소멸법칙을 빌려 설명한 것입니다. 윤회의 괴로움에 대한 교훈을 주고 윤회에서 벗어나 해탈을 유도하는 가르침입니다. 윤회를 벗어나는 길을 알고 배우고자 한다면 괴로움의 소멸법칙인 사성제가 답이 됩니다. 그러나 이 끔찍한 관념의 상황묘사에서 보편적인 성향의 사람 즉 뭇 생명의 존재들은 연기나 윤회의 실상을 보지 못하거나 인정하지 않습니다. 이런 사람들에게 적당한 고따마 붓다의 설법이 있습니다. 「확실한 가르침의 경Apaṇṇaka Sutta, M60」에서입니다.

한때 고따마 붓다는 많은 비구승가와 함께 꼬살라의 살라라는 마을에서 꼬살라의 바라문 마을의 장자들에게 설법한 내용입니다. 또한 이것은 윤회를 믿지 않는 장자들에게 들려주었던 교훈이기도 합니다. 윤회의 믿음이 정견의 견해에서 얼마나 중요한 것인지를 알려주는 가르침입니다.

"저세상이 실재하기 때문에 '저세상은 없다'라는 견해를 가지

190 각묵스님 역(2009.11.5. 초기불전연구원) 『상윳따 니까야』 S15:13. 「삼명 경Tiṁsamatta-sutta」.

191 각묵스님 역(2009.11.5. 초기불전연구원) 『상윳따 니까야』 S15:13. 「삼명 경Tiṁsamatta-sutta」.

면, 그는 그릇된 견해를 가진 것이다. 저세상이 실재하기 때문에 '저세상이 없다'라고 사유하면, 그는 그릇된 사유를 하는 것이다. 저세상이 실재하기 때문에 '저세상은 없다'라고 말을 하면 그는 그릇된 말을 하는 것이다. 저세상은 실재하기 때문에 '저세상은 없다'라고 하면 그는 저세상을 아는 아라한들에게 대항하는 것이다. 저세상이 실재하기 때문에 '저세상이 없다'라고 다른 사람에게 알린다면 그는 그에게 정법이 아닌 것을 받아들이도록 설득하는 것이다. 정법이 아닌 것을 받아들이도록 설득하면서 자신을 칭찬하고 다른 사람을 비방한다. 이처럼 그가 이전에 행한 좋은 행실은 제거되고 나쁜 행실이 자리 잡게 된다.

이러한 그릇된 견해와 그릇된 사유와 그릇된 말과 성자들에 대한 대항과 정법이 아닌 것을 받아들이도록 설득함과 자신을 칭찬하고 다른 사람을 비방하는 이런 여러 가지 나쁘고 해로운 법들이 그릇된 견해를 조건으로 생겨난다."

그러면서 고따마 붓다는 그 결과에 관한 것은 '이런 것'이라고 가르치고 있습니다.

"장자들이여, 여기서 지자는 이렇게 숙고한다.

만일 저세상이 없다면 이 사람은 몸이 무너지면 그 자신은 안전할 것이다. 그러나 만일 저세상이 있다면 이 사람은 몸이 무너져 죽은 뒤 처참한 곳苦界, 불행한 곳惡處, 파멸처, 지옥에 태어날 것이다.

이제 저들 사문·바라문들의 말이 옳건 그르건 간에 저세상은 없다고 하자. 그렇더라도 이 사람은 바로 지금·여기에서 '이 사람은 나쁜 행실을 가졌고 그릇된 견해를 가졌고, 허무주의를 말한다'라고, 지자들의 비난을 받는다.

그러나 만일 저세상이 있다면 이 사람은 양쪽 모두에서 최악의 패를 가진 것이 된다. 즉 바로 지금·여기에서 지자들의 비난을 받고, 몸이 무너져 죽은 뒤 처참한 곳苦界, 불행한 곳惡處, 파멸처, 지옥에 태어날 것이다.

이와 같이 그는 확실한 가르침을 잘못 받아 지녀 실천하여 유익한 경우를 배제하고 한 면만을 충족시킨다."[192]

다. 멸성제滅聖諦

멸성제滅聖諦는 무명無明의 소멸이나 번뇌煩惱의 소멸에 관한 것입니다. 무명無明과 번뇌煩惱는 동의어입니다. 번뇌煩惱 즉 무명無明, 무명無明 즉 번뇌煩惱입니다. 번뇌煩惱의 소멸에 대한 가르침을 설명함에서 괴로움의 소멸법칙인 사성제四聖諦의 괴로움苦·괴로움의 일어남集·괴로움의 소멸滅·괴로움의 소멸로 인도하는 성스러운 도닦음의 길道를 따로따로 구별해서 설명할까 생각했었습니다. 글의 구성이나 뜻의 전달에서 독자의 편의를 생각했을 때 훨씬 편리할 것이라는 생각이 들어서입니다. 그리고 한 가지 이유가 더 있다면 '한통속이면서 그렇지 않은 것 같고, 그렇지 않으면서 한통속'이라는 생각에서입니다.

그러나 나중에서야 알게 된 일이지만,[193] 사성제四聖諦는 '한

192 대림스님 역(2012.10.10. 초기불전연구원) 『맛지마 니까야』 제2권. pp.552-554.

가지 지향점'을 가진 틀 속에 넣어서 규정지어야만 그 뜻이 확실하게 드러나고 '통찰지通察知의 역할'194에 있어서도 설명과 뜻이 분명해진다는 것을 알게 되었습니다. 이런 견해야말로 괴로움의 소멸을 본 사람이 가질 수밖에 없는 '괴로움의 소멸로 인도하는 여덟 가지의 올바른 길'로 들게 될 것입니다. 여기서는 이런 견해로 괴로움의 소멸법칙인 괴로움의 소멸에 대해 다루게 될 것입니다. 물론 한통속의 일로서의 '괴로움과 괴로움의 일어남과 괴로움의 소멸과 괴로움의 소멸로 인도하는 성스러운 여덟 가지 구성요소' 등의 과정도 함께 다룰 것입니다. 그 이유는 일반불교학자들처럼 팔정도만을 따로 떼어 놓고 설명하면서 일반적 도덕적인 견해의 잣대로 사용하는 어리석음을 범할까 염려되었기 때문입니다. 또한 부연해 설명하자면, 이것은 견해의 입장인데 번뇌와 무명은 사성제를 모르는 일체 존재를 통틀어 표현되는 말로 그 뜻은 둘 다 같은 것입니다.

괴로움의 소멸법칙을 통하여 괴로움을 벗어나는 과정이 있습니다. 이것은 괴로움과 번뇌를 감소하거나 소멸시키는 작업입니다. 그 방식으로 모든 인간은 욕망에서의 구속과 윤회의 굴레에서 벗어나서 열반涅槃을 구현할 수가 있는 것입니다. 앞의 고따마 붓다의 가르침에서 괴로움이라고 확정된 인간의 모든 조건과 삼라만상이 가진 모든 조건은 세 가지 괴로움의 성질에 포함

193 사성제四聖諦의 이해로 인해 팔정도八正道가 '괴로움苦의 소멸로 인도하는 도닦음의 성스러운 길'이라고 확실하게 알았을 때.

194 '통찰지通察知의 역할'에 대한 것은 사성제四聖諦를 통해서 얻어진 견해見解가 늘 열반涅槃의 입장, 괴로움苦과 번뇌煩惱의 소멸, 윤회輪廻의 단절斷切을 통찰로 이어지는 상황을 일컫는 말이다.

된 것이라고 서술하였습니다. 그 세 가지의 괴로움의 성향을 정확히 판단하는 것만으로도 괴로움에 관한 실체를 꿰뚫어 이해할 수 있고 그것으로 인해서 인간이 가진 모든 괴로움을 소멸시키거나 그것에서 벗어나는 길이 됩니다. 그러나 인간이 가진 삶의 조건에서 본능이라 불리는 생장력生長力은 거센 파도나 맹렬히 타오르는 불길과도 같아 조건으로 형성된 역할의 기능이 다 소진될 때까지 멈추지 않는 것입니다. 이러한 현상은 인간의 삶에서만 나타나는 문제만이 아니고 모든 현상계나 현상계가 아닌 일체에서 일어나고 소멸하는 과정이 계속 진행되는 생장 본능의 조건들에서 볼 수 있는 것입니다. 아울러 이 문제는 괴로움이 싫다고 스스로 목숨을 끊어 자살하여 죽음으로 해결할 문제가 아니라 본능이라 일컫는 조건으로 형성된 기능에서 괴로움의 진실한 실체의 분석을 통해 그것에서 벗어나는 길을 찾는 방법이라고 할 것입니다.

이러한 고따마 붓다의 가르침을 받고자 출가한 수행자로서 그의 진실한 가르침 안에 제대로 머무는 자가 있는 반면에 그렇지 못한 자들도 있습니다. 그 이유는 고따마 붓다의 괴로움의 소멸법칙의 가르침을 제대로 받지 못했거나 가르침을 제대로 이해할 수 없는 사람의 두 가지 부류로 나눌 수 있습니다. 후자의 경우는 고따마 붓다의 재세시在世時에도 있었습니다. 그 가운데 수낙캇따[195]라는 제자가 대표적인 인물이라고 할 수 있습니

195 릿차위의 후예 수낙캇따Sunakkhatta Licchaviputta는 불교교단에 출가하였다가 환속한 자이다. 그의 환속은 릿차위들에게 화젯거리가 되기에 충분하였다. 『디가 니까야』 「마할리경」과 24경 『중부』 105경등에서 나타난다. 수낙캇따는 지나치게 신

다. 그는 결국 그런 이유 때문에 청정한 승단에서 생활을 접고 환속하게 되었지만, 이러한 제자는 고따마 붓다가 직접 가르침을 베풀고 있던 재세시였을지라도 고따마 붓다의 가르침 안에 바르게 머물지 못한 예라고 할 수 있습니다. 그가 환속하게 된 가장 큰 이유는 고따마 붓다의 가르침에서 청정한 믿음을 갖추지 못하였기 때문입니다.

반면 '괴로움과 번뇌를 소멸하고 괴로움의 소멸로 인도되는 성스러운 길'을 가는 수행자는 바로 '고따마 붓다의 가르침 안에 바르게 머무는 자'라고 말할 수 있습니다. 그러나 고따마 붓다의 가르침 아래 출가하여 수행하는 수행자라고 하면서 '고따마 붓다의 가르침 안에 머물지 못하는 사람들'은 항상 반항적이고 형이상학적形而上學的인 사고로 살아가는 것이 특징이었습니다. 또는 그들은 세속적이고 독선적인 성향[196]을 가지며 '윤회를 단절하고 괴로움을 소멸하며 괴로움의 소멸로 인도하는 길'에서

통과 고행 등의 외향적인 것에 관심이 많았다. 자신의 성향에 차지 않은 고따마 붓다의 가르침은 항상 그에게 의문이고 불만족이었다. 그래서 환속을 한다. 그리고 자신이 환속한 이유에 대해서 소문을 내고 그의 소문은 널리 퍼진다. 그는 평소에도 고따마 붓다에게 질문을 하는데 '깐죽거린다.'는 표현이 합당하다. 이외에도 아난다의 제자로 있던 30여명도 환속하였고, 비구니 툴라띳사도 환속했다. 이들은 모두 고따마 붓다의 가르침에서 믿음을 가질 수 없었기 때문이다.

196 이들은 사성제四聖諦의 이론을 무시하고, 견성성불見性成佛과 같은 이론을 세워놓았다. 자신들을 대승大乘이라고 하고 사성제四聖諦의 이론에 의지해 수행하는 이들을 소승小乘이라고 폄하한다. 불교개혁에서 일어난 혁신운동이다. 이들이 가진 경전이나 수행방법은 '고따마 붓다의 가르침 안에 머물지 않는다'라고 할 수 있다. '사성제四聖諦의 가르침에 의한 깨달음'을 포기한 사람들이다. 그리고 대승大乘의 작고 협소한 틀 속에 자신들을 얽어매고 말았다. 이러한 거취의 전형은 혁신과 개혁이 아닌 패륜悖倫에 불과하다. 틀을 깨고 활발발하다고 여긴 자신들의 개혁과 혁신이 아무런 가치가 없는 결과를 낳았다는 점에서 이제 무겁고 돌이킬 수없는 짐을 짊어지고 있다.

벗어나 낮은 단계인 출가 이전의 사고로 생활합니다. 이러한 이유 역시 괴로움의 소멸법칙인 사성제를 있는 그대로 꿰뚫어 이해하지 못하는 조건을 가졌으므로 가르침에 대한 믿음이 올바르게 형성되지 않는 것입니다.

또한 멸성제滅聖諦는 괴로움의 소멸消滅의 가르침입니다. 이것은 괴로움과 괴로움의 일어남을 본 경험을 가진 자가 괴로움의 소멸을 있는 그대로 꿰뚫어 알게 됨을 말합니다. 그러므로 이 사람은 이미 괴로움을 알았고 괴로움의 일어남을 알고 있는 자라고 할 수 있는 것입니다. 이런 사람은 괴로움의 소멸消滅을 살펴보고 확인하는데 확신이 서 있는 사람입니다. 그는 자신에게 혹은 세상의 모든 존재에게 일어날 수 있는 괴로움과 괴로움의 일어남과 괴로움의 소멸은 자기 자신 말고는 그 어디에서도 찾아보기 어려운 일로 스스로 인정하는 청정한 믿음을 형성한 사람입니다. 고따마 붓다는 괴로움과 괴로움의 일어남과 괴로움의 소멸이 어디에서 조건이 되어 일어나는 것인지, 어디에서 소멸하는 것인지에 대한 가르침을 줍니다. 그의 가르침에서 오온이라는 조건으로 형성된 것들과 연관된 일에서 괴로움의 실체를 가르치고 그 괴로움에서 벗어남을 밝히고 있습니다. 한 개인이 가진 오온의 역할과 기능 그리고 본능으로 연관되어 일어나는 일체를 자신의 가르침 속에 소재로 삼아 설명하고 있는 것입니다.

고따마 붓다는 이 오온의 가르침에서 오온이 가지고 있는 특성과 기능의 역할들을 설명했으며, 왜 그것들이 무아이며 무상이며 공인지에 관해서 설명하고 있는 것입니다. 이러한 점은 이미 앞에서도 설명한 바 있습니다. 그러나 이러한 오온의 특성이나 기능에 대한 설명은 오히려 현대의학이나 심리학과 철학 등 과학에서 더 자세하게 다뤄지는 중요한 학문의 분야이기도 합니다. 그러나 고따마 붓다의 오온에 관한 분석된 설명은 '괴로움의 소멸'에 대한 고증으로 확인하는 차원에서 이뤄지는 것이므로 현대의학이나 과학이나 심리학 또는 철학적인 분야의 목적과는 다른 것입니다. 오온이 고따마 붓다의 정통 가르침 안에서 분석하는 것은 괴로움의 실체를 분명하게 꿰뚫어 이해하기 위해서이고 올바른 설명을 위한 것입니다. 왜냐하면 분석한 결과가 해탈解脫이나 열반涅槃으로 인도되고 인정되어야 하는 중요한 문제가 있기 때문입니다. 만약 오온의 분석 결과가 열반涅槃과 해탈解脫이라는 결과로 인도되지 못하고 인정되지 않았다면 이 분석은 그렇게 중요한 역할을 기대할 수 없는 것이라고 보아야 할 것입니다. 난해하기 그지없는 괴로움에 관한 이해에서 괴로움의 실체를 이해시키고 거기에서 벗어나야 하는 이유를 밝히는 데 채택된 이론, 오온이 아무런 역할을 가지지 않았다면 고따마 붓다가 자신의 가르침에서 교육 자료로 사용하지 않았을 것입니다.

이러한 이유로 한 번 더 오온에 관한 자세한 설명을 가질 필요가 있습니다. 오온의 이해를 돕는 다음과 같은 적절한 설명이 있습니다.

"오온五蘊, pañca-khandha이란 '인간의 존재를 구성하는 다섯 가지 요소가 모인 것'을 말한다. 그러면 인간의 존재를 구성하는 다섯 가지 구성 요소란 무엇인가? 이른바 색色, rūpa·수受, vedanā·상想, saññā·

행行, saṅkhāra·식識, viññāṇa이다. 색色, rūpa은 물리적인 형태, 즉 육체를 말한다. 수受, vedanā는 괴롭고苦·즐겁고樂·불고불락不苦不樂 등의 감수感受 작용을 말한다. 상想, saññā은 개념의 표상表象 작용을 말한다. 행行, saṅkhāra은 형성하는 힘이라는 뜻이다. 여기서는 특히 마음의 의지작용을 말한다. 식識, viññāṇa은 분별작용, 즉 인식 판단의 의식작용을 말한다. 요컨대 오온은 색色, 육체·수受, 감수 작용·상想, 표상작용·행行, 의지작용·식識, 의식작용을 일컫는다."197

이러한 오온의 작용들은 모두 오온의 각 기관의 기능을 유지하기 위해서 끊임없이 어떤 요구를 스스로 하게 되고 스스로 요구한 바를 해결하고 있는 것입니다. 이러한 것을 창조적이고 역동적이라고 표현할 수 있습니다. 또한 오온에서 일어나는 욕구나 요구는 표출되거나 감지되기도 하지만 그렇지 않을 경우도

197 마성스님(2018.4.18. 인북스) 『잡아함경 강의』. p.27.
오온五蘊에 대한 설명이다. [梵 pañca-skandha. 巴 pañca-kkhandha. 英 The skandhas, pañcakandha] 오취온五取蘊·오음五陰·오중五衆·오취五取라고도 한다. 인간이라고 하는 존재를 다섯 가지 요소로 분석한 것임. 오온의 '온蘊; skandha'은 '집적集積', '집합체集合體'를 의미 한다. 한역어漢譯語의 온蘊도 '모아 쌓은 것'. 곧 화합하여 모인 것을 의미한다. 인간은 곧 색色; rūpa·수受; vedanā·상想; saññā·행行; saṅkhāra·식識; viññāṇa의 다섯으로 구성되어 있다고 한다. 1.색色이란 물질이란 의미로서 우리의 신체를 말한다. 2.수受란 감수작용感受作用을 말한다. 즉 외부의 자극이나 대상에 대하여 감각感覺·지각知覺하는 것인데, 그 받아들이는 방법에는 괴로움苦·즐거움樂·괴롭지도 즐겁지도 않음不苦不樂의 3가지 종류가 있다. 쾌快·불쾌不快·그 어느 것도 아니라는 3가지가 있다. 3.상想이란 표상작용表象作用을 말하는데, 감수感受한 것을 색色이나 형태에 있어서 마음 안에 생각해 내고 표상表象하여 개념화하는 것이다. 대상은 꼭 외부만이 아니고, 기억의 내용 등도 포함된다. 4.행行이란 의지작용意志作用을 말하는데, 대상에 대하여 스스로의 의지에 따라 적극적으로 활동하는 작용, 혹은 넓게 잠재적인 형성력業을 가리킨다. 5.식識이란 식별작용識別作用을 말하는데, 종합적으로 판단·판별·구별하는 것을 말한다. 또 심작용心作用 전체를 통괄統括하는 활동도 있다. 우리 인간은 이와 같이 크게 나누면 색·수·상·행·식色·受·想·行·識 오온으로 구성되어 있는데, 색色은 물질의 면이고, 수상행식受想行識은 정신의 면이다. 김승동 편저(2011.8.10. 민족사) 『불교사전』. pp.798-799.

있습니다. 오온의 각 기관의 기능에서 보내진 정보는 수관기관에서 관념적으로 판단되어진 결과가 중요하고 중요하지 않다고 여기는 것에 따라 행行이 이뤄지기도 하고 그렇지 않기도 하기 때문입니다. 이러한 것은 모두 오온의 작용이고, 오온의 작용은 한 덩어리의 인격이 실생활에서 생명을 유지하는 작용을 하게 됩니다. 따라서 한 덩어리는 실생활에서 생명을 유지하는 작용이라는 행行으로 판단되는 창조적이고 역동적인 힘을 갖기 때문에 그 힘은 윤회輪廻로 이어지는 원동력에 속하게 되고 실지로 그것에 직접적인 동력이 되는 것입니다. 아울러 이것은 괴로움의 실체에 속해 있고 우리는 거기에서 괴로움의 실체에 관한 정보를 얻을 수 있게 되는 것입니다. 이러한 정보들은 고따마 붓다의 제자에게서 혹은 그의 가르침 안에서 유용한 설법자료로 사용되었습니다. 이러한 논리는 경장과 율장 그리고 논장을 대할 때에도 어떠한 기준점을 확보하게 되고, 특히 사마타와 위빠사나 명상에서도 그 명상에서 가장 중요하고 필요한 역할을 담당하는 자료와 요인으로 쓰이게 되는 것입니다. 예를 들면 명상할 때 명상의 주제가 '괴로움의 소멸법칙'이라는 것으로 정확히 정해진다는 것입니다.

여기 "오온五蘊, pañca-khandha의 작용에서 가장 특별하게 보아야 할 곳이 있다면 행行, saṅkhāra"이라고 단정한 사람이 있습니다. 그는 이 행行, saṅkhāra에 대해서 '역동적이고 창조적인 힘'[198]이라고까지 대단히 강하게 표현했습니다. 이것은 12연기에서 행行,

198 Rune E. A. Johansson. 박태섭 옮김(1996.10.26. 시공사) 『불교심리학』 The Dynamic Psychology of Early BuddhismGreat Britain ; Curzon Press Ltd, 1979의 번역본.

saṅkhāra의 설명을 통해서인데, 이때 그의 입장은 마냥 흥분되어 있으며 흥미롭기까지 느끼고 있던 부분입니다. 그는 연기에서 행行, saṅkhāra과의 모든 관계 즉 12연기의 조건들에 있어서 행行, saṅkhāra의 작용의 영향력이 미치지 않는 곳이 없음을 경험했기 때문이었을 것입니다. 그는 한순간 '연기의 이론과 실체가 가진 함정'을 수행자가 명상을 통해 경험한 것처럼 그도 경험한 것입니다. 여기서 함정이란 표현에 주목해야 합니다. 왜냐하면 연기의 함정은 삿된 견해로 인도되기 적당한 표상을 가진 이론이기 때문입니다. 오온의 실체를 가지고 아무런 제한 없이 들락거릴 수 있는 곳이 바로 연기의 표상 속이고 그것은 쉽게 연기의 함정으로 변할 수 있습니다. 여기에서는 종교적 사고나 관념 따위는 오히려 불필요한 것으로, 직접 그 경험을 한 번이라도 경험한 이들이라면 거기서 벗어나기 매우 어렵기에 함정이라고 표현한 것입니다.

그러나 이러한 연기의 함정에서 벗어날 수 있는 쉬운 방법이 하나 있습니다. 그것은 괴로움의 소멸법칙에 정통하였을 때 쉽게 벗어나게 됩니다. 한때 고따마 붓다는 숨바에서 세다까[199]라는 숨바들의 성읍에 머물렀습니다.[200] 이때 우다이 존자는 고따

---

199 Ee, Be에는 Setaka세따까로 나타나지만, 『상윳따 니까야』「세따까 경」(S47:19)과 「경국지색 경」(S47:20)에서 꼭 같은 지명이 Setaka세따까로 나타나고 있어서 Setaka세따까로 통일해서 옮겼다. 「자따까」(J.i.393)에는 Desaka데사까로 나타난다. 각묵스님 역(2009.11.5. 초기불전연구원) 『상윳따 니까야』 제5권 「우다이 경」. 주해208.

200 주석서에서는 숨바Sumbha에 대해서 이런 이름을 가진 지방jana-pada이라고만 언급하고 있으며(SA.iii.226), 세다까Sedaka에 대한 설명은 나타나지 않는다. DPPN도 별다른 설명을 하고 있지 않다. 주석서에서는 본경에 나타나고 있는 우다이

마 붓다에게 "오온의 전처前處를 보면서 괴로움의 진리를 알게 되었다"라는 내용인 '괴로움의 소멸'에 대해 말씀드리게 되었습니다. 이때 우다이 존자에게 고따마 붓다가 답변한 내용입니다.

"세존이시여, 그런 저는 빈집에 가서 이러한 취착의 대상이 되는 다섯 가지 무더기五取蘊가 솟아오르고 떨어지면서 전개되는 것을 보면서 '이것이 괴로움'이라고 있는 그대로 최상의 지혜로 알았습니다. '이것이 괴로움의 일어남'이라고 있는 그대로 최상의 지혜로 알았습니다. '이것이 괴로움의 소멸'이라고 최상의 지혜로 알았습니다. '이것이 괴로움의 소멸로 인도하는 도닦음'이라고 있는 그대로 최상의 지혜로 알았습니다."

"세존이시여, 그런 저는 법에 관통했고 도를 증득하였습니다. 그래서 제가 그대로 머무르면 '태어남은 다했다. 청정범행은 성취되었다. 할 일을 다 해 마쳤다. 다시는 어떤 존재로도 돌아오지 않을 것'이라고 스스로 꿰뚫어 알게 되었습니다. 그런 저는 이런 아라한의 경지로 인도하게 될 그런 도를 닦고 많이 공부해서 증득하였습니다."[201]

괴로움의 소멸법칙의 이해를 돕기 위한 또 다른 이론이 있습니다. 그것은 무아無我에 대한 이론이고, 공空에 대한 이론이며, 무상無常에 대한 이론입니다. 이러한 이론들이 사성제를 이해하는 데 도움이 되지 않는다면 아무런 소용이 없을 것입니다. 고따

존자āyasmā Udāyi에 대해서도 별다른 설명을 하지 않고 있다. 각묵스님 역(2009.11.5. 초기불전연구원) 『상윳따 니까야』 제5권. 주해209.

201 각묵스님 역(2009.11.5. 초기불전연구원) 『상윳따 니까야』 제5권 「우다이 경」. pp.338-339.

마 붓다는 어떤 경우에 무아無我와 공空과 무상無常 등에 대한 실상의 설명으로 괴로움의 실체를 보여주고 가르쳤습니다. 그리고 거기서 열반涅槃을 얻게 됨을 보여주었습니다. 어떤 경우에 이러한 이론이 소용되는지 우리는 알아보아야 합니다. 우선 무아無我에 대한 가르침을 살펴보도록 할 것입니다.

무아無我란 자아自我의 존재를 인정하지 않는다는 말입니다. 다시 말하자면 자아自我라고 하는 존재를 부정하는 것입니다. 자아自我에 대한 존재의 부정은 괴로움의 실체를 가장 투명하게 보여주고 그로 인해서 괴로움의 실체에 대한 버림의 작용이 어떤 역할로 나타나게 되는지의 설명이 가능하게 됩니다. 여기서 어떤 역할이란 괴로움의 실체를 깊게 인정하게 되고 그것을 통하여 열반의 길을 보게 되는 유익함이 일어나는 것입니다. 이러한 조건으로 인하여 크게는 생生·노老·병病·사死와 윤회輪廻하는 존재 속에서 벗어날 수 있게 되는 것입니다. 반면 자신이라고 하는 고집과 아만我慢의 집착으로 묶여 있는 사람들에게서는 일어날 수 없는 일입니다.

이러한 무아의 역할은 괴로움에서의 벗어남인 자유로움 또는 해탈이나 열반을 불러오게 됩니다. 그러나 자신이 가지고 있는 오온의 조건들을 자신이라고 강하게 집착하고 고집할 경우, 오온의 유지 상태의 정도에 따라 자아를 인식하는 차이가 있을 때 그에 따른 자아가 형성되는 것입니다. 왜냐하면 조건으로 형성된 오온의 본능적인 상태에서 자아가 형성되고 그 형성된 자아의 성향은 자신의 욕망과 탐욕에서 존재적 가치로 나타나게 될 것입니다. 그에게는 그것이 자유로움일 것이고 행복이고 즐거움이고 배신이고 실망이고 괴롭고 허탈함 등으로 일상생활에서 겪을 수 있는 모두를 경험하게 되는 것입니다. 그러나 무아의 입장에서는 그가 가진 자아라고 인정하는 모든 조건을 인정하지 않습니다. 고따마 붓다의 가르침에서는 생명이 있는 존재들이 겪는 괴로움은 자아라고 인정하는 존재에 대한 확신 때문이라고 했습니다. '존재에 대한 확신'은 무지와 집착에서 온다고도 했습니다. 무지란 자아라고 하는 고집에서 기인합니다. 윤회를 조장하는 것 또한 무명無明, avijjā과 갈애渴愛, taṇhā 때문이라고 하였습니다. 이러한 결과는 모두 다 '내가 있다'라거나 '나는 존재한다'라거나 '이것은 나이다'라거나 '이것은 내 것이다'라는 어리석은 판단 때문에 생기게 되는 심리현상인 것입니다.

그러므로 이것은 자아를 획득하는 세 가지 이유에 해당한다고 하는 것입니다. 어떤 방식으로든 자아를 주장하는 것은 62가지 사견에 해당하는 일이라고 고따마 붓다는 적당한 시간이 허락할 때마다 제자들에게 각인시켜 주었던 중요한 가르침입니다. 다음은 고따마 붓다가 뽓타빠다[202]에게 가르친 자아를 획득할 수 있는 경우를 세 가지로 요약해 설명한 내용입니다.

---

202 유행승 뽓타빠다는 초기경전 가운데서 오직 『디가 니까야』의 「뽓타빠다 경」에서만 언급된다. 이 경에서 뽓타빠다는 고따마 붓다에게 많은 질문을 한다. 그리고 그 질문에 대한 자세한 답변을 하는 것은 고따마 붓다이다. 무아의 문제, 인식의 문제, 무기적인 내용 등이다. 그러나 외도 유행승 뽓타빠다는 거창하고 깊은 질문에 비해 고따마 붓다의 설법에 대한 이해의 부족을 보인다. 각묵스님 역(2006.1.5. 초기불전연구원) 『디가 니까야』 재인용.

"뽓타빠다여, 나는 세 가지 자아自我의 획득이 있다고 말한다. 그것은 첫째 거친 자아自我의 획득, 둘째 마음으로 이루어진 자아의 획득, 셋째 물질이 아닌無色 자아自我의 획득이다.[203]

뽓타빠다여, 그러면 무엇이 거친 자아自我의 획득인가? 거칠고 물질로 되었고 네 가지 근본물질四大로 이루어졌고 덩어리로 된 음식을 먹고 사는 것, 이것이 거친 자아自我의 획득이다. 무엇이 마음으로 이루어진 자아自我의 획득인가? 물질을 가졌고 마음으로 이루어지고 모든 수족이 다 갖추어지고 감각기능根이 결여되지 않은 것, 이것이 마음으로 이루어진 자아自我의 획득이다. 무엇이 물질이 아닌無色 자아自我의 획득인가? 무색이요. 인식으로 이루어진 것, 이것이 무색의 자아自我의 획득이다."

"'뽓타빠다여, 나는 거친 자아自我의 획득을 버리기 위해 법을 설한다', '나는 마음으로 이루어진 자아自我의 획득을 버리기 위해 법을 설한다', '나는 물질이 아닌 자아自我의 획득을 버리기 위해 법을 설한다.'"

"뽓타빠다여, 그런데 그대에게는 이런 생각이 들지도 모른다. '오염된 법들을 버리게 될 것이고 깨끗한 법들을 증장하게 될 통

---

203 1. 거친 자아의 획득이란 무간지옥에서부터 타화자재천에 이르는 욕계의 존재에 해당하고, 2. 마음으로 이루어진 자아의 획득이란 초선의 경지인 초선천으로부터 시작해서 색구경천의 범천의 세상에 이르기까지 색계의 존재에 해당하고, 3. 물질이 아닌無色 자아의 획득이란 공무변처의 범천의 세상으로부터 비상비비상처의 범천의 세상까지 무색계의 존재에 해당된다.(DA.i380). 숙고해보면, 세 가지 자아의 획득이란 현실에 존재하는 오온五蘊에서 찾아도 충분한 근거를 확보할 수 있다. '1. 생명의 존재가 눈으로 확인되고 함께하며 느끼는 모든 것, 이것이 거친 자아의 획득이다. 2. 무엇이 마음으로 이루어진 자아의 획득인가? 육체적인 모든 기능을 심적인 영역 안에서 움직이고 생활하는 것, 이것이 마음으로 이루어진 자아의 획득이다. 3. 무엇이 물질이 아닌無色 자아의 획득인가? 무색인 인식의 세계로 이루어진 것, 이것이 무색의 자아의 획득이다'라고 대변된다.

찰지의 완성과 충만함을 지금·여기에서 스스로 최상의 지혜로 알고 실현하고 구족하여 머물 것이다. 그러나 그런 머묾은 괴로움일 것'이다."

자아自我를 형성形成하고 인식認識하고 고집固執하고 집착執着하는 것은 '괴로움苦이며 괴로움의 일어남集'이라고 가르침을 받아서 오염된 법들을 버리고 깨끗한 법들을 증장하여 통찰지의 완성과 충만함을 지금·'여기에서 스스로 최상의 지혜로 알고 실현하고 구족하여 머물지만, 그 머묾 자체가 괴로움이라면 어떻게 할 것인가?'라고 뽓타빠다가 생각할 수도 있다는 이야기입니다. 그래서 고따마 붓다는 '그러한 염려는 하지 않아도 된다'라고 하면서 다시 다음과 같은 가르침을 이어갑니다.

"뽓타빠다여, 그러나 결코 그렇게 여겨서는 안 된다. 그대가 이대로 도를 닦으면 오염된 법들을 버리게 될 것이고 깨끗한 법들을 증장增長하게 될 것이며 통찰지의 완성과 충만함을 지금·여기에서 스스로 최상의 지혜로 알고 실현하고 구족하여 머물 것이다. 그러면 환희가 있을 것이고 희열과 경안과 마음챙김과 알아차림이 있을 것이다. 그런 '머묾'이야말로 진정한 행복이다."

자아에 관한 오염된 법들에서 벗어나는 깨끗한 법들을 증장함으로써 벗어남의 이익과 유익함에 대해서 법을 설한 내용입니다. 이러한 이론은 일반인들에게 있어서 또는 자신을 주장하는 이들에게는 충분히 이해되지 않을 것입니다. 왜냐하면 자신의 일생을 통해서 자신이 가지고 있는 것이거나 자신에게 해당한 모든 일은 자신과 연관되어 있고 자신에게서 비롯되었거나 자신만이 가질 수 있는 일에서 자기 자신을 인정하지 않는 일이기 되기 때문일 것입니다. 또한 그들은 자신과 상관없다고 여기는 것들까지도 자신과 무관한 것이 아니라고 여길지 모릅니다.

이러한 사람들이 살아가는 방법은 계속 윤회적 요소를 생산해 내는 일뿐입니다. 여기저기 삼계의 악처나 선처를 옮겨 다니면서 삶을 영위하거나 다른 인연을 또 만들고 다른 터전을 개척해 내는 것입니다. 이것은 오온으로 이뤄진 자아라고 주장하는 자신이 만들어내는 자신의 세계인 것입니다. 이것은 또한 질기고 단단한 집착과 탐욕과 자아라고 인정되는 세계를 창조하고 보존하는 데 온 힘을 기울입니다. 자아는 창조적이고 역동적인 성향이나 특별한 재능 등으로 인해 인격이 형성되는데 이러한 각자의 세계는 천차만별로 발전하고 개발되고 진행하게 됩니다. 이렇게 형성되고 집착하는 자아에 관해서 스스로 인정한 이들에게는 자기 자신을 무아라고 하는 것은 이해되기 어렵고 무아가 이해되지 않은 사람은 괴로움의 문제가 더욱 난해하게 다가올 수밖에 없을 것입니다.

그래서 고따마 붓다는 공空이나 무상無常에 관한 이론을 덧붙여 괴로움을 설명하게 되는 것입니다. 무아·공·무상 등의 이론이 왜 괴로움에 대한 이해를 돕는 설명이 되는지 그 이유만 알게 되어도 사성제의 이해는 충분히 이루어질 수 있습니다. 지금 앞에서 설명한 이 내용은 참으로 중요합니다. 괴로움의 소멸법칙인 괴로움의 이해를 통해서 열반涅槃을 증득하려는 사람들에게 더욱 필요한 설명이기 때문입니다.

『상윳따 니까야』[204]에서는 '나는 있다'라는 것은 '사랑하는 것'이라고 했습니다. 이런 성향의 이론은 인식에 관련된 것입니다. 오온에 대한 모든 기능의 인식에서 가질 수 있는 주장들은 좋은 주장이건 나쁜 주장이건 아니면 긍정적인 주장이든 부정적인 주장이든 '나를 사랑하고, 동요하고, 자만에 빠진 것'이라고 한 것입니다. 여기서 사랑하고 좋아하는 것 역시 괴로움의 소산임을 알아야 합니다. 괴로움에 관한 이러한 이해는 총체적으로 열반을 얻는데 유익한 의미를 갖는 것입니다.

괴로움의 소멸에 관한 이야기는 또 있습니다. 공空과 무아無我라는 소재입니다. '고·공·무아의 관계는 무상無常입니다. 무상한 것은 괴로움苦'이라고 결론지어진 줄거리의 내용으로 초기경전에 많이 나오는 가르침의 소재입니다. 모두 괴로움의 이해를 돕기 위해서입니다. 아직도 괴로움과 괴로움의 일어남과 괴로움의 소멸에 관해 이해되지 않는 이들이 있다면, 다시 공과 무아에 관한 이야기를 꺼낼 수밖에 없습니다. 그러나 이미 공과 무아에 관한 내용의 이야기는 어떤 형식으로든 지금까지 쭉 써 내려온 문장의 내용이나 인용문에서 나타내었습니다. 그러므로 별도로 공과 무아에 관해 기술하는 것은 괴로움의 성향의 한계를 나타내기 위한 작업일 수 있는 것입니다. 오온이 가진 모든 기능과 상대적인 반작용의 결과물, 혹은 모든 오온의 영역 안에서 괴로움이라고 인정되지 않는 것은 없기 때문입니다. 이런 괴로움에 관한 올바른 견해를 끌어내려는 수단과 방법은 이미 고

204 각묵스님 역(2009.11.5. 초기불전연구원) 『상윳따 니까야』 제4권. pp.421-424.

따마 붓다에 의해서 강구되고 실천되고 제시되고 표현되었습니다. 그러나 현재의 사람들은 '이해의 장애'로 뒤덮여있기 때문에 괴로움과 괴로움의 일어남과 괴로움의 소멸에 대한 실체를 보지 못합니다. 여기에서의 실체란 실재라고 인정되는 괴로움의 실체實體를 말하는 것입니다.

고따마 붓다는 이러한 괴로움의 실체實體를 공과 무아의 이론을 통해 설명하여 괴로움의 실체를 이해하도록 이끌었고 아울러 괴로움에서 벗어날 수 있는 실천으로 가는 가르침을 폈습니다. 그러나 간혹 어떤 사람들은 이러한 가르침의 내용을 자신의 관점에서만 표현하고 있는 경우가 종종 있습니다. 예를 들면 '공사상空思想'과 '무아사상無我思想' 혹은 윤회사상輪迴思想 등의 견해라고 하는 것인데. 괴로움의 소멸법칙에서 공사상이나 무아사상이나 윤회사상輪迴思想 그 어떤 역할도 기대할 수 없습니다. 다만 괴로움의 소멸법칙에서 학습자료의 역할로 규정된 것이라고 인정되어 있을 뿐입니다.

고따마 붓다의 가르침의 영역에서 '연기사상緣起思想'이니 '윤회사상輪迴思想'이니 '무아사상無我思想'이니 '공사상空思想'이니 하는 것에서 그 관점에 따라 거기에 관한 어떤 역할을 찾지 못한다면 아무런 쓸모없는 공론에 불과합니다. 왜냐하면 그러한 사상思想이라고 단정 지은 것들은 열반涅槃으로 인도할 수 있는 '결과'가 존재하지 않기 때문입니다. 여기서 나타낸 '결과'란 사성제를 설명하고 이해할 수 있는 역할을 말하는 것입니다. 그래서 괴로움의 소멸법칙의 가르침의 영역에서 '연기사상緣起思想'이니 '윤회사상輪廻思想'이니 '무아사상無我思想'이니 '공사상空思想'이니 하는 관점에 따라 아무리 이론을 정립해도 끝도 없는 공론에 그치고 마는 것입니다. 그래서 결국 거기에서는 사성제의 괴로움이란 주제 설명이 가능할 수 없으며 결론 역시 열반이나 해탈로 다다를 수 없게 되는 것입니다.

다시 정리해 보겠습니다. 사성제의 설명에서 사성제의 주제인 괴로움의 '설명을 돕기 위한 소재'로 쓰인 것에는 연기緣起·윤회輪廻·공空·무아無我·무상無常 등이 그 자료입니다. 이것은 모두 인간의 내외적 삶에서 종교적 권위처럼 한 소재의 이론만 가지고도 어떤 사상적 관념의 세계를 꾸밀 수 있는 것들입니다. 그러므로 이러한 이론을 괴로움을 이해하는 설명 소재로 쓰기 위해서는 거기에 어울리는 이론을 형성하지 않으면 고따마 붓다가 가르친 교리구조에서 충돌하는 현상이 일어나게 될 것입니다. 이것은 또한 고따마 붓다의 교설에서 괴로움의 문제를 이해시키기 위한 '설명적인 역할의 영역'을 어떠한 사상思想으로 발전시킨 점에서 커다란 실책이 되는 것입니다. 이러한 실책은 또 다른 실책을 수없이 만들어내는 것입니다. 그중에 『아비담마』나 『청정도론』의 명상과 이론서에서 설명으로 나타나는 곳을 보면 고따마 붓다의 가르침에서 벗어나 있음을 볼 수 있습니다. 특히 연기와 윤회의 명상이나 오온의 명상에서 그러한 원인을 쉽게 발견하게 됩니다. 아마도 논모論母, mātika[205]의 활동이 시작될 때

205 논모論母, mātika ; 번역하여 본모本母. 논본모論本母, Abhidhamma 스리랑카의 대사파大寺派에서는 특히 법집法集, Dhamma-Saṅgani, 팔리칠론의 하나의 4권에 수록된 122門을 시설하여 보여주고 이것을 논본모論本母 또는 본모本母, mātika라고 했다. 경법境法을 분별 관찰

부터 고따마 붓다의 가르침은 점점 정통성을 잃어가고 있었던 것이 아닌가 여겨집니다. 그런 이유에서 괴로움의 소멸법칙의 가르침에 대한 실체를 파악할 수 없는 설명이 난무하게 된 것입니다. 이것은 분명 고따마 붓다의 가르침에 대한 주제의 관점을 벗어난 경우라고 할 수 있습니다. 또한 이것은 고따마 붓다의 가르침에 정통을 세우는 일에서 큰 장애이고, 불행이고, 유사정법類似正法이 생겨나는 최초의 상황이라고 여겨지는 것입니다.

이처럼 불교의 역사에서 발전해온 두 가닥의 불교가 있습니다. 상좌부불교上座部佛敎와 대승불교大乘佛敎가 그것입니다. 상좌부불교는 남방南方을 중심으로 전해지면서 고따마 붓다의 정통 맥을 잇는 승가를 구현했고, 대승불교는 중국을 통해 한국과 일본에까지 전파되었습니다. 또한 대승은 밀교密敎로 발전하는 새로운 역사를 가지게 되었습니다.

라. 도성제道聖諦

도성제道聖諦는 팔정도八正道, 八支聖道; ariya aṭṭhaṅgika magga를 말합니다. '괴로움의 소멸로 인도되는 여덟 가지 구성요소의 성스러운 도닦음'이라고 하는 것입니다. 팔정도는 사성제의 네 번째의 항목이며 사성제의 주제인 괴로움의 실체를 깨달음으로 얻고 난 후

하는 기준으로 삼음. 122문門을 크게 나누면 삼취三聚 22문門과 2취聚 100문門의 2류가 있음. 한국불교대사전편편집위원회 編(1982.9.15. 명문당) 『불교대사전』 제1권. p.555. 그러나 그 이전에도 논모의 역할을 확인할 수 있는 곳을 관찰해 보면 고따마 붓다의 가르침에 관한 정통성을 벗어나고 있음을 발견할 수 있다.

형성된 열반涅槃적 행行의 조항을 말합니다. 부연하여 설명하자면 괴로움의 소멸법칙에서 괴로움의 실체를 보고 깨달음을 얻은 자가 열반이라고 하는 기준에 따라서 자신의 삶에서, 직접 실천을 통해 생사生死와 윤회의 괴로움의 단절을 보여주는 생활방식입니다. 그러므로 팔정도의 올바른 이해야말로 고따마 붓다의 근본 가르침에 의해 깨달음을 얻고 깨달음에 반하지 않는 붓다의 삶을 이어갈 수 있는 근본이 됩니다. 그래서 괴로움의 소멸법칙을 통한 가르침에서의 올바른 이해는 그만큼 중요한 것입니다. 사성제의 이해가 곧 괴로움의 총체적인 이해입니다. 그래서 사성제는 언제나 올바른 이해를 통해서만 깨달음이 완성됩니다. 또한 사성제는 고따마 붓다의 가르침의 일체라고 할 수 있습니다. 여기서 일체라고 함은 전체라는 뜻으로 37보리분법菩提分法, bodhipakkhiyā dhammā[206]도 여기에 다 포함된 가르침이라고 할 수 있습니다. 37보리분법이 어떻게 사성제의 가르침에 통섭되고 있는지는 뒤에 별도로 설명하게 됩니다. 그만큼 사성제의 교의가 중요하고 광범위하고 모든 교리의 중심이 되는 것입니다. 팔정도는 사성제의 괴로움의 가르침에서 괴로움을 있는 그대로 꿰뚫어 이해하고 열반涅槃을 증득한 사람이 열반의 삶으로 반열반般涅槃 때까지 안전하게 인도하는 덕목이라고 할 수 있습니다.

다시 강조하지만 팔정도八正道, 八支聖道; ariya aṭṭhaṅgika magga에 대한 완벽한 이해는 사성제 안에서 사성제의 주제인 괴로움의 문제가 꿰뚫어 이해되었을 때 이뤄집니다. 아울러 이 사람에게는 그

206 각묵스님 역(2009.11.5. 초기불전연구원) 『상윳따 니까야』 제5권 해제. pp.43-45에서 소개. 자세한 내용은 본서 '통섭된 가르침'의 설명에서 나타남.

깨달음에 어울리는 삶이 자연스럽게 일어나고 비로소 그에 합당한 역할八正道이 완성되는 것입니다. 팔정도란 괴로움·괴로움의 원인·괴로움의 소멸을 꿰뚫어 이해하여 열반을 증득한 사람이 자연스럽게 얻어지는 열반涅槃의 삶의 길입니다. 즉 이것은 반열반般涅槃 이전에 '마음챙김과 알아차림'[207]의 문제로써 아직 오온의 삶이 끝나지 않은 사람에게 오온에서 일어나는 모든 기능의 역할을 열반涅槃의 삶의 상태가 유지될 수 있도록 살아가기 위한 여덟 가지 성스러운 덕목입니다.

그런데 이런 것을 두고 "'부처님의 최초의 설법은 팔정도다'라고 한다든지 '팔정도는 최초설법이요 최후설법이다'"[208]라고 하는 것은 사성제의 이해를 벗어난 말이 됩니다. 또한 "'팔정도는 중도이다'라고 하며 '중도中道의 가르침은 부처님 최초의 설법이다. 위에서 인용한 「초전법륜경」에서 보았듯이 중도는 팔정도이다'"[209]라고 하는 팔정도에 대한 어설픈 설명이나 표현은 '여덟 가지의 성스러운 바른길'인 팔정도의 조항에서도 올바른 이해가 서 있지 않은 경우의 설명이라고 할 수 있습니다. 왜냐하면 팔정도가 어디에 적합한 올바른 덕목인지 합당한 역할을 모르기 때문일 것입니다. 이러한 이들이 팔정도에 대한 중도를 아무리 설명해도 듣고 있는 사람이 도무지 이해할 수 없을 것이며, 설명하는 쪽에서도 자신이 하는 이야기가 무슨 뜻인지 모를

207 여기에서의 '마음챙김과 알아차림'은 열반涅槃을 증득한 이가 '열반생활涅槃生活'에 합당한 '괴로움의 소멸로 인도되는 여덟 가지 성스러운 도닦음의 구성요소八支聖道를 뜻함.

208 각묵스님 역(2009.11.5. 초기불전연구원) 『상윳따 니까야』 제5권 해제. pp.45-47.

209 각묵스님 역(2009.11.5. 초기불전연구원) 『상윳따 니까야』 제5권 해제. pp.49-54.

것입니다. 이것은 또한 팔정도를 설명하는 자신이 팔정도에 대한 올바른 이해가 서 있지 않았을 뿐만 아니라 괴로움의 소멸법칙을 꿰뚫어 이해하고 있는 상태가 아니기 때문일 것입니다.

또한 어떤 이들은 팔정도를 일반 도덕적인 관념과 사고에서 이해를 구하는 수가 종종 있습니다. 이렇게 되었을 때, 몇 가지의 혼돈이 일어나게 됩니다. 첫째는 사성제의 소멸법칙에서 얻어진 교리구조가 팔정도의 여덟 가지 성스러운 요소들과 충돌이 예상되며, 두 번째는 팔정도만 따로 분류해서 이해하고 설명하게 되어 괴로움의 소멸법칙과 역시 충돌하게 되는 것입니다. 이것은 팔정도를 잘못 이해하거나 사성제를 잘못 이해했거나 팔정도와 사성제의 관계 설정이 분명하지 않았을 경우입니다. 이런 사람으로서는 사성제와 팔정도의 관계에서 서로 이해관계가 성립된 연결고리를 찾지 못하는 심각한 상황을 연출할 수밖에 없는 것입니다. 만약 자기 자신이 이러한 입장인 사람이라면 사성제나 팔정도에서 이해는 물론이고 깨달음이 없다고 단정해야 할 것입니다. 그래서 팔정도는 도덕적인 개념이나 혹은 수행차제修行次第로서의 수행덕목으로 여기는 것은 이해의 관계에서 최악이라고 할 수 있습니다. 대승에서 보림保任, 保護任持[210]이라는 용어가 있습니다. 이 용어는 깨달음을 얻은 이가 깨달음을 얻고 난 후에 깨달음의 완벽을 더 연마한다는 뜻으로 쓰이는 술어입

210 보림保任, 保護任持은 깨친 이 후의 지혜를 닦는 과정. 또는 깨달음을 더욱 연마하고 단련시키는 과정. 보호임지保護任持는 깨달을 얻은 사람이 안으로 자성自性이 요란하지 않게 잘 보호하고 밖으로는 경계에 부딪쳐도 유혹 당하지 않게 잘 지켜나가는 것을 말한다. 점수漸修와 같은 뜻. 김승동(2011.8.10. 민족사)『불교사전』= 팔정도의 생활.

니다. 이처럼 팔정도에 관한 이해도 깨달음을 얻은 후의 그와 같은 것이다라고 이해할 수 있습니다. 그래도 만약 팔정도를 두고 '깨달음을 얻기 위한 도닦음'이라고 한다면 고따마 붓다의 가르침에서 가장 중대한 실수를 저지르게 되는 순간이라고 할 수 있습니다. 그러므로 팔정도를 서술할 때 팔정도가 '깨달음으로 인도하는 도닦음'이라고 하면 잘못 표현한 말이 됩니다. 이러한 오류는 수평적 또는 수직적 교육으로 전해져 이미 결과론적 입장에서 내세운 그대로를 후학이 그대로 다시 받아 사용한 데서 오는 오류에 불과한 것입니다. 이러한 이해 때문에 고따마 붓다의 모든 교의가 올바르게 설정될 수 없고, 올바르게 이해되지 않게 되는 것입니다. 그리고 그것은 통섭이나 통합이나 총체적으로 이해해야 할 당위성도 사라지고 마는 것입니다. 마치 코끼리 구경 다녀온 장님들과 같이 각각 자기가 만져보았던 부분의 모양만 이야기하는 꼴입니다.

고따마 붓다의 괴로움의 소멸법칙의 가르침 중에서 가장 기본이 되고 기초가 되고 중심에 세워놓아야 할 사성제를 이런 식으로 치부해버린다는 점은 아예 생사와 괴로움과 윤회의 단절의 길을 철통같이 차단해버리겠다는 의도이거나 고따마 붓다의 가르침이 필요하지 않다는 의도로 여겨지는 것이 되고 마는 것입니다. 만약 고따마 붓다가 재세시在世時에 자신의 교의를 이와 같이 이해하고 있는 제자가 있었다면 그는 그 제자를 불러 앞에 앉혀놓고서 분명히 이렇게 질책하였을 것입니다. '이 쓸모없는 인간이여, 그와 같이 말하지 마라. 언제 누구에게 내가 그렇게 말한 적이 있었느냐? 그 문제는 그렇게 생각하면 안 된다. 바로 이렇게 생각하고 말해야 옳다. …'라고 단박에 지적했을 것입니다.

그러면 팔정도를 어떻게 표현해야 올바르게 표현한 것인지 서술하도록 할 것입니다. 이미 앞서 잘못된 표현을 지적한 설명에서 팔정도에 관한 오류를 올바르게 표현했습니다. 팔정도의 설명에서 이해의 오류를 지적한 부분에 담겨있는 올바른 표현은 이렇습니다.

"깨달음의 길로 인도하는 여덟 가지 구성요소를 가진 성스러운 도닦음"

이라고 해야 할 것입니다. 여기서 표현된 문장의 뜻은 절대로 앞서 팔정도를 표현했던 문장과 다른 뜻이 되는 것입니다. 전자는 도덕적이고 초심 출가자에게 필요한 수행 체계적인 뜻에서의 팔정도의 설명이고 후자는 사성제의 주제인 괴로움의 가르침을 통해 정견의 견해를 갖춘 자가 열반의 견해를 가진 삶의 입장에서 열반행涅槃行=佛行으로 반열반般涅槃할 때까지 자신을 인도하는 삶의 방식을 뜻한 것입니다.

또 다른 잘못된 경우가 한 가지 더 있습니다. 이것은 팔정도를 일반 도덕적 관념과 사고를 통해 이해하는 사람들의 경우인데, '팔정도를 수행의 덕목으로 삼고 실천해야 한다'라고 생각하고 있는 사람들입니다. 이러한 경우에서도 절대적으로 사성제를 꿰뚫어 이해하지 못하는 사람이라고 단정하게 되는 것입니다. 왜냐하면 이러한 사람들은 팔정도와 사성제의 관계에서 같은 범주에 속한 가르침이라는 것에서 돌이킬 수 없는 충돌을 일으키고 있기 때문입니다. 이것은 사성제를 전혀 이해하지 못하는 사람의 '상상적 이해[211]'에 불과한 것입니다. 이 '상상적 이해'는 사성제의 가르침에서 꿰뚫어 이해한 사람에게는 절대 인정되지 않는 결과를 가져오는 것입니다. 또한 이것은 자신만의 이해에서 이루어진 결과라고 할 수 있습니다. 그러므로 어떤 문제의 오류나 잘못된 판단은 그 문제가 정상적으로 이해되었을 때 그 문제가 해결되는 것입니다. 진리에 대한 깨달음에서 더욱 중요한 부분이라고 할 것입니다. 고따마 붓다 자신도 자신의 어떤 가르침을 제자들에게 알려주면서 이렇게 말한 적이 있습니다. "이런 경우가 있을지 모를 것"이라고 염려한 다음과 같은 일화에서입니다.

> "아난다여, 생계에 관계된 것이나 빠띠목카比丘戒目에 관계된 분쟁은 오히려 사소한 것에 지나지 않는다. 아난다여, 그러나 도八正道나 도닦음에 관해서[212] 승가에서 분쟁이 일어난다면 그런 분쟁은 많은 사람에게 이익이 되지 못하고 많은 사람에게 행복이 되지 못하고, 많은 신과 인간들에게 손실과 손해와 괴로움을 가져올 것이다."[213]

---

211 '관념적인 이해'는 '상상적 이해'라고 표현될 수 있다. 좀 더 강하게 오류의 문제를 지적하기 위해서이다. 이 오류의 부분은 고따마 붓다의 교의를 바르게 이해하고 열반을 증득하는데 매우 중요한 단서이다. 이러한 단서가 소실되거나 치부되거나 간과되는 일은 불교의 쇠퇴로 이어질 수 있기 때문이다.

212 "'도magga나 도닦음paṭipadā에 관해서'라고 했다. 출세간도lokuttara-magga를 얻으면 분쟁이란 것은 완전히 가라앉기 때문에vūpasammati 도를 얻은 자에게는 분쟁이 없다. 그러나 예비단계의 도pubbabhāga-magga나 예비단계의 도닦음pubbabhāga-paṭipadā과 관련하여 이것을 말하였다."(MA.iv.39)

213 대림스님 역(2012.10.10. 초기불전연구원) 『맛지마 니까야』 제3권. p.650.

사성제의 올바른 이해나 오류는 모든 교의에 영향을 주게 됩니다. 37보리분법菩提分法의 끝을 장식하는 팔정도의 가르침에서 더욱 그렇습니다. 고따마 붓다의 생사와 괴로움과 윤회에서 벗어나는 가르침을 자세히 듣거나 보지 않은 이들의 잘못된 판단은 어느 것 하나에서도 바른 이해나 바른 수행을 갖지 못하게 되는 것은 이런 이유 때문입니다. 그래서 이들에는 그들 나름대로 특징이 있습니다. 바로 모든 고따마 붓다의 교의에서 자기 자신의 입장만으로 '상상적 이해' 또는 '관념적 이해'를 하고 있기 때문입니다. 이것은 고따마 붓다의 가르침에서 자세한 설명을 듣거나 분석의 과정을 따르지 않고 자신의 판단에서 고집이 생긴 경우라고 할 것입니다. 또한 실증과 고증이 없는 경우라고 할 수 있습니다. 불교는 언제나 고따마 붓다의 가르침을 표방하는 것이어야 합니다. 그러나 이런 경우 고따마 붓다의 가르침을 받지 못했거나 이해할 수 없거나, 이해가 멀어졌거나, 스스로 가르침을 외면한 결과라면 그 사람은 불교교단 안에서 아무것도 할 수 없을 것입니다.

만약 이러한 오류의 문제를 올바로 고칠 수 있는 곳이 있다면 고따마 붓다의 가르침 안에서뿐입니다. 특히 사성제 안에 있고 다른 곳에서는 찾아볼 수 없습니다. 이러한 문제 역시 가장 쉽게 생각하는 곳[214]에 함정이 있고, 이해에서의 벗어남이 있고,

---

214 이 문제가 사성제四聖諦를 어떻게 다루고 이해하느냐에 따라서 가르침의 정도正道를 발견할 수 있다고 규정하고 천명한다. 흔히 대승大乘에서 훈육되거나 교육받은 사람들 대부분이 다 사성제四聖諦에 어둡다. 오히려 멀리 하려거나 외면하는 경향이 있다. 대승大乘에서 고따마 붓다의 가르침을 소승小乘이라고 폄하한 결과이다. 아래의 주해를 보면 금방 알 수 있는 결과이고 판단되는 일이다. 분명 여

이해의 장애가 곳곳에 도사리고 있는 것입니다. 가르침을 정중하게 받아들이고, 쉽고 가볍게 생각하지 말고, 놓아버리지 말아야 합니다. 이것은 사성제에 관한 이해와 관심 정도를 말한 것입니다.

'무학無學의 열 가지'에 대한 설법에서 팔정도가 아라한과阿羅漢果를 증득한 사람이 가지는 최상의 길임을 밝히고 있습니다. 무학無學은 사성제를 있는 그대로 꿰뚫어 이해하여 열반을 증득한 이를 말합니다. 곧 아라한阿羅漢을 말하는 것입니다.

> "밧달리여, 이와 같이 열 가지 법들을 구족한 비구는 공양받아 마땅하고, 선사 받아 마땅하고, 보시받아 마땅하고, 합장받아 마땅하며, 세상의 위없는 복전福田이다. 무엇이 열 가지인가?
>
> 밧달리여, 여기 비구는 무학無學의 바른 견해[215]를 구족한다. 무학의 바른 사유를 구족한다. 무학의 바른말을 구족한다. 무학의 바른 행위를 구족한다. 무학의 바른 생계를 구족한다. 무학의 바른 정진을 구족한다. 무학의 바른 마음챙김을 구족한다. 무학의 바른 삼매를 구족한다. 무학의 바른 지혜를 구족한다. 무학의 바른 해탈을 구족한다"[216]

기서 사성제四聖諦 안의 도성제道聖諦는 '무학無學의 바른 견해, 무학의 바른 사유 …' 등으로 표현한 것을 보아도 알 수 있다.

215 "'무학無學의 바른 견해asekhā sammādiṭṭhi'란 아라한과arahatta-phara의 바른 견해를 말한다. 이것은 바른 사유부터 바른 해탈까지에도 모두 적용된다."(MA.iii.163) 대림스님(2010, 3쇄 2012. 초기불전연구원) 『맛지마 니까야』 제2권. pp.561–562. 주해692.

216 이 열 가지는 팔정도八正道에다 바른 지혜sammā-ñāṇa와 바른 해탈sammā-vimutti을 더한 것이다. 『상윳따 니까야 주석서』는 "바른 지혜를 가진 자란 바른 반조paccavekkhaṇa의 지혜를 가진 자이고 바른 해탈을 가진 자란 벗어남출구, niyyānika인

이상으로 팔정도가 '무학無學의 바른 견해見解'임이 입증되었고, 사성제의 괴로움의 이해와 관련된 열반의 증득 뒤에 오는 무학無學의 올바른 길임이 밝혀진 셈입니다. 거듭해서 주장할 수 있는 것은 사성제를 통해 열반을 성취하여 과위果位에 오른 아라한이 반열반般涅槃할 때까지의 삶의 방식으로 팔지성도八支聖道를 불행佛行이라고 단정할 수 있는 것입니다. 아라한阿羅漢·무학無學·열반涅槃을 성취한 자는 '무학無學의 바른 견해'로 팔정도의 길을 구족하거나 열 가지의 법[217]을 구족하게 됨을 밝히고 있는 것입니다.

과를 통한 해탈을 구족한 자이다."(SA. ii.152)라고 설명하고 있다. 19가지 반조의 지혜paccavekkhaṇa-ñāṇa는 대림스님(2010, 3쇄 2012. 초기불전연구원) 『맛지마 니까야』 제1권 「역마차 교대 경」(M24) §2의 주해.

이후以後에 주해는 필자의 견해로 본 바에 의하면, '무학無學의 바른 견해見解'란 입장에서 상당히 어긋난 분석에 해당된다고 여겨짐.

『맛지마 니까야』를 암송하는 자들은 이 열 가지는 도의 경지magga를 나타낸다고 주장하고 나머지 세 니까야를 암송하는 자들은 이 열 가지는 과의 경지phala를 나타낸다고 주장하고 『맛지마 니까야 주석서』는 소개하고 있다.(MA.iv.135).

『맛지마 니까야』의 이곳에서도 이 열 가지는 무학의 바른 견해 등으로 무학이 갖추는 것으로 나타나고 있으며 『맛지마 니까야』 제3권 「사마나만디까 경」(M78) §14에서도 마찬가지이다. 『맛지마 니까야』 제4권 「위대한 마흔 가지 경」(M 117.iii.76) §34에서도 유학들은 바른 견해로부터 바른 삼매까지 여덟 가지 구성요소를 갖추고 있고, 무학인 아라한들은 바른 지혜sammā-ñāṇa와 바른 해탈sammā-vimutti까지 갖추어서 모두 열 가지 구성요소를 구족하고 있다고 한다. 이처럼 이 열 가지는 무학인 아라한이 갖추는 것으로 경들 특히 『맛지마 니까야』의 경들에 나타나고 있다.

그런데 『상윳따 니까야』 제6권 「아나타삔디까 경」1(S55:26) §10에서는 예류자預流者인 급고독 장자도 이 두 가지를 갖추어 열 가지를 갖춘 것으로 나타나고 있다. 대림스님(2010, 3쇄 2012. 초기불전연구원) 『맛지마 니까야』 제2권. pp.561-562. 주해693.

217 이 책을 쓰면서 가장 희열을 느낀 참고문헌의 인용문구이다. '무학無學의 바른 견해'로 시작하는 팔정도八正道를 포함한 '두 가지의 바른 길'을 합친 '십정도十正道'이다. '십정도十正道'란 말은 필자의 표현이다. 사성제四聖諦를 통해 깨달음을 얻은 자는 열반의 길이 확실하게 보인다. 그 길은 팔정도八正道라고도 할 수 있고 십정도十正道, 이십정도二十正道, 백정도百正道, 만정도萬正道의 길도 가능할 것이다. 왜냐하면, 사성제를 통해 열반을 성취한 아라한이 반열반 때까지의 생활에서 가지는 '바른생활의 모든 것'이기 때문이다. '바른생활의 모든 것'은 '열반적涅槃的 삶'을

이러한 고찰 혹은 분석을 통해서 고따마 붓다가 설한 법들은 모두 사성제 안에 수용되어야 할 것임을 살펴보아야 합니다. 그것에 대한 특별한 이유는 고따마 붓다의 모든 교의가 사성제 안에 통섭하게 되는 것이기 때문입니다. 고따마 붓다의 '특별한 진리의 가르침'에서 '사성제의 권위와 역할을 빼놓고는 가르침으로 인정할 수 있는 것은 아무것도 없는 것입니다. 이러한 이론의 결정적인 부분이 있다면 5부 니까야에서입니다. 특히 『디가 니까야』 등 모든 초기 경전에서 사성제에 대한 올바른 견해를 가지게 합니다.[218] 37보리분법bodhipakkhiyā dhammā[219]에 관한 설

말한다. 즉 팔정도의 삶이다.

218 이때부터 필자는 각묵·대림 두 스님이 번역한 책들은 모두 구매를 했다. 그리고 그때부터 필자가 구매한 모든 책을 열람 내지 필사까지 하면서 정독에 들어갔고, 2013년 3월 1일부터는 1000일의 기간을 '4부 니까야' 사경기도에 임했다. 그 이전에 Mahachulalongkornrajavidyalalya University에서 학부와 석사를 거치면서 사성제四聖諦에 대한 정확한 안목을 얻게 되었고 그에 대한 석사학위 논문에서 『A Study on the Meaning of Word Nirvāṇa』란 제목으로 내용을 꾸몄다. 고따마 붓다의 가르침은 그렇게 어렵거나 확인되지 않는 문제가 발견되지 않는다. 이해되고 분석되는 범위에서의 사성제四聖諦는 누구나 막론하고 가르칠 수 있고 가르침을 받을 수 있는 용이함도 갖추고 있다. 또한 사성제의 이해를 돕기 위한 재료나 자료가 스스로의 모두에게서 갖추어져 있는 것이다.

219 37보리분법菩提分法에 대해서

이제 여기 「도 상윳따」(S45)부터 본서상윳따 니까야 제6권의 처음에 싣고 있는 「성취수단 상윳따」(S51)까지의 일곱 부분은 깨달음의 편에 있는 법들, 즉 보리분법菩提分法, bodhipakkhiyā dhammā을 담고 있다. 이러한 깨달음의 편에 있는 법들은 1.네 가지 마음챙김의 확립四念處. 2.네 가지 바른 노력四正勤. 3.네 가지 성취수단四神足. 4.다섯 가지 기능五根. 5.다섯 가지 힘五力. 6.일곱 가지 깨달음의 구성요소七覺支. 7.여덟 가지 구성요소를 가진 성스러운 도八支聖道의 모두 일곱 가지 주제로 되어 있으며 이러한 주제에 포함된 법들을 다 합하면 37가지가 되기 때문에 전통적으로 이를 37보리분법菩提分法이라 불렀다. 한문으로는 보리분법菩提分法으로도 옮겼고, 조도품助道品으로도 옮겨져서 우리에게 잘 알려져 있다. 그런데 CBETA로 검색해보면 보리분법菩提分法으로 옮긴 경우가 훨씬 더 많다.

그러면 보리분법菩提分法 혹은 깨달음의 편에 있는 법들에 대한 주석서들의 설명을 살펴보자. 먼저 『청정도론』은 이렇게 설명한다.

"깨달음의 편菩提分, bodhipakkhiya에 있는 법이라 했다. 1.네 가지 마음챙김의 확립四念

處. 2.네 가지 바른 노력四正勤. 3.네 가지 성취수단四神足. 4.다섯 가지 기능五根. 5.다섯 가지 힘五力. 6.일곱 가지 깨달음의 구성요소七覺支. 7.여덟 가지 구성요소를 가진 성스러운 도八支聖道 – 이 37가지 법들은 깨달은 편에 있다고 한다. 왜냐하면 깨달았다는 뜻에서 깨달음bodhi이라고 이름을 얻은 성스러운 도ariya-magga 예류도預流道부터 아라한도阿羅漢道까지의 편pakkha에 있기 때문이다. 편에 있기 때문이라는 것은 '도와주는 상태upakāra-bhāva에 서 있기 때문'이라는 뜻이다."(Vis.XXII.33)

비슷한 설명이 「무애해도 주석서」(PsA.482)에도 나타나고 있다. 여기서 '도와주는 상태'라는 표현을 살려서 중국에서는 조도품助道品으로도 옮긴 것이 아닌가 생각한다.

그리고 다른 주석서 문헌들은 이렇게 설명하고 있다.

"보리분菩提分이라고 했다. 깨달음bujjhana이라는 뜻에서 보리bodhi라고 하는 이것을 얻은 성자ariya-puggala나 혹은 도의 지혜를 가진 자magga-ñāṇa의 편에 존재한다고 해서 보리분菩提分이라고 한다. 보리의 항목bodhi-koṭṭhāsiyā이라는 뜻이다."(ItA.73)

"보리라는 것은 도혹은 도를 얻은 자의 바른 견해magga-sammādiṭṭhi이다. 그가 네 가지 성스러운 진리四聖諦를 깨달은 뒤에 고유성질sabhāva에 의해서 그 깨달음의 편에 존재한다고 해서 보리분菩提分이라고 하는데 네 가지 마음챙김과 네 가지 정진바른 노력 등의 법들을 말한다. 이것이 보리분菩提分이다."(DAṬ.iii.63)

"보리분법菩提分法이란 네 가지 진리四聖諦를 깨달았다고 말해지는 도혹은 도를 얻은 자의 지혜의 편에 존재하는 법들이다."(VbhA.347)

이처럼 여기서 보리菩堤, bodhi라는 것은 사성제四聖諦를 깨닫거나 도를 얻은 성자예류부터 아라한까지의 지혜나 바른 견해를 뜻하고 보리분법菩提分法들 즉 깨달음의 편에 있는 법들은 이러한 깨달음을 성취한 자들의 편에 있으면서 깨달음을 도와주고 장엄하는 37가지 법들을 말한다. 당연히 아직 성자가 되지 못한 사람들은 이러한 37가지 보리분법들을 닦아서 성자가 되는 것이며, 이미 성자의 지위를 증득한 분들은 이 37가지 보리분법菩提分法들을 구족하여 깨달음을 드러내는 것이다. 그런데 위의 인용들에서 보듯이 주석서 문헌들은 모두 이 37보리분법菩提分法들을 깨달음을 얻은 성자들이 구족하는 출세간적인 것으로 설명하고 있는데 이것이 아비담마나 주석서 문헌들의 입장이다. 아비담마는 실참수행보다는 법수들을 정확하게 정의하고 이러한 법들이 어디에 속하는가를 밝히고 정의하는 것을 생명으로 삼기 때문에 그런 입장에서보자면 이러한 법들은 이미 그 주제어가 깨달음 편에 속하는 법들이고 깨달은 자들이 구족하는 법들이라서 이렇게 설명할 수밖에 없을 것이다.

그러나 아직 깨달음을 성취하지 못하였으며, 부처님 가르침을 수행해서 깨달음을 실현하려는 우리들의 입장에서 보자면 이 37보리분법菩提分法들은 깨달음을 실현하도록 도와주는 법들로 이해하고 받아들일 수밖에 없다. 그래야 실참수행을 하려는 불자들에게 도움이 되고 의미가 있는 것이다. 그리고 본『상윳따 니까야』에 모은 37보리분법菩提分法에 대한 가르침(S45~S51)에서도 이런 측면이 절대적으로 강조되고 있다.

한편『청정도론』XXII.39에 의하면 "성스러운 도가 일어나기 전에 세간적인 위법이 어떻게 사성제 안에 수용되어야 하는 것에 대해서 분석해 보고 만약 그 이유를 찾을 수 없다면 이 논지는 허황한 고찰이나 분석이 될 것입니다. 그러나 여기에 대한 염려와 걱정거리는 이미 제거되었습니다.

37보리분법은 「도 상윳따」S45, Magga-saṁyutta에서 일곱 가지의 수행방법으로 나타나기 때문입니다. 이 37보리분법 중에 팔지성도八支聖道가 설명되는데, 이것은 사성제의 한 조항 안에 포함된 '여덟 가지의 구성요소를 가진 성스러운 도닦음'인 성자의 길을 말합니다. 그러므로 팔지성도는 좋은 도반의 전부라고 비유했습니다.[220] 그러면서 고따마 붓다는 아난다에게 도닦음으로 인도하는 여덟 가지의 구성요소를 가진 성스러운 도는 청정범행의 전부라고 했습니다. 깨달음을 얻어 가슴에 안고 사는 자가 성스러운 삶의 길般涅槃로 갈 수 있는 여덟 가지 구성요소라는 말입니다.

만약 이런 경우가 있습니다. 팔정도가 괴로움을 철저히 알기 위한 도닦음이라고 여기고 있는 사람이 있다고 한다면 그것이 옳은 것인가 그렇지 않은 것인가에 대한 판단을 해주어야 마땅한 일일 것입니다. 「무슨 목적 경」[221]에서 나타나는 내용입니다

빳사나가 일어날 때 이 37가지 깨달음의 편에 있는 법들은 여러 가지 마음들에서 발견되지만 … 이 네 가지 도의 지혜 가운데 어느 하나가 일어날 때 이 37가지 깨달음의 편에 있는 법들은 하나의 마음에서 모두 다 발견된다."라고 적고 있다. 37보리분법菩提分法에 대한 설명은 『청정도론』XXII 33~43과 『아비담마 길라잡이』 제7장 § 24이하도 참조할 것. 각묵스님 역(2009.11.5. 초기불전연구원) 『상윳따 니까야』 제5권 「도 상윳따」. 주해68.

220 각묵스님 역(2009.11.5. 초기불전연구원) 『상윳따 니까야』 제5권 「절반 경」.

221 각묵스님 역(2009.11.5. 초기불전연구원) 『상윳따 니까야』 제5권 「무슨 목적 경」.

다. 어느 날 많은 비구가 세존께 다가가 외도들이 자신들에게 이렇게 질문을 하였는데 그 질문에 대해서 이렇게 답변하였는데 그 답변이 '적당한 답변이라고 할 수 있는 것입니까'라고 확인하는 내용이었습니다.

"세존이시여, 여기 외도 수행승들이 저희에게 '도반이여, 무슨 목적을 위해서 사문 고따마 아래서 청정범행을 닦습니까?' 이렇게 질문을 받으면 저희가 그 외도 유행승들에게 '도반이여, 괴로움을 철저히 알기 위해서 우리는 세존 아래에서 청정범행을 닦습니다'라고 설명합니다.

세존이시여, 저희가 이렇게 질문을 받았을 때 이렇게 설명하면 세존께서 말씀하신 대로 말한 것입니까? 세존을 거짓으로 헐뜯지 않고 세존께서 설하신 것을 반복한 것입니까? 세존께서 설하셨다고 전해진 이것을 반복하더라도 어떤 동료 수행자도 나쁜 견해에 빠져 비난의 조건을 만나지 않습니까?"

"참으로 그러하다. 비구들이여. 그대들이 이렇게 질문을 받았을 때 이렇게 설명하면 내가 말한 대로 말한 것이다. 나를 거짓으로 헐뜯지 않고 내가 설한 것을 반복한 것이다. 내가 설했다고 전해진 것을 반복하더라도 어떤 동료수행자도 나쁜 견해에 빠져 비난의 조건을 만나지 않는다. 비구들이여, 괴로움을 철저히 알기 위해 내 아래에서 청정범행을 닦기 때문이다.

비구들이여, 그리고 만일 외도 유행승들이 그대들에게 '도반들이여, 그러면 이러한 괴로움을 철저히 알기 위한 도가 있고 도닦음이 있습니까?'라고 질문하면 그대들은 그 외도 유행승들

---

pp.186-187.

에게 '도반들이여, 이러한 괴로움을 철저히 알기 위한 도가 있고 도닦음이 있습니다'라고 설명해야 한다."

"… <중략> … 그것은 바로 여덟 가지 구성요소를 가진 성스러운 도八支聖道이니, 바른 견해, 바른 사유, 바른말, 바른 행위, 바른 생계, 바른 정진, 바른 마음챙김, 바른 삼매이다. 비구들이여, 이것이 이러한 괴로움을 철저히 알기 위한 도道이고 도닦음이다. 비구들이여, 이렇게 질문을 받았을 때 그대들은 그 외도 유행승들에게 이렇게 설명해야 한다."

여기에서 팔정도가 '괴로움을 철저히 알기 위한 수행방법'이라고 되어 있습니다. 이 수행방법을 통해서 괴로움을 철저히 알 수 있다는 말입니다. 그러나 괴로움을 철저히 이해하지 못한 이들에게도 팔정도는 수행이나 이해를 요구하는 그런 뜻이 아니고, 이미 정견의 견해를 가진 삶을 살아가는 사람에 관한 삶의 방식을 가리키고 있는 것입니다. 즉 괴로움의 실체가 꿰뚫어 이해된 사람의 삶에서 괴로움이 되는 조건을 철저히 그리고 분명하게 알고 보라는 뜻입니다. 이에 관해 다음과 같이 자세히 설명하고 있는 경전이 있습니다. 그러므로 팔정도가 언제나 괴로움의 실체에 관한 올바른 관점에서 깨달은 사람의 삶을 서술하고 있습니다. 그것은 깨달음에 관한 일로 특별한 이해가 필요합니다.

"비구들이여, 그러면 무엇이 바른 견해正見인가?

비구들이여, 괴로움에 대한 지혜[222], 괴로움의 일어남에 대한

222 팔정도八正道의 구성요소에 대한 정의는 『디가 니까야』 「대념처경」(D22.ii.

지혜, 괴로움의 소멸에 대한 지혜, 괴로움의 소멸로 인도하는 도닦음에 대한 지혜, 이를 일러 바른 견해正見라고 한다."[223]

정견을 설명하는 서술에서 팔정도의 처음에 나오는 견해가 어떤 뜻인지 확신시켜 주는 내용입니다. 다음은 「완성의 경 Niṭṭhā-sutta」[224]에서 고따마 붓다는 견해正見의 중요성에 대해서 이렇게 설명합니다.

"비구들이여, 나와 일치하는 자들은 모두 견해를 구족한 자들이다. 견해를 구족한 자들 가운데서 다섯은 여기 이 세상에서 완성에 도달하는 자요, 다섯은 여기를 떠난 뒤에 완성에 도달하는 자이다.

비구들이여, 어떤 다섯 부류가 여기 이 세상에서 완성에 도달하는 자인가? 최대로 일곱 번만 다시 태어나는 자, 성스러운 가문에서 성스러운 가문으로 가는 자, 한 번만 싹 트는 자[225], 한 번만 돌아올 자一來者, 지금·여기에서 아라한이 된 자이다. 이러한 다섯 가지 부류가 여기 이 세상에서 완성에 도달한 자이다.

311~313), 『맛지마 니까야』 「진리의 분석 경」(M141.iii.251~252)에도 나타나고 있다.

223 각묵스님 역(2009.11.5. 초기불전연구원) 『상윳따 니까야』 제5권. 분석 경(S45:8)

224 대림스님 역(2010, 3쇄 2012. 초기경전연구원) 6차 결집본의 경제목은 '「완성에 도달함Niṭṭhaṅgata-sutta」'이다. A10:63.

225 '최대로 일곱 번만 다시 태어나는 자sattakkhattu-parama'와 '성스러운 가문에서 성스러운 가문으로 가는 자kolaṁkola'와 '한 번만 싹트는 자eka-bīji'는 세 가지 유형의 예류자이다. 『청정도론』(XXIII.55)은 이렇게 설명한다.
"더딘 위빠사나로 첫 번째 도의 통찰지를 닦은 뒤 예류預流의 경지에 도달한 자는 믿음 등의 기능根들이 둔하더라도 '최대로 일곱 번만 다시 태어나는 자'라고 한다. 일곱 번 선처에 윤회한 뒤 괴로움을 종식시킨다. 중간의 위빠사나로 도달한 자는 기능根들도 중간이며 '성스러운 가문에서 성스러운 가문으로 가는 자'라 한다. 두 번 혹은 세 번 성스러운 가문에서 윤회한 뒤 괴로움을 종식시킨다. 예리한 위빠사나로 도달한 자는 기능根들도 예리하여 '한 번만 싹튼 자'라고 한다. 한 번만 더 세상에 태어나서는 괴로움을 종식시킨다."

그러면 어떤 다섯 부류가 여기를 떠난 뒤에 완성에 도달하는 자인가? 수명은 중간쯤에 이르러 완전히 열반에 드는 자, 수명의 반이 지나서 완전히 열반에 드는 자, 노력 없이 쉽게 완전히 열반에 드는 자, 노력하여 완전히 열반에 드는 자, 더 높은 세계로 재생하여 색구경천色究竟天에 이르는 자이다.[226] 이러한 다섯 부류가 여기를 떠난 뒤에 완성에 도달하는 자이다.

비구들이여, 나와 일치하는 자들은 모두 견해를 구족한 자들이니, 견해를 구족한 자들 가운데 이러한 다섯은 이 세상에서 완성에 도달한 자요, 이러한 다섯은 여기를 떠난 뒤에 완성에 도달한 자이다."[227]

그러므로 아직 견도見道[228]에도 들지 않은 수행자는 팔정도의 바른 견해正見를 위해 '괴로움에 관한 문제의 일들'[229]을 해결하기 위해서 팔정도를 올바른 이해로 해탈한 자의 도닦음이라는 것을 밝히고 있습니다. 도닦음에 관한 설명은 앞에서 했습니다. 한 번 더 자세하게 설명하자면 이렇습니다. 도닦음이란 사성제의 가르침을 통해서 괴로움의 실체를 보고 괴로움에 대한 정견의 견해를 구족한 비구는 해탈한 사람이고 열반을 얻은 사람의 삶입니다. 이 사람은 괴로움의 실체를 통해 정견의 견해를 가진 언행으로 자신의 삶을 살아갑니다. 언제까지? 그 사람에게 주어진 오온의 기능이 이 세상의 삶을 마칠 때까지, 그는 불행佛行을

226 이 다섯은 다섯 유형의 불환자이며, 『청정도론』(XXIII.55)에 정리되어 나타난다.
227 대림스님 역(200711.5. 초기불전연구원) 『앙굿따라 니까야』 제6권. pp.244-245.
228 사성제四聖諦의 이해를 통해 정견正見이 일어난 상태.
229 '괴로움에 대한 문제의 일들'이란 고苦와 고의 일어남集과 고의 소멸滅를 말한 것이다.

가지고 살아가는 것입니다. 이때 필요한 것은 팔정도와 십정도에 포함된 도닦음의 삶입니다. 다음은 팔정도의 견해가 올바로서 있지 않은 사람을 두고 그 결과에 관해 지적한 고따마 붓다의 설법입니다.

"… <중략> … 여래는 사후에 존재하는 것도 아니고 존재하지 않은 것도 아니라는 것은 견해에 빠진 것이고, 견해의 밀림이고, 견해의 황무지이고, 견해의 뒤틀림이고, 견해의 요동이고, 견해의 족쇄이다. 또 그것은 괴로움과 함께 하고 속상함과 절망과 열병과 함께 하고, 또 그것은 역겨움으로, 탐욕의 빛바램으로, 소멸로, 고요함으로, 최상의 지혜로, 바른 깨달음으로, 열반으로 인도하지 못한다."

견해의 중요성에 관해서 특히 팔정도의 이해에서 이러한 정견正見에 반하는 무기설無記說을 통하여 그 결과를 설명하고 있는 것입니다. 이러한 상황은 또 다른 경전에서도 고따마 붓다의 가르침을 이해하고 받아들이고 수행하여 열반을 증득하는데 아무런 도움이 되지 않음을 독화살을 맞은 사람에 비유하여 서술한 적이 있습니다.

"말룽꺄뿟따[230]여, 예를 들면 어떤 사람이 독이 잔뜩 묻은 화살에 맞았다고 하자. 그의 친구나 동료나 일가친척들이 그를 치료하기 위해 의사를 데려올 것이다.

230 말룽꺄뿟따 존자āyasmā Māluṅkyaputta는 꼬살라 왕의 보좌관의 아들이었으며 망룽꺄는 어머니 이름이다. 그래서 그의 이름은 말룽꺄의 아들이라는 뜻이다. 나이가 들어서 외도 유행승paribbājaka이 되었다가 세존의 가르침을 듣고 출가했다고 한다.(ThagA.ii.170.)

그러나 그는 이렇게 말할 것이다. '내게 독화살을 쏜 사람이 끄샤뜨리야인지, 바라문인지, 와이샤인지, 수드라인지 내가 그 사람을 알기 전에는 이 화살을 뽑지 않을 것'이다.

그는 이렇게 말할 것이다. '내게 화살을 쏜 사람의 이름이 무엇이고, 성은 무엇인지 내가 알기 전에는 이 화살을 뽑지 않을 것'이다.

그는 이렇게 말할 것이다. '내게 활을 쏜 사람의 키가 큰지, 작은지, 중간인지 내가 알기 전에는 이 화살을 뽑지 않을 것'이다.

그는 이렇게 말할 것이다. '내게 화살을 쏜 사람의 피부색이 검은지, 갈색인지, 황금색인지 내가 알기 전에는 이 화살을 뽑지 않을 것'이다. …"

독화살을 맞은 그 사람은 자신의 몸을 치료하는 것에는 전혀 관심을 두지 않고 또 이렇게 말할 것입니다. 독화살의 종류, 화살의 재료, 화살촉의 종류 등에 대해서만 말입니다. 그래서 그 사람은 자신의 목숨을 살리기 위해서 정작 뽑아버려야 할 독 묻은 화살은 뽑지 않고 엉뚱한 곳에 관심을 가졌기 때문에 죽음을 맞이할 것입니다. 마치 이것은 열반을 증득하고자 출가한 사람이 열반을 증득함에 아무런 도움이 되지 않는 무기설無記說이나 철학적이고 사변적인 관심 그리고 깨달음과 관계없는 것에 전념하는 것과 같다는 설명입니다. 이것은 또한 '견해의 장애'를 일으키게 되는 요인을 설명한 것이기도 합니다.

'견해의 장애'란 열반으로 인도하지 못합니다. 이러한 입장에서 열반을 성취함에 장애되는 사변적思辨的인 견해를 모두 다 버렸다고 천명한 것은 고따마 붓다입니다. 그러므로 자신은 사성제를 있는 그대로 꿰뚫어 이해함에서 오는 깨달음으로 '괴로움의 소멸로 인도되는 성스러운 여덟 가지 구성요소의 도닦음'에 대한 올바른 견해正見가 무엇인지 밝히고 있는 것입니다. 출가한 수많은 사람이 이러한 사변적 견해 때문에 고따마 붓다의 가르침에 관한 판단이 이해의 장애를 일으키게 되는 것입니다. 고따마 붓다의 가르침에서 이러한 장애의 요인은 항상 사성제를 이해하고 있느냐, 얼마만큼 깊고 넓게 그리고 완벽하게 이해하느냐에 따라서 열반을 얻는데 장애의 요소가 많고 적을 수 있다는 것입니다. 그러므로 사성제의 꿰뚫은 이해는 열반을 증득함에 장애를 없앨 뿐만 아니라 열반을 증득하는 중요한 요소임에 틀림이 없는 것입니다. 오히려 괴로움의 소멸법칙이 빠진 연기의 설명은 사변적思辨的인 견해를 불러일으킬 수도 있습니다. 그리고 이것은 유사정법類似正法에 속하는 견해로 인도할 것입니다. 다음의 한 문장에서 한없는 정법의 오류를 발견하게 됩니다. 이는 고따마 붓다의 가르침에 견주었을 때 오류의 최악이 아닌가 여겨집니다. 아마도 지금까지 설명한 정법에 관한 오류가 그곳에 다 포함되었다고 느끼는 문장 하나를 소개합니다.

> "붇ㄷ하Buddha, 佛陀, 覺者[231]는 연기론paṭicca samuppāda, 緣起에 입각해 비결정세계관으로 존재와 세상을 보았다"[232]

---

231 Bhikkhu Buddhapāla. 本願 스님(2006.11.15. DATI SCHOOL) 『BUDDHA 수행법』 이것은 그의 책에서 표현된 '붇ㄷ하'를 그대로 표기한 것이다.

232 Bhikkhu Buddhapāla. 本願 스님(2006.11.15. DATI SCHOOL) 『BUDDHA 수행법』. p.35. 이런 것을 고따마 붓다는 유사정법類似正法이라고 했다. 『맛지마

이 짧은 문장 안에 있는 두 가지 표현에서 '왜 이러한 표현을 썼을까'라는 의문을 가지게 합니다. 첫째는 붓다란 대명사의 표현을 특별하게 한 것이고, 둘째는 '연기론緣起論, paṭicca samuppāda에 입각해 비결정세계관非決定世界觀으로 존재와 세상을 보았다'라는 표현입니다. 전자는 '이렇게 특별한 방법으로 Buddha를 표기해야만 하는 게 마땅했을까'라는 것인데, 일반학자들 사이에서는 특별한 경우를 제외하고 학문의 편의성을 고려해서 서로 편하게 사용하고 이해할 수 있는 '약속된 표현방식을 따르는 게 통상적이라고 여겨지는 부분입니다. 그리고 후자의 경우 '연기론에 입각한 비결정세계관非決定世界觀으로 존재와 세상을 보았다'라는 것이 고따마 붓다가 세상을 보는 관점이었다고 본 것인데, 여기서 표현한 비결정세계관非決定世界觀이 어떤 의미인지, 그것이 고따마 붓다가 존재와 세상을 보는 관점이라고 한다면 그의 가르침이나 깨달음에서 연기적 실상 말고 어떤 곳에서 그 표현과 맞는 설명을 찾을 수 있는지 매우 궁금합니다. 만약 연기론이 비결정세계관이며 존재와 세상을 그러한 견해로 보아야 한다는 것이라면, '결정되지 않는 세계관 혹은 결정할 수 없는 세계관'은 고따마 붓다의 괴로움의 소멸법칙과 그 소멸법칙을 설명하는 소재인 오온·무아·공·무상·연기의 가르침 가운데 어디에 해당한 것일까라는 의문이 남습니다. 그리고 불행佛行으로 지목되는 팔정도나 십정도의 관점이라고 하기엔 규정된 세속과 출세간 법에서 충돌하고 있음을 볼 수 있습니다. 이것은 대승권에서

니까야』에서 깟사빠 존자와 고따마 붓다가 나눈 설법에 의하면 그렇다고 여겨진다. 유사정법類似正法이 생기면 정법正法은 사라진다고 했다. 아울러 정법正法을 오래 머물게 하는 방법에 대해서도 이야기했다.

주장하는 연기론을 바탕으로 이뤄진 '연기사상'을 이렇게 표현한 것이로 여겼을 경우 약간은 이해가 가는 일이긴 하지만 고따마 붓다의 총체적 가르침을 표방하는 사성제의 가르침을 따른 괴로움의 소멸법칙에 관한 견해正見로 볼 수 없습니다.

또한 '붇ㄷ하Buddha'라는 표현 역시 어떤 붓다를 얘기하는 것인지 알 수 없는 표현입니다. 초기불교와 연기의 문제를 거론한 것을 보아서는 고따마 붓다를 두고 한 것이 분명한데 그렇다면 '붇ㄷ하Buddha, 佛陀, 覺者'를 '고따마 붓다'라고 표기해주는 것이 마땅하다고 할 것입니다. 만약 이러한 표현에서 고따마 붓다의 가르침을 바탕에 두지 않고 자기 자신의 느낌이나 뜻으로 표현했다면 자신의 사견에 구속된 것이라고 할 것입니다. 또는 다른 사견에 빠진 상태이거나 아니면 둘 다의 조건을 가지고 있을 수도 있습니다. 만약 이러한 상태의 불교 수행자이고 학자라면 고따마 붓다의 가르침에 정통한 사람이라고 할 수는 없습니다.

그리고 이러한 견해의 오류는 다른 곳에서도 나타나고 있습니다. 『열반경종요』[233]에서 원효는 '열반涅槃'이란 뜻을 설명하기에 앞서 많은 갈등을 보여주고 있습니다. 또한 이 책의 내용을 보면 계속되는 열반어의涅槃語義에 관한 분석은 분석 내용이 다 끝날 때까지 사전적 의미나 단어적 형태로 새로운 단어만 만들고 들추어낼 뿐 결론을 발견할 수 없습니다.

233 원효스님. 이무영 역(서울, 대성문화사, 1984.) 『열반경종요』. pp.41-42.

"初翻名者 諸說不同 惑說無翻 惑說有翻. 有翻之說 雖有諸宗 今出一義 翻爲滅度 其文證者 如法華經 長行言 "如來 於今日中夜 當入大正新修大藏經作[入堂]今依文勢訂正無餘涅槃" 下偈頌曰 "佛 此夜滅度 如薪盡火滅 …"(열반涅槃의 명칭에 대하여 번역을 하느냐 마느냐에 대한 문제에 대하여, 여러 사람의 주장이 동일하지 않다. 어떤 사람은 열반涅槃의 명칭을 번역하지 않아야 된다고 하고, 어떤 사람은 열반涅槃의 명칭을 번역하여야 한다고 한다. 열반涅槃의 명칭을 번역하여야 된다는 주장에는 여러 설이 있으나 여기에서는 한 가지의 뜻만 골라내어 멸도滅度라고 번역하는 것이다. 그 문증文證으로는 법화경法華經의 장행長行에 말씀하기를 "부처님이 이 밤에 멸도滅度함이 마치 신목薪木이 다 타서 불이 꺼지듯 할 것이라. …")[234]

그리고 열반涅槃에 대한 뜻을 형이상학적形而上學的으로 표현한 곳이 있습니다. 정견正見의 견해見解에 해당하는 설명이 필요한 곳에서 설명 불가능하고 당위성이 전혀 보이지 않는 관념의 일들을 열반涅槃을 대체하는 설명으로 표현한다는데 놀라지 않을 수 없는 것입니다. 이런 경우 그 문장에서 표현되지 않은 문제는 무엇으로 채워갈 수가 없는데 어떻게 이해할지가 매우 궁금합니다. 여기에 해당하는 몇 가지 예문으로 무엇이 문제인지 한 번 살펴보겠습니다. 다음의 예문에서는 열반涅槃을 대멸도大滅度라고 했습니다. 그리고 그에 대한 장황한 설명을 늘어놓습니다.

"一者 廣之莫先… 二者 長之莫先… 三者 深之莫先… 四者 高之莫先… 五者 多之莫先… 六者 勝之莫先… (첫째는 넓기가 이보다 앞서는 게 없고, 둘째는 길이가 이보다 앞서는 게 없고, 셋째는

234 원효스님. 이무영 역(서울, 대성문화사, 1984.)『열반경종요』. p.41.

깊이가 이보다 앞서는 게 없고, 넷째는 높이가 이보다 앞서는 게 없고, 다섯째 많기가 이보다 앞서는 게 없고, 여섯째 수승하기가 이보다 앞서는 게 없다)"[235]

"일체一切의 모든 법法은 생生하는 것도 아니고 멸하는 것도 아니어서 본래本來부터 적정寂靜한 자성自性의 열반涅槃이니라."[236]

"안락安樂을 받는 것이 곧 해탈이니, 참으로 해탈한 분은 부처님이요. 부처님은 곧 열반涅槃이다."[237]

이렇게 『열반경종요涅槃經宗要』에서 원효의 열반涅槃에 관한 설명은 끝없이 이어지고 있지만, 열반어의에 관한 정확하고 간결한 설명은 찾아볼 수 없습니다. 다시 말하자면 여기에는 깨달음을 증득할 수 있는 원인과 방법에 관한 내용이 몽땅 다 빠져 있는 것입니다. 열반이라는 결과인 같은 내용만 계속해서 다르게 표현하면서 그 열반의 결과로 이끌 수 있는 이론의 실체는 거론조차 하지 못하고 있습니다. 열반을 얻고 증득하는 그 이론의 실체는 사성제四聖諦의 괴로움의 소멸법칙인데 그 이론을 배제하므로 열반을 설명할 수 없는 입장이 되고 만 것입니다. 사성제의 괴로움의 소멸법칙의 가르침과 설명이 빠진 상태에서 겨우 열반이란 뜻을 표현한다는 말은 '안락을 받는 것이 곧 해탈이니, 참으로 해탈한 분은 부처님이요. 부처님은 곧 열반이다'라고 밖에 설명할 수 없는 것입니다. 이렇게 사성제의 이론이 빠지므로 열반을

235 원효스님. 이무영 역(서울, 대성문화사, 1984.) 『열반경종요』. pp.49-50.
236 원효스님. 이무영 역(서울, 대성문화사, 1984.) 『열반경종요』. p.52.
237 원효스님. 이무영 역(서울, 대성문화사, 1984.) 『열반경종요』. p.52.

형성하는 그 원인을 설명하기 곤란한 입장이 되는 것입니다. 그리고 결론이 나지 않는 이론의 실체를 제시할 곳에서 변죽만 울리는 쓸데없는 설명만 할 뿐입니다. 그 이유는 사성제의 가르침과 그에 관한 정통한 설명과 이해가 빠졌기 때문입니다. 사성제의 가르침과 사성제의 역할이 빠져 있으므로 일어나는 충돌에 관한 것의 중요성을 이런 곳에서 발견할 수 있는 것입니다. 그래서 열반을 열심히 설명하려는 자신도 열반에 관하여 무슨 이야기를 하는지 듣고 있는 상대도 무슨 말인지 모르게 될 뿐입니다. 이러한 설명은 사성제의 가르침이 무시된 대승에서 열반어의를 설명하는 것이기 때문에 그런 것이라고 이해할 수 있는 문제입니다. 그리고 사성제가 빠졌고 배제된 대승에서 열반 그 자체를 설명하고 비교한다는 것은 처음부터 잘못된 발상이라고 보아야 할 것입니다. 그러므로 이런 면에서 본다면 '대승에는 열반이란 없습니다. 다만 성불만 존재한다'라고 단언하게 되는 것입니다. 그러므로 사성제의 괴로움의 소멸법칙이라는 가르침이 없는 곳에서는 정견의 견해가 성립될 수 없는 것입니다.

"비구들이여, 그러면 무엇이 바른 사유正思惟인가?

비구들이여, 출리出離에 대한 사유, 악의 없음에 대한 사유, 해코지 않음不害에 대한 사유, 이를 일러 바른 사유라 한다."

정사유正思惟에 대한 간단한 설명입니다. 비록 간단한 설명이지만 매우 깊고 정확한 뜻이 숨겨져 있는 복잡다단한 설명일 수도 있습니다. 사성제의 꿰뚫은 이해와 깨달음에서 오는 정견正見의 입장을 가진 사람이라면 이러한 설명에서 '아, 그렇구나'라는 생각을 가지고 일상의 생활 즉 정견의 입장을 갖춘 사람이 불행佛行의 삶을 통해 있는 그대로 살아가는 모습을 보여주게 될 것입니다. 특히 출리出離에 관한 사유思惟는 열반을 증득한 사람이 가질 수 있는 것이라는데 이러한 표현이 가능한 것입니다. 여기에서 '열반을 증득한 사람이 가질 수 있는 사유란 무엇이냐'고 반문하는 사람이 있을지도 모릅니다. 그에 대한 답변은 다음과 같습니다.

> "여기 사성제의 이해를 통해서 열반涅槃을 증득한 사람이 있소. 그 사람은 깨달음을 얻었기 때문에 이렇게 천명합니다. '나는 할 일을 다 해 마쳤다. 다시는 생사를 받지 않는다. 이제 어떠한 모습으로든 다시는 돌아오지 않는다'라고, 그리고 그는 '괴로움苦을 알고, 괴로움의 일어남集을 알고, 괴로움의 소멸滅을 알고, 괴로움의 소멸로 인도하는 여덟 가지의 성스러운 길八支聖道을 알았기 때문에' 그 사람은 누구에게도 어떤 조건에서도 구속됨이 없이 청정한 삶을 살아가게 됩니다. 청정한 삶에 든 사람은 사유思惟의 기본이 청정이기 때문입니다."[238]

그러므로 이러한 사람은 사유思惟함에 모든 사유의 조건에서 생사生死를 떠나 있고, 악의惡意를 떠나 있고, 해코지 않음不害을 떠나 있게 되는 것입니다. 그러므로 그는 평온하게 머물고 사유思惟의 정도를 지켜가는 것입니다. 이것을 정사유正思惟라고 합니다.

> "비구들이여, 그러면 무엇이 바른말正語인가?

---

238 사성제의 가르침을 통해 정통한 이해를 한 사람이 가질 수 있는 조건과 상황을 설명한 것이다. 이것은 고따마 붓다에 설해진 법에서 완벽한 꿰뚫은 이해를 통해 얻어지는 불행佛行의 모든 조건을 말한 것이다.

비구들이여, 거짓말을 삼가고 중상모략을 삼가고 욕설을 삼가고 잡담을 삼가는 것, 이를 일러 바른말이라 한다"

정어正語에 대한 것 또한 앞의 조건[239]들로 열반涅槃을 증득함에서 기인한 것입니다. 그러므로 앞의 조건들이 뒤에 오는 조건에 관한 이해를 받쳐준다고 여기면 됩니다. 팔정도八正道의 정어正語에서 일반적이고 세속적인 정어正語의 견해見解를 가지게 된다면 그리고 그 사람이 '나는 팔정도八正道의 정어正語를 닦는다. 그러므로 나는 거짓말을 삼가고 중상모략을 삼가고 욕설을 삼가고 잡담을 삼간다'라고 한다면 그 사람은 '나는 사성제四聖諦의 가르침에서 사성제四聖諦에 대한 이해를 하지 못한 사람'이라고 광고하고 다니는 것이나 다름이 없습니다. 왜냐하면 사성제四聖諦를 이해한 사람이라면 '거짓말을 떠나 있고, 중상모략을 떠나 있고, 욕설을 떠나 있고, 잡담을 떠나 있는 사람이기 때문입니다' 이것이 정어正語에 대한 설명입니다.

"비구들이여, 그러면 무엇이 바른 행위正業인가?

비구들이여, 살생을 삼가고 도둑질을 삼가고 삿된 음행을 삼가는 것, 이를 일러 바른 행위라 한다"

지금 팔정도八正道 설명에서의 '여덟 가지 성스러운 길'을 설명하고 있습니다. 이 설명은 사성제의 가르침을 통해 괴로움을 이해한 사람이 닦는 도닦음이라고 불리는 것입니다. 그리고 정업正業

239 여기서 '앞의 조건'이란 사성제의 가르침에서 꿰뚫은 정통한 이해를 말한다 즉 괴로움의 실체를 보고 거기에서 생기는 견해正見을 말한다.

에 관한 도닦음에 대해서 설명하고 있는 것입니다. 어떤 이들은 도닦음이라고 하는 문제를 '목적을 이루기 전'[240]의 일로 여기고 있습니다. 그렇지만 그렇게 생각한다면 사성제 안에서의 팔정도에 대한 설명이 궁색해지고 난해하며 난처해져서 이론의 충돌을 일으키게 됩니다. 그러므로 충돌한 이론에서 사성제와 팔정도의 관계 설정이 모호한 입장이 되고 맙니다. 사성제에서 어떤 견해正見를 갖추지 못한 사람은 '사성제와 팔정도' 혹은 '팔정도'라는 별도의 주제로 고따마 붓다의 깨달음을 얻고자 하거나 설명하려고 하지만 모든 곳에서 그 뜻을 원만히 이루지 못할 것입니다. 이러한 현상을 만들게 되는 이유는 고따마 붓다의 가르침 안에서 딱 한 가지뿐입니다. 사성제를 꿰뚫어 이해하지 못함으로써 팔정도에 관한 이해의 충돌과 장애가 생겼기 때문입니다.

정업正業에 관한 설명은 이렇게 해야 함이 옳습니다. '살생을 떠나 있고, 도둑질을 떠나 있고, 삿된 음행을 떠나 있어야 한다'라고, 그렇지만 자의적인 판단에서 이뤄지고 열반생활涅槃生活에서 일어나는 불행佛行일 때에만 정업正業은 빛이 납니다.

"비구들이여, 그러면 무엇이 바른 생계正命인가?

비구들이여, 성스러운 제자는 삿된 생계를 제거하고 바른 생계로 생명을 영위한다. 비구들이여, 이를 일러 바른 생계라 한다."

---

240 여기에서 목적은 사성제四聖諦를 통해 괴로움苦의 이해를 꿰뚫어 성위聖位를 얻은 것을 말한다. 즉 사위과四位果를 말한다. 팔정도八正道가 사성제四聖諦에 속해 있기 때문이다.

정명正命은 팔정도 안에서의 정명이어야 합니다. 정명은 올바른 생계를 말합니다. 팔정도 또한 사성제 안에서의 팔정도이어야 합니다. 이 말은 상당히 의미가 큰 것입니다. 서로 다른 성향이 아닌 같은 범주 속에서 이해할 것들이라는 뜻입니다. 다시 정리하자면, 사성제 안에 팔정도가 속해 있고 사성제의 가르침 안에서 이해가 이뤄졌을 때 비로소 팔정도의 '도닦음'이라는 뜻이 제대로 갖춰지는 것입니다. 그러므로 성스러운 제자는 삿된 생계를 떠나 바른 생계를 가집니다. 이를 일러 '정명正命'이라 합니다.

> "비구들이여, 그러면 무엇이 바른 정진正精進인가?
>
> 비구들이여, 여기 비구는 아직 일어나지 않은 사악하고 해로운 법不善法들을 일어나지 못하게 만들기 위해서 열의를 생기게 하고 정진하고 힘을 내고 마음을 다잡고 애를 쓴다. 이미 일어난 사악하고 해로운 법들을 제거하기 위하여 열의를 생기게 하고 정진하고 힘을 내고 마음을 다잡고 애를 쓴다. 아직 일어나지 않은 유익한 법善法들을 일어나게 만들기 위해서 열의를 생기게 하고 정진하고 힘을 내고 마음을 다잡고 애를 쓴다. 이미 일어난 유익한 법들을 지속시키고 사라지지 않게 하고 증장시키고 충만하게 하고 닦아서 성취하기 위해서 열의를 생기게 하고 정진하고 힘을 내고 마음을 다잡아 애를 쓴다. 비구들이여, 이를 일러 바른 정진正進이라 한다."

정정진正精進의 의미 역시 사성제에 대한 올바른 깨달음에서 얻어진 견해正見의 구족으로 바르게 설명될 수 있습니다. 처음 출가한 사람이나 초심자들이 학습계목의 단속을 통해 규제되는 그런 정정진正精進이 아니라 사성제의 괴로움의 소멸법칙의 꿰뚫은 이해에서 오는 정정진을 말하기 때문입니다.

만약 출가하여 학습계목에 익숙하지 않고, 출가도 제대로 되지 않고, 출가생활에 익숙하지도 않고, 사변적 견해에만 치중한다면 이 사람은 사성제四聖諦에 대한 깨달음에서 얻어지는 견해를 구족하여 머물지 못하는 것입니다. 그러므로 이런 사람에게서는 바른 정진이란 기대하기 어렵고 결국 출가생활도 제대로 할 수 없게 되는 것입니다. 출가를 왜 했는지에 대해 주제를 모르는 경우입니다. 그러므로 여기에서 정정진의 이해는 도의적이고 선악적인 개념의 정진이 아니라 사성제의 가르침을 통하여 생긴 괴로움의 소멸법칙의 꿰뚫은 이해로 갖춰진 견해가 근본이 되는 것입니다.

> "비구들이여, 그러면 무엇이 바른 마음챙김正念인가?
>
> 비구들이여, 여기 비구는 몸에서 몸을 관찰하며身隨觀 머문다. 세상에 대한 욕심과 싫어하는 마음을 버리면서 근면하게, 분명히 알아차리고 마음챙기면서 머문다. 느낌에서 … 마음에서 … 법에서 법을 관찰하며法隨觀 머문다. 세상에 대한 욕심과 싫어하는 마음을 버리면서 근면하게, 분명히 알아차리고 마음챙기면서 머문다. 비구들이여, 이를 일러 바른 마음챙김이라 한다."

팔정도 안에서뿐만 아니라 '마음챙김正念'은 사성제에 관한 깨달음에서 얻은 견해正見의 구족된 요소들이 선행되어야 합니다. 그리하면 사념처四念處와 이상적으로 어울리는 심행처心行處가 열리게 되는 것입니다. 이것은 사성제에 관한 깨달음에서 오는 최상의 선물이라고 할 수 있고 당연히 그렇게 되어야 합니다. 때문에 '정념'은 그 사람이 어디를 가든, 무엇을 하든, 어떠한 상황이든, 항상 자신을 따라 자동으로 정념이 이뤄지게 되는 것입니다. 아무리 사소하고 보잘것없는 존재일지라도 성패의 문제는 항상 진실함에 있습니다. 마찬가지로 고따마 붓다의 가르침 속에 출가한 사람은 언제나 '사성제에 관한 깨달음'이 진실이어야만 가장 청정한 출가생활에 임할 수가 있는 것입니다. 또한 이러한 조건들은 출가생활에 필수적으로 갖추어야 할 요소들입니다. 이때 팔정도는 그 이름을 '팔정도'라 부르지 않아도 됩니다. 정념正念을 '갖추어 주는 요소八正道'들이 꼭 여덟 가지에 한정된 것은 아니기 때문입니다. 열 가지, 서른 가지, 백 가지 등등이 될 수 있는 것입니다. 왜 그런가 하면, 이 사람은 이미 사성제를 통해 깨달음을 얻었고 불행佛行이란 조건을 갖추고 있기 때문입니다. 아라한이나 붓다가 된 사람의 삶 모두가 불행이라고 할 수 있으므로 불행이라고 정한다면 수천수만 가지가 될 것이기 때문입니다. 경전에 불행이라고 인정하는 다음과 같은 십정도十正道의 표현이 있습니다.

> "비구들이여, 바른 견해를 가진 자에게 바른 사유가 생긴다. 바른 사유를 하는 자에게 바른말이 … 바른말을 하는 자에게 바른 행위가 … 바른 행위를 하는 자에게 바른 생계가 … 바른 생계를 가진 자에게 바른 정진이 … 바른 정진하는 자에게 바른 마음챙김이 … 바른 마음챙김을 가진 자에게 바른 삼매가 … 바른 삼매를 가진 자에게 바른 지혜가 … 바른 지혜를 가진 자에게 바른 해탈이 생긴다."[241]

"비구들이여, 열 가지 법을 닦고 많이 공부지으면 번뇌들이 다하게 된다. 무엇이 열인가?

바른 견해, 바른 사유, 바른말, 바른 행위, 바른 생계, 바른 정진, 바른 마음 챙김, 바른 삼매, 바른 지혜, 바른 해탈이다. …"[242]

"① 바른 견해를 가지 자에게 그릇된 견해가 다하게 됩니다. 그러면 그릇된 견해를 조건으로 일어난 여러 가지 삿된 견해를 조건으로 일어난 여러 가지 삿되고 해로운 법은 그에게서 다하게 됩니다.
② 바른 사유를 가진 자에게 그릇된 사유가 다하게 됩니다. …
③ 바른말을 하는 자에게 그릇된 말이 다하게 됩니다. …
④ 바른 행위를 하는 자에게 그릇된 행위가 다하게 됩니다. …
⑤ 바른 생계를 가진 자에게 그릇된 생계가 다하게 됩니다. …
⑥ 바른 정진을 하는 자에게 그릇된 정진이 다하게 됩니다. …
⑦ 바른 마음챙김을 가진 자에게 그릇된 마음챙김이 다하게 됩니다. …
⑧ 바른 삼매를 가진 자에게 그릇된 삼매가 다하게 됩니다. …
⑨ 바른 지혜를 가진 자에게 그릇된 지혜가 다하게 됩니다. …
⑩ 바른 혜탈을 가진 자에게 그릇된 해탈이 다하게 됩니다. …
라고 이 열 가지 법을 최상의 지혜로 알아야 하는 것입니다."[243]

"그러면 무엇이 바른 삼매正定인가?

비구들이여, 여기 비구는 감각적 욕망을 완전히 떨쳐버리고 해로운 법不善法들을 떨쳐버린 뒤, 일으킨 생각尋과 지속적인 고찰伺

241 앞장섬 경Pubbaṅgama sutta A10:121.
242 번뇌경Āsava sutt A10:122.
243 십상경十上經; Dasuttara sutta D34. 각묵스님 옮김(2005.12.20. 초기불전연구회) pp.531-532.

이 있고, 떨쳐버렸음에서 생긴 희열喜과 행복樂이 있는 초선初禪에 들어 머문다.

일으킨 생각과 지속적인 고찰을 가라앉혔기 때문에 더 이상 존재하지 않으며, 자기 내면의 것이고, 확신이 있으며, 마음이 단일한 상태이고, 일으킨 생각과 지속적인 고찰은 없고, 삼매에서 생긴 희열과 행복이 있는 제2선二禪에 들어 머문다.

희열이 빛바랬기 때문에 평온하게 머물고, 마음챙기고 알아차리며 몸으로 행복을 경험한다. 이 선禪 때문에 '평온하고 마음챙기며 행복하게 머문다'고 성자들이 묘사하는 제3선三禪에 들어 머문다.

행복도 버리고 괴로움도 버리고, 아울러 그 이전에 이미 기쁨과 슬픔이 소멸되었으므로 괴롭지도 즐겁지도 않으며, 평온으로 인해 마음챙김이 청정한捨念淸淨 제4선四禪에 들어 머문다. 비구들이여, 이를 일러 바른 삼매라 한다."

이상이 팔정도에서 정정正定이라고 일컫는 삼매三昧의 구족입니다. 이 구족한 삼매 역시 '사성제를 통해 깨달음을 얻은 사람'은 저절로 '정정에 관한 구족의 요소'를 하나하나 챙기지 않아도 저절로 이뤄지게 됩니다. '사성제를 통해 깨달음을 얻은 사람'에게는 모든 팔정도의 구성요소가 자연스럽게 일어나기 때문입니다. 마치 전륜성왕의 권한이 스스로 갖춰지는 것처럼, 그래서 '사성제를 통한 깨달음'은 정견으로 이끌고 열반으로 이끄는 것입니다. 그러면 '사성제를 통해 깨달음을 얻지 못한 사람들은 어떻게 해야 할까'라는 의문이 들것입니다. 그러나 고따마 붓다의 가르침을 믿고 출가한 것이므로 그 문제는 다음과 같은 방법으로 해결되는 길이 열려 있는 것입니다.

그래서 팔정도는 사성제의 가르침에서 정견이 확보된 사람과 그렇지 못한 두 단계의 출가자들에게 각각 다른 차원에서 설명되고 활용된다고 보아서는 안 됩니다. 37보리분법菩提分法의 조항 역시 어떤 식으로든 두 가지 단계의 출가자들에게 모두 적용하여 여덟 가지 성스러운 도닦음을 설명하려고 해서도 안 되는 것입니다. 그리고 사성제에서 정견正見의 견해見解가 완성되지 않은 사람에게서 팔정도를 설명할 수 있지만, 그 사람에게도 사성제의 가르침에 관해 꿰뚫은 이해를 바탕으로 설명해야 함이 옳은 것입니다. 왜냐하면 두 단계의 출가자들은 고따마 붓다의 가르침을 꿰뚫어 이해하지 못하는 사람과 이해하는 사람의 차이가 있기 때문입니다. 전자는 괴로움의 바른 견해를 증득해 갖추지 못한 이들이고 후자는 사성제를 통해 괴로움의 실체를 보고 깨달음을 얻은 정견의 견해로 괴로움과 연기의 단절을 체험하여 해탈과 열반을 증득하고 열반적涅槃的인 삶을 이어가기 위한 팔정도라고 하는 도닦음을 행하는 이들이기 때문입니다. 이러한 두 단계의 이들일지라도 이들에게는 다 꼭 같이 사성제의 이해를 통한 삼매가 필수적이라 할 수 있습니다. 삼매의 실체는 단계별로 삼매실재三昧實在의 증득에서 스스로 확인 가능한 일입니다. 이것을 깨달음의 검증방법[244]이라고 합니다. 그러므로 열반이 자신의 수행에서 실존과 실재의 가치실현으로 경험된다는 것은 수행자가 가질 수 있는 최상의 권위라고 할 것입니다.

244 『Majjhima nikāya』 Devadaha vagga天臂品의 Chabbisodhana sutta六淨經에서 아라한과阿羅漢果를 얻었다고 주장하는 비구가 정말로 아라한과를 성취했는지 하지 못했는지를 검증하는 방법을 밝히고 있다.

팔정도가 이렇게 장황하게 설명되는 이유는 37보리분법 안에 팔정도가 포함되어 있으면서 또다시 팔정도 안에서 37보리분법이 모두 설명되고 있다는데 그 의미가 크다고 할 것입니다. 그리고 팔정도를 통해서 보리분법이 정리되는가 하면 보리분법이 팔정도의 견해를 분명하게 드러나게 해주는 것입니다. 그것은 위에서 설명한 '두 가지 단계의 출가수행자'에게 똑같이 적용하여 한 가지 지향점에 이르게 하기 위한 목적입니다. 한 번 더 설명하자면 전자에게는 한 가지 지향점의 목적을 위해 사성제의 가르침을 베풀어 괴로움의 본질을 깨닫게 하는 내용의 팔정도를 설명하고 이미 공부를 다 해 마친 무학위無學位에 올라 있는 아라한들에게는 그들의 삶을 열반생활涅槃生活로 인도하여 반열반에 이르도록 올바르게 인도하는 도닦음의 역할을 설명하는 것입니다. 그리고 사념처四念處 역시 37보리분법의 처음부터 끝까지 그 영향을 미치게 되는데 이때도 관점의 중요성은 분명히 하고 있습니다. 그래서 이러한 교리구조는 사성제의 가르침과 가르침의 이해와 실천 수행의 양면에서 입체적인 설명이라고 할 수 있는 것입니다. 팔정도의 이론은 이렇게 사성제를 통한 완전한 깨달음에서 얻어진 정견正見에 의해서만 표현되고 설명되며 이해할 수 있는 것입니다.

인간의 삶 속에서 한 가지 문제를 두고서도 견해의 차이는 수없이 많습니다. 이것은 인성과 성향 그리고 개성이 다른 조건의 삶을 가진 인간에게 자연스러운 현상입니다. 이러한 조건들이 자아自我라고 하는 견해를 가지게 하고 특별한 고집에 빠져들게 할 수도 있는 것입니다. 이 자아의 견해에 관해 서술한 곳이 있습니다. 그것은 자신의 존재가 어떻게 발전하는지 또 그것은 어떤 역할로 자아라고 하는 견해를 설정해 가는지를 분석하면서 이러한 견해 즉 자아는 어떤 것이건 유익하지 않다고 설명합니다.

"이와 같이 지혜 없이 마음에 잡도리할 때 그에게 여섯 가지 견해들 가운데 하나의 견해가 생긴다. ①'나에게 자아가 있다'라는 견해가 그에게 진실로 확고하게 생긴다. ②'나에게 자아란 없다'라는 견해가 그에게 진실로 확고하게 생긴다. ③'나는 자아로써 자아를 인식한다'라는 견해가 그에게 진실로 확고하게 생긴다. ④'나는 자아로써 무아를 인식한다'라는 견해가 진실로 확고하게 생긴다. ⑤'나는 무아로써 자아를 인식한다'라는 견해가 그에게 진실로 확고하게 생긴다. ⑥혹은 그에게 이런 견해가 생긴다. '이러한 나의 자아는 말하고 경험하며, 여기저기서 선행과 악행의 과보를 경험한다. 그런 나의 자아는 항상하고 견고하고 영원하고 변하지 않는 법이고 영원히 지속될 것이다'라고 하는 것이다.

비구들이여, 이를 일러 견해에 빠짐, 견해의 밀림, 견해의 황무지, 견해의 뒤틀림, 견해의 요동, 견해의 족쇄라고 한다. 비구들이여, 견해의 족쇄에 계박繫縛되어서 배우지 못한 범부는 태어남과 늙음과 죽음과 근심·탄식·육체적 고통·정신적 고통·절망에서 벗어나지 못하고 괴로움에서 벗어나지 못한다고 나는 말한다."[245]

그러면 성스러운 고따마 붓다와 제자들은 어떠한 견해를 가져야만 할 것인가에 관하여 생각하지 않을 수 없습니다. 그리고 그런 상황의 일들에서 견해란 항상 문제가 따르게 되는 것입니다. 여기 견해에 관한 문제를 다음과 같이 설명하고 있습니다.

245 대림스님 옮김(2012.10.10. 초기불전연구원)『맛지마 니까야』제1권. pp.178-180.

“비구들이여, 잘 배운 성스러운 제자는 성자들을 친견하고 성스러운 법에 능숙하고 성스러운 법에 인도되고, 바른 사람들을 친견하고 바른 사람들의 법에 능숙하고 바른 사람들의 법에 인도되어서, 마음에 잡도리해야 될 법들을 꿰뚫어 알고, 마음에 잡도리하지 말아야 할 법들을 꿰뚫어 안다. 그는 마음에 잡도리해야 할 법들을 꿰뚫어 알고 마음에 잡도리하지 말아야 할 법들을 꿰뚫어 알아서, 마음에 잡도리하지 말아야 할 법들을 마음에 잡도리하지 않고 마음에 잡도리해야 할 법들을 마음에 잡도리한다.

비구들이여, 무엇이 그가 마음에 잡도리하지 않는 법으로써, 마음에 잡도리하지 말아야 할 법들인가?

비구들이여, 어떤 법들을 마음에 잡도리할 때 아직 일어나지 않는 감각적 욕망에 기인한 번뇌가 일어나고 이미 일어난 감각적 욕망에 기인한 번뇌가 증가하며, 아직 일어나지 않는 존재에 기인한 번뇌가 일어나고 이미 일어난 존재에 기인한 번뇌가 증가하며, 아직 일어나지 않는 무명無明에 기인한 번뇌無明漏가 일어나고 이미 일어난 무명에 기인한 번뇌가 증가하면, 그 법들은 그가 마음에 잡도리하고 있지 않은 법으로써, 마음에 잡도리하지 말아야 할 법들이다.

비구들이여, 무엇이 그가 잡도리하고 있는 법으로써, 마음에 잡도리해야 할 법들인가?

비구들이여, 감각적 욕망에 기인한 번뇌가 일어나지 않고 이미 일어난 감각적 욕망에 기인한 번뇌가 없어지며, 아직 일어나지 않은 감각적 욕망에 기인한 번뇌가 없어지며, 아직 일어나지 않은 존재에 기인한 번뇌가 일어나지 않고 이미 일어난 존재에 기인한 번뇌가 없어지며, 아직 일어나지 않은 무명에 기인한 번뇌가 일어나지 않고 이미 일어난 무명에 기인한 번뇌가 없어지면, 그 법들은 그가 마음에 잡도리하고 있는 법으로서, 마음에 잡도리해야 할 법들이다.

그가 마음에 잡도리해야 할 법들을 마음에 잡도리하기 때문에 아직 일어나지 않은 번뇌들은 일어나지 않고 이미 일어난 번뇌들은 없어진다."[246]

그리고 결정적인 견해란 이런 것이라고 보여주는 곳이 있습니다. 여기서 견해란 '마음에 잡도리함'의 그 내용을 말합니다. 이것은 '견해의 안정'이라고 달리 표현할 수 있습니다. '견해의 안정'이란 오온을 형성하고 있고, 기능적이고, 상대적이고, 연기적인 작용의 모든 조건, 또는 삼계를 형성하고 있는 모든 실재에서 '올바른 견해'의 내용을 두고 하는 말입니다. 견해의 안정적인 일, 이것은 다음에서 설명될 괴로움의 견해가 충분히 이해되면 이뤄지는 결과라고 할 수 있습니다. 다음은 견해의 안정을 가져오는 올바른 견해의 조건을 설명한 것입니다.

"그는 '이것이 괴로움'이라고 지혜롭게 마음에 잡도리한다. '이것이 괴로움의 일어남'이라고 지혜롭게 마음에 잡도리한다. '이것이 괴로움의 소멸'이라고 지혜롭게 마음에 잡도리한다. '이것이 괴로움의 소멸로 인도하는 도닦음'이라고 지혜롭게 마음에 잡도리한다. 그가 이와같이 지혜롭게 잡도리하면 세 가지 족쇄들이 제거되나니 불변하는 존재 더미가 있다는 견해有身見와 의심疑과 계행과 의례의식에 대한 집착戒禁取이다."[247]

---

246 대림스님 역(2012.10.10. 초기불전연구원) 『맛지마 니까야』 제1권. pp.180-181.

그러므로 견해의 차이는 출가수행자에게 대단히 중요한 것이라고 할 수 있습니다. 즉 이런 원인에서 정견正見과 사견邪見의 입장으로 나눠지기 때문입니다. 이 같은 경우 정통 가르침에 의한 정통한 이해로만 사견의 교정이나 소멸함이 가능합니다. 사성제라고 하는 고따마 붓다의 가르침에 이해적이지 않거나 사견을 붙인다면 그 사람은 일생을 통한 수행에 매우 괴롭고 힘든 일이 될 것입니다. 이러한 사견邪見은 사견私見으로 인해서 생기게 됩니다. 사견邪見을 바로잡기 위해서는 고따마 붓다의 가르침인 초기경전을 가까이하는 길밖에 없고, 그 초기경전에서 가르친 사성제의 괴로움의 소멸법칙의 가르침을 정통으로 이해하는 것이 가장 올바른 방법입니다. 초기경전의 사성제의 가르침은 밤길에서 등불과 같고 길 찾는 이에게 바른길을 일러주는 스승과 같기 때문입니다.

고따마 붓다의 가르침 안에서 교리적 구조가 다른 어떠한 가르침이 있다면, 그 가르침 안에 합당한 이론이 있는가 하면 그렇지 않은 형태의 이론과 주장도 발견되고 있습니다. 이러한 논리적 근거에서 고따마 붓다의 올바른 가르침의 교리적 구조를 밝히는 것은 후대에 가르침을 따르는 비구나 혹은 불교학자나 불교에 관심을 가진 사람들의 이해에서 정통한 자질을 가늠할 수 있는 조건이 될 것입니다. 이러한 문제는 고따마 붓다 자신도 매우 중요하게 생각하고 있었던 사안으로서 이미 앞에서 서술한 팔정도의 올바른 가르침을 들 수 있습니다. 이것은 비구에게 잘못된 생활은 계율로써 제재하거나 교정할 수 있으나 가르침에서

247 대림스님 역(2012.10.10. 초기불전연구원) 『맛지마 니까야』 제1권. pp.181-182.

교리적 문제는 스스로 이해할 수 있도록 계속해서 요구하고 가르침을 가졌다는데 중요한 의미가 있는 것입니다. 항상 법에 대한 정의를 주장한 정확한 이유는 그 법의 가르침에 따라 상대가 열반이나 해탈을 얻어 위없는 평온의 삶을 살아가기를 바랬던 것입니다. 그러므로 이런 것은 어떤 개인이 스스로 정하는 것이 아니며, 오직 고따마 붓다의 가르침 안에서 올바른 이해와 깨달음으로 결정되는 것입니다. 그리고 이 가르침은 열반에 대한 가르침과 이해를 통해 정의되고 확정되는 것입니다. 열반을 얻음에 가장 핵심적인 가르침이 사성제라는 서술은 앞에서도 누누이 하였고 앞으로도 계속 이어질 것입니다. 그것은 사성제가 고따마 붓다의 가르침에서 기준이 되는 가르침이기 때문입니다.

한때 고따마 붓다는 사왓띠 제따숲의 아나타삔디까 원림에 머물렀습니다. 그때 어떤 천신이 밤이 아주 깊었을 때 아주 멋진 모습을 하고 온 제따숲을 환하게 밝히면서 세존께 다가왔습니다. 여기서 그 천신은 고따마 붓다의 앞에서 게송을 읊어 자기의 생각을 전합니다. 천신이 읊은 게송은 사성제의 법을 통달하지 못한 상황 그리고 사성제에 통달한 사람들의 결과에 관한 내용입니다.

> "사성제의 법을 통찰하지 못한 자들은
> 외도의 교설로 인도되기 마련이다.[248]

---

248 "'법dhamma'이란 사성제四聖諦의 법法이다. '통찰하지 못함appaṭividita'이란 지혜ñāṇa로 꿰뚫지 못했다appaṭividdha는 말이다. '외도의 교설para-vāda'이란 62가지 견해의 가르침이다. 이것은 우리와는 다른 외도titthiya들의 주장이기 때문에 외도의 교설이라 한다. '인도되기 마련이다nīyare.'라고 표현한 것은 어떤 자들은 자발적으

그들은 잠들어 있어서 깨어나지 못했지만
그들은 이제 깨어날 시간이 되었습니다."[249]

라고, 천신이 게송을 읊었습니다. 이에 고따마 붓다는 다음과 같이 게송으로 답했습니다.

"사성제의 법을 잘 통찰한 자들은
외도의 교설로 인도되지 않도다.
완전히 깨달은 자들은 바른 구경의 지혜를 구족하여
평탄치 못한 곳에서도 올곧게 가도다."[250]

그리고 다시 그 어떤 천신은 게송을 읊었습니다.

"사성제의 법에 크게 미혹한 자들은
외도의 교설로 인도되기 마련이다.
그들은 잠들어 있어서 깨어나지 못했지만
그들은 이제 깨어날 시간이 되었습니다."[251]

이에 다시 그 어떤 천신에게 읊어 준 고따마 붓다의 답변 게송입니다.

로 외도의 교설을 따라가고, 어떤 자들은 외도들에게 이끌려간다는 것이다. 이 중에서 스스로 상견常見을 취하는 것을 '따라간다gacchanti'고 하고 남의 말을 듣고 그런 견해들을 취하는 것을 '이끌려간다nīyanti.'고 한다."(SA.i.25)

249 "'그들이 깨어날 시간이 되었다kālo tesaṁ pabujjhituṁ.'는 것은 세상에 부처님이 출현하셨고 법을 설하시고 승가가 잘 도를 닦고 도닦음paṭipadā은 훌륭하다bhaddikā. 그러나 이 많은 사람들은 윤회에 잠들어서vaṭṭe-sutta 깨어날 줄 모른다고 천신은 말하고 있다."(SA.i.25)

250 각묵스님(2009.11.5. 초기불전연구원) 『상윳따 니까야』 제1권.

251 각묵스님(2009.11.5. 초기불전연구원) 『상윳따 니까야』 제1권.

"사성제의 법에 미혹되지 않는 자들은
외도의 교설에 인도되지 않도다.
완전하게 깨달은 자들 바른 구경의 지혜 구족하여
평탄치 못한 곳에서도 올곧게 가도다."[252]

여기서 '미혹'이란 뜻은 올바른 이해가 이뤄지지 않음을 뜻하며, '완전히 깨달은 자'와 '구경의 지혜구족'은 괴로움의 소멸법칙인 사성제의 가르침을 통한 완전한 깨달음으로 괴로움과 생사의 윤회를 건널 수 있는 지혜의 구족을 뜻하는 것입니다. 다른 경전에서 고따마 붓다는 이렇게 가르쳤습니다. 여기서 정법 존재의 기준에 대해서 정법이 세상에 오래 머물 수 있는 이유가 무엇이냐고 깟사빠 존자의 질문에서 고따마 붓다가 답변한 다음과 같은 가르침의 내용입니다.

"세존이시여, 무슨 원인과 무슨 조건 때문에 이전에 학습계목은 더 적었지만, 구경究竟의 지혜에 안주하는 비구들은 더 많았으며, 무슨 원인과 무슨 조건 때문에 지금은 학습계목學習戒目은 더 많아졌지만, 구경究竟의 지혜에 안주하는 비구들은 더 적습니까?"[253]

"깟사빠여, 그것은 이와 같다. 중생들이 하열해 지고 정법이 사라질 때는 학습계목學習啓目은 더 많아졌지만, 지혜에 안주하는 비구들은 적다.

깟사빠여, 유사정법類似正法[254]이 세상에 생기지 않는 한 정법은

252 각묵스님(2009.11.5. 초기불전연구원) 『상윳따 니까야』 제1권.
253 각묵스님(2009.11.5. 초기불전연구원) 『상윳따 니까야』 제2권.
254 '유사정법類似正法'은 saddhamma-paṭirūpaka를 옮긴 것인데 정법saddhamma과 유사한 것paṭirūpa으로 직역할 수 있어서 이렇게 옮겼다. 마치 종교가 아니지만 종

사라지지 않는다. 그러나 유사정법類似正法이 생기면 정법은 사라진다."[255]

이와 같은 깟사빠 존자의 염려와 고따마 붓다의 예견 역시 불교의 현실에서 이미 일찍부터 나타났고, 그 예견이 너무나 큰 충격으로 고따마 붓다의 가르침 앞에 나타나 큰 모습으로 버티고

교를 닮은 것을 유사종교라고 하듯이 정법이 아니지만 정법을 닮았다는 뜻이다. 이런 의미에서 여기서 paṭirūpaka유사, 類似는 사이비와 같은 뜻이다.

주석서는 두 가지 유사정법類似正法을 들고 있는데 ①증득證得, abhigama에 관한 것과 ②교학教學, pariyatti에 관한 것이다. 전자는 10가지 위빠사나의 경계vipassanā-upakkilesa를 말하고,(『청정도론』 XX.105~128) 후자는 세 번의 합송結集, saṅgīti에서 부처님의 말씀으로 인정되지 않는 것을 말한다.

단, 요소에 대한 가르침Dhatu-kathā, 대상에 대한 가르침Ārammaṇa-kathā, 더러움에 대한 가르침Asubha-kathā, 지혜의 토대에 대한 가르침Ñāṇavatthu-kathā, 명지의 보고Vijjā-karaṇḍakoti와 같은 다섯 가지 가르침의 토대kathā-vatthu는 정법의 영역에 포함시키고 있다.

유사정법에 속하는 교학은, 비밀 율Guḷhavinaya, 비밀 왜산따라Guḷhavessantara, 미밀 마호사다Guḷhamahosadha, 완나 빠따까Vaṇṇa-piṭaka, 앙굴리말라 빠따까Aṅgulimālapiṭaka, 랏타빨라 갓지따Raṭṭhapāla-gajjita, 알라와까 갓지따Āḷavakagajjita, 왜달라 삐따까Vedallapiṭaka와 같은 비불설abuddha-vacana을 말한다.(SA.ii.201~202)

복주서는 부처님 말씀과 모순되기 때문에 비불설非佛說, abuddha-vacana이라 하며, 부처님께서는 앞뒤가 맞지 않는pubba-apara-viruddha 말씀을 하지 않았기 때문이라고 설명하고 있다.(SAṬ.ii.1 50)

여기서 관심을 끄는 것은 '웨달라 삐따까Vedallapiṭaka'인데 복주서는 이것은 나가nāga, 龍들의 거처로부터 가져온 것인데 웨뜰라 삐따까Vetulla Piṭaka라고도 부른다고 설명하고 있으며, 논쟁에서 설한 것vāda-bhāsita으로 구성되어 있다고도 풀이 한다.(Ibid)

웨달라 삐따까Vedallapiṭaka에 대한 복주서의 이러한 설명은 이것이 대승경전Mahāyāna sūtra들을 모은 것임을 보여준다. 스리랑카 역사에서 대승Mahāyāna은 웨뚤라와다Vetulla-vāda, Sk. Vaitulya-vāda, 方等라고 언급되고 있기 때문이다.(Walpora Rahula, *History of Buddhism in Ceylon*, pp.87–90 참조) 그리고 복주서의 이런 설명은 나가르주나Nāgārjuna, 龍樹 스님이 반야부 경전Prajñāpāramitā Sūtra들을 용궁nāga으로부터 가져왔다고 하는 설을 암시하고 있는 것으로 보인다.

그리고 상좌부에서 다섯 가지 가르침의 토대kathā-vatthu를 정전正典으로 정하는 것은 이것이 유명한 스님들의 교학에 대한 요점을 담고 있는 논서이기 때문인 것으로 보인다.

255 각묵스님(2009.11.5. 초기불전연구원) 『상윳따 니까야』 제2권.

서 있는 현실은 인간의 괴로움과 윤회적 거센 흐름의 힘을 대변해 주고 있습니다. 여기서 정법의 소멸을 걱정하던 깟사빠 존자와 고따마 붓다의 심경이 어떠한 것이었을까 하는 절박한 느낌을 받게 됩니다. 깟사빠 존자와 고따마 붓다의 이 대화에서 사용한 유사정법類似正法이라는 표현에서 충격적인 느낌을 받은 사람이라면 지금 현실에서 표현하고 있는 유사불교類似佛教, 유사교단類似教團, 유사승단類似僧團 유사승려類似僧侶 사이비似而非 등등으로 불릴 수 있는 조건에서 이미 고따마 붓다에 의해 표현된 유사정법이라는 명칭을 보자마자 현재 상황을 미리 예견한 일이구나라고 전율을 느끼게 될 것입니다. 유사정법이 현재 온 불교계를 뒤덮고 있음에서 다소 서운하고 섭섭한 마음이 일어나지만 이러한 현상은 오직 불교 안에서만 일어나는 일은 아니며, 사회 전반에 걸쳐 나타난 현상으로 삶의 부정적인 요소들로 인해 인간의 삶에 대한 올바른 가치판단과 이해가 무너진 지 오래라고 보는 것이 당연한 일일 것입니다. 그뿐만 아니라 사회정의를 구현하는 데에도 이러한 이론은 매우 적절하게 들어 맞아가고 있는 현실입니다. 쇠가 녹이 슬고 성장한 나무가 죽어가며, 인생을 거머쥔 사람이 점점 늙어가며 죽어가는 모습, 거기에 인간 탐욕의 역사가 쌓여갈수록 처음 나타날 때 순수함을 찾기 힘들 정도입니다. 그러나 이러한 세계의 정화는 우리의 몫으로 그 오염된 삶을 가장 올바른 방법으로 정화하는 데 힘써야 할 것입니다.

그런 의미에서 현실 세계는 고따마 붓다에 의해 버려진 세계가 아니라 그의 깨달음을 통해서 구원의 대상이 되는 세계인 것입니다. 그뿐만 아니라 윤회의 설명에서 나타나는 삼계 혹은 그 이상의 눈에 보이지 않은 세계일지라도 그 세계는 괴로움이고 윤회의 실상인 괴로움의 세계이므로 역시 괴로움을 끝낸 아라한에게는 구원의 대상인 세상이 되는 것입니다. 괴로움의 실체를 보고 깨달음을 얻은 아라한은 괴로움을 설명하고 가르칩니다. 그리고 그는 늘 장터의 장사꾼처럼 괴로움에 관한 설명과 가르침을 펼쳐놓습니다. 이러한 관점에서 본다면 대승불교의 소의경전所依經典과 활동은 고따마 붓다의 정법에 속하지 않지만, 유사불교의 맥을 잇고 있는 것입니다.[256] 대승불교가 불전문학佛典文學이란 새로운 장르에서 종교소설宗教小說로 분류되고 불교의 포교에 나름대로 역할이 있었던 것은 분명한 사실입니다. 그러나 이러한 것들로 인해 정식 불교교단으로 형성되고 수행활동과 역사가 이뤄지는 현실은 유사불교類似佛教의 주류를 이루고 있습니다. 그러나 고따마 붓다의 정법을 잇는 것이다라고 볼 수는 없습니다. 이에 관해서는 정법을 사라지게 만드는 요소들이라고 이미 고따마 붓다에 의해 지적되었던 문제입니다. 정법이 오래도록 이 세상에 머물게 하기 위한 고따마 붓다의 다음과 같은 설법이 있습니다. 물론, 깟사빠 존자에게 들려준 것입니다.

"깟사빠여, 예를 들면 황금과 유사한 것이 세상에 생기지 않으면 황금은 사라지지 않는다. 황금과 유사한 것이 세상에 생기면 황금은 사라지게 된다.

---

256 각묵스님 역(2009.11.5. 초기불전연구원) 『상윳따 니까야』. 주해222에서도 발견되는 일이긴 하지만 제3 결집 이전부터 태동되어지는 경향이 보인다. 웨달라삐따까Vedallapiṭaka가 제3결집에서 비불설로 거론되었다는 것은 매우 의미 심상한 일이 아닐 수 없다.

깟사빠여, 그와 같이 유사정법類似正法이 세상에 생기지 않는 한 정법은 사라지지 않는다. 그러나 유사정법類似正法이 세상에 생기면 정법은 사라지게 된다."[257]

이것은 고따마 붓다와 깟사빠 존자가 정법이 이 세상에 사라지는 것에 대한 심려로 이루어진 대화형 설법입니다. 그리고 정법을 사라지게 하는 요소에 대해서 더 정확하고 상세하게 묘사한 다음의 설법이 있습니다.

"깟사빠여, 땅의 요소地界, 地大가 정법을 사라지게 만들지 않는다. 물의 요소가 … 불의 요소가 … 바람의 요소가 정법을 사라지게 만들지 않는다.

그러나 여기 '쓸모없는 인간들'이 나타나서 이 정법을 사라지게 만든다.

깟사빠여, 배는 많이 실으면 침몰하지만, 정법은 그와 같이 사라지지 않는다."[258]

정법을 사라지게 하는 요소는 외부적인 것이 아니라, '쓸모없는 인간들' 때문이라고 했습니다. 유사정법을 만드는 자들도 이 '쓸모없는 인간들' 때문이라고 했습니다. 유사정법을 만드는 '쓸모없는 인간들'에 대하여 계속하여 설법하는 것은 다음의 경에서입니다. 또한, 정법을 확고하게 하고, 사라지지 않게 하는 요소들에 대해서도 설법하였습니다.

---

257 각묵스님 역(2009.11.5. 초기불전연구원) 『상윳따 니까야』 제2권. p.524.
258 각묵스님 역(2009.11.5. 초기불전연구원) 『상윳따 니까야』 제2권. p.524.

"깟사빠여, 다섯 가지 유해한 현상이 나타나면 정법을 혼란스럽게 하고 사라지게 한다. 무엇이 다섯인가?

깟사빠여, 여기 ①비구들과 비구니들과 청신사들과 청신녀들이 스승을 존중하지 않고 순응하지 않으며 머문다. ②법을 존중하지 않고 순응하지 않으며 머문다. ③승가를 존중하지 않고 순응하지 않으며 머문다. ④공부지음을 존중하지 않고 순응하지 않고 머문다. ⑤삼매를 존중하지 않고 순응하지 않고 머문다. 깟사빠여, 이러한 다섯 가지 유해한 현상이 나타나면 정법을 혼란스럽게 하고 사라지게 한다."[259]

"깟사빠여, 다섯 가지 현상이 나타나면 정법을 확고하게 하고 혼란스럽지 않게 하고 사라지지 않게 한다. 무엇이 다섯인가?

깟사빠여, 여기 ①비구들과 비구니들과 청신사들과 청신녀들이 스승을 존중하고 순응하며 머문다. ②법을 존중하고 순응하며 머문다. ③승가를 존중하고 순응하며 머문다. ④공부지음을 존중하고 순응하며 머문다. ⑤삼매를 존중하고 순응하며 머문다.

깟사빠여, 이러한 다섯 가지 현상이 나타나면 정법을 확고하게 하고 혼란스럽지 않게 하고 사라지지 않게 한다."[260]

위에서 열거한 일련의 이야기들은 유사정법을 판단하고 가려내는 것에서도 기준이 되는 것입니다. 삼계 생사윤회의 괴로움 속에서 일어나는 일은 열반의 일이건 비열반非涅槃의 일이건 흥망성쇠와 생사고락을 겪지 않고 그냥 지나쳐버릴 수 있는 아무런

259 각묵스님 역(2009.11.5. 초기불전연구원)『상윳따 니까야』 제2권. p.525.
260 각묵스님 역(2009.11.5. 초기불전연구원)『상윳따 니까야』 제2권. p.526.

것도 없습니다. 고따마 붓다에게 직접 가르침을 받는 시기에도 구경의 지혜에 안주할 수 있는 사람은 더 적어졌고 학습계목이 필요한 이들은 더 많아졌음을 보았을 때 그 이유가 무엇인지 궁금한 제자는 그의 스승에게 물어보지 않을 수 없었을 것입니다.

> "세존이시여, 무슨 원인과 무슨 조건 때문에 이전에 학습계목學習戒目은 더 적었지만, 구경究竟의 지혜에 안주하는 비구들은 더 많았으며, 무슨 원인과 무슨 조건 때문에 지금은 학습계목學習啓目은 더 많아졌지만, 구경究竟의 지혜에 안주하는 비구들은 더 적습니까?"

이러한 질문 속에 평소 승단에 소속해 있는 비구들에게서 나타나는 '구경의 지혜'가 걱정스러울 정도의 수준이라는 것임을 알 수 있습니다. 출가한 목적이 생사윤회에서 완전히 해탈하고 열반을 성취하기 위한 것을 알고 그 목적을 성취한 사람이 보는 관점에서 이런 수준 낮은 비구들의 수행생활을 대한다면 의문을 가지게 될 것은 자명한 사실입니다. 그러므로 당시 승가생활에서 학습계목으로도 해결되지 않는 문제가 늘 있었다는 것이고 그 상황을 지켜본 깟사빠 존자는 고따마 붓다에게 이런 걱정스러운 일에 대해서 질문했을 것입니다. 이러한 문제에 관련된 질문과 답변을 보면 그때뿐만 아니라 지금 현실 불교에서 일어나고 있는 상황과도 너무나 흡사하다는 생각을 가지게 하는 것입니다. 그러나 고따마 붓다가 생존했을 그때의 교단 상황은 지금의 상황과는 전혀 다른 순수한 교단이었던 것만은 사실입니다. 그러면 본격적으로 어떠한 일들이 유사정법이고 정법에 속하지 않는 조건인가 하는 것에 관해 분석해 볼 필요가 있을 것입니다.

불교Buddha-sāsana가 고따마 붓다를 교주로 진리의 가르침을 폈고, 그 가르침의 교리구조는 철두철미한 이해를 바탕으로 깨달음이 형성되어 결국 수행을 통해 깨달음의 실체를 확인하게 되는 것입니다. 이것은 법의 실천적 생활을 가지는 것인데 팔정도나 십정도라 불리는 불행佛行을 의미하는 것입니다. 자신의 인생에 가치관이 고따마 붓다의 가르침으로 형성되고 완벽해진 자라고 한다면 이 세상 어떠한 생사윤회의 괴로움에 관한 문제에서라도 빠져들지 않고 관찰하는 관찰자가 되어 구경의 지혜로 살아가게 될 것입니다. 이러한 삶의 길이 열리게 되고 반열반을 맞이하게 됨은 고따마 붓다의 가르침인 '사성제' 밖에 없습니다. 이 사성제의 역할은 철저한 이해를 바탕으로 깨달은 자만이 가질 수 있는 정견의 생활방식이라고 할 수 있습니다. 이러한 생활방식에서는 괴로움의 실체를 있는 그대로 꿰뚫어 이해되지 않거나 달리 법을 전해줄 방법을 찾을 필요는 없습니다. 왜냐하면 그는 이미 고따마 붓다의 가르침에서 깨달음 안에 들어 있기 때문입니다.

지금까지는 정법이 잘 전해지고 잘못 전해지는 일이 사성제의 올바른 이해에 있음을 서술하였고 다음은 사성제의 가르침을 외면하거나, 간과하거나, 아예 방치하고 멀리 떨쳐버리는 일에서 어떠한 결과를 초래하게 되는지에 대해 밝혀보고자 합니다. 사성제의 중요성과 사성제의 가르침을 꿰뚫어 이해했을 때 깨달음을 얻을 수 있기 때문입니다. 그리고 그 깨달음은 스스로 알 수 있는 일이라고 고따마 붓다는 다음과 같이 가르칩니다.

"'…이것이 번뇌의 소멸로 이끄는 도닦음'이라고 있는 그대로 꿰뚫어 안다. 그가 이와 같이 알고, 이와 같이 볼 때 그는 감각적 욕망에 기인한 번뇌苦에서 마음이 해탈心解脫한다. 존재에 기인한 번뇌에서도 마음이 해탈한다. 무명無明에 기인한 번뇌에서도 마음이 해탈한다. 해탈했을 때 해탈했다는 지혜가 생긴다. '태어남은 다했다. 청정범행은 성취되었다. 할 일을 다 해 마쳤다. 다시는 어떤 존재로도 돌아오지 않는다'라고 꿰뚫어 안다."[261]

그러나 초기불전을 연구하는 수행자 또는 학자들에게서도 사성제에 대한 견해의 차이를 느끼게 하는 주장이 있습니다. 그 주장은 아무리 살펴보아도 사성제의 이론에 맞지 않고 오히려 사성제의 이론과 충돌을 일으키거나 바라문이나 도교의 교리적 이해의 근거를 마련해주고 있으며, 그 이론의 주장으로 인하여 교리구조를 더욱 난해하게 만들고 있는 것입니다. 만약 이런 경우의 견해가 일반적으로 가르침의 교의에 사용되거나 주장된다면 정법의 입장에서 매우 위험한 상황에 놓이게 되는 것입니다. 이러한 이론은 사성제의 가르침으로 인정할 수 없고, 수용할 수 없으며 부합하지 못하는 것은 물론, 원인과 과정 그리고 결과를 설명할 수 없을 것입니다. 왜냐하면 사성제의 이해와 교리구조를 무시하고 있으며, 오류와 충돌의 원인이 거기에서 일어나고 있기 때문입니다. 이러한 오류는 고따마 붓다의 가르침에서 문맹과도 같습니다. 왜냐하면 사성제의 가르침을 전혀 이해하지 못하기 때문입니다. 이러한 사람들은 고따마 붓다의 가르침인 법에서 생활할 수 없고 가르침에 관한 법을 설할 수도 없으며 스스로 열반을 얻을 수도 없는 것입니다.

---

261 대림스님 역(2012.10.10. 초기불전연구원) 『맛지마 니까야』 제2권. p.259.

이러한 사람들에게는 반드시 잘못된 견해가 나타날 수밖에 없습니다. 이미 위에서 열거한 잘못된 견해에 속하는 조건들은 얼마든지 그들에게서 나타날 수 있는 것입니다. 고따마 붓다에 의해 진리라고 정해진 법이 올바르게 이해할 수 없는 경우란 다음의 유형에서 찾아볼 수 있습니다.

"'부처님의 최초설법은 팔정도다. 팔정도는 최초설법이요 최후 설법이다'"

라는 견해는 『상윳따 니까야』 제5권 '해제'에서 「도상윳따 Magga-saṁyutta」의 역자[262]의 견해입니다.

왜 이 견해가 잘못되었다고 하는지, 이 견해의 어디가 잘못되었는지, 어떤 방향으로 교정되고 어떻게 이해해야 할 것인지에 대해서 설명해 주어야 하는 부분이 보이기 때문입니다. 그러려면 그가 사용한 예문을 살펴보고 나서 그 잘못된 부분에 관해 설명해야 할 것입니다. 그리고 여기 본문에 그가 달아놓은 주해의 내용도 함께 보여주어야 충분히 이해하게 될 것입니다. 다음은 그가 달아놓은 주註의 내용입니다.

"도상윳따Magga-saṁyutta. S45는 팔정도[263]의 가르침을 담고 있는 중요

---

262 각묵스님 역(2009.10.5. 초기불전연구원) 『상윳따 니까야』 제5권 「도 상윳따 Magga-saṁyutta」.

263 이 주해는 각묵스님의 팔정도에 대한 주를 그대로 옮겼다. 다음과 같다. "팔정도는 니까야에서 예외 없이 ariya aṭṭhaṅgika magga로 나타난다. 이것은 '여덟 가지 구성요소를 가진 성스러운 도八支聖道'로 직역된다. 중국에서는 八正道로 정착이 된 듯하다. 역자는 본서 전체에서 경의 원문은 항상 '여덟 가지 구성요소

한 곳이다. 주지하다시피 부처님 최초의 설법은 팔정도이다. 부처님의 최초의 설법을 담고 있는 『초전법륜경』[264]에 이렇게 나타난다.

① 이와 같이 나는 들었다. 한때 세존께서는 바라나시의 이시빠다나의 녹야원에 머무셨다.
② 거기서 세존께서는 오비구를 불러서 말씀하셨다.
③ '비구들이여, 출가자가 가까이하지 않아야 할 두 가지 극단이 있다. 무엇이 둘인가?

그것은 저열하고 촌스럽고 범속하고 성스럽지 못하고 이익을 주지 못하는 감각적 욕망들에 대한 쾌락의 탐닉에 몰두하는 것과 괴롭고 성스럽지 못하고 이익을 주지 못하는 자기 학대에 몰두하는 것이다. 비구들이여, 이러한 두 가지 극단을 의지하지 않고 여래는 중도를 완전하게 깨달았나니 이 중도는 안목을 만들고[265] 지혜를 만들며 고요함과 최상의 지혜와 바른 깨달음과 열반으로 인도한다.'

'비구들이여, 그러면 어떤 것이 여래가 완전하게 깨달았으며, 안목을 만들고 지혜를 만들며, 고요함과 최상의 지혜와 바른 깨

를 가진 성스러운 도八支聖道'로 직역됨을 밝힌다. 자세한 설명은 「열반경」. (S45:2)"

264 이 주해도 각묵스님견해의 글 속에 있는 주해를 그대로 옮긴다. "「초전법륜경」(S56:11)은 『상윳따 니까야』 제56주제인 「진리 상윳따」(S56)에 포함되어 나타난다. 경을 결집한 스님들은 『초전법륜경』의 주제를 사성제로 보았기 때문이다. 그러나 여기서 보듯이 『초전법륜경』은 먼저 중도를 천명하고 있고 그 중도를 팔정도로 설명해내고 있으며 이 가운데 바른 견해正見의 내용으로 사성제가 나타나고 있다."

265 이 주해도 각묵스님의(견해) 글 속에 있는 주해를 그대로 옮긴다. "『쌍윳따 니까야』 제4권 「라시야 경」(S 42:12) §4의 주해를 참조." '『쌍윳따 니까야』 제4권 「라시야 경」(S 42:12) §4의 주해'를 여기에 싣는다. 여기에 나타나는 해당 주해는 511인데 다음과 같다. "'안목을 만들고'는 cakkhu karaṇī를 옮긴 것인데 '눈을 만들고'로 직역할 수 있다. 보디스님도 which gives rise to vision으로 옮겼다."

달음과 열반으로 인도하는 중도인가?

그것은 바로 여덟 가지 구성요소를 가진 성스러운 도八支聖道이니, 바른 견해正見, 바른 사유正思惟, 바른 말正語, 바른 행위正業, 바른 생계正命, 바른 정진正精進, 바른 마음챙김正念, 바른 삼매正定이다.

비구들이여, 이것이 바로 여래가 완전하게 깨달았으며, 안목을 만들고 지혜를 만들고, 고요함과 최상의 지혜와 바른 깨달음과 열반으로 인도하는 중도이다'"266

라는 인용문에 나타난 잘못된 이해가 무엇인지 우선 설명할 필요가 있습니다. 고따마 붓다의 경전을 읽고 쓰고 번역하는 것은 쉬운 일에 해당합니다. 그러나 경전을 읽고 쓰고 바르게 이해하기란 쉽지 않습니다. 왜냐하면 각자의 이해의 정도에 따라서 경전의 내용이 완전히 달라지기 때문입니다. 예를 들면 이렇습니다. 경전의 가르침 속에서 우리가 가질 수 있는 가치는 올바른 깨달음을 얻음과 그렇지 않음의 차이라고 할 것입니다. 고따마 붓다의 깨달음을 얻는 가르침에서 사성제의 교리구조를 통한 깨달음만을 인정합니다. 왜냐하면 고따마 붓다가 깨달음을 얻은 이론적 근거가 괴로움의 소멸법칙인 사성제에 있기 때문입니다. 부연하자면 사성제 말고는 고따마 붓다의 깨달음이 없었고 가르침도 없었고 열반涅槃도 없었습니다. 이 깨달음으로 인해 고따마 붓다는 모든 괴로움에서 벗어나게 되었습니다. 그 괴로움에서 벗어날 수 있는 진리는 깨달음의 지혜로 나타날 수 있는

266 각묵스님(2009.11.5. 초기불전연구원) 『상윳따 니까야』 제6권 「초전법륜경(S56:11)」 §§ 1~4.

삶의 방식인 팔정도八正道입니다. 팔정도는 사성제의 네 가지 조항 가운데 한 가지에 해당하고 그것은 여덟 가지 성스러운 도닦음인 것입니다. 이 팔정도에 나열된 여덟 가지 조항은 모두 괴로움의 소멸법칙을 꿰뚫어 이해한 정견의 입장이 우선되어야 불행佛行에 어울리는 삶을 살아가게 되는 것입니다. 그러므로 정견은 괴로움의 실체를 꿰뚫어 이해했을 때 나타나는 구성요소 가운데 한 가지라고 할 수 있는 것입니다. 고따마 붓다의 가르침인 사성제를 통해서 정통으로 이해한 사람만이 갖춰지는 중도적 견해正見를 그렇게 강조한 것이라고 알아야 합니다. 녹야원에서 다섯 비구를 가르치기 이전에 언급하였던 '중도中道'라는 말과 팔정도의 중도의 개념은 같지 않다고 이해할 수 있을 때 팔정도를 분석하는 데 도움이 될 것입니다.

좀 더 거기에 대한 설명을 구체적으로 늘어놓자면 이렇습니다. 고따마 붓다가 다섯 비구에게 사성제의 설법 이전에 언급했던 중도라는 개념은 '고행에서 고행만을 고집하거나 감각적 욕망에서 쾌락의 탐닉에 몰두함'에 관계되는 내용이라고 알아야 합니다. 이러한 정황은 그 당시에 다섯 비구를 찾아온 고따마 붓다와의 만남에서 파악하는 것이 적당할 것입니다. 고따마 붓다가 다섯 비구를 찾아가 자신은 깨달음을 얻은 사람이라고 말하였을 때, 다섯 비구는 그의 말을 믿지 않았습니다. 그리고 고따마 붓다를 믿지 않는 이유에 대해서는 '고행을 버리고 사치하고 타락하였다'라고 하였습니다. 자신을 이렇게 생각하고 있는 그들을 이해시킬 수 있는 방법은 바로 고행과 욕망의 쾌락에 관한 설명으로 중도적 수행 방법을 이야기해 주었고 그들을 설득하였을 것입니다. 그리고 팔정도는 사성제의 가르침에 속에 그 역할의 설명이 나타납니다. 왜냐하면 팔정도는 사성제의 네 가지 조항이기도 하고 그 역할은 괴로움의 소멸법칙을 꿰뚫어 이해한 정견을 가진 사람이 가질 수 있는 생활방식이기 때문입니다. 이런 의미에서 만약 중도를 설명한다고 하면서 사성제의 한 조항인 팔정도를 빼내어 별도로 가르침을 가졌다고 한다면 커다란 실책을 범하게 되는 것입니다. 조도품助道品이나 그밖에 가르침에서도 팔정도만 가르친 예가 있는데 그곳에서 팔정도만 따로 가르쳤다고 해서 팔정도를 사성제의 가르침과 연관시키지 않음은 큰 실책을 저지르는 것입니다. 만약 이러한 교리구조의 이론을 형성하여 사성제와 팔정도를 분리해서 설명하는 일은 절대 '하면 되지 않는 것'으로 알아야 합니다.

다시 강조하지만, 사슴동산에서 다섯 비구에게 팔정도를 별도로 가르친 부분이 있다고 하여, '팔정도를 가장 먼저 설했다'라고 하거나 고따마 붓다가 입멸시에 팔정도의 가르침을 폈었다고 해서 '팔정도를 가장 늦게 설했다'라고 단정 지을 수 없는 이유가 있다면, 팔정도는 사성제인 고·집·멸·도의 범주 안에 연계된 가르침이라고 할 수 없을 것입니다. 그러므로 아무리 팔정도만 언급한 문장이 경전의 가르침으로 나타나더라도 문장의 전후에서 아니면 내용 안에서 사성제의 원의가 충실하게 설명되어 있음을 보는 견해가 열려 있어야 합니다. 이러한 형태의 가르침은 경전 안의 문장에서 수없이 나타나 있음을 찾아볼 수 있습니다. 특히 팔정도만 설명된 곳에서 괴로움의 소멸법칙인 사성제의 가르침을 놓쳐버린다는 것은 사성제를 있는 그대로 꿰뚫어 이해하는 사람이라고 할 수 없습니다.

그런데 4부 니까야를 공동 번역한 다른 스님은 『맛지마 니까야』 제1권의 「저자의 서문」에서 다른 역자 스님과 같은 견해가 아니었다는 것을 볼 수 있는데, 그가 사용한 인용문을 옮겨보면 다음과 같습니다. 두 스님의 공동 번역임에도 불구하고 고따마 붓다의 가르침을 이해함에서 완전히 상반된 견해를 가지고 있음을 보여주고 있습니다. 아래 인용문은 사성제의 정확하고 올바른 이해를 설명하기 위해서 사용한 문장입니다. 경전에서 이해의 문제는 언제든 교정 가능하므로 역자를 비난하거나 역서를 폄훼할 뜻이 아님을 밝혀둡니다. 다만 올바른 고따마 붓다의 경전에 실린 가르침에서 정견의 견해를 밝히고자 한 것뿐입니다. 그러나 역서가 출판되어 책으로 나온 지 이미 오래된 지금 역자가 그때와 같은 견해를 가지고 있다면 다시 그 부분에서 아니면 사성제의 전체 가르침에서 숙고해볼 필요가 있을 것입니다. 역자의 '상반된 견해'를 표현한 곳은 다음과 같습니다.

> "'이렇게 부처님께서는 견해를 감각기능根·감각대상境·알음알이識의 삼사화합三事和合에서 기인한 감각접촉의 산물이라고 불교의 연기緣起 구조로 명쾌하게 정의하신다. 이렇게 하여 견해見解의 문제는 마침내 괴로움의 발생구조流轉門와 소멸 구조還滅門를 적나라하게 밝힌 연기緣起의 가르침으로 회통이 되고, 이것은 괴로움苦과 괴로움의 원인集과 괴로움의 소멸滅과 괴로움의 소멸에 이르는 길道로 정리된 불교 만대의 진리인 사성제四聖諦의 가르침으로 귀결이 될 수밖에 없다'"**267**

이 문장의 형식과 표현에서 거의 정확한 판단을 하면서도 한편으로는 그렇지 못한 상반된 견해를 나타내고 있습니다. '이것은 괴로움苦과 괴로움의 원인集과 괴로움의 소멸滅과 괴로움의 소멸에 이르는 길道로 정리된 불교 만대의 진리인 사성제四聖諦의 가르침'이라고 표현함은 정확한 판단이고 이해입니다. 그러나 이전에 언급한 '팔정도를 가장 먼저 설했다'라고 표명함은 상반된 견해라고 할 수 있는 것입니다.

> "'이처럼 본 경은 팔정도의 첫 번째인 바른 견해正見와 바른 견해의 내용인 연기의 가르침을 천명한 것이다'"268

이렇게 상반된 견해見解의 내용이 한쪽 면에 적힌 문장 속에서 발견되는 것을 볼 수 있습니다. 이것은 역자의 실수인지 아니면 원문해석에서의 오류인지 아니면 사성제의 권위를 아직 확정하지 못한 견해인지는 잘 판단이 서지 않습니다. 역자의 역문에서 '무명無明은 사성제四聖諦를 있는 그대로 꿰뚫어 알지 못하는 것이고, 정견正見은 사성제四聖諦를 있는 그대로 꿰뚫어 아는 것'이라고 고따마 붓다의 모든 설법에서 혹은 훌륭한 제자들의 모든 설법에 담겨있는 번역한 내용이 보이기 때문입니다. 이와 같은 번역된 문장은 경전 전체에서 오류 없이 이뤄지고 있는 것에 비해 역자가 쓴 주해의 내용에서는 견해의 차이를 보여주고 있는 것입니다.

---

267 각묵스님 역(2005.12.20. 초기불전연구원) 디가 니까야 제1권. p.61.

268 각묵스님 역(2005.12.20. 초기불전연구원) 디가 니까야 제1권. p.61.

또한 이 책의 역자는 인도에서의 불교가 쇠퇴하여 자취를 감춘 사실에 대하여 이렇게 서술하였습니다.

> "'사실 세존께서 진정한 도를 드러내고자 하는 이 하나를 위해서 앞의 여섯 가지 방법[269]을 동원하신 것이라고 우리는 이해할 수밖에 없다. 그러므로 이것을 잃어버리는 순간 불교는 세상에 존재할 의미가 없어져 버린다. 인도에서 8세기 이후에 쇠퇴일로를 걸은 불교가 12세기쯤에는 완전히 인도에서 자취를 감추게 되는 가장 큰 이유도 이런 것에서 찾아야 할 것이다'"

언 듯 보면, 역자의 판단에 동의할 수도 있는 설명입니다. 그러나 여섯 가지 방법 중에 '진정한 해탈'이나 '진정한 깨달음'은 어디에 명확한 근거를 두고 하는 얘기인지 의문이 듭니다. 왜냐하면 역자의 인용문 설명에서 '팔정도의 첫 번째인 바른 견해와 바른 견해의 내용인 연기의 가르침을 천명한 것이다'라는 주장을 보았기 때문입니다. 여기서 문제가 되는 것은 '바른 견해의 내용인 연기의 가르침'이라고 하는 것입니다. 이 문장의 내용이라면 연기의 가르침에 바른 견해를 얻을 수 있는 조건이 있다는 뜻입니다. 이러한 문장에서는 '바른 견해'의 구조를 설명할 수 없고 이해할 수 없게 됩니다. 그리고 고따마 붓다가 진정한 도를 드러내기 위한 여섯 가지 방법인 ① 진정한 도. ② 진정한 출가의 길. ③ 진정한 청정범행. ④ 진정한 해탈. ⑤ 진정한 대자유. ⑥ 진정한 깨달음 등의 문제에서도 '진정한'이란 한 가지 단어의

---

269 ① 진정한 도, ② 진정한 출가의 길, ③ 진정한 청정범행, ④ 진정한 해탈, ⑤ 진정한 대자유, ⑥ 진정한 깨달음 등이다.

뜻조차 설명 불가능하게 만들어 놓고 있습니다. 이러한 논리가 부적합한지 그렇지 않은지는 아래에 있는 경문의 내용에서도 그 사실을 확인할 수 있습니다.

"…사성제四聖諦를 꿰뚫고 모든 번뇌를 소멸하여 위없는 깨달음을 실현하였다."

"그런 나는 '이것이 괴로움'이라고 있는 그대로 꿰뚫어 알았고, '이것이 괴로움의 일어남'이라고 있는 그대로 꿰뚫어 알았고, '이것이 괴로움의 소멸'이라고 있는 그대로 꿰뚫어 알았고, '이것이 괴로움의 소멸로 인도하는 도닦음'이라고 있는 그대로 꿰뚫어 알았다. '이것이 번뇌'라고 있는 그대로 꿰뚫어 알았고, '이것이 번뇌의 일어남'이라고 있는 그대로 꿰뚫어 알았고, '이것이 번뇌의 소멸'이라고 있는 그대로 꿰뚫어 알았고, '이것이 번뇌의 소멸로 인도하는 도닦음'이라고 있는 그대로 꿰뚫어 알았다.

내가 이와 같이 알고 이와 같이 볼 때 나는 감각적 욕망에 기인한 번뇌에서 마음이 해탈했다. 존재에 기인한 번뇌에서도 마음이 해탈했다. 무명無明에 기인한 번뇌에서도 마음이 해탈했다. 해탈했을 때 해탈했다는 지혜가 생겼다. '태어남은 다했다. 청정범행은 성취되었다. 할 일을 다 해 마쳤다. 다시는 어떤 존재로도 돌아오지 않을 것이다'라고 꿰뚫어 알았다."[270]

그러나 다른 역자는 다음과 같이 견해를 달리하고 있습니다. 이것은 전체 고따마 붓다의 가르침에서 이해의 관점이랄지 이해정도에서 나타나는 차이라고 할 수 있을 것입니다.

---

270 대림스님 역(2012.10.10. 초기불전연구원) 『맛지마 니까야』 제1권. p.22.

> "부처님은 이러한 누진통으로 표현되는 깨달음을 실현하였기 때문에 드디어 불교가 세상에 존재하게 된 것이다. 여기서 보이듯이 부처님은 사성제四聖諦를 깨달았다. 그리고 모든 번뇌를 다 제거하였다. 다른 여러 경들에서도 깨달음은 사성제四聖諦로 정의되고M91 §31 등 바른 견해도 사성제四聖諦에 대한 이해로 설명된다M9 §14 등"[271]

이것은 사성제의 이론을 통해 고따마 붓다가 깨달음을 얻었고, 그의 가르침은 사성제의 이론에 기인한다는 가장 신뢰할 수 있는 표현입니다. 그러므로 참으로 사성제는 이해하기 어렵고 쉽게 접근할 수 없는 것입니다. 불교를 따르는 모든 사람들은 이 특별한 가르침에서 새로운 눈을 떠야만 하는 것입니다. '고따마 붓다의 가르침은 사성제가 전부이다'라는 오온의 조건으로 인한 윤회와 생사의 단절된 곳을 보는 능력을 성취할 수 있는 길은 사성제에 의해서만 가능하기 때문입니다. 윤회와 생사의 단절된 곳을 볼 수 있는 능력은 무엇 때문에 이뤄져야 할까? 윤회와 생사가 괴로움이기 때문입니다. 괴로움의 일어남이기 때문입니다. 괴로움의 소멸이기 때문입니다. 괴로움의 소멸로 인도하는 성스러운 도닦음이기 때문입니다.

이런 이유와 원인 때문에 사성제는 자신을 열반으로 인도하고 반열반般涅槃을 맞이하게 하여 '다시는 어떠한 모습으로든 이곳苦으로 돌아오지 않는다'라고 선언하거나 천명하게 되는 것입니다. 그는 그때부터 사성제를 통해 깨달음에 들고 괴로움을 있

271 대림스님 역(2012.10.10. 초기불전연구원) 『맛지마 니까야』 제1권. pp.22-23.

는 그대로 꿰뚫어 이해한 열반생활涅槃生活에 의해서 반열반般涅槃 때까지 평온한 삶을 살아가게 됩니다. 이것을 고따마 붓다는 '머문다'라고 표현했습니다. 여기에 '머문다'라고 표현한 말은 깨달음을 얻은 사람이 이 세상의 생명의 조건이 마칠 때까지 자신이 사성제를 통해 깨달음의 상태를 유지하며 살아간다는 뜻입니다. 그래서 윤회와 생사의 마지막인 반열반을 향하여 일관된 불행佛行; 八支正道으로 살아가는 삶이 이어지는 것입니다.

팔정도의 여덟 가지 모든 조항 앞에 '바르게正'란 수식어가 붙어 있는 거기에는 분명한 이유가 있기 때문입니다. 그 이유에 대해서는 앞에서 이미 서술한 바와 같습니다. 또한 그 이유를 밝히는 것도 팔정도에 대한 올바른 이해를 찾는 길입니다. 그러므로 이 책을 저술하면서 팔정도를 다른 표현을 써서 불행佛行[272]이라고 말한 것입니다.

> "경을 결집한 스님들은 『초전법륜경』의 주제를 사성제四聖諦로 보았기 때문이다. 그러나 여기서 보듯이 『초전법륜경』은 먼저 중

---

272 팔정도八正道를 불행佛行이라고 주장하는 이유는 팔정도八正道라는 '성스러운 도닦음의 길'은 팔정도의 '바른, 바르게, 바르다,'라는 수식어가 '사성제四聖諦의 괴로움고·집·멸의 문제를 확실하게 알고 보는 견해에서 오는 것.'이라고 여겼기 때문이다. 그러므로 괴로움을 있는 그대로 보는 입장의 견해, 괴로움의 일어남을 있는 그대로 보는 견해, 괴로움의 소멸을 있는 그대로 보는 견해, 괴로움의 소멸로 인도함을 있는 그대로 보는 견해를 일러 정견正見이라고 하듯이, 정사유正思惟, 정어正語, 정업正業, 정명正命, 정정진正精進, 정념正念, 정정正定 등도 마찬가지이다. 그러므로 팔정도는 이미 열반을 성취한 부처님의 행동이라고 할 수 있다. 불행佛行에 대해서는 반열반般涅槃에 든 부처님에게는 쓸 수 없는 단어이다. 이유는 반열반에 들지 않은 부처님은 반열반에 들 때까지는 오온五蘊의 기능이나 작용에 따라 살아가고 있기 때문이다. 이때의 열반을 성취한 부처님의 삶은 불행佛行이다. 불행佛行은 생사生死를 벗어나고, 괴로움을 있는 그대로 알았고, 윤회輪廻를 단절한 삶을 뜻한다.

도를 천명하고 있고 그 중도를 팔정도로 설명해내고 있으며 이 가운데 바른 견해正見의 내용으로 사성제四聖諦가 나타나고 있다."[273]

이 주해를 쓴 역자의 견해를 설명하자면, 팔정도를 닦아서 사성제를 깨닫게 된다는 논리가 맞는 것입니다. 만약 이런 견해라면 사성제 안에 팔정도의 설 자리를 없애버린 꼴이 되고 맙니다. 그러면서 자연스럽게 팔정도는 하나의 독립적인 이론을 형성하게 되므로 여기에서는 사성제의 가르침 가운데 중도中道의 가치를 찾을 수 없을 것입니다. 그리고 사성제의 가르침에 관한 중도의 설명이 이뤄질 수 없게 됩니다. 이런 경우 설명과 이해와 가르침에서 매우 난처한 상황이 벌어지고 말 것입니다. 만약 사성제와 팔정도가 이러한 논리라고 고집한다면 팔정도가 중도라고 고증할 수 있고 주장할 수 있는 길은 철통같이 다 막혀버리게 되는 것입니다. 왜냐하면 팔정도를 지탱하는 것이 중도正인데, 중도中道가 가지는 가치를 표현하고 주장할 수 있는 문제가 사라졌기 때문입니다. 그러므로 중도의 가치가 없어진 팔정도에서는 '여덟 가지 구성요소를 가진 성스러운 도닦음'이라고 주장할 수 없게 되는 것입니다.

이런 문제를 해결할 방법은 경전에 수없이 나오는 사성제에 관한 가르침에서 찾을 수 있습니다. 그것의 가장 중요한 방법은

---

273 각묵스님(2009.10.5.) 상윳따니까야 제5권. pp.45-52. 여기에서 소단원에 나타난 팔정도와 중도에 대한 표현 '부처님의 최초의 설법은 팔정도다', '팔정도는 최초의 설법이요 최후의설법이다', '팔정도가 중도다' 등이 보인다. 또한 각묵스님(2005.12.20.)『디가 니까야』제1권. p.38에서도 팔정도에 대한 설명은 있다.

사성제 가르침 안에 팔정도를 충돌한 채로 이해하거나 설명하는 것을 벗어나 '네 가지 성스러운 가르침의 한 묶음'으로 이해하는 것뿐입니다.

사성제의 가르침으로 깨달음에 관한 설명에서 괴로움의 소멸의 법칙이 올바르게 이해되었다면 팔정도의 분명한 위치와 권위가 되살아나 확보되어 있을 것입니다. 아울러 팔정도에 대한 의문이나 팔정도가 가지는 소멸법칙에 관한 성스러운 여덟 가지 도닦음의 길이 아주 밝게 보일 것입니다. 이쯤 되면 팔정도에서 무엇을 중도正라고 하는지에 대한 의문 역시 사성제의 주제인 괴로움苦·集·滅에 대한 이해에서만 확인할 수 있는 일이라고 알게 됩니다. 괴로움의 소멸법칙苦·集·滅에서 괴로움의 실체가 충분히 이해된 사람에게는 확실한 깨달음에서 얻은 최상의 지혜로 생활해 나아갈 수 있는 팔정도의 길이 혹은 십정도十正道의 길이 있음을 스스로 알 수 있는 것입니다. 열반을 얻은 자는 아직 살아있고 살아가야 할 육신의 덩어리 즉 오온五蘊의 생장 기능이 남아 있으므로 반열반般涅槃 때까지는 열반을 얻은 상태로 살아가는 것이 팔정도라는 삶의 규정입니다. 왜냐하면 괴로움의 실체를 보고 생사윤회인 연기의 실체를 보았다고 해서 그대로 그 자리에서 생명을 끊을 수 없는 일이기 때문입니다. 그러므로 '열반의 삶'은 곧 '팔정도의 삶'이라고 하는 '청정하고 성스러운 삶'이라고 표현한 것입니다. 이것은 괴로움과 윤회를 건너는 중도中道입니다. 이러한 열반涅槃 상태나 열반생활涅槃生活의 정의를 보여주는 설명은 고따마 붓다의 가르침 속에 어디에서나 찾아볼 수 있고 확인할 수 있습니다. 다음은 사성제 설법의 말미에서 열반涅槃에 관한 내용을 묘사한 것입니다.

> "내가 이와 같이 알고 이와 같이 볼 때, 나는 감각적 욕망에서 기인한 번뇌欲漏에서 마음이 해탈했다. 존재에 기인한 번뇌有漏에서도 마음이 해탈했다. 무명無明에 기인한 번뇌無明漏에서도 마음이 해탈했다. 해탈했을 때 해탈했다는 지혜가 생겼다. '태어남은 다했다. 청정범행은 성취되었다. 할 일을 다 해 마쳤다. 다시는 어떤 존재로도 돌아오지 않을 것'이라고 꿰뚫어 알았다."[274]

팔정도는 사성제의 가르침을 통해서 열반을 성취한 사람만이 갈 수 있는 '올바른 깨달음의 길'입니다. 이 말을 앞뒤를 바꾸어 이렇게 표현하면 그 뜻이 더 확실하고 정확하게 나타남을 알 수 있습니다. '깨달음의 올바른 길'입니다. 이것은 '깨달음으로 얻게 된 바른길'을 말하는 것입니다. 이 깨달음의 바른길은 사성제의 주제인 괴로움의 소멸법칙에 관한 이해에서만 가능한 것이고 그것을 정견이라 하며 이 정견은 무명無明이 제거된 사람에게서만 나타나는 것입니다. 이러한 사성제에 관한 정견이 서 있지 않은 사람은 죽어서 이생 저생으로 끊임없이 윤회하게 되는 것이라고 고따마 붓다는 가르고 있습니다. 그래서 사성제에 관한 확실한 정견이 서 있는 사람은 세상의 모든 두려움과 공포가 사라지게 되는 것입니다. 그뿐만 아니라 세상의 모든 구속에서의 자유로움을 누릴 수 있습니다. 왜냐하면 그는 이미 모든 생명의 괴로움이라고 표방하는 생사와 윤회에서 벗어나 자유로움

274 대림스님(2010, 3쇄 2012. 초기불전연구원) 『맛지마 니까야』 제2권. pp.185-186. 이것은 고따마 붓다의 깨달음에 대한 정형구이다. 깨달음을 표현하고 확실한 믿음을 주고자 할 때 반드시 이 정형구가 등장한다.

을 가졌기 때문입니다. 그러므로 그는 최상의 승리자라고 불리게 됩니다. 이것을 증명해 주는 경전이 있습니다. 이러한 정견은 팔정도에서의 정견이 아니라 사성제의 가르침에서 꿰뚫은 이해를 통해 형성된 정견입니다.

> "악기웻사나여, 이것이 밤의 삼경三更에 내가 증득한 세 번째의 명지明知이다. 마치 방일하지 않고 열심히, 스스로 독려하며 머무는 자에게 무명無明이 제거되고 명지明知가 일어나고 어둠이 제거되고 광명이 일어나듯이, 내게도 무명無明이 제거되고 명지明知가 일어났고 어둠이 제거되고 광명이 일어났다."[275]

그러면 다시, 사성제의 가르침에 관한 구조를 분석해 보겠습니다. 여기서 괴로움의 이해가 가장 우선이라고 여기는 것은 당연한 사실입니다. 그러므로 괴로움의 설명도 잘 이뤄지고 이론의 무결점이 이뤄지게 되는 것입니다. 여기서 무결점이라고 하는 지극히 깨달음에 합당한 이론이 형성되는 것입니다. 이러한 결점이 없는 괴로움의 소멸법칙의 이론은 괴로움의 소멸에 관한 법칙에서 정견을 가지게 됩니다. 그래서 그 사람에게는 괴로움의 소멸로 이끄는 성스러운 여덟 가지 구성요소를 갖춘 길을 가도록 인도받게 되는 것입니다. 즉 이것은 팔정도라는 것이고 혹은 십정도라는 것입니다. 그래서 팔정도는 불행佛行이라 불려도 잘못된 표현이 절대 아닙니다. 팔정도가 불행佛行이라는 이유에 합당한 말씀이 있습니다. 고따마 붓다가 사왓티에서 머무를 때 아난다 존자가 오전에 탁발하러 갔다가 돌아오면서 그의 옆

275 대림스님(2010, 3쇄 2012. 초기불전연구원) 『맛지마 니까야』 제2권. p.186.

을 지나가는 멋지고 아름다운 마차의 행렬을 보고 고따마 붓다에게 이렇게 여쭈었습니다.

"…세존이시여, 그런데 이 법과 율에서도 신령스러운 마차를 천명할 수 있습니까?"

"아난다여, 천명할 수 있다. 아난다여, 신령스러운 마차는 바로 여덟 가지 구성요소를 가진 성스러운 도八支聖道, 八正道를 두고 한 말이다. 그리고 그것은 법의 마차라고도 하고 전쟁에서 위없는 승리無上戰勝라고도 한다.

아난다여, 바른 견해를 닦고 많이 공부 지으면 그것은 탐욕을 길들임으로 귀결되고, 성냄을 길들임으로 귀결되고, 어리석음을 길들임으로 귀결된다. 바른 사유를 … 바른말을 … 바른 행위를 … 바른 생계를 … 바른 정진을 … 바른 마음챙김을 … 바른 삼매를 닦고 많이 공부 지으면 그것은 탐욕을 길들임으로 귀결되고, 성냄을 길들임으로 귀결되고, 어리석음을 길들임으로 귀결된다."[276]

여기서 아난다 존자가 말한 '법法과 율律'이란 사성제를 꿰뚫어 이해하고 깨달음을 증득한 사람의 일상을 두고 한 말입니다. 깨달음을 얻은 사람의 일상에서 법과 율이 마차의 아름다움처럼 서로 돕는 관계가 유지되기 때문입니다. 법法은 사성제를 두고 한 말이고, 탐貪·진瞋·치痴는 율律을 세워 깨달음의 상태를 방호하는 세 가지 대상에 해당합니다. 율律이라는 것은 계의 기본 구조로 탐貪·진瞋·치痴의 방호가 근본이 되기 때문입니다. 그러

276 각묵스님 역(2009.11.5. 초기불전연구원) 『상윳따 니까야』 제5권. p.184.

므로 탐貪·진瞋·치痴의 세 가지의 나쁜 법들에서 방호의 역할로 여덟 가지 구성요소를 가진 성스러운 도八支聖道, 八正道를 채택한 이유입니다. 이것은 가장 간단하게 팔정도의 역할을 표현한 것입니다. 팔정도의 역할은 큽니다. 광범위합니다. 얼마만큼 광범위하냐 하면 37보리분법菩提分法을 모두 다 통섭할 정도이기 때문입니다. 괴로움을 올바르게 깨닫지 못한 이들에게는 그들 나름으로 팔정도행八正道行이 있고, 괴로움을 있는 그대로 꿰뚫어 알고 깨달음을 얻은 이들에게도 그들 나름으로 팔정도행八正道行이 있습니다. 전자는 수행의 덕목으로 후자는 불행佛行의 덕목으로 이해할 수 있습니다. 그러나 전자의 경우란 불행佛行과 같은 의미를 갖지는 못합니다. 이러한 문제는 이미 앞에서 설명한 내용이었습니다.

한때 고따마 붓다는 승가의 사소한 분쟁에 관한 일 때문에 아난다 존자를 불러 이렇게 법을 설한 적이 있습니다. 여기서 팔정도에 관한 중요함이 다음과 같이 표현되고 있습니다.

> "아난다여, 생계에 관계된 것이나 빠띠목카比丘戒目에 관계된 분쟁은 오히려 사소한 것에 지나지 않는다. 아난다여, 그러나 도八正道나 도닦음에 관해서 승가에 분쟁이 일어난다면 그런 분쟁은 많은 사람에게 이익이 되지 못하고, 많은 사람에게 행복이 되지 못하고, 많은 신과 인간에게 손실과 손해와 괴로움을 가져올 것이다."[277]

고따마 붓다는 승가의 분쟁에서 가장 큰 분쟁에 대해서 언급

---

277 대림스님 역(2012.10.10. 초기불전연구원) 『맛지마 니까야』 제3권. p.650.

한 것입니다. 생계에 관계되거나 빠띠목카比丘戒目에 관계된 분쟁은 팔정도의 도닦음에서 일어나는 분쟁에 비하면 아무것도 아니라는 뜻입니다. 만약 참으로 이렇게 된다면, 정법이 망하게 되고, 승가가 망하고, 비구가 망하게 되기 때문입니다. 바른 견해 등 괴로움의 소멸로 인도되는 여덟 가지 성스러운 구성요소들이 고따마 붓다의 가르침에서 사라져 버리기 때문일 것입니다.

3. 37보리분법菩提分法, bodhikkhiya-damma

37보리분법은 네 가지 마음챙김의 확립四念處, 네 가지 바른 노력四正勤, 네 가지 성취수단四如意足, 다섯 가지 기능五根, 다섯 가지 힘五力, 일곱 가지 깨달음의 구성요소七覺支, 여덟 가지 성스러운 도八正道의 일곱 가지 주제로 구성되어 있습니다. '깨달음의 견해에서 설명되는 법' 즉 깨달음을 위한 가르침입니다. 이러한 가르침에서 보리분법을 닦아야 하는 이유는 다음과 같습니다.

> "비구들이여, 수행에 몰두하지 않고 머무는 비구에게 '오, 나의 마음은 취착이 없어져서 번뇌로부터 마음이 해탈하기를'이라는 이러한 소망이 일어날지도 모른다.
>
> 그것은 무슨 이유 때문인가? 수행하지 않았기 때문이라는 것이 그 대답이다. 무엇을 수행하지 않았기 때문인가? 네 가지 마음챙김의 확립四念處, 네 가지 바른 노력四正勤, 네 가지 성취수단四如意足, 다섯 가지 기능五根, 다섯 가지 힘五力, 일곱 가지 깨달음의 구성요소七覺支, 여덟 가지 성스러운 도八正道이다."[278]

보리분법菩提分法, bodhikkhiya-damma 혹은 '깨달음의 편에 있는 법' 이라고 청정도론에서는 정의하고 있고, 위방가 주석서에서는

> "보리분법이란 네 가지 진리四聖諦를 깨달았다고 말해지는 도를 얻은 자의 지혜의 편에 존재하는 법들이다."[279]

라고 설명하고 있습니다. 그리고 『디가 니까야의 복주석서』는 다음과 같이 설명을 덧붙이고 있습니다.

> "보리bodhi라는 것은 도를 얻는 자의 바른 견해magga-saādiṭṭhi이다. 그가 네 가지 성스러운 진리를 깨달은 뒤에 고유성질sabhāva에 의해서 그 깨달음의 편에 존재한다고 해서 보리분bodhikkhiya이라고 하는데, 네 가지 마음챙김과 네 가지 정진 등을 말한다."[280]

약간 뛰어넘은 이야기 같지만, 37보리분법에서 팔정도는 맨 끝에 놓여있는 조항입니다. 그러면서 보리분법에 속해 있고 보리분법이 다 끝나도록 괴로움의 소멸법칙을 통해 각 조항에서 상세한 설명으로 그 뜻에 영향을 미치고 있습니다. 그리고 사성제의 가르침에서 얻어지는 기본적인 견해의 기준을 속속들이 배어들게 하고 있습니다. 이러한 설명들이 일반 불자들에게는 초심자를 위한 설명으로 이해되어 받아들이게 될지는 모르지만 절대 그렇게 이해함은 최악의 이해에 해당할 것입니다. 그러나 이러한 문제를 교육자와 피교육자라는 개념에서 생각해 볼 수

278 S22:101.「까뀌자루경」.

279 VbhA.347.

280 DAṬ.iii.63.

있을 것입니다. 그렇게 생각하고 이 문제에 접근하는 쪽이 37보리분법을 이해하는데 있어서 훨씬 유리할 것입니다. 그러면 어떻게 교육자와 피교육자를 나눌 것인지에 관한 문제부터 정리해 보겠습니다.

고따마 붓다의 가르침과 교단에서 교육자라고 단정할 수 있는 조건을 가진 사람은 고따마 붓다이고 깨달은 사람입니다. 그리고 피교육자란 그 가르침을 따르는 모든 사람으로 나눌 수 있습니다. 이 두 부류의 사람들의 특징은 첫 번째가 세속에서와 같은 생업을 가지지 않는다는 사실입니다. 다시 말하자면 그들은 생업의 현장에서 종사하는 사람이 아니라는 뜻으로 범망경이나 사문과경에 그 연유에 관해서 자세한 설명이 나와 있습니다. 37보리분법이란 결국 열반을 성취하기 위한 수단이고 가르침입니다. 원론적인 깨달음의 문제는 사성제 가르침에 다 포함되어 가르침의 바탕이 되어 있고 37보리분법에서는 수행자 모두의 수행 생활에서 일어날 수 있는 가지가지 수행 방법에 따라 실용적 가치로 설명되는 것입니다.

교육자와 피교육자 두 가지 입장이란 앞서와 같이 나눌 수 있습니다. 그러므로 여기에서 설명되는 모든 내용은 교육자가 피교육자에게 설명하는 내용에 해당한 것이다라고 생각하면 틀림없습니다. 그러면 피교육자는 어떤 사람들일까? 고따마 붓다의 가르침에서 가르침의 꿰뚫은 이해가 필요한 모든 출가수행자일 것입니다. 특히 사성제의 가르침에서 팔정도의 올바른 견해를 가질 때까지 하는 모든 교육을 받아야 할 대상입니다. '모든 교육'은 37보리분법이 정답이 됩니다. 만약 37보리분법을 교육자가 아닌 피교육자가 가르치거나 설명한다면 교육의 과정과 내용에 차질을 빚게 될 것입니다. 고따마 붓다의 가르침을 듣고 따르는 수행자 모두에게 꼭 필요한 행동 지침이 있다면 바로 이런 것이다라고 할 수 있습니다. 이것은 깨달음과 가르침의 이해에 관한 양심적인 고백과도 같은 것이기 때문입니다. 이론의 부재를 만들거나 왜곡하는 행위를 교단 내에서 만들어내고 교육환경이 이뤄진다면 그것은 정법이 사라지는 원인이라고 할 수 있습니다. 이것은 법의 혼란한 시기라고 말할 수 있을 것입니다.

37보리분법은 모두 괴로움의 소멸법칙에 '통섭하는 법'의 논의로 이루어집니다. 왜냐하면 사변적인 가르침이 전혀 섞이지 않으면서, 깨달음으로 인도되고, 깨달음을 얻게 되는 가르침이기 때문입니다. 항상 통섭하는 법에는 '사성제의 꿰뚫은 이해'로 귀결되어 있습니다. 그래서 '통섭하는 법'이라고 하였습니다. 다시 말하자면, 사성제에 귀결되고 통섭하기 때문에 '통섭하는 법'입니다. 이러한 이유에 관한 설명은 고따마 붓다의 가르침 전체에서 설명되고 있으므로 여기서 별도로 설명할 필요는 없다고 여겨집니다. 약간 더 부연해 설명하자면 고따마 붓다의 가르침에서 가장 큰 주제는 '괴로움'이라는 것입니다. 즉 '이것은 괴로움'이라는 가르침, '이것은 괴로움의 일어남'이라는 가르침, '이것은 괴로움의 소멸'이라는 가르침, '이것은 괴로움의 소멸로 인도하는 여덟 가지 성스러운 구성요소의 도닦음'이라는 가르침입니다. 또한 이것은 사성제의 주제인 '괴로움'을 있는 그대로 꿰뚫어 이해하는 방법을 네 가지로 분류한 가르침입니다.

여기서 '있는 그대로'라는 말의 뜻은 '사실대로'란 것입니다. 거짓이 전혀 없는 진실한 모습 그대로라는 것입니다. 여기에서는 '사견이 전혀 섞이지 않은 것'이라고 이해할 수 있습니다.

그래서 이러한 이해에서 생긴 견해를 정견이라 하고 그 정견에 의해서 三十七보리분법菩提分法, bodhikkhiya-damma이 조직적으로 논의되는 것이며, 각 조항의 논의에서 모두 사성제의 교리구조 안에서 통섭한다는 견해로 이어져야 합니다. 이러한 견해는 그 견해의 정도에 따라서 사과위四果位의 어느 하나에 들게 되어 있고, 사과위 가운데 어느 하나에만 들어도 그 사람은 절대 퇴보하는 일은 없는 것입니다. 왜냐하면 그는 이미 깨달음의 올바른 길로 들어섰기 때문입니다. 또한 이 사람을 퇴보하지 않은 자리를 확보한 믿음을 가진 사람이라고 표현하는 것입니다. 통섭한다는 뜻은 '하나의 지향점'으로 향함에 장애의 요소를 전혀 가지고 있지 않음을 뜻합니다.

그래서 모든 고따마 붓다의 가르침에서 해석과 조항과 조합은 이러한 이론을 바탕으로 엮어가야 한다는 내용이며, 여기에서 정통 교의를 논의하는 방식을 택한 것입니다. 왜냐하면 고따마 붓다의 깨달음과 설법 내용이 이러한 이론을 벗어나 있는 교리구조는 하나도 발견할 수 없기 때문입니다. 이 같은 설명은 사성제의 이해를 중심에 두고 37보리분법에 대한 교리구조를 논의하는 방식으로 일관되게 이끌어 갈 것입니다. 그러므로 이 책을 읽는 독자들도 이 같은 교리적 관점에서 이해하려는 방향 전환이 필요할 것입니다. 그렇다고 무턱대고 이 논리를 주장하는 것은 아닙니다. 어디까지나 고따마 붓다의 깨달음, 깨달음의 소재, 깨달음의 설명, 깨달음의 결과를 통해서 이뤄지는 분석된 결과임을 밝혀둡니다. 특히 37보리분법에서 논의되는 수행차제의 논리는 괴로움의 소멸법칙을 꿰뚫어 이해하였을 때 비로소 올바른 논의를 맛볼 수 있을 것입니다.

가. 사념처四念處 cattāro satipaṭṭhāna

사념처는 위빠사나를 닦는 수행 방법의 이론 자료에 해당합니다. 위빠사나를 닦는 목적은 단 한 가지입니다. 열반涅槃을 증득하기 위함이고 열반을 증득한 사람이 오온의 기능을 그대로 가진 상태에서 열반을 경험하는 삶을 굳건히 하기 위한 것입니다. 37보리분법의 설명에서 이와 같은 두 가지 논리는 보리분법의 설명이 끝날 때까지 계속 이어질 것입니다. 그리고 그것은 '열반생활涅槃生活'[281]로 이어진다는 사실로 규명됩니다. 사념처에서 이런 이유 말고 다른 이유가 있다면 내용과 목적에서 충돌을 일으키고 말 것입니다. 그리고 더욱 중요한 것은 사념처의 가르침은 37보리분법의 모든 조항에서 그 각각의 영역에 해당하고 각각의 역할이 이뤄진다는 점을 염두에 두어야 할 것입니다. 그것은 뒤에 이어지는 설명에서 입체적으로 논의되고 이해되는 일에서 밝히게 됩니다. 그러므로 사념처는 괴로움의 소멸법칙을 바탕으

281 이 책에서 새롭게 표현한 단어이다. '열반생활涅槃生活'이라고 해도 상관없고 '생활열반生活涅槃'이라고 해도 상관없다. 생활열반生活涅槃의 뜻은 열반성취한 아라한이 반열반般涅槃까지의 삶을 말하는 것이다. 윤회와 생사를 벗어난 사람이 아직 남아있는 자신의 수명을 반열반般涅槃까지의 삶을 살아가는 생활방식을 말한다. 즉 불행佛行이라는 표현도 어울린다.

로 37보리분법의 전체에서 그 역할이 이어지는 것입니다. 그리고 사념처의 바탕에는 사성제의 꿰뚫은 이해가 완전하게 깔려있을 때 사념처의 공부 방식을 제대로 구사해 나아갈 수 있습니다. 사념처四念處가 '네 가지 마음챙김'으로 표현되는 것은 다 아는 사실일 것입니다. 네 가지 마음챙김이란 신身·수受·심心·법法에서 사성제의 꿰뚫은 이해가 바탕이 되고 이때 '전면에 마음챙김을 확보하고'라고 하는 명상의 기본자세를 취할 수 있는 것입니다. 사념처의 자세한 가르침은 대념처경Mahāsatipaṭṭhāna sutta[282]에 기술되어있습니다. 고따마 붓다가 꾸루[283]의 깜맛사담마에 계실 때 비구들을 불러 이렇게 가르쳤습니다.

> "비구들이여, 이 길[284]은 중생들을 청정하게 하고, 근심과 탄식을 다 건너게 하고, 육체적인 고통과 정신적인 고통을 사라지게 하고, 옳은 방법을 얻게 하고,[285] 열반涅槃을 실현케 하는 유일한 길이니, 그것은 곧 네 가지 마음챙김의 확립[286]이다."

---

282 D22.

283 꾸루Kuru는 인도 16국 가운데 하나였는데, 지금의 델리 근처 지역이다. 꾸루빤짤라Kuru-Pañcāla라는 이름의 지역으로 언급할 때는 지금 인도의 델리, 하랴나, 펀잡, 히마찰쁘라데쉬 등의 지역이 이에 해당된다. 『자따까』 등에 의하면 이 지역은 상업과 학문이 번창하던 도시이다.(J.ii.214). 대림스님(2012.10.10. 초기불전연구원) 『맛지마 니까야』 제1권. p.325. 주해335.

284 "길magga이라는 것은 어떤 뜻에서 길인가? 열반으로 간다nibbāna-gammana는 뜻에서, 열반을 원하는 자들이 (열반으로) 가야 한다magganīya는 뜻에서 길magga이다." (MA.i.231). 대림스님(2012.10.10. 초기불전연구원) 『맛지마 니까야』 제1권. p.325. 주해338.

285 "'옳은 방법을 얻게 한다.ñāyassa sacchikiriyāya'는 것에서 옳은 방법이란 이 성스러운 팔정도八支聖道를 말한다. 이 길은 그것을 얻게 한다. 증득하게 한다는 말이다. 예비단계에서 세간적인 마음챙김의 확립인 도를 닦으면 출세간도의 증득으로 인도한다. 그래서 '옳은 방법을 얻게 하고'라고 말씀하신다."(MA.i.236). 대림스님(2012.10.10. 초기불전연구원) 『맛지마 니까야』 제1권. p.326. 주해340.

286 '네 가지'라고 한 것은 이 보다 많지도 적지도 않은 마음챙김의 길道의 숫자를

한정짓는 말이다. satipaṭṭhāna는 sati+paṭṭhāna의 합성어인데, 첫 번째 단어 sati는 마음챙김을 뜻한다. 주석서에 따르면 두 번째 단어인 paṭṭhāna의 해석에 따라 세 가지로 설명할 수 있다. 첫 번째 영역gocaro의 뜻이고, 두 번째는 확립시켜야 한다paṭṭhapetabbato는 뜻이고, 세 번째는 확립하다upaṭṭhāti는 뜻으로 sati-paṭṭhāna라고 설명한다. 주석서를 옮겨보면 다음과 같다.

"첫 번째는 마음챙김의 영역satigocara도 satipaṭṭhāna라 하고, 두 번째는 도를 닦는 세 부류의 제자들에 대해서 스승이 적의와 찬사를 초월한 상태paṭipannesu sāvakesu satthuno paṭighānunaya-vītivattatā도 satipaṭṭhāna라 하고, 세 번째는 마음챙김sati도 satipaṭṭhāna라 한다."

1. "비구들이여, 네 가지 마음챙김의 영역의 일어남과 멸함을 설하리라. 그것을 들어라. … 비구들이여, 무엇이 몸의 일어남인가? 음식이 일어남으로 몸이 일어난다."(S.v.184)라는 등에서는 마음챙김의 영역을 satipaṭṭhāna라 한다. "몸은 영역이고, 마음챙김이 아니다. 마음챙김은 영역이면서 마음챙김이기도 하다."(Ps.ii.232)라는 등에서도 마찬가지이다. 이곳에 머물기 때문에 영역paṭṭhāna이라는 뜻이다. 무엇이 머무는가? 마음챙김sati이다. 마음챙김의 영역이 satipaṭṭhāna이다. 혹은 중요한 장소satipaṭṭhāna라고 해서 paṭṭhāna이다. 마음챙김의 중요한 장소가 satiṭṭhāna이다.

2. "성자가 닦는 마음챙김의 확립이 있으니, 이것을 닦아 스승이 되어서 무리를 지도할 수 있게 된다."(본서 4권 「여섯 감각장소의 분석 경」M137/iii.216)라는 구절에 도를 닦는 세 부류의 제자들에 대해서 스승의 적의와 찬사를 초월한 상태를 satipaṭṭhāna라 한다. 확립시켜야 한다paṭṭhāpetabbato라고 해서 확립이다. 일으켜야 한다는 뜻이다. 무엇으로 확립시켜야 하는가? 마음챙김으로 확립시켜야 한다. 마음챙김으로 확립시켜야 하기 때문에 satipaṭṭhāna이다.

3. "네 가지 마음챙김을 닦고 많이 공부 지으면 일곱 가지 깨달음의 구성요소七覺支들을 성취한다."(본서 제4권 「출입식념 경」M118/iii.82)라는 등에서 마음챙김이 바로 satipaṭṭhāna라고 말했다. 확고하게 머문다patiṭṭhāti라고 해서 paṭṭhāna이다. 확립한다upaṭṭhāti, 대상에 들어가서, 깊이 들어가서 머문다는 뜻이다. 마음챙김이 바로 satipaṭṭhāna이다. 혹은 대상을 기억saraṇa한다는 뜻에서 마음챙김이고, 확립한다는 뜻에서 확립이다. 이처럼 마음챙김이 바로 확립이다. 그래서 satipaṭṭhāna이다. 여기서 원하는 것은 세 번째 뜻이다.

만약 satipaṭṭhāna가 이런 뜻이라면 왜 원문에서 단수가 아닌 복수를 사용하여 satipaṭṭhāna마음챙김의 확립들라고 했는가? 마음챙김이 여러 가지이기 때문이다. 대상이 다르기 때문에 이 마음챙김은 여러 가지이다. 그러면 이 '길은'에서 길magga은 왜 단수인가? '길'이라는 뜻에서 하나이기 때문이다. 이 네 가지 마음챙김도 길이라는 뜻에서 하나이다.

그러면 왜 세존께서는 많지도 적지도 않게 오로지 네 가지 마음챙김을 설하였는가?

1) 제도될 사람들의 이익을 위해서다. ①갈애의 기질을 가진 자. ②사견의 기질을 가진 자. ③사마타를 닦는 자. ④위빠사나를 닦는 자 등 제도될 사람들에 대

위의 인용문에서 사성제가 꿰뚫어 이해된 사람은 모든 내용에서 교육자의 입장이 될 것이고, 사성제가 꿰뚫어 이해되지 않은 사람에게는 문장의 이해에 앞서 사성제에 관한 이해가 앞서야 한다는 것임을 알아야 할 것입니다. 결국 이 가르침은 사성제의 가르침에서 깨달음을 얻은 사람이 세상에 머무는 방식을 설명하는 것이라고 할 수 있습니다. 다음은 사념처四念處에 대한 각각의 설명입니다.

해 둔하고 예리함을 기준으로 두 부류씩 나누었다.
① 갈애의 기질을 가진 자에게는 조대粗大한 몸身을 관찰하는 마음챙김의 확립이, 예리한 자에게는 미세한 느낌受을 관찰하는 마음챙김의 확립이 청정에 이르는 길visuddhi-magga이라고 설하였다.
②사견의 기질을 가진 둔한 자에게는 세분되지 않는 마음心을 관찰하는 마음챙김의 확립이, 예리한 자에게는 아주 세분된 법法을 관찰하는 마음챙김의 확립이 청정에 이르는 길이라고 했다.
③사마타의 길을 가는 둔한 자에게는 별 어려움 없이 표상을 얻은 첫 번째인 몸을 관찰하는 마음챙김의 확립이, 예리한 자에게는 거친 대상에 머무르지 않기 때문에 두 번째인 느낌을 관찰하는 마음챙김의 확립이 청정에 이르는 길이라고 하였다.
④ 위빠사나의 길을 가는 둔한 자에게는 지나치게 세분되지 않는 대상인 세 번째 마음을 관찰하는 마음챙김의 확립이, 예리한 자에게는 아주 세분된 대상인 네 번째인 법을 관찰하는 마음챙김의 확립이 청정에 이르게 하는 길이라고 설하였다. 이처럼 많지도 적지도 않게 네 가지만을 설하였다.
2) 혹은 깨끗하고淨, 즐겁고樂, 항상하고常, 자아我라는 전도된 인식을 제거하기 위해서 네 가지로 설하였다. 몸은 부정不淨하다. 그러나 중생들은 그 몸에 대해서 깨끗하다는 전도된 인식으로 헤맨다. 그들에게 그것에 대한 부정함을 보여주어 그 전도된 인식을 버리게 하기 위해서 그 첫 번째인 몸에 대한 마음챙김의 확립을 설하였다. 비록 느낌과 마음과 법에 대해 즐겁고 항상하고 자아라고 움켜쥐더라도 느낌은 괴로움이고 마음은 무상하고 법들은 무아이다. 그러나 중생들은 이들에 대해서 즐겁고 항상하고 자아라는 전도된 인식으로 헤맨다. 그들에게 괴로움 등의 상태를 보여줌으로써 그 전도된 인식을 버리게 하기 위해서 나머지 세 가지를 설하였다.
이와 같이 깨끗하고 즐겁고 항상하고 자아라는 전도된 인식을 제거하기 위해서 많지도 적지도 않게 네 가지만 설하였다고 알아야 한다.(MA.i.241). 대림스님(2012.10.10. 초기불전연구원)『맛지마 니까야』 제1권. pp.327-329. 주해344. 재인용.

① 신념처身念處, 身隨觀念處란 '몸의 수관에서 마음챙김의 확립'을 말합니다. 즉 자신을 형성하고 있는 몸둥이五蘊를 바탕으로, 그 몸둥이五蘊의 내외 작용에 있어서 크거나 미세하거나 간에 그 움직임을 관찰합니다. 이러한 관찰은 '있는 그대로의 관찰'로 이뤄지는 위빠사나의 주제가 됩니다. '있는 그대로의 관찰'이란 명상의 주제를 말하는 것인데, 사성제를 꿰뚫어 이해한 자에게서의 견해 즉 '괴로움을 있는 그대로 보는 정견의 견해'로 괴로움의 소멸법칙을 사실 그대로 보는 견해를 뜻합니다. 이것은 마음챙김에서 주제이고 위빠사나의 명상에서의 주제이기도 합니다. 그것이 바탕이 되어 몸뚱어리의 32가지 부위에 대해 관찰을 합니다. 즉 '머리털·몸 털·손발톱·이·살갗·살·힘줄·뼈·골수·콩팥·염통·간·근막·지라·허파·창자·위속의 음식·똥·쓸개즙·가래·고름·피·땀·굳기름·눈물·피부의 기름기·침·콧물·관절과 활액·오줌 등'을 말합니다. 그러므로 이 같은 것들은 서로 의지하고 서로 돕고 붙어 있을 때 어떤 한 가지 기능을 하게 됩니다. 이렇게 우리들의 몸 전체가 명상의 소재로 활용될 뿐만 아니라 그것 자체의 삶을 해결하기 위한 것입니다. 다음과 같은 신념처身念處에 관한 고따마 붓다의 가르침이 있습니다.

"비구들이여, 여기 비구는 몸에서 몸을 관찰身隨觀[287]하며 머문

287 "'몸에서'라고 말하고 나서 다시 '몸을 관찰하며'라고 몸이라는 단어를 취한 것은 1) 대상이 섞이지 않도록 확정짓는 것. 2) 단단한 덩어리를 분해하는 것 등을 보이기 위한 것이라고 알아야 한다.
첫째, 대상이 섞이지 않도록 확정짓는 것이란 몸에서 느낌受이나 마음心이나 법法을 관찰하는 것이 아니라 오직 몸만을 관찰한다. 그러므로 몸이라는 대상에서 오직 몸을 관찰하는 형태를 보여주어 대상이 섞이지 않도록 확정짓는 것을 보인 것이다.

다. 세상에 대한 욕심과 싫어하는 마음을 버리고 근면하고 분명히 알아차리고 마음챙기면서 머문다."[288]

몸의 관찰로 들숨 날숨에 관한 명상법을 택할 수도 있습니다. 이것은 마음챙김의 확립으로 들여 쉬고 내쉬는 숨을 통하여 알

둘째, 단단한 덩어리를 분해하는 것이란 그와 마찬가지로 몸에서 사지나 부분을 떠나 어떤 하나의 법도 관찰하지 않는다. 또한 머리·털·몸 털 등을 떠나서 여자와 남자로도 관찰하지 않는다. 여기 머리털·몸털 등 사대四大와 사대에서 파생된 물질의 덩어리라 불리는 몸에 대해서도 근본물질四大과 파생된 물질을 떠나 어떤 하나의 법도 관찰하지 않는다. 오히려 사지나 부분들의 덩어리를 마차의 부품을 관찰하듯이 관찰하고, 머리털과 몸털 등의 덩어리를 도시를 구획별로 관찰하듯이 관찰하고, 파초의 줄기와 잎과 껍질을 분리하듯이, 또한 빈주먹을 펴듯이 오직 근본물질과 파생된 물질의 덩어리를 관찰한다. 이와 같이 여러 가지 형태로 덩어리를 통해서 몸이라 불리는 대상을 보여주어 단단한 덩어리를 분해하는 것을 보였다. 앞서 설한 사지나 부분의 덩어리, 머리털과 몸털 등의 덩어리, 근본물질과 파생된 물질의 덩어리를 떠나 몸이라거나 여자라거나 남자라고 할 어떤 법도 없음을 설하였다. 그러나 중생들은 이렇게 설한 단지 그 덩어리에 그릇된 천착을 한다. 이런 뜻 외에도 '등'이라는 단어가 다른 뜻도 보여준다.
①바로 이 몸에서 오로지 몸만을 관찰하고, 다른 어떤 본성도 관찰하지 않는다. 무슨 뜻인가? 마치 물이 아니지만 아지랑이 때문에 물이 있다고 보는 자처럼 그렇게 보지 않는다. 그는 무상하고 괴로움이고 무아이고 부정不淨한 이 몸에서 항상하고 즐겁고 자아이고 깨끗하다고 보지 않는다. 몸을 관찰하는 자는 무상하고 괴로움이고 무아이고 부정한 형태의 집합이라고 본다는 뜻이다.
②혹은 "여기 어떤 이는 땅의 몸을 무상이라고 관찰한다. 물의 몸을 … 불의 몸을 … 바람의 몸을 … 머리털의 몸을 … 몸털의 몸을 …"라고 「무애해도」(Ps.ii.232)에서 설한 바로 이 몸에서 관찰할 때 몸에서 몸을 관찰한다고 그 뜻을 알아야 한다.
③혹은 몸에 대해서 '나'라거나 '내 것'이라고 거머쥘 만한 그 어떤 것도 보지 않고 오히려 각각 머리털, 몸털 등 여러 것의 집합이라고 관찰하기 때문에 몸에서 머리털 등의 현상의 집합이라고 불리는 몸을 관찰한다고 그 뜻을 알아야 한다.
④나아가서 '이 몸에서 무상하다고 관찰하고 항상하다고 관찰하지 않는다.'는 등의 순서대로 무애해도에 전해오는 방법인 무상의 특징에서부터 시작하여 모든 특징들을 가진 집합이라는 몸을 관찰하기 때문에 몸에서 몸을 관찰한다고 그 뜻을 보아야 한다."(MA.i.241~243). 대림스님(2012.10.10.) 『맛지마 니까야』 제1권. pp.330-331. 주해347.

288 대림스님(2012.10.10. 초기불전연구원) 『맛지마 니까야』 제1권 「마음챙김의 확립 경」. pp.329-331.

아차림하는 공부 방식입니다. 이것 역시 위빠사나에서의 명상 수행 방식의 하나로 설명되는 정통명상 자세입니다. 몸이 가진 특별한 영역이나 기능과 작용을 통한 명상의 소재 즉 육체의 움직임과 느낌의 기능이 그 소재가 되는 것입니다. 가르침에서 들숨 날숨의 명상법은 다음과 같이 설명되고 있습니다.

"비구들이여, 어떻게 비구가 몸에서 몸을 관찰하며 머무는가? 비구들이여, 여기 비구는 숲속에 가거나 나무 아래에 가거나 빈 집에 가서[289] 가부좌를 틀고 상체를 곧추세우고 전면에 마음챙김을 확립하여 앉는다. 그는 마음챙겨 숨을 들이쉬고 마음챙겨

289 "이것은 수행자가 마음챙김의 수행에 적합한 거처를 찾은 것을 보인 것이다. 비구의 마음은 실로 오랜 세월을 형색 등의 대상들로 산만해져 있어서 명상주제를 챙기는 과정으로 들어가려 하지 않는다. 그러므로 오랜 세월을 형색 등의 대상들이라는 맛난 것을 마시면서 자란 사나운 마음을 길들이고자 하면 형색 등의 대상에서 격리시켜 숲이나 나무 아래나 빈집으로 가져가서 마음챙김의 대상인 기둥에 마음챙김의 밧줄로 그 마음을 묶어야 한다. 그러면 그 마음은 이리저리 날뛰더라도 오랫동안 친숙했던 대상을 얻지 못하고 마음챙김의 밧줄을 자르고 도망칠 수도 없을 때 근접삼매와 본삼매를 통해서 그 대상을 의지하여 앉거나 눕는다. 그러므로 옛 스승들은 말씀하였다.

'마치 송아지를 길들이는 사람이 기둥에다 묶는 것처럼
자기의 마음을 마음챙김으로 대상에 굳건히 묶어야 한다.'

이런 거처가 수행에 적합하다. 그래서 마음챙김의 수행에 적합한 거처를 찾은 것을 보이는 것이라고 했다.
나아가서 이 들숨날숨에 대한 마음챙김의 확립出入息念處은 몸의 관찰 가운데서 가장 으뜸가고, 모든 부처님과 벽지불과 성문들이 특별함을 증득하는 가까운 원인이고, 지금·여기에서 행복하게 머무는 가까운 원인이다. 이 들숨날숨에 대한 마음챙김의 확립은 여자나 남자나 코끼리나 말 등의 소리가 시끄러운 마을을 떠나지 않고서는 성취하기가 쉽지 않다. 소리는 禪의 가시이기 때문이다. 그러나 마을이 없는 숲에서는 수행자가 쉽게 이 명상주제를 들어 들숨날숨을 통해 제4선을 일으키고 그 禪"을 기초로 삼아 형성된 것들行을 명상하고서 가장 높은 과위인 아라한과에 이를 수 있다. 그러므로 그에게 적합한 거처를 보이면서 세존께서는 '숲 속에 가거나'라고 시작하였다."(MA.i.247~248). 대림스님(2012.10.10. 초기불전연구원)『맛지마 니까야』제1권. p.333. 주해354.

숨을 내쉰다. 길게 들이쉬면서 '길게 들이쉰다'라고 꿰뚫어 알고 길게 내쉬면서 '길게 내쉰다'라고 꿰뚫어 안다. 짧게 내쉬면서 '짧게 내쉰다'라고 꿰뚫어 알고 짧게 들이쉬면서 '짧게 들이쉰다'라고 꿰뚫어 안다. '온몸을 경험하면서 들이쉬리라'하며 공부하고 '온몸을 경험하면서 내쉬리라'라며 공부한다. '몸의 작용을身行을 편안히 하면서 들이쉬리라'라며 공부하고 '몸의 작용을 편안히 하면서 내쉬리라'라며 공부한다."[290]

이 또한 오온의 작용에 관해 입체적인 관점으로 공부하는 방식을 서술한 것입니다. 이렇게 공부하는 관점과 소재가 바뀌었다고 해서 마음챙김의 내용이 바뀌지는 않습니다. 왜냐하면 그 방식이 달라지면 결과가 달라지고 깨달음을 향한 이론에서 충돌이나 엉뚱한 방향으로 진행됨을 피할 수 없기 때문입니다. 변하지 않는 가르침의 실체를 그대로 유지해 간다는 조건은 고따마 붓다의 가르침을 따라 공부하는 사람에게 매우 중요한 것입니다. 이것은 가르침의 이론과 깨달음에서 동질성의 문제에 해당하기 때문입니다.

"이와 같이 안으로 자기의 몸에서 몸을 관찰하며身隨觀 머문다. 혹은 밖으로 다른 사람의 몸에서 몸을 관찰하며 머문다. 혹은 안팎으로 몸에서 몸을 관찰하며 머문다. 혹은 몸에서 일어나는 요소法들을 관찰하며 머문다. 혹은 몸에서 사라지는 요소들을 관찰하며 머문다. 혹은 몸에서 일어나는 요소들을 관찰하며 머문다. 혹은 '몸이 있구나'라고 그 마음챙김이 현전하나니, 그것은 오직 지혜를 증장케 하고, 오직 마음챙김을 강하게 한다. 이제 그는

290 대림스님(2012.10.10. 초기불전연구원) 『맛지마 니까야』 제1권. pp.333-334.

갈애와 견해에 의지하지 않고 머문다. 그는 세상에 아무것도 움켜쥐지 않는다. 비구들이여, 이같이 비구는 몸에서 몸을 관찰하며 머문다."[291]

누구나 일상생활에서 모든 행위를 하게 되고 그 행위의 결과를 보게 됩니다. 이 행위들에 관해 자신이 행하고 있는 것이 무엇이 되었든 자신의 모든 행위를 있는 그대로의 상태대로 꿰뚫어 관찰하는 공부 방식입니다. 이는 자신이 행하고 있는 행行·주住·좌坐·와臥·어語·묵黙·동動·정靜에서 일어나는 모든 행동에 대해 그 어떤 행동을 하든지 자신의 거동을 분명히 알아차리면서 머물러야 합니다. 이러한 공부 방식으로 모든 행동을 꿰뚫어 관찰하는 것을 정지正知라고 하는 것입니다. 이때 알아차리는 것이 육체적이건 정신적이건 오온의 기능으로부터 일어나는 모든 행行이므로 이것을 '꿰뚫어 알고', '관찰하며 머문다'라는 공부 방식입니다. 이미 마음챙김의 바탕을 설명하면서 '꿰뚫어 앎'이 어떤 내용인지는 설명하였습니다. '관찰하며 머문다'라는 내용은 삼매적인 관찰의 뜻을 표현한 것으로서 마음챙김의 바탕이 된 괴로움의 실체를 꿰뚫어 알았을 때 형성되는 정견의 견해가 오온의 어느 형태, 어떤 움직임을 관찰해도 '괴로움의 실체의 견해'가 변함없고 끊임없이 이뤄지고 있음을 알아야 합니다. 왜냐하면 이러한 조건의 삼매에서 열반을 얻거나 해탈을 경험하는 일로 귀결되기 때문입니다. 삼매의 조건을 오랫동안 그대로 유지하는 것을 '머문다'라는 표현을 쓰는데 이것도 그와 같은 이유입니다.

291 대림스님(2012.10.10. 초기불전연구원) 『맛지마 니까야』 제1권. pp.334-336.

네 가지 근본물질四大의 관찰에서도 그것이 신수관身隨觀에 속한다는 것을 알 수 있습니다. 여기서 비구는 아홉 가지의 공동묘지에서 시체가 부패하는 과정이나 상황[292]을 경험하고 관찰함에 관한 내용을 들고 있습니다. 이러한 명상 소재는 모두 괴로움의 실체를 있는 그대로 직접 체험하고 경험하기 위한 것입니다. 그리고 몸에서 몸을 관찰하며 머물며 공부하는 방법은 다음과 같이 경전의 가르침에서 확인할 수 있습니다.

"이와 같이 안으로 자신의 몸에서 몸을 관찰하며身隨觀 머문다. 혹은 밖으로 다른 사람의 몸에서 몸을 관찰하며 머문다. 혹은 안팎으로 몸에서 몸을 관찰하며 머문다. 혹은 몸에서 일어나는 요소들을 관찰하며 머문다. 혹은 몸에서 사라지는 요소들을 관찰하며 머문다. 혹은 몸에서 일어나는 요소들과 사라지는 요소들을 관찰하며 머문다. 혹은 '몸이 있구나'라고 그의 마음챙김이 확립되나니, 그것은 오직 지혜를 증장하게 하고, 오직 마음챙김을 강하게 한다. 이제 그는 갈애와 견해에 의지하지 않고 머문다. 그는 세상에서 아무것도 움켜쥐지 않는다. 비구들이여, 이와 같이 비구는 몸에서 몸을 관찰하며 머문다."[293]

---

292 1. 묘지에 버려진 시체가 죽은 지 하루나 이틀 또는 사흘이 지나 부풀고 검푸르게 되고 문드러지는 것, 2. 묘지에 버려진 시체를 까마귀 떼와 솔개 떼와 독수리 떼와 개떼와 자칼 떼와 벌레 떼들이 달려들어 마구 쪼아 먹고, 파먹는 것, 3. 묘지에 버려진 시체가 백골이 되어 살과 피가 묻은 채 힘줄이 얽혀 서로 이어져 있는 것, 4. 해골이 되어 살은 없고 아직 피는 남아 있는 채로 힘줄이 서로 얽혀져 있는 것, 5. 해골이 되어 살도 피도 없이 힘줄만 남아 서로 얽혀져 있는 것, 6. 백골이 되어 힘줄도 사라지고 뼈들이 흩어져 사방으로 흩어져 있는 것, 7. 묘지에 버려진 시체가 백골이 되어 뼈가 조개껍질처럼 하얗게 된 것. 8. 백골이 되어 단지 뼈 무더기가 되어 있는 것, 9. 그 백골이 해를 넘기면서 삭아 가루가 된 것 등을 보고 관찰한다.

293 대림스님(2012.10.10. 초기불전연구원) 『맛지마 니까야』 제1권. p.343.

② 수념처受念處, 受隨觀念處란 자신을 형성한 오온五蘊의 기능과 작용을 통해서 일어나는 인식 작용을 말합니다. 이것은 자신의 육신과 정신을 통해 인식 작용이 일어남을 관찰하는 것으로 보통 느낌이라는 것입니다. 이 느낌에서 어떤 작용이 일어나고 그 어떤 작용에서 인식된 어떤 상태를 관찰하는 것을 '느낌을 수관하는 마음챙김의 확립'이라고 하는 것입니다.

> "느낌에서 느낌을 관찰受隨觀[294]하며 머문다. 세상에 대한 욕심과 싫어하는 마음을 버리고 근면하고 분명히 알아차리고 마음챙기면서 머문다."[295]

느낌은 흔히 감정으로 표출되기도 합니다. 그 표출된 감정들이 즐겁고, 괴롭고, 괴롭지도 즐겁지도 않고, 세속적 즐거움, 세속을 여읜 즐거움, 세속적 괴로움, 세속을 여읜 괴로움, 세속적인 괴롭지도 즐겁지도 않은 느낌, 세속을 여읜 괴롭지도 즐겁지도 않은 느낌 등의 느낌의 일들을 느낄 때 그 느낌을 '느낀다고

294 "느낌은 세 가지인데 그것은 모두 세간적인 것이다. 마음도 세간적인 것이고, 법도 그와 마찬가지이다. 그러면 어떻게 느낌을 관찰해야 하는가? 즐거운 느낌을 괴로운 것이라고, 괴로운 느낌을 쇠살이라고, 괴롭지도 즐겁지도 않는 느낌을 무상하다고 관찰해야 한다. 이 모든 느낌들은 '괴로움'이라고 관찰되어야 한다. 느껴진 것은 모두 괴로움 속에 속한다고 나는 말한다."(S36:11/iv.216)라고 말하였기 때문이다. 느낌은 즐거움과 괴로움의 측면에서도 관찰되어야 한다. "즐거움 느낌은 머무르면 즐거움이요 변하면 괴로움입니다. 괴롭지도 즐겁지도 않은 느낌은 지혜가 있으면 즐거움이요 지혜가 없으면 괴로움입니다."(M44/i.303)라고 상세하게 설명되었기 때문이다. 혹은 "무상 등 일곱 가지 수관으로 관찰해야 한다."(MA.i.245~246)
일곱 가지 수관은 무상의 수관, 괴로움의 수관, 무아의 수관, 오염의 수관, 탐욕의 빛바램의 수관, 소멸의 수관, 놓아버림의 수관이다.(MA.i.157). 대림스님(2012.10.10. 초기불전연구원) 『맛지마 니까야』 제1권. p.331. 주해352.

295 대림스님(2012.10.10. 초기불전연구원) 『맛지마 니까야』 제1권. pp.331-332.

꿰뚫어 안다'라고 공부하는 방법입니다. 여기서 느낌을 꿰뚫어 안다고 하는 뜻은 느끼고 있는 느낌 그 자체도 '괴로움의 실체'로 보아야 한다는 뜻입니다. 왜냐하면 사념처와 37조도품 모두에서 괴로움의 실체를 확인하는 작업이라고 할 수 있기 때문입니다. 다음의 내용에서 괴로움의 실체가 가진 특성을 설명함을 보면 확인할 수 있는 문제입니다.

> "이와 같이 안으로 자신의 느낌에서 느낌을 관찰하며受隨觀 머문다. 혹은 밖으로 다른 사람의 느낌에서 느낌을 관찰하며 머문다. 혹은 안팎으로 느낌에서 느낌을 관찰하며 머문다. 혹은 느낌에서 일어나는 요소들을 관찰하며 머문다. 혹은 느낌에서 사라지는 요소들을 관찰하며 머문다. 혹은 느낌에서 일어나는 요소들과 사라지는 요소들을 관찰하며 머문다. 혹은 '느낌이 있구나'라고 그의 마음챙김이 잘 확립되나니, 그것은 오직 지혜를 증장하게 하고, 오직 마음챙김을 강하게 한다. 이제 그는 갈애와 견해에 의지하지 않고 머문다. 그는 세상에서 아무것도 움켜쥐지 않는다. 비구들이여, 이와 같이 비구는 느낌에서 느낌을 관찰하며 머문다."[296]

③ 심념처心念處, 心隨觀念處란 '마음을 수관하는 마음챙김의 확립'을 말하는데 앞의 수념처受念處에서 받아들인 인식이 마음에서 작용하는 상태를 관찰하는 것입니다. 이러한 마음 작용은 진행되기 전에 의도적인 것이 앞섭니다. 이 의도적인 마음이 움직일 때는 언행으로 표현되는 것이 보통입니다. 즉 마음에는 탐욕이 있는 마음, 성냄이 있는 마음, 어리석음이 있는 마음, 수축하는 마음, 고귀한 마음, 위가 있는 마음, 삼매에 든 마음, 해탈한 마

296 대림스님(2012.10.10. 초기불전연구원) 『맛지마 니까야』 제1권. pp.344-345.

음 등으로 나타납니다. 물론 마음챙김의 관찰이라는 알아차림의 견해는 괴로움의 실체가 바탕이 되어 있어야만 공부하는 정통을 세울 수 있게 됩니다. 이 문제 역시 다음 인용문 내용에서 확인됩니다.

> "이와 같이 안으로 자신의 마음에서 마음을 관찰하며心隨觀 머문다. 혹은 밖으로 다른 사람의 마음에서 마음을 관찰하며 머문다. 혹은 안팎으로 마음에서 마음을 관찰하며 머문다. 혹은 마음에서 일어나는 요소들을 관찰하며 머문다. 혹은 마음에서 사라지는 요소들을 관찰하며 머문다. 혹은 마음에서 일어나는 요소들과 사라지는 요소들을 관찰하며 머문다. 혹은 '마음이 있구나'라고 그의 마음챙김이 잘 확립되나니, 그는 오직 지혜를 증장하게 하고, 오직 마음챙김을 강하게 한다. 이제 그는 갈애와 견해에 의지하지 않고 머문다. 그는 세상에서 아무것도 움켜쥐지 않는다. 비구들이여, 이와 같이 비구는 마음에서 마음을 관찰하며 머문다."[297]

> "마음에서 마음을 관찰心隨觀하며 머문다. 세상에 대한 욕심과 싫어하는 마음을 버리고 근면하고 분명히 알아차리고 마음챙기면서 머문다."[298]

④ 법념처法念處, 法隨觀念處란 '법을 수관하는 마음챙김의 확립'을 뜻합니다. 이것을 표현하는 가르침은 이렇습니다. 법념처에서 대단히 중요한 설명이 있습니다. 오온五蘊, pañca nivaraṇa이 바로 그것입니다. 오온은 흔히 다섯 가지 장애라고 부르고 있는데, 다섯 가지 장애의 법에서 법을 관찰하면서 머무는 것을 말합니다.

297 대림스님(2012.10.10. 초기불전연구원) 『맛지마 니까야』 제1권. p.348.
298 대림스님(2012.10.10. 초기불전연구원) 『맛지마 니까야』 제1권. p.332.

여기서는 감각적 욕망이 있을 때, 감각적 욕망이 없을 때, 전에 없던 감각적 욕망이 어떻게 해서 일어나는지, 일어난 감각적 욕망이 어떻게 해서 사라지는지, 어떤 이유로 사라진 감각적 욕망이 앞으로 다시 일어나는지, 자신에게 악의가 있을 때, 악의가 없을 때, 전에 없었던 악의가 어떻게 해서 일어나는지, 일어난 악의가 어떻게 해서 사라지는지, 사라진 악의가 어떻게 해서 앞으로 다시 일어나지 않는지, 해태와 혼침이 있을 때, 들뜸과 후회가 있을 때, 의심이 있을 때 등의 형태는 오온의 다섯 가지 장애로 기인하여 발생한 요소들을 관찰하는 조항입니다. 이에 대한 깨달음의 가르침은 다음과 같은 소멸의 법칙입니다.

> "이와 같이 안으로 자신의 법에서 법을 관찰하며法隨觀 머문다. 혹은 밖으로 다른 사람의 법에서 법을 관찰하며 머문다. 혹은 안팎으로 법에서 법을 관찰하며 머문다. 혹은 법에서 일어나는 요소들을 관찰하며 머문다. 혹은 법에서 사라지는 요소들을 관찰하며 머문다. 혹은 법에서 일어나는 요소들과 사라지는 요소들을 관찰하며 머문다. 혹은 '법이 있구나'라고 그의 마음이 확립되나니, 그것은 오직 지혜를 증장하게 하고, 오직 마음챙김을 강하게 한다. 이제 그는 갈애와 견해에 의지하지 않고 머문다. 그는 세상에서 아무것도 움켜쥐지 않는다. 비구들이여, 이와 같이 비구는 다섯 가지 장애의 법에서 법을 관찰하며 머문다."[299]

> "법에서 법을 관찰하며法隨觀 머문다. 세상에 대한 욕심과 싫어하는 마음을 버리고 근면하고 분명히 알아차리고 마음챙기면서 머문다."[300]

299 대림스님(2012.10.10. 초기불전연구원)『맛지마 니까야』제1권. p.352.

법수관法隨觀을 설명함에 '취착의 대상인 다섯 가지 무더기를 오취온五取蘊, pañca upādānakkhandhā'라고 설명하기도 합니다. 여기서 취착의 대상이라고 하는 것은 오온五蘊의 인식 대상입니다. 이것의 주제를 대충 열거해보면 '이것이 물질이다. 이것이 물질의 일어남이다. 이것이 물질의 사라짐이다. 이것이 느낌이다. 이것이 느낌의 일어남이다. 이것이 느낌의 사라짐이다. 이것이 인식이다. 이것이 인식의 일어남이다. 이것이 인식의 사라짐이다. 이것이 심리현상이다. 이것이 심리현상의 일어남이다. 이것이 심리현상의 사라짐이다. 이것이 알음알이이다. 이것이 알음알이의 일어남이다. 이것이 알음알이의 사라짐이다'라는 등의 취착의 인식 대상을 관찰하는 것입니다. 다음은 여기에 대한 가르침입니다.

> "이와 같이 안으로 자신의 법에서 법을 관찰하며法隨觀 머문다. …그는 세상에 대해 아무것도 움켜쥐지 않는다. 비구들이여, 이와 같이 비구는 취착의 대상인 다섯 가지 무더기五取蘊의 법에서 법을 관찰하며 머문다."301

---

300 주석서에는 이렇게 한 가지 마음챙김을 네 가지로 설한 이유를 다음과 같이 설명한다.
"바구니 만드는 숙련공은 거친 돗자리와 섬세한 돗자리와 상자와 바구니와 자루 등의 가재도구들을 만들고자 할 때 큰 대나무 하나를 네 등분으로 자른 다음에 그 각각의 대나무 토막을 다시 쪼개어서 그런 가재도구를 만든다. 그와 같이 세존께서도 마음챙김의 확립을 가르치면서 중생들로 하여금 다양한 형태의 수승함을 터득하게 하려고 하나인 바른 마음챙김sammāsati, 正念을 가지고 먼저 대상에 따라 그것을 네 등분으로 자르셨다. '네 가지 마음챙김이 있나니 무엇이 넷인가? 비구들이여, 여기 비구는 몸에서 몸을 관찰하며身隨觀 머문다.'라고 그 다음에 각각의 마음챙김을 취하여 먼저 몸을 분석하면서 '비구들이여, 어떻게 비구는 몸에서 몸을 관찰하면서 머무는가?'라는 식으로 설하였다."(MA.i.246~247). 대림스님(2012.10.10. 초기불전연구원) 『맛지마 니까야』 제1권. p.332. 주해353.

301 대림스님(2012.10.10. 초기불전연구원) 『맛지마 니까야』 제1권. p.354.

다시 법수관法隨觀의 설명에서 여섯 가지 감각장소六處를 소재로 하는데, 눈과 형색과 눈과 형색의 조건으로 일어난 족쇄, 전에 없었던 족쇄의 일어나고 사라짐, 사라진 족쇄가 앞으로 다시 일어나지 않는지, 귀를…, 소리를…, 코를…, 냄새를…, 혀와 맛을…, 몸과 감촉을…, 마노와 법 등에 대해 관찰해서 꿰뚫어 아는 것입니다. 여기에서 '꿰뚫어 안다'라는 것 역시 괴로움의 소멸법칙이라는 것입니다. 이 괴로움의 소멸법칙은 어떠한 고따마 붓다의 설법에서든 정법으로 표현되는 법을 말하는 것입니다. 다음의 인용문에서 표현된 법은 두 가지로 이해되어야 합니다. 첫째는 세상의 모든 조건에서의 법이고 둘째는 괴로움의 소멸법칙의 법을 뜻하는 것입니다. 그러므로 다음과 같이 '법에서 법을 관찰하며 머문다'라는 문장이 성립되는 것입니다.

> "이와 같이 안으로 자신의 법에서 법을 관찰하며法隨觀 머문다. …그는 세상에 대해 아무것도 움켜쥐지 않는다. 비구들이여, 이와 같이 비구는 여섯 가지 안팎의 감각장소六內外處의 법에서 법을 관찰하며 머문다."302

나. 사정근四正勤, samma-ppadhāna

사정근四正勤, samma-ppadhāna은 네 가지의 노력을 말하는데, ①이미 일어난 나쁜 것을 버리고, ②아직 일어나지 않은 나쁜 것을 일어나지 않게 하고, ③아직 일어나지 않는 유익한 것을 일으키려 하고, ④이미 일어난 유익한 것을 증장시키는 등의 일에 대

302 대림스님(2012.10.10. 초기불전연구원) 『맛지마 니까야』 제1권. p.356.

한 노력을 말합니다.

그러나 '나쁘고 좋은 것과 유익하고 유익하지 않다'라는 내용에서 절대 세속적인 선악적이고 도의적인 잣대로 이해해서는 안 됩니다. 여기서 '나쁘고 좋은 것과 유익하고 유익하지 않다'라고 하는 것은 출가한 수행자에 해당하는 '한 가지 지향점'에 이르는 일 즉 열반이라는 명제를 두고 한 말입니다. 그것은 열반을 증득하기 위함에 있어서 '나쁘고 좋은 것과 유익하고 유익하지 않다' 라는 내용이기 때문입니다. 선악의 구별이 아닌 유익하고 유익하지 않은 것, 이것은 열반을 증득함에 그 이유가 있다고 하겠습니다. 열반이 목적인 것에서의 유익함과 유익하지 않은 것은 아직 사성제가 이해되지 않은 초심자에게는 학습계목에 따라 유익하고 유익하지 않은 것이 정해질 수 있고, 이미 사성제를 꿰뚫어 이해한 사람들에게는 '무엇이 유익하고 무엇이 유익하지 않은가'라는 설명이 필요하지 않습니다. 왜냐하면 스스로 유익하고 유익하지 않음을 꿰뚫어 이해한 견해로 알기 때문입니다.

이러한 문제는 항상 출가한 수행자에게 유익한 쪽에서 이해됨이 옳습니다. '네 가지의 바른 노력'으로 이해되었을 경우, 여기에서 견주어 볼 수 있는 것은 팔정도 정정진正精進에 해당하므로 사성제의 가르침에서 꿰뚫어 이해함의 정의를 가진 일에 관해서 더욱 힘써야 한다는 뜻으로 알아야 할 것입니다. 물론 세속적인 선악과 도덕적 언행이나 사고를 배제함은 아니지만, 깨달음의 가르침과 학습이란 그러한 문제를 뛰어넘은 것이라고 보아야 할 것입니다.

조금 난해한 설명이긴 하지만, 『청정도론清淨道論』에서는 이러한 문제에 관해서 다음과 같이 설명하고 있습니다.

"이것으로써 그들이 노력하기 때문에 노력padhāna이라 한다. 아름다운sobhana 노력padhāna을 바른 노력正勤, sammapadhāna이라 한다. 혹은 이것으로써 바르게 노력하기 때문에 바른 정근이라 한다. 혹은 오염원kilesa의 추함virūpatta이 없으므로 아름다움sobhana이라 하고, 이익과 행복을 생기게 한다는 뜻에서 수승한 상태를 얻게 하고 우위의 상태를 유지해 주기 때문에 노력padhāna이라 한다. 그래서 바른 노력padhāna이다. 이것은 정진viriya의 동의어이다."303

이 설명을 보니 마치 화엄경 사성제품이나 대승적 논리를 대하고 있다는 생각이 앞섭니다. 분명 사정근을 설명하는 내용인데 이해를 도울 수 있는 설명은 없고 비슷한 용어들만 나열하고 있기 때문입니다. 이런 식으로 고따마 붓다의 가르침을 정리하고 이해하고 설명함은 전혀 고따마 붓다의 괴로움의 소멸법칙인 사성제를 모르는 사람들의 억지 표현에 지나지 않습니다. 그리고 이러한 논리의 서술로는 사정근에 관한 정확한 분석이라고 할 수 없습니다.

네 가지 바른 노력의 각각의 조항을 다음과 같이 설명하고 있습니다.

① 단단斷斷이란 이미 일어난 나쁜 것을 버리는 노력입니다. 생사를 단절하고 괴로움의 본질 문제를 간파하는데 유익한 것

303 대림·각묵스님(2002.11.29. 초기불전연구원) 『아비담마 길라잡이』 하. pp.620-621.

이 아닌 것, 즉 출가와 수행에 유익하지 않은 것인 생사와 윤회를 창조하거나 휩쓸리게 되는 것을 버리는 일, 그것을 일러 단단斷斷이라고 합니다.

② 율의단律儀斷이란 아직 일어나지 않은 나쁜 것을 일어나지 않도록 노력하는 것을 말합니다. 괴로움의 본질 문제, 생사와 윤회를 단절하는 문제를 해결할 수 있는 유익하지 못하고 해로운 나쁜 것들을 아예 일어나지 않게 노력하는 것을 말합니다. 이러한 근본 조건은 괴로움의 소멸법칙을 꿰뚫어 이해했을 때 올바른 노력律儀斷이 이루어질 것입니다.

③ 수호단隨護斷이란 아직 일어나지 않은 유익한 것을 일으키려 노력하는 것입니다. 여기서 유익함이란 괴로움의 본질의 문제, 생사와 윤회를 단절하는 문제 번뇌와 괴로움의 소멸법칙의 문제를 해결하는데 유익한 것들이 일어나도록 노력하는 것隨護斷입니다.

④ 수단修斷이란 이미 일어난 유익한 일을 증장시키는 노력입니다. '이미 일어난 유익 법'은 '괴로움의 본질의 문제, 생사와 윤회를 단절하는 문제 번뇌와 괴로움의 소멸법칙의 문제를 해결하는데 유익한 것'을 증장시키는 일을 말합니다.

이상이 사정근에 해당하는 간단한 설명이었습니다. 이 설명은 팔정도의 정정진正精進에 해당하는 조항입니다. 그러므로 여기 설명에서도 교육자와 피교육자의 입장에 따라 견해의 차이는 나뉠 수 있습니다. 이러한 조건에서 설명함은 절대적으로 교육자의 입장으로 이뤄지고 있다는 것을 앞에서 밝힌 바 있습니다. 그 이유는 교리구조의 설정에 따라 교리적 이해를 정리하는 데 꼭 필요하기 때문입니다. 다시 설명하자면 '괴로움의 소멸법칙'을 꿰뚫어 아는 사람은 교육자적 입장이고 꿰뚫어 알지 못하는 사람은 피교육자 입장으로서의 차이를 말한 것입니다. 그리고 여기 설명은 피교육자 즉 괴로움의 소멸법칙을 이해하지 못하는 사람을 위해 가르쳐 이해할 수 있도록 하는 데 중점을 두어야 할 것입니다. 그것은 아무리 피교육자를 위한 가르침일지라도 정통 가르침에 관한 설명이 더 필요하고 중요한 것이기 때문입니다.

다. 사신족四神足, 四如意足; iddhi-pāda

사신족四神足, 四如意足; iddhi-pāda을 '성취수단'이라고 합니다. 이것 또한 세속적인 목적달성이 아닌 출세간적인 목적달성을 위한 성취수단입니다. 지극히 짧은 단어로 표현된 이 네 가지의 성취수단은 오직 출세간적인 의미만을 포함하고 있다고 여겨야 합니다. 만약 이런 조항에서 세속적인 내용에 대한 열의를 가진다고 표현한다면 대단히 적절치 않습니다. 여기에서 세속적인 의미를 부여한다는 것 자체가 어울리지 않기 때문입니다. 부연하자면 '성취수단'이란 '괴로움과 괴로움의 일어남과 괴로움의 소멸과 괴로움의 소멸로 인도하는 성스러운 길'의 가르침인 괴로움의 소멸법칙에 전념하여 열반이라는 목적달성을 위한 슬기로운 방법이라고 할 수 있는 것입니다. 다음의 네 가지를 말하는 것입니다.

① 욕신족欲神足은 열의의 성취수단이라는 뜻입니다. 출가한 사람으로서 출가한 삶이 세속적이지 않고 고따마 붓다의 가르침인 '괴로움과 괴로움의 일어남과 괴로움의 소멸과 괴로움의 소멸로 인도하는 성스러운 길'의 가르침인 괴로움의 소멸법칙에 전념하여 도닦음에서 힘을 얻도록 열의를 가지는 상태를 말하는 것입니다. 이것은 탐욕에 관한 모든 괴로움의 조건에서 괴로움에 물들지 않고 만족한 삶을 살아가도록 스스로 분발하는 것을 말합니다.

② 정진신족精進神足은 정진의 성취수단이라 합니다. '괴로움과 괴로움의 일어남과 괴로움의 소멸과 괴로움의 소멸로 인도하는 성스러운 길'의 가르침인 괴로움의 소멸법칙에 전념하여 도닦음에 힘을 얻도록 열의를 가진 상태에서 기인한 정진의 신족神足을 뜻합니다. 여기서 신족이란 신통神通을 뜻하지는 않고 그 분야에 어느 정도의 수준이 높아져 정진에 익숙한 상태라고 말할 수 있습니다. 괴로움의 소멸법칙을 따르는 정진에서 힘을 얻었다는 뜻입니다.

③ 심신족心神足은 마음의 성취수단이라 합니다. 마음은 오온五蘊의 대상에서 느낌을 받고 감각적 작용을 일으키거나 일으킨 작용이 소멸하는 과정을 가질 수 있습니다. 이때 일어나는 마음의 작용에서 얼마만큼 자유로울 수 있느냐 하는 문제가 바로 심신족心神足이라고 생각하면 됩니다. 이 심신족 또한 '괴로움과 괴로움의 일어남과 괴로움의 소멸과 괴로움의 소멸로 인도하는 성스러운 길'의 가르침인 괴로움의 소멸법칙에 전념하여 도닦음에서

힘을 얻게 된 상태였을 때 그 역할에 적당한 힘을 얻게 된 것이라고 할 수 있습니다. 이 또한 괴로움의 소멸법칙을 꿰뚫어 이해했을 때 가능하게 되는 것입니다. 그러므로 증득의 문제가 이뤄졌을 때 보리분법의 모든 성취는 원만하게 된다고 할 수 있습니다.

④ 사유신족思惟神足은 '검증의 성취수단'이라 합니다. 여기에서 사유신족이란 팔정도의 정사유正思惟와 같습니다. 즉 '괴로움과 괴로움의 일어남과 괴로움의 소멸과 괴로움의 소멸로 인도하는 성스러운 길'의 가르침인 괴로움의 소멸법칙에 전념하여 도닦음에서 힘을 얻게 된 상태의 사유思惟입니다. 괴로움의 소멸법칙을 꿰뚫어 이해함으로써 사견邪見으로부터 벗어나 정념의 정진精進으로 자유로울 수 있는 사유의 영역을 검증할 수 있는 실력을 갖춘다는 뜻입니다.

라. 오근五根, indriya

오근五根, indriya은 다섯 가지 기능에 관한 것입니다. 이것은 믿음의 기능, 정진의 기능, 마음챙김의 기능, 삼매의 기능, 통찰지의 기능인 다섯 가지의 기능입니다. 이 기능들의 역할도 역시 '괴로움과 괴로움의 일어남과 괴로움의 소멸과 괴로움의 소멸로 인도하는 성스러운 길'의 가르침인 과로움의 소멸법칙에 전념하여 도닦음에서 힘을 얻게 된 상태의 흔들림 없는 다섯 가지 조항의 완벽한 기능입니다. 여기서 믿음의 기능이란 괴로움의 소멸법칙을 꿰뚫어 알게 되었을 때 완벽한 믿음이 생기는 것을 말합니다. 마찬가지로 정진의 기능이나 마음챙김의 기능 그리고 삼매의 기능, 통찰지의 기능 역시 괴로움의 소멸법칙을 꿰뚫어 이해했을 때만이 각 조항의 기능이 최상으로 작동하게 되는 것입니다. 여기서 기능이란 각 조항의 능력을 뜻하는 것입니다.

① 신근信根, saddhindriyaṁ은 고따마 붓다의 가르침에 대한 믿음입니다. '괴로움과 괴로움의 일어남과 괴로움의 소멸과 괴로움의 소멸로 인도하는 성스러운 길'의 가르침인 괴로움의 소멸법칙에 전념하여 도닦음에서 힘을 얻어 열반을 증득하는 가르침이라고 굳게 믿는 믿음을 뜻합니다. 이것은 전혀 일반적인 신앙이 아닌 가르침의 이해에서 오는 철저한 진리를 이해함에서 오는 믿음입니다. 그러므로 이 믿음은 괴로움의 소멸법칙을 꿰뚫어 이해함을 통해 그 뿌리가 자라게 되는 것입니다.

② 정진근精進根, viriyindriyaṁ은 앞에 언급한 신근에서 오는 믿음에 관해 힘써 수행함입니다. 즉 '괴로움과 괴로움의 일어남과 괴로움의 소멸과 괴로움의 소멸로 인도하는 성스러운 길'의 가르침인 괴로움의 소멸법칙에 전념한 도닦음에서 힘을 얻고 그것은 열반을 증득하는 가르침이라고 믿는 믿음에서 반드시 열반涅槃을 성취함에 힘쓰는 것을 말합니다. 이것을 정진의 뿌리라고 합니다.

③ 염근念根, satindriyaṁ은 고따마 붓다의 가르침을 명심하는 마음챙김을 말합니다. 즉 '괴로움과 괴로움의 일어남과 괴로움의 소멸과 괴로움의 소멸로 인도하는 성스러운 길'의 가르침에서 괴로움의 소멸법칙을 잊지 않고 계속 이어가는 마음챙김을 뜻

합니다. 이러한 이해의 뿌리는 위빠사나 명상에서 그 역할이 빛이 납니다. 이것을 마음챙김의 뿌리라고 합니다.

④ 정근定根, samādhindriyaṁ은 '삼매의 뿌리'입니다. '괴로움과 괴로움의 일어남과 괴로움의 소멸과 괴로움의 소멸로 인도하는 성스러운 길'의 가르침인 괴로움의 소멸법칙에서 괴로움의 실체를 꿰뚫어 이해함을 바탕으로 한 '깨달음을 증득한 마음'인 정견의 견해를 집중하여 흐트러지지 않게 하는 것을 뜻합니다. 이것은 정정진에 해당하는 삼매의 뿌리라는 것입니다.

⑤ 혜근慧根, paññindriyaṁ은 '통찰지의 뿌리'입니다. '괴로움과 괴로움의 일어남과 괴로움의 소멸과 괴로움의 소멸로 인도하는 성스러운 길'의 가르침인 괴로움의 소멸법칙을 통해 자신이 깨달은 상태를 '나는 깨달음을 얻었다'라고 꿰뚫어 보는 지혜와 '이것이 깨달음이다'라고 꿰뚫어 아는 지혜와 괴로움의 소멸법칙을 언제 어디에서나 어떤 조건과 상황에서나 전광석화와 같이 가지게 되는 지혜를 말합니다. 이것을 통찰지의 뿌리라고 합니다. 여기서 전광석화와 같은 지혜란 통찰지의 신속하고 빠름을 뜻하는 것으로 오온五蘊의 어떠한 상황의 조건에서라도 열반의 상태가 흩어지지 않고 굳게 유지하는 슬기로운 힘을 말합니다.

마. 오력五力, bala

오력五力, bala은 오근五根, indriya의 구체적인 활동에서 힘을 얻게 되는 것을 말합니다. 구체적인 활동이란 오근에서 일어나는 모든 기능과 느낌의 일들이 '괴로움과 괴로움의 일어남과 괴로움의 소멸과 괴로움의 소멸로 인도하는 성스러운 길'의 가르침인 괴로움의 소멸법칙을 통해서 깨달음을 실현했고, 깨달음의 결과를 말하는 것으로서 '생사와 윤회의 괴로움에서 벗어난 상태의 힘'입니다. 이것은 다음과 같이 다섯 가지 힘의 뿌리로 설명됩니다.

① 신력信力, sadhābalaṁ은 '믿음의 힘'입니다. 이 믿음의 힘 역시 '괴로움과 괴로움의 일어남과 괴로움의 소멸과 괴로움의 소멸로 인도하는 성스러운 길'의 가르침인 괴로움의 소멸의 법칙이 틀림없이 열반을 이룰 수 있다라는 의심 없는 믿음을 가지는 것입니다. 사성제의 가르침이 진실로 깨달음에 합당한 가르침이라고 하는 믿음이 형성되었음을 믿게 되는 것입니다. 여기에서 믿음이라고 하는 것을 만약 일반적인 신앙적 형태를 뜻한다고 여긴다면 대단히 잘못된 생각입니다. 이것은 가르침의 꿰뚫은 이해에서 오는 믿음이고, 그것을 믿음의 힘이라고 하기 때문입니다.

② 정진력精進力, vīriyabalaṁ은 정진의 힘입니다. 사성제의 주제인 '괴로움과 괴로움의 일어남과 괴로움의 소멸과 괴로움의 소멸로 인도하는 성스러운 길'의 가르침인 괴로움의 소멸법칙에 관한 믿음이 바탕이 되어 그 가르침으로 깨달음을 얻기 위해 힘씀을 뜻합니다. 이러한 정진의 바탕에는 오직 괴로움의 소멸법칙만이 적용될 뿐이기 때문에 정진의 힘이 성립하게 되는 것입니다.

③ 염력念力, satibalaṁ은 고따마 붓다의 가르침인 '괴로움과 괴로움의 일어남과 괴로움의 소멸과 괴로움의 소멸로 인도하는 성스러운 길'에 대한 가르침인 괴로움의 소멸법칙을 명심하여 분석함을 끊이지 않게 함을 말합니다. 이것은 또한 괴로움의 소멸법칙에 관한 마음챙김의 일로써 그 마음챙김의 힘을 말합니다.

④ 정력定力, samādhibalaṁ은 삼매의 힘입니다. 마음을 한 곳에 집중하여 흐트러지지 않는 힘을 뜻합니다. '마음을 한 곳에 집중하는 일'이란 바로 '괴로움과 괴로움의 일어남과 괴로움의 소멸과 괴로움의 소멸로 인도하는 성스러운 길'의 가르침인 괴로움의 소멸법칙에 관한 마음챙김과 알아차림, 또는 그 가르침을 통해 깨달은 상태의 일에 집중하여 얻은 삼매의 힘을 뜻합니다.

⑤ 혜력慧力, paññābalaṁ은 통찰지의 힘입니다. 고따마 붓다의 가르침에 정통한 깨달음에서 오는 통찰지의 힘을 말합니다. 즉 '괴로움과 괴로움의 일어남과 괴로움의 소멸과 괴로움의 소멸로 인도하는 성스러운 길'의 가르침인 괴로움의 소멸법칙을 통한 깨달음에서 오는 자신의 깨달음을 확인할 수 있는 지혜가 완벽하게 형성됨을 뜻하는 것입니다. 이것은 검증의 힘이라고 할 수 있습니다.

바. 칠각지七覺支, satta bojjhaṅgā

칠각지七覺支, satta bojjhaṅgā는 깨달음으로 인도하는 일곱 가지 구성요소입니다. 칠각지의 일반적인 연원은 다음과 같습니다.

"초기경전의 칠각지는 부파불교 논서, 선불교 문헌에서도 수행방법으로 37보리분법의 한 범주로 자주 사용되는데, 기본적으로 초기불교의 의미를 계승하고 있다."[304]

의미는 다르지만 아비담마대비바사론阿比達磨大毘婆沙論에서는 칠각지를 다음과 같이 설명하고 있습니다.

"칠각지七覺支를 제시한 후, 택법擇法은 지혜知慧이고 희喜는 희근喜根이며, 사捨는 유위법有爲法에 대한 평정行捨이라고 한다.七覺支者-一念覺支 二擇法覺支 三精進覺支 四喜覺支 五輕安覺支 六定覺支 七捨覺支"(대정장, T27, p.726b)

이러한 설명은 참으로 난해하여 이해하기 어렵습니다. 이해할 수 없는 논지에서는 이해할 수 없는 이유를 분명히 가지고 있습니다. '택법擇法은 지혜知慧이고 희喜는 희근喜根이며, 사捨는 유위법有爲法에 대한 평정行捨'이라는 서술은 설명인지 지적인지 구분할 수 없습니다. 이해를 도울 수 있는 설명이 없고 비슷한 말 잇기와 같습니다. 또한 무엇에 관한 논지인지도 알 수 없고, 논거의 목적이 무엇인지도 확실치 않습니다. 이것은 깨달음을 얻기 위해 수행자가 거쳐야 할 수행의 조항임에도 불구하고 설명 자체가 난해하고 이해 불가능하게 나열되어 설명할 주제를 계속 반복하여 주제의 비슷한 용어만을 나열하고 있습니다. 마치 이렇게 표현하는 것과 같습니다. '송아지 새끼도 소이고, 황소도 소이고, 암송아지도 소이고, 푸줏간에 걸려 있는 소고기도

---

304 네이버 지식백과. 이러한 일반적인 설명은 오히려 이해의 오류나 장애를 가져올 수밖에 없다. 왜냐하면 정통성으로 답변된 내용이 아니기 때문이다. 정통적인 답변의 내용은 사성제를 꿰뚫어 이해했을 때에만 알 수 있다.

소이다'라고. 또한 공에 대한 설명을 이렇게 합니다. '공은 허공이다. 공은 우주이다. 공은 커다란 동굴이다. 공은 무한한 어두움이다'라고. 이러한 설명을 듣고 그 설명이 무엇인가 이해를 구할 수 있기를 바란다면 그 설명에서 이해 가능한 것을 찾기 힘들 것입니다.

그러나 이런 문제까지도 고따마 붓다의 가르침인 사성제 안에는 해결할 방법을 갖추고 있습니다. 그것은 사성제의 가르침인 괴로움의 소멸법칙을 통해 열반의 세계를 구현하는 교리의 구조에서 그 문제에 관한 해결책이 제시되어 있기 때문입니다. 괴로움의 소멸법칙을 통해서 열반의 세계를 증득한 이들에게는 칠각지七覺支에 관한 가르침의 이해나 실천을 요구하지는 않습니다. 오직 열반의 삶을 살아가기 위한 팔정도가 있기 때문입니다. 사실 칠각지는 '어떠한 견해'[305]에 정통하지 못한 이들에게 있어서는 난해한 문제로 인식되는 것은 사실입니다. 이 같은 문제가 그럴 수밖에 없음은 칠각지의 설정과 설명에서 피교육자를 위해 가르침의 자료로 사용하고 있으면서 같은 피교육자의 자질을 가진 사람이 설명하고 있기 때문일 것입니다. 분명 앞서 고따마 붓다의 가르침은 교육자의 자질로 설명되어 가르침을 폈을 때 제대로 설명할 수 있는 문제라고 하였습니다.

---

305 '어떠한 견해'란 사성제의 가르침을 통해 괴로움의 소멸법칙을 꿰뚫어 이해한 정견을 말한다. 이 견해는 고따마 붓다의 모든 교리에 적용할 수 있고 통섭시킬 수도 있다. 이 법칙을 '괴로움의 소멸법칙'이라고 명명한 것은, 이 책에서뿐이다. 이것을 풀어 설명하자면 다음과 같다. 사성제의 가르침에서 주제인 괴로움을 '괴로움苦과 과로움의 원인集과 괴로움의 소멸滅과 괴로움의 소멸로 인도하는 여덟 가지 성스러운 길道'인 괴로움의 소멸법칙이라고 한다. 앞으로는 사성제의 설명을 길게 하지 않고 그냥 '괴로움의 소멸법칙'이라고 사용할 것입니다.

그러면 위에서 언급한 문제는 접어두고, 과연 칠각지七覺支가 어떠한 것에 대한 고따마 붓다의 가르침인지 살펴보기로 하겠습니다.

> "다시 비구들이여, 비구는 일곱 가지 깨달음의 구성요소七覺支의 법에서 법을 관찰하며 머문다. 비구들이여, 어떻게 비구가 일곱 가지 깨달음의 구성요소들의 법에서 법을 관찰하며 머무는가?"

이것은 일곱 가지 깨달음의 구성요소들의 가르침에서 주제의 발제에 해당하는 부분입니다. 여기에서 고따마 붓다는 다시 사념처의 네 가지 마음챙김의 법들로 칠각지의 일곱 조항 하나하나를 엮어가며 가르치고 있는 것입니다. 특히 사념처가 37조도품에서의 역할이 어떤 것인지를 자세히 설명하고 있습니다. 일곱 가지 깨달음의 구성요소에서 법에서 법을 관찰한다고 되어 있는 부분에서 그 가르침의 구조가 파악됩니다. 우리는 앞에 서술된 사념처의 설명에서 이미 법에 관한 개념을 파악하고 지나왔습니다. 한 번 더 상기하는 뜻에서 법에 대한 개념을 설명하도록 하겠습니다. 고따마 붓다의 가르침에서 법이라는 표현은 크게 두 가지로 요약됩니다. 그중에 하나는 일반적인 법의 개념인데 여기에서의 법은 세계를 형성하고 있는 모든 물질과 비물질에 관한 생성 작용의 결과에서 표현하는 법이고 다른 한 가지의 법은 전자의 모든 조건에서 괴로움의 소멸법칙을 얘기하는 것입니다. 그러므로 '법에서 법을 관찰하며 머문다'라고 하는 뜻은 전자의 법에서 후자는 소멸의 법칙인 법의 관점으로 관찰하며 법의 관점에서 머문다는 뜻입니다.

1) 염각지念覺支, satisambojjhaṅgo

염각지念覺支, satisambojjhaṅgo에서 관심을 가져야 할 내용은 '마음챙김의 깨달음의 구성요소'입니다. 이러한 짧은 문구이지만 여기에 관한 내용을 이해할 수 없다면 염각지의 설명을 알 수 없게 됩니다. 그런 의미에서 우선 '마음챙김'이 어떤 내용인지 알아야 합니다. 그리고 아울러 마음챙김이란 괴로움의 소멸법칙을 있는 그대로 마음챙김에 활용되는 것임을 알아야 합니다. '깨달음의 구성요소' 또한 괴로움의 소멸법칙으로 알아차릴 수 있는 생사와 윤회로 이어지는 시작점과 끝나는 부분을 알 수 있을 때 깨달음의 구성요소를 갖추어 알게 되어 있습니다. 그러므로 염각지에서 깨달음의 구성요소가 있고 없음을 관찰하게 되고 거기서 유익한 도닦음을 알 수 있는 것입니다. 이렇게 되면 다음의 인용문에 설명되는 내용을 이해하게 됩니다.

> "염각지念覺支, satisambojjhaṅgo는 비구들이여, 여기 비구는 자기에게 마음챙김의 깨달음의 구성요소念覺支가 있을 때 '내게 마음챙김의 깨달음의 구성요소가 있다'라고 꿰뚫어 알고, 마음챙김의 깨달음의 구성요소가 없을 때 '내게 마음챙김의 깨달음의 구성요소가 없다'라고 꿰뚫어 안다. 비구는 전에 없었던 마음챙김의 깨달음의 구성요소가 어떻게 해서 일어나는지, 그 원인을 꿰뚫어 알고, 일어난 마음챙김의 깨달음의 구성요소를 어떻게 닦아 성취하는지, 그 원인을 꿰뚫어 안다"[306]

306 대림스님(2012.10.10. 초기불전연구원) 『맛지마 니까야』 제1권. pp.357-358.

2) 택법각지擇法覺支, dhammavicayasambojjhaṅgo

택법각지擇法覺支, dhammavicayasambojjhaṅgo는 법을 간택하는 깨달음의 구성요소를 일어나게 하는 것입니다. 법을 간택함에 일곱 가지가 있습니다. 그것은 '①탐구함. ②토대를 깨끗이 함. ③기능五根을 조화롭게 닦음. ④지혜 없는 사람을 피함. ⑤지혜로운 사람을 친근함. ⑥심오한 지혜로 행해야 할 것에 대해 반조함.[307] ⑦이것을 확신함'[308] 등입니다. 물론 여기서 법이라고 하는 것에 관한 바른 견해를 가짐이 중요합니다. '법의 간택'의 견해에 있어서 '옳고 그른 법'의 판단에 따라 그 가치가 정해질 것이기 때문입니다. 그러면 좋은 쪽에는 유익한 법, 나쁜 쪽에는 유익하지 않은 법이 규정되기 때문입니다. 해탈이나 열반을 성취하기를 원하는 쪽이라면 유익한 법을 선택한 것입니다. 그러려면 깨달음의 구성요소나 해탈이나 열반의 성취에 어울리는 법을 알아야 할 것입니다. 그것은 이미 정해진 답과 같습니다. '괴로움과 괴로움의 일어남과 괴로움의 소멸과 괴로움의 소멸로 인도하는 성스러운 길'의 가르침인 괴로움의 소멸법칙뿐입니다. 다음은 그 길로 안내하는 법을 간택하는 깨달음의 구성요소에 대한 가르침입니다.

"자기에게 법을 간택하는 깨달음의 구성요소擇法覺支가 있을 때 '내게 법을 간택하는 깨달음의 구성요소가 있다'라고 꿰뚫어 알고, 법을 간택하는 깨달음의 구성요소가 없을 때 '내게 법을 간택

---

307 "심오한 지혜로 무더기khandha, 蘊, 장소處, āyatana, 요소界, dhātu 등이나 사성제와 12연기를 설명하는 공과 연결된 경전을 반조하는 것이다."(Pm.64)

308 대림·각묵스님(2002.11.29. 초기불전연구원) 『아비담마 길라잡이』.

하는 깨달음의 구성요소가 없다'라고 꿰뚫어 안다. 비구는 전에 없었던 법을 간택하는 깨달음의 구성요소가 어떻게 해서 일어나는지, 그 원인을 꿰뚫어 알고, 일어난 법을 간택하는 깨달음의 구성요소를 어떻게 닦아 성취하는지, 그 원인을 꿰뚫어 안다"[309]

3) 정진각지精進覺支, vīriyasabojjhaṅgo

정진각지精進覺支, vīriyasabojjhaṅgo는 "정진을 위한 깨달음의 요소를 일어나게 한다"라고 되어 있고 거기에는 열한 가지의 법이 있습니다. 그 열 가지는 ①악처 등의 두려움을 반조함. ②정진에 의한 세간적인 수승함과 출세간적인 수승함을 증득함에서 이익을 봄. ③'부처님과 벽지불과 큰 제자들이 가신 길을 나도 가야 한다. 게으른 자는 그 길을 갈 수 없다'라고, 이와 같이 가야할 길의 과정을 반조함. ④보시한 분들에 대해 큰 결실을 가져오게 하여 탁발한 음식을 공경함. ⑤'우리의 스승님은 부지런히 정진하는 것을 찬탄하셨다. 그분께서는 능가할 수 없는 교단을 세우셨고, 우리들에게 큰 도움을 주셨다. 그분은 내가 도닦음으로 공경할 때 공경되는 분이시다. 다른 방법이란 없다'라고, 이와 같이 스승의 위대함을 반조함. ⑥'나는 정법인 큰 유산을 받아야 한다. 그것은 게으른 자는 받을 수가 없다' 이와 같이 유산의 위대함을 반조함. ⑦광명상光明想, āloka-saññā을 잡도리함과 자세를 바꿈과 옥외에 머묾 등으로 해태와 혼침을 없앰. ⑧게으른 사람을 멀리함. ⑨정진하는 자를 친근히 함. ⑩바른 노력을 반조함. ⑪이것을 확신함이다.[310] 위와 같은 의무적이고 신앙적이

---

309 대림스님(2012.10.10. 초기불전연구원) 『맛지마 니까야』 제1권. p.358.

310 대림·각묵스님(2002.11.29. 초기불전연구원) 『아비담마 길라잡이』.

며 선악적이고 도의적인 조건들의 열거는 정진각지에 관한 설명으로만 사용할 수 있습니다. 왜냐하면 거기에는 선동적인 신앙심과 도덕적 관념을 이야기하고 있다는 점에서만 대단한 것뿐이기 때문입니다. 올바른 가르침이라면 괴로움의 소멸법칙이 설명되어야 합니다. 아래에서 정진의 깨달음의 구성요소精進覺支에 대한 가르침은 다음과 같이 설명됩니다.

> "자기에게 정진의 깨달음의 구성요소精進覺支가 있을 때 '내게 정진의 깨달음의 구성요소가 있다'라고 꿰뚫어 알고, 정진의 깨달음의 구성요소가 없을 때 '내게 정진의 깨달음의 구성요소가 없다'라고 꿰뚫어 안다. 비구는 전에 없었던 정진의 깨달음의 구성요소가 어떻게 해서 일어나는지, 그 원인을 꿰뚫어 알고, 일어난 정진의 깨달음의 구성요소를 어떻게 닦아 성취하는지, 그 원인을 꿰뚫어 안다"[311]

여기에서도 괴로움의 소멸법칙이 언급되지 않지만 '정진의 깨달음의 구성요소'라는 문장에서 괴로움의 소멸법칙을 사용하여 설명하게 될 때 어수선한 설명이 되지 않게 됩니다. 왜냐하면 그 뜻이 거기에 담겨있기 때문입니다.

4) 희각지喜覺支, pītisambojjhaṅgo

> 희각지喜覺支, pītisambojjhaṅgo는 열한 가지 법이 희열의 깨달음의 구성요소를 일어나게 한다. ① 부처님을 계속해서 생각함隨念. ② 법을 계속해서 생각함. ③ 승가를 계속해서 생각함. ④ 계를

---

311 대림스님(2012.10.10. 초기불전연구원) 『맛지마 니까야』 제1권. p.358.

계속해서 생각함. ⑤ 관대함을 계속해서 생각함. ⑥ 천신을 계속해서 생각함. ⑦ 고요함을 계속해서 생각함. ⑧ 거친 자를 멀리함. ⑨ 인자仁者한 자를 섬김. ⑩ 신심을 일으키는 경전을 반조함. ⑪ 이것을 확신함이다.

이러한 방법으로 이런 법들을 일으키면서 법을 간택하는 '깨달음의 구성요소' 등을 닦는다. 이와 같이 그는 마음을 분발해야 할 때 마음을 분발한다.[312]

위의 설명은 『아비담마 길라잡이』에서 나타나는 희각지喜覺支에 관한 설명입니다. 논장의 설명이기 때문에 앞의 정진각지의 설명에서처럼 깨달음의 관점에서 벗어난 표현을 보게 됩니다. 그러나 밑에 인용문은 한 가지 보충할 문장만 엮어놓으면 손색없는 논리구조라는 것임을 알 수 있습니다. 다음은 경장에서 인용한 희열의 깨달음의 구성요소喜覺支입니다.

"자기에게 희열의 깨달음의 구성요소喜覺支가 있을 때 '내게 희열의 깨달음의 구성요소가 있다'라고 꿰뚫어 알고, 희열의 깨달음의 구성요소가 없을 때 '내게 희열의 깨달음의 구성요소가 없다'라고 꿰뚫어 안다. 비구는 전에 없었던 희열의 깨달음의 구성요소가 어떻게 해서 일어나는지, 그 원인을 꿰뚫어 알고, 일어난 희열의 깨달음의 구성요소를 어떻게 닦아 성취하는지, 그 원인을 꿰뚫어 안다."[313]

---

312 대림·각묵스님(2002.11.29. 초기불전연구원) 『아비담마 길라잡이』.

313 대림스님(2012.10.10. 초기불전연구원) 『맛지마 니까야』 제1권. p.358.

5) 경안각지輕安覺支 passaddhisambojjhaṅgo

경안각지輕安覺支 passaddhisambojjhaṅgo는 어떻게 마음을 절제해야 할 때, 마음을 절제하는가? 지나친 정진 등으로 마음이 들떠 있을 때, 법을 간택하는 깨달음의 구성요소擇法覺支 등 세 가지 깨달음의 구성요소를 닦지 않고 편안함의 깨달음의 구성요소輕安覺支 등을 닦는다. 이에 관해 제자들에게 고따마 붓다는 다음과 같이 설한 적이 있습니다.

"비구들이여, 예를 들면 큰 불더미 끄기를 원하는 사람이 있다 치자. 그는 그곳에 마른 풀을 놓고 …흙먼지를 뿌리지 않는다면 그 사람이 큰 불더미를 끌 수 있겠는가?"

"그렇지 않습니다. 세존이시여."

"비구들이여, 그와 같이 마음이 들떠 있을 때 법을 간택하는 깨달음의 구성요소를 닦는 것은 적절하지 않다. 정진의 깨달음의 구성요소를 …희열의 깨달음의 구성요소를 닦는 것은 적절하지 않다. 그것은 무슨 이유인가?"

"비구들이여, 들뜬 마음은 이들 법으로 마음을 가라앉게 할 수가 어렵기 때문이다."

"비구들이여, 마음이 들떠 있을 때 편안함의 깨달음의 구성요소를 닦는 것이 적절하다. 그것은 무슨 이유인가? 비구들이여, 들뜬 마음은 이런 법들로 쉽게 가라앉힐 수 있기 때문이다. 예를 들면 큰 불더미를 끄려고 하는 사람이 있다 치자. 그는 그곳에 젖은 풀을 놓고 …흙먼지를 뿌린다면 그 사람이 큰 불더미를 끌 수 있겠는가?"

"그렇습니다. 세존이시여."(S.v.114)[314]

이러한 고따마 붓다의 가르침은 들뜬 마음에서의 법을 간택할 때 '법을 간택하는 깨달음의 구성요소'를 닦음은 적절하지 않고, '편안함의 깨달음의 구성요소'를 닦는 것이 적합하다고 하였습니다. 그 비유로 큰 불더미를 끄는 효과적인 방법을 제시하면서 마른풀과 젖은 풀의 차이 그리고 흙먼지의 역할을 들고 있습니다. 그러면서 적절치 않은 도닦음에 정진각지精進覺支와 희각지喜覺支가 해당한다고 하고 경안각지輕安覺支는 적절하다고 가려 분석하고 있습니다. 다음은 여기에 해당하는 가르침입니다.

"자기에게 편안함의 깨달음의 구성요소輕安覺支가 있을 때 '내게 편안함의 깨달음의 구성요소가 있다'라고 꿰뚫어 알고, 편안함의 깨달음의 구성요소가 없을 때 '내게 편안함의 깨달음의 구성요소가 없다'라고 꿰뚫어 안다. 비구는 전에 없었던 편안함의 깨달음의 구성요소가 어떻게 해서 일어나는지, 그 원인을 꿰뚫어 알고, 일어난 편안함의 깨달음의 구성요소를 어떻게 닦아 성취하는지, 그 원인을 꿰뚫어 안다."[315]

6) 정각지定覺支, samādhisambojjhaṅgo

정각지定覺支, samādhisambojjhaṅgo는 삼매의 깨달음의 구성요소입니다. 여기에는 열한 가지 법이 있어 삼매의 깨달음의 구성요소를 일어나게 합니다. 그것은 ①토대를 깨끗하게 함. ②표상에 대한 능숙함. ③기능들을 고르게 조절함. ④적당한 때에 마음을 절제

314 대림·각묵스님(2002.11.29. 초기불전연구원) 『아비담마 길라잡이』.
315 대림스님(2012.10.10. 초기불전연구원) 『맛지마 니까야』 제1권. p.358.

함. ⑤적당한 때에 마음을 분발함. ⑥수행에 활기 없는 자의 마음을 신심과 두려움으로 격려함. ⑦바르게 일어난 수행하려는 마음에 대해 평온하게 지켜봄. ⑧삼매에 들지 않는 사람을 멀리함. ⑨삼매에 든 사람을 섬김. ⑩선禪과 해탈을 반조함. ⑪이것을 확신함입니다. 이에 대한 가르침은 다음과 같습니다.

> "자기에게 삼매의 깨달음의 구성요소定覺支가 있을 때 '내게 삼매의 깨달음의 구성요소가 있다'라고 꿰뚫어 알고, 삼매의 깨달음의 구성요소가 없을 때 '내게 삼매의 깨달음의 구성요소가 없다'라고 꿰뚫어 안다. 비구는 전에 없었던 삼매의 깨달음의 구성요소가 어떻게 해서 일어나는지, 그 원인을 꿰뚫어 알고, 일어난 삼매의 깨달음의 구성요소를 어떻게 닦아 성취하는지, 그 원인을 꿰뚫어 안다."316

7) 사각지捨覺支, upekkhāsambojjhaṅgo

사각지捨覺支, upekkhāsambojjhaṅgo는 평온의 깨달음의 구성요소입니다. 여기에 다섯 가지 법이 있어 평온의 깨달음의 구성요소를 일어나게 합니다. ①중생에 대해 중도적인 태도. ②상카라行들에 대해 중도적인 태도. ③중생과 상카라를 애지중지하는kelāyana 사람을 멀리함. ④중생과 상카라들에 대해 중도를 지키는 사람을 친근함. ⑤이것을 확신함입니다.

다음은 사각지捨覺支에 대한 가르침입니다.

316 대림스님(2012.10.10. 초기불전연구원) 『맛지마 니까야』 제1권. p.358.

"자기에게 평온의 깨달음의 구성요소定覺支가 있을 때 '내게 평온의 깨달음의 구성요소가 있다'라고 꿰뚫어 알고, 평온의 깨달음의 구성요소가 없을 때 '내게 평온의 깨달음의 구성요소가 없다'라고 꿰뚫어 안다. 비구는 전에 없었던 평온의 깨달음의 구성요소가 어떻게 해서 일어나는지, 그 원인을 꿰뚫어 알고, 일어난 평온의 깨달음의 구성요소를 어떻게 닦아 성취하는지, 그 원인을 꿰뚫어 안다."[317]

사. 팔정도八正道, maggaāga

팔정도八正道, maggaāga는 그 바탕이 사성제의 네 가지 조항에 포함된 한 묶음의 가르침입니다. 이 사성제의 설명은 간단명료합니다. 그러나 이해하기 어렵습니다. '괴로움과 괴로움의 일어남과 괴로움의 소멸과 괴로움의 소멸로 인도하는 여덟 가지 성스러운 길'의 가르침인 괴로움의 소멸법칙을 통해 깨달음이 형성됩니다. 이러한 설명에서 '네 가지 성스러운 가르침'의 한 묶음 속에 포함된 것이 팔정도입니다. 그러므로 사성제의 주제인 괴로움의 문제는 사성제에서 결론지어야 할 특별하고 중대한 문제이며, 사성제의 가르침은 고따마 붓다의 가르침 중에 최상의 가르침이고 중심의 권위를 가진 것으로 이것 이외에 고따마 붓다의 다른 가르침은 존재하지 않습니다.

그러므로 37보리분법이라는 가르침에서도 사성제의 가르침이 기본 바탕이 되었을 때, 37보리분법의 모든 가르침의 교리구

317 대림스님(2012.10.10. 초기불전연구원) 『맛지마 니까야』 제1권. p.358.

조가 명확하게 드러나 정리되는 것입니다. 그게 아니더라도 '한 가지 지향점'으로 규정된 열반을 설정하여 설명한다면 훨씬 편하고 안정되고 정확한 방법도 있습니다. 그러나 열반을 설명하여 이해를 도출할 경우란 우선 사성제의 이해가 먼저 따라야 열반이 이해된다는 점을 알아야 합니다. 고따마 붓다의 어떠한 교리의 설명에서든 가르침의 형태는 괴로움의 소멸법칙을 바탕으로 이뤄져야 하기 때문입니다. 이러한 이유를 모른다는 것은 '나는 아직 사성제를 꿰뚫어 이해할 수 없다'라고 고백하는 것과 같습니다. 왜냐하면 사성제의 괴로움의 소멸법칙의 올바른 이해야말로 팔정도를 바르게 실천할 수 있는 것입니다. 그리고 사성제의 괴로움의 소멸법칙을 철저히 꿰뚫어 이해했을 때 올바른 팔정도가 보입니다. 그때부터 그는 반열반에 들 때까지 열반생활로 삶을 살아가는 것입니다. 그는 그때부터 아라한이고 열반을 증득한 인류의 위대한 스승의 길을 가는 사람인 것입니다. 그것은 바로 괴로움의 소멸로 인도하는 여덟 가지의 성스러운 길인 팔정도의 삶이기 때문입니다.

> "다시 비구들이여, 여기 비구는 네 가지 성스러운 진리四聖諦, cattari ariya-saccāni의 법에서 법을 관찰하며法隨觀 머문다. 비구들이여, 어떻게 네 가지 성스러운 법에서 법을 관찰하며 머무는가? 여기 비구는 '이것이 괴로움'이라고 있는 그대로 꿰뚫어 안다. '이것이 괴로움의 일어남'이라고 있는 그대로 꿰뚫어 안다. '이것이 괴로움의 소멸'이라고 있는 그대로 꿰뚫어 안다. '이것이 괴로움의 소멸로 인도하는 도닦음'이라고 있는 그대로 꿰뚫어 안다."[318]

---

318 대림스님(2012.10.10. 초기불전연구원) 『맛지마 니까야』 제1권. p.359.

팔정도에 대한 정확한 설명이 또 있습니다. 그것은 고따마 붓다가 우준냐[319]의 깐나깟탈리에 있는 녹야원에 머무셨습니다. 이때 나체수행자 깟사빠[320]의 방문을 받고 그와의 대화 중에 나타나는 내용입니다.

"깟사빠여, 우리에게는 도가 있고 도닦음이 있나니 그대로 도닦으면 '사문 고따마는 시기에 맞는 말을 하고, 있는 것을 말하고, 유익한 것을 말하고, 법을 말하고, 율을 말하는 자이다'라는 사실을 스스로 알게 되고 스스로 보게 된다. 깟사빠여, 그러면 우리에게 어떤 도가 있고 어떤 도닦음이 있기에 그대로 도닦으면 '사문 고따마는 시기에 맞는 말을 하고, 있는 것을 말하고, 유익한 것을 말하고, 법을 말하고, 율을 말하는 자다'라는 사실을 스스로 알게 되고 스스로 보게 되는가? 그것은 바로 이 여덟 가지 성스러운 도八支聖道이니, 바른 견해, 바른 사유, 바른말, 바른 행위, 바른 생계, 바른 노력, 바른 마음챙김, 바른 삼매이니라. 깟사빠여, 이것이 바로 도요, 바로 그 도닦음이니, 그대로 도닦으면 '사문 고따마는 시기에 맞는 말을 하고, 있는 것을 말하고,

---

319 우준냐Ujuññā, 마얀마본; Uruññā는 꼬살라Kosala국의 지역raṭṭha 이름이기도 하고 도시nagara 이름이기도 하며, 깐나깟달리Kaṇṇakaṭṭhala는 우준냐에서 멀지 않는 아름다운 장소라고 주석서는 밝히고 있다.(DA.ii.349)
바로 이곳에서 빠세나디 꼬살라 왕에게 설하신 경으로 『중부』「깐냐깟달리 경」Kaṇṇakatthala Sutta. M.90이 있다.

320 초기경전들과 주석서들에서 깟사빠Kassapa, 가섭라고 불리는 사람은 DPPN에 의하면 30명 가까이 된다. 그래서 그들을 구분하기 위해서 각각 다른 별칭으로 부르고 있다. 가장 유명한 부처님의 직계제자인 깟사빠 존자는 마하깟사빠대가섭라 불렸고, 우루웰라에서 천명의 제자와 함께 부처님께 귀의한 가섭 3형제 가운데 맏형인 우루웰라 깟사빠Uruvela Kassapa라 불렀다.
여기에 나오는 깟사빠는 나체수행자인데 그는 세존의 설법을 듣고 출가하여 아라한이 되었다고 한다. 그러나 『중부』「박꿀라 경」(Bakkulasutta, M124/iii.ff.; AA.i.171)에 의하면 본경에 나타나는 나체수행자 깟사빠는 박꿀라 존자의 오랜 친구였는데 박꿀라 존자의 설법을 듣고 출가하여 아라한이 되었다고 한다.

유익한 것을 말하고, 법을 말하고, 율을 말하는 자다'라는 사실을 스스로 알게 되고 스스로 보게 된다."321

이러한 가르침을 통해 사성제가 법을 관찰하며 머물 수 있는 '법法'이라는 것이 더 명확해졌습니다. 또한 이를 고증할 이유를 밝힌 곳도 있습니다.

"이와 같이 안으로 자신의 법에서 법을 관찰하며法隨觀 머문다. 혹은 밖으로 다른 사람의 법에서 법을 관찰하며 머문다. 혹은 안팎으로 법에서 법을 관찰하며 머문다. 혹은 법에서 일어나는 요소들을 관찰하며 머문다. 혹은 법에서 사라지는 요소들을 관찰하며 머문다. 혹은 법에서 일어나는 요소들과 사라지는 요소들을 관찰하며 머문다. 혹은 '법이 있구나'라고 그의 마음챙김이 확립되나니, 그것은 오직 지혜를 증장하게 하고, 오직 마음챙김을 강하게 한다. 이제 그는 갈애渴愛와 견해見解에 의지하지 않고 머문다. 그는 세상에서 아무것도 움켜쥐지 않는다. 비구들이여, 이와 같이 비구는 '네 가지 성스러운 진리의 법에서 법'四聖諦을 따라 관찰하며 머문다."322

① 정견正見, sammādiṭṭhi; 정견에 대한 관점정리만 정확하게 한다면 아래 일곱 가지의 다른 조항들를 이해하는 데 걱정할 필요가 없습니다. 바른 견해는 나머지 일곱 가지의 성스러운 도닦음에서도 바르게 작용을 할 것이기 때문입니다. 정견이 무엇인지에 대한 올바른 가르침이 있습니다.

---

321 각묵스님(2005.12.30. 초기불전연구원)『디가 니까야』 제1권. p.428.
322 대림스님(2012.10.10. 초기불전연구원)『맛지마 니까야』 제1권. p.360.

"성스러운 여덟 가지 도道의 각지八支聖道들 가운데 정견正見은 고·집·멸·도의 사성제四聖諦를 바로 알도록 하는 통찰지般若의 마음부수이다."323

그러나 이와 같이 아비담마적 논서를 대할 때마다 항상 느끼는 두 가지 문제가 있습니다. 하나는 설명의 난해함입니다. 자세한 설명이라고는 하지만 오히려 단순하지 않고 더욱 어렵습니다. 용어는 물론이고 설명에서 계속 주제를 벗어나기 때문입니다. 이 짧은 예문에서도 앞뒤의 내용과 설명에서 묘한 이질감을 느낄 수 있습니다. 그냥 쉽게 설명할 수 있는 것을 난해하게 만든 대표적인 예라고 할 수 있습니다. 만약 저 위의 문장을 다음과 같이 표현한다면 '성스러운 여덟 가지 도道의 각지八支聖道들 가운데 정견正見은 고苦·집集·멸滅·도道의 사성제四聖諦를 꿰뚫어 아는 괴로움의 소멸법칙이다'라고 하면 되는 것입니다. 또 다른 문제는 해설이 필요한 새로운 용어를 사용한 경우입니다. 즉 '통찰지般若의 마음부수'라고 하는 것인데, 이러한 용어의 설명은 그냥 두었을 때보다 더 어렵게 만들고 있습니다. 이 설명을 붙임으로 해서 목적이나 이해가 흐려지고 다시 그 용어의 설명이 필요한 상황을 만들었습니다. 이렇게 되면 분명하게 드러내어야 할 목적과 설명에서 오히려 난해한 설명이 되고, 논지의 본질을 흐리게 만들어 놓은 결과가 되는 것입니다.

교리의 주제를 잘 파악하고 들어내기 위해서는 설명의 중심이 되는 주제가 어떤 것인지 알도록 해주어야 할 것입니다. 중

323 대림·각묵스님(2002.11.29. 초기불전연구원). 『아비담마 길라잡이』(하). p.626.

심교리의 주제를 벗어난 설명은 주제의 원의에서 벗어날 수 있기 때문입니다. 그러나 현대적인 관점의 해석과 설명이 필요할 경우는 거기에 맞는 신조어 정도는 감수해야 하며 그것에 관한 설명이 따라야 함은 어쩔 수 없는 일이라고 할 것입니다. 불교학에서 발전된 현대불교를 구사하기 위해서는 현대화작업이 원활하게 이뤄져야 할 것입니다. 불교학의 현대화작업에서 모든 교리구조의 근본 내용은 변함없이 현대에서도 원의를 잃지 않는 표현으로 또는 설명으로 이어져야 할 것입니다. 이것은 현대불교학에 강한 동력을 실어 줄 것입니다.

② 정사유正思惟, sammāsaṅkappo; 정견의 견해와 같은 맥락에서 요점정리가 이뤄져야만 합니다. 정견이 가진 견해야말로 진정한 열반로두涅槃路頭로 인도하기 때문입니다. 인간이 가진 다섯 가지의 장애는 그 기능이 열반의 조건을 가지고 멈추어질 때 비로소 반열반의 조건으로 사라집니다. 이러한 조건들은 고따마 붓다의 가르침에서 사유의 자료이고 소재로 활용되는 것들입니다. 소멸에 대한 사유 또한 사성제의 가르침인 괴로움의 소멸법칙을 정통했을 때, 정통한 사람에 의해 일어나게 되는 것입니다. 고따마 붓다는 감각적 욕망의 사유를 통해 열반을 얻게 되는 가르침을 설할 때가 있었습니다. 이러한 감각적 욕망은 오온의 기능에 의해 일어난 것이기는 하지만 사성제의 가르침에서 괴로움의 소멸법칙을 세워주는 소재로 사용했던 것입니다. 다음과 같이 가르치는 내용입니다.

"비구들이여, 그런 내가 이같이 방일하지 않고 열심히, 스스로,

독려하며 머물 때 감각적 욕망과 관련된 사유가 일어났다. 그런 나는 이같이 꿰뚫어 알았다.

'내게 이 감각적 욕망과 관련된 사유가 일어났다. 이것은 참으로 나 자신을 고통에 빠뜨리고, 다른 사람을 고통에 빠뜨리고, 둘 다 고통에 빠뜨린다. 이것은 통찰지를 소멸시키고 곤혹스럽게 하고 열반涅槃에 이바지하지 못한다.'

비구들이여, '이것은 참으로 나 자신을 고통에 빠뜨린 것'이라고 숙고하였을 때 그것은 사라졌다. '이것은 참으로 다른 사람을 고통에 빠뜨린 것'이라고 숙고하였을 때 그것은 사라졌다. '이것은 둘 다 고통에 빠뜨린 것'이라고 숙고하였을 때 그것은 사라졌다. '이것은 통찰지通察知를 소멸시키고 곤혹스럽게 하고 열반涅槃에 이바지하지 못한 것'이라고 숙고했을 때 그것은 사라졌다. 비구들이여, 그런 나는 감각적 욕망과 관련된 사유가 일어날 때마다 반드시 그것을 버렸고 제거했고 없앴다."[324]

그러나 여기에서의 정사유란, 세 가지 괴로움의 성향을 꿰뚫어 알고 깨달음을 증득한 이가 가진 열반적 입장에서의 사유, 즉 괴로움과 괴로움의 일어남과 괴로움의 소멸과 괴로움의 소멸로 인도하는 성스러운 여덟 가지 구성요소인 괴로움의 소멸법칙을 갖춘 자가 행할 수 있는 사유를 말합니다. 인간의 사유에는 수백 수천만 가지의 사유가 일어나게 되며 이것은 인간 내면의 일입니다. 그러나 그것은 또한 내부와 외부로부터 반영된 것이고 경험이나 느낌에서 일어날 수 있는 조건들을 갖추고 있습니다. 이

324 대림스님(2012.10.10. 초기불전연구원) 『맛지마 니까야』 제1권. pp.498-499.

러한 사유는 감각적 욕망과 관련된 사유와 출리와 관련된 사유와 악의 없음과 관련된 사유와 해코지않음과 관련된 사유 등, 어떠한 사유라도 다 자신이 경험할 수 있는 것들입니다.

그리고 정사유란 언제 어디에서나 항상 정견의 성찰에서 나타나는 사유에 해당합니다. 또한 이 사유는 자기 자신에 내면의 일이므로 일반적인 사유의 일들은 자신이 일상생활에서 경험한 모든 일로부터 발생하게 됩니다. 그러므로 무의식적인 상태에서도 어떠한 사유적 상황이 연출될 수 있는 것입니다. 가령 깊은 수면에 빠져 있을 때 꿈을 꾸었다고 하면 그 꿈속에서 자신의 의지와 상관없는 일들이 꿈속에 나타나는 그런 경우라고 할 수 있습니다. 이러한 것들은 명상에서 사유의 소재라고 불리는 것들입니다.

그래서 유식唯識을 통해 실수實修하는 이들은 '오매일여寤寐一如'나 '몽중일여夢中一如'라는 경지를 주장하고 색다른 표현을 하는 것입니다. 유식 공부를 하는 사람이 오매일여나 몽중일여일 때에 식識에 대한 난제를 해결하게 되는 것입니다. 즉 자신이 가진 식이 꿈속에서도 자유로울 수 있다는 조건에서입니다. 예컨대 보통 사람들은 꿈속에서 호사한 일을 경험하는 사람도 있지만 그렇지 않고 나쁜 일을 경험하는 사람들도 있습니다. 그러나 공부를 많이 한 사람의 경우 꿈속에서도 평소와 같은 평온을 유지하거나 판단이 좋은 사유가 지속되거나 하는 일이 바로 몽중일여라고 하는 것입니다. 그러나 이 오매일여나 몽중일여에 대한 설명에서 그 설명이 구차하거나 설명 불가능한 입장이라면 참으로 딱한 일이 아닐 수 없습니다.

여기 이러한 논리에서는 열반의 조건이 없기 때문입니다. 그러므로 열반으로 인도하는 길도 없습니다. 그래서 거기에는 열반이 없다고 하게 되는 것입니다. 고따마 붓다의 가르침의 사유의 끝은 어디입니까? 바로 열반입니다. 사유란 오온의 행이 있을 때만 존재하고, 존재하게 만들고, 삼매로 이끌 수 있는 것입니다. 이것은 고따마 붓다의 가르침 안에서만 존재하는 최상의 가르침이고 상카라行이고 깨달음입니다. 그가 남긴 가르침 안에서 사유란 조건으로 열반의 존재를 확인할 수 있습니다. 이것은 또한 다른 가르침에서는 찾아볼 수 없습니다. 그래서 정사유는 그 조건을 갖췄을 때 열반을 얻거나 경험하기에 합당한 것입니다.

③ 정어正語, sammāvācā는 무엇일까? 이것은 '여덟 가지의 괴로움苦의 소멸로 인도하는 구성요소에서의 정어' 이렇게 앞에 그럴듯한 수식어만 연결해 놓아도 팔정도에서의 정어는 충분한 설명과 이해로 이끌 수 있는 것입니다. 그래서 정어의 앞에 이런 수식어를 붙여보았습니다. 그러므로 이러한 '정어의 뜻을 정·사正·邪의 개념으로 이해하는 것은 타당하겠는가?'라고 반문할 수 있습니다. 오직 열반과 해탈이라는 경지를 가진 사람의 언행으로 생각해야 합니다. 가령 이렇습니다. '나는 할 일을 다 해 마쳤다. 이제 어떠한 조건으로도 돌아오지 않을 것이다'라고 천명한 사람은 그 뜻에 맞는 정확한 말을 하면서 열반생활涅槃生活의 삶이 끝나고 반열반般涅槃에 임할 때까지 이어질 것입니다. 이것 말고 정어에 대한 다른 뜻과 설명은 없습니다.

④ 정업正業, sammākammanto에 대한 정확한 견해를 가졌을 때 행行·주住·좌坐·와臥·어語·묵黙·동動·정靜의 생사와 윤회를 통한 모든 괴로움에서 자유롭게 되는 것입니다. 이것은 괴로움의 소멸법칙을 꿰뚫어 이해한 사람이 일체 삶의 행동에서 일어나는 열반생활을 표현한 것입니다. 여기서 일체란 오온의 모든 기능의 작용들과 상대적 반응들 그리고 정신적인 현상을 모두 포함해서 일컫는 말입니다. 공부를 많이 하고 정견을 가진 도닦는 사람을 표현한 것입니다. 정견으로 사는 사람의 모든 행동의 작은 것 하나에서라도 열반생활의 삶에 어긋나지 않게 머물기 때문입니다. 다시 말하면 '정업은 열반생활방식涅槃生活方式'이라고 이름할 수 있습니다. 그러나 대승에서는 이렇게 규정됨을 인정하지 않습니다. 왜냐하면 결정된 증거의 소멸을 원하기 때문입니다. 열반의 의미가 설명되지 않는 조건에서 열반적인 형식을 표현하는 방식일 것이라고 인정할 수 있는 부분이긴 하지만, 불안전하고 불완전한 설명과 이해의 문제는 여전히 남아 있습니다.

⑤ 정명定命, sammāājīvo은 생업이라고 규정된 직업을 말합니다. 즉 생업에 관계되는 모든 생활수단입니다. 사람들은 누구나 자신만의 특별한 생활방식으로 이 세상을 살아갑니다. 이러한 생활방식을 통해서 사람들의 귀천과 부귀와 권세가 달라집니다. 그리고 그들은 거기에 집착합니다. 자신만의 생활방식에서 가장 가까운 연관성을 가진 조건으로는 가족인 부모와 처자식과 친척입니다. 즉 가족의 구성원입니다. 이러한 가족의 구성 또한 각양각색이고 사회적 환경에서 친한 이웃이나 친구 그리고 애인, 선후배와 스승의 관계는 자연스럽게 만들어지고 나타납니

다. 그리고 인종의 문제도 여기에 해당하는 조건들입니다. 모든 것이 다 각자 자신이 가지고 있는 오온의 조건이 중심을 이루고 있습니다.

그러나 출세간적인 생활방식은 이와는 다릅니다. 출가한 사람의 생활방식은 깨달음을 얻은 사람의 열반생활방식을 지향하고 있기 때문입니다. 이 열반생활방식에는 두 가지로 설명됩니다. 한 가지는 집을 떠나 출가한 지 얼마 되지 않아 고따마 붓다의 가르침에 대한 이해와 생활이 서툴고 어눌한 사람과 다른 한 가지는 이미 오래전에 출가한 구참舊參인데 이 사람은 모든 고따마 붓다의 가르침에 대한 이해 그리고 수행에 있어서 매우 익숙하고 능숙한 사람입니다. 그러나 두 종류의 출가한 사람은 비록 출가생활에서 익숙하고 익숙하지 않은 차이는 있을지 모르나 '한 가지 지향점인 열반'에 도달하기 위해 생활하는 것은 같습니다. 이러한 생활에서 괴로움의 소멸법칙에 어울리는 생활을 함으로써 생사와 윤회에 빠져들지 않고 생활해 나아가는 것입니다.

⑥ 정정진正精進, sammāvāyāmo은 부지런하고 쉬지 않고 노력하는 것입니다. 이 노력에서는 목적인 열반에 관한 의무적 정진을 뜻합니다. 이 정진에는 이미 괴로움의 소멸법칙에서 정견이 형성되어 열반을 성취한 아라한의 정진에 해당합니다. 왜냐하면 이 정진을 통해서 반열반에 다다를 때까지 올바른 노력으로 살아가는 것이기 때문입니다. 그러므로 정정진은 팔정도 중에서도 가장 훌륭한 불행佛行이 됩니다. 불행은 괴로움의 소멸법칙을 꿰

뚫어 이해하여 열반을 얻은 사람에게서 일어날 수 있는 열반 최상의 결과입니다. 이러한 결과를 가진 사람은 앞에서 열거한 모든 조건을 다 갖추고 있으므로 그 조건에 관한 전광석화와 같은 통찰지의 힘이 필요한 것입니다. 왜냐하면 이것은 언제 어느 순간에서라도 오온의 기능이 끝나게 될 때 반드시 생사와 윤회로 휘말려 들지 않는 힘이 되기 때문입니다. 그러므로 이러한 힘은 정진을 통해서 키워 나아가게 되고 그 힘은 전광석화처럼 빠를 때 최상의 완벽한 효과가 이뤄지는 것입니다. 그렇게 해서 발전시키면 그 사람에게는 언제나 온전한 반열반을 맞을 준비가 되어 있는 사람인 것입니다.

⑦ 정념正念, sammāsati이란 마음챙김의 확립입니다. 이것은 또한 '올바른 마음챙김'입니다. 올바른 마음챙김이 무엇에 관한 '올바른 마음챙김'인가 하면 마음챙김에서 괴로움의 소멸법칙을 꿰뚫어 이해한 정견의 견해를 가지는 것입니다. 그러한 견해가 마음챙김의 바탕이 되어 알아차림의 일로 마무리되거나 진행되는 것이 정념이라고 할 것입니다. 이러한 정념이라는 조항 등 37보리분법을 아비담마에서는 통틀어 이렇게 표현한 곳이 있습니다.

> "사유, 경안, 희열, 평온, 열의, 마음, 세 가지 절제,
> 이 아홉 가지는 각각 오직 한 번 일어난다.
> 정진은 아홉 번 일어나며,
> '마음챙김'은 여덟 번, 삼매는 네 번, 통찰지는 다섯 번,
> 믿음은 두 번 일어난다.
> 이것이 이 수승한 37가지 법의 분석이다.

이 모든 것들은 사유와 희열이 있을 때를 제외한
출세간의 마음에서 일어난다.
세간적인 마음에서는 적절하게
여섯 가지 청정의 과정에서 일어난다."325

물론 37보리분법의 분석과 실수實修에서, 분석의 일에 연관함이 특별한 의미가 있을지 모르지만, 분석에 대한 향방에서 곡물 장사·채소 장사·생선 장사처럼 자신에게 있는 것을 돈이나 현물로 바꿔 이익을 창출할 수 있는 그런 식으로 계산을 할 수는 있습니다. 그러나 출가하여 고따마 붓다의 가르침으로 열반을 성취한 아라한은 이러한 방식의 수행법이 오히려 합당한 방법이 아닐 수도 있는 것입니다. 아라한과를 성취한 그는 이미 무학위無學位에 든 성자이기 때문입니다. 특히 올바른 마음챙김과 알아차림의 문제에서 더욱 그렇습니다. 그러나 아비담마의 분석을 이렇게 혹평하는 것에 관해서는 그만한 이유가 거기에 있기 때문입니다. 분석하는 과정의 일에서 괴로움의 소멸법칙을 벗어나거나 잃어버리게 만들기 때문입니다.

⑧ 정정正定, sammāsamādhi은 삼매를 뜻합니다. 이 삼매 역시 괴로움의 소멸법칙에서 정견의 견해가 생긴 사람이 마음챙김과 알아차림에서 얻어지는 결과이어야 합니다. 이러한 삼매에서 특별한 것이 있습니다. 그것은 반열반을 삼매를 통해 미리 경험想受滅하는 일입니다. 이러한 반열반을 경험하는 삼매가 깊을수록 반열반을 경험하는 시간은 길어집니다. 또한 삼매에서 경험된 긴 시

325 대림·각묵스님(2002.11.29. 초기불전연구원)『아비담마 길라잡이』하. p.629.

간이나 그 경험 중에는 자신이 그 삼매에서 일어나 주변 환경을 인식하기 전에는 전혀 아무것도 느끼지 못합니다. 다음의 인용문에서 고증할 수 있는 자료가 있습니다.

고따마 붓다가 제자들을 데리고 꾸시나라로 가는 도중에 말라로 가고 있는 뿍꾸사 말라뿟따를 만났습니다. 그는 알라라 깔라마의 제자였는데 그가 고따마 붓다를 만나 알라라 깔라마의 삼매에 관해 들려준 이야기를 듣고 고따마 붓다가 다음과 같이 자신의 삼매에 관해 그에게 들려준 이야기입니다.

> "'뿍꾸사여, 한때 나는 아뚜마의 어떤 탈곡장에 머물렀다. 그러던 어느 때에 비가 억수같이 내리고 콸콸 쏟아지고 번개가 치고 천둥소리가 요란하였으며 탈곡장에서 일하던 농부 두 사람과 황소 네 마리가 벼락에 맞아 죽었다. 뿍꾸사여, 그러자 아뚜마의 많은 사람이 나와서 농부 두 사람과 황소 네 마리가 죽은 곳으로 갔다.
>
> 뿍꾸사여, 그 무렵에 나는 탈곡장의 문밖으로 나와 노지에서 포행하고 있었다. 뿍꾸사여, 그러자 어떤 사람이 나에게로 다가왔다. 와서는 나에게 절을 올리고 한 곁에 섰다. 뿍꾸사여, 나는 한 곁에 선 그 사람에게 이렇게 물었다.'
>
> '여보게, 왜 이 많은 사람이 여기에 모였는가?'
>
> '세존이시여, 여기에 비가 억수같이 내리고 콸콸 쏟아지고 번개가 치고 천둥소리가 요란하였으며 탈곡장에서 농부 두 사람과 황소 네 마리가 벼락에 맞아 죽었습니다. 그래서 저 많은 사람이

여기 모인 것입니다. 세존이시여, 그런데 세존께서는 어디에 계셨습니까?'

'여보게, 바로 여기에 있었네.'

'세존이시여, 그런데도 보지 못했단 말입니까?'

'여보게, 그렇다네, 나는 보지 못했네.'

'세존이시여, 그렇다면 소리도 듣지 못하였습니까?'

'여보게, 나는 소리도 듣지 못하였다네.'

'세존이시여, 그러면 잠드셨습니까?'

'여보게, 나는 잠들지 않았었네.'

'세존이시여, 그러면 인식을 가지고 계셨습니까?'

'여보게, 그렇다네.'

'세존이시여, 그런 세존께서는 참으로 인식을 가지고 있고 깨어 있으면서도 비가 억수같이 내리고 콸콸 쏟아지고 번개가 치고 천둥소리가 요란한데도 그것을 보고 듣지도 못하였단 말씀입니까?'

'여보게, 그렇다네.'"[326]

---

326 각묵스님 옮김(2005.12.20. 초기불전연구원) 『디가 니까야』 2권. pp.255-256.

위의 인용문에서는 고따마 붓다의 삼매의 깊음을 얘기했다면 뒤의 인용문은 삼매의 구조적 문제와 활용적 이해를 설명하는 것입니다.

"비구들이여, 그 어떤 비구라도 그에게 다섯 가지 마음의 삭막함이 제거되고 다섯 가지 마음의 속박이 끊어지면 '그가 이 법과 율에서 향상과 증장과 충만함을 성취하게 될 것'이라는 것은 가능하다."

"그는 열의를 '주로 한 삼매'와 정근인 의도적 행위를 갖춘 성취수단如意足[327]을 닦는다. '정진을 주로 한 삼매'와 정근인 의도적 행위를 갖춘 성취수단을 닦는다. '마음을 주로 한 삼매'와 정근인 의도적 행위를 갖춘 성취수단을 닦는다. 검증을 '주로 한 삼매'와 정근인 의도적 행위를 갖춘 성취수단을 닦는다. 그리고 분발[328]이 다섯 번째이다.[329]

---

327 "'성취수단如意足, iddhipādā' 가운데서 '열의를 주로 한 삼매chanda-samādhi'란 열의를 의지한 삼매를 뜻함. '정근이라고 의도적 행위padhāna-saṅkhāra'란 정근이라고 하는 의도적 행위라는 말이다. 이 법들을 가진 성취의 기초iddhiyā pāda 혹은 성취가 되는 토대iddhibhūtapāda를 성취수단이라고 한다. 나머지 경우에도 이 방법이 적용된다. 여기서는 간략하게 설명하였다. 상세한 것은 「성취수단의 위방가」(Vbh.216 이하)에 나타나고, 『청정도론』(XII.52~53. XXII.36)에서도 설명된다. 이와 같이 네 가지 성취수단으로써 억압에 의한 버림vikkhambhana-ppahāna을 설하였다.(MA .ii.69) 즉 네 가지 성취수단四如意足, 혹은 신통의 기초란 네 가지 삼매와 정근 혹은 노력이라고 부르는 의도적 행위를 말하는데, 그 네 가지 삼매란 열의chanda, 정진vīriya, 마음cita, 검증vīmaṁsā 가운데 어떤 것에 중점을 두고 삼매가 생긴 것인가에 따라서 네 가지가 된다.
네 가지 성취수단은 『상윳따 니까야』 「성취수단 상윳따」(S51)의 주제이다. 대림스님(2012.10.10. 초기불전연구원) 『맛지마 니까야』 제1권. p.471. 주해634.

328 "'분발ussolhi'이란 모든 곳에 쏟아야 할 정진vīriya을 말한다."(MA.ii.69)

329 대림스님(2012.10.10. 초기불전연구원) 『맛지마 니까야』 제1권. p.471. 주해636에서 이렇게 설명하고 있다. "'그리고 분발이 다섯 번째이다.'라는 이 구절은 네 가지 성취수단四如意足의 정형구에는 포함되지 않은 것이다. 본경에서는 다

> 비구들이여, 이와 같이 분발을 포함한 열다섯 가지 조건[330]을 구족한 비구는 꿰뚫을 수 있고, 깨달을 수 있고, 위없는 유가안은瑜伽安隱[331]을 성취할 수 있다."[332]

이상으로 37보리분법菩提分法의 설명이 모두 끝났습니다. 아울러 팔정도의 설명도 끝났습니다. 보리분법은 열반을 증득하기 위한 가르침입니다. 그러나 여기에 나오는 가르침은 세속적인 일에서 선악을 가리거나 판단하기 위한 가르침이 아니라는 것임을 알고 있어야 합니다. 여기에서는 오직 열반을 증득하기 위한 가르침이라고 인식해야 합니다. 이것은 또한 고따마 붓다의 어떠한 교리를 이해하더라도 출세간적인 인식을 가졌을 때 비로소 열반을 성취하는 일에서 유익함이 따르고, 유익한 법이 따르고, 유익한 율이 따르게 될 것입니다.

섯이라는 숫자에 맞추기 위해서 이 문장을 넣은 것일 뿐이다."

330 "'분발을 포함한 열다섯 가지 조건ussoḷhi-paṇṇarasaṅga-samannāgata'이란 다섯 가지 마음의 삭막함을 버림ceto-khila-ppahānāni과 다섯 가지 속박을 버림vinibandha-ppahānāni과 네 가지 성취수단iddhipādā과 분발ussoḷhi을 말한다."(MA.ii.69)

331 유가안은瑜伽安隱은 yogakkhema의 한역이다. 여기서 유가瑜伽는 yoga의 음역이고 안은安隱은 khema의 의역이다. 이 단어는 리그베다에서부터 나타나는데 그곳에서 요가yoga는 '획득'을 캐마khema는 '보존, 저축'을 뜻했다. 그러나 빨리 주석서들에서는 예외 없이 yoga를 '속박'으로 해석해서 "네 가지 속박들로부터 안전하고 괴롭힘이 없기 때문에 유가안은瑜伽安隱이다catūhi yogehi khemaṁ anupaddutaṁ iti yoga-kkhemaṁ. 이것은 아라한과를 뜻한다."(MA.i.41)라고 설명한다. 네 가지 속박은 감각적 욕망, 존재, 사견, 무명의 속박을 말한다. 여기에 대해서는 대림스님(2012.10.10. 초기불전연구원) 『앙굿따라 니까야』 제2권. pp.69-71. 「속박경(A4:10. Yoga-sutta)」과 『아비담마 길라잡이』 하. 제7장 §5의 해설.
한편 유가안은瑜伽安隱, Sk. yoga-kṣema의 개념은 까우띨랴Kautilya의 정치학 논서인 아르타샤스뜨라Athaśāstra, 富論에서 왕도정치의 이념으로 표방되었으며, 초기부터 불교에서 받아들여 anuttara無上란 수식어를 붙여 여기서처럼 '위없는 유가안은anuttara yogakkhema'이라는 표현으로 많이 나타나고 있다.

332 대림스님(2012.10.10. 초기불전연구원) 『맛지마 니까야』 제1권. pp.471-472.

공연히 이론에 합당하지 않은 분석하는 일에만 힘쓴다면 열반을 증득하는 법이 아니라 끝도 없이 이어지는 분석의 일에만 몰두하게 되고 말 것입니다. 예를 들면, 연기의 일을 분석하는 것과 37보리분법을 분석하는 것은, 분석을 즐기는 사람들에게는 거의 비슷한 오류를 범하게 만드는 소재로 유명합니다. 특히 연기의 문제가 으뜸입니다. 연기는 그 자체가 끝이 없기 때문입니다. 인간의 생·노·병·사의 일은 연기에 해당하는 것 가운데 가장 가까운 예로 들 수 있는 소재입니다. 이러한 연기를 끝낼 수 있음은 오직 사성제의 가르침뿐입니다. 이러한 의미에서 오온과 연기는 괴로움을 끝장낼 수 있는 방법을 찾게 도와주는 교육재료이면서 명상 자료입니다. 그 당위성을 가진 원인에 해당합니다.

경장에서 가장 큰 문제는 고따마 붓다의 가르침에서 괴로움의 소멸법칙을 어떻게 꿰뚫어 이해할 것인가 이고, 다른 한 가지는 여기에 따른 오류의 문제일 것입니다. 괴로움의 소멸법칙은 이미 사성제를 설명하면서 끝낸 부분이고 이해의 오류 등의 문제는 경장과 율장보다는 논장에서 가장 많이 나타나고 있음도 알았습니다. 거기에 관한 내용은 '계속되는 분석', ' 분석되지 않음에 도전', '분석과정에 따르는 새로운 용어의 창작', '깨달음과 무관한 이론 형성과 성향' 등으로 나타납니다. 이러한 오류의 문제는 아비담마불교의 독특함이지만, 열반 증득을 원하는 사람을 도와서 열반으로 쉽게 인도하지 못할뿐더러 오히려 열반 증득에 더욱더 난해한 설명으로 장애와 이해의 충돌을 만들어내고 있습니다. 『아비담맛타 상가하』 뿐만 아니라 대부분의 논장이 가르침을 쉽게 해석하여 열반 증득을 쉽게 얻기 위한 지도서, 즉 정규교과서를 보조하는 설명서가 되어야 할 것임에도 불구하고 논모論母의 주장에 따라 고따마 붓다의 가르침에 변형을 주었음은 피할 수 없는 사실입니다.

우리는 이러한 문제를 해결할 수 있는 것이 있다면 어디에서 찾을 수 있을지 고민하지 않을 수 없습니다. 이것은 고따마 붓다의 가르침을 이해하지 못하는 경우의 사람들을 두고 하는 말입니다. 고따마 붓다는 5부 니까야에서도 가르침을 이해하지 못한 자들을 보고 너무 딱하다는 표현을 쓴 곳을 발견할 수 있습니다. 그중에 수낙캇따[333]가 가장 유명합니다. 그의 질문과 성향을 보고 고따마 붓다는 '이 쓸모없는 자여'라고 심한 질책을 한 적도 있습니다. 이러한 수낙캇따의 잘못된 견해를 심하게 꾸짖고 질책하는 일이 경전에 자주 나타나는 것에서 고따마 붓다의 심기가 상당히 불편하였음을 알 수 있습니다. 결국 수낙캇따

333 릿차위의 후예 수낙캇따Sunakkhatta Licchaviputta는 불교교단에 출가하였다가 환속한 자이다. 그의 환속은 릿차위들에게는 화젯거리가 되기에 충분하였다. 『디가 니까야』 제1권 「마할리 경」에서 뿐만 아니라 「제24경」과 『중부』 105경등에서 수낙캇따의 일화에 대해서 거론된다. 그는 지나치게 신통과 고행 등의 외형적인 것에 관심이 많았다. 그래서 염오-이욕-소멸-해탈을 통해서 지금여기에서 고를 해결하고 해탈열반을 실현함을 근본으로 하는 부처님의 말씀이 성에 차지 않았고, 제대로 이해가 가지 않았다. 그래서 환속했다.
수낙캇따는 개suna-꼬리khatta라는 말이다. 「아이따레야 아란냐까」의 개꼬리 삼형제 이야기에서 보이듯이 인도에는 이런 이름을 많이 사용하였다. 산스끄리뜨 수뜨라 문헌 등에서는 이런 착한 이름을 사용하면 아수라나 악령들이 그를 천히 여겨서 범접하지 않는다는 것이다. 귀한 아들은 이렇게 비천한 이름을 붙여 부르는 습관이 인도에도 있고 우리나라에도 풍습으로 전해 온다. 각묵스님(2005.12.20. 초기불전연구원) 『디가 니까야』 제1권. 「마할리 경Mahāli Sutta」. p.389. 주해408. 재인용.

는 자신의 그른 견해를 극복하지 못하고 환속還俗하므로 자신의 수행생활을 끝맺었습니다.

잘못된 견해에 있어서는 경전에 설명된 62가지 사견을 들 수 있습니다. 수낙캇따의 견해도 62가지 사견에서 벗어나지 않습니다. 고따마 붓다는 이러한 62가지 사견을 가진 자들이 그 견해에서 벗어나지 못하는 경우를 다음과 같이 가르치고 있습니다.

> "거기에서 벗어나지 않고 해탈解脫이나 열반涅槃을 원하는 것은 진흙이나 모래밭에 계속 구르는 것 같아 구르면 구를 수록 진흙이나 모래가 저절로 몸에 묻게 될 것이다."[334]

다음은 5부 니까야의 내용을 간단히 소개하는 것은 고따마 붓다의 설법을 누구나 간혹 챙겨볼 수 있도록 한 것입니다. 이것은 또한 개인적으로 모든 사견에서 벗어나 정견의 견해를 가지는 데 활용할 수 있도록 하기 위한 개설槪說입니다. 이것은 7장으로 따로 정리했습니다.

334 각묵스님(2005.12.20. 초기불전연구원) 「범망경梵網經, Brahmajāla Sutta. D1」.

제 4 장

계율

律藏; Vinaya piṭaka

제4장 계율律藏; Vinaya piṭaka

현존하는 율장에는 팔리어로 씌여진 율장Pāli vinaya piṭaka 외에 근본설일체유부의 티베트어 역譯 율장, 한역율장 5종이 있습니다. 히라카와 아키라平川彰는 『계율론戒律論』에서 "일곱 가지 완전한 율장이 현존한다"라고 했습니다.[335] 그리고 이것은 산스크리트梵語 율장의 문헌으로 남아 있습니다. 율장이 가진 의미는 고따마 붓다의 가르침에 의해 출가한 수행자가 한가지 지향점인 열반을 성취하기 위한 생활을 보호하기 위해서이고 계율이 가진 의미는 승단의 도덕적 운영과 승가를 청정하게 유지하기 위해서입니다. 승단의 승려들은 계율을 어기거나 계율에 해당하는 범계犯戒를 했을 경우 각종 갈마羯磨[336]를 통해서 참회하고 처벌을 받습니다. 청정한 승단이나 비구는 참회하는 비구의 범계에 대해서 면죄할 수 있는 것입니다. 참회하는 비구를 청정하게 해주고 복권을 시켜줌은 청정승단과 청정비구의 권위에 해당하기

335 목정배『戒律論』pp.18-34 참조.

336 갈마羯磨, karma 수계受戒·참회懺悔·의식儀式 등 계율에 관한 것으로서 선善을 일으키고 악惡을 없애는 의식. 콘사이스판 불교사전(김승동 편저. 2011.5.15. 민족사. 서울).

때문입니다. 광율廣律이라고 불리는 한역율장漢譯律藏은 대략 다음과 같은 5가지 종류가 전해집니다.

1. 四分律Caturvarga Vinaya 60권 佛陀耶舍Buddhayasas 譯 … 法藏部의 律
2. 五分律Pañcavarka Vinaya 30권 佛陀什Buddhajiva 覺賢 驛 … 化地部의 律
3. 十誦律Dasādhyāya Vinaya 61권 弗若多羅·羅什 共譯 … 說一切有部의 律
4. 摩訶僧祇律Mahāsamghika Vinaya 50권 佛陀跋陀羅·法顯 共譯 … 大衆部의 律
5. 根本說說一切有部毘奈耶Mūlasarvāstivāda Vinaya 50권 義淨譯 … 有部의 律

이 외에도 축불념竺佛念이 번역한 비나야毘奈耶Vinaya nidāna sūtra orkathā 10권이 있습니다. 이것은 광율이 아닌 비구계뿐입니다. 근본설일체유뷰비나야根本說一切有部毘奈耶를 제외한 네 가지의 율은 사광율四廣律이라고 합니다. 또한 한역율장漢譯律藏에 대한 주소註疏가 있는데 사분율四分律에 대한 주석註釋 오부五部가 중요하고 다음과 같습니다.

1. 毗尼母經Vinaya mātrikā śastra[337] 8권 失譯
2. 薩婆多部毘尼摩得勒伽Sarvāstivāda nikāya vinaya mātrikā 10권 劉宋 僧伽跋摩 譯
3. 薩婆多毘尼毘婆沙Sarvāstivāda vinaya vidhāṣa 9권 失譯
4. 善見律毘婆沙Samantapāsādikā 18권 肅齊 僧伽跋摩 譯

---

337 毘尼母經은 毘尼母論이라고도 한다. 母經이란 범어 마뜨리까mātrikā로 行母 또는 論母라 하며 문제를 모아서 이것을 명확히 하는 것으로 이른바 論의 別名이다. 律에 대해서 註釋하는 論釋이므로 毘尼母經이라 한다. 목정배 『戒律論』 p.29.

5. 律二十二明了論Vinaya dvāviṁśati prasannārtha śastra 1권 佛陀多羅多造 陣眞諦 譯

이 오부를 율론五論이라 하고 앞에 열거한 사광율과 함께 사율오론이라고 하여 율학의 대표적인 성전聖典이라 꼽고 있습니다.

다음은 팔리율장에 관한 내용 설명입니다. 그리고 율장과 논장 그리고 위빠사나 명상까지 고따마 붓다의 특별한 요구가 없는 경우 경장의 가르침에서 올바르게 설명된 교리구조에서 이뤄진 견해正見로 분석하고 설명할 것입니다. 다음은 팔리율장이 교정되고 편집되는 과정에 관한 짧은 소개입니다.

헤르만 올덴베르그의 율장: 팔리성전협회Pali Text Society: PTS에서 발행한 로마자 팔리율장은 건도, 경분별, 부수의 순으로 편찬되어 있습니다. 이것은 독일의 헤르만 올덴베르그Hermann Oldenberg, 1854~1920가 율장을 편찬하면서 건도부분 즉 대품Mahāvagga부터 먼저 편찬했기 때문입니다. 팔리율장은 헤르만 올덴베르그가 기존의 여러 이본異本을 대조 교정하여 1879년부터 1883년까지 5년에 걸쳐 전 5권을 다음과 같이 공간公刊했습니다.

Vol. Ⅰ. The Mahāvagga(London: PTS, 1879).
Vol. Ⅱ. The Cullavagga(London: PTS, 1880).
Vol. Ⅲ. The Suttavibhaṅga, First Part(London: PTS, 1881).
Vol. Ⅳ. The Suttavibhaṅga, Second Part(London: PTS, 1882).
Vol. Ⅴ. The Parivāra(London: PTS, 1883).

데바나가리 문자 팔리삼장Pali Tipṭaka in Devanāgarī scrips: 인도 정부와 비하르Bihar州는 데바나가리 팔리삼장출판부Devanāgarī scrips Tipṭaka Publication Department에 위임하여 데바나가리 문자Devanāgarī scrips로 팔리삼장 총 40권 각권 400페이지로 1956년에 출판하였습니다. 데바나가리 문자 팔리삼장Pali Tipṭaka in Devanāgarī scrips은 네 가지 판본Roman, Sinhalese, Burmese, Siamese characters을 기초로 편찬한 것입니다. 그 중에 데바나가리 문자Devanāgarī scrips 팔리율장은 로마자 팔리율장과 똑같이 ① 대품大品; Mahāvagga ② 소품小品; Cullavagga ③ 바리이波羅夷; Pārajika ④ 바일제波逸提; Pācittiya ⑤ 부수附隨; Parivāra 순으로 편성되어 있습니다. 그 이유는 올덴베르그의 로마자 팔리율장을 저본底本으로 사용했기 때문입니다. 이러한 편성은 전통적인 팔리율장의 체제로 볼 수 없다는 것이 일반적인 견해입니다.

칠더스R.C. Childers는 "율장은 Pārājikaṁ, Pācittiyaṁ, Mahā vagga, Cullavagga, Pari-vāro라는 제목이 붙은 각각의 다섯 권의 책으로 이루어져 있다"[338]라고 했습니다. 다음은 팔리율장의 조직과 내용에 관한 소개입니다.

---

338 "The Vinaya Piṭaka consists of five books, entitled respectively, Pārājikaṁ, Pācittiyaṁ, Mahāvagga, Cullavagga, Parivāro." R.C Childers, A Dictionary of the Pali Language(=DPL) (London: Trubner, 1875; New Delhi: Asian Educational Services, 1993). p.575. 마성스님 지음 (2000.9.29. 도서출판 팔리문헌연구소). p.25. 주註11의 재인용.

1. 경분별經分別; Suttavibhaṅga

경분별經分別; Suttavibhaṅga은 경의 설명 혹은 해석을 의미합니다. 경분별은 해당 율장의 목차입니다. 율장의 본문 골자인 조문條文; 學處, sikkhāpada 즉 빠티목카pātimokkha, 戒本는 혹은 계경戒經을 중심으로 하여 성립의 연원淵源, 조문자구條文字句의 해석과 조문 운용의 실례 등을 밝히고 있습니다. 그것은 다음의 두 가지 품으로 이루어져 있습니다.

가. 대분별大分別, Mahā vibhaṅga

대분별大分別, Mahā vibhaṅga은 비구계의 전체 227개 조항의 계문입니다. 대분별은 비구분별이라고 불리며 비구에게 해당하는 계율이 실려있습니다. 비구분별은 사바라이Pārājika; 四波羅夷, 십삼승잔十三僧殘; Saṁghādisesa, 이부정二不定; Aniyata, 삼십사타三十捨墮; Nissagiya pācittiya, 구십이바일제九十二波逸提; Pācittiya, 사바라제제사니四波羅提提舍尼; Pāṭidesanīya, 칠십오중학七十五衆學; Sekhiya, 칠멸쟁七滅諍; Abhikaraṇa samatha 등 8가지로 분류됩니다.

나. 비구니분별比丘尼分別, Bhikkhunī vibhaṅga

비구니분별比丘尼分別, Bhikkhunī vibhaṅga은 비구니계이고 311개 계의 조항입니다. 그 내용은 다음과 같습니다. ① 팔바라이八波羅夷; Pārājika, ② 십칠승잔十七僧殘; Saṁghādisesa, ③ 삼십사타三十捨墮; Nissagiya pācittiya, ④ 백육십육바일제百六十六波逸提; Pācittiya, ⑤ 팔파라제제사니

八波羅提提舍尼; Pāṭidesanīya, ⑥ 칠십오중학七十五衆學; Sekhiya, ⑦ 칠멸쟁七滅諍; Abhikaraṇa-samatha의 7가지로 분류됩니다.

승가에 입단한 비구·비구니가 지켜가야 할 계율의 조문으로써 바라제목차婆羅提木叉; 戒經·戒本, Pātimokkha, Prātimokṣasūtra라고 합니다. 승단이 주체가 된 갈마羯磨에서는 포함되지 않습니다. 다음은 각 율의 조항에 해당하는 내용입니다.

첫 번째 비구 '팔바라이八波羅夷, Pārājika의 계율'은 가장 무거운 벌을 받는 계율로 계를 범한 자는 승단에서 추방되고 다시는 승가에 들어올 수가 없습니다. 즉 음婬·도盜·살인殺人·대망어大妄語의 계율은 비구에게 해당하고, 여기에 비구니는 마촉계摩觸戒·복비구니중죄계覆比丘尼重罪戒·수순피거비구위니승삼간계隨順被擧比丘違尼僧三諫戒·팔사성중계八事成重戒를 더하여 8가지가 됩니다.

두 번째 승잔법 13조비구니 17조는 성性에 관한 계율로 승단의 화합을 깨뜨리려 한 죄, 다른 이를 바라이죄波羅夷罪로 비방한 죄 등이 포함되어 있습니다. 이 계율을 범하면 20인 이상의 현전승가現前僧伽의 앞에서 참회해야 합니다. 그리고 7일 동안 마낫타mānatta, 謹愼, 別住를 행하고, 그다음에 출죄갈마出罪羯磨를 거쳐 죄가 사면됩니다. 이 범계犯戒는 바라이죄의 다음가는 중죄입니다. 바라이와 승잔을 범하려다가 미수로 끝났을 경우를 투란차죄偸蘭遮罪, thullaccaya라고 하는 범계죄犯戒罪가 성립됩니다.

세 번째 부정법不定法 2조비구니는 없음입니다. 이 계율은 비구가 여성과 자리를 함께한 경우의 죄로서 증인의 증언으로써 죄가 인정되므로 '부정不定'이라고 합니다.

네 번째 사타법捨墮法 30조비구니 30조는 소유가 금지된 물건에 관한 것입니다. 기본적으로 비구·비구니는 삼의일발三衣一鉢만 소유할 수 있습니다. 여분의 옷감을 얻었을 경우라고 하더라도 일정 기간만 소유가 허락됩니다. 이밖에 좌구坐具·우욕의雨浴衣·발鉢·약藥 등의 소유를 제한하는 규정이 있으며, 갖가지 보물의 소유나 매매가 금지되어 있습니다. 사타죄捨墮罪에 저촉되면 승단에서 정한 형식에 따라 해당 물건을 규정으로 정한 방법대로 승단에 버리고 참회합니다.

다섯 번째 바일제법波逸提法 92조비구니 166조입니다. 이것은 망어妄語·악구惡口 등과 같은 가벼운 죄의 조항을 모아 놓은 것입니다. 이 계를 범하면 승단에 규정한 대로 참회해야 합니다.

여섯 번째 회과법悔過法 4조비구니 8조입니다. 이 계는 받아서는 안 되는 음식물을 받아먹은 경우의 가벼운 범계에 해당합니다.

일곱 번째 중학법衆學法 75조비구니 75조입니다. 이 계율은 걸식·설법 등의 행의작법行儀作法을 규정한 것입니다. 이 규정을 지키지 않았을 경우 마음속으로 참회하면 되는 것입니다. 이 죄를 '악작惡作, dukkaṭa, 突吉羅'이라고 합니다. 또한 이로부터 '악설惡說'이라는 죄와 구분되기도 합니다.

여덟 번째 멸쟁법滅諍法 7조비구니 7조입니다. 승가에 싸움이 벌어졌을 때는 승가의 지사知事 비구가 규칙송사를 위해 제정한 갈마 8종을 적용하여 싸움을 말려야 합니다. 이것을 위반하면 악작의 죄를 범한 것이 됩니다. 이상의 바라이·승잔·바일제·회과·돌길라를 오편죄五篇罪라 하며, 여기에 투란차·악설을 더한 것을 칠취죄七聚罪라고 합니다.

2. 건도犍度; Khandhaka

건도犍度; Khandhaka는 편품編品, 章을 뜻합니다. 다음의 두 가지 편품으로 제1차 결집과 제2차 결집에 관한 내용입니다.

가. 대품大品; Mahāvagga: 10편

① 수계편受戒篇, 大健度, Mahākhandhaka: 승단에 귀의하는 절차 즉 비구계를 받고 출가한 승단의 일원이 되었을 때 알아야 할 법규로 수계의 방법, 수계자受戒者와 수계자授戒者의 자격, 처음 출가한 사람의 학습계목에 관련된 설명입니다.

② 포살편布薩篇, Uposathakkhadhaka: 매월 8일·14일·15일에 교구승敎區僧이 한 곳에 모두 모여 바라제목차波羅提木叉를 읽고독송은 15일만 수행하는 포살의 방법, 이것에 관련하여 계구설정법界區設定法 등이 설명되어 있습니다.

③ 안거편安居篇, Vassupanāyikākhandhaka: 매년 우기雨期 3개월 대중

이 일정한 거처에 모여 거처를 정하여 수행하는 방법인 방규方規를 설명하였습니다.

④ 자자편自恣篇, Pavāraṇakkhandhaka: 매년 안거가 끝나는 날, 즉 7월 15일에 대중이 모여 안거 동안의 자신의 수행과정과 행위에 관련해 스스로 묻고 견문한 바를 털어놓는 자자법自恣法에 대하여 설명합니다.

⑤ 피혁편皮革篇, Cammakkhandhaka: 비구가 피혁제품을 소지 사용하는 것에 관련된 법, 피법 및 피원의 지방에서의 계율상의 특례를 설명해 놓았습니다.

⑥ 약제편藥劑篇, Bhesajjakkhandhaka: 비구·비구니의 식물 약 등에 관한 제규制規를 설명합니다.

⑦ 가치나의편迦稀那衣篇, Kaṭhinakkhandhaka: 안거 동안 정진에 힘쓴 비구에게 규정된 삼의三衣를 지어줄 동안 입을 수 있게 특혜를 주는 특별한 의복인 가치나의에 관한 설명입니다.

⑧ 법의편法衣篇, Cīvarakkhandhaka: 비구의 의복과 관련한 여러 가지 규정 설명입니다.

⑨ 첨파편瞻波篇, Campeyyakkhandhaka: 고따마 붓다가 첨파瞻波에 있을 때 잘못이 없는 비구를 대중이 잘못이 있다고 판결한 것에 대해 설명하고, 대중이 행하는 갈마에 관련하여 유효함과 무효함을 설명합니다.

⑩ 구섬미편拘睒彌篇, Kosambakkhandhaka: 구섬미의 한 비구의 유죄, 무죄에 관해 대중 중에 이론異論이 생긴 후 조정된 것을 설명합니다.

나. 소품小品; Cullavagga: 12편

① 갈마편羯磨篇, Kammakkhandhaka: 불법행위에 대해 처벌하는 방법과 면죄 방법 등을 설명합니다.

② 별주편別住篇, Pārivāsikakkhandhaka: 승잔죄僧殘罪를 범한 비구가 받는 체벌인 별주 육야마나타別住 六夜摩那埵를 행하는 비구의 실권失權을 설명합니다.

③ 죄집편罪集篇, Samuccayakkhandhaka: 전편과 연계된 내용으로 별주 육야마나수別住 六夜摩那埵에 관련하여 설명합니다.

④ 멸쟁편滅諍篇, Samathakkhandhaka: 승단 가운데 일어날 수 있는 분쟁을 진정하는 일곱 종류의 법을 설명합니다.

⑤ 소사편小事篇, Khuddakavatthukkhandhaka: 비구의 의식주에 대한 모든 일의 잡연雜緣과 소규정小規定을 한데 모은 것입니다.

⑥ 좌와처편坐臥處篇, Senāsanakkhandhaka: 비구의 주거 좌구坐具 등에 대한 제규制規를 설명합니다.

⑦ 파승편破僧篇, Saṅghabhedakakkhandhaka: 데바닷타에 의한 승단의 분열 사건을 진술하여 파승破僧의 의의意義, 파승자破僧者의 죄과에 관한 설명입니다.

⑧ 법편法篇, Vattakkhandhaka: 비구의 일상생활에 대한 작법作法을 설명합니다.

⑨ 차편遮篇, Pātimokkhaṭṭhapanakkhandhaka: 포살 때 범계犯戒 비구에

게 앉을 자리를 금지하는 것에 관한 설명입니다.

⑩ 비구니편比丘尼篇, Bhikkhunīkkhandhaka: 비구니에 관한 여러 가지의 규정을 설명합니다.

⑪ 오백인결집편五百人結集篇, Pañcasatikākkhandhaka: 고따마 붓다의 입멸 후 왕사성王舍城에서 행해진 제1차 결집 내용입니다.

⑫ 칠백인결집편七百人結集篇, Sattasatikākkhandhaka: 고따마 붓다의 입멸 100년 후 비사리毘舍離에서 행해진 제2차 결집에 관한 내용입니다.

3. 부수附隨; Parivāra

부수附隨; Parivāra는 앞의 경분별과 건도에서 설명한 사항을 분류하고 요약 정리한 보유편補遺編이며 앞의 경분별經分別과 건도犍度보다 후대에 성립된 것입니다.

제 5 장

이론

論藏; Abhidhamma piṭaka

제5장 이론論藏; Abhidhamma piṭaka

고따마 붓다의 가르침에 관한 이론서로는 칠론七論을 들 수 있지만 이미 경장을 통해서 우리는 가르침으로 규정된 원론적 내용과 그 원론에 관한 설명을 볼 수 있었습니다. 여기서 규정되었다고 하는 말은 약간 본의를 위반한 이야기로 들릴 수 있을지 모르지만, 그러나 규정이라는 뜻이 분명 경장 안에 나타나는 고따마 붓다의 가르침에서 중요한 주제[339]에 관한 일관된 설명으로 보아 주제에 관한 이론이 경장 안에서 형성된 것이었다고 말할 수 있는 것입니다. 그러나 고따마 붓다의 일관된 주장은 일반적인 사람들의 생활에 맞추어 이해되는 경우란 극소수에 불과하였습니다. 이러한 문제는 애초에 고따마 붓다가 성도하고 난 직후에 그가 보여준 망설임과 사함빠띠범천의 권청에서 잘 나타나고 있습니다. 그리고 그 뒤에 나타난 커다란 사건은 데와

339 고따마 붓다의 '가르침의 주제'는 괴로움의 소멸법칙인 사성제四聖諦이다. 고따마 붓다가 45년 동안 펼쳤던 가르침의 내용은 사성제를 꿰뚫어 이해할 수 있도록 인도하는 가르침이었고 그것은 곧 주제에 관한 이론을 더욱 정확하게 정리한 것이다라고 할 수 있기 때문이다.

닷따Devadatta[340]에 의해 세워진 새로운 교단을 만들게 되는 일이 었습니다. 이러한 두 사건을 보면 고따마 붓다의 깨달음의 주제를 정확하게 알고 있느냐 아니냐의 문제를 생각하지 않을 수 없는 것입니다. 그러므로 이러한 문제에 있어서 고따마 붓다가 성도할 수 있게끔 이끌었던 이론의 주제를 파악하는 것이 논장論藏에서 논의의 목적이 됩니다. 이것은 또한 듣고 보는 이로 하여금 성도로 인도하는 이론이어야 마땅한 것입니다. 이러한 이유는 논장이 가진 가장 중요한 지표라고 할 수 있습니다. 그리고 여기에 정통과 전통을 세울 수 있는 조건이 있고 후대로 내려오면서 개인이 가진 견해로 인하여 고따마 붓다의 괴로움의 소멸 법칙의 갈라진 이론을 통합하는 길이 될 것입니다.

논장의 이론구조를 살펴보는 것은 고따마 붓다의 정통 가르침에서 근간을 올바르게 세우는 조건이라고 할 수 있습니다. 그리

---

340 데와닷따Devadatta는 한역에서 제바달다提婆達多·제바달도提婆達兜·제바달提婆達·조달調達이라고 음사하고, 천열天熱·천수天授·천여天與라고 번역한다. 출생에 관한 이야기는 두 가지로 전해온다. 곡반왕斛飯王의 아들로서 난타難陀의 형이라는 설과 감로왕甘露王의 아들로서 난타의 아우라는 설이다. 전설에 의하면 그는 어릴 때부터 고따마 붓다에게 적대감을 가졌다고 한다. 그리하여 고따마 붓다가 출가하기 전에 그에게 흰 코끼리를 선물로 주었는데 때려죽였다고 하며, 야수대신耶輸大臣의 딸 야수다라와 다투기도 하였다고 한다. 그 뒤 고따마 붓다가 출가하여 성도한 후 그도 출가하여 제자가 되었다. 그런데 그는 마음이 교만하고 명문명리名聞名利에 집착했다. 그런 이유로 고따마 붓다에게 대중이 보는 앞에서 질책받았다. 그때 원망이 풀리지 않자 그는 고따마 붓다의 교단에서 나가 자기만의 새로운 교단을 설립하게 되었다. 이때 그의 후원자가 되었던 사람은 부왕인 빔비사라Bimbisāra; 빈두사라왕. 그의 어머니는 Vaidehi을 살해하고 스스로 왕의 자리에 올랐던 아자따 삿뚜 웨데히뿟따였다. 그는 데와닷따Devadatta의 꾐에 빠져 그의 후원자가 되었다고 한다. 그는 사문과경에서 고따마 붓다를 찾아와 사문의 결실이 어떤 것이냐고 묻고 가르침을 받는다. 대승경전인 『묘법연화경妙法蓮華經』「데바달다품」에서 그의 이야기가 자세히 나오기도 한다.

고 이것은 경·율·논의 이론구조를 올바르게 파악하고 분석하는 표본이 될 것입니다. 왜냐하면 수행의 요소·깨달음의 요소·도의 적이거나 도덕적인 요소에 있어서 이론 부재는 그 목적에 도달할 수 없기 때문입니다. 그래서 고따마 붓다는 간단한 괴로움의 소멸법칙인 사성제를 설명하기 위해 45년 동안 진정한 가르침을 펼쳤던 것입니다. 우리가 논장에서 이러한 견해를 확보했을 때 그의 가르침에서 어렵게 느껴지는 부분인 깨달음의 길이 열리게 될 것입니다. 뒤에 소개되는 칠론 가운데 이러한 근본적인 문제에서 벗어난 이론이 있다면 그 이론과 논서는 고따마 붓다의 교리를 다루는 기술에서 재고해 보아야 할 것입니다. 여기서는 칠론의 내용을 모두 다룰 수는 없습니다. 그냥 소개하는 것으로 끝낼 것입니다. 그리고 아비담맛타 상가하와 청정도론의 논장의 논거에서 잠깐 머물다 가도록 할 것입니다. 그것은 논장이 가진 논의된 이론의 형태가 어떠한 것인지 설명을 통해 경험할 수 있도록 하기 위해서입니다. 고따마 붓다의 가르침 안에서 양질의 논의를 경험한다는 것은 훌륭한 스승을 만남에 비견되기 때문입니다.

교육환경의 조건에서도 괴로움의 소멸법칙인 사성제가 어떻게 이해되고 설명되고 실천되는지는 매우 중요한 문제입니다. 이러한 문제는 가르침과 이해 그리고 실천이 올바른 길로 가고 있는지에 관한 문제를 안고 있습니다. 그 의미는 수행을 통해서 깨달음이 이뤄지는 것이 아니라 가르침을 올바르게 이해했을 때 비로소 스스로 목적하는 바가 눈앞에 나타나 있을 것이기 때문입니다. 이러한 견해를 가진 사람은 그때부터 스스로 수행의 길이 보이고 언제나 그것으로 인해 정진하게 되는 것입니다. 이것은 이러한 견해를 가진 사람에게서 자연스럽게 일어나는 보림행保任行의 현상이라고 하는 것입니다. 이때 그에게 형성된 각지覺地는 흔들림이 없고 퇴보가 없고 수행의 결과까지 스스로 보아 분명하다는 것임을 알 수 있을 것입니다. 이것은 또한 괴로움의 소멸법칙인 사성제의 꿰뚫은 이해에서만 가능합니다. 이러한 이론이 차질 없이 이뤄지는 것에서 긍정적인 사람이라면 매우 만족한 깨달음을 얻었다고 천명할 수 있을 것입니다.

1. 칠론七論 개설

논장論藏, Abhidhamma piṭaka은 삼장의 세 번째 항목입니다. Abhidhamma piṭaka는 일곱 가지 논서로 이루어져 있습니다. 이것은 경장에서 발견되는 전체 경전의 체계적인 해설서입니다. 논서는 특히 자연현상의 존재에 관한 심리학적이나 철학적 분석을 다루고 있습니다만 위에서 언급한 원의를 잃거나 왜곡된 견해로 이끌려서는 안 됩니다. 만약 그렇게 된다면 벌써 아비담마적 이론의 함정에 빠지게 되었음을 미리 알려둡니다.

팔리논장Pāli Abhidhamma piṭaka은 각기 그 성립연대가 확실하지 않습니다. 그리고 순서도 잘 정립되지 않았습니다. 다음은 현재 존재하는 칠론의 형태입니다.

가. 법취론法聚論; Dhammasaṅgaṇī: Dhamma 혹은 존재의 요소들의 목록입니다.

나. 분별론分別論; Vibhaṅga: '구별 혹은 판단'. 앞의 논서에서 주제로 거론된 것의 연속된 분석입니다.

다. 계설론界說論; Dhātukathā: '요소界의 논의'. 정신적인 요소와 관계적인 모든 상황 설명입니다.

라. 인시설론人施設論; Puggalapaññatti: 증지부增支部로부터 편집된 것의 개체에 대한 서술적 묘사입니다.

마. 논사論事; Kathāvatthu: 초기 소승부파와 상좌부 관점의 방어적 논쟁에 초점을 맞춘 논서. 기원전 3세기 중반 아쇼카왕에 의해 빠뜨나Patna에서 개설된 제3차 결집에서 의장으로 선출된 목갈리뿟따Moggaliputta의 소작이라고 전해지고 있습니다.

바. 쌍대론雙對論; Yamaka: '한 쌍의 책'. 심리학적인 주제에 관한 논리가 전개됩니다.

사. 발취론發趣論; Paṭṭhāna: '관계의 책'. 인과관계 및 현상계의 상호 관계가 논술됩니다.

※ 칠론七論 가운데 『법취론法聚論, Dhammasaṅgaṇī』, 분별론分別論, Vibhaṅga이 특별합니다. 또한 『논사論事, Kathāvatthu』는 가장 늦게 성립된 것이지만 다른 부파部派의 이설을 비판하고 있다는 점에서 주목되는 논서입니다.

논장論藏 가운데서 논장으로 인정할 수 없는 논서그것을 '藏外'라고 함가 있습니다. 이것의 가장 오래된 것은 『지도론指導論, Netippakaraṇa』, 『장석론藏釋論, Peṭakopadesa』 등이고, 5세기 이후에 붓다고사Buddhaghosa, 담마빨라Dhammapala, 아누룻다Anurudha 등의 논사가 출현하여 많은 논술을 내놓았습니다. 다음은 칠론七論의 구성된 내용의 소개입니다. 소개 뒤편에 이어서 평을 붙일 수 있음은 저자의 의도에서입니다. 그리고 논장의 논의에서 나타나는 교리구조의 설정과 설명을 통해 교리구조의 완성을 보여줘야 함에서 이탈한 논의가 보일 경우입니다. 그러나 여기서는 논서의 내용 하나하나 모두를 다룰 수 없으므로 그런 것에 관련된 논평은 이뤄질 수 없습니다. 그러나 잠시 잠시 나타나는 문제점에서 표본으로 제시할 수 있는 관점은 고따마 붓다의 교설일 것입니다. 예를 들면 '내가 한 말을 이해할 수 있느냐?'의 고따마 붓다의 질문에 '그렇습니다'라는 진실한 답변을 할 수 있는 논의라고 한다면 양질의 논서입니다. 그러나 관념적 논서이고 철학적 논서이며 사변적이고 사견의 견해로 논의된 논서라면 거기에서는 괴로움의 소멸법칙을 올바르게 논의한 것이다라고 할 수 없습니다. 왜냐하면 이러한 논의는 고따마 붓다의 깨달음과 일치할 수 없기 때문입니다. 이것은 깨달음에 관한 동질성의 문제로서 고따마 붓다의 깨달음과 무관한 사변적 논리라 할 수 있는 것입니다. 고따마 붓다의 깨달음의 원론을 가진 경장의 가르침에서 잘못 이해함으로 이러한 오류가 발생하게 되는 것입니다. 이해가 부족한 사람에게는 인생의 어떠한 가치관도 생사와 윤회의 괴로움의 소멸법칙을 해결할 수 없습니다.

이렇게 고따마 붓다의 가르침이 잘못 전해지고 있는 거기에는 다 그만한 이유가 있는 것입니다. 가르침의 정설을 인정하지 않는 첫 번째 이유에 해당합니다. 이러한 상황은 이미 고따마 붓다 재세시에 데와닷따가 새로운 교단을 설립하면서 경험되었던 일이고, 제3차 결집에서 정식으로 교단이 분열하면서 이견은 속출하기 시작하였습니다. 그 사건은 대승과 소승이라는 대단히 큰 교단의 분단으로 이어졌으며 지금까지 대승에서는 아예 대승 스스로 창작한 경전에 의해서 교단이 운영되고 있습니다. 그들만의 이론은 근기에 따라 법이 전해진다는 대기설법[341]의 사상은 전면적으로 불교의 안면을 바꾸어 놓았습니다. 이러한 사고는 불교를 따르는 사람 모두가 무식해져야 한다는 뜻은 아닐 것입니다. 대승의 경전에서 괴변으로 일관된 사상의 흐름은 고따마 붓다의 정설을 찾아보기란 어렵습니다. 논장에 해당하는 유식학에서도 마찬가지로 대승의 사상은 변함없이 정설임을 주장하고 있습니다. 어디서부터 이러한 사변적 사상과 이론으로 점철되었는지 모르겠으나 대충 대승경전 가운데 그 정황이 확인되고 있습니다. 이 문제는 성불이론成佛理論으로 굳어졌습니다.

가. 법취론法聚論, 法集論; Dhammasaṅgaṇī

Dhammasaṅgaṇī는 『法集論』이라고도 한역합니다. 이 책의 제1장에서는 마음의 작용心, 心所을 삼성三性; 善·惡·無記으로 나누고,

---

341 대기설법對機說法은 환자의 병에 따라 약을 처방해 주는 것처럼, 법을 듣는 근기에 맞추어 그에 알맞게 교법을 말해주는 것. 김승동 편저(2011.5.15. 민족사) 『콘사이스판 불교사전』.

그것을 다양하게 분석하고 고찰합니다. 이른바 89심心이 여기서 설명되며 마음의 작용으로서 40가지 정도가 언급되고 있습니다. 제2장에서는 물질의 존재色를 한 종류에서 11가지 종류로 분류하여 다양하게 분석하고 있습니다.

제3장에서는 일체 존재를 세 가지로 분석하는 방법 22가지, 두 가지로 분석하는 방법 100가지 모두 합쳐 122가지를 '아비담마 논모論母'에 의한 분별이라고 하고 있습니다. 더 나아가서 두 가지로 분석하는 또 다른 방법 42가지를 '경의 논모經論母'에 의한 분별이라고 합니다. 이렇게 모두 164문門의 분별을 제시합니다.

제4장에서는 앞장과 약간 다른 관점에서 다시 '아비담마의 논모論母' 122문에 의한 분별을 시도하고 있습니다. '경의 논모經論母'라는 이유는 경장 '장부경전長部經典'의 상기티숫탄타Saṅgītisūtanta에서 언급되고 있는 술어 가운데 일부분을 채용하고 있기 때문이며, 그 점에서 볼 때 북전北傳의 집이문족론集異門足論과 관계가 있다고 할 것입니다.

『법집론法集論, Dhammasaṅgaṇī』은 아비담마의 원천이 되는 논서입니다. '법의 모음'이라는 명제가 암시하듯이 아비담마의 모든 주제를 다 열거하고 있습니다. 『Dhammasaṅgaṇī法集論』의 중요성은 특히 아비담마의 전체 골격의 구조를 드러내 주는 마띠까Mātikā, 論母에서 찾아야 할 것입니다. 『Dhammasaṅgaṇī法集論』의 마띠까는 선·불선·무기善·不善·無記로 시작하는 3개조tika로 된 22개의 목록과 두 개조duka로 된 100개의 목록으로 구성되어 있습니다. 이것은 고따마 붓다의 가르침의 전체 법수法數를 일관성 있게 개괄적으로 구성한 것입니다. 이렇게 전체 마띠까를 열거하고 나서 『Dhammasaṅgaṇī法集論』는 유익한 법善法과 해로운 법不善法과 판단할 수 없는 법無記法의 순서로 요계에서부터 열거해 설명합니다. 『담마상가니』는 비록 아비담마의 제일 처음 놓여있는 논서이지만 꼭 제일 먼저 결집된 것이라고는 볼 수 없다는 것은 학자들의 일반적인 견해입니다.[342] 오히려 아비담마에 관계된 다른 중요한 가르침을 결집하면서 이들을 요약하고 총괄하는 형식으로 제일 처음에 둔 책이라고 보는 것이 합리적일 것입니다.[343]

위에 소개된 법집론法集論에서 문제가 되는 이유는 이론의 진행 과정이 세밀한 분석이었다는 것의 내용을 소개한 외엔 별다른 문제점이 없다고 하지만 이것은 단순히 논제의 표면에서 나타나는 것만 얘기한 것일 뿐입니다. 제1장의 논제에서 다뤄진 '마음의 작용心, 心所을 선·악·무기善·惡·無記의 삼성三性으로 나누고, 그것을 다양하게 분석하고 고찰합니다. 이른바 89심心이 여기서 설명되며 마음의 작용으로서 40가지 정도가 언급'되며 제4장까지의 논의된 내용 그리고 그 모든 내용을 종합하여 평가한 것에서 결론을 도무지 찾을 수가 없습니다. 여기서 결론이라고 하는 것은 출가한 사람에게 꼭 있어야 하는 출가 생활의 결실과 한가지 지향점을 빠뜨리고 있다는 것입니다. 이러한 논의나 논점은

---

342 Hinüver, p.68.

343 대림·각묵 역해 『아비담마 길라잡이』 상권(서울: 초기불전연구원, 2002). pp.51-52.

논제의 실수를 피해갈 수밖에 없고 논의가 길면 길어질수록 논리의 함정에 빠지고 말 것입니다. 왜냐하면 목적하는 바에 충실한 논의가 이뤄지지 않았기 때문입니다. 칠론七論 중에 가장 잘 정리되었다고는 하나 목적하는 바에 충실하지 못한 것입니다.

나. 분별론分別論; Vibhaṅga

『분별론分別論; Vibhaṅga』은 북전의 법온족론法蘊足論과 비슷한데, 아함 가운데 중요한 교설을 뽑아 그것을 종횡으로 분석하고 고찰하는 형식입니다. 먼저 그 교설을 나타내는 정형구定型句를 언급하고 그것에 대해 정의를 설명그것을 '經分別'이라고 함한 다음, 다시 『담마상가니』에서 열거한 여러 가지 논모論母에 근거하여 다양하게 분류 고찰한그것을 '아비담마 分別' 및 '물음'이라고 함 것입니다.

Vibhaṅga라는 단어는 vi분리해서+bhajto divide에서 파생된 '분석, 분해, 해체, 분별'로 번역되는 단어입니다. 고따마 붓다가 설한 주요 가르침을 무더기蘊, 장소處, 요소界, 기능根, 연기緣起, 염처念處 … 등의 18가지 장으로 나누어 설명합니다. 이러한 설명은 『맛지마 니까야中部』 등의 경전에서도 등장하고 있는데 고따마 붓다의 재세시在世時부터 법을 분류하고 분석하여 이해하는 것이 제자 혹은 불자들에게 큰 관심 중의 하나이기 때문입니다. 이러한 노력이 자연스럽게 『위방가』로 결집된 것입니다. 그래서 학자들은 『분별론分別論, Vibhaṅga』의 원형은 칠론 중에서 가장 먼저 결집結集되었다라는 의견을 가지고 있으며 이것은 제3차 결집이나 그 이전에 결집한 것으로 추정합니다.[344]

『분별론分別論, Vibhaṅga』의 18장은 대부분 각각 경에 따른 분별Suttanta bhājanīya과 아비담마에 따른 분별Abhidhamma bhājanīya과 교리문답Pañhā pucchaka의 세 부분으로 구성됩니다. Suttanta bhājanīya는 경에 따른 법의 해석이며 이것은 『맛지마 니까야中部』 등의 경전에서도 나타나 있습니다. Abhidhamma bhājanīya는 법들을 더 엄밀한 철학적 관점에서 분석하고 있으며 교리문답Pañhā pucchaka은 법수法數를 『담마상가니』에 나타나는 마띠까의 구조 안에서 설명하고 있습니다.[345]

다. 계설론界說論; Dhātukathā

『계설론界說論; Dhātukathā』은 『界論』이라고도 합니다. 『계설론界說論; Dhātukathā』은 술어에 나타난 개념의 내포內包·외연外延을 엄격하고 명확하게 하도록 그것들 서로의 포섭包攝·피포섭被包攝의 관계, 상반相伴하는가 그렇지 않은가의 관계 등을 논하는 극히 형식적이고 번쇄한 논서입니다.

'요소Dhātu에 관한 가르침katha'으로 번역되는 Dhātukathā는 여러 가지 법이 무더기蘊, khandha·장소處, āyatana·요소界, dhātu의 세 가지 범주에 포함되는가 되지 않는가, 관련이 있는가 없는가를 교리문답 형식을 빌려 설명합니다. 짧은 14개의 장으로 구성되어 있으며, 무더기蘊, khandha·장소處, āyatana·요소界, dhātu가 이 논서에서 분석된 것은 자아가 있다고 하는 잘못된 견해를 없애주기

344 Ibid, p.69.

345 대림·각묵 역해(서울: 초기불전연구원, 2002) 『아비담마 길라잡이』 상권. p.52.

위한 것입니다.[346]

라. 인시설론人施設論; Puggalapaññatti

『인시설론人施設論; Puggalapaññatti』은 한 종류의 '사람'에서부터 10 종류의 '사람'까지 각각 몇 가지 묶음으로 열거, 모두 142종류의 '사람'에 관해 정의를 세워 설명하는 내용입니다. 142가지 명칭은 모두 경전 가운데에서 언급된 것인데 그 대부분은 증지부增支部의 이법장二法章에서부터 오법장五法章까지, 또한 장부長部의 상기티숫탄타Saṅgītisūtanta에서 채용한 것입니다. 다시 말해 이 논論은 경전에 나타난 명칭을 정리·안배하여 획일적인 설명을 부가한 것으로 칠론七論 중에 가장 초기에 성립한 것으로 인정되는 논서입니다.

제목에서 보이듯이 여러 성향의 인간에 관하여 1부터 10까지 법수로 논의하는 내용입니다. paññatti는 아비담마의 근본 주제가 아닌 세속적인 '개념'이나 '명칭'을 뜻하는 단어입니다. 그래서 '시설施設'이라고 한역되었습니다. 여기에는 여러 유형의 인간이 1에서 10까지 법수에 따라 분류되어 있으며, 그래서 형식상 디가 니까야長部의 상기띠숫따Saṅgīti sutta, 等誦經나 다숫따라숫따Dasuttara sutta, 十上經나 앙굿따라니까야增支部와 같습니다. 그러므로 이것은 그 결집한 형태나 내용을 봐서 논장에 포함되기보다는 경장에 포함되어야 하는 책이라는 평을 가지고 있습니다.[347]

---

346 대림·각묵 역해(서울: 초기불전연구원, 2002) 『아비담마 길라잡이』 상권. pp.52-53.

마. 논사論事; Kathāvatthu

『논사論事; Kathāvatthu』는 『논사론論事論』이라고도 합니다. 『Kathā-vatthu』는 칠론七論 중에 『발취론發趣論; Paṭṭhāna』과 함께 가장 후대에 성립되었습니다. 앞서도 언급했듯이 전설적으로 고따마 붓다가 지었다고 하지 않았습니다. 즉 불설佛說에 의해 제시된 어떤 논서에 대해 장로 목갈리뿟따 띳사Moggaliputtatissa가 아쇼카왕의 후원으로 단행된 제3차 결집에서 이것을 설하였다 전하고 있습니다. 전체 논장은 문답 형식으로 일관되었으며, 주석서를 보지 않고서는 문답의 주객이 누구이며 이론異論을 주장하는 자가 어떤 부파部派의 소속인지 확실히 알 수 없지만, 상좌부의 전통설을 세워 다른 부파의 이설異說에 비교 분석하는 독특한 내용인 논서입니다.

그러므로 칠론七論 중에 고따마 붓다가 설하지 않는 것으로 전승된 논서입니다. 이 논서는 제3차 결집을 주도한 목갈리뿟따띳사Moggaliputtatissa가 다른 부파의 견해를 논파하고 상좌부의 견해를 바로 세우기 위한 논서로 알려져 있으며, 부파불교를 연구하는 데 있어 매우 중요하고 귀중한 자료로 평가받고 있습니다.[348]

바. 쌍대론雙對論; Yamaka

『쌍대론雙對論; Yamaka』을 『쌍론雙論』이라고도 합니다. 『Yamaka』

347 K.R norman, p.102; 대림·각묵 역해(서울: 초기불전연구원, 2002) 『아비담마 길라잡이』 상권. p.53. 재인용.

348 대림·각묵 역해(서울: 초기불전연구원, 2002) 『아비담마 길라잡이』 상권. p.53.

는 두 가지 개념을 대비對比하여 논의하는 형식으로 엮어진 논서입니다. 즉 'A가 모두 B인가, B가 모두 A인가'라든지 'A가 일어나는 곳에는 B가 일어나는가. B가 일어나는 곳에는 A가 일어나는가'라는 식으로 주요한 교설 가운데 나타난 용어의 의미·내용을 여러 각도에서 비교 검토한 논서입니다.

아비담마의 전문용어의 애매하고 잘못된 사용된 부분을 교정하기 위해 결집한 논서이며 문제 제기를 항상 쌍Yamaka으로 하였기 때문에 『쌍대론雙對論; Yamaka』이라 한 것입니다.[349]

사. 발취론發趣論; Paṭṭhāna

『발취론發趣論; Paṭṭhāna』은 칠론七論 가운데 가장 많은 분량이기 때문에 대론大論이라고도 하며, 그 내용은 24연에 관한 설명과 해석의 내용입니다. 여러 가지 연緣에 관한 설명은 아함경의 여러 곳에서 설해지고 있는 내용입니다. 그것을 24연으로 정리하여 놓은 이 논서의 특징이고 처음 시도한 것이라는 점이 독특하다고 할 수 있습니다. 또한 제연諸緣의 정의뿐만 아니라 그 각각이 서로 관계하는 모든 경우를 '아비담마 논모論母'에 따라 고찰하고 규정하는 내용입니다.

『발취론發趣論; Paṭṭhāna』은 미얀마 아비담마 전통에서 가장 중요한 논서로 취급하는 논서입니다. 그래서 이 논서를 마하빠까라

349 대림·각묵 역해(서울: 초기불전연구원, 2002) 『아비담마 길라잡이』 상권. p.53.

나Mahāpakarana; 큰 책라고 부르기도 하며 총 5권의 2,500쪽에 이르는 방대한 분량으로 되어 있습니다. 『법취론法聚論, 法集論; Dhammasaṅgaṇī』에 나타나는 삼 개조tika로 된 22개의 목록과 두 개조duka로 된 100개의 마띠까論母 전체에 대해서 24가지 조건paccaya을 적용시키고 있는 난해한 책으로 알려져 있습니다. 또한 이 책에 관해서 미얀마 스님들은 '인간의 마음이 만들어 낼 수 있는 최고의 지적인 유산'이라고 추앙하는 논서입니다. 그래서 미얀마에서는 중요한 날에 우리나라 절에서 철야기도를 하듯이 이 『발취론發趣論; Paṭṭhāna』을 함께 암송하고 있습니다. 그 방법에 있어서는 하루 24시간 쉬지 않고 연속적으로 여러 스님이 번갈아 가면서 읽어 총 80시간 이상을 독송해야 전체를 다 읽어낼 수 있는 행사인데, 이 행사는 미얀마 승단에 정착되어 이어져 오고 있습니다.

2. 장외藏外

여기에는 특수한 세 가지 논전論典이 있습니다. 그것은 연대적으로 대개 칠론 다음의 것혹은 칠론 중 그 성립연대가 늦은 것보다는 약간 앞선으로 생각되는 논서들입니다. ①『指導論; Nettippakaraṇa』, ②『藏釋論; Peṭakopadesa』 ③『彌蘭陀王問經; Milindapañha』 등 세 가지 논서가 있습니다. 이 논서는 아비담마논서라고 할 수 없으나 내용상 아비담마적 성향을 띠고 있는 것으로 인정되는 논서입니다.

『指導論Nettippakaraṇa』은 서기 1세기 전후의 인물이라고 하는 깟차야나Kaccāyana가 지은 것으로, 경전 이해에 관한 입문서라고 할 만한 내용입니다. 『藏釋論Peṭakopadesa』은 『指導論Nettippakaraṇa』의 보유補遺라고도 볼 수 있으며, 『彌蘭陀王問經Milindapañha』은 당시 서인도를 지배하던 그리스인 왕 메난드로스Menandros, 인도 이름은 Milinda와 불교의 장로 나가세나Nāgasena 사이에 있었던 불교 교의教義에 관한 대론對論 기록입니다. 다른 논서에서 찾아볼 수 없는 그 당시의 현장감 넘치는 감동을 경험할 수 있습니다. 이것은 한역 대장경 안에서는 나선비구경那先比丘經이란 이름으로 전해지고 있으며, 팔리어전傳보다 더 오래된 형태를 간직하고 있는 책입니다.

이상의 세 가지 논서는 경장이나 논장의 어디에도 속하지 않는 독특한 위치에 있는 책이지만 전통적으로 남방 상좌부 불교권에서 상당히 중요하게 여기는 자료들이라고 알려진 책입니다. 특히 『彌蘭陀王問經Milindapañha』은 거의 삼장 속에 속하는 정전正典과 같은 정도의 권위를 인정받고 있다는 사실은 붓다고사의 主著 『청정도론Visudhimagga』에서 이 문헌을 다루고 있는 것에서 잘 알 수 있습니다. 그러므로 미얀마 상좌부 교단에서는 이 세 가지 논서 모두를 경장의 '小部'에 포함시키고 있습니다.

가. 주석註釋; Aṭṭhakathā

삼장三藏; Tipiṭka에 대한 주석서를 주석註釋, Aṭṭhakathā이라고 합니다. 이를 한자문화권에서는 주석註釋, 의소義疏 혹은 주注라고 번역합니다. 주석註釋, Aṭṭhakathā은 삼장에 대한 주석이기 때문에 삼장과 마찬가지로 세 가지로 구분합니다. 즉 율주석律註釋, Vinaya aṭṭhakathā, 경주석經註釋Sutta aṭṭhakathā, 논주석論註釋, Abhidhamma aṭṭhakathā이 그것입니다. 간단히 소개하면 다음과 같습니다.

1) 율주석律註釋, Vinaya aṭṭhakathā

① 『선견율비파사善見律毘婆沙; Samantapāsādikā』

『一切善見律註』, 『善見律毘婆沙註』, 『一切歡喜滿足』 등으로 한역하였습니다. 이 책은 5세기경 스리랑카의 Mahāvihāra大寺에서 붓다고사Buddhaghosa, 佛音가 옛 주석을 참조하여 팔리율장을 주석한 것입니다. 붓다고사는 팔리율장에 대한 주석이 싱할리Sinhali語로 씌어져 있으므로 스리랑카 이외의 사람들에게는 읽히지 않음을 안타깝게 생각하여, 옛 주석인 『Mahāṭṭhakathā大義疏』, 『마하빳짜리Mahāpaccārī』, 꾸룬디Kurubdī, 鳩淪陀 등을 참조하여 이 책을 저술하였다고 합니다.

책의 서품序品에서 율의 전승을 밝히고 있습니다. 제1~제2 결집과 아쇼카왕 시대의 전도사 파견을 언급하면서 이때 마힌다Mahinda가 스리랑카에 전법했다는 것과 스리랑카불교의 전통성을 밝히고 있습니다. 이것은 불교사를 연구하는 데 중요한 자료가 됩니다. 이어서 사바라이법四波羅夷法부터 차례로 비구율比丘律에 대해 주석하고 다음은 비구니율比丘尼律의 주석, 건도부犍度部의 주석, 부수附隨의 주석하였다는 내용입니다.[350]

승가발타라僧伽跋陀羅가 광주廣州에서 승위僧緯, 僧猗와 함께 A.D. 1956년에 한역했습니다.[351]

350 정승석 편(1989. 민족사) 『불전해설사전』. pp.189-190.

351 정승석 편(1989. 민족사) 『불전해설사전』. p.189.

② 바라제목차주波羅提木叉註; Kaṅkhāvitaraṇī

波羅提木叉註Kaṅkhāvitaraṇī aṭṭhakathā를 『바라제목차주波羅提木叉註』, 『해의소解疑疏』, 『의심해제疑心解除』, 『계경주석戒經註釋』 등으로 한역하였습니다. 이것은 계본戒本 혹은 계경戒經에 대한 붓다고사의 주석서이고 한역漢譯되지 않았습니다. 이 원전은 팔리성전협회PTS에서 출판되었습니다.[352]

2) 경주석經註釋, Sutta aṭṭhakathā

① 장부주長部註; Sumaṅgalavilāsinī

『장부주長部註; Sumaṅgalavilāsinī』는 『장부長部; Dīgha nikāya』에 대한 붓다고사佛音, Buddhaghosa가 저술한 주석서입니다. 이 책을 한역권에서는 『장부주長部註』, 『묘길상소妙吉祥疏』, 『길상열의吉祥悅意』라고 불립니다. 또한 이 책은 수망갈라 빠리웨나Sumaṅgala pariveṇa의 주지였던 다타나가 장로Dāṭhanāga Thera의 요청에 의해 씌어진 것이라고 합니다.[353]

② 중부주中部註; Papañcasūdanī

『중부주中部註; Papañcasūdanī』는 『맛지마 니까야Majjhima nikāya』에 대한 붓다고사의 주석서입니다. 한역권에서는 『중부주中部註』, 『멸희론소滅戱論疎』, 『파척유예波斥猶豫』라고 불립니다. 이 책은 마유리빳따나Mayūrapaṭṭana의 붓다밋따Buddhamitta의 요청에 의해 씌어진 것입니다.[354]

---

352 D. Maskell, *Kaṅkhāvitaraṇī, Buddhaghosa's Commentary on the Pātimokkha, London*: PTS, 1956.

353 *Manorathapūranī*, Aṅguttara Commentary, 2 vols(S.H.S.) Vol. I, p.407; G.P. Malalasekera DPPN, Vol.II, p.1239. 증지부주增支部註; Manorathapūranī, 재인용.

③ 상응부주相應部註; Sāratthappakāsinī

『상응부주相應部註; Sāratthappakāsinī』는 상윳따니까야Saṁyutta nikāya에 대한 주석서입니다. 이 책은 조띠빨라Jotipāla스님의 요청에 의해 붓다고사가 지은 주석서입니다.[355] 한역권에서는 『상응부주相應部註』, 『현시조어소顯示調御疏』, 『현양진의顯揚眞義』라고 불립니다.

④ 증지부주增支部註; Manorathapūraṇī

증지부주增支部註; Manorathapūraṇī는 앙굿따라니까야Aṅguttara nikāya에 관한 붓다고사의 주석서입니다. 이 책은 조띠빨라Jotipāla와 지와까Jīvaka의 요청으로 씌어졌다고 합니다.[356] 한역권에서는 증지부주增支部註, 만족희구滿足希求 등으로 불립니다.

⑤ 제일의등명소第一義燈明疏; Paramatthajotikā

제일의등명소第一義燈明疏; Paramatthajotikā는 소부小部; Khuddhaka nikāya 중에서 소송경小誦經; khuddhapāṭha·법구경法句經; Dhammapada·경집Suttanpāta; 經集·본생경本生經; Jātaka에 대한 붓다고사의 주석서입니다.

⑥ 진제등眞諦燈; Paramatthadīpanī

『진제등眞諦燈; Paramatthadīpanī』은 『자설경自說經; Udānā』·『여시어경如是語經; Itivuttaka』·『천궁사天宮事; Vimanavatthu』·『아귀사餓鬼事; Petavatthu』·『장노게長老偈; Theragāthā』·『장노니게長老尼偈; Therīāthā』·『소행장Cariyāpiṭaka;

354 G.P. Malalasekera, DPPN, Vol.Ⅱ, p.140. 재인용.

355 *Gandhavaṃsa*(P.T.S. Journal, 1886), p.59; *Saddhammasaṅgha*(P.T.S, Journal, 1890), p.58; G.P. Malalasekera, DPPN, Vol.Ⅱ, p.1106. 재인용.

356 *Aṅguttara nikāya Commentary*, 2 vols. (SHB), Vol Ⅱ, p.874; *Gandhavaṃsa* (PTS, Journal, 1886), p.59; G.P. Malalasekera, DPPN, Vol. Ⅱ, p.442. 재인용.

所行藏』에 대한 담마빨라Dhammapāla, 法護의 주석서입니다.[357] 이 책은 『위말라위라시니Vimalavilāsinī』라고도 불렸습니다.[358] 담마빨라Dhammapāla, 法護는 5세기 말경의 주석가입니다. 그는 남인도의 깐찌뿌라Kāñcipura, 建志補羅 사람입니다. 세일론의 마하위하라Mahāvihāra, 大寺에서 배웠고, 남인도의 다밀라Damila국의 빠라띳타 위하라Padaratittha vihāra에 머물면서 저작에 종사하였습니다. 그 연대는 정확히 알 수 없지만, 대주석가인 붓다고사Buddhaghosa, 佛音와 동시대의 인물이거나 후대의 인물로 추정하고 있습니다. 왜냐하면 붓다고사가 완성하지 못한 삼장의 주석을 담마빨라法護가 완성했기 때문입니다. 그는 붓다고사의 주석에 다시 주석하는 작업에 전념하였습니다. 일부의 학자들은 그가 대당서역기大唐西域記 권10에 나오는 達磨波羅護法와 동일 인물이라고 고찰하고 있지만, 가이거W. Geiger 등은 부정하고 있습니다.

⑦ 대의석주大義釋註; Saddhammapajjotikā

『대의석주大義釋註; Saddhammapajjotikā』는 삿담맛티띠까Saddhammaṭṭhitikā라고도 불립니다. 이 책은 세일론의 우빠세나Upasena 스님이 데와장로Deva Thera의 요청으로 저술된 니뎃사Niddesa, 義釋에 관한 주석서입니다. 『Sāsanavaṃsa教史』에서는 이 책을 삿담마빳조띠까Saddhammapajjotikā라고 불렀습니다. 그래서 세일론에서는 이 이름으로 널리 알려져 있습니다.[359]

---

357 Gandhavaṃsa(PTS, Journal, 1886). p.60. 『팔리문헌개설』 p.243. 재인용.
358 G.P. Malalasekera, DPPN, Vol. Ⅱ. p.154. 『팔리문헌개설』 p.243. 재인용.
359 G.P. Malalasekera, DPPN, Vol. Ⅱ. p.1017. 『팔리문헌개설』 p.244. 재인용.

⑧ 현양정법론顯揚正法論; Saddhammappakāsinī

『현양정법론顯揚正法論; Saddhammappakāsinī』은 세일론의 Mahāvihāra 大寺에 거주했던 마하나마Mahānāma, 摩訶那摩가 지은 『빠띠삼비다막가Paṭisambhidāmagga, 無礙解道』에 대한 주석서입니다.[360] 그래서 흔히 Paṭisambhidāmagga-Aṭṭhakathā無礙解道註로 통용됩니다. 이 책의 성립 연대는 AD 499년 또는 559년으로 추정하고 있습니다. 이 문헌은 위숫디막가Visuddhimagga, 淸淨道論의 영향을 받아 저술되었다고 합니다. 특히 '들숨과 날숨에 대한 마음챙김ānāpānasati'에 관련하여서는 이를 '40가지 수행법Kammaṭṭhāna, 業處'의 세부 항목으로 분류하고 있는 Visuddhimagga淸淨道論의 방식을 그대로 따르고 있다는 점에서 주목됩니다.[361]

⑨ 청정중열의淸淨衆悅意; Visuddhajanavilāsinī

『청정중열의淸淨衆悅意; Visuddhajanavilāsinī』는 아빠다나Apadāna, 譬喩經에 대한 주석서입니다. 이 책의 저자는 알려지지 않았습니다.[362] 그러나 어떤 책에서는 붓다고사의 저서라고 표기된 곳도 있으며,[363], 간다왐사Gandhavaṃsa, 聖典史에 의하면 꿋다까 니까야Khuddaka nikāya, 小部 가운데 소송, 법구, 경집, 본생, 비유의 주註는 붓다고사의 작품이라고 합니다.[364]

360 Gandhavaṃsa(PTS, Journal, 1886), p.61; G.P. Malalasekera, DPPN, Vol. II. p.1017. 『팔리문헌개설』 p.244. 재인용.

361 Oskar Von Hinuber, A Handbook of Pali Literature, pp.143-145; 임승택 저(박사학위 논문, 동국대학교대학원 인도철학과, 2000), 「Paṭisambhidāmagga의 修行觀 硏究」 p.12, no.18. 『팔리문헌개설』 p.244. 재인용.

362 G.P. Malalasekera, DPPN, Vol. II, p.905. 『팔리문헌개설』 p.245. 재인용.

363 『망월불교대사전』 8권. p.219b.

364 『망월불교대사전』 8권. p.687a.

⑩ 묘의열의妙義悅意; Madhuratthavilāsinī

『묘의열의妙義悅意; Madhuratthavilāsinī』는 붓다닷따Buddhadatta, 佛授 장로가 지은 붓다왐사Buddhavaṃsa, 佛種性經에 대한 주석서입니다.[365] 이 책은 Buddhasīha의 요청으로 까위라빳따나Kavirapaṭṭana에서 붓다닷따 장로가 저술한 책입니다.[366]

3) 논주석論註釋, Abhidhamma aṭṭhakathā

방대한 아비담마 논서들은 다시 붓다고사에 의해 5세기경에 세 권의 주석서로 장엄되었습니다. 이 가운데 앗타살리니Atthasālinī, 義卓越論는 칠론의 첫 책인 Dhammasaṅgaṇī法集論의 주석서이고, 삼모하위노다니Sammohavinodanī, 除癡論는 두 번째인 위방가Vibhaṅga, 分別論의 주석서이며, 세 번째인 빤짜빠까라나 앗타까타Pañcappakaraṇa aṭṭhakathā, 五論註解는 책 제목의 뜻 그대로 나머지 다섯 가지Pañca 책pakaraṇa의 주석서입니다.

전통적으로 이 주석서들은 모두 그 이전에 있었던 싱할리 주석서들과 안다라Andhara, 인도의 안다라쁘라데시와 타밀나두 지역의 주석서인 'Andhara aṭṭhakathā'[367] 등을 토대로 Buddhaghosa 스님의 편찬으로 알려졌는데, 서양의 학자들은 이에 대해 의문을 가지고 있습니다. 이 세 가지 아비담마 주석서는 『청정도론』과 함께 네 가지 경장의 주석서들과 견해가 다른 부분이 나타나기 때문입니

---

365 *Gandhavaṃsa*(PTS, Journal, 1886), p.60; *Buddhavaṃsa Commentary*(S.H.S), p.249; *Sāsanavaṃsadīpa*, by Vimalasāra Thera(Colobo, 1929), p.1195. 『팔리문헌개설』 p.245. 재인용.

366 G.P. Malalasekera, DPPN, Vol. Ⅱ. p.437. 『팔리문헌개설』 p.245. 재인용.

367 K.R. Noman, p.121.

다. 학자들에 따라서는 논장의 이 세 주석서는 Buddhaghosa 스님의 감수 아래 그의 제자들이 편찬한 것이라고 하는 의견을 내놓기도 하고, 특히 『앗타살리니』는 『마하왐사Mahāvaṁsa, 大史』 등의 팔리역사서에 근거하여 붓다고사가 인도에 있을 때 지은 것인데 후에 스리랑카로 건너와서 Mahāvihāra大寺 파의 싱할리주석서들을 참고하여 다시 개작한 것으로 설명하기도 합니다.[368]

그러므로 이 세 가지 주석서는 붓다고사 스님과 깊은 관계가 있는 것은 엄연한 사실로 알려집니다. 특히 『청정도론』을 참고할 것을 거듭 강조하면서 『청정도론』에서 이미 설명한 부분은 주석을 깊이 가하지 않고 있습니다.[369] 더군다나 붓다고사 스님의 저작이 아니라고 할 만한 확정적인 증거도 전혀 없는 것입니다. 오히려 주석서라는 문헌의 성격이 주석을 첨가하는 그 책의 내용에 따라서 견해를 달리할 수도 있는 것이므로 붓다고사 스님이 지은 방대한 양의 주석서들이 한 부분에서도 견해를 달리하지 않기는 불가능할 것입니다. 더욱 붓다고사 스님 시대가 그 이전에 남방에서 전승되어 오던 다른 견해들을 빠르게 주석서로 정착시키는 과정에서 주석서마다 다른 견해가 나타날 가능성 또한 아주 많았을 것입니다. 붓다고사 스님 스스로 세월이 가면서 자신의 견해나 관점이 더 정교해지면서 초기에 저술한 주석서가 후대에 저술된 것들과 다른 견해를 가질 가능성 또한 배제할 수 없는 것입니다.

붓다고사 스님의 저술이든 아니든 이 아비담마 주석서는 아비

368 Ibid. pp.123-125.

369 Ibid.

담마가 남방에서 정교한 틀로 정착되는 과정을 이해하는데 중요한 책이라는 점에 대해서는 언급할 필요가 없다 할 것입니다.

이 논장의 주석서들에 대한 Ṭīkā복주서들은 붓다고사 스님과 몇십 년 정도밖에 차이 나지 않는 것으로 알려진 아난다Ānanda 스님에 의해서 역시 3권으로 씌여졌습니다. 아난다 스님은 붓다고사의 정통견해와는 다른 여러 견해를 피력한 것으로 유명합니다. 아난다 스님의 복주서들은 팔리어로 씌여진 문헌들 가운데서 가장 어려운 책으로 정평이 나 있으며 Ṭīkā 문헌들 가운데서도 최초의 책들입니다. 그래서 물라띠까Mūlaṭikā라 불립니다. 물라mūla는 근원이나 뿌리라는 말입니다. 이 책들은 다시 아난다 스님의 제자이거나 적어도 그의 영향을 많이 받은 스님이라고 여겨지는 주석가 담마빨라Dhammapāla, 6세기 스님이 아누띠까Anuṭīkā로 주석하였습니다. 상좌부의 본산인 마하위하라Mahāvihāra, 大寺 파의 견해를 대변하는 붓다고사 스님의 견해와 상충하는 아난다 스님의 견해들을 논평하고 수정하고 보완하였습니다. 이렇게 해서 남방 아비담마 불교는 완성되기에 이르렀고 상좌부의 3파 가운데서 대사파가 완전히 교리 논쟁에서 우위를 점하게 된 것입니다. 이것은 담마빨라 스님의 역할에 의해서입니다.[370]

담마빨라Dhammapāla, 法護 스님에 대해서는 학자마다 의견이 분분합니다. '한 사람이다. 두 사람이다. 세 사람이다. 대승논사이며 날란다 대학의 총장이기도 했던 Dharmapāla와 동일한 인물

---

370 대림·각묵 역해(서울: 초기불전연구원, 2002) 『아비담마 길라잡이』 상권. pp.54-55. 약간 원문의 뜻에 어긋나지 않은 범위에서 교정 수정하였음.

인가 아닌가'라고 했으나 '동일한 인물이 아니다'라는 쪽으로 굳어졌습니다. 그러나 완전히 판정되지는 않았습니다. 담마빨라 스님이 지었다고 전해오는 주석서들은 크게 『소부』의 시로된 일곱 가지 경, 즉 『우다나Udāna, 自說經』, 『이띠위따까Itivuttaka, 如是語經』 등에 대한 주석서와 『장부』·『중부』·『상응부』의 Ṭikā와 『위숫디막가』의 『마하띠까』와 세 가지 논장의 주석서에 대한 『아누띠까』 등의 복주서ṭikā로 나누어 볼 수 있는데 이 가운데서 일곱 가지 『소부』의 앗타까타를 지은 담마빨라와 나머지 띠까들을 지은 담마빨라가 같은 인물이냐 아니냐를 두고 서로 이견이 있습니다. 1996년의 견해는[371] 주석서를 지은aṭṭhakathā kāra 담마빨라와 복주서를 지은ṭikā kāra 담마빨라는 같은 사람이라는 것입니다.

스리랑카에서는 마하위하라Mahāvihāra, 大寺와 아바야기리위하라Abhayagirivihāra, 無畏山寺와 제따와나위하라Jetavanavihāra, 祇陀林寺의 3파가 논쟁의 각축을 벌였습니다. 붓다고사 이전에는 아바야기리위하라Abhayagirivihāra, 無畏山寺 파가 큰 세력을 얻었으며, 아바야기리위하라Abhayagirivihāra, 無畏山寺 파에서는 위뭇띠막가Vimuttimagga, 解脫道論를 내놓을 정도로 학문과 수행과 체계를 갖추었습니다. 또한 이때 12세기에 뽈론나루와로 수도를 옮긴 Parakkamabāhu 1세 왕에 의해서 무외산파와 제따와나파의 승려들은 모두 대사파로 강제 흡수되었습니다. 이로 인해 두 파에의 역사와 그들이 가지고 있던 문헌들조차 남아있지 않게 되었습니다.[372]

371 Hinüber, p.168.
372 Hinüber, p.22. 참조.

남방 상좌부는 삼장에 대하여 여러 가지 고주古注를 전하였는데, 그것을 붓다고사 계系의 사람들이 집성하여 주석서를 정리하였습니다.

칠론에 대한 붓다고사의 주석은 현재 삼부가 남아 있습니다. 즉 『담마상가니』에 대한 『앗타살리니Atthasālinī, 義卓越論』, 『위방가』에 대한 『삼모하위노다니除癡論, Saṃmohavinodanī』, 그 밖의 오론에 대한 『빤짜빠까라나아타까타五論註解, Pañcappakaraṇāṭṭhakathā』입니다. 모두 상당한 대부大部로서, 논서를 축어적逐語的으로 해석하면서 칠론 이후 발달한 학설까지 담고 있습니다. 그리고 앞의 두 가지는 특히 『위숫디막가』와 밀접한 관계가 있는 것입니다.

① 『앗타살리니Atthasālinī, 義卓越論』는 담마상가니Dhammasaṅgaṇī, 法聚論에 대한 주석서입니다.

② 『삼모하위노다니Saṃmohavinodanī, 除癡論』는 위방가Vibhaṅga, 分別論에 대한 주석서입니다.

③ 『빤짜빠까라나아타까타Pañcappakaraṇāṭṭhakathā, 五論註解』는 다음의 五論 즉 論事論Kathāvatthu·Puggalapaññatti施設論·Dhātukathā界說論·Yamaka雙對論·Paṭṭhāna發趣論에 대한 주석서입니다.

이상의 내용을 다시 간단히 정리하면 다음과 같습니다.

1) 율주석律註釋Vinaya aṭṭhakathā

① 선견율주善見律註, Samantapāsādikā attakatha

② 바라제목차주波羅提木叉註, Kaṇkhāvitaraṇi attakatha

2) 경주석經註釋, Sutta aṭṭhakathā

① 장부주長部註 吉祥悅意, Sumañgalavilāsinī

② 중부주中部註 波斥猶豫, Papañcasṅdani

③ 상응부주相應部註 顯揚眞義, Sāsathappakāsinī

④ 증지부주增支部註 滿足希求, Manorathapṅraṇī

⑤ 승의현양勝義顯揚, Paramatthajotikā: 小誦經 및 經集의 註釋

⑥ 법구경주法句經註, Dhammapadāṭṭhathā

⑦ 승의등명勝義燈明, Paramatthadīpanī: 自說經·如是語經·天宮事·餓鬼事·長老偈·長老尼偈·所行藏의 註釋

⑧ 여시어주如是語註, Abhidhammaṭṭhadīpani

⑨ 본생주本生註, Jātakaṭṭhakathā

⑩ 해석주解釋註, Sadhammapajjotikā

⑪ 무애도주無礙道註, Sadhammappakāsinī

⑫ 비유주譬喩註, Visuddhajanavilāsinī

⑬ 불타계보주佛陀系譜註, Madhuraṭṭhavilāsinī

⑭ 행장주行藏註, Cariyāpiṭakathā

3) 논주석論註釋, Abhidhamma aṭṭhakathā

① 법취주法聚註, Atthasālinī

② 분별주分別註, Sammohavinodanī

③ 異說·雙對·拔取·施設·論事註Pañcappakasaṇaṭṭhakathā

나. 소疏; 註釋의 註釋, Ṭīkā

1) Silakkhandha ṭikā

Sutta mahāvagga ṭikā

길상열의주吉祥悅意註, Patheyya ṭikā

2) 선견율주善見律註, Saratthadipani ṭikā

3) 선견율주善見律註, Vimativinodani ṭikā

4) 율장주律藏註, Vajjira buddhi ṭikā

3. 아비담맛타 상가하Abhidhammattha Saṅgaha 개설槪說

가. 아비담맛타 상가하Abhidhammattha Saṅgaha의 전통

칠론이 가지는 역사적인 정통의 관계는 상좌부불교Theravāda Buddhism와의 연결에서 찾아볼 수 있습니다. 그 가운데 팔리어 삼장은 불교의 정통역사의 흐름을 간직한 문헌입니다. 여기에는 두 가지 거역할 수 없는 사실이 전해져오는데 첫째는 승가의 모든 의례 의식과 계율 그리고 경논장經論藏이 팔리어를 통해서 그대로 전해오는 것이고, 둘째는 생활방식을 그대로 유지하여 오고 있다는 것입니다. 이러한 전통은 고따마 붓다에 의해서 정해진 것이고 가르침이라는 것만으로도 그 가치가 더욱더 높은 것입니다. 논장論藏 역시 그 전통의 가운데서 이어진 것이라는데 그 역할이 크다고 할 것입니다. 현존하는 불교문헌 가운데서 고따마 붓다의 가르침을 원형 그대로 간직하고 있다고 인정되는 팔리Pāli 삼장Ṭipiṭaka을 근본 성전으로 하여 이를 주석하고 그 주석에 다시 주석하고 이를 또다시 주석하면서 전승하였습니다.[373]

이러한 주석의 체계에 관한 것은 대주석가인 붓다고사 스님 이전에 전승되어 오던 팔리 삼장에 대한 싱할리 주석서들[374]을 토대로 하여 팔리어 주석서Aṭṭhakathā들을 완성함으로써, A.D. 4~5세기쯤에 거의 완전한 형태를 갖추게 되었습니다. 붓다고사 스님의 주석서 가운데 청정도론淸淨道論, Visuddhimagga은 가장 권위 있는 책으로 유명합니다. 이 책 역시 아비담마에 관한 분석설명입니다. 아비담마는 처음 접하는 사람마다 어려움을 호소하는 이유는 분석의 난해함에 있다고 할 것입니다. 그래도 그 가운데서 가장 간단하고 잘 정리된 아비담마의 분석은 『아비담맛타 상가하Abhidhammattha Saṅgaha』라고 할 수 있습니다. 이 책은 대략 10~11세기쯤에 아누룻다 스님이 쓴 것으로 추정될 뿐 저자에 대해서 알려진 자료가 거의 없습니다. 더구나 아누룻다 스님의 출신에 관해서도 이견이 있습니다. 그러나 상좌부의 모든 아비담마 체계는 이 책의 주제attha를 쫓아서 편성되고 전해지는 중요한 역할을 하고 있습니다.

1881년 영국에서 설립된 팔리성전협회PTS, pāli Text Society에서는 1910년에 미얀마의 학자 쉐 잔 아웅Shwe Zan Aung이 자세한 주를

---

373 이것을 각각 성전Pāli, 주석서Aṭṭhakathā, 복주서Ṭīka, 복복주석서Anuṭīka라고 표기한다.
374 팔리어 주석 문헌에서 이러한 주석서를 싱할리 주석서Sīhaḷāṭṭhakathā, 대주석서Mahāaṭṭhakathā, 고주석서Porāṇaṭṭhakathā, 근본주석서Mūlaṭṭhakathā라고 부른다. (VinA.vii.1415, AAT. iii.370, DAT.i.270 등 참조)

달아서 번역한 것을 리즈 데이비즈C.A.F Rhys Davids 여사가 서문을 달고 교정하여 『Compendium of Philosophy』라는 제목으로 출판하였습니다. 또한 스리랑카에 본부를 두고 있으며 초기불교와 상좌부불교를 영어로 가장 왕성하게 전하고 있는 불교출판회BPS, Buddhist Publication Society에서도 협회가 설립되자마자 1956년에 『아비담맛타상가하Abhidhammattha Saṅgaha』 영문판인 『A Manual of Abhidhamma』를 먼저 출판하였습니다. 이 책을 번역한 사람은 나라다Narada Mahāthera스님이고, 그 후 이 책은 아비담마의 입문서로 자리 잡았습니다. 1993년 다시 BPS에서 아비담마 학계의 최고의 권위를 가진 미얀마의 실라난다 사야도U Sīlananda Sayadaw스님과 레와따 담마U Revata Dhamma스님의 도움을 받아 보디Bhikkhu Bodhi 스님이 새롭게 번역출판한 『A Comprehensive Manual of AbhidhammaCMA』를 내놓았습니다. 이것은 아비담마에 관한 최고의 지침서라고 평가받고 있습니다.

나. 제목의 설명

『아비담맛타 상가하Abhidhammattha Saṅgaha』는 Abhidhamma+attha+Saṅgaha의 세 가지 단어의 어원적 의미의 조합입니다. 레디 사야도는 『아비담맛타상가하』의 주석서인 『빠라맛타디빠니 띠까Paramatthadīpanī Ṭīkā』에서 아비담맛타상가하를 다음과 같이 설명하고 있습니다.

"아비담마에서 설해진 주제혹은 의미들을 아비담맛타라 한다. 본서에서 혹은 본서를 통해서 아누룻다 스님이 이것을 요약하여 파악하고 설명했기 때문에 아비담맛타상가하라 한다"[375]

세 가지 단어 결합에서 'attha'란 팔리어에서는 주로 세 가지 뜻으로 나타납니다. 즉 ①'이로운, 이익' ②'뜻, 의미' ③'이치, 목적, 주제, 본질' 등입니다. 이 세 가지 중에 레디 사야도 스님의 설명에 가장 적합한 뜻으로 사용하면 될 것입니다. 여기에 상가하saṅgaha의 뜻이 산스끄리뜨가 되었든 팔리어가 되었든 Abhidhammattha를 서술하거나 수식하는데 적당한 뜻을 밝히고 설명을 그칠 것입니다. saṅgaha는 팔리식 표기로서 saṁ함께 +√grahto take에서 파생된 명사 '함께 모은 것'이란 의미입니다. 그러므로 '아비담마에서 논의되는 여러 주제의 모음'라고 할 수 있습니다. 다음은 『아비담맛타 상가하Abhidhammattha Saṅgaha』의 9가지 주제에 대한 개설입니다. 『아비담맛타 상가하Abhidhammattha Saṅgaha』란 아비담마에서 다루고 있는 법의 성품을 간략히 모아 놓은 것, 즉 70여 쪽 남짓한 분량의 책입니다. 이 책의 주제는 모두 9장으로 되어 있지만 아비담마 7론의 모든 주제attha가 빠짐없이 거론되었습니다.

1) 마음의 분석citta-saṅgaha-vibhāga

9장의 첫 번째 장은 '실재하는 고귀한 4가지 진리'의 주제 중에서 의식識을 다룬 마음citta의 장입니다. 담마상가니에서는 욕계 선업의 마음을 먼저, 불선업의 마음을 뒤에 분석하였으나

375 "abhidhamme vuttā atthā abhidhammatthā. te saṅgayhanti ettha etenā ti vā abhidhammatthasaṅgaho. saṅgayhanti ti ca therana saṁkhipitvā gayhanti kathīyantī ti attho"(PdṬ. Ⅰ.1)

『아비담맛타 상가하Abhidhammattha Saṅgaha』의 저자인 아누룻다 스님은 그와는 반대로 불선업의 마음을 먼저 분석하고 있습니다. 이와 같은 형식은 두 번째 장에서도 사용되었습니다. 분석적 언급에서 고따마 붓다는 마음의 변화에 대해 제자들에게 다음과 같이 가르치고 있습니다.

> "비구들이여, 이것과 다른 어떤 단 하나의 법도 이렇듯 빨리 변하는 것을 나는 보지 못하나니, 그것은 바로 마음citta이다. 비구들이여, 마음이 얼마나 빨리 변하는지 그 비유를 든다는 것도 쉽지 않다."[376]

여기서 자신을 혹은 자신의 마음을 불변하는 실체로 상정하는 어리석음이랄지, 아트만, 진아眞我, 대아大我라고 하는 모든 존재론적 발상도 인식saññā일 뿐이라고 지적하였습니다.[377] 이러한 잘못된 인식想顚倒, saññā-vipallāsa[378]의 전환을 위해서 여러 가지로 분석하는 것은 아비담마의 특징입니다. 여기서 마음의 분석 방법은 두 가지 기준으로 합니다. ① 마음이 일어나는 조건인 욕계·색계·무색계·출세간의 네 가지 차원bhūmi과 ② 유익한 업을 짓는 마음, 해로운 업을 짓는 마음, 업의 과보果報로 나타난 마음, 이들과 관계없이 작용만 하는 마음 등 4가지 종류jāti입니다. 이러한 조건을 바탕으로 아비담마에서는 89가지 혹은 121가지 마음이 이 세상에서 일어날 수 있는 모든 마음이라고 분석하고 있습니다.

---

376 A.i.9. 『앙굿따라니까야』「하나의 모음」.

377 D9. 『디가 니까야』「뽓타빠다경」.

378 잘못된 인식想顚倒, saññā-vipallāsa을 표현한 말로 무상·고·무아·부정인 조건들을 항상하고 즐겁고 자아이고 깨끗한 것常·樂·我·淨이라고 여기는 인식을 전도顚倒라고 한다.

2) 마음부수의 분석cetasika-saṅgaha-vibhāga

마음부수心所, cetasika의 장입니다. 마음부수의 법은 모두 52가지입니다. 'cetasika' 복수로 표현된 '마음부수'란 단어입니다. 그 뜻은 마음이 대상을 인식하는 데 가장 중요한 역할을 하는 즉 마음에 의지하여 대상을 인식하도록 돕는 것입니다. 그러므로 마음은 마음부수와 떼려야 뗄 수 없는 관계로 왕과 그 수행원의 관계에 비교하기도 합니다. "왕이 온다"라고 말하지만 실제로 왕은 결코 혼자서 오지는 않는다. 이처럼 마음은 왕, 마음부수는 왕의 수행원이라고 보는 것입니다. 아누룻다 스님은 마음부수들을 여러 계층으로 분류하면서 두 가지 상호보완적인 관점으로 파악하고 정리합니다. 이 두 가지 관점 첫 번째는 'sampayoga-naya결합의 방법'이라 하는데 마음부수를 분류의 기준으로 하여 각 마음부수들은 어떤 마음들과 결합하는가를 결정합니다. 두 번째는 'saṅgaha-naya조합의 방법'이라 하는데 이것은 마음을 기준으로 각각의 마음에 어떤 마음부수들이 조합하여 있는가를 관찰하는 방법입니다.

3) 일반적인 항목의 분석pakiṇṇaka-saṅgaha-vibhāga

'일반적인 항목pakiṇṇaka'은 '흩어진 것'이라는 뜻으로 잡다한 것, 잡동사니 등의 의미입니다. 제1장의 마음을 그것이 일어나는 조건bhūmi에 따라 욕계 54가지, 색계 15가지, 무색계 12가지, 출세간 8/40가지로 분류한 분석을 바탕으로 한 다른 관점에서 마음citta을 고찰합니다. 이것은 마음의 여러 가지 작용과 부수적인 면을 이해하는 방법입니다. '잡다하다'가 주제를 이해하는 것은 제4장 인식 과정과 직접적인 연결로 이어지므로 용어의 정의, 의미를 바르게 알기 위해서 매우 중요합니다. 그러므로 아비담마의 분석가들은 제3장이야말로 아비담마를 정확히 이해하는 데 중요한 관문으로 여기고 있습니다. 그 가운데서 역할kicca과 문dvāra과 대상ārammaṇa에 관한 부분은 깊은 이해가 필요합니다.

4) 인식과정의 분석vithicitta-saṅgaha-vibhāga

인식과정vīthi-citta의 'vīthi'는 여성명사로 '길, 진로, 과정'의 뜻을 가지는 것으로 보아서 인식과정vīthi-citta을 '길, 진로, 과정'이라고 쓰이는데 이를 이해하기 위해서는 다음의 가르침이 도움이 됩니다. 경에서는 "원숭이가 다니는 길makkaṭa-vīthi"[379]로 쓰이기도 합니다.

> "비구들이여, 그러면 어떻게 비구는 길vīthi을 아는가? 비구들이여, 여기 비구는 성스러운 팔정도八支聖道를 있는 그대로 꿰뚫어 안다. 비구들이여, 이와 같이 비구는 길을 안다"[380]

인식과정은 상황에 따라서 천차만별로 현실에 나타납니다. 여기에서의 인식 과정의 분석은 비구가 인식해야 할 길 즉 팔정도를 설명하고 있습니다. 이것은 비구에게만 필요한 아비담적 전문용어입니다. 인식과정을 이해하기 위해서는 몇 가지 중요한 전제조건들이 있습니다.

첫째, 모든 마음은 대상을 가집니다. 마음이 일어날 때는 어

---

379 S47:7.

380 M33 §24.

떤 마음이든 반드시 대상을 가지기 때문입니다. 그래서 하나의 인식과정은 모두 하나의 같은 대상을 두고 일어납니다.

둘째, 마음의 인식 작용은 물질보다 16배나 빠르게 일어납니다. 그래서 하나의 물질이 마음에 머물 때 최대 16번 마음이 일어나 머물고 사라진다는 것도 아비담마에서 중요한 전제입니다. 이러한 상황을 『청정도론』에서는 다음과 같이 설명합니다.

> "하나의 물질이 머물 때rūpe dharante 열여섯 번의 존재지속심이 일어나고 멸한다. 마음은 일어나는 찰나uppāda-kkhaṇa와 머무는 찰나ṭhiti-kkhaṇa와 bhaṅga-kkhaṇa멸하는 찰나의 길이가 모두 같다. 물질은 일어나는 찰나와 멸하는 찰나에만 빠른 것이 심찰나들과 같다. 머무는 찰나는 길어서 열여섯 개의 마음들이 일어나고 멸하는 만큼 머문다"[381]

셋째, 이 두 가지 인식의 전제조건이 결합하여 인식과정은 한 대상을 조건으로 하여 최대 17심찰나를 넘지 않는다고 본서에서 단언합니다. 마음은 하나의 물질이 머물 때 16번 이상을 일어날 수 없으나 그 물질이 일어나는 찰나에 개재되어서 atīta-bhavaṅga흘러가버린 바왕가까지 포함하면 17번이 됩니다. 이것은 인식과정을 이해하는 기본입니다.

넷째, 17번 일어나는 인식과정은 제멋대로 일어나는 것이 아니라 엄격한 법칙에 따라 선후의 엄격한 순서에 의해 일어남을

381 VbhAMT.19; VbhAAnuT.24; Pm.i.346 등.

아비담마에서 분명히 가르치고 있습니다. 이를 마음의 정해진 법칙citta-niyama라고 합니다.

5) 인식과정을 벗어난 마음의 분석vīthimutta-saṅgaha-vibhāga

앞장은 삶의 과정에서 일어나는 마음의 흐름인 인식과정을 여러 가지로 설명한 것이라면 이 장은 인식과정을 벗어난vīthi-mutta 마음의 전개 설명입니다. '인식과정을 벗어난 마음'이란 '과정vīthi을 벗어남mutta'을 뜻합니다. 그러므로 마음이 여섯 감각기관을 통해서 대상을 인지하는 인식과정을 제외한 마음의 모든 기능을 뜻하는 것입니다. 그래서 재생연결이나 바왕가와 죽음의 마음이 포함되는 것입니다.[382] 그러므로 본 장은 다음 생에 다시 태어나는 윤회의 원리와 그 과정을 자세하게 설명하고 있습니다. 윤회輪廻, saṁsāra, vaṭṭa는 불교의 교리에서 금생의 흐름인 상속相續, santati이 내생으로 연결되어 다시 태어나는 것, 즉 재생再生, rebirth의 연속성을 윤회라고 합니다. 초기경전에서는 다시 태어남의 원인을 갈애taṇhā로 들고 있으며, 그래서 갈애는 '재생을 하게 하는 것ponobhavikā'이라고 정의하고 있습니다.[383] 그러나 아라한은 다시 태어남의 윤회가 없습니다.

6) 물질의 분석rūpa-saṅgaha-vibhāga

이 장은 세 번째 구경법paramattha dhamma인 물질rūpa에 대한 분류와 분석입니다. 먼저 물질의 현상을 열거한 다음 거기에 대해 .

382 PdṬ.193.
383 D22 §19; S22;22.

분류하는 원칙, 그들이 일어나는 원인, 그들의 무리kalāpa, 그들이 일어나는 방식에 대한 설명입니다. 다음은 이에 대한 경전의 설법 내용입니다.

> "비구들이여, 그러면 왜 물질rūpa이라 부르는가? 변형된다ruppati고 해서 물질이라 한다. 그러면 무엇에 의해서 변형되는가? 차가움에 의해서 변형되고 따뜻함에 의해서 변형되고 배고픔에 의해서도 변형되고 목마름에 의해서도 변형되고 파리, 모기, 바람, 햇빛파충류에 의해서도 변형된다. 비구들이여, 이처럼 변형된다고 해서 물질이라 한다"[384]

7) 범주의 분석samuccaya-saṅgaha-vibhāga

범주samuccaya는 남성명사로 '함께 위로 쌓는다'라는 뜻입니다. 즉 '모음, 수집, 축적, 적집' 등의 뜻입니다. 여기서는 앞에서 설명한 주제 마음citta, 마음부수cetasika, 물질rūpa의 여러 법을 논장Abhidhamma Piṭaka에서 분류하는 방법을 빌려 여러 범주로 모아 분류하고 있습니다.

8) 조건의 분석paccaya-saṅgaha-vibhāga

이 장은 조건에 대한 분석입니다. 물物·심心의 모든 현상은 서로서로 깊은 관계 속에서 생멸을 거듭하며 천류하는 과정을 분석합니다. 이런 조건을 아비담마에서는 paccaya緣, 조건이라고 합니다. 마음, 마음부수, 물질의 복잡다단한 관계가 24가지 paccaya로 모두 설명합니다. 이러한 조건緣, paccaya은 상좌부 아

---

384 S22:79 §4/iii.86.

비담마에서 가장 어려운 분야에 속합니다. 조건에 관해 이해할 수 있는 주제인 연기의 조항을 이어서 정리해 보는 것에서 도움을 얻을 수 있습니다. 즉 원인과 결과에서 나타나는 조건의 역할이 가장 뚜렷하게 확인할 수 있기 때문입니다. 이러한 주제는 통찰지와도 관계가 깊은 관찰로 이어집니다. 그러므로 연기의 관찰에서 조건을 발견해내기란 매우 어렵다고 자신의 심경을 붓다고사 스님은 다음과 같이 밝히고 있습니다.

> "진리sacca, 중생satta, 재생연결paṭisandhi, 조건paccaya 이 네 가지 법은 보기 어렵고 가르치기도 매우 어렵다"[385]

이런 주제의 설명에서 설명 주제를 살짝 바꿔야 할 필요성이 있습니다. 여기서 설명주제로 선택한 진리sacca, 중생satta, 재생연결paṭisandhi, 조건paccaya을 괴로움의 소멸법칙에서 설명한다면 쉽고 빠르게 분석한 결과를 내놓고 설명할 수 있습니다. 그러기 위해서는 괴로움의 소멸법칙을 제대로 꿰뚫어 이해하여야만 가능하게 되는 것입니다. 여기서 보기도 어렵고 가르치기도 어렵다는 것에는 다 그만한 이유가 있기 때문입니다. 바로 괴로움의 소멸법칙에 가르침을 꿰뚫어 이해하지 못한 것에서 비롯됩니다.

9) 명상주제의 분석kammaṭṭhāna-saṅgaha-vibhāga

9장까지 이어지는 아비담마의 법의 분석은 일목요연하게 정리된 교리의 흐름을 그대로 보여주는 것입니다. 그러나 열반Nibbāna과 마음과 마음부수 그리고 물질의 분석과 설명으로는 가슴이 뻥

---

385 『청정도론』 XVII:25.

뚫리는 그런 시원함이 아니라 계속해 의문을 자아내게 만들고 맙니다. 그 이유에 관해서는 괴로움의 소멸법칙에 관해서 설명할 수 없는 것이 가장 큰 원인이라고 할 수 있습니다. 사마타止, samatha와 위빠사나觀, vipasanā의 명상주제에 관한 것 역시 괴로움의 소멸법칙에 관한 이해의 부족이고 그것은 결국 설명의 부족으로 나타나고 있습니다. 이러한 문제가 계속될 경우 올바른 논장의 기능은 물론 훌륭한 논의가 나타날 수 없습니다. 명상주제의 설명은 제6장 실천冥想에서 다뤄지는 것이므로 여기에서는 생략합니다.

4. 청정도론清淨道論; Visuddhimagga 개설概說

『清淨道論Visuddhimagga』은 5세기 중엽 인도 출신의 학승 Buddhaghosa佛音 혹은 覺音가 스리랑카의 옛 수도 Anurādhapura아누라다뿌라의 마하위하라Mahāvihāra, 大寺에서 Pāli어로 지은 주석서입니다. 이 책은 불멸 후 약 10세기가 지난 뒤 스리랑카에서 씌어진 문헌인데, 현재 팔리원전을 따르는 남방불교에서는 가장 권위 있는 논서입니다. 이 책은 붓다고사가 당시 스리랑카에서 사용되고 있었던 언어 Siṅhalī어로 씌어진 삼장의 의소義疏들을 참조하고 『해탈도론解脫道論, Vimuttimagga』를 저본으로 제작된 대사파大寺派 교학敎學의 정통을 주장한 논서입니다.

Buddhaghosa가 지은 불교 교리와 형이상학의 이 개론서는 Pāli문헌 가운데 가장 영향력이 있는 것의 하나입니다. 『청정도론』은 불교 교설의 체계적인 해석과 명상을 위한 자세한 안내서에 해당한다고 할 것입니다. G.P. Malalasekera말라라세께라에 의하면,[386] 상가빨라Saṅghapāla 장로의 요청으로 붓다고사가 지은 고따마 붓다 교설의 백과사전에 해당합니다. 붓다고사가 Mahāvihāra大寺에 도착했을 때, 싱할라 주석서를 팔리어로 번역하는 것을 허락해 달라고 요청했고, 당시의 비구들은 그를 시험하기 위해 두 게송『淸淨道論』의 서두에 인용되어 있음을 그에게 주고 하나의 논문을 작성하도록 했다고 합니다.[387] 그는 이 작업을 순식간에 마치자 신들이 그 사본을 숨겨버렸습니다. 그래서 다시 작성했지만, 똑같은 일이 반복해 일어났습니다. 그리고 그는 세 번째 이것을 다시 작성했습니다. 비구들의 모임에서 이것이 읽혀졌을 때, 이전의 두 복사본이 갑자기 나타났는데, 새로운 것에 자세히 추가하기로 하였습니다.[388] 『청정도론』에 관한 주석서로는 담마빨라Dhammāpāla[389]가 지은 『Paramattha mañjūsa』와 아와Ava의 승려 사라다시Sāradassī가 지은 『Visuddhimaggagaṇṭhipadattha』이며 현존해 전해지고 있습니다.[390]

『청정도론』을 영어로 번역한 Ṉāṇamoli 비구는 이 책을 다음과 같이 평했습니다. "『청정도론Visuddhimagga』은 상좌부불교의 '위대한 논문'이며, 불교의 대주석가大註釋家인 바단따짜리야 붓다고사Bhadantācariya Buddhaghosa에 의해 5세기에 씌어진 불교 교리와

386 G.P. Malalasekera, *Dictionary of Proper Names*, Vol.Ⅱ(New Dellhi: Oriental Books Repriint Corporation, 1983, Original Published in 1937), p.906.

387 Cv. xxxvii. 236.

388 For a description of the book, see Law, *History of Pāli Literature*, ii. 399f.

389 P.L.G. 113; Svd. 1231.

390 Sās. 116; Bode, op. cit, 56.

명상에 대한 백과사전격인 안내서"라고 했습니다. 이 책을 완성함에 저자의 의도는 팔리정전에서 발견되는 고따마 붓다의 다양한 교설을 조직화하고, 불교의 궁극적 목적인 완전한 청정의 단계, 즉 열반으로 이끄는 길에 대한 이해를 밝히고자 함입니다. 그의 논문 중간에 붓다고사는 집중을 목표로 40가지 주제에 관한 것을 자세히 설명하고 있으며, 아비담마 철학에 관해서도 자세히 설명하고 있습니다. 영국의 불교학자 Edward Conze는 "붓다고사는 인류의 가장 위대한 종교적 업적을 완성한 사람이다. 만일 내가 당장 단 한 권의 책을 골라 무인도로 가라고 한다면, 나는 『청정도론』을 선택할 것이다"라고 격찬했습니다.

이 책은 전체 23품으로 구성되어 있는데, 계·정·혜 삼학三學의 구조를 따랐습니다. 먼저 계에 대해서는 2품으로 나누어 ① 계의 해석 ② 두타지頭陀支의 해석입니다. 정定에 대해서는 21품으로 나누었습니다. 즉 ① 업처파취業處把取의 해석 ② 지편地遍의 해석 ③ 여편余徧의 해석 ④ 부정업처不淨業處의 해석 ⑤ 육수념六隨念의 해석 ⑥ 수념업처隨念業處의 해석 ⑦ 범주梵住의 해석 ⑧ 무색無色의 해석 ⑨ 정定의 해석 ⑩ 신변神變의 해석 ⑪ 신통神通의 해석 ⑫ 온蘊의 해석 ⑬ 처處와 계界의 해석 ⑭ 근根과 제諦의 해석 ⑮ 혜지慧地의 해석 ⑯ 견청정見淸淨의 해석 ⑰ 도의청정渡疑淸淨의 해석 ⑱ 도비도지견청정道非道知見淸淨의 해석 ⑲ 행도지견청정行道知見淸淨의 해석 ⑳ 지견청정知見淸淨의 해석 ㉑ 혜수습공덕慧修習功德의 해석입니다. 이 책의 앞과 뒤에는 론論을 지은 인연과 결어結語로서 戒·定·慧에 의해 청정으로 향하는 길인 열반涅槃이라는 깨달음에 도달할 것을 권하는 게송이 있습니다.

논술에 사용한 자료는 남방상좌부南方上座部의 칠론七論 및 그 이후에 전개된 교리를 포함하여 이들 모두를 집대성한 것이며, 스리랑카에서 전승된 사료史料와 연기담緣起譚 등을 사용해 아비담마 논서의 무미한 조건을 보완하였습니다. 따라서 이 책은 현재에도 팔리원전을 따르는 남방불교에서 가장 권위 있는 논서로 평가받고 있는 것입니다. 이 논서는 상좌부上座部의 대비바사론大毘婆沙論에 필적한다고 할 수 있습니다.[391]

이상으로 논서에 관계되는 소개 및 내용정리를 마칩니다. 서술의 내용은 거의 전문이 인용에 가깝습니다. 마성스님의 강의 자료를 많이 인용했고, 각묵스님과 대림스님의 니까야 번역본을 사고思考의 영역에서 많이 인용하였습니다. 그리고 모든 가르침과 계율과 이론 그리고 실천 수행의 설명에서 고따마 붓다가 평소 늘 가르쳐왔던 괴로움의 소멸법칙에서 조금도 벗어나지 않는 설명에 전념했습니다.

괴로움의 소멸법칙은 시공간視空間에서 혹은 무소유처無所有處·비상비비상처非想非非想處·상수멸想受滅의 경계에서까지 그 작용은 멈추거나 역행하지 않고 계속해서 진행하는 것입니다. 그래서 괴로움의 소멸법칙에서 일어나는 생사와 윤회의 문제는 중생에게 알 수 없는 묘한 유혹들이 있긴 하지만 가장 그들이 두려워하는 조건입니다. 이것은 중생의 한계로는 넘을 수 없는 장벽이고 끊을 수 없는 윤회의 고리로 만들어졌습니다.

391 鄭乘碩 編, 『佛典解說事典』(서울: 민족사, 1989). p.322.

넘을 수 없는 장벽이 되는 것은 무엇이고, 끊을 수 없는 윤회의 고리란 무엇인가? 이러한 중생의 모든 조건을 분석하고 논의함은 아비담마 논모論母에서 독특한 형태의 논지를 통해 논의되고 분석되지만, 만약 이것들이 괴로움의 소멸법칙을 벗어나면 논점을 잃게 될 것입니다. 이러한 의미에서 고따마 붓다는 쿠시나라에서 자신의 생을 마무리하면서 제자들을 가까이 불러 놓고 세 번씩이나 다음과 같은 질문을 하였던 것입니다.

> "비구들이여, 어느 한 비구라도 부처나 법이나 승가나 도나 도닦음에 대해서 의심이 있거나 혼란이 있으면 지금 물어라. 비구들이여, 그대들은 '우리의 스승은 면전에 계셨다. 그러나 우리는 세존의 면전에서 제대로 여쭈어 보지 못했다'라고 나중에 자책하는 자가 되지 말라."[392]

이때 고따마 붓다가 제자들에게 질문하라는 내용은 '부처와 법·승가·도·도닦음'에 관한 것이었습니다. 여기에서 언급되는 '도道와 도닥음八正道'은 괴로움의 소멸법칙임을 알아야 합니다. 그것은 열반을 지향하는 정통 가르침이기 때문입니다. 또한 이것은 수행을 통해 깨달음이 이루어짐이 아니라 가르침을 올바르게 이해함으로써 깨달음을 얻게 되고 그래서 올바른 수행을 하게 되는 것입니다. 논제가 세워지고 논의가 이뤄지며 분석된 결과가 꿰뚫어 이해되는 일련의 과정이 여기에 해당할 것입니다.

---

392 각묵스님 옮김(2005.12.20. 초기불전연구원)『디가 니까야Dīghanikāya』제2권「대반열반경」. p.287.

제 6 장

실천

冥想

제6장 실천冥想

가르침과 율律과 명상은 고따마 붓다의 가르침을 실천하고 열반이란 결과를 얻기 위해 꼭 필요한 요건이 아닐 수 없습니다. 이미 앞에서 제시한 가르침과 율에 관한 여러 가지 자료가 여기에 해당합니다. 이번 장에서 설명할 사마타와 위빠사나止; Samatha, 觀; Vipassanā는 수행의 실천덕목으로 고따마 붓다의 가르침을 따라 수행함으로써 완벽한 결과를 얻게 되는 것입니다. 사마타와 위빠사나止; Samatha, 觀; Vipassanā 명상의 기본 바탕 역시 교리구조의 체계가 확실하게 확보되어 있을 때라야만 명상에서 자유롭게 삼매를 연출할 수 있습니다. 그러나 초보자는 자신에게 맞는 명상법을 익혀야 합니다. 그것은 가르침의 이해에 힘쓰는 한편 겉모습만이라도 명상하는 모양을 갖춰야 합니다. 지금 여기에서 설명하는 명상법은 초보자를 위한 것입니다. 가장 기초가 되는 명상의 방법부터 시작하여 단계적으로 선정에 드는 방법 그리고 맨 끝을 장식하는 열반의 증득까지 아주 자세히 설명할 것입니다.

우리가 일반적으로 알고 있는 사마타止; Samatha와 위빠사나觀;

Vipassanā는 접근방법부터 제대로 설정되었는지 살펴볼 필요가 있습니다. 왜냐하면 중국을 통해서 전해온 선법은 주로 간화선을 지향하고 있으므로 사마타止; Samatha와 위빠사나觀; Vipassanā에 관한 올바른 설명과 지도 그리고 지식을 전해 받은 적이 없었기 때문입니다. 그뿐만 아니라 현재 대승권에 전해진 간화선의 내용을 분석하고 관찰했을 때 '한 가지 지향점'이 서로 다름을 알 수 있습니다. 이것은 초기불교와 대승의 '지향점'이 다르다는 뜻입니다. 다시 설명하자면 초기불교의 지향점은 열반에 지향점을 두고 있고, 대승의 지향점은 성불에 있다고 하겠습니다. 일반적으로 열반과 성불은 지향점이 같다고 생각할 수 있지만 전혀 그렇지 않습니다. 열반이란 괴로움의 소멸법칙의 실체에서 정견의 견해가 생긴 안목에서 일어날 수 있는 결과이고, 성불이란 견성見性이 선행되었을 때 일어나는 결과입니다. 여기서 견성과 괴로움의 소멸법칙이 어떻게 다른지 만약 같다고 한다면 그 동질성이 어디에 있는지를 밝힐 필요가 있는 것입니다. 왜냐하면 두 가지 종류의 선법이 고따마 붓다의 가르침을 통해 증명할 수 있는 것이냐 아니냐를 두고 있는 문제이기 때문입니다. 또한 이 문제가 중요한 점은 고따마 붓다의 깨달음과 동질성을 가지는 것이 어느 쪽이냐 하는 것입니다. 이미 이러한 동질성은 앞의 경장에서 설명했던 부분입니다.

1. 사마타止, Samatha와 위빠사나觀, Vipassanā

사마타止; Samatha란 외부 대상에 대해 감각기관을 안으로 다스려 마음이 동요되지 않고 고요하게 하는 의미로 지止, 寂靜이라는 뜻입니다. 대승권역에서는 음역하여 사마타奢摩他, Sk śamatha로 음역하며 한역漢譯하여 지止로 읽습니다. 선정禪定을 의미하는 대표적인 술어 중의 하나이며, 초기불교 경전과 아비달마 문헌에서 단독의 개념으로 쓰는 '그침·고요·집중' 등의 의미입니다. 즉, 지止는 마음이 흐트러지거나 움직이지 않고 한 대상에 머물러 있어 망념이 일어나지 않는 상태를 말하고, 관觀은 이 상태에서 바른 지혜로 제법을 관조하는 것을 이릅니다. 지와 관은 서로 불가분의 관계라 할 수 있으므로 이 둘을 별개로 분리할 수는 없습니다. 사마타止, Samatha와 위빠사나觀, Vipassanā에 관해서 자세히 설명된 곳이 있습니다.

> "그와 같이 비구들이여, 비구의 반조는 유익한 법들에 관해서 많은 공부를 짓는다. '나는 안으로 마음의 사마타를 얻었는가? 아니면 안으로 마음의 사마타를 얻지 못했는가? 나는 위빠사나의 높은 통찰지를 얻었는가? 아니면 높은 통찰지를 얻지 못했는가?'라고."[393]

이 문장에서 눈에 띄는 주제는 사마타와 위빠사나입니다. 그리고 그 용례의 범위와 뜻을 설명합니다. 첫째 사마타란 마음 안에서 사마타안정, 적정를 얻었는가 얻지 못한 것인가라는 것이고, 둘째는 위빠사나란 통찰지洞察智를 얻었는가 얻지 못한 것인가라는 뜻임을 알 수 있습니다. 그러므로 사마타란 마음 안의 적정한 상태를 표현하는 것이고, 위빠사나란 사마타의 상태에서 통찰지가 있고 없음에 관한 것임을 알 수 있는 것입니다.

393 A10:54. Samatha sutta. 대림스님 옮김(2007.11.5. 초기불전연구원) 『앙굿따라니까야』 6권. pp.210-211.

사마타의 적정寂靜이나 고요함止의 상태를 유지할 수 있는 조건은 무턱대고 고요함이나 적정한 상태를 유지할 수 있기를 바란다고 그렇게 되는 것이 아닙니다. 여기에는 고따마 붓다의 괴로움의 소멸법칙에 따라 사마타를 실행할 때 실행자의 마음에서 사마타적 작용은 일어나게 되고 따라서 통찰지에 관계되는 모든 조건을 완성할 수 있습니다. 통찰지란 소멸법칙에 관계한 모든 조건을 하나도 빠짐없이 다 갖추는 것으로 알아차림의 문제입니다.

사마타止, Samatha와 위빠사나觀, Vipassanā가 비록 수행자에게 같은 뜻으로 이해되거나 같은 방법으로 행하는 것은 아니지만, 함께 닦아가야 하는 조건을 가진 만큼 두 가지 모두를 같이 닦아가야 함을 강조하고 있습니다.

> "비구들이여, 만일 비구가 자신을 반조하여 '나는 안으로 사마타는 얻었지만 위빠사나의 높은 통찰지는 얻지 못했다'라고 알게 되면, 비구는 안으로 마음의 삼매에 굳게 서서 위빠사나의 높은 통찰지를 위해 수행해야 한다. 그러면 그는 나중에 안으로 마음의 사마타도 얻게 되고 위빠사나의 높은 통찰지도 얻게 된다."

> "비구들이여, 만일 비구가 자신을 반조하여 '나는 위빠사나의 높은 통찰지는 얻었지만 마음의 사마타는 얻지 못했다'라고 알게 되면 비구는 위빠사나의 높은 통찰지에 굳게 서서 안으로 마음의 사마타를 얻기 위해 수행해야 한다. 그러면 그는 나중에 위빠사나의 높은 통찰지도 얻게 되고 안으로 마음의 사마타도 얻게 된다."[394]

그러므로 사마타를 닦음은 마음의 안정과 집중의 효과를 위함이고 위빠사나는 높은 통찰지를 위함임을 알 수 있습니다. 또한 사마타의 마음 안정과 집중의 효과에서 내면적으로 적용되는 조건이 무엇이냐에 따라 위빠사나에서 높은 통찰지를 얻을 수 있고 그렇지 못하게 되는 것입니다. 이에 적용되는 조건이란 고따마 붓다의 가르침에서 찾을 수밖에 없습니다. 왜냐하면 명상의 결과에서 결정코 열반을 얻기를 희망하고 있는 일이기 때문입니다. 여기서 명상은 열반 성취로 이끌 수 있는 가르침이 충족한 조건이 되는 것입니다. 그 조건이란 바로 괴로움의 소멸법칙입니다. 마음이 안정되고 마음 내면에 있는 모든 번뇌가 소멸하여 평온을 얻어 사마타가 완성되면 위빠사나의 알아차림의 문제인 통찰지가 갖춰지는 것입니다. 이때 통찰지의 알아차림의 대상이 정해져야 하는데, 여기에까지 실행해 옮긴 사람이라면 이 현상에서 아무런 문제가 없겠지만 그렇지 못한 사람들은 설명이 필요할 것입니다.

괴로움의 소멸법칙에서 얻어진 정견의 견해는 생사와 연기의 처음과 끝을 관찰해 볼 수 있는 통찰지가 생기게 되어 있습니다. 이 통찰지는 명상이나 일상생활佛行을 통해서 전광석화처럼 빠른 위빠사나의 작용을 완성하고 동시에 사마타의 완벽성을 높이게 되는 것입니다. 그러나 이러한 과정을 얻지 못하였다면 명상의 모양만이라도 정갈하게 갖추어야 할 필요가 있습니다. 그렇게 하다 보면 명상에서 높아지는 지적 능력이 생기게 되며 그 지적 능

394 A10:54. Samatha sutta. 대림스님 옮김(2007.11.5. 초기불전연구원) 『앙굿따라니까야』 6권. p.211.

력에 따라 신통까지도 얻게 됩니다. 신통에 관한 것은 명상의 삼매에서 얻어지는 것이기는 하지만 신통이 생긴 사람이라고 해서 완벽한 사마타와 전광석화와 같은 완벽한 통찰지를 기대하기란 어렵습니다. 왜냐하면 괴로움의 소멸법칙을 꿰뚫어 이해할 수 없는 사람에게서는 일어날 수 없는 일이기 때문입니다. 그래서 고따마 붓다는 '신통의 일은 열반을 얻음과 무관한 일'로 단언하였습니다. 그러면 진정으로 명상 공부에 도움이 되는 일은 어떤 조건인지 다음의 가르침에서 살펴보도록 하겠습니다.

> "비구들이여, 만일 비구가 자신을 반조하여 '나는 안으로 마음의 사마타도 얻지 못했고 위빠사나의 높은 통찰지도 얻지 못했다'라고 알게 되면 비구는 유익한 법을 얻기 위해 아주 강한 의욕과 노력과 분발과 불퇴전과 마음챙김과 알아차림을 향해야 한다.
>
> 비구들이여, 예를 들면 옷이나 머리에 불이 붙은 자는 옷이나 머리의 붙은 불을 끄기 위해서 아주 강한 의욕과 노력과 관심과 분발과 불퇴전과 마음챙김과 알아차림을 행해야 함과 같다. 그와 같이 비구는 유익한 법을 얻기 위해 아주 강한 의욕과 노력과 관심과 분발과 불퇴전과 마음챙김과 알아차림을 행해야 한다. 그러면 그는 나중에 안으로 마음의 사마타도 얻게 되고 위빠사나의 높은 통찰지도 얻게 된다."[395]

이것은 관점이 올바로 서 있고 제대로 공부하여 어느 정도 수준에 와 있는 사람일지라도 더욱 더 노력해야 한다고 가르칩니

395 A10:54. Samatha sutta. 대림스님 옮김(2007.11.5. 초기불전연구원) 『앙굿따라니까야』 6권. pp.211-212.

다. 자신의 가르침으로 어느 정도 수준이 높아진 비구들을 보고 다음 과정의 공부 방법에 관해서 비근한 예로 일상에서 경험할 수 있는 일들로 설명하고 있습니다.

"비구들이여, 만일 비구가 자신을 반조하여 '나는 안으로 사마타도 얻었고 사마타도 얻었고 위빠사나의 높은 통찰지도 얻었다' 라고 알게 되면, 비구는 이러한 유익한 법들에 굳게 서서 더 나아가 번뇌를 소멸하기 위해 노력해야 한다.

비구들이여, 의복을 두 가지로 말하나니, 가까이해야 하는 옷과 가까이하지 말아야 할 옷이다. 탁발 음식도 나는 두 가지로 말하나니, 가까이해야 하는 음식과 가까이하지 말아야 할 음식이다. 거처도 나는 두 가지로 말하나니, 가까이해야 하는 곳과 가까이하지 말아야 할 곳이다. 마을과 읍성도 나는 두 가지로 말하나니, 가까이해야 하는 마을과 가까이하지 말아야 할 마을이다. 지방과 지역도 나는 두 가지로 말하나니, 가까이해야 하는 곳과 가까이하지 말아야 할 곳이다. 사람도 나는 두 부류로 말하나니, 가까이해야 하는 사람과 가까이하지 말아야 할 사람이다."[396]

그뿐만 아니라 왜 그러한 설정이 필요한 것인지에 대해서 자세한 설명을 하고 있습니다. 그 이유는 다만 '한가지 지향점인 열반' 얻기 위한 법에서 유익한 것인가 아니냐에 기준한 가르침이었습니다. 부연해 설명하자면, 유익한 법에 도움이 되는 것은 가까이 할 수 있고, 유익한 법에 도움이 되지 않은 조건을 가진 것이라면 가까이할 수 없는 것입니다. 이러한 것은 앉음명상에

396 A10:54. Samatha sutta. 대림스님 옮김(2007.11.5. 초기불전연구원) 『앙굿따라니까야』 6권. p.212.

서만 적용함이 아니라 일상생활에서도 사마타와 위빠사나의 역할을 가르친 내용입니다. 그러므로 괴로움의 소멸법칙을 정통으로 꿰뚫어 이해한 사람에게는 온통 자신의 생활 전체에서 사마타와 위빠사나의 작용과 역할은 끊임없이 진행되어야 한다는 가르침으로 알아야 합니다. 이러한 이론에 적합한 내용은 통찰지의 구족이라는 내용의 설법에 상세히 설명되어 있습니다. 이것은 계·정·혜의 주제로 나체수행자 깟사빠를 위해서 설법한 내용입니다. 혜慧에 속하는 통찰지 가르침 전에 계戒와 삼매定에 관한 가르침을 주었습니다. 여기에서 계戒의 조건은 여래에 대한 믿음으로 머리와 수염을 깎고 물들인 옷을 입고 집을 떠나 출가하리라면서 재산이 많건 적건 모두 버리고, 일가친척도 적건 많건 간에 다 버리고 집을 떠나 출가하여 계목으로 단속하면서 머문다는 내용입니다. 그리고 삼매定에 관한 가르침을 주었습니다. 감각기능과 육근의 설명 그리고 표상에 관한 가르침에서 초선과 이선二禪과 삼선三禪 그리고 사선四禪을 설명하는 가르침을 줍니다. 마지막으로 통찰지慧의 가르침을 다음과 같이 가르칩니다.

"① 그는 이처럼 마음이 삼매에 들고 청정하고 깨끗하고 흠이 없고 오염원이 사라지고 부드럽고 활발발活潑潑하고 안정되고 흔들림이 없는 상태에 이르렀을 때 지止와 견見으로 마음을 향하게 하고 기울게 한다. 그는 이와 같이 꿰뚫어 안다. '나의 이 몸은 물질로 된 것이고 네 가지 근본물질四大로 이루어진 것이며 부모에게서 생겨났고 밥과 죽으로 이루어졌으며 무상하고 파괴되고 분쇄되고 해체되고 분해되기 마련이다. 그런데 나의 알음알이는 여기에 의지해 묶여 있다'라고 깟사빠여, 예를 들면 깨끗하고 최상품인 유리 보석이 팔각형이고 아주 잘 가공되고 맑고 투명하여 모든 특질을 다 갖추었으며 푸르고 누르고 붉고 흰 실이나 갈색의 실로 묶여 있다 하자. 그것을 눈이 있는 사람이 손에 놓고서 '이 유리 보석은 깨끗하고 최상품이며 팔각형이고 아주 잘 가공되고 맑고 투명하여 모든 특질을 다 갖추었으며 푸르고 누르고 붉고 흰 실이나 갈색의 실로 묶여 있구나'라고 살펴보는 것과 같다. 깟사빠여, 그와 마찬가지로 이처럼 마음이 삼매에 들고 청정하고 깨끗하고 흠이 없고 오염원이 사라지고 부드럽고 활발발活潑潑하고 안정되고 흔들림이 없는 상태에 이르렀을 때 지止와 견見으로 마음을 향하게 하고 기울게 한다. 그는 이와 같이 꿰뚫어 안다. '나의 이 몸은 물질로 된 것이고 네 가지 근본물질四大로 이루어진 것이며 부모에게서 생겨났고 밥과 죽으로 이루어졌으며 무상하고 파괴되고 분쇄되고 해체되고 분해되기 마련이다. 그런데 나의 알음알이는 여기에 의지해 묶여 있다'라고 깟사빠여, 이것 역시 그에게는 통찰지의 구족이다.

② … 마음으로 이루어진 몸으로 마음을 향하게 하고 기울게 한다. … 깟사빠여, 이것 역시 그에게는 통찰지의 구족이다.

③ … 신통변화神足通로 마음을 향하게 하고 기울게 한다. … 깟사빠여, 이것 역시 그에게는 통찰지의 구족이다.

④ … 신성한 귀의 요소天耳界, 天耳通로 마음을 향하게 하고 기울게 한다. … 깟사빠여, 이것 역시 그에게는 통찰지의 구족이다.

⑤ … 남의 마음을 아는 지혜他心通으로 마음을 향하게 하고 기울게 한다. … 깟사빠여, 이것 역시 그에게는 통찰지의 구족이다.

⑥ … 전생을 기억하는 지혜宿命通로 마음을 향하게 하고 기울게 한다. … 깟사빠여, 이것 역시 그에게는 통찰지의 구족이다.

⑦ … 중생들의 죽음과 다시 태어남을 아는 지혜天眼通로 마음을 향하게 하고 기울게 한다. … 깟사빠여, 이것 역시 그에게는 통찰지의 구족이다.

⑧ 그는 이와 같이 마음이 삼매에 들고 청정하고 깨끗하고 흠이 없고 오염원이 사라지고 부드럽고 활발발活潑潑하고 안정되고 흔들림이 없는 상태에 이르렀을 때 모든 번뇌를 소멸하는 지혜漏盡通로 마음을 향하게 하고 기울게 한다. 그는 '이것은 괴로움이다'라고 있는 그대로 꿰뚫어 안다. '이것은 괴로움의 일어남이다'라고 있는 그대로 꿰뚫어 안다. '이것은 괴로움의 소멸이다'라고 있는 그대로 꿰뚫어 안다. '이것이 번뇌의 소멸로 인도하는 도닦음이다'라고 있는 그대로 꿰뚫어 안다. 이와 같이 알고 이와 같이 보는 그는 감각적 욕망의 번뇌로부터 마음이 해탈한다. 존재의 번뇌로부터 마음이 해탈한다. 무명의 번뇌로부터 마음이 해탈한다. 해탈했을 때 해탈했다는 지혜가 있다. '태어남은 다했다. 청정범행은 성취되었다. 할 일을 다 해 마쳤다. 다시는 어떤 존재로든 돌아오지 않을 것이다'라고 꿰뚫어 안다. 이것 역시 그에게는 통찰지의 구족이다.

깟사빠여, 이러한 계戒의 구족과 마음定의 구족과 통찰지慧의 구족보다 다 높고 더 수승한 다른 계의 구족과 마음의 구족과 통찰지의 구족이란 존재하지 않는다."[397]

일반적으로 위빠사나 명상에서 통용되는 방법은 몇 가지가 있습니다. 여러 가지 방법의 명상에서 가장 중요한 요건은 '마음챙김과 알아차림'의 문제입니다. 위빠사나의 어느 방법의 명

397 D8. 각묵스님 옮김(2005.12.20. 초기불전연구원)『디가 니까야Dīghanikāya』1권. pp.442-445.

상에서나 '마음챙김과 알아차림'은 항상 명상의 바탕에 두어야 할 요건입니다. 명상에 임하는 초보자는 힘들고 거추장스러운 일일지 모르지만, 이것은 모든 명상에서 선행되어야 할 중요한 요건입니다.

명상의 실수實修에서 '들숨 날숨'의 명상은 가장 많이 실천하는 방법입니다. 이 명상은 앉아서 하는 명상에서 더욱 편하게 진행할 수 있습니다. 그리고 '들숨 날숨의 명상'과 병행할 수 있는 명상 방법은 '걷기명상'입니다. 왜냐하면 한 시간이나 종일 하는 명상이라면 앉음명상과 걷기명상의 시간을 반반씩 나눠서 병행할 수 있는 문제이기 때문입니다. 예를 들면 앉아서 명상을 계속하는 경우 가부좌를 튼 다리에 피가 통하지 않으면 일어나서 걷기명상으로 전환하여 진행할 수 있습니다. 또 한 가지는 '공동묘지의 명상'으로 죽은 이의 시체를 관찰하는 명상인데 이 명상은 명상하는 사람이 직접 공동묘지나 시체가 보이는 곳에 가서 해야 하는 것으로서 대단한 용기와 계획 그리고 실천이 필요합니다.

2. 대념처경大念處經

가. 몸의 관찰身隨觀

앉음명상에서 가장 중요한 점은 정리된 관념을 가지는 것입니다. 괴로움의 소멸법칙의 꿰뚫은 이해에서 정견이 일어나는데 이때 정리된 관념을 경험할 수 있습니다. 이 관념에서는 괴로움의 실체 즉 괴로움과 원인과 소멸하는 실체가 윤회하는 모든 과정에서 훤히 보이게 됩니다. 생사의 흐름, 윤회의 흐름은 괴로움을 생산해내는 거대한 공장과도 같습니다. 그 공장은 삼계의 모든 조건이 다 포함되어 있습니다. 거기에서는 쉴새 없이 괴로움과 원인과 소멸이 반복됩니다. 여기에서는 아무리 행복하고 평온하고 안전한 것일지라도 모두 괴로움으로 귀결됩니다. 그러므로 괴로움의 소멸법칙을 통해 정견의 견해를 가진 이들에게는 벗어나야만 될 대상으로 단정하게 됩니다. 이러한 견해는 명상하는 이들에게 정리된 관념을 가지게 합니다. 그러나 이렇게 정리된 관념이 준비되지 않은 이들에게는 들숨날숨의 명상을 통해 사마타를 얻게 됩니다. 그리고 위빠사나를 통한 높은 통찰력도 경험할 수 있고 더 증장시킬 수 있습니다. 우선 정리된 관념이 준비되지 않은 이들에게 필요한 들숨날숨의 명상 방법이 있습니다. 이 설법은 대념처경Mahāsatipaṭṭhāna sutta의 몸의 관찰에서 다음과 같이 자세히 다루고 있습니다.

"비구들이여, 어떻게 비구는 몸에서 몸을 관찰하며 머무는가? 비구들이여, 여기 비구는 숲속에 가거나 나무 아래 가거나 외진 처소에 가서 가부좌를 틀고 몸을 곧추세우고 전면에 마음챙김을 확립하여[398] 앉는다. 그는 마음챙겨 숨을 들이쉬고 내쉰다. 길게 들이쉬면서 '길게 들이쉰다'라고 꿰뚫어 알고 길게 내쉬면서 '길게 내쉰다'라고 꿰뚫어 안다. 짧게 들이쉬면서 '짧게 들이쉰다'라

398 '전면에 마음챙김을 확립하고'는 명상주제인 '정리된 관념'을 마음속에 틀어잡는 것을 의미한다. 즉 마음챙김이라는 것이다. 여기서 마음챙김이란 괴로움의 소멸법칙을 통해서 일어난 정견의 견해를 철저히 파악하여 잡도리하는 것이다. '정리된 관념'이란 괴로움의 소멸법칙에서 얻게 된 정견임.

고 꿰뚫어 알고 짧게 내쉬면서 '짧게 내쉰다'라고 꿰뚫어 안다. '온몸을 경험하면서 들이쉰다'라며 '공부짓고 온몸을 경험하면서 내쉰다'라며 공부짓는다. '신행身行을 편안히 하면서 들이쉰다'라며 공부짓고 '신행을 편안히 하면서 내쉰다'라며 공부짓는다.

비구들이여, 마치 숙련된 도공이나 도공의 도제가 길게 돌리면서 '길게 돌린다'라며 꿰뚫어 알며 짧게 돌리면서 '짧게 돌린다'라고 꿰뚫어 아는 것처럼, 그와 같이 비구는 길게 들이쉬면서 '길게 들이쉰다'라고 꿰뚫어 알고 … 신행을 편안히 하면서 '내쉰다'라며 공부짓는다.

이와 같이 안으로 몸에서 몸을 관찰身隨觀하며 머문다. 혹은 밖으로 몸에서 몸을 관찰하며 머문다. 몸에서 몸을 관찰하며 머문다. 혹은 안팎으로 몸에서 몸을 관찰하며 머문다. 혹은 몸에서 일어나는 현상을 관찰하며 머문다. 혹은 모에서 사라지는 현상을 관찰하며 머문다. 혹은 몸에서 일어나기도 하고 사라지기도 하는 현상을 관찰하며 머문다. 혹은 그는 '몸이 있구나'라며 마음챙김을 잘 확립하나니 마음챙김만이 현전할 때까지. 이제 그는 갈애와 견해에 의지하지 않고 머문다. 그는 세상에서 아무것도 움켜쥐지 않는다. 비구들이여, 이와 같이 비구는 몸에서 몸을 관찰하며 머문다."[399]

이어서 이렇게 공부짓는 자세 네 가지에 관한 가르침과 알아차림의 공부방법에 관해서 다음과 같이 가르치고 있습니다.

"다시 비구들이여, 비구는 걸어가면서 '걷고 있다'라고 꿰뚫어 알고, 서 있으면서 '서 있다'라고 꿰뚫어 알며, 앉아 있으면서 '앉

---

399 D22. Mahāsatipaṭṭhāna sutta. 각묵스님 옮김(2005.12.20. 초기불전연구원) 『Dīghanikāya디가 니까야』 1권. pp.497-501.

아 있다'라고 꿰뚫어 알며, 누워있으면서 '누워있다'라고 꿰뚫어 안다. 또한 그의 몸이 다른 어떤 자세를 취하고 있든 그 자세대로 꿰뚫어 안다.

이와 같이 안으로 몸에서 몸을 관찰하며 머문다. … 그는 세상에 아무것도 움켜쥐지 않는다. 비구들이여, 이와 같이 비구는 몸에서 몸을 관찰하며 머문다."[400]

"다시 비구들이여, 비구는 나아갈 때도 물러날 때도 자신의 거동을 분명히 알아차리면서正知 행한다. 앞을 볼 때도 뒤돌아볼 때도 분명히 알아차리면서 행한다. 구부릴 때도 펼 때도 분명히 알아차리면서 행한다. 가사·발우·의복을 지닐 때도 분명히 알아차리면서 행한다. 대소변을 볼 때도 분명히 알아차리면서 행한다. 걸으면서·서면서·앉으면서·잠들면서·잠을 깨면서·말하면서·침묵하면서도 분명히 알아차리면서 행한다.

이와 같이 안으로 몸에서 몸을 관찰하며 머문다. … 그는 세상에 대해서 아무것도 움켜쥐지 않는다. 비구들이여, 이와 같이 비구는 몸에서 몸을 관찰하며 머문다."[401]

이러한 명상 방법은 위빠사나의 정통 실천 수행 방법입니다. 몸에 따른 32가지 부위에 대한 혐오스러운 부정不淨적인 요인들로 가득 차 있음을 관찰하는 방법을 사용함은 괴로움의 소멸법칙에 근거를 둔 것임을 알아야 할 것입니다. 그리고 몸의 근원

400 D22. Mahāsatipaṭṭhāna sutta. 각묵스님 옮김(2005.12.20. 초기불전연구원) 『Dīghanikāya디가 니까야』 1권. pp.502-503.

401 D22. Mahāsatipaṭṭhāna sutta. 각묵스님 옮김(2005.12.20. 초기불전연구원) 『Dīghanikāya디가 니까야』 1권. pp.503-504.

인 네 가지 물질에 관한 명상은 어쩌면 철학적인 관점도 있지만 그 명상 역시 괴로움의 소멸법칙에서 벗어나면 가르침에 어긋난 명상이 되고 맙니다. 그러므로 어떠한 명상을 하든 언제나 이러한 원칙은 정해져 있습니다. 그 원칙이 바로 정리된 관념이라는 것입니다.

1) 공동묘지의 명상

공동묘지에서 명상의 관찰은 아홉 가지로 설명되는 가르침입니다. 괴로움의 소멸법칙을 꿰뚫어 이해하지 못한 사람에게는 공동묘지라는 장소가 두렵고 무서운 장소로 여겨질 것입니다. 그러므로 공동묘지에서 명상하기 위해서는 갖춰야 할 필수적인 일들이 따릅니다. 우선 명상을 하겠다고 마음먹은 장소인 공동묘지를 일차 방문하여 지형지물을 습득해 놓아야 합니다. 이것은 밤의 명상 중에 환상으로 나타날 수 있는 조건을 가진 물체가 없는지 미리 보아두어야 하기 때문입니다. 예를 들면 커다란 흰 바위가 버티고 있는 장소에서 명상 중에 밤이 되면 그 커다란 바위가 다른 무서운 모습으로 보이게 되어 명상을 망치는 수가 있기 때문입니다. 아니면 낮 동안에 관찰에 임할 수 있습니다. 다음은 공동묘지의 관찰 아홉 가지의 설명입니다.

"다시 비구들이여.

① 비구는 마치 묘지에 버려진 시체가 죽은 지 하루나 이틀 또는 사흘이 지나 부풀고, 검푸르게 되고 문드러지는 것을 보게 될 것이다. 그는 바로 자신의 몸을 그에 비추어 바라본다. '이 몸 또한 그와 같고 그와 같이 될 것이며 그에서 벗어나지 못한다'라고,

이와 같이 안으로 몸에서 몸을 관찰하며 머문다. … 그는 세상에 대해서 아무것도 움켜쥐지 않는다. 비구들이여, 이와 같이 비구는 몸에서 몸을 관찰하며 머문다."

② "… 비구는 마치 묘지에 버려진 시체를 까마귀 떼가 달려들어 마구 쪼아먹고 솔개 무리가 쪼아먹고 독수리 떼가 쪼아먹고 개 떼가 뜯어먹고 자칼 떼가 뜯어먹고 별의별 벌레들이 다 달려들어 파먹는 것을 보게 될 것이다. 그는 자신의 몸을 그에 비추어 바라본다. '이 몸 또한 그와 같고 그와 같이 될 것이며 그에서 벗어나지 못한다'라고,

이와 같이 안으로 몸에서 몸을 관찰하며 머문다. … 그는 세상에 대해서 아무것도 움켜쥐지 않는다. 비구들이여, 이와 같이 비구는 몸에서 몸을 관찰하며 머문다."

③ "… 비구는 마치 묘지에 버려진 시체가 해골이 되어 살과 피가 묻은 채 힘줄에 얽혀 서로 이어져 있는 것을 보게 될 것이다. …

④ … 해골이 되어 살은 없어지고 아직 피는 남아있는 채로 힘줄에 얽혀 서로 이어져 있는 것을 보게 될 것이다. …

⑤ … 해골이 되어 살도 피도 없이 힘줄만 남아 서로 이어져 있는 것을 보게 될 것이다. …

⑥ … 백골이 되어 뼈들이 흩어져서 여기에는 손뼈, 저기에는 발뼈, 또 저기에는 정강이뼈, 저기에는 넓적다리뼈, 저기에는 엉덩이뼈, 저기에는 등뼈, 저기에는 갈빗대, 저기에는 가슴뼈, 저기에는 팔뼈, 저기에는 어깨뼈, 저기에는 목뼈, 저기에는 턱뼈, 저기에는 치골, 저기에는 두개골, 등이 사방에 널려있는 것을 보게 될 것이다. 그는 자신의 몸을 그에 비추어 바라본다. '이 몸 또한

그와 같고 그와 같이 될 것이며 그에서 벗어나지 못한다'라고,

이와 같이 안으로 몸에서 몸을 관찰하며 머문다. … 그는 세상에 대해서 아무것도 움켜쥐지 않는다. 비구들이여, 이와 같이 비구는 몸에서 몸을 관찰하며 머문다."

⑦ "… 비구는 마치 묘지에 버려진 시체가 백골이 되어 뼈가 하얗게 변하여 조개껍질 색깔처럼 된 것을 보게 될 것이다. …

⑧ … 백골이 되어 단지 뼈무더기가 되어 있는 것을 보게 될 것이다. …

⑨ … 그 백골이 해를 넘기면서 삭아 가루가 된 것을 보게 될 것이다. 그는 자신의 몸을 그에 비추어 바라본다. '이 몸 또한 그와 같고 그와 같이 될 것이며 그에서 벗어나지 못한다'라고,

이와 같이 안으로 몸에서 몸을 관찰하며 머문다. … 그는 세상에 대해서 아무것도 움켜쥐지 않는다. 비구들이여, 이와 같이 비구는 몸에서 몸을 관찰하며 머문다."[402]

나. 느낌의 관찰受隨觀

느낌은 인간이 가진 감각기능입니다. 그 느낌은 다양합니다. 느낌을 주관하는 감각기관에 따라 달라지기 때문입니다. 이러한 감각기관을 통해서 느끼는 느낌은 각양각색일 수밖에 없습니다. 그것은 인간의 희喜·노怒·애愛·락樂·우憂·비悲·고苦·뇌惱로

402 D22. Mahāsatipaṭṭhāna sutta. 각묵스님 옮김(2005.12.20. 초기불전연구원) 『Dīghanikāya디가 니까야』 1권. pp.507-510.

표현됩니다. 거기에서 오는 감정이라는 것 또한 이러한 조건에 따라 격해질 수도 있고 부드럽고 사랑스럽고 즐거울 수도 있습니다. 이러한 감정은 인간에게 늘 한 가지 형태로 나타나지는 않습니다. 꼭 같은 상황에서도 언제나 다른 느낌이 만들어지고 나타납니다. 누구나 일생을 통해서 이러한 감각기관에서 느낌을 받는데 특히 탐착이 심한 사람일수록 자유로울 수 없습니다. 왜냐하면 맘대로 되는 대상이 아니기 때문입니다. 느낌의 관찰에서는 이러한 모든 감수 작용이 관찰의 대상입니다. 이것은 괴로움의 소멸법칙에 결정적으로 해당하고 적용되는 조건들입니다. 다음의 설법은 느낌에 관한 것입니다.

"비구들이여, 어떻게 비구가 느낌에서 느낌을 관찰하며 머무는가? 비구들이여, 즐거운 느낌을 느끼면서 '즐거운 느낌을 느낀다'라고 꿰뚫어 안다. 괴로운 느낌을 느끼면서 '괴로운 느낌을 느낀다'라고 꿰뚫어 안다. 괴롭지도 즐겁지도 않은 느낌을 느끼면서 '괴롭지도 즐겁지도 않은 느낌을 느낀다'라고 꿰뚫어 안다.

세속적인 즐거운 느낌을 느끼면서 '세속적인 즐거운 느낌을 느낀다'라고 꿰뚫어 안다. 비세속적인 느낌을 느끼면서 … 세속적인 괴로운 느낌을 느끼면서 … 비세속적인 느낌을 느끼면서 … 세속적인 괴롭지도 즐겁지도 않은 느낌을 느끼면서 … 비세속적인 괴롭지도 즐겁지도 않은 느낌을 느끼면서 '비세속적인 괴롭지도 즐겁지도 않은 느낌을 느낀다'라고 꿰뚫어 안다.

이와 같이 안으로 느낌에서 느낌을 관찰하며 머문다. 혹은 밖으로 느낌에서 느낌을 관찰하며 머문다. 혹은 안팎으로 느낌에서 느낌을 관찰하며 머문다. 혹은 느낌에서 일어나는 현상을 관찰하며 머문다. 혹은 느낌에서 사라지는 현상을 관찰하며 머문다. 혹은 느낌에서 일어나기도 하고 사라지기도 하는 현상을 관찰하며 머문다. 혹은 그는 '느낌이 있구나'라고 마음챙김을 잘 확립하나니 지혜만이 있고觀 마음챙김止이 현전할 때까지. 이제 그는 갈애와 견해에 의지하지 않고 머문다. 그는 세상에 대해서 아무것도 움켜쥐지 않는다. 비구들이여, 이와 같이 비구는 느낌에서 느낌을 관찰하며 머문다."403

다. 마음의 관찰心隨觀

느낌의 총체적인 주관은 마음이 합니다. 거기에는 판단의 능력도 있습니다. 이러한 판단력은 사람의 성향에 따라 다릅니다. 예를 들면 지혜롭거나 무지하거나 영리하거나 둔하다는 표현으로 그 상태를 가름하게 됩니다. 이것은 마음의 상태이고 눈의 감각기관을 통하여 볼 수 있는 것은 아닙니다. 다만 감각기관에서 느낌을 받아 전해지는 정보는 마음에서 받아들입니다. 이러한 마음의 일들을 현대과학이나 의학 분야에서는 '뇌에서 담당하는 일'로 판단한 사실입니다. 각 감각기관에서 들어온 정보를 분석하고 판단하고 적용하는 모든 결과를 뇌가 담당합니다. 이러한 논리가 경전 안에 있을 리가 없습니다. 그것은 그 당시의 상황에서 과학이나 의학적이 아닌 단순한 관념의 상태로 분석하였기 때문입니다. 그리고 더욱 단순명료한 관찰에서 과학적 혹은 의학적인 관찰이나 연구가 불필요한 문제라는 것은 다음의 가르침에서 확인할 수 있습니다.

403 D22. Mahāsatipaṭṭhāna sutta. 각묵스님 옮김(2005.12.20. 초기불전연구원) 『Dīghanikāya디가 니까야』 1권. pp.510-512.

“비구들이여, 어떻게 비구가 마음에서 마음을 관찰하며 머무는가? 비구들이여.

① 탐욕이 있는 마음을 탐욕이 있는 마음이라 꿰뚫어 안다. 탐욕을 여윈 마음을 탐욕이 없는 마음이라 꿰뚫어 안다.

② 성냄이 있는 마음을 성냄이 있는 마음이라 꿰뚫어 안다. 성냄을 여윈 마음을 성냄이 없는 마음이라 꿰뚫어 안다.

③ 미혹이 있는 마음을 미혹이 있는 마음이라 꿰뚫어 안다. 미혹을 여읜 마음을 미혹이 없는 마음이라 꿰뚫어 안다.

④ 위축된 마음을 위축된 마음이라 꿰뚫어 안다. 산란한 마음을 산란한 마음이라 꿰뚫어 안다.

⑤ 고귀한 마음을 고귀한 마음이라 꿰뚫어 안다. 고귀하지 않은 마음을 고귀하지 않은 마음이라 꿰뚫어 안다.

⑥ 아직도 위가 남아있는 마음을 아직도 위가 남아있다고 꿰뚫어 안다. 더 이상 위가 없는 마음을 더 이상 위가 없는 마음이라 꿰뚫어 안다.

⑦ 삼매에 든 마음을 삼매에 든 마음이라 꿰뚫어 안다. 삼매에 들지 않은 마음을 삼매에 들지 않은 마음이라 꿰뚫어 안다.

⑧ 해탈한 마음을 해탈한 마음이라 꿰뚫어 안다. 해탈하지 않은 마음을 해탈하지 않은 마음이라 꿰뚫어 안다.

이와 같이 안으로 마음에서 마음을 관찰하며 머문다. 혹은 밖으로 마음에서 마음을 관찰하며 머문다. 혹은 안팎으로 마음에서 마음을 관찰하며 머문다. 혹은 마음에서 일어나는 현상을 관찰하며 머문다. 혹은 마음에서 사라지는 현상을 관찰하며 머문다. 혹은 마음에서 일어나기도 하며 사라지기도 하는 현상을 관찰하며 머문다. 혹은 그는 '마음이 있구나'라고 마음챙김을 잘 확립하나니 지혜만 있고 마음챙김만이 현전할 때까지. 이제 그는 갈애와 견해에 의지하지 않고 머문다. 그는 세상에 대해서 아무것도 움켜쥐지 않는다. 비구들이여, 이와 같이 비구는 마음에서 마음을 관찰하며 머문다."[404]

라. 법의 관찰法隨觀

법法의 관찰에서는 법이 관찰의 대상이 됩니다. 법法이란 크게 두 가지로 분류됩니다. 첫째는 생성소멸의 법입니다. 괴로움의 소멸법칙으로 생성소멸하는 것임을 뜻합니다. 이것은 윤회의 원인이 되며 동력이 되고 소멸하는 원리가 적용됩니다. 그러므로 세속법이라고 불립니다. 다음은 세속법에서 벗어난 법입니다. 이것은 출세간법이라고 합니다. 괴로움의 소멸법칙이 적용되는 모든 세상의 조건에서 벗어난 법입니다. 그러나 여기에서 관찰의 대상인 법은 두 가지 모두 다입니다. 왜냐하면 법을 관찰하는 목적은 괴로움의 소멸법칙에 의해 깨달음을 얻기 위한 것이기 때문입니다. 그래서 법의 설법은 다섯 가지 장애五蘊, 다섯 가지 무더기五蘊, 여섯 가지 감각장소六處, 일곱 가지 깨달음의 구성요소七覺支, 네 가지 성스러운 진리四聖諦 그리고 사성제를 각각 나눠서 설법합니다. 괴로움의 성스러운 진리苦聖諦, 고로움의 일어남의 성스러운 진리集聖諦, 괴로움의 소멸의 성스러운 진리滅聖諦, 도닦음의 성스러운 진리道聖諦입니다. 내용이 무척 길지만 모든 내용을 다 싣습니다. 가르침의 설명에서 어느 하나라도 빠뜨릴 수 있는 내용이 하나도 없기 때문입니다.

---

404 D22. Mahāsatipaṭṭhāna sutta. 각묵스님 옮김(2005.12.20. 초기불전연구원) 『Dīghanikāya디가 니까야』 1권. pp.512-515.

1) 다섯 가지 장애五蘊

“비구들이여, 어떻게 비구가 법에서 법을 관찰하며 머무는가? 비구들이여, 여기 비구는 다섯 가지 장애의 법에서 법을 관찰하며 머무는가? 비구들이여, 여기 비구는 자기에게 감각적 욕망이 있을 때 ‘내게 감각적 욕망이 있다’라고 꿰뚫어 알고 감각적 욕망이 없을 때 ‘내게 감각적 욕망이 없다’라고 꿰뚫어 안다. 비구는 전에 없던 감각적 욕망이 어떻게 일어나는지 꿰뚫어 알고, 일어난 감각적 욕망이 어떻게 소멸하는지 꿰뚫어 알며, 어떻게 하면 소멸한 감각적 욕망이 다시 일어나지 않는지 꿰뚫어 안다.

자기에게 악의가 있을 때 ‘내게 악의가 있다’라고 꿰뚫어 알고, 악의가 없을 때 ‘내게 악의가 없다’라고 꿰뚫어 안다. 비구는 전에 없던 악의가 어떻게 일어나는지 꿰뚫어 알고, 일어난 악의는 어떻게 소멸하는지 꿰뚫어 알며, 어떻게 하면 소멸한 악의가 다시 일어나지 않는지 꿰뚫어 안다.

자기에게 해태와 혼침이 있을 때 ‘내게 해태와 혼침이 있다’라고 꿰뚫어 알고, 해태와 혼침이 없을 때 ‘내게 해태와 혼침이 없다’라고 꿰뚫어 안다. 비구는 전에 없던 해태와 혼침이 어떻게 일어나는지 꿰뚫어 알고, 일어난 해태와 혼침이 어떻게 소멸하는지 꿰뚫어 알고, 어떻게 하면 소멸한 해태와 혼침이 다시 일어나지 않는지 꿰뚫어 안다.

자기에게 들뜸과 후회가 있을 때 ‘내게 들뜸과 후회가 있다’라고 꿰뚫어 알고, 들뜸과 후회가 없을 때 ‘내게 들뜸과 후회가 없다’라고 꿰뚫어 안다. 비구가 전에 없던 들뜸과 후회가 어떻게 일어나는지 꿰뚫어 알고 일어난 들뜸과 후회가 어떻게 소멸하는지 꿰뚫어 알며 어떻게 하면 소멸한 들뜸과 후회가 다시 일어나지 않는지 꿰뚫어 안다.

자기에게 회의적인 의심이 있을 때 '내게 회의적인 의심이 있다'라고 꿰뚫어 알고, 의심이 없을 때 '내게 의심이 없다'라고 꿰뚫어 안다. 비구는 전에 없던 의심이 어떻게 일어나는지 꿰뚫어 알고, 어떻게 소멸하는지 꿰뚫어 알고, 어떻게 소멸한 의심이 다시 일어나는지 않는지 꿰뚫어 안다.

이와 같이 안으로 법에서 법을 관찰하며 머문다. 혹은 밖으로 밖으로 법에서 법을 관찰하며 머문다. 혹은 안팎으로 법에서 법을 관찰하며 머문다. 혹은 법에서 일어나는 현상을 관찰하며 머문다. 혹은 법에서 사라지는 현상을 관찰하며 머문다. 혹은 법에서 일어나기도 하고 사라지기도 하는 현상을 관찰하면서 머문다. 혹은 그는 '법이 있구나'라고, 마음챙김을 잘 확립하나니 지혜만이 있고 마음챙김만이 현전할 때까지. 이제 그는 갈애와 견해에 의지하지 않고 머문다. 그는 세상에 아무것도 움켜쥐지 않는다. 비구들이여, 이와 같이 비구는 다섯 가지 장애의 법에서 법을 관찰하며 머문다."405

2) 다섯 가지 무더기五蘊

"다시 비구들이여, 여기 비구는 나 등으로 취착하는 다섯 가지 무더기五取蘊의 법에서 법을 관찰하며 머문다. 비구들이여, 어떻게 비구가 나 등으로 취착하는 다섯 가지 무더기들의 법에서 법을 관찰하며 머무는가? 비구들이여, 여기 비구는 '이것이 물질이다. 이것은 물질의 일어남이다. 이것은 물질의 사라짐이다. 이것이 느낌이다. 이것이 느낌의 일어남이다. 이것이 느낌의 사라짐이다. 이것인 인식이다. 이것이 인식의 일어남이다. 이것이 인식의 사라짐이다. 이것이 상카라行이다. 이것이 상카라의 일어남이다. 이것이 상

405 D22. Mahāsatipaṭṭhāna sutta. 각묵스님 옮김(2005.12.20. 초기불전연구원) 『Dīghanikāya디가 니까야』 1권. pp.515-519.

카라의 사라짐이다. 이것이 알음알이이다. 이것이 알음알이의 일어남이다. 이것이 알음알이의 사라짐이다'라고 관찰하여 머문다.

이와 같이 안으로 법에서 법을 관찰하며 머문다. … 그는 세상에 아무것도 움켜쥐지 않는다. 비구들이여, 이와 같이 비구는 다섯 가지 장애의 법에서 법을 관찰하며 머문다."[406]

3) 여섯 가지 감각장소六處

"다시 비구들이여, 여기 비구는 여섯 가지 안팎의 감각장소六識六處의 법에서 법을 관찰하며 머문다. 비구들이여, 어떻게 비구가 여섯 가지 안팎의 감각장소의 법에서 법을 관찰하며 머무는가? 비구들이여, 여기 비구는 눈을 꿰뚫어 안다. 형상을 꿰뚫어 안다. 이 둘의 조건으로 일어난 족쇄도 꿰뚫어 안다. 전에 없던 족쇄가 어떻게 일어나는지 꿰뚫어 알고, 일어난 족쇄가 어떻게 사라지는지 꿰뚫어 알며, 어떻게 사라진 족쇄가 다시 일어나지 않는지 꿰뚫어 안다.

귀를 꿰뚫어 안다. 소리를 꿰뚫어 안다. … 코를 꿰뚫어 안다. 냄새를 꿰뚫어 안다. … 혀를 꿰뚫어 안다. 맛을 꿰뚫어 안다. … 몸을 꿰뚫어 안다. 감촉을 꿰뚫어 안다. … 마노를 꿰뚫어 안다. 법을 꿰뚫어 안다. … 이 둘을 조건으로 일어난 족쇄도 꿰뚫어 안다. 전에 없던 족쇄가 어떻게 일어나는지 꿰뚫어 알며, 일어난 족쇄가 어떻게 사라지는지 꿰뚫어 알며, 어떻게 사라진 족쇄가 다시 일어나지 않는지 꿰[뚫어 안다.

이와 같이 안으로 법에서 법을 관찰하며 머문다. … 그는 세상에 아무것도 움켜쥐지 않는다. 비구들이여, 이와 같이 비구는 여섯 가지 안팎의 감각장소의 법에서 법을 관찰하며 머문다."[407]

---

406 D22. Mahāsatipaṭṭhāna sutta. 각묵스님 옮김(2005.12.20. 초기불전연구원) 『Dīghanikāya디가 니까야』. 1권. pp.519-520.

4) 일곱 가지 깨달음의 구성요소七覺支

"다시 비구들이여, 비구는 일곱 가지 깨달음의 구성요소들의 법에서 법을 관찰하며 머문다. 비구들이여, 어떻게 비구가 일곱 가지 깨달음의 구성요소의 법에서 법을 관찰하며 머무는가? 비구들이여, 여기 비구는 자기에게 마음챙김의 깨달음의 구성요소念覺支가 있을 때 '내게 마음챙김의 깨달음의 구성요소가 있다'라고 꿰뚫어 알고, 마음챙김의 깨달음의 구성요소가 없을 때 '내게 마음챙김의 깨달음의 구성요소가 없다'라고 꿰뚫어 안다. 비구는 전에 없었던 마음의 깨달음의 구성요소가 어떻게 일어나는지 꿰뚫어 알고, 일어난 마음챙김의 깨달음의 구성요소를 어떻게 닦아 성취하는지 꿰뚫어 안다.

자기에게 간택하는 깨달음의 구성요소擇法覺支가 있을 때 … 정진의 깨달음의 구성요소精進覺支가 있을 때 … 희열의 깨달음의 구성요소喜覺支가 있을 때 … 편안함의 깨달음의 구성요소輕安覺支가 있을 때 … 삼매의 깨달음의 구성요소定覺支가 있을 때 … 평온의 깨달음의 구성요소捨覺支가 있을 때 … '내게 평온의 깨달음의 구성요소가 있다'라고 꿰뚫어 알고, 평온의 깨달음의 구성요소가 없을 때 '내게 평온의 깨달음의 구성요소가 없다'라고 꿰뚫어 안다. 비구는 전에 없던 평온의 깨달음의 구성요소가 어떻게 일어나는지 꿰뚫어 알고, 일어난 평온의 깨달음의 구성요소를 어떻게 닦아 성취하는지 꿰뚫어 안다.

이와 같이 안으로 법에서 법을 관찰하며 머문다. … 그는 세상에 대해서 아무것도 움켜쥐지 않는다. 이와 같이 비구는 일곱 가지 깨달음의 구성요소의 법에서 법을 관찰하며 머문다."[408]

---

407 D22. Mahāsatipaṭṭhāna sutta. 각묵스님 옮김(2005.12.20. 초기불전연구원) 『Dīghanikāya디가 니까야』 1권. pp.520-523.

5) 네 가지 성스러운 진리四聖諦

"다시 비구들이여, 여기 비구는 네 가지 성스러운 진리의 법에서 법을 관찰하며 머문다. 비구들이여, 어떻게 비구가 네 가지 성스러운 진리의 법에서 법을 관찰하며 머무는가? 여기 비구는 '이것이 괴로움이다'라고 있는 그대로 꿰뚫어 안다. '이것이 괴로움의 일어남이다'라고 있는 그대로 꿰뚫어 안다. '이것이 괴로움의 소멸이다'라고 있는 그대로 꿰뚫어 안다. '이것이 괴로움의 소멸로 인도하는 도닦음이다'라고 있는 그대로 꿰뚫어 안다."[409]

① 괴로움의 성스러운 진리苦聖諦

"비구들이여, 그러면 무엇이 괴로움인가? 태어남도 괴로움이다. 늙음도 괴로움이다. 병듦도 괴로움이다. 죽음도 괴로움이다. 근심·탄식·육체적 고통·정신적 고통·절망도 괴로움이다. 원하는 무엇을 얻지 못하는 것도 괴로움이다. 요컨대 나 등으로 취착하는 다섯 가지 무더기 자체가 괴로움이다.

비구들이여, 그런데 어떤 무엇이 태어남인가? 이런저런 중생들의 무리 가운데서 이런저런 중생들의 태어남, 출생, 도래함, 생김, 탄생, 오온의 나타남, 감각장소를 획득함, 비구들이여, 이를 일러 태어남이라 한다.

비구들이여, 그러면 어떤 무엇이 늙음인가? 이런저런 중생들의 무리 가운데서 이런저런 중생들의 늙음, 노쇠함, 부서진 이빨, 희어진 머리털, 주름진 피부, 수명의 감소, 감각기능의 허약함,

---

408 D22. Mahāsatipaṭṭhāna sutta. 각묵스님 옮김(2005.12.20. 초기불전연구원) 『Dīghanikāya디가 니까야』 1권. pp.523-524.

409 D22. Mahāsatipaṭṭhāna sutta. 각묵스님 옮김(2005.12.20. 초기불전연구원) 『Dīghanikāya디가 니까야』 1권. pp.524-525.

이를 일러 늙음이라 한다.

비구들이여, 그러면 어떤 것이 죽음인가? 이런저런 중생들의 무리로부터 이런저런 중생들의 종말, 제거됨, 부서짐, 사라짐, 사망, 죽음, 서거, 오온의 부서짐, 시체를 안치함, 생명기능이 끊어짐, 이를 일러 죽음이라 한다.

비구들이여 그러면 어떤 것이 근심인가? 비구들이여, 이런저런 불행을 만나고 이런저런 괴로운 현상에 맞닿은 사람의 근심, 근심함, 근심스러움, 내면의 근심, 내면의 슬픔, 이를 일러 근심이라 한다.

비구들이여, 그러면 어떤 무엇이 탄식인가? 비구들이여, 이런저런 불행을 만나고 이런저런 괴로운 법에 맞닿은 사람의 한탄, 비탄, 한탄함, 비탄함, 한탄스러움, 비탄스러움, 이를 일러 탄식이라 한다.

비구들이여, 그러면 어떤 무엇이 육체적 고통인가? 비구들이여, 몸의 고통, 몸의 불편함, 몸에 맞닿아 생긴 고통스럽고 불편한 느낌, 이를 일러 육체적 고통이라 한다.

비구들이여, 그러면 어떤 것이 정신적 고통인가? 비구들이여, 정신적 불편함, 마음에 맞닿아 생긴 고통스럽고 불편한 느낌, 이를 일러 정신적 고통이라 한다.

비구들이여, 그러면 어떤 무엇이 절망인가? 비구들이여, 이런저런 불행을 만나고 이런저런 괴로운 법에 맞닿은 사람의 실망, 절망, 실망함, 절망함, 이를 일러 절망이라 한다.

비구들이여, 그러면 어떤 무엇이 원하는 것을 얻지 못하는 괴로움인가? 비구들이여, 태어나기 마련인 중생들에게 이러한 바람이 일어난다. '오, 참으로 우리에게 태어나는 법이 있지 않기를! 참으로 그 태어남이 우리에게 오지 않기를!'이라고, 그러나 이것은 원한다고 해서 얻어지지 않는다. 원하는 무엇을 얻지 못하는 이것도 괴로움이다. 비구들이여, 늙기 마련인 중생들에게 … 병들기 마련인 중생들에게 … 죽기 마련인 중생들에게 … 근심·탄식·육체적 고통·정신적 고통·절망을 하기 마련인 중생들에게 이러한 바람이 일어난다. '오, 참으로 우리에게 근심·탄식·육체적 고통·정신적 고통·절망하는 법이 있지 않기를!'이라고, 그러나 이것은 원한다고 해서 얻어지지 않는다. 원하는 것을 얻지 못하는 이것도 역시 괴로움이다.

비구들이여, 그러면 요컨대 나 등으로 취착하는 다섯 가지 무더기五取蘊 자체가 괴로움이라는 이것은 어떤 것인가? 그것은 나 등으로 취착하는 물질의 무더기色取蘊, 나 등으로 취착하는 느낌의 무더기受取蘊, 나 등으로 취착하는 인식의 무더기想取蘊, 나 등으로 취착하는 상카라의 무더기行取蘊, 나 등으로 취착하는 알음알이의 무더기識取蘊이다. 비구들이여, 요컨대 이 취착하는 다섯 가지 무더기들 자체가 괴로움이다. 비구들이여, 이를 일러 괴로움의 성스러운 진리라 한다."[410]

② 괴로움의 일어남의 성스러운 진리集聖諦

"비구들이여, 그러면 무엇이 괴로움의 일어남의 성스러운 진리인가? 그것은 갈애이니, 다시 태어남을 가져오고 환희와 탐욕이 함께 하며 여기저기서 즐기는 것이다. 즉 감각적 욕망에 대한 갈

410 D22. Mahāsatipaṭṭhāna sutta. 각묵스님 옮김(2005.12.20. 초기불전연구원) 『Dīghanikāya디가 니까야』 1권. pp.525-530.

애欲愛, 존재에 대한 갈애有愛, 존재하지 않는 것에 대한 갈애無有愛가 그것이다.

다시 비구들이여, 이러한 갈애는 어디에서 일어나서 어디에서 자리 잡는가? 세상에서 즐겁고 기분 좋은 것이 있으면 거기에서 이 갈애는 일어나서 거기에 자리 잡는다. 그러면 세상에서 어떠한 것이 즐겁고 기분 좋은 것인가? 눈은 세상에서 즐겁고 기분 좋은 것이다. 귀는 … 코는 … 혀는 … 몸은 … 마노는 세상에서 즐겁고 기분 좋은 것이다. 여기서 이 갈애는 일어나서 여기서 자리 잡는다. 형상은 … 소리는 … 냄새는 … 맛은 … 감촉은 … 마노의 대상인 법은 세상에서 즐겁고 기분 좋은 것이다. 여기서 이 갈애는 일어나서 여기서 자리 잡는다. 눈의 알음알이는 … 귀의 알음알이는 … 코의 알음알이는 … 혀의 알음알이는 … 몸의 알음알이는 … 마노의 알음알이는 세상에서 즐겁고 기분 좋은 것이다. 여기서 이 갈애는 일어나서 자리 잡는다.

눈의 감각접촉은 … 귀의 감각접촉은 … 코의 감각접촉은 … 혀의 감각접촉은 … 몸의 감각접촉은 … 마노의 감각접촉은 세상에서 즐겁고 기분 좋은 것이다. 여기서 갈애는 일어나서 여기서 자리 잡는다. 눈의 감각접촉에서 생긴 느낌은 … 귀의 감각접촉에서 생긴 느낌은 … 코의 감각접촉에서 생긴 느낌은 … 코의 감각접촉에서 생긴 느낌은 … 혀의 감각접촉에서 생긴 느낌은 … 몸의 감각접촉에서 생긴 느낌은 … 마노의 감각접촉에서 생긴 느낌은 세상에서 즐겁고 기분 좋은 것이다. 여기서 이 갈애는 일어나서 여기서 자리 잡는다. 눈의 인식은 … 귀의 인식은 … 코의 인식은 … 혀의 인식은 … 몸의 인식은 … 마노의 인식은 세상에서 즐겁고 기분 좋은 것이다. 여기서 이 갈애는 일어나서 여기서 자리 잡는다.

눈의 의도는 … 귀의 의도는 … 코의 의도는 … 혀의 의도는 … 몸의 의도는 … 마노의 의도는 세상에서 즐겁고 기분 좋은 것이다. 여기서 갈애는 일어나서 여기서 자리 잡는다. 눈의 갈애는 … 귀의 갈애는 … 코의 갈애는 … 혀의 갈애는 … 몸의 갈애는 … 마노의 갈애는 세상에서 즐겁고 기분 좋은 것이다. 여기서 갈애는 일어나서 여기서 자리 잡는다. 눈의 일으킨 생각은 … 귀의 일으킨 생각은 … 코의 일으킨 생각은 … 혀의 일으킨 생각은 … 몸의 일으킨 생각은 … 마노의 일으킨 생각은 세상에서 줄겁고 기분 좋은 것이다. 여기서 갈애는 일어나서 여기서 자리 잡는다. 눈의 지속적인 고찰은 … 귀의 지속적인 고찰은 … 코의 지속적인 고찰은 … 혀의 지속적인 고찰은 … 몸의 지속적인 고찰은 … 마노의 지속적인 고찰은 세상에서 즐겁고 기분 좋은 것이다. 여기서 이 갈애는 일어나서 여기서 자리 잡는다. 비구들이여, 이를 일러 괴로움의 일어남의 성스러운 진리라 한다"[411]

③ 괴로움의 소멸의 성스러운 진리滅聖諦

"비구들이여, 그러면 무엇이 괴로움의 소멸의 성스러운 진리인가? 갈애가 남김없이 빛바래어 소멸함, 버림, 놓아버림, 벗어남, 집착 없음이다. 비구들이여, 이를 일러 괴로움의 소멸의 성스러운 진리라 한다.

다시 비구들이여, 그런 이 갈애는 어디서 없어지고 어디서 소멸하는가? 세상에서 즐겁고 기분 좋은 것들이 있으면 거기서 이 갈애는 없어지고 거기서 소멸한다. 그러면 세상에서 어떤 것들이 즐겁고 기분 좋은 것인가? 눈은 세상에서 즐겁고 기분 좋은 것이다. 귀는 … 코는 … 혀는 … 몸은 … 마음은 세상에서 즐겁고 기분 좋은 것이다. 여기서 이 갈애는 없어지고 여기서 소멸한다. 형상은 … 소리는 … 냄새는 … 맛은 … 감촉은 … 마노의 대

411 D22. Mahāsatipaṭṭhāna sutta. 각묵스님 옮김(2005.12.20. 초기불전연구원) 『Dīghanikāya디가 니까야』 1권. pp.530-533.

상인 법은 세상에서 즐겁고 기분 좋은 것이다. 여기서 갈애는 없어지고 여기서 소멸한다. 눈의 알음알이는 … 귀의 알음알이는 … 코의 알음알이는 … 혀의 알음알이는 … 몸의 알음알이는 … 마노의 알음알이는 세상에서 즐겁고 기분 좋은 것이다. 여기서 이 갈애는 없어지고 여기서 소멸한다.

눈의 감각접촉은 … 귀의 감각접촉은 … 코의 감각접촉은 … 혀의 감각접촉은 … 몸의 감각접촉은 … 마노의 감각접촉은 세상에서 즐겁고 기분 좋은 것이다. 여기서 이 갈애는 없어지고 여기서 소멸한다. 눈의 감각접촉에서 생긴 느낌은 … 귀의 감각접촉에서 생긴 느낌은 … 코의 감각접촉에서 생긴 느낌은 … 혀의 감각접촉에서 생긴 느낌은 … 몸의 감각접촉에서 생긴 느낌은 … 마노의 감각접촉에서 생긴 느낌은 … 세상에서 즐겁고 기분 좋은 것이다. 여기서 이 갈애는 없어지고 여기서 소멸한다. 눈의 인식은 … 귀의 인식은 … 코의 인식은 … 혀의 인식은 … 몸의 인식은 … 마노의 인식은 세상에서 즐겁고 기분 좋은 것이다. 여기서 이 갈애는 없어지고 여기서 소멸한다.

눈의 의도는 … 귀의 의도는 … 코의 의도는 … 혀의 의도는 … 몸의 의도는 … 마노의 의도는 세상에서 즐겁고 기분 좋은 것이다. 여기서 이 갈애는 없어지고 여기서 소멸한다. 눈의 갈애는 … 귀의 갈애는 … 코의 갈애는 … 혀의 갈애는 … 몸의 갈애는 … 마노의 갈애는 세상에서 즐겁고 기분 좋은 것이다. 여기서 이 갈애는 없어지고 여기서 소멸한다. 눈의 일으킨 생각은 … 귀의 일으킨 생각은 … 코의 일으킨 생각은 … 혀의 일으킨 생각은 … 몸의 일으킨 생각은 … 마노의 일으킨 생각은 즐겁고 기분 좋은 것이다. 여기서 이 갈애는 없어지고 여기서 소멸한다. 눈의 지속적인 고찰은 … 귀의 지속적인 고찰은 … 코의 지속적인 고찰은 … 혀의 지속적인 고찰은 … 몸의 지속적인 고찰은 … 마노의 지속적인 고찰은 세상에서 즐겁고 기분 좋은 것이다. 여기서 이 갈애는 없어지고 여기서 소멸한다. 비구들이여, 이를 일러 괴로움의 소멸의 성스러운 진리라 한다"412

④ 괴로움의 소멸로 인도하는 도닦음의 성스러운 진리道聖諦

"비구들이여, 그러면 무엇이 괴로움의 소멸로 인도하는 도닦음의 성스러운 진리인가? 그것은 바로 여덟 가지 구성요소를 가진 성스러운 도八支正道이니, 즉 바른 견해正見, 바른 사유正思惟, 바른말正語, 바른 행위正業, 바른 생계正命, 바른 정진正精進, 바른 마음챙김正念, 바른 삼매正定이다.

비구들이여, 그러면 무엇이 바른 견해인가? 괴로움에 대한 지혜, 괴로움의 일어남에 대한 지혜, 괴로움의 소멸에 대한 지혜, 괴로움의 소멸로 인도하는 도닦음에 대한 지혜 이를 일러 바른 견해라 한다.

비구들이여, 그러면 무엇이 바른 사유인가? 출리에 대한 사유, 악의 없음에 대한 사유, 해코지 않음에 대한 사유, 이를 일러 바른 사유라 한다.

비구들이여, 그러면 무엇이 바른말이라 하는가? 거짓말을 삼가고 중상모략을 삼가고 욕설을 삼가고 잡담을 삼가는 것, 이를 일러 바른 말이라 한다.

비구들이여, 그러면 무엇이 바른 행위인가? 비구들이여, 살생을 삼가고 도둑질을 삼가고 삿된 음행을 삼가는 것, 이를 일러 바른 행위라 한다.

---

412 D22. Mahāsatipaṭṭhāna sutta. 각묵스님 옮김(2005.12.20. 초기불전연구원) 『Dīghanikāya디가 니까야』 1권. pp.533-536.

비구들이여, 그러면 무엇인 바른 생계인가? 비구들이여, 성스러운 제자는 삿된 생계를 제거하고 바른 생계로 생명을 영위한다. 비구들이여 이를 일러 바른 생계라 한다.

비구들이여, 그러면 무엇이 바른 정진인가? 비구들이여, 여기 비구는 아직 일어나지 않은 사악하고 해로운 법들을 일어나지 못하게 하기 위해서 의욕을 생기게 하고 정진하고 힘내고 마음을 다잡고 애를 쓴다. 이미 일어난 사악하고 해로운 법들을 제거하기 위하여 의욕을 생기게 하고 정진하고 힘을 내고 마음을 다잡고 애를 쓴다. 아직 일어나지 않은 유익한 법들을 일어나도록 하기 위해서 의욕을 생기게 하고 정진하고 힘을 내고 마음을 다잡고 애를 쓴다. 이미 일어난 유익한 법들을 지속시키고 사라지지 않게 하고 증장시키고 충만하게 하고 개발하기 위해서 의욕을 생기게 하고 정진하고 힘을 내고 마음을 다잡고 애를 쓴다. 비구들이여, 이를 일러 바른 정진이라 한다.

비구들이여, 그러면 무엇이 바른 마음챙김인가? 비구들이여, 여기 비구는 몸에서 몸을 관찰하며 머문다. 세상에 대한 욕심과 싫어하는 마음을 버리면서 근면하게 분명히 알아차리고 마음챙기면서 머문다. 느낌들에서 … 마음에서 … 법에서 법을 관찰하며 머문다. 세상에 대한 욕심과 싫어하는 마음을 버리면서 근면하게 분명히 알아차리면서 머문다. 비구들이여, 이를 일러 바른 마음챙김이라 한다.

비구들이여, 그러면 무엇이 바른 삼매인가? 비구들이여, 여기 비구는 감각적 욕망을 완전히 떨쳐버리고 해로운 법들을 떨쳐버린 뒤 일으킨 생각尋과 지속적인 고찰伺이 있고 떨쳐버렸음에서 생겼고 희열과 행복이 있는 초선初禪에 들어 머문다.

일으킨 생각과 지속적인 고찰을 가라앉혔기 때문에, 더 이상 존재하지 않으며 자기 내면의 것이고, 확신이 있으며 마음의 단일한 상태이고 일으킨 생각과 지속적인 고찰은 없고 삼매에서 생긴 희열과 행복이 있는 제2선에 들어 머문다.

희열이 빛바랬기 때문에 평온하게 머물고 마음챙기고 알아차리며正念正知 몸으로 행복을 경험한다. 이를 두고 성자들이 '평온하게 마음챙기며 행복하게 머문다'라고 묘사하는 제3선에 머문다.

행복도 버리고 괴로움도 버리고 아울러 그 이전에 이미 기쁨과 슬픔을 없앴으므로 괴롭지도 즐겁지도 않으며 평온으로 인해 마음챙김이 청정한捨念淸淨한 제4선에 들어 머문다. 비구들이여, 이를 일러 바른 삼매라 한다.

이와 같이 안으로 법에서 법을 관찰하며 머문다. 혹은 밖으로 법에서 법을 관찰하며 머문다. 혹은 안팎으로 법에서 법을 관찰하며 머문다. 혹은 법들에서 일어나는 현상을 관찰하며 머문다. 혹은 법들에서 사라지는 현상을 관찰하며 머문다. 혹은 법들에서 일어나기도 하고 사라지기도 하는 현상을 관찰하며 머문다. 혹은 그는 '법이 있구나'라고 마음챙김을 잘 확립하나니 지혜만이 있고 마음챙김만이 현전할 때까지. 이제 그는 갈애와 견해에 의지하지 않고 머문다. 그는 세상에 대해서 아무것도 움켜쥐지 않는다. 비구들이여, 이와 같이 비구는 네 가지 성스러운 진리의 법에서 법을 관찰하며 머문다.

비구들이여, 누구든지 이 네 가지 마음챙김의 확립을 이와 같이 칠 년을 닦는 사람은 두 가지 결과 중에 하나를 기대할 수 있다. 지금·여기에서 구경의 지혜를 얻거나 취착의 자취가 남아 있으면 다시 돌아오지 않는 경지를 기대할 수 있다.

비구들이여, 칠 년까지는 아니더라도 누구든지 이 네 가지의 마음챙김의 확립을 이와 같이 육 년을 닦는 사람은 … 오 년을 … 사 년을 … 삼 년을 … 이 년을 … 일 년까지는 아니더라도 누구든지 이 네 가지 마음챙김의 확립을 이와 같이 일곱 달을 닦는 사람은 두 가지 결과 중 하나를 기대할 수 있다. 지금·여기에서 구경의 지혜를 얻거나 취착의 자취가 남아 있으면 다시 돌아오지 않는 경지를 기대할 수 있다.

일곱 달까지는 아니더라도 누구든지 여섯 달을 … 다섯 달을 … 넉 달을 … 석 달을 … 두 달을 … 한 달을 … 보름을 … 보름까지는 아니더라도 누구든지 이 네 가지 마음챙김의 확립을 이와 같이 칠 일을 닦는 사람은 두 가지 결과 중 하나를 기대할 수 있다. 지금·여기에서 구경의 지혜를 얻거나 취착의 자취가 남아 있으면 다시 돌아오지 않는 경지를 기대할 수 있다.

'구들이여, 이 도는 유일한 길이니, 중생들의 청정을 위하고 근심과 탄식을 다 건너기 위한 것이며, 육체적 고통과 정신적 고통을 사라지게 하고, 옳은 방법을 터득하고 열반을 실현하기 위한 것이다. 그것은 바로 네 가지 마음챙김의 확립이다'라고 설한 것은 이것을 반연하여 설하였다."[413]

이상으로 명상에 관한 사마타와 위빠사나에서 가르침으로 사용되는 내용을 모두 정리했습니다. 이것은 대념처경의 내용으로 명상의 기본 설정이 되어야 하기 때문입니다. 이것은 또한 고따마 붓다의 가르침에서 열반 성취와 열반 상태의 유지와 반열반을 향해 가장 행복하고 안전하게 잘 정리하여 설명한 내용입니다.

---

413 D22. Mahāsatipaṭṭhāna sutta. 각묵스님 옮김(2005.12.20. 초기불전연구원) 『Dīghanikāya디가 니까야』 1권. pp.536-544.

제
7
장

오부五部 니까야 개설概說

제7장 오부五部 니까야 개설槪說

1. 장부長部; Dīgha nikāya

장부長部, Dīgha nikāya는 내용이 '긴 경'의 모음집입니다. Dīgha nikāya는 삼품三品, 34경으로 구성되어 있습니다.

1) 계온품戒蘊品; Sīlakkhanda vagga 13경
2) 대품大品; Mahā vagga 10경
3) 당학품當學品; Pāṭika vagga 11경

이 경전 안에 있는 범망경梵網經; Brahmajāla sutta은 상응부相應部; Saṁyutta nikāya IV에도 실려 있습니다. Dīgha nikāya의 16번째 경전인 Mahāparinibbāna sutta大般涅槃經는 고따마 붓다의 마지막 생애를 서술한 것입니다. 다음은 Dīgha nikāya에 실린 34경의 개설입니다.

가. 계온품戒蘊品, Sīlakkhanda vagga 13

1) 범망경梵網經, Brahmajāla sutta

이 경은 '범천의 그물'이라는 뜻입니다. 당시 외도外道[414] 62계파의 견해인 사견을 고따마 붓다는 '깨달음의 견해'를 통해 분석한 것입니다. 범망梵網이란 견망見網으로 정견의 그물이 사견인 모든 견해를 떠올린다는 의미입니다. 이러한 사견은 과거에 관한 것 18계파와 미래에 관한 것 44계파 등 총 62계파가 고따마 붓다에 의해 다음과 같이 지적되어 있습니다.

가) 과거를 모색하는 18계파

① 영속론을 주장하는 4계파

② 일부 영속 일부 비영속론을 주장하는 4계파

③ 유한 무한하다고 주장하는 4계파

④ 애매하고 모호한 것이라고 주장하는 4계파

⑤ 우연히 발생한다고 주장하는 2계파

나) 미래를 모색하는 44계파

① 사후에 자아가 인식과 함께 존재한다고 주장하는 16계파

② 사후에 자아가 인식 없이 존재한다고 주장하는 8계파

③ 사후에 자아가 인식을 가지는 것도 아니고 가지지 않는 것도 아닌 상태로 존재한다고 주장하는 8계파

④ 단멸할 뿐이다라고 주장하는 7계파

---

414 외도外道라는 견해는 고따마 붓다의 교설 밖에 있는 이견異見을 가진 사람들을 통칭하는 말로 당시 62가지의 견해를 가진 외도가 있었다고 함. 이것은 고따마 붓다에 의해 '인간이 가질 수 있는 62가지 견해'라고 규정되어 있다.

⑤ 지금 여기서 열반을 실현한다고 주장하는 5계파

여기서 고따마 붓다가 설명하고자 했던 것은 인간이 가질 수 있는 견해 62가지가 어떠한 결과를 가져오게 되며 그 견해를 사견이라고 천명한 사실에 대해 조건에 의해 '느껴지는 것vedayita'이라고 했고, 또한 복주석서에서는 "체험되고anubhūta 경험된 것anubhavana"으로 설명했습니다.

'경험된 것'은 대상과 감각기능과 알음알이의 세 가지가 서로 만나서 일어나는 상태 즉 감각 접촉을 말합니다. 이러한 형식은 연기적 구조로 인식해야 한다는 것이 고따마 붓다의 가르침에서의 정설입니다. 정견의 견해란 사성제의 꿰뚫은 이해에서만 나타날 수 있고, 이때 얻은 정견의 견해는 사견을 쉽게 판단할 수 있게 합니다.

2) 사문과경沙門果經, Sūmaññaphala Sutta

빔비사라왕과 웨데히Vedehi 부인의 아들인 아자따삿투Ajātasattu, 阿育王가 늦은 밤 지와까 꼬마라밧짜Jivaka Komārabhacca의 망고 숲에 머무는 고따마 붓다를 찾아가 '사문의 결실'에 대해 질문하는 내용입니다. 일생을 고따마 붓다의 가르침에 의해 사문의 신분으로 살아가는 결실에 관한 설법입니다.

3) 아마주경阿摩晝經, Ambaṭṭha Sutta

이 경은 출생의 긍지와 타락, 카스트caste 제도에 관한 바라문 학도 암밧타Ambaṭṭha가 꼬살라국의 바라문 마을인 잇차낭갈라Iechanaṅgala에 머무는 고따마 붓다를 찾아와 나눈 대화입니다.

그 지역의 유지인 바라문 뽁카라사띠Pokkharasāti는 제자인 Ambaṭṭha를 고따마 붓다에게 보내어 진실로 그에게 위대한 성자의 특징을 지니고 있는가를 확인하도록 했는데, 암밧타는 원래 거만한 성격이어서 공손하게 행동하지 않았으며, 오히려 고따마 붓다를 향해 사카Sakya, 釋迦 족 출신은 비천하다 욕하였고, 나아가 사캬족이 바라문 계급에 대해 존경하지 않음을 꾸짖었습니다. 그러나 암밧타는 고따마 붓다가 암밧타의 가문과 역사를 추적하여 언급하자 조용해졌습니다. 고따마 붓다가 설명해 준 이야기의 내용에서 그의 가문은 칸하야나Kaṇhāyana 가문이었습니다. 그 가문은 유명한 대왕 오카카Okkāka, Iksvāku의 서자인 칸하Kaṇha에서 비롯되었고, 오카카는 바로 사캬 족의 선조였음을 알려주었습니다. 이 이야기를 들은 암밧타는 부끄러워 어깨를 축 늘어뜨렸습니다. 암밧타가 당황해하는 것을 보고 고따마 붓다는 자비심을 일으켜 그가 위로받을 이야기를 들려주었습니다. 즉 칸하는 유명한 수행자로서 초인적인 힘을 가진 자였다고 이야기해 주었습니다. 암밧타는 스승의 지시대로 고따마 붓다에게서 32가지 초인의 상을 발견하였습니다. 그리고 그의 스승에게 가서 그가 확인한 결과를 보고했습니다. 그러자 그의 스승인 뽁카라사띠Pokkharasāti는 신앙심이 충만하여 고따마 붓다의 신자가 되었다는 내용입니다.

4) 종덕경種德經, Soṇadaṇḍa Sutta

고따마 붓다는 앙가Aṅga 국을 여행하다가 짬빠Champā에 이르러 각가라Gaggarā 호수의 둑에서 머물렀습니다. 그때 그곳에는 소나단나Soṇadaṇḍa라는 유명한 바라문 계급의 지도자가 살고 있었습니다. 그는 빔비사라Bimbisāra 왕의 후원 아래 풍부한 곡식과 땅과 재산을 보유하고 있었습니다. 소나단나는 여러 바라문 계급의 사람들에게 고따마 붓다를 찾아가 만나고 싶다고 말했습니다. 그러나 그들은 그것을 좋아하지 않았습니다.

세 가지 배다Veda에 통달했으며, 아름다운 외모를 소유했으며, 출생이 순수하고, 언행이 점잖고 고상하며, 많은 바라문 학생의 스승이신 소나단나와 같은 위대한 사제가 젊은 고따마를 찾아간다는 것은 그의 위엄에 어긋난다고 함이 그 이유였습니다. 그러나 소나단나는 그들의 반대를 물리치며 다음과 같이 말했습니다.

> "고따마 붓다는 뛰어난 성인이다. 그분은 32가지 성인의 특징을 지니고 있다. 그리고 빔비사라Bimbisāra 왕의 존경을 받으며 사제 지도자 뽁카라사띠Pokkharasāti의 존경도 받는다. 그러나 무엇보다도 그분은 우리의 손님이다. 손님은 우리의 최상의 환대와 대우를 받을 자격이 있는 것이다"

이러한 만남에서 연로한 바라문의 지도자 소나단나와 젊은 고따마 붓다가 나눈 이야기의 주제는 '참된 바라문'에 관한 것입니다.

5) 구라단두경究羅檀頭經, Kūṭadanta Sutta

재산이 많은 꾸따단따 바라문은 7백 황소, 7백 황소 송아지, 7백 암소, 7백 숫양, 7백 암양을 제물로 바치고 제법祭法을 잘 몰라서 바라문끼리 토론하다가 결국 고따마 붓다에게 물어보았습니다.

고따마 붓다는 '가난한 사람들이 굶주려 고통받고 있는데 그런 형식적인 제사에 살생을 많이 하는 것은 옳지 않다'라고 가르쳤습니다. 결국 꾸따단따 바라문은 3,500마리의 짐승들을 살려주고 제祭의 본뜻이 모든 사람을 잘살게 함임을 깨닫고 부처님께 귀의한 내용입니다.

6) 마하리경摩訶梨經, Mahāli Sutta

고따마 붓다는 웨살리Vesāli에 있는 큰 숲Mahāvana의 꾸따가라살라Kūṭagārasālā에서 지냈습니다. 그때 마가다국에서 꼬살라국으로 온 수많은 바라문 계급의 전령들이 웨살리에 머물고 있었습니다. 그들은 큰 숲으로 가서 붓다를 뵙고 예를 올리려 했습니다. 당시 붓다의 시자인 나기따Nāgita 장로는 그들이 붓다가 나올 때까지 기다려 달라고 부탁했습니다. 릿차위Licchavi족의 아들인 옷탓다Oṭṭhaddha 역시 동료들과 함께 밖에서 기다리고 있었습니다.

때가 되어 고따마 붓다는 처소에서 나와 승원의 뒤뜰 그늘에 자리하였습니다. 바라문들과 릿차위족 사람들은 고따마 붓다에게 예를 표하고 그의 주위에 자리를 잡았습니다.

옷탓다Oṭṭhaddha는 붓다에게 신비한 경험에 관해서 물었습니다. 수낙캇따Sunakkhatta는 하늘의 색은 보는데 하늘의 소리는 들을 수 없다는 예를 들었습니다. 고따마 붓다는 말했습니다.

> "수낙캇따가 하늘의 소리를 듣지 못하는 것은 그것을 듣기 위해 수행하지 않았기 때문이다. 만약 그가 그에 맞은 수행을 한다면 그도 반드시 하늘의 소리를 들을 수 있을 것이다"

하지만 붓다는 자신의 제자들이 수행하는 것은 하늘의 색을 보고 하늘의 소리를 듣는 등의 신비함을 경험하기 위한 것이 아니라고 말했습니다. 그러한 경험은 선정을 닦고 수행하는 동안 부수적으로 얻게 되는 것임을 가르쳤고, 수행의 진정한 목적은 번뇌의 소멸을 통해 열반을 증득하는 것임을 설하였습니다.

7) 도리경闍利經, Jāliya Sutta

고따마 붓다는 꼬삼비Kosambi에 있는 고시따라나Ghositārāna 승원에서 지냈습니다. 그곳에는 만딧싸Maṇḍissa와 잘리야Jāliya가 살고 있었습니다. 이들은 고따마 붓다를 찾아와 물었습니다.

"세존이시여, 이 몸과 정신은 같은 것입니까? 다른 것입니까?"

붓다는 그 질문이 무지無知에서 비롯된 것임을 지적한 뒤, '동등해지는 아라한Arahant의 성자가 되면 그러한 질문은 결코 일어날 수 없다'라고 대답했습니다. 이러한 통찰력의 실체를 꿰뚫어 알게 되면 잘못되어 뒤집힌 철학적 희론戱論을 극복할 것이라고 하였습니다.

8) 가섭자자후경迦葉獅子吼經, Kassapasīhanāda Sutta

고따마 붓다는 깐나깟딸라Kaṇṇakattalra의 사슴 동산에 있는 우준나Ujuñña에서 머물렀습니다. 이때 나체 고행자인 깟싸빠Kassapa가 세존께 다가와 "그대는 모든 종류의 고행을 꾸짖고 인정하지 않는가?"라고 물었습니다. 붓다는 '일방적으로 부정하는 것은 아니다. 왜냐하면 고행자 중에 어떤 이는 하늘에 태어나고 어떤 이는 지옥에 태어나는 등 일정하지 않기 때문이다'라고 했습니다. 그리고 논쟁을 유발하는 문답은 그만두고, 제자들에게 가르치는 수행을 소개하였습니다. 즉 '여덟 가지 성스러운 바른길八正道'로서 이것은 어떤 비난이나 논쟁의 소지가 없으므로 제자들로 하여금 훌륭한 결과를 얻게 된다고 설법했습니다.

그러자 깟싸빠Kassapa는 고행도 역시 높은 평가를 받을만한 것이라고 주장하였습니다. 그리하여 무려 70여 종이 넘는 고행 방법을 소개합니다.

고따마 붓다는 이러한 고행은 외면적인 것으로 어떠한 사람이라도 조금만 노력하면 만족한 결과를 얻을 것이며, 거기에서는 정신적인 가치를 기대할 수 없음을 지적했습니다. 진정 거룩한 삶은 마음속의 번뇌와 죄악을 정화하는 것이며, 네 가지 한량없는 마음四無量心; 慈·悲·喜·捨에 관해 가르침을 주었습니다. 그리고 '여덟 가지 성스러운 바른길'의 설명으로 마무리 지었습니다.

9) 보타사루경布吒婆樓經, Poṭṭhapāda Sutta

고따마 붓다는 사왓티Sāvatthi 근교의 제따와나Jetavana 승원에 머물렀습니다. 그때 방랑 고행자 뽓타빠다Poṭṭhapāda는 말리까Mallika가 바친 에까살라Ekasāla에 머물고 있었습니다.

사왓티로 가는 길에 고따마 붓다는 뽓타빠다를 잠시 방문하여 그와 함께 '생각의 소멸'에 관한 대화를 나누었습니다. 뽓타빠다는 생각이 일어나고 소멸하는 데 관련된 여러 가지 이론을 제시했습니다. 즉 아무런 원인이나 조건 없이 일어나고 소멸한다는 이론, 초월적 힘에서 사람의 생각이 일어나고 소멸한다는 이론 등등이었습니다.

고따마 붓다는 그가 말하는 이론들은 단순한 미신적 발상에 지나지 않는다고 하며, 아홉 단계의 선정九次第定을 도입해 생각이 점진적으로 소멸하여 마침내 완전히 사라지는 과정을 원인과 조건의 법칙으로 설명해 줍니다. 9단계의 설명이란 색계에 속하는 네 가지 선정色界四禪定, 무색계의 네 가지 선정無色界四禪定과 생각과 느낌의 소멸의 경계想受滅입니다.

뽓타빠다Poṭṭhapāda는 이러한 논리를 그치고 다른 질문을 하였습니다. 즉 우주는 영원한가? 영원하지 않은가? 등 10가지 극단적인 문제에 관한 질문을 하였습니다. 고따마 붓다는 이 질문에 극단성을 지적하였고, 그러한 질문과 관심은 출가의 목적인 열반을 얻을 수 없다고 가르쳤습니다.

뽓타빠다Poṭṭhapāda는 이러한 가르침을 듣고 깊이 이해하여 크게 고마워했습니다. 그 뒤 그는 고따마 붓다에게 스승의 예를 올리고 출가하였습니다. 이때 그와 함께 출가한 찟따 핫티사리뿟따Citta Hatthisāriputta는 사람이 죽으면 영혼이 은총의 영역으로 들어간다는 견해에 대해 질문하였습니다. 고따마 붓다는 다음과 같이 답변했습니다.

> "그러한 견해는 불합리하다. 왜냐하면 그러한 영역은 결코 현실적으로도 지각되지 않으며 논리적으로도 증명되지 않기 때문이다"

이어서 붓다는 세 가지 세계三界; 欲界, 色界, 無色界에 관해 언급한 뒤, 최상의 목표는 이 세 가지 세계를 모두 뛰어넘는 것이라고 설명했습니다.

찟따 핫티사리뿟따Citta Hatthisāriputta가 다시 "세 가지 세계 중 한 세계에서 다른 세계로 넘어갈 때, 그 두 세계의 존재 사이에 '동일성'이 존재하는가?"라는 질문을 했습니다. 고따마 붓다는 우유에서 버터 및 치즈 등으로 발효되는 과정을 비유로 들어, 종교적인 진실은 결코 '동일성'이 보장되지 않음을 분명히 설명하였습니다. 찟따 핫티사리뿟따Citta Hatthisāriputta는 이 가르침에서 붓다의 교단으로 출가하여 아라한의 성자가 되었습니다.

10) 수바경須婆經, Subha Sutta

아난다Ānanda 장로가 제따와나Jetavana 승원에 머물고 있을 때였습니다. 그때 고따마 붓다가 입멸하신 지 얼마 되지 않았습니다. 또데야Todeya의 아들로 바라문 출신 학생인 수바Subha가 어떤 일 때문에 사왓티에 오게 되었습니다. 수바는 자신의 친구를 아난다 장로에게 보내어 자신이 있는 곳에 한 번 방문해 주기를 부탁했습니다. 그러나 아난다 장로는 약을 먹고 있었기 때문에 부탁을 들어줄 수 없었습니다. 그래서 다음 날 아침 아난다 장로는 째따까Cetaka와 함께 수바를 만나러 갔습니다. 수바는 예를 갖추어 맞이했습니다. "존자시여, 존자께서는 오랫동안 고따마 붓다를 직접 모셔왔습니다. 저는 존자로부터 세존께서 설한 바를 정확히 듣고 싶습니다" 아난다는 그에게 사성제와 사성제의 이해에 관계되는 설법을 해주었습니다.

11) 견고경堅固經, Kevaddha Sutta

고따마 붓다가 나란다Nālandā에 있는 빠와리까Pāvārika 망고 동산에 머물렀습니다. 그때 깨왓다Kevaddha라는 젊은이가 고따마 붓다에게 찾아와 공손히 예를 올리고 말씀드렸습니다.

> "세존이시어, 이 나란다는 매우 풍요롭고 사람들이 많이 살고 있습니다. 세존께서는 제자들에게 대중들 앞에서 초인적인 신통을 드러내도록 하십시오. 그렇게 하면 대중들은 세존에 대해 깊은 믿음을 일으킬 것입니다."

그러자 고따마 붓다는

> "만약 그렇게 하면 사람들은 간다리 마술 또는 마니카 마술을 부리는 것이라고 오해하고 말 것이다. 나의 제자들은 실제로 초인적인 신통을 보유하고 있으나 그것은 정신적인 수행에서 부수적인 소득에 불과한 것이다. 제자들의 고결함은 마땅히 보호되어야 한다."

그런 뒤 고따마 붓다는 자신의 한 제자의 신통에 대해 말했습니다. 물론 어떠한 신통도 열반을 얻게 되는 길에는 아무런 도움이 되지 않는다는 내용입니다.

12) 로차경露遮經, Lohicca Sutta

고따마 붓다가 꼬살라국을 유행하다가 살라와띠까Sālavatikā의 강둑에 이르렀습니다. 그때 그곳에는 유명한 바라문 로힛짜Lohicca가 살고 있었습니다. 그는 빠세나디Pssenadi 왕의 후원 아래 많은 토지와 풍부한 재산과 곡물을 소유하고 있었습니다. 그런데 그는 사문이나 바라문으로서 자신이 터득한 진리의 경지는 다른 사람에게 전달할 수 없다고 하는 잘못된 견해에 사로잡혀 있었습니다.

로힛짜는 자신의 이발사인 로시까Rosikā를 시켜 다음날의 식사 초대에 응해 주실 것을 고따마 붓다에게 전했습니다. 그리고 자신이 가지고 있던 견해가 잘못된 것인지에 대해서도 미리 알려 드렸습니다.

고따마 붓다는 로힛짜의 초대를 허락했습니다. 다음 날 공양을 끝마친 후 다음과 같은 내용의 설법입니다.

'진리를 혼자만이 알고 간직하는 것은 잘못된 것이다. 진리가 진리이기 위해서는 다른 사람에게 고스란히 전달되어야 한다. 그럴 때 보편성을 지니는 것이다. 그리고 자신이 체득한 진리를 제자들에게 잘 가르쳐 전달하는 스승이 있다. 그는 제자들에게 네 가지 성스러운 가르침의 결과沙門四果를 현실에서 체득할 수 있도록 가르친다. 이것이 곧 진리의 전달이 가능하다는 것이다'라고 로힛짜에게 들려주었습니다.

13) 삼명경三明經, Tevijja Sutta

고따마 붓다가 꼬살라국을 유행하다가 바라문 마을인 마나사까타Manasākaṭa에 도착하였습니다. 그는 아찌라와띠Aciravati 강의 북쪽 둑에서 지냈습니다. 그곳에는 짱끼Caṅkī, 따룩카Tārukkha, 뽓카라사띠Pokkharasāti, 자눗쏘니Jāṇussoṇi, 또데야Todeyya 등 당시의 유명한 바라문이 살고 있었습니다. 어느 날 젊은 바라문 학생인

와샛타Vāseṭṭha와 바라드와자Bhāradvāja 사이에 격심한 논쟁이 벌어졌습니다. 둘은 서로의 주장을 포기하지 않았습니다. 그리하여 고따마 붓다에게 찾아가서 판단을 구하자고 했습니다.

그들은 범천의 존재에 대한 것을 고따마 붓다에게 질문하였습니다. 고따마 붓다는 그들에게 그것은 확인되지 않는 일임을 스스로 인정할 수 있도록 설명해 주었습니다. 이때 인드라Indra, 소마Soma, 와루나Varuṇa, 잇사라Issara, 自在神, 빠자빠띠Pajāpati, 生主神, 브라흐마Brahmā, 梵天, 마힌다Mahinda, 야마Yama 등과 같은 천신을 부르고 의지하는 신앙은 전혀 의미가 없음을 가르쳤습니다.

나. 대품大品, Mahā vagga

1) 대본경大本經, Mahāpadāna Sutta

고따마 붓다가 제따와나Jetavana에 있을 때, 제자들의 요청으로 전생에 관한 기억을 주제로 가르침을 폈습니다. 다음과 같은 과거칠불過去七佛에 관한 이야기입니다.

위빳신Vipassin, 毗婆尸佛, 시킨Sikhin, 尸棄佛, 웨싸부Vessabhu, 毗舍浮佛, 까꾸산다Kakusandha, 拘留孫佛, 꼬나가마나Koṇāgamana, 拘那含牟尼佛, 까쌋빠Kassapa, 迦葉佛, 사캬무니Sākyamuni, 釋迦牟尼佛 등의 내용입니다.

2) 대연경大緣經, Mahānidāna Sutta

고따마 붓다가 꾸루Kuru의 캄마사담마Kammāsadamma 마을에 머물렀습니다. 이때 아난다에게 연기법paṭiccasamuppā에 대한 설법을 했습니다.

"이것이 있으므로 저것이 있고, 이것이 일어나므로 저것이 일어난다. 무명無明을 기대어 행行, 결합이 있고, 행을 기대어 식識, 알음알이이 있고, 식을 기대어 명색名色, 모양이 있고, 명색을 기대어 육입六處가 있다. 육입을 기대어 촉觸, 접촉이 있고, 촉을 기대어 수受, 느낌가 있고, 느낌을 기대어 애愛, 渴愛가 있고, 애를 기대어 취取着가 있고, 취를 기대어 유有, 결과가 있으며, 유를 기대어 생生, 태어남이 있고, 생을 기대어 생·노·병·사가 있다. 이것은 괴로움의 원인이고 뿌리이다."

라고 했습니다. 그런 뒤 각각의 인자因子에 대해 아주 자세한 설명과 이것들에서의 영혼 또는 자아의 허구에 관해 지적하였고, 각종 식처識處에 관해 설명하면서 구해탈俱解脫만이 자유를 누릴 수 있다고 했습니다.

3) 대반열반경大般涅槃經, Mahāparinibbāna Sutta

고따마 붓다가 라자가하Rājagaha, 王舍城 깃자꾸따Gijjhakūṭa, 耆闍崛山, 靈鷲山 언덕에서 왓지Vajji국의 훌륭한 장점 일곱 가지를 말하면서 경이 시작됩니다. 아울러 승단이 쇠퇴하지 않는 법에 대해서도 가르치었습니다. 또한 고따마 붓다는 암바랏티까Ambalaṭṭhika의 왕의 객사에 머물면서 계율을 완벽하게 닦을 때 삼매가 이뤄지고, 삼매를 완벽하게 닦을 때 지혜가 이뤄지며, 지혜에 의지해 버리고 꿰뚫어 앎을 일으킬 때 지혜 해탈을 얻게 됨을 가르쳤습니다.

나란다Nāḷanda의 빠와리까Pāvārika 망고 숲에서 사리뿟따Sāriputta는 사념처, 칠각지四念處, 七覺支의 가르침을 통해 세존의 수승한 가르침을 알게 되었다고 하는 진술입니다.

빠딸리마을Pāṭaligāma에서 계율을 지킴으로서 다섯 가지 좋은 결실과 계율을 지키지 않을 때의 다섯 가지 나쁜 결실을 설했습니다. 계율을 지키지 않으면 재산을 잃게 되고, 나쁜 소문이 나게 되고, 모임에서 자신감이 없고, 죽을 때 우둔하고, 죽고 나서 악처에 떨어진다고 가르쳤습니다. 이어 빠딸리마을Pāṭaligāma의 재앙을 예언하고, 갠지스강을 건너는 신통을 보였습니다.

꼬띠가마Koṭigāma에서 사성제四聖諦를, 나띠까Nātika의 Giñjakāvatha긴자까와타에서는 사사문과四沙門果에 대해서 설했습니다. 아울러 붓다의 가르침과 승단과 계율에 마음을 깨끗하게 하는 수행四不壞淨을 닦으면 지옥·아귀·축생의 악처에 태어나지 않음을 설했습니다.

웨살리Vesāli의 암바빨리Ambapāli 동산에서 사념처와 웰루와가마까Veḷuvagāmaka에서 자귀의·법귀의自歸依·法歸依를 당부했고, 큰 숲Mahāvana의 뾰족지붕 중각강당Kuṭāgārasāla에서 37조도품을 설했고, 반다마을Bhaṇḍagāma에서 성스러운 삼매와 지혜와 해탈을 깨닫고 꿰뚫어야 생사윤회를 벗어남을 가르쳤습니다.

핫티마을Hatthigāma, 암바마을Ambagāma, 잠부마을Jambugāma을 지나 보가나가라Bhoganagara의 아난다 사당에서 자신이 입멸한 뒤 '법과 법 아닌 것'을 판단하기 위한 사대교법四大敎法을 가르쳤습니다. 즉 어떠한 불교에 관한 주장도 경經·율律에서 맞춰보라는 것이었습니다.

빠와Pāvā에 있는 쭌다 깜마라뿟다Cunda Kammāraputta의 망고 숲에서 고따마 붓다는 최후의 공양을 받았습니다. '멧돼지고기Sūkaramaddava'요리 공양을 받고 병을 얻게 되었습니다. 꾸시나라Kusinārā의 한 쌍의 살라Sāla나무 아래 몸을 누이기 전에 까꾸다Kakudha와 히란나와띠Hiraññavati강을 거치는 동안 흐린 강물을 깨끗이 만드는 신통을 보였고, 자신의 깊은 삼매에 관한 이야기를 했습니다.

반열반을 위해 한 쌍의 살라나무 아래 몸을 편히 누이고 제자들에게 마지막 당부를 했습니다. 붓다가 출생한 장소, 성도成道한 장소, 처음 전법傳法한 장소, 열반涅槃한 장소의 네 곳을 순례성지巡禮聖地로 정해 주었습니다.

> "내가 입멸하면 법과 율이 너희들의 스승이다. 신참은 장로를 'bhante!존사시여' 또는 '존자시여!'라고 부르고, 장로는 신참의 이름이나 '벗이여!avuso'라고 불러서 관계를 유지하라."

라고 했습니다. 자신의 유해를 대하는 법은 전륜성왕轉輪聖王과 같은 방법으로 하며, 아울러 탑을 세울 자격이 있는 붓다·벽지불·붓다의 재자 ·전륜성왕이라고 했습니다. 이들의 탑에다 공양하는 자는 긴 밤에 안락할 것임을 설했습니다.

타오르던 장작불이 꺼지듯 고따마 붓다는 그렇게 반열반에 들었습니다. 이를 끝까지 지켜보던 아누룻다Anurudha는 고따마 붓다의 반열반이 확인되자 그의 유언에 따라 장례를 진행하였습니다.

고따마 붓다의 전기는 『맛지마 니까야Majjhimanikāya』의 성구경Aṅyapariyesana Sutta, 『숫따니빠따』 출가경III. I Pabbajjā sutta, 정근경III. I Padhāna sutta, 나라까경III. II Nālaka sutta 등에서도 부분적으로 전해지고 있습니다.

4) 대선견왕경大善見王經, Mahāsudassana Sutta

고따마 붓다 이전에 존재했다고 하는 마하수닷싸나Mahāsudassana 왕의 이야기입니다. 아무것도 볼 것 없는 꾸시나라Kusinārā에서 반열반하기 위해 온 고따마 붓다에게 아난다는 불만 섞인 투로 말했습니다.

> "세존이시어, 밀림 속에 있는 이 조그만 마을에서 입멸하지 마십시오. 짬빠Campa, 라자가하Rājagaha, Sāvatthi사왓티, 사께따Sāketa, 꼬삼비Kosambi, 바라나시Vārānasi와 같은 큰 도시들이 있으니 그곳 중 한 곳으로 가서 입멸하소서. 그곳에는 부유한 왕족과 바라문들이 많이 있으므로 세존의 유해를 잘 모실 것입니다."

고따마 붓다는 자신이 입멸처로 꾸시나라Kusinārā를 택한 연유에 대해서 과거세에 이곳에 마하수닷싸나Mahāsudassana라는 전륜성왕轉輪聖王, Cakkavatti rāja이 살았으며 그가 어떠한 왕이었는지에 관한 이야기를 아난다에게 들려주었습니다.

5) 도니사경闍尼沙經, Janavasabha Sutta

고따마 붓다가 나디까Nādikā 사람들에게 자나와싸바Janavasabha, 勝結使라는 야차夜叉, yakkha[415]에 관한 이야기를 들려준 내용입니다.

특히 범음과 관련이 있다고 생각되는 여덟 가지 음성의 특징을 언급한 부분이 있는데, 한역의 『도니사경闍尼沙經』에서는 다섯 가지 음성으로 기록되어 있습니다.

고따마 붓다는 나디까Nādikā 승원에서 명상을 끝내고 뒤뜰의 그늘에 자리를 펴고 앉았는데, 자나와싸바Janavasabha, 勝結使라는 야차夜叉, yakkha가 찾아왔습니다. 그는 죽은 빔비사라왕의 모습을 하고 있었습니다. 그는 고따마 붓다에게 사낭꾸마라Sanaṅkūmāra 범천이 자신의 모습을 33가지로 바꾼 뒤 천신들에게 설법한 내용을 전해주었습니다. 즉 고따마 붓다의 가르침과 교단에 귀의하고 계율을 청정히 행하는 자는 죽은 뒤 애욕의 계층에 속하는 여섯 하늘 중 한 곳에 태어나며, 최악의 경우 건달바 무리로 태어난다고 하는 내용입니다.

고따마 붓다는 '네 가지 신통四神足'을 잘 시설施設, paññatti하였습니다. 모든 사문 바라문 및 사낭꾸마라 범천의 신통과 위엄은 바로 이 사신족四神足을 많이 닦았기 때문이다고 하는 내용입니다.

즐거움을 얻기 위한 세 가지 길이 붓다에 의해 설해졌습니다. 첫째 애욕과 선하지 못한 법에 물들지 않아서 즐거움을 일으키며, 둘째 몸과 입과 마음으로 일으키는 행위들이 누그러져서 즐거움을 얻고, 셋째 무명에서 탐착이 버려지고 밝음이 나타남으로 즐거움을 얻는다고 하는 내용입니다.

---

415 야차夜叉, yakkha는 인간의 정신적 발전에 관심을 가지며, 악마惡魔와는 다르다.

선함을 얻기 위해서는 사념처四念處를 닦아야 한다고 고따마 붓다는 가르칩니다. 바른 삼매를 얻기 위해서는 일곱 가지 필수품이 있으며, 그것은 바른 견해, 바른 사유, 바른 언행, 바른 직업, 바른 생활, 바른 노력, 바른 기억 등의 일곱 가지 조건에서 마음이 한 점에 집중하고, 그래서 성스러운 바른 삼매는 수단을 지니고 필수품을 지닌다고 하는 내용입니다.

6) 대전존경大典尊經, Mahāgovinda Sutta

고따마 붓다는 라자가하의 깃자꾸따Gijjhakūṭa, 耆闍崛山 언덕에 머물렀습니다. 어느 날 밤에 하늘의 음악가인 빤짜시카Pañcasika라는 건달바가 고따마 붓다 앞에 나타나서 공손히 절을 올리고 33천의 하늘에서 자신이 경험했던 바를 게송으로 읊을 수 있도록 허락을 받았습니다.

많은 하늘의 군중이 모여들었고 사대천왕의 천신들도 하늘의 네 귀퉁이에 앉아 있었습니다. 그 외에 많은 하늘의 신들이 모여들었고 마침내 북쪽으로부터 범천이 나타나 현명한 바라문이었던 마하고빈다의 이야기를 들려주는 내용입니다.

7) 대회경大會經, Mahāsamaya Sutta

고따마 붓다는 까삘라왓투Kapilavathu의 큰 숲Mahāvana에서 사꺄족과 함께 지냈습니다. 아라한의 성자가 된 오백 명의 제자들도 함께하고 있었습니다. 그때 천 가지 하늘 세계의 신들과 숫다와사Suddhāvāsa, 淨居天의 네 명의 천신들이 와서 고따마 붓다와 제자들 앞에서 시를 읊었습니다.

고따마 붓다는 그곳에 와있는 천신들을 제자들에게 각각 소개하였습니다. 약카Yakkha, 웨싸밋따Vessāmitta, 꿈베라Kumbhera, 간다르와Gandharva 그리고 그들의 왕인 다따랏타Dhataraṭṭha, 꿈반다Kumbhaṇḍa들과 그들의 왕인 위룰라Virūḷha, 용Nāga들과 그들의 왕인 위루빡카Virūpakkha, 약카들의 왕인 꾸웨라Kuvera, 마야Māyā, 꾸덴두Kuṭeṇḍu, 웨뗀두Veṭeṇḍu, 위뚜Viṭu, 위뚯짜Viṭucca, 짠다나Candana, 라마셋타Rāmaseṭṭha, 킨누간두Kinnughaṇḍu, 니간두Nighaṇḍu, 빠나다Panāda, 마딸리Mātali, 찟따세나Cittasena 등이었습니다.

8) 제석소문경帝釋所問經, Sakkapañha Sutta

고따마 붓다는 라자가하 동쪽 암바산다Ambasaṇḍa라는 바라문 마을이 있고, 그 마을 북쪽 웨디야Vediya산의 인다살라Indasāla 동굴에서 지냈습니다.

그때 33천의 천신들이 호위와 빤짜시카Pañcasikha라는 건달바의 시중을 받으면서 하늘의 왕인 삭까가 웨디야 산에 자신의 모습을 나타내었습니다. 웨디야 산은 온통 광채로 가득했습니다. 빤짜시카는 그의 거문고를 타면서 고따마 붓다와 가르침과 아라한 성자를 위한 사랑의 노래를 불렀습니다. 고따마 붓다는 즐거이 그 노래를 들었습니다. 삭까와 모든 천신은 동굴 안으로 들어가 고따마 붓다에게 공손히 절하였습니다. 삭까는 고따마 붓다에게 허락을 받고 몇 가지 질문을 하였습니다.

"세존이시어, 사람들은 무엇 때문에 그렇게 하지 않고자 하면서도 결국 원망하고 매를 잡고 적대시하고 분노하고 원한에 사무쳐 살게 됩니까?"

"삭까야. 좋고 나쁨을 지니고 있기에 그러하다."

"좋고 나쁨의 근원은 무엇입니까?"

"욕심이 그 원인이다."

"욕심의 원인은 무엇입니까?"

"산란한 사색이 그 원인이다."

"산란한 사색의 근원은 무엇입니까?"

"삿된 견해가 그 원인이다."

"삿된 견해의 근원은 무엇입니까?"

"희론戱論에 입각한 생각과 계산이다."

삭까의 의심은 제거되었습니다. 탐착을 떠나고 얼룩을 벗어난 뒤 법의 눈을 얻었기 때문입니다.

9) 대념처경大念處經, Mahāsatipaṭṭhāna Sutta

고따마 붓다가 꾸루Kuru의 깜마사담마Kammāsadhamma에 머물면서 제자들을 가르쳤습니다.

"존재를 정화하고 불행과 슬픔을 극복하고 모든 속박에서 벗어나고 통찰력을 일으키고 열반을 증득하기 위한 오직 하나의 길이 있다. 곧 네 가지 수행인 사념처이다. 첫째 몸에 대한 념처이다. 둘째 느낌에 대한 념처이다. 셋째 마음에 대한 념처이다. 넷째 법에 대한 념처이다."

끝으로 '자신에 의지하고 법에 의지하는 길에 관한 것'도 네 가지 염처에 적용됨을 가르쳤습니다.

10) 폐숙경弊宿經, Pāyāsi Sutta

꾸마라깟싸빠Kumārakassapa 장로가 거대한 불제자의 교단과 함께 꼬살라국을 유행하다가 세따와야Setavya에 있는 싱싸빠Siṁsapa 동산에 머물게 되었습니다. 그때 왕족 출신의 빠야시Pāyāsi가 그곳에 살고 있었는데, 그는 잘못된 견해를 가지고 있었습니다. "죽은 뒤에는 아무것도 없다. 따라서 선하고 악한 행위의 과보果報도 없다"라고 주장하였습니다.

이러한 생각에 빠진 빠야시는 꾸마라깟싸빠 장로를 찾아와서 자신의 견해인 '죽은 뒤에는 아무것도 없다'라고 주장했습니다. 그의 주장은 이러했습니다. 자신의 친구 중에 악한 일을 많이 하고 죽음을 맞이하는 친구가 있었는데 그에게 가서 '죽은 뒤에 지옥이 있거든 자신에게 돌아와 알려달라고 부탁하였지만, 그렇게 한 자가 아무도 없었다' 그러므로 죽은 뒤에는 아무것도 없는 것이라 했습니다.

꾸마라깟싸빠 장로는 도둑을 비유로 들어 설명했습니다. 한번 잡힌 강도나 도둑은 형이 확정되고 집행될 때까지는 풀어주지 않듯이, 지옥의 수문장도 악업을 지은 중생을 돌려보내지 않는 것처럼 다시 돌아올 수 없는 이유를 설명했습니다.

그러자 빠야시는 다시 다음과 같은 주장을 했습니다. 착한 일을 하고 죽어가는 친구를 찾아가 자네가 죽어 천국에 가게 되면 천국이 있는지 없는지에 대해서 자기에게 꼭 돌아와서 이야기 해달라고 하였는데 지금까지 소식이 없으므로 천국 또한 없는 것 아니냐고 반문하였습니다.

그러자 꾸마라깟싸빠 장로는 변소의 비유를 들었습니다. 변소에 빠진 자가 다시 변소에 빠지려 하지 않듯이 하늘에서 보면 인간세계는 변소와 같이 보이므로 당연히 오지 않는다고 대답하였습니다. 다음은 빠야시의 잘못된 견해를 바로잡아주는 말씀입니다.

"다섯 가지 계율을 범하지 않으면 33천의 하늘에 난다고 했는데, 33천의 하늘이 있다고 누가 깟사빠 당신에게 말했는가?"

"태어나면서부터 눈먼 자가 흰색, 노란색 등의 색깔이 없다고 하듯이 보지 않고 없다고 해서는 안 된다. 또 그것은 육안으로는 보이지 않고 수행 후 천안天眼을 얻게 되면 보인다."

"계율을 지킨 자의 사후가 하늘에 나는 것이어서 그것이 그렇게 좋다면 계율을 지키는 수행자들은 왜 빨리 죽지 않는가?"

"임산부가 다 자라지 않은 배 속에 아이를 미리 출산하려 않듯이, 익기를 기다리며 오래 살아 더 많은 복을 짓고, 많은 사람을 이익되게 하려고 빨리 죽지 않는다."

"영혼이 육신에서 빠져나가는 것은 보이지 않는다."

"꿈꿀 때 혼이 몸에서 빠져나갔지만 다른 사람은 볼 수 없었던 것과 같다."

“살아 있는 자보다 죽은 자가 더 무겁다.”

“불에 달궈진 쇠공이 더 가벼운 것과 같다.”

“몸을 해쳐봐도 영혼의 모습은 볼 수 없다.”

“고동을 해쳐보아도 고동소리를 찾을 수 없고, 나무를 해쳐보아도 불을 찾을 수가 없는 것 같다. 그러나 인연이 모이면 고동에서 소리가 나고 나무에서 불이 솟아오르듯 온기와 목숨과 식별이 회합하면 비로소 정신적인 형상이 나타나는 것이다.”

빠야시의 잘못된 견해는 쉽게 해결되지 않자 꾸마라깟싸빠 장로는 ‘두 대상 지도자’의 비유, ‘똥짐’의 비유, ‘주사위 놀이꾼’의 비유, ‘마麻의 짐’의 비유 들게 되었고, 결국 빠야시는 자신의 견해가 잘못되었다는 것을 깨닫고 꾸마라깟싸빠 장로에게 귀의하였다고 하는 내용입니다.

다. 당학품當學品, Pāṭika vagga

1) 파리경波梨經, Pāṭika Sutta

고따마 붓다는 말라Malla국의 아누삐야Anupiyā에서 지냈습니다. 어느 날 박가와Bhaggava를 만났습니다. 박가와는 고따마 붓다에게 수낙캇따Sunakkhatta가 고따마 붓다와 교단을 만족스럽게 여기지 못해 떠났음이 사실인지 물었습니다. 고따마 붓다는 수낙캇따가 신통과 같은 이적을 보여주지 않으며 우주가 처음 형성된 이유를 설명해 주지 않는다는 불만을 털어놓고 떠났다고 말해 주었습니다.

이어서 고따마 붓다는 빠띠까뿟따Pāthikaputta와의 사이에서 있었던 일을 말해주었습니다. 빠띠까뿟따는 대중들이 보는 앞에서 자신과 신통을 겨뤄보고자 했습니다. 그러자 수낙캇따가 앞장서서 많은 사람을 불러 모으고 신통 겨루는 장소를 마련했습니다. 그러자 수많은 사람이 그곳에 모여들었습니다. 두 사람의 신통을 겨루어 누가 이기는가를 보기 위해서입니다. 이때 고따마 붓다는 당당히 이겼고 빠띠까뿟따는 숨을 곳을 찾지 못해 쩔쩔매는 꼴을 보였습니다.

빠띠까뿟따가 형편없이 패배하자 수낙캇따는 충격을 받았습니다. 그는 은근히 고따마 붓다가 빠띠까뿟따에게 패배하기를 바랐던 것인데 자신이 바라고 있던 결과가 아니었기 때문입니다. 그런 그에게는 빠띠까뿟따가 고따마 붓다에게 패배한 것보다 더 심한 자존심을 상하게 하는 사건이 되고 말았습니다. 결국 수낙캇따는 스승인 고따마 붓다와 승단에서 떠나고 말았습니다.

박가와에게 이렇게 설명한 뒤 우주의 시작에 대한 것, 범천의 역사, 쾌락으로 타락한 하늘 세계, 우주에 관한 역사를 밝혀주었습니다. 그러나 자신은 어느 곳에도 집착하지 않고 고요함을 느끼며 불행에 빠지지 않음을 설했습니다. 그것은 '괴로움의 올바른 멸진滅盡'의 가르침이었습니다.

2) 우담바라사자후경優曇婆羅師子吼經, Udumbarikāsīhanāda Sutta

고따마 붓다가 라자가하의 깃자꾸따Gijjhakūṭa 언덕에 머물고 있을 때였습니다. 그때 방랑 고행자 니그로다Nigrodha는 우둠바리까 여왕의 동산에 머물고 있었습니다. 고따마 붓다의 신자인 산다나Sandhāna가 니그로다를 방문하였습니다. 니그로다는 분개한 목소리로 고따마 붓다를 애꾸눈 소에 비유해 비방했습니다. 이를 고따마 붓다는 깃자꾸따 언덕에서 니그로다가 하는 말을 천이통天耳通으로 들었습니다. 그래서 그를 방문하였습니다.

고따마 붓다를 맞이하는 니그로다는 공손한 예를 표한 뒤 고행을 완성하는 방법에 대하여 질문했습니다. 70여 종에 이르는 고행과 16종 고행자의 허점은 고따마 붓다가 니그로다에게 설명한 내용이었습니다. 즉 고행한다는 이유로 스스로 높이고 남을 멸시한다면 그것은 고행자의 더러움이고 수치이다라고 하는 내용이었습니다. 이에 니그로다도 수긍했습니다.

고따마 붓다는 계속해서 니그로다에게 고행의 허구성을 설명했습니다. 즉 고행만으로는 종교의 목표를 달성할 수 없다는 것과 여덟 가지 바른길만이 종교의 목표를 충족시킬 수 있다는 것입니다. 이때 옆에 있던 산다나가 니그로다에게 그들이 만났을 때 고따마 붓다를 비방한 것을 일깨워주었습니다. 니그로다는 부끄러워했고 그의 실수를 고백하였습니다. 그리고 고따마 붓다는 그의 잘못을 용서했습니다.

> "니그로다여, 나에 관해서 그렇게 말하는 것은 잘못이다. 그러나 네 가지 잘못을 시인하고 용서를 바라니 나는 받아들인다. 니그로다여, 나는 너에게 이렇게 말한다. '현명한 자들은 나에게 오라. 나는 그들을 가르치겠다. 나는 그들에게 법을 가르친다. 내가 가르친 대로 수행하는 자는 얼마 되지 않아 수행의 목표에 다다를 것이다.'

니그로다여, 아마도 너는 이렇게 생각할 수 있을 것이다. '수행자 고따마는 제자들을 불러 모으려고 그런 말을 한다'라고, 그러나 너는 그렇게 생각해서는 안 된다. 너의 스승이었던 자를 여전히 너의 스승으로 모셔도 좋다. 또한 니그로다여, 너는 이렇게 생각할 수도 있다. '수행자 고따마는 우리를 규칙으로부터 떼어놓으려고 그런 말을 한다'라고, 그러나 너는 나의 말을 그렇게 받아들여선 안 된다. 너의 규범이었던 것은 여전히 너의 규범으로 삼아라. 니그로다여, 나는 단지 생사의 괴로움을 벗어나게 하는 진리를 가르치려 하는 것뿐이다."

3) 전륜성왕사자후경轉輪聖王獅子吼經, Cakkavattīsīhanāda Sutta

전륜성왕의 위신력과 칠보륜七寶輪의 공덕, 전륜성왕의 이상을 설명한 내용입니다. 도둑질·살생·거짓말 등이 세상을 타락시키는 근원이라고 했습니다. 특히 빈곤이 도둑질하게 하는 원인이며, 도둑질·살생·거짓말 등의 여러 가지 악이 생기는 원인과 과정을 설명합니다. 인간의 정명定命이 8만 세에서 10세로 낮아지는 것은 악업이 원인이라고 설명합니다. 아울러 선법善法을 닦아 불살생不殺生 등의 다섯 가지 계율을 지켜서 악을 정복한 사람은 그의 정명이 8만 세까지 이르러 전륜성왕의 나라가 세워지며, 이때 미륵불이 나타나서 대각을 증득, 무상청정범행無上淸淨梵行을 설하고, 세간의 이상세계는 불국토 실현에 있고, 비구들은 사신족四神足을 증득하고 사선정四禪定을 닦아 심해탈과 혜해탈을 얻게 된다는 내용입니다.

고따마 붓다는 마가다국의 마툴라Mātula에서 머물렀습니다. 제자들에게 이렇게 설했습니다.

"너희들은 자신을 섬으로 삼고 자신을 의지처로 삼아라. 남을 의지처로 삼아서는 안 된다. 법을 섬으로 삼고 법을 의지처로 삼아라. 다른 것을 의지해서는 안 된다."

이어 먼 과거의 달하네미Dalhanemi라는 전륜성왕의 이야기를 하고, 여덟 번째 보배 바퀴가 사라져 버린 왕의 시대를 다음과 같이 설명하였습니다.

"왕이 가난한 자에게 베풀지 않는다. 그러자 가난한 사람들이 주지 않은 것을 훔치게 된다. 도둑질한 벌로서 사형에 처한다. 살인을 저지르는 자도 생겨난다. 이에 인간의 수명이 줄고 외모가 추해져 8만 세의 사람에게서 4만 세의 아이가 태어난다. 4만 세의 사람들은 도둑질과 살생에 더하여 가짓말을 하게 된다. 그러자 다시 수명이 줄고 외모가 더 추해져 4만 세의 사람에게서 2만 세의 아이가 태어난다. 이들은 위의 악한 일에 더하여 남을 험담하게 된다. 그러자 2만 세의 사람에게서 1만 세의 아이가 태어난다. 이들에게는 아름다움의 차이에 의해 탐욕적 사음邪淫을 하게 된다. 그러자 1만 세의 사람에게서 2,500세의 아이가 태어나고, 이들은 탐욕이 점점 더 커진다. 그래서 수명은 1,000세로 줄게 된다. 1,000세의 사람에게서 500세의 아이가 태어난다. 인간이 할 수 있는 악한 일이 더 심하게 된다. 그러자 그들의 수명은 500세에서 법 아닌 것에 대한 탐착, 고르지 않는 것에 대한 욕심으로 잘못된 법이 늘어난다. 그래서 수명은 250세로 줄어들게 된다. 그러자 250세의 사람에게서 200세의 아이가 태어나는데, 이들은 부모와 수행자와 사제師弟와 연장자도 존경하지 않고 무시하게 된다. 그러자 수명이 100세인 사람이 태어난다. 그렇게 점점 수명이 줄어들어 10세에 이르게 된다.

정명의 수명이 10세일 때, 여자아이가 5세가 되면 결혼할 만큼 성숙하고, 여러 가지 맛있는 것도 사라질 뿐만 아니라 선이란 개념까지 사라지고 근친상간은 예사이다. 그리고 혈육에 대해서조차 증오와 원망을 품고 서로가 사슴으로 보여 날카로운 칼로 해치게 된다.

이때 몇몇은 이 칼의 겁劫을 피해 숲속에 숨어서 나무뿌리 등으로 연명한다. 이러한 불살생을 통해 10세의 이들은 20세의 아이를 낳게 된다. 그리고 여러 가지 선행을 지킴으로서 수명이 점점 늘어나 8만 세가 된다. 이때 상카Saṅkha라는 전륜성왕이 출세한다. 상카왕은 메떼야彌勒, Metteya 부처님이 출세하자 그에게 출가하게 된다."

4) 기세인본경起世因本經, Aggañña Sutta

고따마 붓다가 사왓티의 뿝바라마Pubbārāma 동산에 머물면서 와셋타Vāseṭṭha와 바라드와자Bhāradvāja에게 들려준 가르침입니다. 그들은 바라문 계급의 사람이었는데 출가하여 고따마 붓다의 제자가 되었습니다. 바라문들은 그들을 보고 범천의 입에서 태어난 가장 높은 종족이 가장 비천한 신분을 택하였다고 비난하였습니다. 이 사실을 세존이 알게 되었습니다.

고따마 붓다는 출생을 통해서 귀하고 천하게 되는 것이 아니라 자기가 스스로 짓는 업에 따라 귀하고 천하게 되는 것이라고 했습니다. 그리고 가장 위대한 것은 법法이라고 가르쳤습니다. 그리고 계급이 형성되기까지의 사회의 기원을 다음과 같이 설명했습니다.

"우주가 처음 형성되는 시기에 중생은 빛을 내며 날아다녔다. 그러다가 우주가 쇠망할 때 아밧싸라Abhassara, 光音天라는 하늘에서 떨어져, 어떤 중생들은 이곳에 오게 되었다. 그들은 이곳에서도 빛을 내며 날아다녔다. 그때 이곳은 태초라고 부를 만한 것으로 칠흑 같은 어둠과 온통 물로 되어 있었다. 이곳에는 해와 달도 없고, 중생이 중생이라고 불리고 있을 뿐이었다.

그렇게 오랜 세월이 지난 뒤 물 위에 평평하고 맛있는 땅이 나타났다. 어떤 중생이 땅을 손가락으로 찍어 맛보고는 집착했다. 그에게 갈애渴愛가 일어났다. 이어 모든 중생이 손으로 덩어리를 만들어 땅을 먹었다. 그러자 그들에게서 빛은 사라지고 달과 해의 빛이 나타났다.

또 오랜 세월이 흘렀다. 맛있는 땅은 사라지고 그보다 맛이 덜한 땅이 나타났다. 그런 식으로 더 맛없는 땅이 나타났다. 그들이 더욱더 땅의 맛에 집착해 먹기 시작하자 먹을 수 있는 땅은 사라지고 맛있는 쌀이 나타났다. 그들은 아침에 쌀을 거두어 먹으면 저녁에 자라서 익어있었고, 저녁에 거두어 먹으면 아침에 익어있었다. 이 쌀을 오랫동안 먹자 남성과 여성으로 성별이 나누어졌다. 그들은 한동안 서로 주시하였다. 음욕이 일어나 성적 접촉을 하게 되었다. 그러한 성적인 접촉은 은밀한 곳에서 하게 되었다. 공개된 곳에서 음행하는 사람은 한두 달 마을에서 추방되었다. 그러자 음행을 숨기기 위해 그들만의 집을 짓게 되었다.

그리고 수고를 덜기 위해 쌀을 저장하거나 비축하게 되었다. 그러자 좋은 쌀이 사라지고 품질이 떨어진 쌀이 나타났다. 나쁜 쌀이나마 나누어 먹기 위해 경계를 설치했다. 그러자 도둑질과 거짓말이 생겼다. 정확한 처벌을 위해서 보다 잘 생기고 힘센 자를 왕으로 추대했다. 이것이 왕족의 기원이다.

그리고 나쁜 법을 스스로 없애기 위해 걸식하고 선정에 드는 무리가 생겼다. 그들이 바라문이다. 그리고 음행을 계속하고 생업에 종사하는 사람들이 생겼다. 그들이 서민이다. 그리고 작고 잔인한 짓만 하는 사람들이 생겼다. 그들이 노예이다.

이러한 네 무리 가운데 그러한 삶의 방식을 싫어하여 출가 수행하는 자가 생겼다. 이들은 수행자이다. 이들 다섯 무리는 출생과 관계없이 자신이 짓는 업대로 과보果報가 이뤄진다. 그리고 일곱 깨달음의 요소를 닦아 완전한 열반을 얻은 붓다와 그의 제자들은 가장 고귀하다고 가르치었다."

5) 자환희경自歡喜經, Sampasādanīya Sutta

고따마 붓다가 나란다Nālandā 빠와리까Pāvārika의 망고 동산에 머물고 있었습니다. 그때 사리뿟따Sāriputta, 舍利弗가 세존에게 공손히 절하고 큰 소리로 말했습니다.

"세존이시여, 지혜에 관한 한 과거와 미래와 현재의 어떤 누구도 세존과 비견할 자가 없습니다"

사리뿟따는 고따마 붓다가 '바르고 원만하게 깨달은 분이시며, 법은 그분을 통해 잘 설해졌으며, 성스러운 제자들은 그 길에 잘 들어 있다'라고 확실한 믿음이 생겼기 때문입니다.

사리뿟따는 이어서 최상의 훌륭善한 법인 37조도품과 최상의 법을 제시하였습니다. 최상의 포섭처處, 입태入胎, 타심他心, 견해見解, 인시설人施設, 정진精進 등을 이야기하고 나서 가장 높은 신통이 무엇인지에 대한 설법으로 끝을 맺었습니다.

6) 청정경淸淨經, Pāsādika Sutta

고따마 붓다가 사캬족의 마을에 머물고 있을 때입니다. 그때 니간타 나타뿟따Nigaṇṭha Nāthaputta가 빠와Pāvā에서 죽었습니다. 그의 제자들 사이에서 큰 혼란과 불화가 발생하였습니다. 쭌다라는 어린 제자가 빠와에서 우안거雨安居를 지낸 뒤 사마가마Sāmagāma에 있는 아난다 장로를 찾아왔습니다. 그는 니간타가 죽었다는 소식과 그의 제자들 사이에 일어난 불화에 대해 말해주었습니다. 그러자 아난다 장로는 쭌다와 함께 붓다에게 가서 그 소식을 전했습니다.

고따마 붓다는 그 일에 대해서 놀랄 것은 없다고 하며, 바르고 원만히 깨달은 붓다의 제자 교단이 아니고서는 그런 일이 일어나지 않을 교단은 없다고 하였습니다. 그리고 붓다의 제자 교단에 그런 위험이 없는 것은, 제자들이 여러 단계로 성인의 경계를 직접 체득하고 있으며 중요한 가르침을 정확히 열거할 수 있기 때문이라고 하였습니다. 그 가르침이란 사념처, 사정근, 사신족, 오근, 오력, 칠각지, 팔정도입니다.

고따마 붓다는 "쭌다여, 이것이 너희가 배워야 할 진리이다. 그리고 너희는 다투어서는 안 된다. 왜냐하면 나의 가르침이 오래 머물러 보다 많은 사람이 이익과 안락을 얻어야 하기 때문이다"라고 말했습니다.

이어서 기본 계율과 사과四果를 얻게 되는 길 그리고 아라한의 성자에게서 불가능한 아홉 가지를 말씀한 뒤 출가한 삶에서의 계율을 정의해 주었습니다. 아울러 붓다를 여래如來, Tathāgata라고 부르는 이유 다섯 가지를 말해주었습니다.

7) 삼십이상경三十二相經, Lakkhaṇa Sutta

고따마 붓다가 사왓티에 있는 제따와나 승원에 머물고 있을 때, 그곳에서 32가지 위대한 사람의 특징에 대하여 다음과 같이 설했습니다.

> "① 발이 평평하다. ② 두 발바닥에 각각 천 개의 바퀴살과 바퀴의 태와 바퀴통을 지니며 모든 요소를 골고루 갖춘 바퀴 문양이 있다. ③ 발꿈치가 길다. ④ 손가락과 발가락이 길다. ⑤ 손발이 부드럽고 여리다. ⑥ 손발에 그물 같은 무늬가 있다. ⑦ 발목이 둥근 조개껍질과 같다. ⑧ 정강이가 양과 같다. ⑨ 굽히지 않고 선 채로 두 손바닥이 무릎마디를 만지고 주무른다. ⑩ 남근이 껍질에 쌓여있다. ⑪ 피부가 황금빛이다. ⑫ 피부가 섬세하여 먼지와 땀이 몸에 묻지 않는다. ⑬ 털구멍마다 하나씩의 털이 나 있다. ⑭ 털은 그 끝이 아름답고 색깔이 푸르고 광택이 나고 둥글게 오른쪽으로 돌고 있다. ⑮ 몸은 범천처럼 곧 바르다. ⑯ 일곱 개의 돌기가 나 있다. ⑰ 상반신이 사자와 같다. ⑱ 어깨의 홈이 메워져 있다. ⑲ 니로다 나무처럼 균형이 잡혀있으니 몸의 길이는 양팔의 길이와 같다. ⑳ 상반신이 둥글다. ㉑ 미각味覺의 예민함이 최고이다. ㉒ 턱이 사자와 같다. ㉓ 치아가 40개이다. ㉔ 치아가 고르다. ㉕ 치아가 가늘지 않다. ㉖ 긴 치아가 매우 희다. ㉗ 혀가 길다. ㉘ 음성은 범천과 같고 인도 뻐꾸기처럼 말한다. ㉙ 눈은 매우 푸르다. ㉚ 속 눈썹은 어린 암소처럼 길다. ㉛ 두 눈썹 사이에 흰털이 있다. ㉜ 머리에 육계肉髻가 있다."

이러한 특징의 원인에 대해서도 다음과 같이 설명합니다.

> "다른 도사들에게서도 32가지 위대한 사람의 특징이 나타날 수 있으나 그러한 업인業因은 알지 못한다."

즉 십악업十惡業을 철저히 극복한 까닭에 32가지 위대한 사람의 특징을 가질 수 있다는 설명입니다.

8) 교수시갈라월경教授尸迦羅越經, Siṅgālovāda Sutta

고따마 붓다가 시갈라Sigāla에게 여섯 가지 부류의 사람이 가지게 되는 재가자의 의무에 관한 것을 일러주었습니다. 그것은 세간의 처세로서 네 가지 업구業垢; 殺·盜·淫·妄와 악업의 네 가지 원인貪·瞋·癡·두려움과 재산을 잃게 되는 여섯 가지 원인술·때아닌 놀이·춤 관람·도박·나쁜 벗·게으름과 선우善友; 원조·동고동락·동정심·좋은 정보 공유와 나쁜 친구 등에 관한 것이었습니다.

그리고 잘 사는 방법에 대해 부지런히 청정한 재산 가짐을 요구하였습니다. 그리고 그 수익을 가지고 경영하는 방법에 관하여 '모든 수익을 네 등분으로 나누어 ¼은 자신의 생활비, ¼은 저축하고, ¼은 사업경영에 재투자하고, 나머지 ¼은 부모와 가족을 위해서 써야 한다'라고 가르쳤습니다.

고따마 붓다가 라자가하의 웰루와나Veluvana 승원에 머물렀습니다. 그때 시갈라Sigāla라는 젊은이가 여러 방향을 향해 경배하고 있었습니다. 그것을 본 고따마 붓다는 그의 경배함에 잘못된 점을 지적해 주었습니다.

9) 아타담지경阿吒曇胝經, Āṭanāṭiya Sutta

고따마 붓다는 라자가하의 깃자꾸따 언덕에 머물고 있을 때, 그의 가르침을 보호하려는 천신들인 수많은 약카Yakkha와 간답바Gandhabba 그리고 쿰반다Kumbhaṇba가 그곳으로 모여들었습니다. 그리고 고따마 붓다에게 예를 올렸습니다.

그때 웻싸와나Vessavana 왕이 고따마 붓다에게 찾아와 이렇게 말했습니다.

> "세존이시여, 세존의 가르침과 제자들에게 적대적인 수많은 악신惡神이 있습니다. 그들은 세존의 제자가 홀로 명상에 잠겨있을 때 해칠 수 있습니다. 따라서 제자들은 아따나띠야Āṭanāṭiya 주문을 배워 그러한 위험을 방지하고자 늘 낭송하면 좋을 것입니다."

그런 뒤 웻싸와나Vessavana 왕은 고따마 붓다 앞에서 아따나띠야Āṭanāṭiya라는 주문을 읊었습니다. 이 주문은 고따마 붓다를 찬미하는 것으로 시작하였습니다. 즉 위빳시Vipassī, 毘婆尸佛, 시키Sikhi, 尸棄佛, 웻싸부Vessabhu, 毘舍浮佛, 까꾸산다Kakusandha, 拘留孫佛, 꼬나가마나俱那含牟尼佛, Koṇāgamana, 깟싸빠Kassapa, 迦葉佛, 앙기라사Aṅgīrasa 및 고따마Gotama를 찬미하는 것이고, 쿰반다Kumbhaṇba, 용Nāga, 위루빡카Virūpakkha, 아따나따Āṭānāṭā, 쿠시나따Kusināṭā, 따똘라Tatolā, 땃따라Tattalā 오자시Ojasi 등을 읊은 것이었습니다.

10) 등송경等誦經, Saṅgīti Sutta

고따마 붓다가 말라Malla 족의 수도 빠와Pāvā에 이르러 대장장이 쭌다의 망고 숲에 머물렀습니다. 사람들은 새로 만든 건물의 개원식에 고따마 붓다가 방문해 주기를 부탁했습니다. 고따마 붓다는 그곳에서 밤늦도록 그들을 위해 법을 설해주었습니다. 모임이 끝난 뒤 말라 족들은 고따마 붓다에게 예를 올리고 물러갔습니다. 그러자 제자들은 그대로 앉아서 침묵을 지키고 있었습니다. 붓다는 피곤하였기 때문에 한쪽으로 누우면서 사리뿟따로 하여금 다른 제자들에게 설법할 것을 허락하였습니다.

사리뿟따는 빠와에서 니간타 나타뿟따가 죽자 그 제자들 사이에 큰 혼란과 불화가 있었던 일을 상기시켜 말을 꺼냈습니다. 그러면서 자신들의 교단에서는 그런 일이 결코 없을 것이라 했습니다. 그 이유는 고따마 붓다에 의해 '잘 설해진 법'이 있기 때문이라고 했습니다. 이어서 사리뿟따는 고따마 붓다의 교법을 숫자의 특징에 맞추어 설법해 갔습니다.

"무엇이 한 가지 교법인가?"

"모든 중생은 음식으로 살아간다는 사실이다."

"무엇이 두 가지 교법인가?"

"명색名色이다. 기억과 삼매이다. 멈춤과 갈라봄이다. 밝힘과 해탈이다."

"무엇이 다섯 가지 교법인가?"

"다섯 근간이다. 다섯 덮개이다."

"무엇이 열 가지 교법인가?"

"열 가지 명상의 경계이다. 열 가지 업의 길이다."

11) 십상경十上經, Dasuttara Sutta

고따마 붓다가 짬빠Campā의 각가라Gaggarā 호숫가에 머물고 있을 때였습니다. 그때 사리뿟따는 열 가지 범주로 고따마 붓다의 교법을 숫자에 맞추어 설법했습니다.

첫째 '많이 행할 법'으로 선법에서의 불방일, 기억과 앎, 믿음, 계율, 부끄러움, 미안함, 들뜸, 보시, 지혜 등에 관한 것입니다.

둘째 '닦아야 할 법'으로 멈춤과 갈라 봄, 사념처四念處, 붓다, 교법, 교단, 계율, 보시, 하늘에 대한 기억, 칠각지 등에 관한 것입니다.

셋째 '완전히 알아야 할 법'으로 촉觸, 명색名色, 세 가지 느낌, 네 가지 음식, 다섯 가지 근간, 여섯 곳의 포섭처, 일곱 감각의 머묾, 아홉 중생의 주처主處 등에 관한 것입니다.

넷째 '반드시 버려야 할 법'으로 아만, 밝힘 아닌 것과 존재에 대한 갈애, 네 가지 폭류, 다섯 덮개, 애욕에의 탐착, 갈림·견해·의혹·교만·존재에 대한 탐착 등에 관한 것입니다.

다섯째 '퇴전으로 이끄는 법'으로 탐착, 진애, 치암, 다섯 마음의 황폐함, 여덟 가지 게으름의 원인, 열 가지 악업 등에 관한 것입니다.

여섯째 '발전으로 이끄는 법'으로 믿음, 정진, 기억, 삼매, 해탈 등에 관한 것입니다.

일곱째 '꿰뚫기 어려운 법'으로 사이 없는 마음의 삼매, 3가지 자제, 3가지 벗어남의 계층, 중생의 생사 원인, 열 가지 성스러운 거주 등에 관한 것입니다.

여덟째 '반드시 일으켜야 할 법'으로 부동지不動地, 과거·현재·미래의 세 가지 앎, 교법과 추리와 타심 관찰과 상식에 의한 네 가지 앎, 여섯 가지 위대한 사람의 사색 등에 관한 것입니다.

아홉째 '잘 알아야 할 법'으로 일체중생은 음식으로 살아감, 결합하지 않는 계층과 결합하는 계층, 애욕·색·색 없음의 계층, 네 가지 성스러운 사실, 다섯 가지 해탈의 포섭 등에 관한 것입니다.

열째 '똑똑히 보아야 할 법'으로 흔들림 없는 마음의 해탈, 밝힘과 해탈, 세 가지 밝힘, 네 가지 결과, 여섯 신통, 여덟 해탈, 아홉 차제로 멸하는 것九次第滅, 열 가지 배움 없는 법十無學法 등에 관한 것입니다.

2. 중부中部, Majjhimma nikāya

가. 맛지마 니까야Majjhimma nikāya의 조직

『Majjhimma nikāya』는 수따삐따까Suttapiṭaka, 經藏의 두 번째 경전의 모음집으로 중간 길이의 설법을 모아놓은 삼부三部, paṇṇāsa, 십오품十五品, vagga, 152경經, sutta으로 구성되었습니다. 삼부의 첫 번째에는 50개 경전을 싣고 있는 근본부Mūlapaṇṇāsa와 두 번째

50개 경전인 中分Majjhimmapaṇṇāsa 그리고 세 번째 52개 경전인 Uparipaṇṇāsa上分로 구성되어 있습니다. 원래 『Majjhimma nikāya』는 삼부, 십오품, 150경으로 편찬되었던 것으로 추정하고 있습니다. 왜냐하면 No.132, No.133, No.134의 세 개의 경전은 이름만 다를 뿐 실제로는 하나의 경전이기 때문입니다. 예를 들면 No.131 Bhaddekaratta sutta一夜賢者經는 하나의 독립된 경전입니다. 하지만 No.132 Ānandabhaddekaratta sutta阿難一夜賢者經, No.133 Mahākaccānabhaddekaratta sutta大迦旃延一夜賢者經, No.134 盧夷强者一夜賢者經Lomasakaṅgiyabhaddekaratta sutta는 동일한 경전 내용에 이름만 다를 뿐입니다. 그러므로 이 세 개의 경전을 하나로 묶는다면 150개의 경전이 됩니다.

또한 『Majjhimma nikāya』는 15품이고, 각 품은 10개의 경전으로 이루어져 있습니다. 다만 제14의 Vibhaṅga vagga分別品에는 12개의 경전으로 편성되어 총 152경입니다. 이와 같이 『맛지마 니까야』는 편찬자가 의도적이고 조직적으로 편성하였다는 것을 알 수 있습니다. 그 정황으로는 각 품에 부합되는 10개의 경전이 채워지지 않았을 때 그 공백을 새로운 경이나 다른 경전의 모음집에서 차용借用해 채워 넣은 것으로 보이는 점입니다. 예를 들면 No.92 Sela sutta施羅經는 Suttanipāta Ⅲ. 7에서, No.145 Punnovada sutta敎富樓那經는 Saṁyutta nikāya Ⅰ. 192에서 가져온 것입니다. 이러한 경전의 차용은 경전의 중간이나 결론 부분에서 나타납니다. 따라서 근본 50경의 편만을 근본적인 『맛지마 니까야』라고 할 수 있지만, 152경 전체를 차별 없이 구성하고 있습니다.

나. 경전 성립과 전승

『맛지마 니까야』의 편집이 언제 일단락되었는지는 학자마다 서로 의견이 다릅니다. 다만 몇 가지 분명한 사실은 사캬무니 붓다Sākyamuna가 입멸한 뒤 경전의 결집이 계속되어 구전으로 전승되어 오다가 B.C. 1세기 스리랑카에서 비로소 문자로 기록되었습니다.

팔리경전이 구전으로 전해져 왔다는 것은 객관적으로 입증되고 있는 것으로 문법적인 부분에서 오류가 명백하지만 그대로 구전되어 내려온 것을 볼 때, 설해진 말씀을 원형 그대로 보존하는데 가치를 두었다는 것으로 여겨집니다. 그러므로 팔리어로 씌어진 경전들은 진실한 고따마 붓다의 가르침이라고 받아들여도 좋을 것입니다.

쿠르트 슈미트Kurt Schimidt는 경전에 쓰인 언어를 연구하여 이러한 단어와 문법 새로운 개념을 밝혀냈습니다. 새로운 경전을 만들어내면서 아무리 고대의 언어나 문체에 맞도록 심혈을 기울일지라도 이미 익숙해져 버린 새로운 단어나 개념의 영향권에서 벗어나기란 쉽지 않기 때문에, 그러한 변형은 쉽게 발견됩니다. 따라서 그러한 이유로 변형된 점이 발견되면 해당 경전이 고따마 붓다의 원래 가르침에서 변형되었다는 사실과 그 경전이 편집된 연대를 알 수 있는 증거가 됩니다. 테라와다 학파上座部의 여러 그룹은 이러한 방식으로 상이한 새로운 가르침을 만들어 경전 속에 붙이고 끼워 넣었는데, N0.121, N0.122, N0.135, N0. 136이 대표적입니다.

어떤 경우에는 이미 나와 있는 다른 문헌을 근거로 새로운 경전이 만들어졌다는 사실도 드러납니다. 이러한 연구에 따라 쿠르트 슈미트는 "『맛지마 니까야』의 ⅓은 진실한 고따마 붓다의 말씀 또는 당대 스승의 전승으로 인정될 수 있다. 그러나 의심할 수 없는 진실한 전승에다 간혹 후대에 첨가되거나 끼워 넣은 것들이 발견된다"[416]라고 했습니다.

그러나 가이거W. Geiger는 그러한 언어학적이거나 문헌학적인 연구 결과가 그 경전을 고따마 붓다의 말씀이 아니라고 증명하지는 못한다고 반박했습니다. 그는 "개개의 경전이 시간과 공간적으로 일치하지 않는 모순을 지녔다"라고 한 오토 프랑케 등의 주장에 대해 "그러한 주장은 이해할 만하지만, 그것이 우리에게는 더 이상 모순으로 남지 않는다"라고 했습니다. 그리고 그는 "우리는 경전이 가지고 있는 구성과 되돌아오는 반복성을 이해하여야 한다. 구전에서 자연발생적으로 자주 등장하는 사태나 상황은 동일한 단어로 구성된 판에 박은 문장 형태를 취한다. 또한 경전에 자주 등장하는 많은 것들은 수행승비구·비구니이 지녀야 할 필수 불가결한 지식에 속하는 것이다. 여기에는 승가고시를 실시하는 듯한 질문과 응답을 통한 설명방식, 신화적인 비유, 격언도 포함된다. 특히 이러한 성스러운 경전은 처음부터 설법을 목적으로 만들어진 것이다. 경전을 읽다보면 어느 경전

416 이러한 쿠르트 슈미트의 문제 제기는 비록 『맛지마 니까야』에 해당하는 경우만은 아니다. 오부 니까야의 모든 경전에서 발견되기 때문이다. 하나하나 열거하기는 어렵지만 괴로움의 소멸법칙에 정통한 사람의 식견과 견해로서는 쉽게 분별하고 지적할 수 있기 때문이다.

이 정통성을 갖는 것인가를 결정하지 않고, 오히려 동일한 경전의 이본들이 단순히 차례로 나열된 것을 볼 수 있다. 이것은 경전의 결집과 문자화에 있어서 순수한 문헌학적인 작업이 그에 영향을 끼쳤다는 사실을 나타내며, 우리는 이 사실을 존중하지 않으면 안 된다. 이렇게 한 것은 자료를 가능한 한 완벽하게 보존하려는 목적에서 나온 것이다. 그리고 이미 완벽하게 구성된 하나의 모음집에서 한 경전이 다른 모음집으로 편입된 경우도 있는데, 그때에는 그만한 동기가 있기 때문이었다"[417]라고 주장합니다. 이것은 가이거가 팔리경전이 객관성을 가지고 있음을 주장하는 부분입니다.

가이거는 팔리 니까야의 대부분이 고따마 붓다 입멸 후 200년 안에 편집된 것으로 보고 있습니다. 고따마 붓다가 반열반에 든 뒤 결집은 계속되었고 구전으로 전승되었습니다. B.C. 3세기경 아쇼카왕의 바브라Bhabra 비문에서 발견되는 명칭인 담마까띠까Dhammakathika, 빼따낀Peṭakin, 숫딴티까Suttantika, 빤짜네까이까Pañcanekāyika 등은 당시에 이미 후세와 마찬가지로 팔리삼장 분류 형태뿐만 아니라 팔리 오부 니까야가 이미 구분되어 있었음을 보여주고 있습니다.

---

417 가이거W. Geiger의 주장은 쿠르트 슈미트의 주장에 반하는 것이고 객관성을 보여주는 것이라고 할 수 있으나 견해의 장藏인 고따마 붓다의 괴로움의 소멸법칙의 가르침에서 나타나는 동질성은 중요한 문제라고 여긴다. 만약 이러한 정통한 교설에 맞지 않은 경전을 인정함으로써 외도적 이론이 정통에서 허용될 수 있기 때문이다. 이러한 문제 역시 앞의 주에서처럼 괴로움의 소멸법칙에 정통한 식견과 견해로 해결할 수 있는 것이다.

붓다고사Buddhaghosa, 佛音는 A.D. 500년경에 『Papañcasūdani빠빤짜수다니, 滅戱論疎』라는 『맛지마 니까야』의 주석서를 저작하였습니다. 붓다고사에 따르면, 제1차 결집에서 『맛지마 니까야』를 학습하여 왜곡시키지 않고 그대로 전승하는 것이 사리뿟따Sāriputta 派에게 의무로 부과된 것이었다고 주장하고 있습니다.

그리고 『맛지마 니까야』는 B.C. 250년 제2차 결집이 이루어졌고, 아쇼카왕 때는 이미 완성단계에 있었으며, 결정적인 편집은 B.C. 50년경 불멸 500년 후 스리랑카의 Vaṭṭagāmaṇi왓타가마니왕 통치 시기에 문자로 기록되면서 이루어진 것이라고 볼 수 있는 것입니다.

다. 맛지마 니까야Majjhimma nikāya의 구성

『맛지마 니까야』는 세 개의 편으로 구성되어 있고, 각 편은 50개의 경전의 묶음입니다. 제1편은 근본 50경, 제2편은 중간 50경, 제3편은 후반 50경입니다. 그리고 각 편은 5품으로 구성되었고, 각각의 품마다 10개의 경전이 묶여 있습니다. 다만 14품은 12개의 경을 가지고 있습니다.

또한 각각의 품에는 제목이 있습니다. 그런데 각 품에 부합하는 10개의 경전이 채워지지 않았을 때는 그 공백을 새로운 경이나 다른 경전의 모음집에서 차용한 흔적은 『맛지마 니까야』의 특징입니다. 『맛지마 니까야』 92Sela sutta, 施羅經은 Suttanipāta Ⅲ,7에서, 『맛지마 니까야』 145Puṇṇovāda sutta, 敎富樓那經은 Saṁyutta nikāya Ⅰ, 192에서 차용된 것입니다.

라. 맛지마 니까야Majjhimma nikāya의 특징

『맛지마 니까야』 내용은 다른 경전과 큰 차이가 없습니다. 약간의 차이가 있다면 문맥의 배열에서 다양성을 도입했다는 점입니다. 『디가 니까야Dīgha nikāya』에서 보여주는 것과 같은 상상력이나 소설적인 묘사는 없으나 교리와 관련된 사건과 대화가 다른 경전에 비해 많은 편입니다. 『쌍윳따 니까야Saṁyutta nikāya, 相應部』에서처럼 존재에 대한 근본적인 통찰과 담론이 전개되는 내용입니다. 또한 실천적으로 응용할 수 있는 실용적인 주제를 다루고 있는 것은 『앙굿따라니까야Aṅguttara nikāya, 增支部』와 같으며, 짧고 절제된 담론의 전개가 아닌 세밀한 분석적 이해의 능력을 대화자마다 부여해 주고 있습니다.

'중간 길이의 경'으로 지칭되는 『Majjhimma nikāya』는 경의 길이에서 정해졌다고 보는 것이 일반적입니다. 그러나 『Majjhimma nikāya』 가운데 있는 경들은 『Dīgha nikāya』보다 긴 경도 있습니다. 『Majjhimma nikāya』의 특징 가운데 「야마까Yamakā, 雙品」라고 불리는 두 개의 품을 가지고 있다는 점입니다. 즉 「Mahāvagga大品」와 「Cūlavaggta小品」인데, 둘을 함께 지칭할 때는 「Yamakavagga雙品」라고 합니다.

또한 『Majjhimma nikāya』는 쌍雙, yamaka이라는 개념으로 「Mahāyamakavagga雙大品」와 「Cūlayamakavagga雙小品」가 있습니다. 총 152경 중에 쌍품雙品의 형태로 된 것은 17쌍입니다.

마. 맛지마 니까야Majjhimma nikāya의 설법형식과 대상

『Majjhimma nikāya』에서 설법의 대상은 일반인들은 물론 왕족과 귀족, 사문과 바라문, 철학자, 논쟁을 즐기는 사람이나 신들까지 포함되어 있습니다. 설법의 형식은 그들 대상에 따른 것이어서 대상에 따라 관심 내용만 다를 뿐 가르침의 내용은 일정하게 깨달음으로 인도하는 내용입니다. 경전No. 49 Brahmaniman- taṇika sutta, 梵天請經은 고따마 붓다가 범천의 초청을 받고 방문하여 설법한 내용입니다. 즉 환상의 놀음에 기만당하는 신들에게 자신들이 악마와의 매혹적인 경주에 묶여 있음을 보여줌으로써 그들도 궁극적인 해탈인 열반에 도달하지 못하고 있음을 일깨워줍니다. 다음은 『Majjhimma nikāya』 내용의 개설概說입니다.

1) 근본법문품根本法門品, Mūlapariyāya vagga

가) 근본법문경根本法門經, Mūlapariyāya Sutta

의식의 상태가 어떻게 시작되는가를 다루고 있는 내용.

나) 일체루경一切漏經, Sabbāsava Sutta

번뇌의 제거에 관한 내용.

다) 법사경法嗣經, Dhammadāyāda Sutta

법의 중요성과 자신의 육체적 바램의 비중요성을 실현하도록 비구들에게 훈계한 내용.

라) 괴해경怖駭經, Bhayabherava Sutta

숲속의 두려움과 공포에 용감히 맞서는 것에 관한 것이며, 또한 자신의 깨달음에 관한 고따마 붓다의 기술.

마) 무예경無穢經, Anaṅgaṇa Sutta

타락에서 벗어나는 것에 관해 사리뿟따Sāriputta와 목갈라나Moggallāna 사이에서 있었던 대화 내용.

바) 원경願經, Ākaṅkheyya Sutta

비구가 원해야 하는 것에 관한 것.

사) 보유경布喩經, Vatthūpama Sutta

더러워진 옷과 부정한 마음의 비유.

아) 소멸경消滅經, Salleekha Sutta

자아의 잘못된 견해에 관한 것.

자) 정견경正見經, Sammādiṭṭhi Sutta

사리뿟따Sāriputta가 설한 올바른 정견에 관한 것.

차) 념처경念處經, Satipaṭṭhāna Sutta

장부의 No. 22와 같은 것이지만, 네 가지 진리에 관한 설명이 빠졌음.

2) 사자후품師子吼品, Sīhanāda vagga

가) 사자후소경獅子吼小經, Cūlasīhanāda Sutta

짧은 힐책의 내용이고 고행 실천의 어리석음에 관한 내용.

나) 사자후대경獅子吼大經, Mahāsīhanāda Sutta

긴 힐책의 경전입니다. 고행 실천의 어리석음에 관한 것.

다) 고온대경苦蘊大經, Mahādukkhakkhandha Sutta

괴로움에 관한 긴 설법.

라) 고온소경苦蘊小經, Cūladukkhandha Sutta

괴로움에 대한 짧은 설법.

마) 사량경思量經, Anumāna Sutta

목갈라나Moggallāna의 설법이며, 자기반성의 가치에 관한 내용.

바) 심황야경心荒野經, Cetokhila Sutta

다섯 가지 정신적인 속박에 관한 내용.

사) 임수경林藪經, Vanapattha Sutta

숲속 생활의 이익과 불이익에 관한 내용.

아) 밀환경蜜丸經, Madhupiṇḍika Sutta

고따마 붓다가 자신의 가르침에 관한 간략한 개요를 설한 것인데, 여기에 깟짜나Kacchāna가 부연하여 설명한 것.

자) 쌍고경雙考經, Dvedhāvitakka Sutta

관능의 유혹에 관한 것으로서 비유담 38가지가 있으며, 깨달음의 반복에 관한 내용.

차) 고상식지경考想息止經, Vitakkasanthāna Sutta

바람직하지 않은 사고를 쫓는 것에 관한 명상법을 지적하는 가르침.

3) **비유법품**譬喩法品, Tatiya vagga

가) 거유경鋸喩經, Kakacūpama Sutta

속담의 비유. 가장 격심한 분노의 느낌에서 마음가짐에 관한 내용.

나) 사유경蛇喩經, Alagaddūpama Sutta

물뱀의 비유. 법에 대한 잘못된 집착은 꼬리에 의해 뱀에 붙잡힌 것과 같다는 내용.

다) 의질경蟻蛭經, Vammika Sutta

인간의 몸으로서 개미집의 연기 피움과 같다는 비유.

라) 전차경傳車經, Rathavinīta Sutta

뿐나Puṇṇa가 성스러운 삶의 목적을 사리뿟따Sāriputta에게 설명한 내용.

마) 철이경撤餌經, Nivāpa Sutta

씨 뿌리는 사람 혹은 사슴을 위해 미끼로 꾀어 들이는 사냥꾼 마라Māra의 비유.

바) 성구경聖求經, Āriyapariyesana Sutta

성스러움의 탐구. 고따마 붓다의 출가, 수행 및 깨달음의 성취에 관한 내용.

사) 상적유소경象跡喩小經Cūlahatthipadopama Sutta

사성제의 권위에 관한 코끼리 발자국의 짧은 비유.

아) 상적유대경象跡喩大經, Mahāhatthipadopama Sutta

사성제의 권위에 관한 코끼리 발자국의 긴 비유.

자) 심재유대경心材喩大經, Mahāsāropama Sutta

명예와 명성을 획득한 위험에 관한 가르침이며, 데와닷따Devadatta가 승단을 떠났을 때 설해진 설법.

차) 심재유소경心材喩小經, Cūlasāropama Sutta

앞의 경전이 발전한 내용으로 법의 본질을 증득함에 관한 내용임.

4) 쌍대품雙大品, Mahāyamaka vagga

가) 우각임소경牛角林小經, Cūlagosinga Sutta

자신들의 성취에 관계된 세 명의 비구와 나눈 고따마 붓다의 대화 내용임.

나) 우각임대경牛角林大經, Mahāgosinga Sutta

숲속의 아름다움을 만드는 것이 무엇인지에 관해 여섯 명의 비구와 나눈 고따마 붓다의 대화 내용.

다) 목우자대경牧牛者大經, Mahāgopālaka Sutta

목자牧者의 11가지 악과 선의 특질에 관한 내용임.

라) 목우자소경牧牛者小經, Cūlagopālaka Sutta

강을 건너는 어리석은 목자와 지혜로운 목자의 비유.

마) 살차가소경薩遮迦小經, Cūla Saccaka Sutta

오온의 본성에 관한 고따마 붓다와 자이나교 삿짜까Saccaka 사이에 있었던 논의.

바) 살차가대경薩遮迦大經, Mahā Saccaka Sutta

올바른 명상에 관한 가르침과 함께 고따마 붓다의 고행과 깨달음에 관한 내용임.

사) 애진소경愛盡小經, Cūlataṇhāsaṅkhaya Sutta

삭까Sakka가 고따마 붓다에게 갈애로부터의 해탈에 관하여 묻자, 고따마 붓다는 목갈라나Moggallāna에게 되풀이해 설명하는 내용임.

아) 애진대경愛盡大經, Mahātaṇhāsaṅkhaya Sutta

윤회하는 의식이 있다고 주장하는 비구의 이단을 논박하는 내용.

자) 마읍대경馬邑大經, Mahā Assapura Sutta

고행의 의무에 관해 앗싸뿌라Assapura에서 설한 긴 법문.

차) 마읍소경馬邑小經, Cūla Assapura Sutta

고행의 의무에 관해 앗싸뿌라Assapura에서 설한 짧은 법문.

5) 쌍소품雙小品, Cūlayamaka vagga

가) 살라촌바라문경薩羅村婆羅門經, Sāleyyaka Sutta

어떤 존재는 하늘에 가고 어떤 존재는 지옥에 가는 것인지에 관해서 바라문 살라Sālā에게 들려준 법문.

나) 비란야촌바라문경鞞蘭若村婆羅門經 ,Verañjaka Sutta

웨란자Verañja의 가장들에게 되풀이 설한 같은 내용의 법문.

다) 유명대경有明大經, Mahāvedalla Sutta

사리뿟따Sāriputta가 마하꼿티따Mahākotthita에게 설한 심리학적 논의 내용임.

라) 유명소경有明小經, Cūlavedalla Sutta

비구니 담마딘나Dhammadinnā가 재가 신자인 위사카Visākha에게 설한 심리학적 논의 내용.

마) 득법소경得法小經, Cūladhammasamādāna Sutta

쾌락의 즐김과 미래의 괴로움에 관한 짧은 법문.

바) 득법대경得法大經, Mahādhammasamādāna Sutta

쾌락의 즐김과 미래의 괴로움에 관한 긴 법문.

사) 사찰경思察經, Vīmaṁsaka Sutta

조사의 올바른 방법에 관한 내용.

아) 교상미경憍賞彌經, Kosambiya Sutta

싸움의 악함에 관해 꼬삼비Kosambī의 비구들에게 들려준 법문.

자) 범천청경梵天請經, Brahmanimantaṇika Sutta

고따마 붓다가 영원론을 주장하는 이교들로부터 범천의 바까Baka를 제도하는 내용.

차) 마하책경摩訶責經, Māratajjaniya Sutta

목갈라나Moggallāna가 마라Māra, 惡魔를 훈계하는 내용.

6) 거사품居士品, Gahapati vagga

가) 깐다라까경Kaṇḍaraka Sutta

네 가지 종류의 인물 성향에 관한 법문.

나) 앗타싸경城人經, Atthakanāgara Sutta

열반에 이르는 길에 관해 아난다Ānanda가 설한 법문.

다) 유학경有學經, Sekha Sutta

고따마 붓다가 까삘라왓투Kapilavatthu에서 강당을 개설한 직후에 아난다가 제자들에게 한 훈령.

라) 포다리경哺多利經, Potaliya Sutta

고따마 붓다가 속된 마음을 포기하는 참된 의미에 대해서 뽀딸리야Potaliya에게 설법한 내용.

마) 지와까경Jīvaka Sutta

고따마 붓다가 육식의 윤리에 관해 설명한 내용의 법문.

바) 우파리경優波離經, Upāli Sutta

자이나교의 우빨리Upāli의 개종에 관한 내용의 경.

사) 구행자경狗行者經, Kukkuravatika Sutta

고따마 붓다와 두 고행자 사이에 있었던 업業, Kamma에 관한 논의 내용.

아) 무외왕자경無畏王子經, Abhayarājakumāra Sutta

자이나교도 나따뿟따Nātaputta가 신성의 모독에 관해 고따마 붓다에게 질문하도록 아바야Abhaya 왕자를 보낸 내용의 경전.

자) 다수경多受經, Bahuvedaniya Sutta

느낌감각의 분류에 관한 내용.

차) 무희론경舞戱論經, Āpaṇṇaka Sutta

다양한 이교異教에 반대되는 '확실한 교법'에 관한 설명.

7) 비구품比丘品, Bhikkhu vagga

가) 교훈라훌라암파약림경教訓羅睺羅菴婆藥林經, Ambalaṭṭhika Rāhulovāda Sutta

라훌라의 잘못에 대해 고따마 붓다의 설법.

나) 교훈라훌라대경教訓羅睺羅大經, Mahā RāhulovādaSutta

출입식出入息을 통해 명상하는 방법을 라훌라에게 들려준 고따마 붓다의 설법.

다) 마라가소경摩羅迦小經, Cūla Māluṅkya Sutta

무기無記에 관한 질문에 관한 내용106을 참조.

라) 마라가대경摩羅迦大經, Mahā Māluṅkya Sutta

다섯 가지 낮은 족쇄五下分結에 관한 내용.

마) 발타리경跋陀利經, Bhaddāli Sutta

밧달리Bhaddāli의 참회와 고따마 붓다의 충고에 관한 내용.

바) 순유경鶉喩經, Laṭukikopama Sutta

출가에 관한 충고의 내용.

사) 차두취락경車頭聚落經, Cātumā Sutta

짜두마Cātuymā에서 싸움을 좋아하는 비구들에게 들려준 고따마 붓다의 법문.

아) 나라가파영촌경那羅伽波寧村經, Nalakapāna Sutta

고따마 붓다가 아누룻다Anuruddha에게 법의 확실한 초점에 관하여 질문하고 가르친 내용.

자) 구니사경瞿尼師經, Gulissāni Sutta

굴릿사나Gulissāna와 같이 숲속에서 지내는 사람들에게 필요한 규정.

차) 지탁산읍경枳吒山邑經, Kīṭāgiri Sutta

다양한 부류의 비구들에 의해 일어난 잘못된 행위에 관한 내용.

8) 보행자품普行者品, Paribhājaka vagga

가) 왓짜형다삼명경婆蹉衢多三明經, Tevijja Vacchagotta Sutta

고따마 붓다가 고행자 밧차곳따Vacchagotta에게 방문하여 자신의 과거 생에 대한 회상, 비범한 투시력 및 번뇌āsava, 漏를 제거하는 방법에 관한 지혜를 가지고 있으므로 Tevijja三明, 세 가지 지혜라고 부른다고 주장한 내용이 담긴 경전.

나) 왓짜형다화경婆蹉衢多火經, Aggi Vacchagotta Sutta

세계에 대한 이론 세움의 위험 등에 관해 왓차곳따에게 들려준 설법 내용.

다) 왓짜형다대경婆蹉衢多大經, Mahā Vacchagotta Sutta

재가자와 비구의 행위에 관해 왓차곳따에게 들려준 내용 그 이상.

라) 장조경長爪經, Dīghanakha Sutta

고따마 붓다가 고행자 디가나까Dīghanakha의 견해를 논박하고, 사리뿟따Sāriputta는 아라한과를 증득한 내용임.

마) 마건제경摩揵提經, Māgandiya Sutta

고따마 붓다는 자신의 감각적 삶과 감각적 욕망의 포기에 관한 설명.

바) 산다까경Sandaka Sutta

아난다가 고행자 산다까Sandaka의 이견에 대해 논박한 내용.

사) 선생우타이대경善生優陀夷大經, Mahāsakuludāyi Sutta

고따마 붓다가 왜 명예로운가에 대한 다섯 가지 이유

아) 사문문기자경沙門文祁子經, Samanamaṇḍika Sutta

완전한 덕의 특질에 관한 내용.

자) 선생우타이소경善生優陀夷小經, Cūlasakuludāyi Sutta

자이나교의 교주 나따뿟따Nātaputta와 진실한 행복에 이르는 길에 관하여 나눈 이야기.

차) 위까나싸경鞞摩那修經, Vekhanassa Sutta

다섯 가지 감각적인 것에 관한 추가적인 사건과 함께 앞의 경전 일부가 반복되는 내용.

9) **왕품**王品, Rāja vagga

가) 도사경陶師經, Ghatīkāra Sutta

고따마 붓다가 조띠빨라Jotipāla, 護明童子로서 자신의 전생 경험을 아난다에게 들려준 이야기.

나) 뢰타구라경賴吒口羅經, Raṭṭhapāla Sutta

랏타빨라Raṭṭhapāla가 출가하려는 것을 단념시키기 위해 그의 부모가 자신에게 했던 일들의 이야기.

다) 대천날림경大天捺林經, Makhādeva Sutta

마카데와Makhādeva 왕이었을 때고따마 붓다의 전생 이야기.

라) 마유라경摩偸羅經, Madhura Sutta

고따마 붓다의 득병 이후, 깟짜나Kaccāna가 카스트의 진실한 의미에 관해 아완띠뿟따Avantiputta 왕에게 설한 법문.

마) 보제왕자경菩提王子經, Bodhirājakumāra Sutta

No. 60, 70과 마찬가지로 고따마 붓다가 자신의 출가와 깨달음에 관한 설법 내용.

바) 앙굴마경鴦掘摩經, Aṅgulimāla Sutta

살인마 앙굴리말라Aṅgulimāla의 득도한 이야기.

사) 애생경愛生經, Piyajātika Sutta

외아들을 잃은 한 남자에 대한 고따마 붓다의 충고와 빠세나디 왕과 왕비 사이에서의 논쟁에 관한 내용.

아) 비하제경鞞訶提經, Bāhitikā Sutta

아난다가 외국의 옷감으로 자신에게 선물해준 빠세나디 왕이 남긴 행위와 물음에 관해서 답변하는 내용.

자) 법장엄경法莊嚴經, Dhammacetiya Sutta

빠세나디 왕이 고따마 붓다를 방문하고 성스러운 삶을 극찬하는 내용.

차) 보극자림경普棘刺林經, Kaṇṇakatthalaka Sutta

신들과 카스트 및 범천에 관한 고따마 붓다와 빠세나디 왕 사이의 대화 내용.

10) 바라문품婆羅門品, Brāhmana vagga

가) 범마경梵摩經, Brahmāyu Sutta

32가지 위대한 인물의 특징三十二相과 바라문인 Brahmāyu의 개종에 관한 이야기.

나) 시라경施羅經, Sela Sutta

바라문 Sela가 고따마 붓다의 32가지 대인상을 보고 개종함. 경집 Sutta Nipāta Ⅲ, 7에 같은 내용의 이야기.

다) 아섭화경阿攝和經, Assalāyana Sutta

바라문 Assalāyana가 고따마 붓다와 함께 카스트에 대해 논의한 내용이며, 카스트에 관한 특별한 설명.

라) 구다모가경瞿多牟伽經, Ghoṭamukha Sutta

Ghoṭamukha가 승단을 위해 강당을 건축했을 때 이 낙성식에서 Udena가 설법한 이야기.

마) 상가경商伽經, Caṅkī Sutta

바라문교의 교리에 관한 법문.

바) 울유가라경鬱瘦歌邏經, Esukāri Sutta

카스트와 그 기능에 관한 법문.

사) 타연경陀然經, Dhānañjāni Sutta

사리뿟따가 가족의 의무는 나쁜 행위를 용서하지 않는다고 바라문 다난자니Dhānañjāni에게 한 설법의 내용.

아) 파사타경婆私吒經, Vāseṭṭha Sutta

진실한 바라문의 본질에 관해 대부분 게송偈頌으로 설한 법문. 이것은 Sutta Nipāda 경집 Ⅲ, 9에서 같은 내용임.

자) 수바경須婆經, Subha Sutta

출가한 어떤 사람이 재가자로 남아있는 것인지 또는 출가자인지에 관해 설명한 내용.

차) 상가라경傷歌邏經, Sangārava Sutta

성스러운 생활에 관해 교법을 받아들였던 바라문 여인에게 설한 법문. No. 60, 70의 일부에서 내용이 같음.

11) 천비품天臂品, Devadaha vagga

가) 천비경天臂經, Devadaha Sutta

현재의 삶에 의한 열반 증득에 관한 법문.

나) 오삼경五三經, Pañcattaya Sutta

영혼의 다섯 가지 이론에 관한 것과 그것을 벗어나는 방법涅槃은 그것 중 어느 것에도 의존하지 않는다는 내용.

다) 여하경如何經, Kinti Sutta

법에 대하여 논박하고 계율을 범한 비구를 위한 규정.

라) 합미촌경合彌村經, Sāmagāma Sutta

나따뿟따Nātaputta의 죽음 이후, 분쟁과 화합에 관한 고따마 붓다의 설법. No. 29와 같음.

마) 선성경善星經, Sunakkhatta Sutta

갈애의 화살을 뽑는 것에 비유한 이야기.

바) 부동이익경不動利益經, Āneñjasappāya Sutta

평온과 성취, 그리고 진실한 소멸에 관한 명상.

사) 산수가목건련경算數家目揵連經, Gaṇaka Moggallāna Sutta

제자의 교육에 관해 가나까 목갈라나Gaṇaka Moggallāna에게 들려준 내용.

아) 구묵목건련경瞿默目犍連經, Gopaka Moggallāna

고따마 붓다가 질병을 얻은 이후, 아난다가 왓싸까라Vassakāra에게 법은 오직 안내일 뿐이라고 한 설명.

자) 만월대경滿月大經, Mahā Puṇṇama Sutta

고따마 붓다가 온蘊, khandha에 관하여 어느 비구의 질문에 답변한 내용.

차) 만월소경滿月小經, Cūla Puṇṇama Sutta

나쁜 사람과 좋은 사람에 관한 법문.

12) 부단품不斷品, Anupada vagga

가) 부단경不斷經, Anupada Sutta

고따마 붓다가 사리뿟다의 마음 분석에 대하여 그를 칭찬하는 내용.

나) 육정경六淨經, Chabbisodhana Sutta

아라한과를 얻었다고 선언하는 비구를 시험하는 질문에 관한 내용.

다) 선십경善士經, Sappurisa Sutta

비구의 좋고 나쁜 특성에 관한 내용.

라) 응습불응습경應習不應習經, Sevitabbāsevitabba Sutta

사리뿟다가 성스러운 삶을 살도록 하는 올바른 방법을 설명한 내용.

마) 다계경多界經, Bahudhātuka Sutta

고따마 붓다와 아난다 사이에 있었던 대화. 마련된 요소의 순서와 원리에 관한 내용.

바) 선탄경仙呑經, Isigili Sutta

빳째까 붓다Pacceka Buddha, 辟支佛에 관한 고따마 붓다의 설명.

사) 대사십경大四十經, Mahācattārīsaka Sutta

고귀한 여덟 가지 성스러운 길八正道에 관한 법문.

아) 입출식념경入出息念經, Ānāpānasati Sutta

들숨 날숨의 수행에 관한 설명.

자) 신행념경身行念經, Kāyagatāsati Sutta

몸의 명상에 관한 설명.

차) 행생경行生經, Saṅkhāruppatti Sutta

어떤 비구가 자신의 재생再生 조건을 결정하기 위한 가능성으로서 다섯 가지 saṅkhāra行의 개발에 관한 내용.

13) 공품空品, Suññata vagga

가) 공소경空小經, Cūlasuññata Sutta

공空에 관한 명상 내용.

나) 공대경空大經, Mahāsuññata Sutta

공空에 관한 명상 수행을 아난다에게 들려준 내용.

다) 희유미증유법경希有未曾有法經, Acchariyabbhutadhamma Sutta

보살bodhisatta의 훌륭한 삶에 관한 내용이며, No. 14의 일부에서 반복된 것이지만 고따마 붓다 자신에 관계한 내용.

라) 박구라경薄拘羅經, Bakkula Sutta

박꾸라Bakkula가 그의 친구 아쩰라 깟싸빠Acela Kassapa를 교화시키는 내용.

마) 조어지경調御地經, Dantabhūmi Sutta

고따마 붓다가 코끼리 훈련의 비유를 들어 다른 사람을 어떻게 가르쳐야 하는가를 설명한 내용.

바) 부미경浮彌經, Bhūmija Sutta

부미자Bhūmija가 자야세나Jayasena 왕자의 질문에 답변하는 내용.

사) 아나율경阿那律經, Anuruddha Sutta

아누룻다Anuruddha가 재가자 빤짜깐가Pañcakanga에게 마음의 해탈心解脫에 관해 설명한 내용.

아) 수번뇌경隨煩惱經, Upakkilesa Sutta

고따마 붓다가 꼬삼비 비구들의 다툼을 진정시키고, 올바른 명상에 관해서 설법한 내용.

자) 현우경賢愚經, Bālapaṇḍita Sutta

사후의 과보果報에 관한 내용임.

차) 천사경天使經, Devadūta Sutta

죽음의 사자를 무시한 자들의 운명에 관한 내용.

14) **분별품**分別品, Vibhaṅga vagga

가) 일야현자경一夜賢者經, Bhaddekaratta Sutta

노력에 관한 주석이 딸린 네 가지 게송偈頌.

나) 아란일야현자경阿蘭一夜賢者經, Ānandabhaddekaratta Sutta

같은 내용의 게송에 대한 아난다의 설명.

다) 대가전연일야현자경大迦旃延一夜賢者經, Mahāccānabhaddekaratta Sutta

같은 내용의 게송에 마하깟짜나Mahāccāna의 설명.

라) 노이강자일야현자경盧夷强者一夜賢者經, Lomasakaṅgiyabhaddekaratta Sutta

같은 내용의 게송을 로히싸깡끼야Lomasakaṅgiya에게 한 고따마 붓다의 설명.

마) 소업분별경小業分別經, Cūlakammavibhaṅga Sutta

고따마 붓다가 업業에 관련된 여러 가지 육체적·정신적 특질에 관한 설명.

바) 대업분별경大業分別經, Mahākammavibaṅga Sutta

고따마 붓다가 업業의 작용을 부정하는 한 고행자에게 업의 작용을 설명하는 내용.

사) 육처분별경六處分別經, Salāyatanavibaṅga Sutta

여섯 가지 감각기능의 분석.

아) 총설분별경總說分別經, Uddesavibaṅga Sutta

마하깟짜나Mahākaccāna, 大迦旃延가 의식의 양상에 관한 자세한 설명.

자) 무쟁분별경無諍分別經, Araṇavibaṅga Sutta

두 극단 사이의 중도에 관한 설명 내용.

차) 과분별경果分別經, Dhātuvibaṅga Sutta

고따마 붓다의 가르침에 의해 스승임을 깨달았던 뿍꾸사띠Pukkusāti의 이야기. 요소界의 분석 내용. 뿍꾸사띠Pukkusāti는 맹인盲人임.

카) 제분별경諦分別經, Saccavibaṅga Sutta

네 가지 고귀한 진리四聖諦에 관한 사리뿟다의 진술.

타) 시분별경施分別經, Dakkhiṇāvibaṅga Sutta

보시와 보시자에 관한 내용.

15) 육처품六處品, Salāyatana vagga

가) 교급고독경敎給孤獨經, Anāthapiṇṇḍikovāda Sutta

아나타삔디까Anāthapiṇṇḍika, 給孤獨長者의 죽음, 그리고 그가 뚜시따兜率天, Tusita로 태어났음을 고따마 붓다에게 알려주는 내용.

나) 교단타경敎闡陀經, Channovāda Sutta

지독한 병이 든 찬나Channa 장로를 사리뿟다가 병문안하였지만 찬나Channa 장로가 자살하게 되었다는 이야기의 내용.

다) 교부루나경敎富樓那經, Puṇṇovāda Sutta

즐거움과 고통을 견뎌내는 것에 대해 뿐냐Puṇṇa, 富樓那에게 설한 내용임.

라) 교난타가경敎難陀迦經, Nandakovāda Sutta

난다까Nandaka가 무상無常에 관해 마하빠자빠띠Mahāpajāpati와 500명의 비구니에게 문답식으로 가르친 내용.

마) 교계라훌라소경敎誡羅睺羅小經, Cūla Rāhulovāda Sutta

고따마 붓다가 라훌라를 숲속으로 데리고 가서 무상無常에 관한 가르침. 그 법문을 신들도 함께 들었다는 내용.

바) 육육경六六經, Chachakka Sutta

감각의 66법法에 관한 내용.

사) 대육처경大六處經, Mahāsalāyatanika Sutta

올바른 감각의 지혜에 관한 가르침.

아) 빈두성경頻頭城經, Nagaravindeyya Sutta

고행자의 종류와 명예로운 바라문에 관한 고따마 붓다의 가르침.

자) 걸식청정경乞食淸淨經, Piṇḍapātapārisuddhi Sutta

제자들의 수행에 관해 사리뿟따에게 가르친 내용.

차) 근수습경根修習經, Indriyabhāvanā Sutta

고따마 붓다는 감각의 실체를 이해하는 바라문 빠라사리야Pārāsariya의 방법을 지적하고 자신의 고유한 방법을 설명하는 내용.

3. 상응부相應部, Saṁyutta nikāya

『쌍윳따 니까야相應部』는 숫따 삐따까Sutta pitaka, 經藏의 세 번째 경전 모음집입니다. 이 니까야는 특정한 교리를 다루거나 특별한 성격이 주어진 경전들의 '묶음' 혹은 '일관된' 주제로써 56상응은 5품으로 나누어졌으며 총 2,889경이 됩니다.

『쌍윳따 니까야』는 『앙굿따라니까야』와 마찬가지로 짧은 경전으로 집성되어 있습니다. 경장의 주요한 교리강목·천·인·경教理綱目·天·人·經을 설하는 사람 등의 관점으로부터 내용에 따라 분류하고 있습니다. 전체 5품으로 나누어 각 품品을 쌍윳따Saṁyutta라는 명칭을 붙이고 있습니다. 이에 대응하는 한역 아함경漢譯 雜阿含은 1,362경입니다. 이 외에도 한역에서는 별역別譯 잡아함과 단권單卷 잡아함이 포함되어 있습니다.

쌍윳따Saṁyutta는 '주제에 따라 함께 묶인 것, 연결된 것, 상응되는 것'이라는 의미입니다. 한역에서는 '잡雜'으로 표현했습니다.

『쌍윳따 니까야』의 성립 시기는 기원전으로 소급됩니다. 이른바 제일결집第一結集에서 그 모태가 형성된 것으로 추정하고 있습니다. 왜냐하면 『쌍윳따 니까야』에서는 『디가 니까야』나 『맛지마 니까야』에서 보이는 체계적인 상응조직相應組織이나 분별사변分別思辨이 없기 때문이며, 특히 게송의 언어는 베다어와도 관련이 있기 때문이라고 합니다. 『쌍윳따 니까야』는 다음과 같이 구성되었습니다.

제1권 유게품有偈品, Sagātha vagga: 11상응, 28품, 271경
제2권 인연품因緣品, Nidāna vagga: 10상응, 27품, 286경
제3권 건도품犍度品, Khandha vagga: 13상응, 24품, 733경
제4권 육처품六處品, Salāyatana vagga: 10상응, 33품, 391경
제5권 대품大品, Mahā vagga: 12상응, 103품, 1,208경
총 56상응, 215품, 2,889경

『쌍윳따 니까야』는 다른 니까야에 비해 교리적이라고 할 수 있습니다. 모든 니까야가 다 교리적이긴 하지만, 『쌍윳따 니까야』는 그 독특한 편찬 방식에서부터 교리적이라는 것임을 알 수 있습니다. 이를테면 다섯 가지 품vagga 중에 제1권 유게품有偈品과 제5권 대품大品을 제외한 제2권 인연품因緣品, 제3권 건도품犍度品, 제4권 육처품六處品 등은 품명品名 자체가 교설입니다.

가. 유게품有偈品, Sagātha vagga

「Sagātha vagga」는 11상응 28품 271경이며, 다음과 같습니다.

① 제천상응諸天相應, Devatā saṁyutta 8품, 81경
② 천자상응天子相應, Devaputta saṁyutta 3품, 30경

③ 구살라상응拘薩羅相應, Kosala saṁyutta 3품, 25경

④ 악마상응惡魔相應, Marā saṁyutta 3품, 25경

⑤ 비구니상응比丘尼相應, Bhikkuṇī saṁyutta 1품, 10경

⑥ 범천상응梵天相應, Brahma saṁyutta 2품, 15경

⑦ 바리문상응婆羅門相應, Brāhmaṇa saṁyutta 2품, 22경

⑧ 왕기사장노상응婆耆沙長老相應, Vaṅgīsa saṁyutta 1품, 12경

⑨ 삼상응森相應, Vana saṁyutta 1품, 14경

⑩ 야차상응夜叉相應, Yakka saṁyutta 1품, 21경

⑪ 제석상응帝釋相應, Sakka saṁyutta 3품, 25경

1) 제천상응諸天相應, Devatā saṁyutta

「Devatā saṁyutta」는 8품 81경이다. 다음과 같습니다.

① 갈대품葦品, Naḷa vagga 10경

② 기쁨의 품歡喜園品, Nandana vagga 10경

③ 칼의 품劍品, Sattī vagga 10경

④ 싸뚤라빠 무리의 품Satullapakāyika vagga 10경

⑤ 불타는 집의 품燃燈品, Āditta vagga 10경

⑥ 늙음의 품老品, Jarā vagga 10경

⑦ 이김의 품勝品, Addha vagga 10경

⑧ 끊음의 품斷品, Chetvā vagga 11경

「Devatā saṁyutta」는 숲과 밭, 들이나 가축 그리고 가옥 등의 수호신뿐만 아니라 도리천을 비롯한 천상계의 여러 신들과 고따마 붓다 또는 그의 제자들과의 대화를 기록한 것입니다.

2) 천자상응天子相應, Devaputta saṁyutta

데와뿟따 쌍윳따는 다음과 같이 3품 30경으로 구성되어 있습니다.

① 제일품第一品, Pathamo vagga 10경
② 아나타삔디까 품給孤獨品, Anāthapiṇḍika vagga 10경
③ 여러 이교도의 품種種外道品, Nānātitthiya vagga 10경

「Devatā saṁyutta」와 동일한 맥락으로 구성되어 있으나 천신의 이름을 알 수 없을 때는 '하늘 사람'이라고 했고 대화상대의 이름이 있는 경우는 '하늘 아들'이라고 했습니다. 즉 힌두교의 절대신으로 알려진 시바Siva, Sk. Sūrya 신과 태양신 수리야Suriya, Sk. Sūrya도 '하늘 아들'로 표현했습니다. 태양신과의 대화는 일식현상을 두고 이루어진 신화적인 내용입니다. 여기에서 급고독장자給孤獨長者로 알려진 아나타삔디까가 죽어 '하늘 아들'로 나타나 대화를 나눕니다. 그리고 이교도로 선행을 하며 살다 죽어 천상에 태어난 신들이 고따마 붓다를 방문하여 대화를 나누는 내용입니다.

3) 구살라상응拘薩羅相應, Kosala saṁyutta

「꼬살라 쌍윳따」는 3품 25경이다. 다음과 같습니다.

① 제일품第一品, Pathamo vagga 10경
② 제이품第二品, Dutita vagga 10경
③ 제삼품第三品, Tatiyo vagga 5경

「꼬살라 쌍윳따」는 꼬살라 국왕 빠세나디Pasenadi와의 대화를 기록한 것입니다. 여기에 꼬살라국과 마가다국의 전쟁에 관한 내용을 담고 있는 역사적인 중요한 기록을 가지고 있습니다. 또한 개인의 미적 가치관의 상대성과 인과응보 사상 등입니다.

4) 악마상응惡魔相應, Marā saṁyutta

「마라 쌍윳따」는 다음의 3품 25경입니다.

① 제일품第一品, Pathamo vagga 10경
② 제이품第二品, Dutita vagga 10경
③ 제삼품第三品, Tatiyo vagga 5경

「마라 쌍윳따」는 악마 빠삐만Papiman과 고따마 붓다의 대화를 기록한 것입니다. 여기서 악마 마라는 주로 추하거나 매혹적인 모습으로 나타나서 고따마 붓다를 유혹하며 대화를 나눕니다. 마라는 모든 경우에 감각적 쾌락이나 황금, 심지어 권력을 미끼로 고따마 붓다를 유혹합니다. 그러나 다른 종교에서의 악마와는 달리 여기에서의 악마는 고따마 붓다와의 대조적인 견해를 들어냄으로써 깨달음의 길을 분명히 하는 데 기여하고 있으며 자신의 정체가 드러나면 괴로워하고 슬퍼하며 대화의 현장에서 사라지는 소극적인 성격을 보여줍니다.

5) 비구니상응比丘尼相應, Bhikkuṇī saṁyutta

비구니 쌍윳따는 1품 10경입니다. 1품에 있는 10경은 다음과 같습니다.

① 아승비가경阿蕂毘迦經, Āḷvikā sutta

② 소마경蘇摩經, Soma sutta

③ 구담미경瞿曇彌經, Gotami sutta

④ 비서야경毘闍耶經, Vijayā sutta

⑤ 연화색경蓮華色經, Uppalavaṇṇā sutta

⑥ 차라경遮羅經, Cālā sutta

⑦ 우파차라경優波遮羅經, Upacālā sutta

⑧ 시수파차라경尸須波遮羅經, Sīsupacālā sutta

⑨ 세라경世羅經, Selā sutta

⑩ 금강경金剛經, Vajirā sutta

「비구니 쌍윳따」는 비구니들의 미묘한 갈등을 그린 것입니다. 그 갈등은 악마 빠삐만과의 대화로 나타내었습니다. 그 가운데 여성의 출가 정신과 세속적인 아름다움, 모성애 등의 갈등과 같은 내용이 보입니다.

6) 범천상응梵天相應, Brahma saṁyutta

「브라흐마 쌍윳따」는 다음의 2품 15경입니다.

① 제일품第一品, Pathamo vagga 10경

② 제이품第二品, Dutiyo vagga 5경

「브라흐마 쌍윳따」는 당시 인도 최고의 신으로 알려진 범천과 고따마 붓다의 대화를 다룬 내용입니다. 고따마 붓다가 당시 지배적이었던 유신론적 영원주의를 어떻게 극복했는가를 보여주는 중요한 경전입니다. 특히 이경은 고따마 붓다가 완전한 깨달음을 얻은 후 자신이 깨달은 진리를 많은 사람에게 설할 것인가를 망설이고 있을 때 법을 설하도록 범천이 청했다는 내용입니다.

7) 바라문상응婆羅門相應, Brāhmaṇa saṁyutta

「브라흐마나 쌍윳따」는 다음의 2품 22경입니다.

① 아라한품阿羅漢品, Arahanta vagga 10경
② 재가신자품優婆塞品, Upāsaka vagga 12경

「브라흐마나 쌍윳따」는 바라드와자Bhāradvāja 바라문과 고따마 붓다와의 만남 및 그의 귀의에 관한 내용입니다. 이경은 당시 지배적인 종교의 사제였던 바라문들과 신흥종교인 불교와의 실제적인 관계를 보여주는 내용입니다. 특히 절대신과 사제로서의 우월성을 믿는 제자 중심주의를 숭배했던 바라문교의 사제들에 대한 잘못된 견해를 고따마 붓다가 지적한 내용입니다.

8) 왕기사장노상응婆耆沙長老相應, Vaṅgīsa saṁyutta

「왕기사 쌍윳따」는 1품 12경이며, 12경은 다음과 같습니다.

① 출리경出離經, Nikkhataṁ sutta
② 불쾌경不快經, Arati sutta
③ 온화자경溫和者經, Pesalā atimaññanā sutta
④ 아난경阿難經, Ānanda sutta
⑤ 선설경善說經Subhāsitā sutta
⑥ 사리불경舍利弗經, Sāriputta sutta
⑦ 자설경自恣經, Pavāraṇā sutta

⑧ 천이상경千以上經Parosahassaṁ sutta

⑨ 교진여경憍陳如經, Koṇḍañño sutta

⑩ 목건련경目犍連經, Moggalāna sutta

⑪ 각가라경迦迦羅經, Gaggarā sutta

⑫ 왕기사경婆耆舍經Vaṅgīsa sutta

「Vaṅgīsa saṁyutta」는 고따마 붓다 재세시在世時에 유명한 시인이었던 왕기사 장로의 시가 주류를 이루고 있습니다. 그는 자신의 수행 생활에서 유혹을 스스로 경계하여 시를 짓기도 했고, 고따마 붓다와 그의 제자들의 위대함을 경탄하여 시를 짓기도 했습니다. 그는 고따마 붓다가 제자들과 함께 거니는 모습을 보고 이렇게 시를 지어 읊었습니다.

> "구름이 걷힌 하늘의 달처럼
> 오염되지 않은 태양처럼 빛나네
> 그대, 위대한 성자 앙기라싸는
> 영광스럽게 온 세상을 비추네."

9) 삼상응森相應, Vana saṁyutta

「와나 쌍윳따」는 1품 14경이며, 14경은 다음과 같습니다.

① 원리경遠離經, Viveka sutta

② 간호경看護經, Upaṭṭhāna sutta

③ 가섭씨경迦葉氏經, Kassapagotta sutta

④ 다수경多數經Sambahulā sutta

⑤ 아난경阿蘭經, Ānanda sutta

⑥ 아나율경阿那律經, Anuruddha sutta

⑦ 나가달다경那伽達多經, Nāgadatta sutta

⑧ 가부경家婦經, Kulagharaṇī sutta

⑨ 발기자경跋耆子經, Vajjiputta sutta

⑩ 송경경誦經經, Sajjhāya sutta

⑪ 부정사유경不正思惟經, Ayonisa sutta

⑫ 진주경眞晝經, Majjhantika sutta

⑬ 부제어근경不制御根經, Pākatindriya sutta

⑭ 홍연경紅蓮經, Padumapuppha sutta

「와나 쌍윳따」는 숲속 신들이 진전이 없는 비구들에게 올바른 길로 향하게 하는 내용입니다. 숲이나 총림에서 수행하던 고따마 붓다의 제자들이 명상하던 가운데 수행에 방해되는 나태한 생각이나 우울한 생각이나 나쁜 욕심이 일어나면 하늘 사람들이 나타나서 깨우침을 주는 내용입니다. 하늘 사람들은 수행에 게으르거나 잘못을 다음과 같이 비난하였습니다.

> "요즈음 수행승들은 마을에 사는 촌장처럼
> 스스로 자신을 불만족하게 만들고
> 남의 재산에 마음을 빼앗겨
> 자꾸만 먹고는 누워버리네."

10) 야차상응夜叉相應, Yakka saṁyutta

「약카 쌍윳따」는 1품 12경이며, 다음과 같습니다.

① 인타가경因陀迦經, Indaka sutta

② 석라경釋羅經, Sakka sutta

③ 침모경針毛經, Sucilomo sutta

④ 마니발타경摩尼跋陀經, Maṇibhaddo sutta

⑤ 좌노경左奴經, Sānu sutta

⑥ 삐양까라경Piyaṅkara sutta

⑦ 부나바수경富那婆藪經, Punabbasu sutta

⑧ 수달다경須達多經, Sudatto sutta

⑨ 숙가라경1叔迦羅經1, Sukkā sutta

⑩ 숙가라경2叔迦羅經2, Sukkā sutta

⑪ 비라경毘羅經, Cīrā sutta

⑫ 아등비경阿藤毘經, Āḷavaṁ sutta

「약카 쌍윷따」는 야차와 고따마 붓다, 그리고 야차와 비구니와의 대론對論입니다. 이경은 고따마 붓다 재세시에 일반신앙에서 거론되는 신들에 대한 고따마 붓다의 견해를 신들과의 대화 형식을 통해 나타낸 것으로, 싸누 숫따란 재가신자의 아들에 관한 이야기가 흥미롭습니다. 싸누의 몸속에 귀신인 약카가 들어가 싸누의 어머니와 대화를 나누는 내용 등의 이야기가 실려 있습니다.

11) 제석상응帝釋相應, Sakka saṁyutta

「삭까 쌍윷따」는 3품 25경이며, 다음과 같습니다.

① 제일품第一品, Parhama vagga 10경

② 제이품第二品, Dutiya vagga 10경

③ 제삼품第三品, Tatiya vagga 5경

「삭카 쌍윳따」는 고따마 붓다가 신들의 왕인 삭까Sakka, 帝釋의 특성을 열거해 설명하고 있습니다. 이경은 항상 정의로운 제석천과 항상 불의를 일삼는 아수라가 함께 등장하여 고따마 붓다와 수행자를 예경禮敬하고 고무하고 격려하는 내용으로 꾸며져 있습니다. 이경에 소개된 경전 가운데 「추악함의 경」이 있습니다. 추악하고 왜소한 약카와 훌륭하고 단정한 삭까의 변증법적 관계가 경이롭게 묘사되고 있습니다. 약카는 비난받고 혐오를 당할수록 더욱더 아름답고 장대해져서 삭까처럼 빛나게 되고, 칭찬받고 존경받을수록 점점 왜소하고 추악해져서 볼품없이 꾀죄죄한 약카로 돌아가게 된다는 내용입니다.

나. 인연품因緣品, Nidāna vagga

「Nidāna vagga」는 다음의 10상응 23품 286경입니다.

① 인연상응因緣相應, Nidāna saṁyutta 9품 93경
② 현관상응現觀相應, Abhisamaya saṁyutta 11경
③ 계상응界相應, Dhātu saṁyutta 4품 39경
④ 무시상응無始相應, Anamatagga saṁyutta 2품 20경
⑤ 가섭상응迦葉相應, Kassapa saṁyutta 13경
⑥ 이득공양상응利得供養相應, Lābhasakkāra saṁyutta 4품 43경
⑦ 라훌라상응羅睺羅相應, Rāhula saṁyutta 2품 21경
⑧ 륵차나상응勒叉那相應, Lakkhaṇa saṁyutta 2품 21경
⑨ 비유상응譬喩相應, Opamma saṁyutta 12경
⑩ 비구상응比丘相應, Bhikkhu saṁyutta 12경

1) 인연상응因緣相應, Nidāna saṁyutta

「니다나 쌍윳따」는 위의 소개와 같습니다. 내용은 12연기의 인과관계에 관한 설명과 비유로 구성된 93개 경전 모음입니다. 초기경전 가운데 연기설을 다루고 있는 경전군經典群입니다.

2) 현관상응現觀相應, Abhisamaya saṁyutta

「Abhisamaya saṁyutta」는 다음의 11경이다.[418]

① 조생경爪先經, Nakasikhā sutta

② 연지경蓮池經, Pokkharaṇī sutta

③ 합류수경1合流水經1, Sambhejja udaka sutta1

④ 합류수경2合流水經2, Sambhejja udaka sutta2

⑤ 지경1地經1, Pathavī sutta1

⑥ 지경2地經2, Pathavī sutta2

⑦ 해경1海經1, Samudda sutta1

⑧ 해경2海經2, Samudda sutta2

⑨ 산유경1山喩經1, Pabbatupama sutta1

⑩ 산유경2山喩經2, Pabbatupama sutta2

⑪ 산유경3山喩經3, Pabbatupama sutta3

아비담마야Abhisamaya란 '분명한 이해'를 통해서 관찰한다는 의미입니다. 따라서 올바른 세계관을 갖추는 것은 현관의 전제조건입니다.

---

418 S.II, pp.133-139; 『南傳藏』 13, pp.200-209.

3) 계상응界相應, Dhātu saṁyutta[419]

「Dhātu saṁyutta界相應」는 다음의 4품 39경입니다.

① 종종품種種品, Nānata vagga 10경
② 제이품第二品, Dutiya vagga 12경
③ 업도품業道品, Kammapatha vagga 7경
④ 제사품第四品, Catuttha vagga 10경

이경은 주로 연기된 것, 즉 연생緣生의 범주들에 관한 가르침을 모아 놓은 내용입니다. 다뚜Dhātu는 한역으로 계界이며, 감각계感覺界와 현상계現象界의 다양한 연기적 원리에 관해 서술하고 있는 내용입니다. 또한 인과법칙의 존재론적인 계기가 정확히 설명되어 있습니다.

4) 무시상응無始相應, Anamatagga saṁyutta[420]

「Anamatagga saṁyutta」는 다음의 2품 20경입니다.

① 제일품第一品, Paṭhama vagga 10경
② 제이품第二品, Dutiya vagga 10경

「Anamatagga saṁyutta」는 우주의 시작이나 윤회의 시작은 알려질 수 없고 무시이래無始以來로 윤회하고 있다는 내용입니다. 고따마 붓다는 "비구들이여, 이 윤회의 시작은 알 수 없다. 무명

419 S.II, pp.140-177; 『南傳藏』 13, pp.210-260.
420 S.II, pp.178-193; 『南傳藏』 13, pp.261-284.

無明에 덮인 채 중생은 갈애에 속박되어 유전하며 윤회하므로 그 최초의 시작은 시설示說되지 않는다"[421]라고 말했습니다.

5) 가섭상응迦葉相應, Kassapa saṁyutta[422]

「깟싸빠 쌍윳따」는 13경입니다. 고따마 붓다의 제자인 마하 깟싸빠Mahākassapa가 선정수행 신통력과 의발 전수, 두타행을 실천한 이유 등에 관해 기록하고 있습니다. 이 경전에서 다음과 같이 Mahākassapa에 대해 서술하고 있습니다. 자신의 현세에서의 행복한 삶과 후세의 뭇 삶에 대한 자비 때문에

> "숲에서 사는 자로서 숲의 생활을 찬탄하고, 걸식하는 자로서 걸식을 찬탄하고, 분소의糞掃衣를 걸친 자로서 분소의를 입는 것을 찬탄하고, 세 가지 옷만 소유한 자로서 세 가지 옷만을 찬탄하고, 만족을 아는 자로서 만족을 아는 것을 찬탄한다"[423]

이경에서 선정의 연기적 구현과정인 구차제정九次第定이 상세히 서술되어 있습니다. 그리고 여래의 사후 문제에 관해서 싸리뿟따와 마하깟싸빠의 담론에 관한 내용도 실려 있습니다.

6) 이득공양상응利得供養相應, Lābhasakkāra saṁyutta

「Lābhasakkāra saṁyutta」는 다음의 4품 43경입니다.

① 제일품第一品, Paṭhama vagga 10경
② 제이품第二品, Dutiya vagga 10경

---

421 S.Ⅲ, p.178.
422 S.Ⅱ, pp.194-224; 『南傳藏』 13, pp.285-330.
423 S.Ⅱ, p.202.

③ 제삼품第三品, Tatiya vagga 10경

④ 제사품第四品, Catuttha vagga 12경

「Lābhasakkāra saṁyutta」의 내용은 이득과 환대와 명성은 자극적이고 거친 것이며, 위없는 안온을 얻는데 장애가 된다는 내용입니다.

> "어떤 비구라도 이득과 환대와 명성을 버리지 않고 열반 성취를 바란다면 비구들이여, 그 비구는 악마의 낚싯바늘을 삼킨 것처럼 불행에 빠지고 재난에 빠져서 빠삐만이 원하는 대로 이끌리게 된다."[424]

라고 했습니다. 특히 데와닷따가 이득과 환대와 명성 때문에 고따마 붓다와 교단을 배반한 것을 지적한 내용입니다.

7) 라훌라상응羅睺羅相應, Rāhula saṁyutta

「Rāhula saṁyutta」는 다음의 2품 22경입니다.

① 제일품第一品, Paṭhama vagga 10경

② 제이품第二品, Dutiya vagga 12경

「Rāhula saṁyutta」는 고따마 붓다가 라훌라에게 설한 가르침을 모아 놓은 것입니다. 주로 연기緣起의 문제인 인식의 세계十八界는 무상하고 괴롭고 실체 없음에 관하여 설명함으로써 해탈과 열반으로 이끌어 가는 내용입니다.

---

424 S.II, p.226.

8) 륵차나상응勒叉那相應, Lakkhaṇa saṁyutta

「Lakkhaṇa saṁyutta」는 2품 21경입니다.

① 제일품第一品, Paṭhama vagga 10경
② 제이품第二品, Dutiya vagga 11경

「Lakkhaṇa saṁyutta」는 Lakkhaṇa 존자와 신통제일 Mahāmogallāna 사이에 있었던 의문의 미소에 관해 설명하는 21개의 경의 모음집입니다. 여기서 고따마 붓다는 현세의 비참함이 전세의 업의 과보果報인 것을 밝히고 있습니다.

9) 비유상응譬喩相應, Opamma saṁyutta

「Opamma saṁyutta」는 12경입니다. 이경은 연기법의 각 요소는 누각의 기둥처럼 서로 의지해 있다는 등의 비유로 설해진 경의 모음집입니다. 인간으로 태어나기 어려움에 대한 비유, 자비한 마음을 닦는 것의 결과에 관한 비유, 인간의 수명의 무상함에 대한 비유 등의 내용입니다. 그리고 성적 충동에 대한 자세한 비유가 묘사된 내용입니다. 여기서 고따마 붓다는 '거룩한 계율 속에서 그 배움을 버리고 타락하는 것은 바로 죽음이다'라며 계율의 가치를 선언하고 있습니다.

10) 비구상응比丘相應, Bhikkhu saṁyutta

「Bhikkhu saṁyutta」는 12경입니다. 이 경經은 고따마 붓다와 사리뿟따 등 12명의 제자와 대화한 것을 기록한 12개의 경전 모음집입니다. 여기서 사리뿟따Sāriputta와 Moggallāna가 서로 칭찬하고 격려하는 장면이 묘사됩니다.

그 밖에도 선정에 든 비구에 대한 다른 비구들의 비난을 고따마 붓다가 무마하거나 못생기고 추악해 보이는 비구에 대해 그가 성취한 위대한 신통력을 찬양하는 장면도 묘사되며, 여기서 고따마 붓다는 모든 것이 소멸하여 열반의 경지에 이른 존자尊者를 두고 다음과 같은 게송을 읊습니다.

> "일체의 승리자, 현명하신 분.
> 전지자, 모든 사물에 물들지 않고
> 모든 것을 버리고, 갈애를 부수어 해탈하나니
> 나는 그를 홀로 사는 이라 부르네."[425]

다. 건도품犍度品, Khandha vagga

「Khandha vagga」는 13상응 24품 733경입니다.

① 온상응蘊相應, Khandha saṁyutta 15품3部 158경
② 라타상응羅陀相應, Rādha saṁyutta 4품 46경
③ 견상응見相應, Diṭṭhi saṁyutta 114경
④ 입상응入相應, Okkantika saṁyutta 10경
⑤ 생상응生相應, Uppāda saṁyutta 10경
⑥ 번뇌상응煩惱相應, Kilesa saṁyutta 10경
⑦ 사리불상응舍利弗相應, Sāriputta saṁyutta 10경

---

425 S.II, p.284.

⑧ 용상응龍相應, Nāga saṁyutta 50경

⑨ 금시조상응金翅鳥相應, Supaṇṇa saṁyutta 46경

⑩ 건달바상응乾達婆相應, Gandhabbakāya saṁyutta 112경

⑪ 운상응雲相應, Valāhaka saṁyutta 57경

⑫ 왓짜종상응婆蹉種相應, Vacchagotta saṁyutta 55경

⑬ 선정상응禪定相應, Samādhi saṁyutta 55경

1) 온상응蘊相應, Khandha saṁyutta

이 경은 15품 158경이다. 크게 3부로 나누어지고 제1부 Mūlapaññāsa根本五十經에 52경는, 제2부 Majjhimapaññāsa中五十經 50경 , 제3부後五十經 Uparipaññāsa는 56경의 편성입니다.

제1부 근본오십경根本五十經, Mūlapaññāsa

① 근구라부품根拘羅父品, Nakulapita vagga 11경

② 무상품無常品, Anicca vagga 10경

③ 중담품重擔品, Bhāra vagga 11경

④ 비여소응법품非汝所應法品, Natumhāka vagga 10경

⑤ 자주품自主品, Attadīpa vagga 10경

제2부 중오십경中五十經, Majjhimapaññāsa

① 대체품封滯品, Upāya vagga 10경

② 아라한품阿羅漢品, Arahatta vagga 10경

③ 소식품所食品, Kajjaniya vagga 10경

④ 장노품長老品, Thera vagga 10경

⑤ 화품華品, Puppha vagga 10경

제3부 후오십경後五十經, Uparipaññāsa

① 변품邊品, Anta vagga 10경

② 설법품說法品, Dhammkathika vagga 13경

③ 무명품無明品, Avijja vagga 10경

④ 당외품糖煨品, Kukkuḷa vagga 13경

⑤ 견품見品, Diṭṭhi vagga 10경

2) 라타상응羅陀相應, Rādha saṁyutta 4품 46경

「Rādha saṁyutta」는 4품 46경입니다.

① 제일품第一品, Paṭhama vagga 10경

② 제이품第二品, Dutiya vagga 12경

③ 소문품所問品, Āyācana vagga 12경

④ 시좌품侍坐品, Upasinna vagga 12경

이 경에서는 모두 비구 라다와 고따마 붓다와의 대화로서 라다에 대한 고따마 붓다의 훈계와 가르침의 내용입니다.

3) 견상응見相應, Diṭṭhi saṁyutta[426]

「Diṭṭhi saṁyutta」는 2품 96$_{114}$경입니다.

① 예류품預流品, Sotāpatti vagga 18경

② 중설품重說品, Gamanam vagga 78경

㉠ 제일장第一障, Purimagamanam 18경

㉡ 제이장第二障, Dutiyagamanam 8경

426 S.III, pp.202-224; 『南傳藏』 14. pp.320-361.

㉢ 제삼장第三障, Tatiyagamanam 26경

㉣ 제사장第四障, Catutthagamanam 26경

4) 입상응入相應, Okkantika saṁyutta 10경[427]

「Okkantika saṁyutta」는 다음의 10경입니다.

① 안경眼經, Cakkhu sutta

② 색경色經, Rūpa sutta

③ 식경識經, Viññāṇam sutta

④ 촉경觸經, Phassa sutta

⑤ 수경受經, Vedanāya sutta

⑥ 상경想經, Saññā sutta

⑦ 사경思經, Cetanā sutta

⑧ 애경愛經, Taṇhā sutta

⑨ 계경界經, Dhātu sutta

⑩ 온경蘊經, Kandhena sutta

「Okkantika saṁyutta」는 믿음saddhā을 통해 도에 들어감을 밝히고 있습니다.

5) 생상응生相應, Uppāda saṁyutta 10경[428]

「Uppāda saṁyutta」는 다음의 10경입니다. 경의 이름을 보고도 알 수 있는 내용입니다.

---

427 S.Ⅲ, pp.225-227; 『南傳藏』 14. pp.362-368.

428 S.Ⅲ, pp.228-231; 『南傳藏』 14. pp.369-373.

① 안경眼經, Cakkhu sutta

② 색경色經, Rūpa sutta

③ 식경識經, Viññāṇam sutta

④ 촉경觸經, Phassa sutta

⑤ 수경受經, Vedanāya sutta

⑥ 상경想經, Saññā sutta

⑦ 사경思經, Cetanā sutta

⑧ 애경愛經, Taṇhā sutta

⑨ 계경界經, Dhātu sutta

⑩ 온경蘊經, Kandhena sutta

6) 번뇌상응煩惱相應, Kilesa saṁyutta 10경[429]

「Kilesa saṁyutta」는 다음의 10경입니다. 위의 경과 같은 내용입니다.

① 안경眼經, Cakkhu sutta

② 색경色經, Rūpa sutta

③ 식경識經, Viññāṇam sutta

④ 촉경觸經, Phassa sutta

⑤ 수경受經, Vedanāya sutta

⑥ 상경想經, Saññā sutta

⑦ 사경思經, Cetanā sutta

⑧ 애경愛經, Taṇhā sutta

⑨ 계경界經, Dhātu sutta

⑩ 온경蘊經, Kandhena sutta

429 S.III, pp.232-234; 『南傳藏』 14. pp.374-379.

7) 사리불상응舍利弗相應, Sāriputta saṁyutta 10경[430]

「Sāriputta saṁyutta」는 다음의 10경입니다.

① 이경離經, Vivekam sutta

② 무심경無尋經, Avitakkam sutta

③ 희경喜經, Pīti sutta

④ 사경捨經, Upekkhā sutta

⑤ 허공경虛空經, Akāsa sutta

⑥ 식경識經, Viññāṇam sutta

⑦ 무소유처경無所有處經, Akiñcañña sutta

⑧ 유상경有想經, Saññī sutta

⑨ 멸경滅經, Nirodha sutta

⑩ 정구경淨口經, Sucimukhī Sutta

8) 용상응龍相應, Nāga saṁyutta 50경

「Nāga saṁyutta」는 다음의 50경입니다.

① 품류경品類經, Suddhikam sutta

② 묘승경妙勝經, Panitaram sutta

③ 포살경布薩經①, Uposatha sutta

④ 포살경布薩經②, Uposatha sutta

⑤ 포살경布薩經③, Uposatha sutta

⑥ 포살경布薩經④, Uposatha sutta

⑦ 문경聞經①, Tassasutam sutta

⑧ 문경聞經②, Tassasutam sutta

---

430 S.Ⅲ, pp.235-239; 『南傳藏』 14. pp.380-388.

⑨ 문경聞經③, Tassasutam sutta

⑩ 문경聞經④, Tassasutam sutta

⑪-⑳ 보시이익경布施利益經①, Dānupakāra sutta

㉑-㊿ 보시이익경布施利益經②-④, Dānupakāra sutta

9) 금시조상응金翅鳥相應, Supaṇṇa saṁyutta 46경

「Supaṇṇa saṁyutta」는 다음의 46경입니다.

① 품류경品類經, Suddhikam sutta

② 취경取經, Haranti sutta

③ 선악업경善惡業經①, Dvayakārī sutta

④-⑥ 선악업경善惡業經②-④, Dvayakārī sutta

⑦-⑯ 보시이익경布施利益經①, Dānupakāra sutta

⑰-㊻ 보시이익경布施利益經②-④, Dānupakāra sutta

10) 건달바상응乾達婆相應, Gandhabbakāya saṁyutta 112경

「Gandhabbakāya saṁyutta」는 다음의 112경입니다.

① 품류경品類經, Suddhikam sutta

② 선행경善行經, Sucaritam sutta

③ 시자경施者經①, Dātā sutta

④-⑫ 시자경施者經②-⑩, Dātā sutta

⑬-㉒ 보시이익경布施利益經①, Dānupakāra sutta

㉓-⑪② 보시이익경布施利益經②-⑩, Dānupakāra sutta

11) 운상응雲相應, Valāhaka saṁyutta 57경

「Valāhaka saṁyutta」는 다음의 57경입니다.

① 설시경說示經, Desanā sutta

② 보행경善行經, Sucaritam sutta

③-㉒ 보시이익경布施利益經①, Dānupakāra sutta

㉓-52 보시이익경布施利益經②-⑤, Dānupakāra sutta

53 한경寒經, Sītam sutta

54 숙경熱經, Uṇhaṁ sutta

55 암경闇經, Abbham sutta

56 풍경風經, Vātā sutta

57 우경雨經, Vassa sutta

12) 와짜고따상응婆蹉種相應Vacchagotta saṁyutta 55경

「Vacchagotta saṁyutta」는 다음의 55경입니다.

① 무지경無知經①, Aññāṇā sutta

② 무지경無知經②, Aññāṇā sutta

③ 무지경無知經③, Aññāṇā sutta

④ 무지경無知經④, Aññāṇā sutta

⑤ 무지경無知經⑤, Aññāṇā sutta

⑥-⑩ 무견경無見經①-⑤, Adassanā sutta

⑪-⑮ 불현관경不現觀經①-⑤, Anabhisamaya sutta

⑯-⑳ 불요오경不了悟經①-⑤, Ananubodhā sutta

㉑-㉕ 불통달경不通達經①-⑤, Appativedhā sutta

㉖-㉚ 불등관경不等觀經①-⑤, Asallakkhaṇā sutta

㉛-㉟ 불수관경不隨觀經①-⑤, Anupalakkhaṇā sutta

㊱-㊵ 불근관경不近觀經①-⑤, Apaccupalakkhaṇā sutta

㊶-㊺ 불등찰경不等察經①-⑤, Asamapekkhaṇā sutta

㊻-㊿ 불근관경不近觀經①-⑤, Apaccupalakkhaṇā sutta

51 불현견경不現見經①, Apacckkhakammaṁ sutta

52-54 불현견경不現見經②-④, Apacckkhakammaṁ sutta

55 불현견경不現見經⑤, Apacckkhakammaṁ sutta

13) 선정상응禪定相應, Samādhi saṁyutta 55경

「Samādhi saṁyutta」는 다음의 55경입니다.

① 삼매등지경三昧等至經, Samādhisamāpatti sutta

② 지주경止住經, Thiti sutta

③ 출기경出起經, Vuṭṭhāna sutta

④ 안락경安樂經, Kallavā sutta

⑤ 소연경所緣經, Ārammaṇa sutta

⑥ 행경경行境經, Gocara sutta

⑦ 인발경因發經, Abhinīhāra sutta

⑧ 공경경恭敬經, Sakkacca sutta

⑨ 상작경常作經, Sātaccakārī sutta

⑩ 수응경隨應經, Sappāyaṁ sutta

⑪ 등지-지주경等至-止住經, Samāpattiṭhita sutta

⑫ 등지-출기경等至-出起經, Samāpattivuṭṭhāna sutta

⑬ 등지-안락경等至-安樂經, Samāpattikallita sutta

⑭ 등지-소연경等至-所緣經, Samāpatti ārammaṇa sutta

⑮ 등지-행경경等至-行境經, Samāpattigocara sutta

⑯ 등지-인발경等至-引發經, Samāpattiabhinīhāra sutta

⑰ 등지-공경경等至-恭敬經, Samāpattisakkacca sutta

⑱ 등지-상작경等至-常作經, Samāpattisātaccakārī sutta

⑲ 등지-수응경等至-隨應經, Samāpattisappāyakārī sutta

⑳ 지주-출기경止住-出起經, Ṭhitivuṭṭhāna sutta

㉑-㉗ 지주-안락경止住-安樂經, Ṭhitikallita sutta

㉘ 출기-안락경出起-安樂經, Ṭhiti ārammaṇa sutta

㉙-㉞ 출기경出起經, Vuṭṭhāna sutta

㉟ 안락-소연경安樂-所緣經, Kallavā-Ārammaṇa sutta

㊱-㊵ 안락경安樂經, Kallavā sutta

㊶ 소연-행경경所緣-行境經, Ārammaṇa-Gocara sutta

㊷-㊺ 소연경所緣經, Ārammaṇa sutta

㊻ 행경-인발경行境-因發經, Gocara-Abhinīhāra sutta

㊼-㊾ 행경경行境經, Gocara sutta

㊿ 인발-공경경因發-恭敬經, Abhinīhāra-Sakkacca sutta

51-52 인발경因發經, Abhinīhāra sutta

53 공경-상작경恭敬-常作經

54 공경-수응작경恭敬-隨應作經

55 상작-수응작경常作-隨應作經

라. 육처품六處品, Saḷāyatana vagga

「Saḷāyatana vagga」는 10상응 33품 391경입니다.

① 육처상응六處相應, Saḷāyatana saṁyutta 19~22~품 207~247~경

② 수상응受相應, Vedanā saṁyutta 3품 29경

③ 여인상응女人相應M, ātugāma saṁyutta 3품 34경

④ 염부차상응閻浮車相應, Jambukhādaka saṁyutta 1품 16경

⑤ 사문출가상응沙門出家相應, Sāmaṇḍaka saṁyutta 1품 16경

⑥ 목건련상응目犍連相應, Moggallāna saṁyutta 1품 11경

⑦ 심상응心相應, Citta saṁyutta 1품 10경

⑧ 취락주상응聚落主相應, Gāmaṇi saṁyutta 1품 13경

⑨ 무위상응無爲相應, Asaṅkhata saṁyutta 2_{34}품 44_{1463}경

⑩ 무기설상응無記說相應, Avyākata saṁyutta 1품 11경

1) 육처상응六處相應, Saḷāyatana saṁyutta

「Saḷāyatana saṁyutta」는 19품 207경입니다. 크게 4장으로 나눕니다.

가) 근본오십위根本五十位, Mūlapaññāsa 5품 52경

① 무상품無常品, Anicca vagga 12경

② 쌍쌍품雙雙品, Yamaka vagga 10경

③ 일체품一切品, Sebba vagga 10경

④ 생법품生法品, Jatidhamma vagga 10경

⑤ 무상품無常品, Anicca vagga 10경

나) 제이오십주第二五十住, Pññāsako dutiya 5품 51경

① 무명품無明品, Avijjā vagga 8경

② 녹망품鹿網品, Migajāla vagga 11경

③ 병품病品, Gilāna vagga 10경

④ 단타품闡陀品, Channa vagga 10경

⑤ 엽사품棄捨品, Saḷa vagga 10경

다) 제삼오십주第三五十住, Paññāsam tatiyam 5품 52경

① 안은자품安穩者品, Yogakkhemi vagga 10경

② 세간욕류품世間欲類品, Lokakāmaguṇa vagga 10경

③ 거사품居士品, Gahapati vagga 10경

④ 데와다하품提婆陀訶品, Devadaha vagga 11경

⑤ 신고품新古品, Navapurāṇa vagga 10경

라) 제사오십주第四五十住, Paññāsam catuttham **4품 93경**

① 열희소진품悅喜消盡品, Nandikkhaya vagga 12경

② 육십내지광설품六十乃至廣說品, Saṭṭhi peyyāla vagga 20$_{30}$경

③ 해품海品, Samudda vagga 10경

④ 독사품毒蛇品, Āsīvisa vagga 11경

「Saḷāyatana saṁyutta」는 六處와 그것에 대한 올바른 태도에 관한 내용입니다.

2) 수상응受相應, Vedanā saṁyutta

「Vedanā saṁyutta」는 다음의 3품 29경입니다.

① 유게품有偈品, Sagata vagga 10경

② 독좌품獨坐品, Pahogata vagga 10경

③ 백팔리품百八理品, Atthasata pariyaya vagga 9경

「Vedanā saṁyutta」는 세 가지 종류의 느낌受, 감각과 그것에 대한 올바른 태도의 내용입니다.

3) 여인상응女人相應, Mātugāma saṁyutta

「Mātugāma saṁyutta」는 다음의 3품 34경입니다.

① 중략품제일中略品第一, Peyyāla vagga pathama 14경
② 중략품제이中略品第二, Peyyāla vagga dutiya 10경
③ 중략품제삼中略品第三, Peyyāla vagga tatiya 10경

「Mātugāma saṁyutta」는 여인 자신의 자질에 의한 여인의 운명에 관한 내용입니다.

4) 염부상응閻浮車相應, Jambukhādaka saṁyutta

「Jambukhādaka saṁyutta」는 다음은 1품 16경입니다.

① 열반경涅槃經, Nibbānaṁ sutta
② 아라한과경阿羅漢果經, Arahattam sutta
③ 법어자경法語者經, Dhammavādī sutta
④ 하재경何在經, Kimatthi sutta
⑤ 안식경安息經, Assāsa sutta
⑥ 최상안식경最上安息經, Paramassāsa sutta
⑦ 수경受經, Vedanā sutta
⑧ 루경漏經, Asavā sutta
⑨ 무명경無明經, Avijjā sutta
⑩ 애경愛經, Taṇhā sutta
⑪ 폭류경暴流經, Ogha sutta
⑫ 취경取經, Upādānam sutta
⑬ 유경有經, Bhavo sutta
⑭ 고경苦經, Dukkham sutta
⑮ 기신경己身經, Sakkāyo sutta
⑯ 난위경難爲經, Dukkaram sutta

「Jambukhādaka saṁyutta」는 사리뿟따에게 붉은 사과를 먹는 사람인 유행자의 질문에 관한 답변 내용입니다.

5) 사문출가상응沙門出家相應, Sāmaṇḍaka saṁyutta

「Sāmaṇḍaka saṁyutta」는 다음의 1품 16경입니다.

① 열반경涅槃經, Nibbāna sutta
② 아라한과경阿羅漢果經, Arahatta sutta－⑮ 기신경己身經, Sakkāyo sutta
⑯ 난위경難爲經, Dukkaram sutta

Sāmaṇḍaka saṁyutta는 사리뿟따에게 사만다까 유행자가 질문한 것에 답변한 내용입니다.

6) 목건련상응目犍連相應, Moggallāna saṁyutta

「Moggallāna saṁyutta」는 다음의 1품 11경입니다.

① 유심경有尋經, Savitakka sutta
② 무심경無尋經, Avitakka sutta
③ 락경樂經, Sukhena sutta
④ 사경捨經, Upekkhaka sutta
⑤ 허공경虛空經, Ākāsa sutta
⑥ 식경識經, Viññāṇa sutta
⑦ 무소유경無所有經, Akiñcañña sutta
⑧ 비비상경非非想經, Nevasaññī sutta
⑨ 무상경無相經, Animitta sutta
⑩ 제석경帝釋經, Sakka sutta
⑪ 전단천자경栴檀天子經, Candana sutta

「Moggallāna saṁyutta」는 목갈라나가 비구들에게 선정禪定, jhāna을 설명한 내용입니다.

7) 심상응/질다상응心相應/質多相應Citta saṁyutta

「Citta saṁyutta」는 다음의 1품 10경입니다.

① 계박경繫縛經, Saññojana sutta
② 예서달다경隸犀達多經①, Isidatta sutta
③ 예서달다경隸犀達多經②, Isidatta sutta
④ 마하가경摩訶迦經, Mahaka sutta
⑤ 가마부경迦摩浮經①, Kāmabhū sutta
⑥ 가마부경迦摩浮經②, Kāmabhū sutta
⑦ 우달다경牛達多經, Godatta sutta
⑧ 니건타경尼乾陀經, Nigaṇṭha sutta
⑨ 나형경裸形經, Acela sutta
⑩ 견병경見病經, Gilānadassana sutta

「Citta saṁyutta」는 감각과 감각의 대상은 본질적으로 악의 개념이 아니며 다만 감각의 접촉을 통해 일어나는 불건전한 욕망일 뿐이라는 내용입니다.

8) 취락주상응聚落主相應, Gāmaṇi saṁyutta

「Gāmaṇi saṁyutta」는 다음의 1품 13경입니다.

① 폭악경暴惡經, Caṇḍa sutta
② 포탁경布吒經, Puṭa sutta

③ 전사경戰士經, Yodhājīva sutta

④ 상경像經, Hatthi sutta

⑤ 마경馬經, Assa(or Haya) sutta

⑥ 서지(방)인경西地(方)人經, Pacchābhūmaka(or Mataka) sutta

⑦ 설교경說教經, Desanā sutta

⑧ 나구경螺具經, Saṅkha sutta

⑨ 가경家經, Kulaṁ sutta

⑩ 정만경頂鬘經, Maṇiculaka sutta

⑪ 노성경老姓經, Bhadraka(or Bhagandha haṭṭhaha) sutta

⑫ 왕발경王髮經, Rāsiya sutta

⑬ 파라뇌경/가의경波羅牢經 또는 可意經, Pāṭaliya(or Manapa) sutta

「Gāmaṇi saṁyutta」는 '성냄'과 '친절'의 정의에 관한 내용입니다.

9) 무위상응無爲相應, Asaṅkhata saṁyutta

「Asaṅkhata saṁyutta」는 2₃₄품 44₁₄₆₃?경입니다. ① 제일품Pathama vagga, 第一品 11경, ② 제이품Dutiya vagga, 第二品 33경이며, 다음과 같습니다.

제일품第一品, Pathama vagga 11경

① 신경身經, Kāya sutta

② 지관경止觀經, Samatha sutta

③ 유심경有尋經, Vitakka sutta

④ 공경空經, Suññatā sutta

⑤ 념처경念處經, Satipaṭṭhānā sutta

⑥ 정근경精勤經, Sammappadhānā sutta

⑦ 여의족경如意足經, Iddhipadā sutta

⑧ 근경根經, Indriya sutta

⑨ 방경力經, Bala sutta

⑩ 각지경覺支經, Bojjhaṅga sutta

⑪ 도경道經, Maggena sutta

제이품第二品, Dutiya vagga **33경**

이 경經은 제 12번째 Asaṅkhata sutta無爲經에 45가지 경이 나열되어 있는데, 13번째부터 제44번째까지 반복되는 내용입니다. 따라서 이것을 포함시킬 경우 경전의 수가 엄청나게 불어나게 되는데, 「Asaṅkhata saṁyutta」는 무위Nibbāna, 涅槃에 관한 내용입니다.

10) 무기상응無記說相應, Avyākata saṁyutta

「Avyākata saṁyutta」는 다음의 1품 11경입니다.

① 참마장노니경懺摩長老尼經, Khemātherī sutta

② 아루라다경阿樓羅陀經, Anurādha sutta

③ 사리불 구희라제일경舍利弗 拘絺羅第一經, Sāriputta Koṭṭhika sutta1

④ 사리불 구희라제이경舍利弗 拘絺羅第二經, Sāriputta Koṭṭhika sutta2

⑤ 사리불 구희라제삼경舍利弗 拘絺羅第三經, Sāriputta Koṭṭhika sutta3

⑥ 사리불 구희라제사경舍利弗 拘絺羅第四經, Sāriputta Koṭṭhika sutta4

⑦ 목건련경目犍連經, Moggallāna sutta

⑧ 와차경婆蹉經, Vaccha sutta

⑨ 논의당경論議堂經, Kutūhalasālā sutta

⑩ 아란경阿蘭經, Ānanda sutta

⑪ 선타경詵陀經, Sabhiya sutta

「Avyākata saṁyutta」는 빠세나디Pasenadi가 캐마Khemā, Anurāddha아누라다, 사리뿟따Sāriputta, 목갈라나Moggallāna에게 제기한 사변적인 내용의 질문입니다.

마. 대품大品, Mahā vagga

「Mahā vagga」는 12상응 103품 1208경입니다.

① 도품상응道品相應, Magga saṁyutta 8품 180경

② 각지상응覺支相應, Bojjhaṅga saṁyutta 18품 187경

③ 념처상응念處相應, Satipaṭṭhāna saṁyutta 10품 103경

④ 근상응根相應, Indriya saṁyutta 17품 185경

⑤ 정근상응正勤相應, Sammappadhā saṁyutta 5품 54경

⑥ 역상응力相應, Bala saṁyutta 10품 110경

⑦ 신족상응神足相應, Iddhipāda saṁyutta 8품 86경

⑧ 아나율상응阿那律相應, Anuruddha saṁyutta 2품 24경

⑨ 정처상응靜處相應, Jhāna saṁyutta 5품 54경

⑩ 입출식상응入出息相應, Ānāpāna saṁyutta 2품 20경

⑪ 예류상응預流相應, Sotāpatti saṁyutta 7품 74경

⑫ 제상응諦相應, Sacca saṁyutta 11품 131경

1) 도품상응道品相應, Magga saṁyutta

「도품상응道品相應, Magga saṁyutta」는 다음의 8품 180경입니다.

① 무명품無明品, Avijjā vagga 10경

② 주품住品, Vihāra vagga 10경

③ 사성품邪性品, Micchatta vagga 10경

④ 행품行品, Paṭipatti vagga 108경

⑤ 불방일품不放逸品, Appamāda vagga 10경

⑥ 역소작품力所作品, Balakaraṇīya vagga 12경

⑦ 심멱품尋覓品, Esanā vagga 10경

⑧ 폭류품暴流品, Ogha vagga 10경

이 품은 팔정도에 관한 가르침입니다.

2) 각지상응覺支相應, Bojjhaṅga saṁyutta

「각지상응覺支相應, Bojjhaṅga saṁyutta」는 다음의 18품 187경이다.

① 산품山品, Pabbata vagga 10경

② 병품病品, Gilāna vagga 10경

③ 우다이품優陀夷品, Udāyi vagga 10경

④ 개품蓋品, Nīvaraṇa vagga 10경

⑤ 전륜품轉輪品, Cakkavatti vagga 10경

⑥ 각지총섭품覺支總攝品, Bojjhaṅgasākaccam vagga 6경

⑦ 출입식품入出息品, Ānāpāna vagga 10경

⑧ 멸품滅品, Nirodha vagga 10경

⑨ 항하광설품恒河廣說品, Gangā peyyala vagga 10경

⑩ 불방일품不放逸品, Appamāda vagga 10경

⑪ 역소작품力所作品, Balakaraṇīya vagga 2경

⑫ 심멱품尋覓品, Esanā vagga 10경

⑬ 폭류품暴流品, Ogha vagga 9경

⑭ 항하광설품恒河廣說品, Gangā peyyala vagga 12경

⑮ 불방일품不放逸品, Appamāda vagga 10경

⑯ 역소작품力所作品, Balakaraṇīya vagga 12경

⑰ 심멱품尋覓品, Esanā vagga 11경

⑱ 폭류품暴流品, Ogha vagga 10경

「각지상응覺支相應, Bojjhaṅga saṁyutta」는 깨달음의 일곱 가지 요소인 칠각지七覺支에 관한 내용입니다.

3) 념처상응念處相應, Satipaṭṭhāna saṁyutta

「념처상응念處相應, Satipaṭṭhāna saṁyutta」은 다음의 10품 103경입니다.

① 암라품菴羅品, Ambapāli vagga 10경

② 나라건타품那羅揵陀品, Nālanda vagga 10경

③ 계주품戒主品, Sīlaṭṭhiti vagga 10경

④ 미문품未聞品, Ananussuta vagga 10경

⑤ 불사품不死品, Amata vagga 10경

⑥ 항하광설품恒河廣說品, Gaṅga peyyāla vagga 12경

⑦ 불방일품不放逸品, Appamāda vagga 10경

⑧ 역소작품力所作品, Balakaraṇīya vagga 11경

⑨ 심멱품尋覓品, Esanā vagga 11경

⑩ 폭류품暴流品, Ogha vagga 10경

4) 근상응根相應, Indriya saṁyutta

「근상응根相應, Indriya saṁyutta」는 다음의 17품 185$_{184}$경입니다.

① 청정품淸淨品, Suddhika vagga 10경
② 연약품軟弱品, Mudatara vagga 10경
③ 육근품六根品, Chaḷindriya vagga 10경
④ 약근품藥根品, Sukhidriya vagga 10경
⑤ 노품老品, Jarā vagga 10경
⑥ 제육품第六品, Chaṭṭha vagga 10경
⑦ 각분품覺分品, Bodhipakkhiya vagga 10경
⑧ 항하광설품恒河廣說品, Gaṅgā peyyāla vagga 12경
⑨ 불방일품不放逸品, Appamāda vagga 10경
⑩ 역소작품力所作品, Balakaraṇīya vagga 12경
⑪ 심멱품尋覓品, Esanā vagga 10$_{13}$경
⑫ 폭류품暴流品, Ogha vagga 10경
⑬ 항하광설품恒河廣說品, Gaṅgā peyyāla vagga 12경
⑭ 불방일품不放逸品, Appamāda vagga 10경
⑮ 역소작품力所作品, Balakaraṇīya vagga 12경
⑯ 심멱품尋覓品, Esanā vagga 10$_{13}$경
⑰ 폭류품暴流品, Ogha vagga 10경

「근상응根相應, Indriya saṁyutta」는 다섯 가지 기능五根, 즉 신근信根, 정진근精進根, 염근念根, 정근定根, 혜근慧根에 관한 내용입니다.

5) 정근상응正勤相應, Sammappadhā saṁyutta

「정근상응正勤相應, Sammappadhā saṁyutta」는 다음의 5품 54경입니다.

① 항하광설품恒河廣說品, Gaṅgā peyyāla vagga 12경

② 불방일품不放逸品, Appamāda vagga 10경

③ 역소작품力所作品, Balakaraṇīya vagga 12경

④ 심멱품尋覓品, Esanā vagga 10_{13}경

⑤ 폭류품暴流品, Ogha vagga 10경

「정근상응正勤相應, Sammappadhā saṁyutta」는 네 가지 바른 노력에 관한 내용.

6) 력상응力相應, Bala saṁyutta

「력상응力相應, Bala saṁyutta」는 다음의 10품 110경이다.

① 항하광설품恒河廣說品, Gaṅgā peyyāla vagga 12경

② 불방일품不放逸品, Appamāda vagga 10경

③ 역소작품力所作品, Balakaraṇīya vagga 12경

④ 심멱품尋覓品, Esanā vagga 12경

⑤ 폭류품暴流品, Ogha vagga 10경

⑥ 항하광설품恒河廣說品, Gaṅgā peyyāla vagga 12경

⑦ 불방일품不放逸品, Appamāda vagga 10경

⑧ 역소작품力所作品, Balakaraṇīya vagga 12경

⑨ 심멱품尋覓品, Esanā vagga 10경

⑩ 폭류품暴流品, Ogha vagga 10경

「역상응力相應, Bala saṁyutta」는 다섯 가지 힘五力에 관한 내용.

7) 신족상응神足相應, Iddhipāda saṁyutta

「신족상응神足相應, Iddhipāda saṁyutta」는 다음의 8품 86경입니다.

① 차파라품遮婆羅品, Cāpāla vagga 10경

② 녹모전진동품鹿母殿震動品, Pāsādakampana vagga 10경

③ 제삼철환품第三鐵丸品, Tatiya vagga 12경

④ 항하광설품恒河廣說品, Gaṅgā peyyāla vagga 12경

⑤ 불방일품不放逸品, Appamāda vagga 10경

⑥ 역소작품力所作品, Balakaraṇīya vagga 12경

⑦ 심멱품尋覓品, Esanā vagga 10경

⑧ 폭류품暴流品, Ogha vagga 10경

8) 아나율상응阿那律相應, Anuruddha saṁyutta

「아나율상응阿那律相應, Anuruddha saṁyutta」는 다음의 2품 24경입니다.

① 제일독일품第一獨一品, Rahogata vagga pathama 10경

② 제삼품第三品, Tatiya vagga 14경

다음은 다시 두 품으로 나열된 경입니다.

제일독일품第一獨一品, Rahogata vagga pathama 10경

① 독일 1獨一 1, Rahogata1

② 독일 2獨一 2, Rahogata2

③ 수성욕지手成浴池, Sutanu

④ 깐따끼1Kaṇṭakī1

⑤ 깐따끼2Kaṇṭakī2

⑥ 깐따끼3Kaṇṭakī3

⑦ 애진愛盡, Taṇhākkhaya

⑧ 송림정사松林精舍, Salaḷāgāram

⑨ 일체一切, Sabbam or Ambapāla

⑩ 중환重患, Bāḷhagilāyam or Gihīnayo

제삼품第三品, Tatiya vagga 14경

① 천경千經, Sahassa sutta

② 신변경1神變經1, Iddhi sutta1

③ 신변경2神變經2, Iddhi sutta2

④ 심경心經, Cetoparicca sutta

⑤ 업경1業經1, Ṭhāna sutta1

⑥ 업경2業經2, Ṭhāna sutta2

⑦ 도경道經, Paṭipadā sutta

⑧ 세간경世間經, Loka sutta

⑨ 종종승해경種種勝解經, Nānādhimutti sutta

⑩ 근경根經, Indriya sutta

⑪ 정려경靜慮經, Jhana sutta

⑫ 명경1明經1, Vijjā sutta1

⑬ 명경2明經2, Vijjā sutta2

⑭ 명경3明經3, Vijjā sutta3

「아나율상응阿那律相應, Anuruddha saṁyutta」는 마음챙김을 통해 아누룻다가 성취했던 초월적 능력에 관한 것의 설명입니다.

9) 정처상응靜處相應, Jhāna saṁyutta

「정처상응靜處相應, Jhāna saṁyutta」은 다음의 5품 54경입니다.

① 항하광설품恒河廣說品, Gaṅgā peyyāla vagga 12경

② 불방일품不放逸品, Appamāda vagga 10경

③ 역소작품力所作品, Balakaraṇīya vagga 12경

④ 심멱품尋覓品, Esanā vagga 10경

⑤ 폭류품暴流品, Ogha vagga 10경

「정처상응靜處相應, Jhāna saṁyutta」는 사선四禪에 관한 내용입니다.

10) 입출식상응入出息相應, Ānāpāna saṁyutta

「입출식상응入出息相應, Ānāpāna saṁyutta」는 다음의 2품 20경입니다.

① 제일일법품第一一法品, Ekadhamma vagga 10경

② 제이품第二品, Dutiya vagga 10경

제일일법품第一一法品, Ekadhamma vagga 10경

① 일법경一法經, Ekadhamma sutta

② 각지경覺支經, Bojjhaṅga sutta

③ 청정경淸淨經, Suddhaka sutta

④ 과경1果經1, Phalā sutta1

⑤ 과경2果經2, Phalā sutta2

⑥ 아리비타경阿梨瑟陀經, Ariṭṭha sutta

⑦ 계빈나경罽賓那經, Kappina sutta

⑧ 조경鳥經, Dīpa sutta

⑨ 비사리경毘舍離經, Vesālī sutta

⑩ 금비라경金毘羅經, Kimbilā sutta

제이품第二品, Dutiya vagga 10경

① 일사능가라경一奢能加羅經, Icchānaṅgala sutta

② 노이강기경盧夷强耆經, Kaṅkheyya sutta

③ 아란경1阿蘭經1, Ānanda sutta1

④ 아란경2阿蘭經2, Ānanda sutta2

⑤ 비구경1比丘經1, Bhikkhū sutta1

⑥ 비구경2比丘經2, Bhikkhū sutta2

⑦ 결경結經, Saṁyojana sutta

⑧ 수면경隨眠經, Anusaya sutta

⑨ 행로경行路經, Addhāna sutta

⑩ 누진경漏盡經, Asavakkhaya sutta

「입출식상응入出息相應, Ānāpāna saṁyutta」는 들숨 날숨과 마음챙김에 관한 내용입니다.

11) 예류상응預流相應, Sotāpatti saṁyutta

「예류상응預流相應, Sotāpatti saṁyutta」는 다음의 7품 74경입니다.

① 비유다라품鞞紐多羅品, Veḷudavāra vagga 10경

② 천품千品, Sahassaka vagga 10경

③ 백수품百手品, Saraṇāni vagga 10경

④ 복덕윤택품福德潤澤品, Puññābhisanda vagga 10경

⑤ 유게복덕윤택품有偈福德潤澤品, Sagāthapuññābhisanda vagga 10경

⑥ 유혜품有慧品, Sapaññā vagga 11경

⑦ 대혜품大慧品, Mahāpaññā vagga 13경

「예류상응預流相應, Sotāpatti saṁyutta」는 예류과豫流果를 얻은 사람에 관한 설명입니다.

12) 제상응諦相應, Sacca saṁyutta

「제상응諦相應, Sacca saṁyutta」는 다음의 11품 131경입니다.

① 정품定品, Samādhi vagga 10경
② 전법륜품轉法輪品, Dhammacakkapavattana vagga 10경
③ 구리촌품拘利村品, Kotigāma vagga 10경
④ 신노림품申怒林品, Siṁsapāvana vagga 10경
⑤ 심검품深險品, Papāta vagga 10경
⑥ 현관품現觀品, Abhisamaya vagga 10경
⑦ 전륜광설품轉輪廣說品, Cakkapeyyāla vagga 10경
⑧ 소불리품小不離品, Appakāvirata vagga 10경
⑨ 생곡광설품生穀廣說品, Āmakadhaññapeyyāla vagga 10경
⑩ 다유정품多有情品, Bahutarāsattā vagga 11경
⑪ 오운명품五運命品, Gatiyopañcakā vagga 30경

「제상응諦相應, Sacca saṁyutta」은 네 가지 고귀한 진리四聖諦에 관한 내용입니다.

4. 증지부增支部, Aṅguttara nikāya

증지부에서의 구분은 하나하나로 묶여 있습니다. 열 한 개로 분류된 nipāta部集가 있습니다. 단 하나의 주제인 첫 번째 항목에

이어 두 번째 항목이 뒤따르고 해서 열 한 개가 나열되어 있습니다. 각 부집은 vagga品으로 나누어지고 각 품은 10개 또는 그 이상의 경전을 담고 있는데, 총 2,308경입니다.

가. 일집一集, Ekaka nipāta

'집중된 마음과 집중되지 않은 마음', '훈련된 마음과 훈련되지 않은 마음', '수양된 마음과 수양되지 않은 마음', 노력, 근면, 사리뿟따, 목갈라나, 마하깟싸빠, 견해의 올바름과 잘못됨, 집중의 올바름과 잘못됨 등의 주제와 설명 내용입니다.

나. 이집二集, Duka nipāta

두 가지 종류의 업보業報 Kamma-vipāka, 선과 악의 발단 원인, 희망과 바램, 이익과 장수, 두 가지 종류의 보시布施, 두 가지 모임의 비구 즉 네 가지 진리四聖諦를 깨달은 비구와 깨닫지 못한 비구, 화목으로 지내는 비구와 화목으로 지내지 못하는 비구에 관한 내용입니다.

다. 삼집三集, Tika nipāta

인간에게는 몸과 입과 뜻三業의 세 가지 선악의 일이 있습니다. 세 가지 칭찬할만한 행위, 즉 관대, 포기, 양친의 부양이 있으며, 일어나지 않은 나쁜 상태의 성장을 저지하도록 노력하고, 일어나지 않은 좋은 상태를 계발하도록 노력하며, 일어난 나쁜 상태를 제거하기 위해 노력하는 것들입니다. 즐거움과 괴로움, 즐거움도 괴로움도 아닌 경험들은 이전의 행위 때문이며, 그러한 경험들은 신의 뜻에 의한 것이며, 그러한 경험들은 이유 없는 것이라고 고집하는 이단적 견해에 관련한 내용입니다.

라. 사집四集, Catukka nipāta

수행이 부족한 사람들은 행위, 집중, 통찰력, 벗어남이 모자라며, 도덕적으로 가치 없는 칭찬, 가치 있는 것에 대한 비난, 기뻐하지 않았을 때의 기쁨, 기뻐했을 때 기쁘지 않음의 칭찬에 의한 무지에서 오는 증가한 과실이며, 지혜도 경건함도 없는 사람, 지혜는 있으나 경건함이 없는 사람, 지혜는 없으나 경건함이 있는 사람, 지혜와 경건함 둘 다 갖춘 사람 등 네 가지 종류의 사람들이 있으며, 비구들은 가사의, 걸식, 머무는 장소, 의약 등에 만족하여 살아가야 하며, 네 가지 종류의 행복, 즉 적당한 환경에서 살아가는 것, 훌륭한 사람과 교제하는 것, 스스로 깨닫는 것, 과거의 선업善業, kusalakamma을 쌓아가는 것 등에 관한 내용입니다.

또한 네 가지 숭고한 상태梵住 혹은 四無量心, 즉 박애, 연민, 수희隨喜, 평정平靜 등이 있고, 타락에 대비하여 비구를 지키는 네 가지 노력, 즉 계율의 지킴, 감각의 문을 제어함, 적당한 식사, 끊임없는 정신 집중이며, 집중의 네 가지 방법, 즉 현세에서의 행복한 삶을 위해, 지혜와 통찰력을 위해, 마음 집중과 평온을 위해, 번뇌의 소멸을 위한 것이며, 증오, 위선, 법과 관련이 있는 것보다 이익과 정직이 성장하는 네 가지 종류의 사람들이고, 네 가지 잘못된 견해, 즉 덧없음을 영원함으로, 괴로움을 즐거움으로, 자아가 없음을 자아로, 부정을 청정으로 여기는 것입니다. 고행자들과 바라문들의 네 가지 결점, 즉 음주 권장, 감각적 쾌락에 탐닉, 돈을 받음, 비윤리적 수단에 의해 자신들의 생계를 얻음 등입니다. 행복의 공덕을 가져오는 네 가지 분야, 즉 붓다는 모든 법을 아는 자로, 법은 그에 의해 잘 설해진 것으로, 승가는 잘 설립된 것으로, 계율은 부도덕한 행위로부터 자유가 있는 것으로, 올바르게 믿는 것입니다. 함께 살아가는 네 가지 방법들, 즉 어둠에서 어둠으로, 어둠에서 밝음으로, 밝음에서 어둠으로, 밝음에서 밝음으로 등이며, 공양을 남에게 베풀면 장수, 아름다움, 행복, 육체적 건강을 얻을 수 있으며, 세속의 번영을 위한 네 가지 조건들, 즉 끊임없는 노력, 자신의 수입을 보호하는 것, 좋은 친구, 균형 잡힌 생활 등이며, 정신적 번영을 위한 네 가지 조건, 즉 믿음, 지계, 자비, 지혜 등의 내용입니다.

또한 어떤 사람이 자비Mettā를 연장해야만 하는지 네 개의 가족이 있으며, 네 가지 올바른 노력四正勤, 네 가지 상상할 수 없는 것, 즉 붓다의 영역, 선정, 업보, 세계의 기원을 넘어선 사변 등이며, 네 가지 성지, 즉 붓다의 탄생지, 깨달음을 이룬 곳, 첫 설법 장소, 입멸한 곳 등이며, 네 가지 종류의 유익한 말과 유익하지 않은 말 즉 진실과 거짓말, 험담하지 않음과 험담, 온화한 말과 거친 말, 사려 깊은 말과 천박한 말 등이며, 네 가지 본질적인 성향, 즉 도덕성, 집중력, 지혜 및 해탈 등이며, 네 가지 능력, 즉 신심, 정열, 주의 깊음, 및 집중이며, 네 가지 요소, 즉 가장 존중해야 할 네 종류의 사람, 즉 붓다, 벽지불辟支佛, 아라한, 전륜성왕

등이며, 비구는 색욕, 악의, 질투, 혹은 상식의 결핍이 있을 때는 숲속을 떠나서는 안 된다는 내용으로 구성되어 있습니다.

마. 오집五集, Pañcaka nipāta

고따마 붓다 제자의 다섯 가지 성향, 즉 존경, 겸손, 불건전한 행동을 삼감, 열정과 지혜 등이고, 다섯 가지 정신적 장애五蓋 혹은 五障, 즉 감각적 욕망, 악의, 나태, 들뜸과 근심, 회의적인 의심 등이며, 명상의 다섯 가지 주제, 즉 부정, 무아, 죽음, 음식의 불유쾌함, 세상에서의 기쁨을 찾을 수 없음 등이며, 다섯 가지 죄악의 특성, 즉 격정, 증오, 미혹, 위선 및 악의에서 벗어나지 못한 것이며, 다섯 가지 훌륭한 행위 즉 자비, 몸의 행동, 말과 뜻, 계율의 지킴 및 올바른 견해를 지킴 등의 내용입니다.

바. 육집六集, Chakka nipāta

비구의 여섯 가지 종류의 의무, 즉 업을 낳는 행동, 논의, 잠과 교제를 삼감, 겸손과 현자와의 교제 등의 내용입니다.

사. 칠집七集, Sattaka nipāta

일곱 가지 종류의 복지, 즉 경의 선행, 겸손, 불건전한 행동을 삼감, 배움, 포기, 지혜 등이며, 일곱 가지 종류의 집착, 즉 호의, 증오, 오해, 신뢰, 의심, 자만, 세속적인 생활, 무지 등을 요청하는 것의 내용입니다.

아. 팔집八集, Aṭṭhaka nipāta

마음집중, 보시, 지진의 여덟 가지 원인에 관한 내용입니다.

자. 구집九集, Navaka nipāta

아홉 가지 응시, 즉 부정, 죽음, 음식의 불유쾌함, 세상에 대한 무관심, 덧없음, 괴로움, 덧없음의 결과, 괴로움의 실체, 포기, 평정 등이며, 아홉 가지 종류의 사람, 즉 속인과 함께 열반으로 가는 네 가지 길을 밟았던 사람과 그 결과를 경험한 사람 등의 내용입니다.

차. 십집十集, Dasaka nipāta

열 가지 응시, 즉 무상, 무아, 죽음, 다른 세계에서의 음식의 불유쾌함, 뼈, 시체, 부식의 네 단계벌레들의 모임, 부식과 함께 검정 반점, 부식을 통해 찢어짐, 시체가 썩는 상태를 관찰하며, 열 가지 종류의 청정, 즉 올바른 지혜, 올바른 해탈解脫, 그리고 고귀한 여덟 가지 올바른 길八正道의 여덟 단계에 의해서 가능하다는 내용입니다.

카. 십일집十一集, Ekadasaka nipāta

열 가지 종류의 행복, 열반에 이르는 열 가지 방법, 소치는 사람과 비구의 선악의 성향 열한 가지의 설명한 내용입니다.

5. 소부小部, Khuddaka nikāya

「Khuddaka nikāya」는 짧은 경전의 모음입니다. 이 경전은 오래된 경전이 완성된 뒤 점차 보완된 것으로 보이며, 아마 후대에 정전正典에 편입되었을 것입니다. 「Khuddaka nikāya」는 15개의 경전으로 구성되었습니다.

가. 소송경Khuddakapāṭha sutta)

'작은 사건의 문헌'으로 다음의 경전입니다.

① 삼귀문三歸文, Saraṇattaya

삼귀의문三歸儀文이 세 번 반복된 내용.

② 십계문十戒文, Dasasikkhāpada

사마네라sāmaṇera 沙彌에게 의무적인 열 가지 계율에 관한 내용.

③ 삼십이신분三十二身分, Dvattiṁsākāra

신체를 구성하고 있는 32가지 상에 관한 내용.

④ 문사미문問沙彌文, Kumārapañha

사미를 위한 열 가지 질문에 관한 교리문답서.

⑤ 길상경吉祥經, Maṅgala sutta

'최상의 축복吉祥'에 관한 게송.

⑥ 삼보경三寶經, Ratana sutta

불·법·승 삼보에 관한 게송.

⑦ 시외경戶外經, Tirokuḍḍa sutta

죽은 친척의 영혼에게 제물을 올리는 것에 관한 내용.

⑧ 복장경伏藏經, Nidhikaṇḍa sutta

진실한 보물의 저장에 관한 내용의 게송.

⑨ 자비경慈悲經, Metta sutta

자비에 관한 내용의 게송.

나. 법구경法句經, Dhammapada sutta

널리 잘 알려진 Dhammapada sutta法句經는 26품 423경으로 구성되었습니다.

다. 자설경自說經, Udāna sutta

고따마 붓다의 '엄숙한 말씀'의 모음집. 8품 80우다나Udāna로 구성되어 있음. 이 경은 대부분 게송으로 되어 있으나 각각의 게송은 상황 때문에 산문이 섞여 있습니다.

① 보리품菩提品, Bodhi vagga

고따마 붓다의 깨달음에 관한 사건들을 서술하며, 바히야Bāhiya에게 현재 삶에 관하여 설법한 내용입니다.

② 목진린타품目眞隣陀品, Mucalinda vagga

이 품은 코브라의 머리로 고따마 붓다를 보호했던 뱀의 왕이후에 붙여진 이름에 관한 내용입니다.

③ 난다품難陀品, Nanda vagga

고따마 붓다가 세속 생활에 빠져있던 사촌 동생인 난다Nanda를 귀의시킨 내용이며, 또한 승가에 대한 훈계도 포함되어 있습니다.

④ 미헤품彌醯品, Meghiya vagga

메기야Meghiya는 고따마 붓다의 충고를 무시하고 명상을 하기 위해 망고 동산으로 들어갔으나 그의 마음은 곧바로 불건전한 사고로 괴로움을 받았으며, 그가 붓다에게 돌아왔을 때, 붓다는 발전하지 못한 마음을 지닌 사람이 개발해야만 하는 다섯 가지 요소는 훌륭한 우정, 도덕성, 유익한 대화, 결단력 및 통찰력이라고 가르쳤으며, 또한 순다리Sundarī의 이야기 및 사리뿟따가 야차의 유혹을 받게 되었던 이야기도 내용에 포함되어 있습니다.

⑤ 소나장노품蘇那長老品, Soṇathera vagga

빠세나디Pasenadi 왕이 고따마 붓다를 방문한 내용과 교법의 여덟 가지 특성과 Soṇa 장로의 출가 첫해에 관한 내용입니다.

⑥ 생맹경生盲品, Jaccandha vagga

고따마 붓다의 반열반般涅槃 parinibbāna에 대한 암시와 빠세나디 왕과의 대화 내용, 장님이 코끼리를 만지고 코끼리를 묘사한다는 이야기가 실려 있는 내용입니다.

⑦ 소품小品, Cūla vagga

대부분 비구들의 개인에 관한 소소한 내용입니다.

⑧ 파탁리촌인품波吒離村人品, Pāṭalingāma vagga

태어나지 않음, 되지 않음, 만들어지지 않음, 조건 지어지지 않은 것인 열반Nibbāna의 유명한 정의가 실려있으며, 고따마 붓다의 마지막 공양과 아난다와 쭌다Cunda를 위한 훈계, 그리고 청정한 삶의 다섯 가지 이익과 그렇게 하지 않는 다섯 가지 불이익을 선언했던 Pāṭaligāma빠딸리가마의 방문에 관한 내용입니다.

라. 여시어경如是語經, Itivuttaka sutta

네 가지 부집部集 nipāta의 각각에 게송이 곁들여진 112개의 짧은 경전의 모음집. 이 모음집의 이름은 일반적으로 각 게송의 배열에 도입된 "iti vuccati이와 같이 말했다"라는 말과 연관된 것으로 이 경經은 고따마 붓다의 윤리적 가르침을 포함하고 있는 내용입니다.

① 일집一集, Ekaka nipāta

3가지 품으로 되어 있다. 탐욕, 악의, 미혹, 격노, 원한, 자만 무지, 갈애, 분열, 거짓말, 등은 비난되었고, 주의 집중, 현자와의 교제, 조화, 정신적 평화, 행복, 근면, 관대 및 자비 등은 찬양되었다는 내용입니다.

② 이집二集, Duka nipāta

2가지 품으로 되어 있으며, 감각 기관의 억제와 음식의 절제, 건전한 행위, 건전한 습관, 올바른 견해, 평온, 은둔, 부끄러움, 두려움, 그리고 2가지 종류의 열반 및 활기에 찬 금욕생활을 보내는 장점 등을 밝히고 있는 내용입니다.

③ 삼집三集, Tika nipāta

5가지 품으로 되어 있으며, 삼종의 요소를 분류하며 즉 악의 근본, 구성 요소, 감각, 갈애 괴로움 등으로 비구의 이상적인 삶이 선언되었다는 내용입니다.

④ 사집四集, Catukka nipāta

4가지 종류의 요소를 분류, 즉 비구의 필수품, 사성제四聖諦 등, 그리고 비구를 위한 마음의 청정을 강조하는 내용입니다.

마. 경집經集, Suttanipāta

“경전의 모음집”으로 경집에는 총 71경이고 5가지 품으로 구성되었습니다.

1) 사품蛇品, Uraga vagga

① 사경蛇經, Uraga sutta

모든 인간의 격정, 즉 성냄, 증오, 갈애, 등을 포기한 비구는 미혹과 공포로부터 벗어난 자이며, 허물을 벗은 뱀에 비유한 내용입니다.

② 타니야경陀尼耶經, Dhaniya sutta

세상에서 ‘보호’에 대한 자기만족은 붓다의 진짜 보호에 대비된다는 설명입니다.

③ 서각경犀角經, khaggavisaṇa sutta

비구의 유행 생활을 찬양. 선우善友 Kalyāṇamitta를 제외한 가정과 사회에 얽매이는 것은 윤회의 원인이 되므로 피하지 않으면 안 된다는 가르침입니다.

④ 경전파라타도경耕田婆羅墮闍經, Kasibhāradvāja sutta

사회적으로 유익하거나 평범한 노동은 열반을 얻으려고 애쓰는 붓다의 가르침인 정진과 대비된다는 설명입니다.

⑤ 순타경淳陀經, Cunda sutta

고따마 붓다는 네 가지 종류, 즉 붓다, 아라한, 성실한 비구 및 부정한 비구 등을 열거하고 있는 내용입니다.

⑥ 패망경敗亡經, Parābhava sutta

도덕적·정신적 영역에서 '패망의 원인'에 관한 내용입니다.

⑦ 천민경賤民經, Vasala sutta

'천한 사람'을 비난하는 논박에서 고따마 붓다는 그것은 행위에 의한 것이지 혈통에 의한 것이 아니며 누구나 천한 사람 혹은 바라문이 된다고 설명한 내용입니다.

⑧ 자경慈經, Metta sutta

모든 존재에 대한 자비의 실천으로 구성된 내용입니다.

⑨ 설산경雪山經, Hemavata sutta

고따마 붓다에 의해 변화된 두 야차는 고귀한 고따마 붓다에게 자신들의 의무를 나타내며, 붓다는 죽음에서 벗어나는 길에 관한 설명을 계속하는 내용입니다.

⑩ 광야경曠野經, Āḷavaka sutta

행복, 이해, 열반의 길에 관한 알라와까Āḷavaka 야차의 질문에 붓다의 대답입니다.

⑪ 정승경征勝經, Vijaya sutta

부정으로 가득 찬 신체를 분석하고, 신체의 진실한 본성에 관한 이해를 통해 열반을 얻게 된 비구를 언급하고 있는 내용입니다.

⑫ 모니경牟尼經, Muni sutta

격정에서 벗어난 외로운 삶을 영위하고 있는 무니Muni 혹은 성자의 이상적인 개념에 관한 내용입니다.

2) 소품小品, Cūlavagga

① 보경寶經, Ratana sutta

불·법·승佛·法·僧 삼보에 관한 찬가讚歌입니다.

② 취예경臭穢經, Āmagandha sutta

. 깟싸빠Kassapa 붓다가 육식을 통해 더렵혀진 바라문의 견해를 논박하며, 이것은 악한 마음과 그에 부응하는 행위를 초래할 수 있다고 가르친 내용입니다.

③ 점경漸經, Hiri sutta

진실한 우정에 관한 내용입니다.

④ 대길상경大吉祥經, Mahāmaṅgala sutta

38가지로 나열된 축복은 청정한 삶으로 이끌며, 기본적인 윤리의 금지 사항에서 시작하여 열반 실현이라는 궁극에 도달한다는 내용입니다.

⑤ 침모경針毛經, Sūciloma sutta

수찌로마Sūciloma 야차의 위협적인 태도에 관한 답변에서 고따마 붓다는 격정, 증오, 의심 등은 신체, 욕망, 자아의 관념에서 비롯된 것이라고 가르친 내용입니다.

⑥ 법행경法行經, Dhammacariya sutta

비구는 올바르고 청정한 삶으로 이끌려야 하며, 논쟁하기를 좋아하는 성질을 가진 사람들과 욕망의 노예가 된 이들을 회피해야만 한다는 내용입니다.

⑦ 바라문법경婆羅門法經, Brāhmaṇadhammika sutta

고따마 붓다가 약간 늙고 부유한 바라문에게 옛 바라문들의 높은 도덕적 기준과 그들이 어떻게 왕의 재물에 대한 탐욕을 거절했는가를 설명하며, 그들이 재산을 얻기 위해 왕에게 동물의 희생 공양供犧을 권유한 결과로서 그들은 그와 같은 법의 지혜를 잃어버렸다는 가르침입니다.

⑧ 선경船經, Nāvā sutta

스승의 자질에 관해 주의를 기울임인데, 누구나 법에 관한 완벽한 지혜를 얻기 위해서는 학식이 높고 지적인 사람을 찾아야만 한다는 내용입니다.

⑨ 하계경何戒經, Kiṃsīla sutta

성실한 재가 제자의 길이며, 법은 자기 자신의 처음과 마지막에서 이해관계가 있다는 내용입니다.

⑩ 기립경起立經, Uṭṭhāna sutta

괴로움의 화살에 의해 구멍이 뚫린 게으름과 나태에 대한 비난이며, 누구든지 모든 욕망이 남아 있지 않도록 제거해야 한다는 가르침의 내용입니다.

⑪ 라후라경羅睺羅經, Rāhula sutta

고따마 붓다가 라훌라에게 지혜로운 사람들을 존경하고, 그들과 교제하며, 사문의 규칙에 따라 살아가야 한다는 충고 내용입니다.

⑫ 왕기사경鵬耆舍經, Vaṅgīsa sutta

고따마 붓다가 Vaṅgīsa에게 그 자신의 마지막 스승인 니그로다캅빠Nigrrodhakappa가 열반을 얻었다고 전언한 내용.

⑬ 정보행경正普行經, Sammāparibbājaniya sutta

성실한 출가 제자의 길이며, 즉 무집착, 격정의 소멸, 윤회의 본질에 관한 이해의 내용입니다.

⑭ 담미가경曇彌迦經, Dhammika sutta

고따마 붓다가 Dhammika에게 한 비구와 재가자 각각의 의무에 관한 설명이며, 후반부에서 5계를 지키고 포살일을 준수하기를 기대한다는 내용입니다.

3) 대품大品, Mahāvagga

① 출가경出家經, Pabbajjā sutta

마가다국의 국왕 빔비사라Bimbisāra가 자신의 물질적 자산으로 고따마 붓다를 유혹하고 나서 그의 혈통에 관해 물었는데, 고따마 붓다는 꼬살라Kosala의 삭카Sākya 종족의 한 사람으로 태어났으며, 그는 감각적 쾌락의 덧없음을 보았다는 사실을 진술한 내용입니다.

② 정근경精勤經, Padhāna sutta

고따마 붓다의 깨달음 직전에 있었던 악마의 유혹에 관한 묘사입니다.

③ 선설경善說經, Subhāsita sutta

비구들의 언어는 기분 좋고 바르게 그리고 진실하게 잘 설해져야 한다는 가르침입니다.

④ 손다리가파라타도경孫陀利迦婆羅陀闍經, Sundarikabhāradvāja sutta

고따마 붓다가 순다리까Sundarika 바라문에게 공양을 받을 만한 가치와 명예로운 사람이 되는가에 관한 설명입니다.

⑤ 마가경摩伽經, Māgha sutta

고따마 붓다가 재가자 마가Māgha에게 위 경전의 내용을 설명하고 공양에 의한 다양한 종류의 축복을 밝힌 내용입니다.

⑥ 살비야경薩毘耶經, Sabhiya sutta

유행 고행자 사비야Sabhiya는 당시 유명한 여섯 스승六師外道으로부터 자신의 질문에 대한 답변을 얻을 수가 없었습니다. 그래서 그는 고따마 붓다를 찾아와서 같은 질문을 하였습니다. 그 자리에서 자신의 의문에 대한 만족한 답변을 듣고 고따마 붓다의 제자가 되었다는 내용입니다.

⑦ 시라경施羅經, Sela sutta

300명의 제자를 둔 셀라Sela가 고따마 붓다를 찾아와 대화를 나누고 난 뒤, 그의 제자들과 함께 귀의하였다는 내용입니다.

⑧ 전경箭經, Salla sutta

목숨이 짧고 긴 것은 죽음에 관한 주제이지만, 삶의 본질을 이해한 현자는 죽음을 두려워하지 않는다는 가르침입니다.

⑨ 파사타경婆私吒經, Vāseṭṭha sutta

바라드와자Bhāradvāja와 와셋타Vāseṭṭha라는 두 젊은이가 바라문에 관한 문제로 논쟁하였습니다. 전자는 태생에 의해 바라문이 정해진다고 주장하였고, 후자는 오직 행위를 통해 바라문이 정해진다고 주장하였습니다. 그 후에 고따마 붓다는 후자의 견해가 옳다고 한 내용입니다.

⑩ 구가리야경拘迦利耶經, Kokāliya sutta

고깔리야Kokāliya는 사리뿟따와 목갈라나가 악을 갈망한다고 거짓을 말했다. 그리고 나서 그는 심한 고통을 받다가 죽어서 한 지옥에 태어났다. 고따마 붓다는 지옥의 여러 형태를 나열하고 난 뒤, 남을 중상모략하고 험담한 과보果報를 설명하였다는 내용입니다.

⑪ 나라가경那羅迦經, Nālaka sutta

미래의 고따마 붓다에 관한 아시따Asita 선인의 예언. 그의 조카 나라까Nālaka는 고따마 붓다에 의해 설해진 지혜의 최고의 경지에 이르게 되었다는 내용입니다.

⑫ 이종수관경二種隨觀經, Dvayatānupassanā sutta

괴로움Dukkha은 실체, 무지, 오온, 욕망, 집착, 작용, 음식 등에서 일어난다는 내용입니다.

4) 의품義品, Aṭṭhakavagga

① 욕경欲經, Kāma sutta

불유쾌한 결과를 얻지 않기 위해서는 감각적 쾌락을 피해야만 한다는 내용입니다.

② 굴입게경窟入偈經, Guhaṭṭhaka sutta

위의 경전에 추가하여 만일 어떤 사람이 윤회로부터 해탈에 도달한 것을 유지하고자 한다면 육체적 실체에 붙들려서는 안 된다는 내용입니다.

③ 진노입게경瞋怒入偈經, Duṭṭhaṭṭhaka sutta

자신의 덕망을 찬양하거나 독단적인 견해에 묶여 있는 사람은 제한된 생활을 하게 됩니다. 하지만 성자는 자기를 내세우지도 않고, 철학적 가설에서 벗어나 자유롭게 머문다는 내용입니다.

④ 정입게경淨入偈經, Suddhaṭṭhaka sutta

철학적 가설에 대한 지식은 사람을 정화할 수 없으며, 거기에는 절단과 변화의 경향은 있지만, 결코 내적 평화에 이를 수 없습니다. 하지만 현자는 격정에 의해 잘못 인도되지 않으며, 어떠한 윤회에도 떨어지지 않는다는 가르침입니다.

⑤ 제일입게경第一入偈經, Paramaṭṭhaka sutta

누구든 철학적 논쟁에 관여해서는 안 됩니다. 그렇게 하지 않는 진실한 바라문은 열반에 이른다는 내용입니다.

⑥ 노경老經, Jarā sutta

이기주의에서 탐욕과 후회가 온다. '집 없는 사람'이라는 비구의 이상은 벗어남이며, 다른 것을 통해 청정함을 구하지 않는다는 가르침입니다.

⑦ 제수미륵경帝須彌勒經, Tissa metteyya sutta

고따마 붓다가 감각적 접촉에서 수반되는 바람직하지 못한 결과의 종류를 밝힌 내용입니다.

⑧ 파수라경波須羅經, Pasuūra sutta

상호간에 모욕이나 조소를 가져다주는 논쟁의 어리석음에 관한 것입니다. 만약 논쟁에서 패하면 불만의 원인이 됩니다. 그러므로 완전한 결론에 도달하지 못한다는 가르침입니다.

⑨ 마건지야경摩健地耶經, Māgandiya sutta

고따마 붓다는 다시 철학을 통한 정화를 믿는 마간디야Māgandiya에게 다만 내적 평화로부터 청정을 얻을 수 있다고 가르치는 내용.

⑩ 사전경死前經, Purābheda sutta

진실한 성자의 행위와 특성은 갈애, 성냄, 탐욕, 격정, 집착으로부터의 자유, 적정寂靜, 사려 깊음, 정신적인 평형 등의 내용입니다.

⑪ 투쟁경鬪爭經, Kalahavivāda sutta

절실히 느끼는 대상 등에서 제기된 논의와 논박에 관한 내용입니다.

⑫ 소집적경小集積經, Cūlaviyūha sutta

진리는 하나라는 깨달음 없는 서로 모순인 모든 다른 철학 학파에 관한 내용입니다.

⑬ 대집적경大集積經, Mahāviyūha sutta

자기 자신만 찬양하는 철학자들은 다른 이들을 비난한다. 하지만 진실한 바라문은 그와 같은 수상쩍은 지적 완성에 개의치 않고 고요함과 평온함으로 머문다는 가르침입니다.

⑭ 신속경迅速經, Tuvaṭaka sutta

비구는 악의 뿌리와 갈애를 단절해야 하며, 법을 배워야 하고, 평온과 사색적이어야 하고, 말 많음과 게으름 등을 피해야 합니다. 그리고 단연코 규정된 자기 의무를 따라야 한다는 가르침입니다.

⑮ 집장경執杖經, Attadaṇḍa sutta

성자는 정직과 맑은 정신이어야 하며, 탐욕과 증상으로부터 벗어나고, 명예를 위한 탐욕 없이 열정적이어야 한다는 가르침입니다.

⑯ 사리불경舍利弗經, Sāriputta sutta

사리뿟따의 질문에 대한 답변에서 다시 고따마 붓다가 비구의 생활을 다스리는 원리를 세워 설명하는 내용입니다.

5) 피안도품彼岸道品, Pārāyaṇavagga

이 부분은 고따마 붓다와 바라문·비구간의 16가지 대화pucchā로 이루어져 있습니다. 즉 아지따Ajita, 띳사 멧떼야Tissa Metteyya, 뿐나까puṇṇaka, 멧따구Mettagū, 도따까Dhoitaka, 우빠시와Upasīva, 난다Nanda, 헤마까Hemaka, 또데야Todeyya, 깝빠Kappa, 자뚜깐니Jatukaṇṇi, 바드라우다Bhadrāvudha, 우다야Udaya, 뽀살라Posāla, 모가라자Mogharāja, 삥기야Piṅgiya 등으로, 그들은 모두 욕망, 탐욕, 집착, 철학적 견해들, 감각적 쾌락, 게으름, 근절의 필요성을 강조하고 있습니다. 그리고 열반 증득을 위해서는 무관심, 남에게 의존하지 않음, 적정, 주의 깊음, 법에 흔들림 없이 머물기를 권하는 내용입니다.

바. 천궁사경天宮事經, Vimānavatthu sutta

천궁의 궁전에 관한 이야기, 일곱 가지 품에 80수의 게송이 실려 있으며, 하늘나라에서의 공덕과 재생에 관한 내용입니다.

사. 아귀사경餓鬼事經, Petavatthu sutta

이것은 네 가지 품과 게송으로 구성되었으며, 불건전한 행동을 통해 배회하는 아귀餓鬼, peta로서의 재생에 관한 내용입니다.

아. 장노게경長老偈經, Theragāthā sutta

'장로의 게송'임. 107명의 장로들의 게송 1,279수가 실려 있습니다.

자. 장노니게경長老尼偈經, Therīgāthā sutta

'장로니의 게송'임. 73명의 장로니의 게송 522수가 실려 있습니다.

차. 본생경本生經, Jātaka sutta

고따마 붓다의 전생에 관한 547가지 이야기 모음집입니다. '혈통의 이야기' 혹은 니다나 까타Nidāna Kathā라고 주석서에 소개되었으며, 사왓띠Sāvatthi에서 기원정사Jetavana monastery를 준공할 때까지의 붓다 생애는 물론, 과거불 아래에서의 전생 이야기가 서술된 내용입니다.

카. 의석경義釋經, Niddesa sutta

경집經集의 의품義品에 관한 주석서인 ① 대의석Mahāniddesa과 경집의 피안도품彼岸道品과 서각경犀角經에 관한 주석서인 ② 소의석小義釋, Cūlaniddesa으로 나누어집니다. 의석은 우빠세나Upasena의 『Saddharmmapajjotika』라는 자체의 주석서가 있는데, 거기에서는 사리뿟따의 작품이라고 되어 있습니다.

타. 무애해도無礙解道, Paṭisambhidāmagga

이미 율장과 장부, 상응부 및 증지부에서 언급된 개념과 실천의 분석인 '논장論藏'입니다. 『무애해도無礙解道』는 대품, 구존품, 혜품의 세 가지 부분으로 나누어져 있으며, 각 품은 열 가지 주제로 되어 있습니다.

1) 대품大品, Mahā vagga

무상無常에 관한 지혜와 조건지어진 것에 대한 괴로움, 네 가지 고귀한 진리四聖諦, 연기설緣起說, 존재의 네 가지 단계, 잘못된 견해邪見, 오근五根, 열반의 세 가지 양상, 업보業報, 열반으로 가는 네 가지 길 등의 내용입니다.

2) 구존품俱存品, Yuganaddha vagga

깨달음의 일곱 가지 요소七覺支, 네 가지 주의 집중의 기초四念處,

네 가지 바른 노력四正勤, 네 가지 힘四神力, 팔정도八正道, 출가 생활의 네 가지 결과四沙門果, 열반, 68가지 잠재력 등의 내용입니다.

3) 혜품慧品, Paññā vagga

여덟 가지 종류의 행위, 즉 몸가짐걷기, 앉기, 서기, 눕기, 감각 기관, 주의 깊음, 집중禪定, 네 가지 고귀한 진리四聖諦, 열반으로 가는 네 가지 길, 출가 생활의 네 가지 결과四沙門果, 로깟타Lokattha; 세계의 복지 촉진을 위한 것 등의 내용입니다.

파. 비유경譬喩經, Apadāna sutta

550명의 비구와 40명의 비구니의 전생을 게송으로 표현한 비유담입니다.

하. 불종성경佛種姓經, Buddhavaṁsa sutta

'고따마 붓다의 역사'입니다. 고따마 붓다가 붓다가 되기로 결심한 과거에 관한 이야기이며, 고따마 붓다 이전의 있었다는 24명의 붓다에 관한 내용입니다.

거. 소행장경所行藏經, Cariyāpiṭaka sutta

십바라밀十波羅蜜에서 나온 일곱 가지 실례를 게송으로 표현한 자따까Jātaka에서 빌어온 35가지 설화입니다. 십바라밀十波羅蜜은 관대, 지계, 포기, 지혜, 정열, 인욕, 정직, 결단력, 자비, 평정에 관한 내용입니다.

약어
참고문헌
후기

약어略語

A.	Aṅguttara Nikāya(앙굿따라 니까야/증지부)
AA.	Aṅguttara Nikāya Aṭṭhakathā=Manorathapūraṇī (증지부 주석서)
AAṬ.	Aṅguttara Nikāya Aṭṭhakathā Ṭīkā(증지부 복주서)
Abhi-av.	Abhidhammāvatāra(아비담마 입문)
Abhi-av-pṭ.	Abhidhammāvatāra-abhinavaṭīkā(아비담마와따라 아비나와띠까)
Abhi-Sgh.	Abhidhammatthasaṅgaha(아비담맛타상가하)
ApA.	Apadāna Aṭṭhakathā(아빠다나/瑜伽經 주석서)
ApteD.	Practical Sanskrit-English Dictionary, by Prin. V.S.Apte
As.	Aṭṭhasālinī(앗타살리니 = 담마상가니 주석서)
Be	Burmese-script ed. of M.(미얀마 6차결집본)
BG.	Bhagavadgīta(바가왓 기타)
BHD	Buddhist Hybrid Sanskrit Dictionary
BHS	Buddhist Hybrid Sanskrit
BL	Buddhist Legends(Burlingame)
BPS	Buddhist Publication Society
Bv.	Buddhavaṁsa(佛種姓)
BvA.	Buddhavaṁsa Aṭṭhakathā

CBETA	CBETA Chinese Electronic Tripitaka Collection: CD-ROM
cf	confer(=compare, 비교, 참조)
CMA	A Comprehensive Manual of Abhidhamma(아비담맛타 상가하)
CPD	Critical Pīli Dictionary
C.Rh.D	C.A.F. Rhys Davids
D.	Dīgha Nikāya(디가 니까야/장부)
DA.	Dīgha Nikāya Aṭṭhakathā=Sumaṅgalavilāsinī(장부 주석서)
DAṬ.	Dīgha Nikāya Aṭṭhakathā Ṭīkā(장부 복주서)
DhkAAnuṬ	Dhātukathā-anuṭīkā(다뚜까타 아누띠까)
Dhp.	Dhammapada(법구경)
DhpA.	Dhammapada Aṭṭhakathā(법구경 주석서)
Dhs.	Dhammasaṅgaṇi(담마상가니, 法集論)
DhsA.	Dhammasaṅgaṇi Aṭṭhakathā=Aṭṭhasīlinī(법집론 주석서)
DhsAAnuṬ	Dhammasaṅgaṇi-anuṭīkā(담마상가니 아누띠까)
DhsAMṬ	Dhammasaṅgaṇi-mūlaṭīkā(담마상가니 몰라띠까)
DPL	A Dictionary of the Pīli Language(Childers)
DPPN.	G. P. Malalasekera's *Dictionary of pali Proper Names*
Dv.	Dīpavaṁsa(島史), edited by Oldenberg
DVR	A Dictionary of the Vedic Rituals, Sen, C. Delhi, 1978.
Ee	Roman-script ed. of M.
EV1	Elders' Verses I (장로게 영역, Norman)
EV2	Elders' Verses II (장로니게 영역, Norman)
GD	Group of Discourse(숫따니빠따 영역, Norman)

HOS	Harvard Oriental Series
IAMD	An Illustrated Ardha-Magadhi Dictionary
Ibid	*Ibidem*(전게서/前揭書, 같은 책)
It	Itivuttaka(如是語)
ItA.	Itivuttaka Aṭṭhakathā(如是語 經 주석서)
Jā.	Jātaka(本生譚)
JāA.	Jātaka Aṭṭhakathā(本生譚 주석서)
KhpA.	Khuddakapātha Aṭṭhakathā(쿳다까빠타 주석서)
KS	Kindred Sayings(상윳따 니까야 역역, Rhys Davids, Woodward)
Kv.	Kathāvatthu(까타왓투, 論事)
KvA.	Kathāvatthu Aṭṭhakathā(까타왓투 주석서)
LBD	Long Discourse of the Buddha(디가 니까야 영역, Walshe)
M.	Majjhima Nikāya(맛지마 니까야/중부)
MA.	Majjhima Nikāya Aṭṭhakathā(중부 주석서)
MAT.	Majjhima Nikāya Aṭṭhakathā Ṭīkā(중부 복주서)
Mil.	Milindapañha(밀린다왕문경)
MLBD	Middle Length Discourse of the Buddha(중부 영역, Ñāṇamoli)
Mvu.	Mahāvastu(북전 大事, Edited by Senart)
Mhv.	Mahāvaṁsa(大史), edited by Geiger
MW	Monier-Williams' Sanskrit-English Dictionary

Nd1.	Mahā Niddesa(大義釋)
Nd1A.	Mahā Niddesa Aṭṭhakathā(大義釋 주석서)
Nd2.	Cūla Niddesa(小義釋)
Netti.	Nettippakaraṇa(指導論)
NMD	Ven. Ñāṇamoli's *Pali-English Glossary of Buddhist Terms*
Pe.	Peṭakopadesa(藏釋論)
PED	*Pāli-English Dictionary*(PTS)
Pm.	Paramatthamañjūsā = Visuddhimagga Mahāṭīkā(청정도론 복주서)
Ps.	Paṭisambhidāmagga(무애해도)
Pṃ.	Paṭṭhāna(發趣論)
PTS	Pīli Text Society
Pug.	Puggalapaññatti(人施設論)
PugA.	Puggalapaññatti Aṭṭhakathā(人施設論 주석서)
Pv.	Petavatthu(餓鬼事)
Rv.	Ṛgveda(리그베다)
S.	Saṁyutta Nikāya(상윳따 니까야/상응부)
SA.	Saṁyutta Nikāya Aṭṭhakathā(상응부 주석서)
SAT.	Saṁyutta Nikāya Aṭṭhakathā Ṭīkā(상응부 복주서)
Se.	Sinhala-script ed. of M.(스리랑카 본)
SK.	Sanskrit
Sn.	Suttanipāta(숫따니빠따/경집)
SnA.	Suttanipāta Aṭṭhakathā(숫따니빠따 주석서)
SS	Ee에 언급된 S.의 싱할리어 필사본
Sv	Sāsanavamsa(사사나왐사, 교단의 역사)
s.v.	*sub verbū*(*under the word*)

Te	Thai-script. of M.(태국본)
Thag.	Theragāthā(테라가타/장로게)
ThagA.	Theragāthā Aṭṭhakathā(장로게 주석서)
Thig.	Therīgāthā(테리가타/장로니게)
ThigA	Therīgāthā Aṭṭhakathā(장로니게 주석서)
Ud.	Udāna(감흥어)
UdA.	Udāna Aṭṭhakathā(감흥어 주석서)
Uv.	Udānavarga(北傳 出曜經)
VĀT	Vanarata, Āananda Thera
Vbh.	Vibhaṅga(위방가/分別論)
VbhA.	Vibhaṅga Aṭṭhakathā = Sammohavinodanī(分別論 주석서)
Vin.	Vinaya Piṭaka(律藏)
VinA.	Vinaya Piṭaka Aṭṭhakathā = Samantapāsādikā(율장 주석서)
Vis.	Visuddhimagga(清淨道論)
v.l.	variant reading(이문/異文)
VRI	Vipassanā Research Institute
VṬ	Abhidhammaṭṭha Vibhavinī Ṭīkā(위바위니 복주서)
Vv.	Vimānavatthu(천궁사)
VvA.	Vimānavatthu Aṭṭhakathā(천궁사 주석서)
Yam.	Yamaka(쌍론)
YamA.	Yamaka Aṭṭhakathā = Paūcappakaraṇa(야마까 주석서)
Ybhūś	Yogācārabhūmi Śarirārthagāthā(梵本 瑜伽師地論)

참고문헌

1. 經典類

1) 漢譯經典

長阿含經[大正藏](1992.12.20. 東國譯經院)
中阿含經[大正藏](1992.12.20. 東國譯經院)
雜阿含經[大正藏](1992.12.20. 東國譯經院)
增一阿含經[大正藏](1992.12.20. 東國譯經院)

2) Pāli Nikāya ★ ( ) 안은 本文에 사용한 略字임.

Dīgha-Nikāya(D.N)
Anguttara-Nikāya(A.N.)
Majjhima-Nikāya(M.N)
Samyutta-Nikāya(S.N)

3) Pāli Nikāya 번역 본

디가 니까야(1~3권. 각묵스님. 초기불전연구원)
앙굿따라 니까야(1~6권. 대림스님. 초기불전연구원)
맛지마 니까야(1~4권. 대림스님. 초기불전연구원)
상윳따 니까야(1~6권. 각묵스님. 초기불전연구원)
맛지마 니까야(1~5권. 전재성. 한국빠알리성전협회)
상윳따 니까야(1~10권. 전재성. 한국빠알리성전협회)

2. 論文類

황순일 「구원학적 측면에서 본 초기인도불교의 열반」(남아시아 연구 제16권 1호. 2010.)

김영돈 「불교의 생사관 연구」(서울. 동국대학교 불교대학원. 석사학위 논문. 2007.)

김정근 「無我와 아트만ātman에 관한 연구-초기불교 Upaniṣad를 중심으로-」(서울. 동국대학교 대학원 2010학년도 박사학위 논문)

박경준 「원시불교의 사회·경제사상 연구」(서울. 동국대학교 대학원 논문. 1992.)

김남희 「초기불교의 열반관 연구」(서울. 한국학중앙연구원 한국학대학원 박사학위 논문. 2010.)

신병삼 「초기불교 문헌의 記와 無記의 사유구조 연구」(동국대학교대학원. 박사학위 논문. 2010.)

프레드릭·스트랭. 「열반과 구원」(미국. 남감리교신학대학교. 불교와 기독교 국제학술회의 논제.)

신귀련 「苦에 관한 硏究」 -雜阿含經을 중심으로」(서울. 중앙승가대학교 대학원 석사학위 논문. 2008.)

이수창(마성) 「三法印設의 起源과 展開에 관한 硏究」(東方文化大學院大學校 2015學年度 博士學位 論文)

신현두(일공) 「열반어의 연구(A STUDY ON THE MEANING OF WORLD NIRVĀṆA)」(Mahachulalongkornrajavidyalalya University Bangkok, Thailand. 2011年度 碩士學位 論文)

3. 著書

고익진 『원시불교사상 연구』(서울. 보련각. 1988.)

김동화 『원시불교사상』(서울. 중앙승가대학. 1974.)

홍사성 『근본불교의 이해』(서울. 불교시대사. 1992.)
사다티사 저/曺勇吉 편역 『根本佛敎倫理』(1995.7.15. 불광출판부)
김달진 옮김 『善見律毘婆沙』(2006.6.30. 동국대학교 역경원)
이중표 『불교의 이해와 실천』(1·2편. 서울. 대원정사. 1995.)
안승준 『원시불교 실천철학』(서울. 시대불교사. 1993.)
각묵·대림스님 공동역주. 『아비담마 길라잡이』(상·하. 울산. 초기불전연구원. 2009.)
대림스님 옮김. 『청정도론』(1·2권. 울산. 초기불전연구원. 2005.)
월폴라 라훌라. 진철승 옮김. 『붓다의 가르침』(서울. 대원정사. 1988.)
묘원스님 『12연기2』(서울. ㈜도서출판 행복한 숲. 2011.)
묘원스님 『대념처경 주석서』(1·2·3권. 서울. ㈜도서출판 행복한 숲. 2011.)
마성스님 『사캬무니 붓다』(대숲바람. 2010.)
마성스님 『아함경 강의』(경기도 일산. 인북스. 2018)
일아스님 『빠알리 경전』(서울. 민족사. 2008.)
P.A. Patutta 『Nibbāna The Supreme Peace』(Thailand. 2009.)
석오진 편역 『파아나두라 대논쟁』(2001.11.20. 운주사)
한자경 『불교의 무아론』(서울. 이화여자대학교 출판부. 2007.)
에띠엔 라모뜨 지음. 호진스님 옮김. 『인도불교사』1·2권. (서울. 시공사. 2006.)
와타나베 쇼코 저/ 법정 옮김 『불타 석가모니』 서울. 동쪽나라.
이기영 『원효사상』(서울. 도서출판 홍법원. 1967.)
고익진 저 『韓國의 佛敎思想』(1987.10.15. 동국대학교출판부)
르네 E.A. 요한슨 박태섭 옮김. 『불교 심리학』(서울. 시공사. 1996.)
후지타 코타츠 外 권오민 옮김. 『초기·부파불교의 역사』(서울. 민족사. 1992.)
사토우 미츠오 김호성 옮김. 『초기 불교교단과 계율』(서울. 민족사. 1991.)
渡辺照宏 한경수 옮김. 『불교사의 전개』(서울. 불교시대사. 1992.)

원효. 이영무 역. 『涅槃經宗要』(서울. 대성문화사. 1984.)

마스다니 후미오 박경준 옮김. 『근본불교와 대승불교』(서울. 대원정사. 1988.)

청량 증관 저/불전국역연구원 공역 『화엄경현담』1(1998.7.20. 중앙승가대학교출판부)

金芿石 著 『華嚴學概論』(1974.7.20. 도서출판 법륜사)

무비스님 편저. 『화엄경』 1~10권(서울. 민족사.)

法頂스님 옮김 『신역 화엄경』(1992.4.10. 동국대학교 역경원)

종석스님 저 『밀교학개론』(2010.3.20. 운주사)

다나카 기미아키/유기천 옮김 티베트밀교개론(2010.4.9. 불광출판사)

中村 元 저/李箕永 譯 『印度思想史』上(1984.2.25. 동국대학교 부설 역경원)

增谷文雄 이원섭 옮김. 『佛教概論』(서울. 현암사. 1971.)

平川彰 著/박용길 역 『율장연구』(1995.8.10. 도서출판 토방)

전재성 역 『비나야삐따까/빠알리 율장』(2020.2.15. 한국빠알리성전협회)

이미령 역 『미린다왕문경』2(2000.6.15. 민족사)

일공스님 저 『Nibbāna』(2019.5.12. 메이커즈프레스)

일공스님 저 『불교학개론』(2021.5.12. 부산대학교출판문화원)

동국대학교 저 『불교학개론佛教學概論』(1986.2.28. 동국대학교 출판부)

하라카와 아끼라 저/이호근 옮김 『인도불교의 역사』 상·하(2004.8.30. 민족사)

早島鏡正 高崎直道 外/정호영 옮김 『인도사상의 역사』(2004.9.10. 민족사)

에드워드 콘즈/안성두·주민황 옮김 『인도불교사상사』(1994.6.20. 민족사)

김진열 저 『불교사회학 원론』 1 (1993.4.3. 운주사)

찰스 테일러 저. 송재룡 옮김 『현대종교의 다양성』(2017.2.20. ㈜

문예출판사)
한상복·이문웅·김광억 공저 『문화인류학』(2020.8.20.개정판. 서울대학교출판문화원)
칠불사七佛寺 『묘법연화경妙法蓮華經』(1992.8.13. 칠불사)
東峰스님 저 『금강경金剛經』(2019.11.16. 동서출판 도반)
無比스님 저 『묘법연화경妙法蓮華經』(1994.1. 계림문화사)
달라이 라마/중암 역저 『밀교의 성불원리』(2009.11.24. 정우서적)
전재성 역주 『우다나-감흥어린 시구』(2009.6.1. 한국빠알리성전협회)
전재성 역주 비나야삐따까(2020.2.15. 한국빠알리성전협회)
김영덕 역주 『대일경』(2007.2.26. 동국대학교 역경원)
김열권 편저 『위빠싸나』 I . II(1993.4.10. 불광출판부)
호진스님 옮김. 에띠엔 라모뜨 지음 『인도불교사』 I . II(2006.1.3. 시공사)

4. 辭典類

『빠알리어 사전』(전재성. 1994.6.20. 한국불교대학출판사)
『빠알리·한글사전』(전재성. 2005.10.15. 한국빠알리성전협회)
『불교사전』(김승동 저. 2011.5.15. 민족사)
『불교대사전』(전관응 저. 1988.9.1. 홍법원)
『불교대사전』(전7권. 한국불교대사전편찬위원회 편저. 1982.9.15. 명문당)
『불교상식백과』(상·하 홍사성 주편. 1991.3.20. 불교시대사)
『불학대사전』(영인본. 알타이 하우스. 1979.1.17. 新文豊出版公司)
『한국민족대백과사전』(1991.12.30. 한국정신문화원)
https://dict.naver.com/에서 사전자료 검색 사용.

후기

어느덧 『불교학개론』을 출판한 지 1년이란 세월이 흘렀습니다. 만일기도萬日祈禱의 일환一環으로 고따마 붓다의 깨달음과 가르침에 관한 동질성을 갖춘 교육서를 집필한다는 목적을 가지고 원고를 작성하였습니다. 누구라도 편하게 읽을 수 있고 이해하기 쉽도록 책의 내용을 간결하고 어렵지 않게 꾸미려고 노력했습니다. 또한 고따마 붓다의 가르침에서 정도와 정견의 견해를 놓치거나 벗어나지 않기 위해 오부 니까야와 율장律藏 그리고 논장論藏 등을 정독하며 분석하는 과정을 수없이 반복했습니다. 또한 다른 이들이 쓴 책을 통해 고따마 붓다의 가르침에 대한 견해를 살펴보았습니다. 팔리어나 산스크리트어에 능통한 이들이 잘 정리한 역본을 보고 좋은 자료를 접할 수 있어 감명을 받기도 하였습니다. 그러나 번역이 아닌 그들의 소견을 적은 해제解題나 주註에서 그들의 논의가 고따마 붓다의 정통 교의에서 벗어났음을 보게 되었습니다. 이것은 고따마 붓다가 재세시에 늘 염려했던 '정법과 유사정법'의 문제에 해당하는 것이었습니다.

이 책은 고따마 붓다의 가르침에서 특별한 영역을 새롭게 만든 건 아니지만, 그의 정통교의를 대변할 수 있는 교육서로 활용되고 깨달음의 향방을 정하는데 수고로움을 덜어 줄 것입니다. 출가한 사람의 특화된 생활과 목적에 맞춰져 있기 때문입니다. 출가한 사람의 견해는 삶에 대한 애착이 남아 있지 않았을 때 비로소 정견의 견해가 열리게 됩니다. 이것을 도와주는 정통한 지침서를 이 한 권의 책으로 서술하고 싶었습니다. 이것은 필자에게 의무감 또는 사명감으로 다가왔습니다. 고따마 붓다의 가르침을 제대로 파악할 수 없는 상황과 대승권역의 교리구조에서 열반이론이 무시되고 보살사상과 성불이론이 대신하는 현실을 보았기 때문입니다. 그러나 혹자는 이것을 두고 진보나 발전이란 표현을 쓰기도 합니다.

삶의 현장에서 벌어지는 일들로 괴로움의 소멸법칙인 가르침이 사라지는 현실을 볼 때 두려움을 느꼈습니다. 이런 이유로 예정보다 일찍 이 책을 출판하는 계기가 되었습니다. 애초에 책명을 『불교교육학』이라고 정했다가 그것은 '너무 지나친 저작자의 의도를 가진 것'이라는 비난을 받을까 하여 『불교교육학원론』으로 바꾸게 되었습니다. 이것은 교육학이 가지는 의미보다는 교육학 원론이 가지는 의미가 고따마 붓다의 가르침에 관해 포괄적 또는 직접적으로 각자가 편리하게 교설에 접근할 수 있도록 하기 위함입니다. 특히 독자의 이해를 위해 서술형식과 주제에 집중하였습니다. 그것은 종래에 다양한 이론의 난립亂立을 한데 모아 '괴로움의 소멸법칙' 안에서 분석하는 것이었습니다. 이러한 이해의 형식을 찾는 데 많은 어려움이 있었습니다. 그러나 다행히 지난해에는 약간의 건강 문제를 제외하고 별다른 문제가 없었고 안팎으로 주위에서 일어난 일들까지 그렇게 어려운 일은 없었기에 이 원고를 수월하게 마무리할 수 있었습니다.

지금까지 출판한 책과 앞으로 출판될 책은 고따마 붓다의 가르침에 의해 나타날 수 있는 두 가지의 효과를 얻기 위한 것입니다. 첫째는 고따마 붓다의 가르침을 스스로 터득할 수 있는 '완벽한 교육서'이기를 희망하고, 둘째는 고따마 붓다의 정통 가르침이 지금·여기서부터 계속 연구되어 다른 이들에게도 쉽게 전할 수 있는 다양한 방법을 각자 개발하고 발전시켜 나아가게 되는 일입니다.

『불교교육학원론』의 원고를 작성하면서 이미 출판한 『Nibbāna/열반』의 내용을 인용하게 되었는데, 인용하면서 『Nibbāna/열반』 책의 내용이 얼마나 성의 없이 서술되었는지 알 수 있었습니다. 그래서 『불교교육학원론佛教教育學原論』과 『불교학연구방법론佛教學研究方法論』이 모두 책으로 출판된 다음에 『Nibbāna/열반』의 원고를 완벽하게 보정補整하여 다시 출판할 계획입니다. 그리고 필자는 아주 천천히 실용적 명상에 돌입하여 생활해 갈 것입니다. 매일매일 아니면 몇 년 동안이라도 명상을 통해 반열반의 조건을 충만하게 다져나갈 것입니다.

흐르는 구름과 강물처럼 지난 한 해도 훌쩍 지나가 버렸습니다. 그리고 어느새 신축년에서 임인년으로 해가 바뀌었습니다. 법계의 수많은 소리가 귓가에 들려오지만, 그 소리가 가진 의미는 오직 괴로움의 소멸법칙에서 벗어난 적이 없습니다. 지난해의 원고가 출판될 때도 이 책을 정성껏 꿰매주신 미술평론가 강선학 선생님이셨는데 이번에도 애써주셔서 진심으로 감사드리고, 원고를 쓰는 내내 옆에서 시중해준 盧菩提樹에게 고마움을 전합니다. 그리고 부산대학교출판문화원 관계자 여러분에게도 감사드립니다.

2022년 5월 부처님오신날에

부처님마을 금국사鑫國寺에서
일공日崆 합장